刑法各論

STRAFRECHT BES. TEIL

大野真義
Ohno Masayoshi

加藤久雄
Katoh Hisao

飯島　暢
Iijima Mitsuru

島田良一
Shimada Ryoichi

神馬幸一
Jinba Kohichi

世界思想社

は し が き

　刑法各論は、現行刑法（明40法45）の第2編「罪」に規定される各則を中心に、必要に応じて関連する刑罰法規の解釈を主たる任務とするものである。本著も刑法各論の一般的通念に従って、主として刑法各則に規定されている犯罪類型における犯罪の概念と意義および法的効果としての刑罰との関係を明らかにするものである。

　刑法総論が体系を中心に抽象的・論理的思索を重視するのに対して、刑法各論は、むしろ具体的・現実的思考のもとに、法解釈を時代の変遷によって変化させざるをえない。ことに現今では、社会のニーズに基づいて、新しい価値観や死生観が刑法の解釈に大きな影響を与えていることも事実である。また、情報社会の進展に伴って、サイバー犯罪に対する新しい構成要件も導入された。

　さらに、悪質な自動車運転による死傷事故に対する罰則の強化を求める傾向も顕著となり、従来の刑法の規定（208条の2および211条2項）を削除し、特別法のもとに一本化して規制されることになった（自動車運転死傷行為処罰法：平成25年11月27日公布）。これらの現象は、いずれも時代の推移と現実的要請に伴う政策的考慮に基づくものといえよう。

　本著は、2011年11月に公刊した『刑法総論』とともに、各論として対をなすものである。ただし、事情があって共著者の一部を交代せざるをえなかった。『刑法総論』の共著者のうち、森本益之は健康上の理由で、本田稔は海外留学中のため参加できず、新たに飯島暢と島田良一に加わってもらった。

　本著を上梓するにあたって、世界思想社の高島照子さんのご厚志に深く感謝申し上げるとともに、本著の編集・校正等で種々面倒をおかけした編集部の皆さんに心からお礼を申し上げたい。

　2014年　立春

共著者を代表して　大 野 真 義

目　次

はしがき　*i*

略語・参考文献　*x*

第 I 編　個人的法益に対する罪

第 1 章　生命・身体に対する罪　*1*

第 1 節　人の意義　*1*
　　Ⅰ　総説　*1*　　Ⅱ　人の始期　*1*　　Ⅲ　人の終期　*3*　　Ⅳ　脳死　*4*

第 2 節　殺人の罪　*7*
　　Ⅰ　総説　*7*　　Ⅱ　普通殺人罪　*7*　　Ⅲ　殺人予備罪　*10*
　　Ⅳ　自殺関与罪・同意殺人罪　*11*

第 3 節　傷害の罪　*18*
　　Ⅰ　総説　*18*　　Ⅱ　傷害罪　*18*　　Ⅲ　傷害致死罪　*23*
　　Ⅳ　傷害現場助勢罪　*24*　　Ⅴ　同時傷害の特別共犯例　*25*
　　Ⅵ　暴行罪　*26*　　Ⅶ　危険運転致死傷罪　*27*
　　Ⅷ　凶器準備集合罪・同結集罪　*33*

第 4 節　過失傷害の罪　*36*
　　Ⅰ　総説　*36*　　Ⅱ　過失傷害罪　*37*　　Ⅲ　過失致死罪　*38*
　　Ⅳ　業務上過失致死傷罪　*38*　　Ⅴ　重過失致死傷罪　*42*
　　Ⅵ　自動車運転過失致死傷罪　*43*
　　Ⅶ　自動車運転過失致死傷罪の加重類型　*44*

第 5 節　堕胎の罪　*45*
　　Ⅰ　総説　*45*　　Ⅱ　自己堕胎罪　*50*
　　Ⅲ　同意堕胎罪・同致死傷罪　*51*
　　Ⅳ　業務上堕胎罪・同致死傷罪　*53*　　Ⅴ　不同意堕胎罪　*54*
　　Ⅵ　不同意堕胎致死傷罪　*54*

第 6 節　遺棄の罪　*55*
　　Ⅰ　総説　*55*　　Ⅱ　単純遺棄罪　*57*
　　Ⅲ　保護責任者遺棄罪・不保護罪　*59*　　Ⅳ　遺棄致死傷罪　*63*

第2章　自由に対する罪　64
第1節　逮捕および監禁の罪　64
Ⅰ　総説　64　　Ⅱ　逮捕・監禁罪　65
Ⅲ　逮捕・監禁致死傷罪　72

第2節　脅迫の罪　74
Ⅰ　総説　74　　Ⅱ　脅迫罪　74　　Ⅲ　強要罪　78

第3節　略取、誘拐および人身売買の罪　81
Ⅰ　総説　81　　Ⅱ　未成年略取・誘拐罪　85
Ⅲ　営利目的等略取・誘拐罪　86
Ⅳ　身の代金目的略取・誘拐罪、身の代金要求罪　89
Ⅴ　所在国外移送目的略取および誘拐罪　92　　Ⅵ　人身売買罪　92
Ⅶ　被略取者等所在国外移送罪　95　　Ⅷ　被略取者引渡し罪　95
Ⅸ　解放による刑の減軽　96　　Ⅹ　身の代金目的略取予備罪　96
Ⅺ　親告罪　97

第4節　性的自由に対する罪　99
Ⅰ　総説　99　　Ⅱ　強制わいせつ罪　99　　Ⅲ　強姦罪　101
Ⅳ　準強制わいせつ罪・準強姦罪　103
Ⅴ　集団強姦・準集団強姦罪　105
Ⅵ　親告罪　106　　Ⅶ　強制わいせつ・強姦致死傷罪　107
Ⅷ　淫行勧誘罪　108

第5節　住居を侵す罪　109
Ⅰ　総説　109　　Ⅱ　住居侵入罪　111　　Ⅲ　不退去罪　114

第3章　名誉・秘密に対する罪　116
第1節　名誉に対する罪　116
Ⅰ　総説　116　　Ⅱ　名誉毀損罪　117　　Ⅲ　事実の証明　120
Ⅳ　侮辱罪　123　　Ⅴ　親告罪　124

第2節　秘密を侵す罪　125
Ⅰ　総説　125　　Ⅱ　信書開封罪　125　　Ⅲ　秘密漏示罪　127

第4章　信用および業務に対する罪　130
第1節　信用に対する罪　130
Ⅰ　総説　130　　Ⅱ　信用毀損罪　130

第2節　業務に対する罪　133
Ⅰ　総説　133　　Ⅱ　業務妨害罪　133

Ⅲ　電子計算機損壊等業務妨害罪　*135*

第5章　財産に対する罪　*138*
第1節　財産罪総論　*138*
Ⅰ　総説　*138*　　Ⅱ　財産罪の分類と体系　*139*
Ⅲ　財物の意義と財産上の利益　*141*

第2節　窃盗の罪　*147*
Ⅰ　総説　*147*　　Ⅱ　窃盗罪　*147*　　Ⅲ　不動産侵奪罪　*155*
Ⅳ　親族間の犯罪に関する特例　*157*

第3節　強盗の罪　*159*
Ⅰ　総説　*159*　　Ⅱ　強盗罪　*160*　　Ⅲ　事後強盗罪　*165*
Ⅳ　昏酔強盗罪　*169*　　Ⅴ　強盗致死傷罪　*169*
Ⅵ　強盗強姦罪・同致死罪　*174*　　Ⅶ　強盗予備罪　*176*

第4節　詐欺の罪　*178*
Ⅰ　総説　*178*　　Ⅱ　詐欺罪　*179*
Ⅲ　電子計算機使用詐欺罪　*196*　　Ⅳ　準詐欺罪　*198*

第5節　恐喝の罪　*199*
Ⅰ　総説　*199*　　Ⅱ　狭義の恐喝罪　*200*　　Ⅲ　恐喝利得罪　*206*

第6節　横領の罪　*207*
Ⅰ　総説　*207*　　Ⅱ　単純横領罪　*211*　　Ⅲ　業務上横領罪　*215*
Ⅳ　遺失物等横領罪　*216*　　Ⅴ　親族間の犯罪に関する特例　*218*

第7節　背任の罪　*219*
Ⅰ　総説　*219*　　Ⅱ　背任罪　*220*

第8節　盗品等に関する罪　*230*
Ⅰ　総説　*230*　　Ⅱ　盗品等無償譲受け・運搬・保管・有償譲受け・有償処分あっせん罪　*232*　　Ⅲ　親族等の間の犯罪に関する特例　*236*

第9節　毀棄および隠匿の罪　*238*
Ⅰ　総説　*238*　　Ⅱ　公用文書等毀棄罪　*238*
Ⅲ　私用文書等毀棄罪　*239*　　Ⅳ　建造物等損壊罪・同致死傷罪　*240*
Ⅴ　器物損壊罪　*241*　　Ⅵ　境界損壊罪　*242*
Ⅶ　信書隠匿罪　*243*

第Ⅱ編　社会的法益に対する罪

第1章　公共の安全に対する罪　245
第1節　騒乱の罪　245
Ⅰ　総説　245　　Ⅱ　騒乱罪　247　　Ⅲ　多衆不解散罪　254
第2節　放火および失火の罪　256
Ⅰ　総説　256　　Ⅱ　現住建造物等放火罪　260
Ⅲ　非現住建造物等放火罪　263　　Ⅳ　建造物等以外放火罪　264
Ⅴ　延焼罪　265　　Ⅵ　放火予備罪　266　　Ⅶ　消化妨害罪　266
Ⅷ　失火罪　267　　Ⅸ　業務上失火罪・重過失失火罪　267
Ⅹ　激発物破裂罪・過失激発物破裂罪　268
Ⅺ　ガス漏出・同致死傷罪　268
第3節　出水および水利に関する罪　270
Ⅰ　総説　270　　Ⅱ　現住建造物等浸害罪　270
Ⅲ　非現住建造物等浸害罪　271　　Ⅳ　水防妨害罪　272
Ⅴ　過失建造物等浸害罪　272　　Ⅵ　出水危険罪　273
Ⅶ　水利妨害罪　273
第4節　往来を妨害する罪　275
Ⅰ　総説　275　　Ⅱ　往来妨害罪・同致死傷罪　275
Ⅲ　往来危険罪　276　　Ⅳ　汽車等転覆破壊罪・同致死罪　277
Ⅴ　往来危険による汽車等転覆破壊罪　279
Ⅵ　過失往来危険による汽車等転覆破壊罪　279

第2章　公衆の健康に対する罪　281
第1節　あへん煙に関する罪　281
Ⅰ　総説　281　　Ⅱ　あへん煙輸入等罪　282
Ⅲ　あへん煙吸食器具輸入等罪　283
Ⅳ　税関職員によるあへん煙輸入等罪　283
Ⅴ　あへん煙吸食および場所提供罪　284
Ⅵ　あへん煙等所持罪　285
第2節　飲料水に関する罪　286
Ⅰ　総説　286　　Ⅱ　浄水汚染罪・同致死傷罪　286
Ⅲ　水道汚染罪・同致死傷罪　287
Ⅳ　浄水毒物等混入罪・同致死傷罪　288
Ⅴ　水道毒物等混入罪・同致死罪　289　　Ⅵ　水道損壊・閉塞罪　289

第 3 章　公共の信用に対する罪　*291*
第 1 節　通貨偽造の罪　*291*
　Ⅰ　総説　*291*　　Ⅱ　通貨偽造罪　*292*　　Ⅲ　偽造通貨行使罪　*294*
　Ⅳ　外国通貨偽造罪　*295*　　Ⅴ　偽造外国通貨行使罪　*296*
　Ⅵ　偽造通貨収得罪　*296*　　Ⅶ　収得後知情行使罪　*297*
　Ⅷ　通貨偽造等準備罪　*298*

第 2 節　文書偽造の罪　*299*
　Ⅰ　総説　*299*　　Ⅱ　詔書等偽造罪　*307*　　Ⅲ　公文書偽造罪　*308*
　Ⅳ　虚偽公文書作成罪　*309*　　Ⅴ　公正証書原本不実記載等罪　*310*
　Ⅵ　偽造公文書行使罪　*311*　　Ⅶ　私文書偽造罪　*312*
　Ⅷ　虚偽診断書等作成罪　*313*
　Ⅸ　偽造私文書・虚偽診断書等行使罪　*313*
　Ⅹ　電磁的記録不正作出罪・同供用罪　*314*
　Ⅺ　電磁的記録供用罪　*315*

第 3 節　有価証券偽造の罪　*317*
　Ⅰ　総説　*317*　　Ⅱ　有価証券偽造罪　*317*
　Ⅲ　有価証券虚偽記入罪　*320*　　Ⅳ　偽造有価証券行使等罪　*321*

第 4 節　支払用カード電磁的記録に関する罪　*323*
　Ⅰ　総説　*323*　　Ⅱ　支払用カード電磁的記録不正作出等罪　*326*
　Ⅲ　不正電磁的記録カード所持罪　*327*
　Ⅳ　支払用カード電磁的記録不正作出準備罪　*328*

第 5 節　印章偽造の罪　*331*
　Ⅰ　総説　*331*　　Ⅱ　御璽等偽造・不正使用罪　*335*
　Ⅲ　公印等偽造・不正使用罪　*335*
　Ⅳ　公記号偽造・不正使用罪　*335*
　Ⅴ　私印等偽造・不正使用罪　*336*

第 6 節　不正指令電磁的記録に関する罪　*337*
　Ⅰ　総説　*337*　　Ⅱ　不正指令電磁的記録作成・提供罪　*337*
　Ⅲ　不正指令電磁的記録供用・同未遂罪　*340*
　Ⅳ　不正指令電磁的記録取得・保管罪　*341*

第 4 章　風俗に対する罪　*342*
第 1 節　わいせつおよび重婚の罪　*342*
　Ⅰ　総説　*342*　　Ⅱ　公然わいせつ罪　*342*
　Ⅲ　わいせつ物頒布等の罪　*344*　　Ⅳ　重婚罪　*353*

第2節　賭博および富くじに関する罪　*354*
　　　　Ⅰ　総説　*354*　　Ⅱ　単純賭博罪　*355*　　Ⅲ　常習賭博罪　*356*
　　　　Ⅳ　賭博場開張罪・博徒結合罪　*357*　　Ⅴ　富くじ罪　*358*
第3節　礼拝所および墳墓に関する罪　*360*
　　　　Ⅰ　総説　*360*　　Ⅱ　礼拝所不敬罪・説教等妨害罪　*360*
　　　　Ⅲ　墳墓発掘罪　*361*　　Ⅳ　死体損壊罪　*361*
　　　　Ⅴ　墳墓発掘死体損壊等罪　*363*　　Ⅵ　変死者密葬罪　*363*

第Ⅲ編　国家的法益に対する罪

第1章　国家の存立に対する罪　*365*
第1節　内乱に関する罪　*365*
　　　　Ⅰ　総説　*365*　　Ⅱ　内乱罪　*366*　　Ⅲ　内乱予備・陰謀罪　*368*
　　　　Ⅳ　内乱幇助罪　*369*
第2節　外患に関する罪　*370*
　　　　Ⅰ　総説　*370*　　Ⅱ　外患誘致罪　*372*　　Ⅲ　外患援助罪　*373*
　　　　Ⅳ　外患予備・陰謀罪　*373*

第2章　国交に対する罪　*374*
　　　　Ⅰ　総説　*374*　　Ⅱ　外国国章損壊罪　*374*
　　　　Ⅲ　私戦予備・陰謀罪　*375*　　Ⅳ　中立命令違反罪　*376*

第3章　国家の作用に対する罪　*377*
第1節　公務の執行を妨害する罪　*377*
　　　　Ⅰ　総説　*377*　　Ⅱ　公務執行妨害罪　*378*　　Ⅲ　職務強要罪　*387*
　　　　Ⅳ　封印等破棄罪　*388*　　Ⅴ　強制執行妨害目的財産損壊等罪　*390*
　　　　Ⅵ　強制執行行為妨害等罪　*390*　　Ⅶ　強制執行関係売却妨害罪　*391*
　　　　Ⅷ　加重封印等破棄等罪　*391*　　Ⅸ　公契約関係競売等妨害罪　*391*
　　　　Ⅹ　不正談合罪　*392*
第2節　逃走の罪　*394*
　　　　Ⅰ　総説　*394*　　Ⅱ　単純逃走罪　*394*　　Ⅲ　加重逃走罪　*395*
　　　　Ⅳ　被拘禁者奪取罪　*397*　　Ⅴ　逃走援助罪　*398*
　　　　Ⅵ　看守者等逃走援助罪　*399*

第 3 節 　犯人蔵匿および証拠隠滅の罪　*401*
　　　　　Ⅰ　総説　*401*　　Ⅱ　犯人蔵匿罪　*401*　　Ⅲ　証拠隠滅罪　*405*
　　　　　Ⅳ　親族による犯罪に関する特例　*409*　　Ⅴ　証人等威迫罪　*411*

第 4 節 　偽証の罪　*413*
　　　　　Ⅰ　総説　*413*　　Ⅱ　偽証罪　*413*　　Ⅲ　虚偽鑑定・通訳罪　*416*

第 5 節 　虚偽告訴の罪　*417*
　　　　　Ⅰ　総説　*417*　　Ⅱ　虚偽告訴罪　*418*

第 6 節 　職権濫用の罪　*421*
　　　　　Ⅰ　総説　*421*　　Ⅱ　公務員職権濫用罪　*422*
　　　　　Ⅲ　特別公務員職権濫用罪　*423*　　Ⅳ　特別公務員暴行陵虐罪　*424*
　　　　　Ⅴ　特別公務員職権濫用・暴行陵虐致死傷罪　*425*

第 7 節 　贈収賄の罪　*426*
　　　　　Ⅰ　総説　*426*　　Ⅱ　単純収賄罪・受託収賄罪　*430*
　　　　　Ⅲ　事前収賄罪　*432*　　Ⅳ　第三者供賄罪　*433*
　　　　　Ⅴ　加重収賄罪（枉法収賄罪）　*433*　　Ⅵ　事後収賄罪　*434*
　　　　　Ⅶ　あっせん収賄罪　*435*　　Ⅷ　贈賄罪　*436*
　　　　　Ⅸ　賄賂の没収・追徴　*437*

事項索引　*440*

判例索引　*447*

略語・参考文献

○ 裁判例・判例集等

大判（決）	大審院判決（決定）
大連判	大審院連合部判決
最判（決）	最高裁判所判決（決定）
高判	高等裁判所判決
地判	地方裁判所判決
刑録	大審院刑事判決録
刑抄録	大審院刑事判決抄録
刑集	大審院刑事判例集、最高裁判所刑事判例集
裁判例	大審院裁判例
評論全集	法律〔学説判例〕評論全集
裁判集刑	最高裁判所裁判集刑事
高刑集	高等裁判所刑事判例集
裁特	高等裁判所刑事裁判特報
判特	高等裁判所刑事判決特報
東高刑時報	東京高等裁判所刑事判決時報
下刑集	下級裁判所刑事判例集
刑月	刑事裁判月報
一審刑集	第一審刑事裁判例集
裁時	裁判所時報
刑資	刑事裁判資料
高検速報	高等裁判所刑事裁判速報
新聞	法律新聞
判時	判例時報
判タ	判例タイムズ
ジュリ	ジュリスト
法時	法律時報
法セ	法学セミナー
警論	警察学論集
研修	研修

○ 法令

刑事収容	刑事収容施設及び被収容者等の処遇に関する法律
刑訴	刑事訴訟法
刑訴規	刑事訴訟法規則
憲	日本国憲法
少	少年法
精神	精神保健及び精神障害者福祉に関する法律
草案	改正刑法草案
道交	道路交通法
売春	売春防止法
破防	破壊活動防止法
暴力団	暴力団員による不当な行為の防止等に関する法律
民	民法
民訴	民事訴訟法
民訴規	民事訴訟法規則

○ 教科書類

青柳	青柳文雄『刑法通論 第2 各論』1963
朝倉	朝倉京一『刑法各論』1994
浅田ほか	浅田和茂＝斉藤豊治＝佐久間修＝松宮孝明＝山中敬一『刑法各論（補正版）』2000
飯田	飯田忠雄『刑法要説 各論』1972
生田ほか	生田勝義＝上田寛＝名和鐵郎＝内田博文『刑法各論講義（第4版）』2010
池田＝金山	池田修＝金山薫編『新実例刑法 各論』2011
板倉	板倉宏『刑法各論』2004
井田	井田良『刑法各論（第2版）』2013
井田・総論	井田良『講義刑法学・総論』2008
伊東	伊東研祐『刑法講義各論』2011
伊東・現代	伊東研祐『現代社会と刑法各論（第2版）』2003
伊東ほか	伊東研祐＝高橋則夫＝只木誠＝増田豊＝杉田宗久『法科大学院テキスト 刑法各論』2008
伊藤ほか	伊藤渉＝小林憲太郎＝齋藤彰子＝鎭目征樹＝島田聡一郎＝成瀬幸典＝安田拓人『アクチュアル刑法各論』2007
井上＝江藤	井上正治＝江藤孝『新訂 刑法学〔各則〕』1994
今井ほか	今井猛嘉＝小林憲太郎＝島田聡一郎

	＝橋爪隆『LEGAL QUEST 刑法各論（第2版）』2013	齊藤（誠）	齊藤誠二『刑法講義各論Ⅰ（新訂版）』1979
植松	植松正『刑法概化2 各論（再訂）』1975	佐伯	佐伯千仭『刑法各論（訂正版）』1981
内田	内田文昭『刑法各論（第3版）』1996	佐久間	佐久間修『刑法各論（第2版）』2012
大越	大越義久『刑法各論（第4版）』2012	須之内	須之内克彦『刑法概説各論』2011
大塚	大塚仁『刑法概説 各論（第3版増補版）』2005	曽根	曽根威彦『刑法各論（第5版）』2012
大塚・注解	大塚仁『注解刑法（増補第2版）』1977	高橋	高橋則夫『刑法各論』2011
		瀧川（春）	＝竹内 瀧川春雄＝竹内正『刑法各論講義』1965
大塚（裕）	大塚裕史『刑法各論の思考方法（第3版）』2010	瀧川	瀧川幸辰『刑法各論（増補補訂版）』1968
大野＝墨谷	大野真義＝墨谷葵編『要説刑法各論（2訂増補版）』1993	団藤	団藤重光『刑法綱要各論（第3版）』1990
大場	大場茂馬『刑法各論 上巻・下巻（復刻版）』1994	団藤・総論	団藤重光『刑法綱要総論（第3版）』1990
大谷	大谷實『刑法講義各論（新版第3版）』2009	団藤＝平川	団藤重光＝平川宗信『刑法各論（新版追補）』1994
岡野	岡野光雄『刑法要説各論（第5版）』2009	中	中義勝『刑法各論』1975
小野	小野清一郎『刑法講義 各論（新訂版）』1949	中森	中森喜彦『刑法各論（第3版）』2011
		中山	中山研一『刑法各論』1984
香川	香川達夫『刑法講義 各論（第3版）』1996	中山・概説	中山研一『概説刑法Ⅱ（第4版）』2005
柏木	柏木千秋『刑法各論（合本）』1965	西田	西田典之『刑法各論（第6版）』2012
川端	川端博『刑法各論講義（第2版）』2010	西原	西原春夫『犯罪各論（訂補準備版）』1991
古川	古川軽夫『刑法各論』1982	野村	野村稔編『刑法各論（補正版）』2002
木村	木村亀二『刑法各論（復刊第2版）』1967	萩原	萩原滋『刑法概要 各論（第3版）』2009
木村・読本	木村亀二『新刑法読本（全訂版）』1967	林	林幹人『刑法各論（第2版）』2007
		日高	日高義博『刑法各論講義ノート（第4版）』2013
草野	草野豹一郎『刑法要論』1956	平川	平川宗信『刑法各論』1995
熊倉	熊倉武『日本刑法各論 上巻・下巻』1960-1961	平野	平野龍一『刑法概説』1977
江家	江家義男『刑法各論（増補版）』1963	福田	福田平『全訂刑法各論（第3版増補版）』2002
小暮ほか	小暮得雄＝内田文昭＝阿部純二＝板倉宏＝大谷實編『刑法講義各論 現代型犯罪の体系的位置づけ』1988	福田＝大塚	福田平＝大塚仁編『刑法各論（改訂版）』1996
		藤木	藤木英雄『刑法各論 現代型犯罪と刑法』1972
斉藤（金）	斉藤金作『刑法各論（改訂版・13刷）』1966	藤木・講義	藤木英雄『刑法講義各論』1976
		堀内	堀内捷三『刑法各論』2003
斎藤（信）	斎藤信治『刑法各論（第3版）』2009	前田	前田雅英『刑法講義各論（第5版）』2011

牧野	牧野英一『刑法各論 上巻・下巻』1950・1951		-5巻』1982
町野	町野朔『犯罪各論の現在』1996	現代刑法論争	植松正＝川端博＝曽根威彦＝日髙義博『現代刑法論争Ⅱ』1985
松宮	松宮孝明『刑法各論講義（第3版）』2012	総判研刑法	佐伯千仞＝団藤重光編『総合判例研究叢書刑法 1-26』1956-1965
松村	松村格『日本刑法各論教科書（第2版）』2007	大コメ	大塚仁＝河上和雄＝佐藤文哉＝古田佑紀編『大コンメンタール刑法 4-13 巻（第2版）』1999-2004
三原	三原憲三『刑法各論（新版）』2009		
宮内	宮内裕『新訂 刑法各論講義』1960		
宮本	宮本英脩『刑法大綱』1935		
安平	安平政吉『改正 刑法各論』1960	注釈刑法	団藤重光編『注釈刑法 (3)-(6)・補巻 1・2』1965-1976
山口	山口厚『刑法各論（第2版）』2010	判例演習各論	平野龍一＝福田平＝大塚仁編『判例演習［刑法各論］［増補版］』1969
山口・探究	山口厚『問題探究 刑法各論』1999		
山中	山中敬一『刑法各論（第2版）』2009	判例演習講座	宮澤浩一＝大塚真義編『判例演習講座刑法Ⅱ』1972

○ 演習・講座類・祝賀論文集等

演習刑法各論	福田平＝大塚仁編『演習刑法各論』1983	判例刑法	西田典之＝山口厚＝佐伯仁志『判例刑法各論（第6版）』2013
演習各論	大野真義編『演習刑法各論』1998	判例刑法研究	西原春夫＝宮澤浩一＝阿部純二＝板倉宏＝大谷實＝芝原邦爾編『判例刑法研究 1-7 巻』1980-1983
刑事法講座	日本刑法学会編『刑事法講座 1-7巻』1952-1953		
刑法基本講座	阿部純二＝板倉宏＝内田文昭＝香川達夫＝川端博＝曽根威彦編『刑法基本講座 5-6 巻』1993	判コメ	大塚仁編『判例コンメンタール刑法 Ⅱ・Ⅲ』1976
		新判コメ	大塚仁＝川端博編『新・判例コンメンタール刑法 1-6 巻・別巻』1996-1998
刑法講座	日本刑法学会編『刑法講座 5-6巻』1964		
刑法の争点	西田典之＝山口厚＝佐伯仁志編『刑法の争点』2007	百選Ⅰ	西田典之＝山口厚＝佐伯仁志『別冊ジュリスト刑法判例百選Ⅰ（第6版）』2008
刑法判研	臼井滋夫＝木村栄作＝鈴木義雄『刑法判例研究 Ⅱ・Ⅲ』1968・1975	百選Ⅱ	西田典之＝山口厚＝佐伯仁志『別冊ジュリスト刑法判例百選Ⅱ（第6版）』2008
現代刑罰法	石原一彦＝佐々木史朗＝西原春夫＝松尾浩也編『現代刑罰法体系 1-4・7 巻』1982-1984	小野還暦	『小野清一郎博士還暦記念 刑事法の理論と現実 1・2』1951
現代刑法講座	中山研一＝西原春夫＝藤木英雄＝宮澤浩一編『現代刑法講座 4	団藤古稀	『団藤重光博士古稀祝賀論文集 1-5 巻』1983-1985

第Ⅰ編　個人的法益に対する罪

第1章　生命・身体に対する罪

第1節　人の意義

Ⅰ　総説

　生命・身体に対する罪は、堕胎罪を例外とするほか、原則としてその行為の客体は「人」である。ここにいう人とは、生命ある自然人に限られ、法人を含まない。同時に、人とは行為者以外の他人をさし、したがって、自己の生命・身体に対する侵害は刑法上処罰の対象とはならない（ただし、後述202条の自殺関与罪・同意殺人罪参照）。

　人の意義は、出生から死亡に至るまでの生存自然人の規範的評価を明らかにするものである。つまり、人間が刑法上いつから人と評価され、また、いつから人でなくなるかが問われる。刑法は、人の始期を確定することによって堕胎罪と殺人罪とを区別し、また、人の終期を確定することによって殺人罪と死体損壊罪とを区別する。

Ⅱ　人の始期

　人の始期とは、出生によって胎児が人となる時期である。しかし、簡単に出生といっても、法律上の評価は必ずしも一様でない。出生の時期を定めるについて、学説上、①分娩作用が開始し、規則的な陣痛の始まったときとする陣痛説（分娩開始説）、②胎児の身体の一部が母体から露出したときとみる一部露出説（頭部露出説）、③胎児の身体の全部が母体から完全に露出したときとみる全部露出説（平野龍一・犯罪論の諸問題(下)260頁、中山23頁、民法上の通説[1])、④胎児が自己の肺によって呼吸を開始したときとする独立呼吸説（かつての有力説、大場(上)37頁など）の4説に分かれている。わが国の通説・判例

は、一部露出説を採用している。

　胎児の一部が母体から露出すれば、母体を損傷することなく、直接に外部から胎児を侵害して、その生命を奪うことが可能である。胎児が母体より分離せず、独立の呼吸作用を始めるに至っていない状態を生物学的・医学的に人と評価することはできないであろう。しかし、刑法は法益保護の見地から胎児と人との区別を明らかにして、胎児がすでに母体と関係なしに、直接侵害の対象となりうる状態に達したときに、「人」として刑法上保護しなければならず、また、保護することが可能でもある。その意味で、通説・判例のとる一部露出説が妥当である。

　堕胎罪は、胎児を母体内で死亡させる行為のほか、胎児が母体外において生命を保持できない時期に、人為的に胎児を母体から排出する行為を含む。ところが、母体を侵害して胎児に異常を生じさせ、生まれた子どもを傷害または死亡させた場合に、故意または過失の致死傷罪の成立を認めうるかが問題となる。

　このような事案に関して、わが国で裁判上はじめて業務上過失致死傷罪の適用を肯認したのが、胎児性水俣病事件に関わる昭和54年の熊本地裁判決（熊本地判昭54・3・22刑月11・3・168）である。とりわけ、そこでは、実行行為時に胎児であっても、傷害の事実が出生後の人に発生すれば傷害罪が成立する、という論理が採用された。また、それよりすでに9年前に西ドイツにおいて、サリドマイド薬剤による奇形児の出産をめぐって過失傷害罪の成立を示唆した事案があった。

　しかしながら、西ドイツにおけるサリドマイド薬剤事件（1970）やわが国の胎児性水俣病事件（1979（昭54））のように、妊娠中の母親が有毒物を摂取したために胎児に異常を生じ、生まれた子どもに奇形等の障害があった場合、その原因を与えた者に対して、故意または過失の傷害等の刑事責任を問うことができるかにつき学説上議論が分かれている。

1）　民法では、人は権利能力の主体であり、「私権の享有は、出生に始まる」（民3条1項）と規定されているように、出生は権利能力の始期を示すことから、胎児と人との区別については、全部露出説が通説である（谷口知平＝石田喜久夫編・新版注釈民法1巻（1988）223頁）。
2）　小野157頁、瀧川22頁、木村11頁、団藤372頁、瀧川（春）＝竹内3頁、井上＝江藤14頁、福田147頁、大塚8頁、西原9頁、齊藤（誠）32頁、大谷9頁、大野＝墨谷4頁、大判大8・12・13刑録25・1367など。

3） 人の始期につき、一部露出説に立つ大正 8 年の判例は、次のように判示する。すなわち、「既に母体より一部を露出したる以上、母体に関係なく外部より之に死亡を来すべき侵害を加ふるを得べきが故に、殺人罪の客体となり得べき人なりと云ふを妨げず」と（大判大 8・12・13 刑録 25・1367）。
4） 胎児性水俣病事件の昭和 54 年の熊本地裁判決は、昭和 63 年に最高裁第三小法廷の決定をもって確定し、胎児が出生して人となった後における業務上過失致死傷罪の成立を認めた（最決昭 63・2・29 刑集 42・2・314）。
5） サリドマイド事件に関わる 1970 年 12 月 18 日の西ドイツのアーヘン地裁の決定を契機として、胎児性傷害の問題にいち早く取り組んだ齊藤（誠）は、胎児への傷害が出生後の人に対する傷害罪に当たるかにつき、学説を次のように分類している。①否定説：出生後の人に対する傷害罪は成立しない（大塚、平野、香川、吉川、齊藤（誠）、大谷、岡野、町野など。西ドイツやオーストリアの多数説）。なお、齊藤は、出生後の人に対しても、母親に対しても傷害罪は成立しないという。②肯定説：出生後の人に対して傷害罪が成立する（藤木、板倉、金沢、中谷など。西ドイツの少数説）。肯定説のなかでも、どの時点で胎児に対する傷害が人に対する傷害になるかにつき、さらに説が分かれる。例えば、藤木説では、傷害を受けたことが確認された時点で人に対する傷害になるという。胎児性水俣病事件をめぐる昭和 54 年の熊本地裁判決は、人に対する傷害罪の成立を認めて肯定説を判示した。ちなみに、サリドマイド事件についてのアーヘン地裁決定は、ミュンヘン大学のマウラッハ教授の鑑定書の意見を全面的に受け入れて肯定説に立つものであった。③二分説：胎児の傷害に故意があるときだけ出生後の人に対して傷害を認め、過失の場合には処罰しない（ドイツでもわが国でも少数説。齊藤（誠）・刑法における生命の保護（3 訂版・1992）364 頁以下・435 頁以下参照）。なお、藤木説は、「胎児の傷害と傷害罪」時の法令 784 号 19 頁以下においてはじめは否定説を展開していたが、後に肯定説に変更し、その論旨を「胎児に対する加害行為と傷害罪」ジュリ 652 号 72 頁以下に明らかにしている。サリドマイド事件については、齊藤（誠）「西ドイツ刑法学のことども(3)——サリドマイド事件を中心として」判時 650 号 9 頁以下、同「胎児は人か——胎児の傷害と傷害罪」ジュリ 622 号 91 頁以下、同「胎児の傷害と傷害罪」ジュリ 690 号 52 頁以下、藤木・前掲時の法令 784 号 19 頁以下。また、胎児性水俣病事件については、大塚仁「胎児性水俣病と業務上過失致死傷罪」昭和 54 年度重要判例解説 179 頁以下、大野・演習各論 7 頁以下参照。

III 人の終期

人の終期は死亡である。死によって人は生命を失い、その身体は死体となり、その後は生命・身体に対する犯罪の客体となりえず、死体損壊罪の客体となるにすぎない。死亡の時期については、①心臓の鼓動が永久的に止まり脈搏が完全に停止した時点とする脈搏終止説（宮本 276 頁、安平 15 頁、瀧川（春）＝竹内 3 頁、香川 305 頁、中 11 頁、西原 9 頁）、②呼吸が永久に停止した時点とする呼吸終止説（大場(上) 36 頁）、③脈搏および呼吸の不可逆的停止と瞳孔反応の消失した時点をもって総合判断する、いわゆる三徴候説（福田 143 頁、大塚 10 頁、藤木 18 頁、大谷 10 頁など）、④脳の機能が不可逆的に停止した時点とする脳死説（団藤 377 頁、植松 247 頁、同・「死の判定に関する脳死説への

一寄与」団藤古稀1巻357頁以下、平野156頁、齊藤(誠)34頁、加藤久雄・ポストゲノム社会における医事刑法入門（新訂版・2004）370頁、大野＝墨谷7-8頁、大野真義・刑法の機能と限界（2002）225頁）などがある。

医学的にいえば、人の死とは、個体の生命現象を制御している人の最高器官が不可逆的にその機能を停止することである。この場合、人の最高器官を心臓に求めてきたのが、伝統的な観念であった。その意味から、かつては、脈搏停止説や三徴候説が法的見解として心臓にその判定基準を限定してきた。

呼吸が停止しても、なお心臓の鼓動の続いている場合があることから、かつての通説は脈搏終止説であった。しかし、その死亡状態の確実性と合理性の点からみて、臨床医学上の慣例である三徴候説が、社会通念上も死亡の時期を決定する妥当な判定方法として有力視され、今日の通説となっている。判例もまた、裁判慣例として定着している。

Ⅳ 脳死

脳死説は、1960年代以降、人工蘇生術の発達と臓器移植の要請を契機として、新たにクローズ・アップされてきた見解である。先進医療の発達により、脳波が平坦化し、脳幹機能が停止しても人工呼吸器（respirator）による生命維持装置を施すことによって、一定期間心臓や肺臓を人工的に動かすことができるようになった。しかし、このような状態においては、心臓や肺臓など個々の臓器は人為的に機能しても、人間の精神と肉体の全機能を司る脳全体の機能が不可逆的に停止している以上、人が生きているとみることはできない。そこで、今日の医学界では、脳死をもって死と判定する見解が定説となった。脳死説をとるならば、脳幹機能停止後、生命維持のために施した人工呼吸器を取りはずしても、また、脳死状態にある人間の臓器を摘出しても、殺人罪に問われることがない。

何らかの原因で血流が止まり、脳に血液が循環しなくなると、脳組織は壊死して脳の全機能は停止する。このような現象は、心臓死によって、つまり、心臓が止まることによっても、全身の血流が止まり、脳虚血を生ずることで起こるのが普通である。つまり、人が死ぬときは、まず、心臓の搏動が停止し、その結果として脳機能が不可逆的に喪失する、いわゆる脳死現象が生ずるのである。しかし、この意味での脳死は、心臓死によって死亡が確認され

た後に必然的に起こる、いわば、死後の現象である。

　ところが、今日話題になっている脳死とは、心臓死の結果として生ずる死後の現象ではなく、心臓死の前に起こる現象である。しかも、心臓死の前にそのような現象が発生した場合、その脳死をもって人の死と確定してよいかが問われているのである。だが、このような脳死現象は極めて稀なものであって、全死亡者の約1パーセントの発生率が推定されるにすぎない。いわば、脳死は例外的な現象にほかならないのである。したがって、通常の死に対しては三徴候説を適用し、他方、脳死現象が発生した場合には、脳死判定基準に基づき、脳死をもって人の死と決定すべきであろう。

　脳死説の可否を論議する場合に注意すべきは、脳死説の採用が直ちに三徴候説を否定するものではない、ということである。どちらも個体としての人の死を意味するものであるが、脳死と心臓死とは一応区別して考えなければならないからである。つまり、人は通常の場合、心臓の搏動の停止によって死を迎える。したがって、それを確認する方法として、脈搏、呼吸および瞳孔の3つの徴候を総合的に判断して死を決定してきた。他方、脳死は事故やある種の病気によって脳に損傷が生じ、心臓死以前に脳の全機能が廃絶した場合をいう。しかも、それを死と評価するのが、いわゆる脳死説である[6]。

　死の判定は、科学的には医学の課題であるが、死の定義は、死に対する国民感情と宗教を含む生命倫理の問題であり、現実に一つの社会通念を形成してきた。もっとも、脳死に対する国民的コンセンサスの得られる社会通念の形成を待つまでもなく、立法的解決が望まれてきたことも事実である。その間、立法以前に政策論として、積極的に脳死説の採用を肯定する見解もみられた（団藤377頁は、同・総論の旧説を改めて脳死説を積極的に認めている）。かくして、平成9（1997）年7月16日に「臓器の移植に関する法律」（平9法104）が公布され、同年10月16日に施行される運びとなった。

　臓器移植法6条1項に、死体には脳死した者の身体を含むと規定され、同法6条2項に「『脳死した者の身体』とは、脳幹を含む全脳の機能が不可逆的に停止するに至ったと判定された者の身体をいう」と明記されている[7]。ただし、ここでは、脳死体を定義するにとどめ、「死の定義」に関する直接的な表現は回避されている。もちろん、この法律は、あくまでも臓器の移植法であって、死の定義法ではないが、脳死体からの臓器の摘出を容認する限り、

直接的ではないが、明らかに死の概念の変更を肯定したものといってよい。[8)9)]

6) 脳死の原因となる病態には、脳に一次性障害があって脳死となる場合と、そうでない場合のいわゆる二次性障害による脳死とがある。通常は前者の場合が多く、その代表例として、脳挫傷、脳出血、脳腫瘍などが挙げられる（昭和 49（1974）年の日本脳波学会の脳死判定基準は、その対象を一次性脳障害に限定し、しかも、急性粗大病変としている）。このような脳死現象が問題になったのは、いうまでもなく、脳死者に人工呼吸器を装着して、脳以外の諸臓器の機能停止を人為的に引き延ばすことができるようになったからである。しかしながら、人工呼吸器を用いたからといって、そのままで無制限に心臓を動かし続けることは困難である。日本法医学会の初期の報告によると、昭和 51（1976）年から昭和 60（1985）年までの 10 年間に剖検した 48 例の脳死のうち、人工呼吸器を装着しても、脳死から心停止までの期間は、2 日以内が 13 例（27.1%）、3 日以内が 23 例（47.9%）、そして、長くても 10 日以内が 44 例、つまり全体の 91.7%が心停止に至っているという（日本法医学会雑誌 40 巻 2 号 166 頁）。

7) 臓器移植法は、脳死の概念として、とりわけ「機能死」（全脳機能の不可逆的停止）を採用している。しかし、これに対して、「器質死」（全脳の器質的梗塞）をも要求する見解がある（中山研一・脳死論議のまとめ（1992）117 頁、立花隆・脳死（1986）99 頁以下、同・脳死再論（1988）77 頁以下、同・脳死臨調批判（1992）29 頁以下）。つまり、人の死としての脳死には、機能死だけでは不十分であって、器質的にも死であることを必要とするというのである。他方、加藤・前掲医事刑法入門 289 頁では、「脳全体の機能が不可逆的に停止するという意味は、もうどんな処置を施しても機能の回復がありえないということだから」、死の判定を正確に行う限り、脳の「器質」の死まで確認する必要はないという。加藤説が妥当な見解であると思う。

8) 臓器移植を前提とした脳死の判定基準については、「臓器の移植に関する法律施行規則」（平 9 省令 78）2 条に定められている。詳しくは、大野・刑法の機能と限界（前掲）259 頁以下参照。なお、この規則 2 条に定められている脳死判定基準は、昭和 49（1974）年の日本脳波学会および昭和 60（1985）年の厚生省の特別研究班の判定基準を基礎としたものである。それぞれの判定基準につき、大野真義編・現代医療と医事法制（1995）167 頁以下参照。

9) ちなみに、臓器移植法は、平成 21 年の改正（法 83）、同 22 年 7 月 17 日の施行により、15 歳未満の小児も対象とするとともに、本人の意思表示カードがなくても家族の承諾によって、脳死臓器の提供が可能となった。しかし、海外に比べてわが国の場合、家族承諾による脳死移植の実施例は依然として少なく、平成 25 年 2 月 22 日に家族の承諾による提供のもとに行われた脳死移植をもって、法改正後 100 例を数えるにすぎない（2013 年 2 月 23 日付毎日新聞朝刊）。

第2節　殺人の罪

I　総説

殺人の罪は、故意に人の生命を侵害して、これを断絶させる行為を内容とする犯罪である。保護法益は人の生命である。この犯罪は、古来より人間社会の最も典型的で重大な犯罪と考えられてきた。したがって、殺人罪の類別も多岐に及んでいる。各種の殺人行為を類型的に分けて、その処罰に差等を設けようとするのが一般である。例えば、予謀の有無により、殺人を謀殺と故殺に区別し、前者を重く処罰することは、立法例の上からかなり広く行われている（イギリス・アメリカ・ドイツ・スイス・フランス）。また、尊属殺を重く（フランス・イタリア）、嬰児殺を軽く（ドイツ・フランス・スイス・イタリア・スペイン）処罰する例もある。

1810年のフランス刑法を模範としたわが旧刑法は、殺人罪を類別して謀殺・故殺・毒殺・惨酷殺・便利殺・誘導殺・誤殺・尊属殺（旧刑法292条以下参照）の類型を設けていた。しかしながら、現行刑法は、旧刑法と異なって殺人に関する動機や方法、予謀の有無などによる類別を一切排除して単純化している。すなわち、普通殺人罪（199条）を基本類型とし、特殊類型として自殺関与罪・同意殺人罪（202条）を規定し、これらの未遂罪（203条）を処罰するとともに普通殺人罪の予備罪（201条）を設けているにすぎない。[1]

1）　平成7年の刑法の一部改正（法91）以前には、殺人罪の身分的加重類型として、尊属殺人罪（旧200条）が規定されていた。平成7年6月1日に施行した改正により、刑法の条文の現代用語化（文語体の片仮名から口語体の平仮名への転換）と尊属加重規定および瘖唖者に関する規定の削除が行われた。もっとも、尊属殺については、尊属傷害致死・尊属遺棄等の尊属加重規定と異なり、すでに昭和48年の最高裁大法廷判決（最大判昭48・4・4刑集27・3・265）によって、尊属殺加重規定そのものは違憲ではないが、現行規定（旧200条）の法定刑（死刑または無期）が重きにすぎる点で、普通殺人罪に比して著しく不合理な差別を生じ、憲法14条1項に違反して無効であると判示された。その理由は、いかに酌量すべき情状があろうとも、処断刑の下限が3年6月を下ることなく、法律上刑の執行を猶予することができず、普通殺人罪と比べて著しく重いといわねばならないからである。

II　普通殺人罪

人を殺した者は、死刑または無期もしくは5年以上の懲役に処せられる

(199条)。なお、未遂も処罰される（203条）。

1 主体

本罪の主体は被害者以外の自然人である。法人は事実上殺人行為をなしえないから自然人に限られる。被害者以外の者でなければならないのは、現行刑法上自殺行為が犯罪とされていないことによる。したがって、自殺が未遂に終わった場合においても、その行為者は本罪の主体となりえない。また、被殺者が他人に嘱託して自己を殺害させた場合においても、その被殺者は本罪の主体となりえない。ただし、この場合嘱託を受けて被殺者を殺害した者の行為が同意殺人罪を構成するものであることは、後述するところである（後述Ⅳ自殺関与罪・同意殺人罪参照）。

2 客体

本罪の客体は、行為者以外の生命ある自然人である。ここに「人」とは、行為者以外の他人の意味である。したがって、自殺行為は構成要件の該当性を欠き、本罪の対象となりえない。殺人罪の客体たる人は、生命ある自然人である限り、犯罪当時生活機能を保有しておれば足り、その健康状態の良否や生存能力の有無を問わない（大判明43・5・12刑録16・857）。例えば、瀕死の病人、成育の見込みのない嬰児あるいは仮死状態の者（大判大8・12・13刑録25・1367）、または、民法上失踪宣告を受けた者、死刑の確定判決を受けた者なども、本罪の客体となりうる。

3 行為

行為は殺意をもって人を死亡させること、すなわち、自然的死期に先立って他人の生命を断絶することである。殺人行為は、人を殺すに足る定型性を有するものである限り、その手段・方法の別を問わない。したがって、有形的方法による場合のほか、精神的衝撃を与えてショック死させる無形的方法による場合もありうる（瀧川24頁、木村13頁、江家195頁、井上＝江藤18頁、瀧川（春）＝竹内5頁、大塚13頁）。もっとも、社会通念からみても、また、科学的見地からみても人を死亡させる可能性をもたない行為は、殺人行為としての定型性を欠き、不能犯として処罰の対象にならない。判例が硫黄をもって毒殺を図った事案につき傷害罪の成立を認めて、殺人罪としては不能未遂と判断したのも、このような趣旨に基づくものである（大判大6・9・10刑録23・999）。また、被害者に死ぬ意思がないにもかかわらず、これを欺罔し、もし

くは意思無能力であることを利用して、死亡の結果を生じさせた場合は、外観的に被害者自身による自殺の形式を備えていたとしても、被害者を道具とする間接正犯による殺人罪を構成する（大判昭 8・4・19 刑集 12・471、最決昭 27・2・21 刑集 6・2・275）。

殺人行為としての定型性がある限り、それが作為によってなされようと不作為によってなされようと差し支えない。判例は、養親が殺意をもって養子にもらい受けた乳児に授乳せず、これを死亡させた行為を不作為による殺人罪と判断している（大判大 4・2・10 刑録 21・90）。しかしながら、不作為による殺人をどの範囲で認めるべきかについては、困難な問題を生ずる。例えば、不救助による致死を殺人罪として問擬しうるかが問題となる[2]。

4 故意

本罪は故意犯であり、行為は故意によらなければならない。この場合、確定的故意だけでなく、未必的故意であっても本罪の成立を妨げない。つまり、被害者の死亡について不確定的な認識・予見をもちながら、あえて行為に出た場合に、結果の発生を希望していなくとも本罪の故意は成立する（例えば、自動車による人身事故で殺人罪の未必的故意を認定した判例として、新潟地長岡支判昭 37・9・24 下刑集 4・9=10・882、横浜地判昭 37・5・30 下刑集 4・5=6・499 参照）。また、行為者に人を殺す意思がある以上、現実には客体の錯誤または方法の錯誤によって、行為者の意図した相手方とは別人に死の結果を生じても故意の成立は妨げられない。

5 罪数

生命という人格的法益は、一身に専属すべきものであって、人の生命を保護法益とする本罪においては、被害者の数が重視されなければならない。したがって、数人を殺害すれば、原則として数個の殺人罪が成立することになる。判例も、殺人の意思で、家人が飲用すべき鉄瓶に昇汞（消毒用の塩化第二水銀）を投入した場合は、その飲用者の数に応じて殺人罪が成立し、数個の殺人罪の観念的競合となると判示している（大判大 6・11・9 刑録 23・1261 刑抄録 73・909）。また、一人の被害者を殺害する意思での、数回にわたる殺人行為は、それが同一機会に行われようと、日時・場所を異にして行われようと、包括して一個の殺人罪と解される（大判大 7・2・16 刑録 24・103、大判昭 13・12・23 刑集 17・980）。

2) 他人が生命に対する危難に遭遇しているときに、容易にこれを救助しうる者が拱手傍観していたため、これを死亡せしめるに至った場合に、傍観者を不作為による殺人罪に問いうるか、というのである。このような場合、緊急救助義務を法律上の義務と判断して、不真正不作為犯の成立を認める見解があるが（牧野英一・刑法総論(上)（全訂16版・1965）308頁以下、江家義男「不作為犯」刑事法講座1巻169頁）、緊急救助義務は一般的には道徳上の義務であって、単なる不救助による致死は殺人罪を構成するものではない（瀧川(春)＝竹内6頁、大塚14頁）。

Ⅲ 殺人予備罪

殺人の罪を犯す目的で、その予備をした者は、2年以下の懲役に処せられる。ただし、情状により、その刑を免除することができる（201条）。

1 行為

普通殺人罪の目的で、殺人の実行の着手以前の準備行為をすることである。例えば、殺人のための凶器を入手するとか、あるいは、凶器を携帯して被害者宅に侵入する行為（大阪地判昭44・11・6判タ247・322）、また、毒殺のための毒薬を調達するなどがそれである。殺人の実行を可能もしくは容易ならしめる準備行為である限り、その方法は問わないが、客観的にみて実行の着手に近接した行為に限るべきである。

本罪は、殺人を犯す目的を必要とする一種の目的犯であり、主観的要件として、単なる準備行為の認識だけでなく、自らその予備を行うことが必要である。この場合、殺人の目的は必ずしも確定的である必要はなく、例えば、談判が決裂したときには相手を殺害しようと決意して刀剣を携えて訪れた行為のように、殺人の目的が条件付きであってもよく（大判明42・6・14刑録15・769）、また、未必の目的であっても足りる（大阪高判昭39・4・14高刑集17・2・219）。

2 予備の中止と共犯

殺人の予備をした者が、実行の着手以前に任意に殺人の計画を中止した場合にどう取り扱われるかが予備の中止の問題である。判例は、本条を適用して中止犯の規定（43条但書）の準用を認めないが（大判大5・5・4刑録22・685、最大判昭29・1・20刑集8・1・41。なお、これらの判例を支持する学説として、小野163頁、植松正・刑法概論Ⅰ総論（全訂版・1966）284-286頁などがある）、学説の多くは中止未遂の場合との刑の不均衡を理由に、刑法43条但書を準用すべきことを主張する（瀧川31頁、団藤398頁、瀧川(春)＝竹内12頁、大塚17頁など）。つま

り、本罪が、実行の着手に至らなくとも、たかだか情状により任意的に刑を免除されうるにすぎないのに、実行に着手した後に中止すれば刑法43条但書の適用を受けて刑の必要的免除が認められ、予備の中止と中止未遂との間に刑の権衡上不合理を生ずるというのである。したがって、本罪の中止についても、43条但書を準用して必要的免除を認めるべきである（中山33頁は、強盗予備罪に比して殺人予備罪には任意的免除の規定があるので、中止未遂との間に刑の不均衡はそれほど大きくないという）。

本罪の共同正犯につき、判例は、他人から殺人の用に供するための青酸カリの調達の依頼を受け、これを入手してその他人に手渡した者につき、殺人予備罪の共同正犯の成立を認めている（最判昭37・11・8刑集16・11・1522）。しかしながら、共同正犯とは2人以上共同して犯罪を実行した者をいい（60条）、ここで、犯罪の実行とは基本的構成要件の内容をなす行為を行うことであるから、予備罪について共同正犯を認めるべきではないと解する（大塚17頁、香川369頁）。また、本罪の従犯も認められない（名古屋高判昭36・11・27高刑集14・9・635は殺人予備罪の幇助犯を否定している）。

IV 自殺関与罪・同意殺人罪

人を教唆し、もしくは幇助して自殺させ、または人の嘱託を受け、もしくはその承諾を得て殺した者は、6月以上7年以下の懲役または禁錮に処せられる（202条）。未遂も処罰される（203条）。

1 総説

わが国では、自殺行為そのものを犯罪として処罰する規定をもたない。ただし、自殺不処罰の実質的理由として、少数説ではあるが、自殺は可罰的違法行為でありながら、責任が阻却されるから罰せられないとする見解がある（瀧川30頁、瀧川（春）＝竹内13頁、井上＝江藤21頁）。

しかしながら、現行刑法上、殺人罪（199条）の構成要件における「人」とは自己以外の「他人」を指称するものであって、自らが自らの自由意思に基づいて自己の生命を継絶する行為、すなわち、自殺行為そのものは構成要件該当性を欠き、犯罪とはならない。もっとも、自己の生命といえども、国家・社会の見地よりみて、一個の重大な法益であることには違いない。ただ、自殺は、生命という重大な法益を放棄した一形態とみることも可能である。

その意味から、個人の尊厳と生命の個人的法益性に優位を置き、生命も自己の処分権の範囲内に属するものとして、自殺行為は違法でないとする見解がある（平野158頁、香川316頁、齊藤(誠)97頁）。

しかし、生命が一個の重大な法益である限り、いかに自らの自由意思に基づくとはいえ、生命を放棄する行為を法秩序全体の立場から是認することはできない。したがって、自殺行為そのものは違法ではあるが、可罰的違法性を具備するものではないと解すべきであろう（大塚18頁、中22頁）。自殺を違法なものと解する以上、自殺者本人の自由意思のもとに自らの手で行われた場合のほかは、自殺行為そのものも可罰性を具備することはありうる。つまり、自殺を犯罪としないからといって、自殺者に対する他人の関与をも当然に不可罰とする理由はないからである。刑法は、自殺者の意思形成の過程または自殺者の行為遂行の過程への他人の介入に対して可罰性を認め、自殺の教唆・幇助を独立の犯罪類型としているのである。

2 自殺教唆罪・自殺幇助罪（202条前段）

(1) 客体

本罪の客体は行為者以外の自然人で、自殺の意味を理解し、自由にそれを意思決定できる能力をもつ者でなければならない。したがって、幼児（大判昭9・8・27刑集13・1086）や心神喪失者（最決昭27・2・21刑集6・2・275）は、客体となりえない。

(2) 行為

人を教唆または幇助して自殺させることである。自殺の「教唆」とは、自殺の意思のない者に自殺を決意させ、実行させることであり、また、自殺の「幇助」とは、すでに自殺を決意している者に自殺の方法を指示したり、道具を供するなどして、自殺行為の実行を容易にすることである（大判大11・4・27刑集1・239）。この場合、教唆・幇助の手段・方法は問わない。教唆は明示的なものに限らず、黙示的なものであってもよい。同様に、幇助もまた、有形的方法によると無形的方法（精神的幇助）によるとを問わない。ただし、自殺の実行行為に直接手を貸す行為、例えば介錯のような場合は、自殺者の嘱託・承諾がある限り、自殺の幇助ではなく、同意殺人罪（202条後段）となる（大塚20頁注3）。

自殺は、あくまでも任意のものでなければならない。したがって、脅迫し

たり（広島高判昭 29・6・20 判特 31・61）、欺罔するなどして（大判昭 8・4・19 刑集 12・471、最判昭 33・11・21 刑集 12・15・3519）自殺に導いた場合には、もはや本罪の成立する余地はなく、殺人罪となる。なお、合意に基づく共同自殺、すなわち、「心中」（同死）の一人が生き残った場合にも、事情によっては本罪が成立するとみなければならない（大判大 4・4・20 刑録 21・487、大判大 15・12・3 刑集 5・558、小野 164 頁、木村 18 頁、団藤 400 頁、大塚 20 頁、齊藤（誠）111 頁。なお、瀧川 35 頁は、単独の自殺が不可罰であるのと同様に、心中も合意に基づく共同自殺として罰せられないとする）。もっとも、追死の意思がないにもかかわらず、被殺者を騙して同死の嘱託・承諾を得た、いわゆる偽装心中の場合は、普通殺人が成立する（仙台高判昭 27・9・15 高刑集 5・11・1820、最判昭 33・11・21 刑集 12・15・3519）。

3　同意殺人罪（202条後段）

(1)　客体

死が何を意味するかを理解できるとともに、死について自由な意思決定を行うことのできる者で、行為者以外の自然人である。したがって、自由な意思決定を行うことのできない幼児や精神障害者、あるいは戯れや強制下の瑕疵ある意思に基づく者などは、本罪の客体から除く。

(2)　行為

被殺者の嘱託を受け、または、その承諾を得て殺すことである。嘱託とは被殺者から殺害の依頼を受けてこれに応じることであり、承諾とはすでに被殺者を殺す意思をもっていた者が殺害にあたって被殺者の同意を得ることである。

嘱託・承諾は、被殺者の自由かつ真意から出たものであることが必要である（最判昭 33・11・21 刑集 12・15・3519、仙台高判昭 27・9・15 高刑集 5・11・1820、名古屋高判昭 34・3・24 下刑集 1・3・529）。しかも、少なくとも、人の生命に関わるものである以上、それは明示的なものに限定すべきであろう（瀧川（春）＝竹内 14 頁、柏木 334 頁、齊藤（誠）118-119 頁。なお、これに対して木村 15 頁、安平 26 頁、大塚 22 頁は嘱託は明示的になされることを要するが、承諾は明示的であると黙示的であるとを問わないとする）。本罪は、被殺者が自己の生命に関する法益を放棄している点に着目し、普通殺人罪に比して行為の違法性が小さいとして、自殺関与罪と同様に軽く罰せられている。その意味からも、被殺者の嘱託・

承諾の重要性を考慮すべきであって、黙示的なものにまで拡張して本罪の成立を認めることは望ましくない。

判例は、被殺者が一時の戯れに自己の殺害を嘱託した場合（大判明43・4・28刑録16・760。もっとも、この判例は被殺者の戯れの嘱託を加害者が真実の嘱託と誤信した事例であって、刑法38条2項の適用を受けたものである）や自殺の意味を理解する能力のない幼児が嘱託・承諾した場合（大判昭9・8・27刑集13・1086）、および、被殺者が医学上痴愚に近い精神状態にあるときには（大阪高判昭29・7・30裁特1・6・218）、普通殺人罪が成立し、本罪の適用の余地がないとしている。もっとも、平成10年の下級審判例（大阪高判平10・7・16判時1647・156）ではあるが、SMプレイで自分の腹部をナイフで刺すことを依頼した被殺者は、その行為が死の結果に結びつくことを意識している限り、それを望んでいなくても、真意に基づく嘱託があったとして、嘱託殺人罪の成立を認めている（大塚656頁、須之内18頁は、注目すべき判例として引用している）。

本罪は、被殺者の嘱託または承諾を得て、被殺者を殺害することによって行為は完成する。しかし、本罪の実行の着手時期について、被殺者から殺害の嘱託を受けてこれに応じたとき、または承諾を得たときとみるか、あるいは、被殺者の生命を絶つという殺害行為の実行のときとみるかが問題となる。いずれも、構成要件の内容たる行為の着手には違いないが、被殺者の嘱託・承諾を得ることそれ自体は、被殺者の生命を保護法益とする本罪の実行行為の実現にあたって定型性がなく、したがって、実行行為は殺害行為に求められなければならず、本罪の着手時期は被殺者の殺害に着手したときとみるべきである（大塚22頁、中26頁）。

(3) 安楽死と尊厳死

嘱託殺人罪に関連して、安楽死（Euthanasie）の適法性が問題となる。死期が切迫して耐えがたい肉体的苦痛に悩む人の嘱託に基づいて、その苦痛を回避するために死期を早める医学的処置を施す行為を一般に安楽死または安死術という。このような行為が刑法202条の違法性を阻却するためには、どのような条件が必要かが問われてきた。下級審ではあるが、この問題に関する指導的判例（名古屋高判昭37・12・22高刑集15・9・674）は、安楽死が違法性を阻却する要件を次のように列挙している。「①病者が現代医学の知識と技術からみて不治の病に冒され、しかもその死が目前に迫っていること、②病者

の苦痛が甚だしく、何人も真にこれを見るに忍びない程度のものなること、③もっぱら病者の死苦の緩和の目的でなされたこと、④病者の意識が明瞭であって意思を表明できる場合には、本人の真摯な嘱託または承諾のあること、⑤医師の手によることを本則とし、これによりえない場合には医師によりえないと首肯するに足る特別な事情があること、⑥その方法が倫理的にも妥当なものとして認容しうるものなること」などが、それである[3]。

また、平成3年4月に東海大病院で発生した安楽死問題をめぐる平成7年の横浜地裁判決（横浜地判平7・3・28判時1530・28）は、安楽死を許容する要件として、次の4点を明示している。すなわち、「①患者が耐えがたい肉体的苦痛に苦しんでいること、②患者の死が避けられず、その死期が切迫していること、③患者の肉体的苦痛を除去・緩和するために方法を尽くし他に代替的手段がないこと、④生命の短縮を承諾する患者の明示の意思表示があること」がそれである（なお、本判決については、加藤久雄・ポストゲノム社会における医事刑法入門（新訂版・2004）489頁以下参照）。

近年、学説的にも、安楽死を違法阻却事由として適法視する見解が通説となっている[4]。したがって、死苦の緩和を目的とし、医師の手により、社会通念上相当な方法に基づく場合には違法性が阻却されて、積極的安楽死も容認されると解する。

しかしながら、安楽死の許容の限界は、今日では単に刑法の違法性の面からだけでなく、医の倫理の問題とも深く関連して、新たな対応を迫られている。ことに、最近は安楽死のほかに植物状態にある回復不能な病者につき、事前の正常時の意思を尊重して、生命維持に必要な特別な治療措置を停止する、いわゆる「尊厳死」の許容の範囲が論議の対象となっている。

尊厳死とは、一般に回復不能な植物状態患者に、本人の事前の意思に基づいて、単なる延命措置にすぎない医療を打ち切って、人間としての尊厳を保持するため自然の死を迎えさせることをいう。これは、回復の見込みがないにもかかわらず、無益な生命維持治療を続けることは、いたずらに病者の人間としての尊厳を害することになるという発想から生まれたものである。生命維持に対する自己決定権を尊重する思想にほかならない。対象となる植物状態患者は、時には呼吸困難を伴うため人工呼吸器を装着することがあるが、自発呼吸がある点で脳死者ではない。しかし、言語能力もなく、自力移動や

自力摂取は不可能で、鼻腔カテーテルを通じて栄養が給与されるほか、屎尿失禁状態にある者である。

　意識のない植物状態患者に対して、いかに本人の事前の意思に基づくとはいえ、生命維持治療を中止して死を迎えさせることは、形式的には刑法上不作為の自殺関与罪を構成することになる。ただこの場合、安楽死と同様に違法性阻却または責任阻却が考慮されることから、尊厳死の許容範囲が問題となる。安楽死も尊厳死も、ともに末期状態にある病者に対する治療行為の限界を示すものであるが、安楽死は病者の耐えがたい死苦の緩和・除去のためのものであるのに対して、尊厳死は病者に苦痛がなく、単に回復の見込みのない者の事前の意思に基づいて、延命措置を中止するものであるところに両者の相違点がある。⁵⁾

3) 名古屋高判昭37・12・22高刑集15・9・674の事案は、被告人の父が脳溢血による全身不随で長く臥床していたところ、上下肢の激痛やしゃっくりの発作に苦しみ、衰弱も甚だしく、しばしば「早く死にたい」「殺してくれ」などと叫ぶようになり、医師からも施す術もない旨を告げられたので、父を病苦から免れさせることこそ最後の孝養だと考えて、有機燐殺虫剤混入の牛乳を飲ませて父親を殺害したというものであった。本件は、前記判示の安楽死の6つの条件のうち、⑤⑥の要件を欠くと判断されて嘱託殺人罪の成立が認められた。

4) 瀧川34頁、小野清一郎・刑罰の本質について・その他（1955）215頁、植松251頁、団藤・総論226頁、瀧川（春）＝竹内15-16頁、大塚23頁、大塚仁・刑法概説［総論］（第4版・2008）425-426頁、齊藤（誠）・刑法における生命の保護（3訂版・1992）285頁、加藤・前掲医事刑法入門465頁。また、森本益之「安楽死と尊厳死と医療拒否」（大野真義編・現代医療と医事法制（1995））203頁以下は、患者の自己決定権尊重の立場から違法性阻却説を展開している。なお、安楽死に関するモノグラフィとして、阿南成一・安楽死（1977）、宮野彬・安楽死から尊厳死へ（1984）、中山研一・安楽死と尊厳死（2000）など参照。

5) 尊厳死が論じられるようになったのは、1975年にアメリカのニュージャージー州で起こったカレン事件に端を発する。カレン・クィンラン（Karen Ann Quinlan）という当時21歳になる女性が、1975年4月に友人の誕生日を祝うため飲んだアルコールと薬による原因不明の呼吸停止後昏睡状態となり、病院で人工呼吸器を装着して持続性植物状態に陥った。カレンの父親は、医師の説明によって意識の回復の可能性がなく、人工呼吸器なしでは生存できないことを知り（ただし、この点の医師の判断は誤りで、判決後人工呼吸器を取り外しても現実に9年以上も生存した）、カレンに自然の死を迎えさせてやろうと決心して、医師に生命維持装置の取り外しを求めた。ところが、医師がこれを拒否したため彼は自らをカレンの後見人として生命維持装置を取り外す権限を裁判所に求めて提訴した。ニュージャージー州高等裁判所は、生命維持装置の取り外しの可否はあくまで医療上の問題であって、主治医の決定に委ねるべきであるとしてこの申立を却下したが（1975年11月10日判決）、同州の最高裁判所は1976年3月31日に、父親の主張を受け入れて生命維持装置の除去を認める判決を下した。裁判所の判断によって生命維持装置は取り外されたが、その後カレンは自発呼吸を回復し、持続性植物状態患者として9年余りも生き続け、1985年6月11日に肺炎を併発して死亡したのである。なお、カレン事件については、宮野・前掲注4）165頁以下・375-376頁、同「カレン事件の米ニュージ

ャージー州最高裁判決の全文」明治学院論叢 19 号、大谷實・いのちの法律学（2011）82 頁以下、団藤（改訂版増補）392-393 頁、同・総論 208 頁、加藤・前掲医事刑法入門 272-273 頁、中川淳＝大野真義編・医療関係者法学（1989）244 頁など参照。

第3節　傷害の罪

I　総説

刑法典第2編第27章「傷害の罪」の保護法益は、一般的に「人の身体」と考えられている。しかし、その保護法益を侵害することの内容に関しては、後述するように、人の身体的な生理機能の状態に着目する見解と人の身体の完全性（全体性）に着目する見解との間で議論がある。

このように人における身体の安全を保護することを企図して、同章では、傷害罪（204条）、傷害致死罪（205条）、暴行罪（208条）が規定され、さらに、それらに加え、2001年刑法一部改正により危険運転致死傷罪（旧208条の2→自動車運転死傷行為等処罰法）が新設された。

また、傷害事件に複数人が関与した場合の特則として、現場助勢罪（206条）、同時傷害の特例（207条）が規定されている。

なお、組織的な暴力行為に対抗するため、1958年刑法一部改正により、凶器準備集合・結集罪（旧208条の3→208条の2）が新設された。この保護法益に関しては、判例によれば、生命・身体または財産という個人的法益のみならず、公共的な社会生活の平穏という社会的法益も加味されている（最判昭58・6・23刑集37・5・555）。この意味で、凶器準備集合・結集罪は、同章における他の規定とは異なる性質を有している。

II　傷害罪

人の身体を傷害した者は、15年以下の懲役または50万円以下の罰金に処せられる（204条）。

1　傷害概念

人の身体を傷害することの内容に関しては、大きく分けて2点の見解による議論の対立が生じていた。

第1に、生理機能の障害ないしは健康状態の不良な変更を意味するという見解が主張されている（生理機能障害説：大判明45・6・20刑録18・896、最判昭27・6・6刑集6・7・795）[1]。

第2に、身体の完全性を害することであり、身体の完全性とは、健康状態

の不良な変更だけではなく、身体の外観を変えることも意味するという見解が主張されている（完全性毀損説）。

両者の差異は、生理機能の障害ないしは健康状態の不良な変更には至らない態様で身体の外貌に変化がもたらされたような場合の処理において生じる。例えば、頭髪・ひげ・爪の切断除去において、頭皮等に何らの影響をも及ぼさないような場合、これを傷害罪とするか否かが問題となる。このような場合、生理機能障害説によれば、一般的に傷害罪は成立しない。それに対し、完全性毀損説によれば、傷害罪成立の余地がある。

しかし、生理機能障害説によれば、外貌に著しい変化が加えられても（例えば、長髪にしていた女性を無理矢理、丸刈りにしても）、生理的機能に障害が発生しない以上、傷害罪を構成しないことになり、その結論は妥当でないという批判がある（伊東37頁、大塚25頁以下、大谷25頁、木村22頁）。これに対して、完全性毀損説によれば、頭髪・ひげ・爪等を裁断するだけで傷害に該当するという理論は、処罰範囲の拡大化を招くという批判がある（大塚26頁）。

以上のような議論を踏まえて、傷害とは、生理機能の障害ないしは健康状態の不良な変更であることに加え、身体的外貌を重大に侵害するものを含み、したがって、日常生活において一般的に看過される程度の軽微な外貌の変化は、傷害罪の予想する犯罪類型に該当しないという修正的な折衷説も主張されている。

判例は、一般的に生理機能障害説を基調としているものと理解されている。ただし、判例のなかには、学説上の「生理機能」とは意味合いの異なる「生活機能」という表現を用いているものもある（大判大3・7・4刑録20・1403、最判昭32・4・23刑集11・4・1393）。したがって、この「生活機能」という表現の具体的な内容を明らかにすることが学説上の課題となるように思われる。

ここで問題となるのは、判例・学説が傷害概念を生理機能ないしは生活機能の障害という場合、そこに精神的変調が含まれるかという論点がある。この精神的変調が一定の身体的症状（例えば、頭痛、嘔吐、発汗等）として客観化される程度のものであれば、傷害概念に含めることも可能である。問題は、そのような明確な身体的症状を伴わないまでも、日常生活に大きな支障を生じているような精神的変調の場合（例えば、対人関係に支障を来す程度の不安症・心的ストレス状態）の刑法的評価である。

この点、長期の間、不法に監禁された刑事事件の被害者において、いわゆる「PTSD」（Post Traumatic Stress Disorder：心的外傷後ストレス障害）が医学的に確認された事案で、判例上、このような精神的障害を惹起した場合にも、刑法上の傷害に該当することが示されている（最決平24・7・24刑集66・8・709）。

2 客体

本罪の客体は、自己以外の他人の身体である。行為者自身の身体に対する傷害行為（自傷行為）は、本罪を構成しない。

問題となるのは、本罪における「人」に胎児が含まれるかという点である。すなわち、胎児に生理機能障害等を生じさせ、その障害等が出生後、法的に「人」と評価される段階において、当該傷害行為の結果として発現しているような場合の処理が問題となる（いわゆる「胎児傷害」ないしは「胎児性致傷」と呼称される論点）。

この問題は、わが国において熊本水俣病刑事事件を契機に関心が高まり、公害の当罰性にも配慮して、その可罰化を企図する解釈論が模索されてきた。しかし、現在、学説の多くは、傷害罪を成立させることに否定的である[4]。その否定説の主たる理由は、次の通りである。すなわち、傷害罪の客体は、現行法上「人」とされており、それとは別に、刑法上「胎児」の生命・身体は、堕胎の罪（第2編第29章）において、書き分けられて保護されている。このことを鑑みれば、胎児に対して傷害を認める見解は、刑法上の「胎児」を「人」として解する類推適用であり、罪刑法定主義に反することになると説明される。

これに対して、熊本水俣病刑事事件における最高裁の判断によれば、胎児は、堕胎罪において独立の客体として規定されている場合を除いて、母体の一部を構成しているものと扱われており、胎児に障害等を生じさせることは、母体の一部、すなわち「人」に病変を生じさせることにも該当し、胎児が出生して「人」となった後にも、そのような障害等が残存している場合は、結局、「人」に障害等の結果をもたらしたことに等しいという解釈論が展開された（最決昭63・2・29刑集42・2・314、山中・百選Ⅱ 8頁以下）。このような最高裁の解釈論を受けて、最近では、交通事犯を原因とした胎児の致死傷事例で業務上過失致死傷を成立させる下級審裁判例も登場してきている（岐阜地判平14・12・17警論56巻2号230頁等）[5]。

しかし、この最高裁が採用した解釈論に対しては、次のような批判が向けられている。まず、胎児傷害が母体に障害等をもたらすものであるならば、自己堕胎は自傷行為として不可罰とされるべきである。しかし、刑法212条では、自己堕胎は可罰的に規定されている。さらに、この解釈論では、錯誤論における法定的符合説を想起させる処理が展開されている。しかし、法定的符合説は、同時に存在する客体間に妥当するものであり、実行行為が作用する時点において存在しない客体に対しては、適用できない理論であると批判されている[6]。

　したがって、そのような最高裁の判断に反対し、否定説を採用する学説においては、胎児に対する傷害行為を可罰化するためには、立法的解決によるほかないことが主張されている（大塚9頁、松宮15頁）。

3　行為

　傷害行為は、通常、殴る・蹴る等の有形的（暴力的）方法による形態が一般的である。しかし、刑法の規定上、傷害の手段は、限定されていない。したがって、暴行によらない無形的（精神的）方法による傷害も含まれる（例えば、嫌がらせ電話により被害者を不安・抑うつ状態に陥れる、大音響を発生させることで精神的ストレスを与え続ける等。福山・百選Ⅱ12頁以下）。また、傷害行為は、行為者自身により直接行われる場合のみならず、自然力・動物等の利用に加え、被害者の行為を利用して行われる場合（例えば、落とし穴に誘導する）も含まれる（瀧川（春）＝竹内19頁）。

　なお、現行法上、傷害罪の未遂は、規定されていない。しかし、暴行罪に関する208条の文言によれば「暴行を加えた者が人を傷害するに至らなかったときは」暴行罪が成立するものとされている。このことから、有形的（暴力的）方法による傷害の未遂は、暴行罪で対処することも可能である（団藤413頁、平野168頁）。暴行罪と傷害罪との関係は、後述において検討する。

　したがって、傷害と暴行の差異に関しては、前述した傷害概念に関する見解の相違が反映されることになる。一般的に、生理機能障害説によれば、生理機能の障害ないし健康状態における不良変更を生じさせる攻撃は傷害であり、それに至らない攻撃は暴行とされ、両者を質的に区別する[7]。一方、完全性毀損説によれば、人の身体の完全性を毀損する程度に応じて、傷害と暴行が区別され、両者は、量的な差に帰するものと考えられる（沢登佳人「暴行・

脅迫の意義」刑法講座5巻238頁）。

4 故意

本罪における故意に関しては、暴行の故意で足りるか、傷害の認識を必要とするかという論点がある。ここでは特に暴行の故意で傷害を負わせた場合（暴行致傷）の処理が問題となる。大きく分けて3点の見解による議論の対立が生じている。

第1に、傷害罪は、暴行罪の結果的加重犯を含み、傷害を惹起した暴行に関する故意があれば傷害罪が成立するという見解が主張されている（結果的加重犯説：大越24頁、江家202頁、川端45頁、瀧川43頁、藤木・講義195頁）。判例は、この見解を採用している（大判明42・4・15刑録15・443、最判昭22・12・15刑集1・80）。

この見解の根拠は、次の通りである。すなわち、もし暴行致傷の場合に、傷害罪を成立させないのならば、208条の「暴行を加えた者が人を傷害するに至らなかった」場合に暴行罪が成立するという文言から、暴行罪も成立しないことになる。結局、傷害結果に関しては、過失傷害罪が成立するのみということになり、その場合、刑罰は、罰金だけとなる。したがって、暴行の故意で暴行の結果が発生した場合よりも、暴行の故意で傷害の結果が発生した場合の方が刑罰が軽くなる。しかし、そのような処理は、あまりにも刑の均衡を欠くことから、暴行致傷は、傷害罪の結果的加重犯として処理するべきことが主張される（瀧川（春）＝竹内20頁）。

第2に、傷害罪は、故意犯であり、傷害の故意を必要とし、結果的加重犯を含むことに反対する見解がある（故意犯説：生田ほか28頁以下、木村23頁、吉川27頁）。

この見解の根拠は、次の通りである。すわなち、暴行の故意があるにすぎないのに、それよりも重い傷害の結果に関して責任を問うのは、責任主義に反する。また、結果的加重犯は、例外的規定であるので、その旨を示す文言が必要とされるべきである。しかし、それにもかかわらず、204条は、その文言を欠いている。この点において、罪刑法定主義にも反するという主張である（木村23頁）。この見解によれば、暴行致傷は、暴行罪と過失傷害罪の観念的競合として処理することで、上記の結果的加重犯説により指摘された量刑上の不均衡を克服しようとする。

第3に、有形的（暴力的）方法による傷害の場合には暴行の故意で足りるとし、その一方で、無形的（精神的）方法による傷害の場合には傷害の故意を必要とするという見解がある（折衷説）。

　この見解の根拠は、次の通りである。すなわち、故意犯説において、結果的加重犯の観念を極力排除しようという意図を評価し、傷害罪は、原則として故意犯であるとする一方で、一般的に暴行を加えるならば傷害結果が生じる危険性が発生していることから、そのような暴行行為の性質を208条のなかに読み込むことで、例外的に、有形的（暴力的）方法の場合には、結果的加重犯も含めるということが主張される。したがって、この見解によれば、傷害の故意がなく、傷害結果を生じさせてしまった場合、その結果が暴行によるものか、よらないものかで結論に差が生じることになる。

1）　同旨の学説としては、井田28頁以下、生田ほか27頁、大越22頁、川端40頁、曽根17頁、高橋45頁、中森14頁以下、中山43頁、西田41頁、林47頁、平野167頁、山口45頁、山中39頁参照。
2）　同旨の学説としては、伊東37頁、井上＝江藤26頁、小野169頁、香川374頁、木村22頁、瀧川41頁、瀧川(春)＝竹内19頁、藤木・講義193頁以下参照。
3）　同旨の学説としては、板倉31頁、内田26頁、大塚26頁、大谷25頁、柏木335頁、佐久間35頁、野村32頁、萩原15頁、平川52頁、福田151頁参照。
4）　否定的見解として、井田10頁以下、生田ほか31頁、伊藤ほか19頁、内田706頁、大塚9頁、大谷28頁、岡野2頁、川端43頁、吉川24頁、中森33頁以下、西田25頁、野村40頁、林15頁以下、福田150頁以下、山口26頁参照。これに対し、肯定的見解として、板倉9頁、斎藤(信)36頁、団藤373頁、藤木・講義188頁以下参照。
5）　この最近の傾向に関しては、和田俊憲「交通事犯における胎児の生命の保護」慶應法学11号301頁以下参照。
6）　胎児傷害ないし胎児性致傷をめぐる論点の整理に関しては、木村光江「胎児傷害」現代刑事法5巻7号74頁以下参照。
7）　しかし、植松254頁のように、一時的に、生理的な異常を生じさせたにすぎないものは、暴行にすぎないという量的な判断を加える見解も主張されている。
8）　同旨の学説としては、朝倉35頁以下、浅田ほか48頁、井田31頁以下、植松255頁以下、内田26頁以下、大谷30頁、小野171頁、香川375頁、齊藤(誠)166頁、曽根19頁、高橋51頁、団藤412頁、中森15頁、西田42頁以下、野村36頁、平野168頁、福田152頁以下、前田40頁、松宮38頁参照。

Ⅲ　傷害致死罪

　身体を傷害したことにより、人を死に至らしめた者は、3年以上の有期懲役に処せられる（205条）。

　傷害致死罪は、傷害罪の結果的加重犯である。したがって、死亡の結果に

関する故意が認められない場合でなければならない。死亡の結果に関する故意が認められる場合には、殺人罪の問題となる。

判例によれば、暴行行為を基本犯とし、傷害という中間結果を経由して、最終的に人を死亡させた二重の結果的加重犯（暴行致死）の場合も本罪に含まれる（大判明 42・4・15 刑録 15・443）。すなわち、本罪が成立するためには、暴行か傷害のいずれかの行為があれば足りるとされている。

さらに、暴行・傷害行為と被害者の死亡の結果との間に因果関係の存在が必要とされる。この因果関係の評価に関しては、判例によれば、条件説（ないしは客観的相当因果関係説）が採用されたものと評価されている（最判昭 25・3・31 刑集 4・3・469）。これに対して、学説は、判例における帰責範囲が広範であることを批判して、それを限定化する理論が提示されている[9]。

また、被害者における死亡の結果が行為者にとって予見不可能である場合であっても、判例によれば、致死に関する過失は不要として、本罪の成立が認められている（大判大 14・12・23 刑集 4・780、最判昭 26・9・20 刑集 5・10・1937）。これに対して、学説は、責任主義の見地から過失を必要と解するのが一般的である[10]。

---

[9] この点に関する学説の整理は、増井敦「暴行罪における暴行概念と傷害致死罪」産大法学 40 巻 3＝4 号 1204 頁以下が詳細である。

[10] さらには、ドイツの学説を参考にして、結果的加重犯を単なる「故意過失結合犯」とするのみならず、基本犯による直接的な危険性の実現という要件をも求めるものとして、松宮 40 頁以下参照。

Ⅳ 傷害現場助勢罪

傷害罪または傷害致死罪が発生した現場において、その勢いを助けた者は、自らが人を傷害しなくても、1 年以下の懲役または 10 万円以下の罰金もしくは科料に処せられる（206 条）。

典型的な例としては、喧嘩の現場における野次馬的声援が本罪に該当する。本罪が成立するためには、現場で勢いを助ける行為が認められれば足りる。その結果として傷害行為が容易になったか否かは問題とされない。また、被害者に傷害・傷害致死の結果が生じなければ本罪は成立しない。

本罪における法定刑の上限は、1 年以下の懲役であり、これは、傷害罪の従犯（幇助犯）における処断刑よりも軽い。この量刑上の問題も含めて、特

定の行為者を現場助勢という形で幇助したような場合、どのように処理するべきかという論点が生じる。

この点、判例によれば、現場助勢罪は、どちらに加勢するわけでもない単なる扇動的行為を対象とするだけであり、特定の正犯者を幇助したような場合は、傷害罪の従犯になると処理されている（大判昭2・3・28刑集6・18）。学説上、これを支持する見解もある[11]。

これに対し、現場助勢罪は、群集心理を考慮して、現場助勢という従犯的行為を特別罪として軽く処罰する趣旨であるという見解も主張されている[12]。したがって、この見解によれば、特定の正犯者に対する幇助も、現場助勢罪が成立する（ただし、判例の立場を採用しながら、特定の行為者に対する場合であっても、本罪が成立しうると主張するものとして、浅田ほか49頁）。

11) 同旨の学説としては、朝倉37頁、井田28頁、伊藤ほか45頁、内田33頁、大谷33頁、大塚31頁、川端52頁、吉川29頁、齊藤（誠）239頁、曽根21頁、高橋53頁、中森16頁、中山57頁、西原17頁、林54頁、福田153頁、藤木・講義200頁、前田47頁以下、松宮41頁、山中51頁参照。
12) 木村26頁、瀧川45頁、瀧川（春）＝竹内25頁、団藤417頁、西田45頁、平川56頁、山口49頁参照。

V 同時傷害の特別共犯例

2人以上で暴行を加え、人を傷害した場合において、各々の暴行における傷害の軽重が不明で、またはその傷害を生じさせた者が不明のときは、共同で実行した者でなくても、共犯として処罰される（207条）。

原則として、共犯関係にはない複数人（いわゆる同時犯）の暴行により、被害者に傷害結果が発生した場合、各加害者の暴行行為と当該傷害結果との因果関係が証明されなければ、傷害未遂としての暴行罪が成立するにすぎない。この犯罪成立要件としての因果関係の挙証責任は、刑事訴訟法上の「疑わしきは被告人の利益に」という大原則から、検察官が負担するものである。

しかし、本条は、このような立証上の困難から生ずる不都合を避けるため、因果関係の存在を推定することで、例外的に、挙証責任を被告人に転換するものである。すなわち、被告人において、因果関係の不存在に関する証明がない限り、各加害者を共同正犯として処罰すると規定したものである。

このように、本条は、刑事法上の大原則における重大な例外を規定したも

のであることから、制限的に適用されるべきである。学説上も、本条の適用は、傷害の結果が発生した場合に限定されるべきであると主張されている[13]。

しかし、判例は、傷害致死罪の場合に関しても、本条を適用している（最判昭26・9・20刑集5・10・1937）。学説上、判例を支持する見解もある[14]。

13) 同旨の学説としては、植松258頁以下、内田35頁、大塚33頁、大谷36頁、岡野20頁以下、柏木340頁、吉川31頁、江家206頁、佐久間43頁、曽根23頁、高橋57頁、瀧川（春）＝竹内26頁、中山60頁、中森18頁、西田47頁、西原18頁、野村44頁、平川58頁、福田154頁、山中56頁参照。
14) 同旨の学説としては、井田40頁、香川383頁、団藤419頁、中42頁、藤木・講義202頁、前田52頁以下、松宮43頁、山口51頁（旧版より改説）参照。

VI 暴行罪

暴行を加えた者が人を傷害するに至らなかったときは、2年以下の懲役もしくは30万円以下の罰金、または拘留もしくは科料に処せられる（208条）。

1 暴行概念の多義性

「暴行」という文言は、刑法上、種々の構成要件において設定されている。その内容には、各犯罪類型の性質に応じた相違がある。一般的には、最広義・広義・狭義・最狭義の4種類に分類されている（牧野(上)31頁以下の分類による）。

最広義の暴行とは、対人・対物とを問わず、すべての不法な有形力の行使であり、その不法な攻撃により、一地方における公共の平穏を害する程度のものである。騒乱罪（106条）、多衆不解散罪（107条）における暴行概念が、これに相当する。

広義の暴行とは、必ずしも直接的に人の身体に対して加えられること（直接暴行）は必要とされず、物に対する有形力の行使が間接的に人の身体に対して作用する場合（間接暴行）をも含むものである。公務執行妨害罪（95条）、加重逃走罪（98条）、逃走援助罪（100条）、強要罪（223条1項）における暴行概念が、これに相当する。

狭義の暴行とは、人の身体に向けられることを必要とするものである。暴行罪（208条）における暴行概念が、これに相当する。詳細は、後述する。

最狭義の暴行とは、人の身体に向けられたることを要し、相手方の反抗を抑圧するに足りる程度の有形力の行使である。強制わいせつ罪（176条）、強

姦罪（177条）、強盗罪（236条）、事後強盗罪（238条）における暴行概念が、これに相当する。

 2　208条における暴行概念

暴行罪における狭義の暴行概念とは、判例上、人の身体に対し、不法な有形力の行使であると理解されている（最判昭29・8・20刑集8・8・1277）。暴行の典型例としては、例えば、殴る・蹴る・押す・突く等が挙げられる。また、いわゆる暴力的な行為のみならず、音・光・熱等の物理的作用による攻撃も含まれる。

さらに、判例上、暴行概念は拡張傾向にあり、傷害の結果を発生させる危険性すら生じていないような性質の行為も含まれている（大判昭8・4・15刑集12・427）。すなわち、身体に接触しさえすれば、軽微なものであっても、その一切の攻撃が暴行概念に含まれるとされている。例えば、相手方に食塩を振り掛ける行為に関して、傷害の危険性が発生していなくても、その行為を暴行とした裁判例もある（福岡高判昭46・10・11刑月3・10・1311）。

逆に、判例上、傷害の危険性が発生してさえいれば、身体に直接的に接触しない行為であっても、暴行罪が成立するという方向性で適用範囲が拡張されている。例えば、人に向かって石を投げた際に、それが現に命中しなくても、相手方に命中する危険性を生じさせたものであれば、暴行とされ（東京高判昭25・6・10高刑集3・2・222）、狭い四畳半の部屋で被害者を驚かす意図で日本刀を振り回す行為も暴行とされる（最決昭39・1・28刑集18・1・31、古川・百選Ⅱ10頁以下）。

このような暴行概念の拡張化傾向を懸念して、学説上は、傷害の危険性が認められる範囲に暴行概念を限定化するための理論構成が模索されている（例えば、伊藤ほか41頁以下、山口・探究41頁以下）。

Ⅶ　危険運転致死傷罪（旧208条の2）

2013年11月20日において「自動車の運転により人を死傷させる行為等の処罰に関する法律」（以下、自動車運転死傷行為等処罰法）が国会で成立した（2013年11月27日公布）。この自動車運転死傷行為等処罰法は、自動車運転による死傷事犯の実情を重くみて[15]、社会的実態に即した対処をするため、関連法令の整備を企図するものである。これにより悪質で危険な自動車運転の際

に人を死傷させた場合の新たな罰則も創設された。

　この自動車運転死傷行為等処罰法の成立により、自動車運転事犯に関連する刑法上の規定は、特別法である当該新法に移管された。したがって、旧208条の2において規定されていた危険運転致死傷罪も現行法では削除されている。しかし、旧208条の2における構成要件の基本的な内容は、当該新法においても未だ部分的に維持されているものと評価可能である。このことから、本節では、旧条項における趣旨と論点とを踏まえた上で、新法の内容を確認する。[16]

1　趣旨

　旧208条の2は、自動車の無謀運転による悪質で重大な交通事犯に対処するために、2001年刑法一部改正の際に導入されたものである。[17] 従前、死傷の結果を生じさせた悪質で重大な交通事犯に関しては、業務上過失致死傷で処罰されてきた。しかし、危険な運転行為であることを認識しながら、そのような運転行為が容易に悪質な交通事犯を生じさせることを顧みずに、実際、重大な死傷結果を生じさせてしまった場合、単純な過失犯としてではなく、故意犯として、暴行による傷害・傷害致死に準じた罰則を設けるのが適当であると批判されていた。そのような世論の高まりを受けて、旧208条の2は、立法化された。[18]

　旧208条の2は、危険な運転行為を基本犯として、それにより死傷の結果を発生させたことが必要とされるので、一応、結果的加重犯としての形式が採用されていた。しかし、基本行為としての危険運転行為自体は、刑法上の犯罪ではなく、道路交通法上の犯罪として把握されるものである。その点において、旧208条の2は、厳密な意味における結果的加重犯とも異なる。これは、刑法上、新しい犯罪形式とも考えられており、このような立法の妥当性が議論されていた（井田38頁、大谷42頁参照。この点を責任原理上、問題視するものとして、松宮46頁）。

　さらに、この点に関連して、自動車運転死傷行為等処罰法においては「走行中に正常な運転に支障が生じるおそれがある状態」[19]での死傷事故も危険運転致死傷罪に準じるとする規定（3条関係：準危険運転致死傷罪）が新設されている。このような状態自体は、従来、暴行・傷害に同視できるような危険運転行為とすら考えられてこなかった。このことから、基本行為が道路交通

法上、処罰対象ですらない結果的加重犯という新しい犯罪類型が、特別刑法上採用されたとも評価できる。このような特別刑法上の犯罪類型の妥当性は、今後、議論される余地があるように思われる。[20]

2 行為

自動車運転死傷行為等処罰法が規定する危険運転過失致死傷の行為類型は、旧208条の2における既存の類型を移管したものと、今回、新たに新設された類型とに大きく分類される。既存の類型とは、下記(1)から(5)において説明されるものである。新設された類型とは、下記(6)から(8)において説明されるものである。

さらに、これらの新たな行為類型は、その悪質さに応じて、法定刑の内容も軽重2種類に分類されている。下記(1)から(6)に含まれるものは、相対的に重い類型として考えられ、死亡事故に関しては1年以上の懲役、傷害事故に関しては15年以下の懲役という法定刑が規定されている。一方で、下記(7)から(8)に含まれるものは、相対的に軽い類型として考えられ、死亡事故に関しては15年以下の懲役、傷害事故に関しては12年以下の懲役という法定刑が規定されている。

(1) 酩酊運転致死傷罪（旧208条の2→自動車運転死傷行為等処罰法2条1号）

アルコールまたは薬物の影響により正常な運転が困難な状態で自動車を走行させた行為により、人の死傷結果が生じた場合である。ただし、アルコール等を摂取している場合でも、正常な運転が可能な状態であるならば、旧208条の2は成立しないと解されていた。[21] しかし、新法では、正常な運転が可能であったとしても、正常な運転に支障が生じるおそれがある状態で起こった死傷事故に関しては、後述する「酩酊による準危険運転致死傷罪」（自動車運転死傷行為等処罰法3条1項）が成立することになる。

(2) 制御困難運転致死傷罪（旧208条の2→自動車運転死傷行為等処罰法2条2号）

運転を制御することが困難な程度に高速度で自動車を走行させた行為により、人の死傷結果が生じた場合である。どの程度の速度が旧208条の2の対象となるかは、具体的な道路の状況、車両の構造・性能、貨物の積載状況等の客観的事情を勘案して判断されていた（千葉地判平16・5・7判タ1159・118）。

(3) 未熟運転致死傷罪（旧208条の2→自動車運転死傷行為等処罰法2条3号）

自動車を制御するだけの技能を有していないにもかかわらず、自動車を走行させた行為により、人の死傷結果が生じた場合である。旧208条の2でいうところの「制御する技能を有しない」とは、運転技量が極めて未熟なことを意味していた。

この点、無免許であることが未熟運転に含まれるか否かに関しては、従前、議論がなされていた。[22] 今回の立法においては、無免許と危険運転行為とは直接的関連性に乏しいという理由から、無免許に関する新たな危険運転の犯罪類型を新設することは、見送られている。[23]

(4) 妨害運転致死傷罪（旧208条の2→自動車運転死傷行為等処罰法2条4号）

人または車の通行を妨害する目的をもって、走行している自動車の直前へ進入したり、その他通行中の人または車に著しく接近しながら、重大な交通上の危険を生じさせる速度で自動車を走行させた行為により、人の死傷結果が生じた場合である。したがって、本罪は、目的犯である。旧208条の2でいうところの「妨害する目的」とは、相手方の自由で安全な通行を妨げることの積極的な意図を意味しており、何らかの事情でやむなく割り込み運転をするような場合は、本罪には含まれないものとされていた（西田53頁）。

(5) 信号無視運転致死傷罪（旧208条の2→自動車運転死傷行為等処罰法2条5号）

赤色信号またはこれに相当する信号を殊更に無視しながら、重大な交通上の危険を生じさせる速度で自動車を走行させた行為により、人の死傷結果が生じた場合である。旧208条の2に関して、判例によれば、赤信号の確定的認識がなくても、信号に従うつもりがないために、それを意に介さず、たとえ赤信号であっても無視する意思で進行した場合も含まれると解されていた（最決平20・10・16刑集62・9・2797）。また、どの程度の速度が本罪の対象となるかは、判例上、具体的な道路の状況等を勘案して、当該速度で信号を無視して運転すれば大事故を起こすような場合が想定されていた（最決平18・3・14刑集60・3・363、金・百選Ⅱ14頁以下）。

(6) 通行禁止道路運転致死傷罪（新設：自動車運転死傷行為等処罰法2条6号）

本条は、危険運転致死傷罪の犯罪類型として、通行禁止道路における危険

な速度での運転行為を新たに追加する規定である。通行禁止道路における危険運転行為は、信号無視運転致死傷罪の類型と同視できることが本罪の提案理由とされている。

　本罪は、人または車の通行を妨害する目的要件が規定されていない。この点が目的犯である妨害運転致死傷罪とは類型的に異なる。このような目的要件は、犯罪類型を限定化する主観的要件であるとも評価できる。したがって、この目的要件を排除する本罪の新設に関しては、批判もある[24]。

　⑺　酩酊による準危険運転致死傷罪（新設：自動車運転死傷行為等処罰法3条1項）

　本罪は、アルコールの影響により「正常な運転に支障が生じるおそれがある状態」で起こった死傷事故に関して、新たな類型を新設するとともに、その法定刑を既存の危険運転致死傷罪よりも1段階下げたものとして規定するものである。

　本罪に対しては、処罰範囲が極めて曖昧であるという批判が考えられる。例えば、本罪における故意は、正常な運転に支障が生じるおそれがある状態の認識ということになる。これは、未だ運転に支障が生じていない時点において、将来に対する危険性の予見を求めるものである。このことから、その認識は極めて曖昧なものでも足りる可能性があり、処罰範囲の拡張化が懸念されている[25]。

　⑻　疾患による準危険運転致死傷罪（新設：自動車運転死傷行為等処罰法3条2項）

　本罪は、政令で定める疾患[26]の影響により「正常な運転に支障が生じるおそれがある状態」で起こった死傷事故に関して、新たな類型を新設するとともに、その法定刑を既存の危険運転致死傷罪よりも1段階下げたものとして規定するものである。

　本罪に対しては、当該政令において掲げられた特定の病気を差別的に取り扱うものであり、これらの疾患に対する偏見を形成し、助長させる危険性が懸念されている[27]。

　3　無免許運転による加重処罰（新設：自動車運転死傷行為等処罰法6条）

　本条は、上記の危険運転致死傷罪（自動車運転死傷行為等処罰法2条および3条）に関して、行為時に無免許運転であった場合、道路交通法における無免

許運転処罰規定との併合罪と同じか、それよりも重罰化する規定を新設するものである。ただし、この規定は、未熟運転致死傷罪（自動車運転死傷行為等処罰法2条3号）には適用されない。その理由として、未熟運転の場合、旧法下では、危険運転致死傷罪のみが成立して、道路交通法との併合罪加重すらされていないという事情との均衡を考慮したものと法案の審議過程において説明されている。[28]

本条における加重処罰に対しては、無免許運転だったという理由で一律に重罰化する法的根拠が希薄であると批判されている。[29]

15) 例えば、平成23年4月18日に栃木県鹿沼市で発生した登校児童の列にクレーン車が運転者のてんかん発作による意識障害の状況下で突っ込み、小学生6人が死亡した事故、平成24年4月12日に京都市祇園で発生した運転者の疾病（てんかん）が関係したと疑われる暴走事故、平成24年4月23日に京都府亀岡市で発生した無免許・居眠り運転で登校中の児童と引率の保護者の列に突っ込み、10人が死傷した事故等が社会的な関心を喚起したものとして挙げられる。
16) この改正の概要に関しては、法務省「自動車の運転により人を死傷させる行為等の処罰に関する法律案要綱」法務省ウェブサイト参照。
17) この改正の概要に関しては、井上宏「刑法の一部を改正する法律等について：危険運転致死傷罪の新設等」現代刑事法4巻4号91頁以下参照。
18) 従前の判例においても、幅寄せ等の危険な運転行為は、暴行に当たるとして、そのような行為により、致死傷の結果が生じた場合、傷害罪・傷害致死傷罪の成立を認めてきた（例えば、東京高判昭50・4・15刑月7・4・480等）。
19) 旧208条の2は「正常な運転が困難な状態」を求めていたことから、特に運転時の認識の立証における困難さが指摘されていた。これに対して「正常な運転に支障が生じるおそれがある状態」という認識であれば、その立証は相対的に容易になるものと考えられている。
20) 日本弁護士連合会2013年5月9日付「『自動車の運転により人を死傷させる行為等の処罰に関する法律案』に関する意見書」日本弁護士会ウェブサイト（以下「日弁連意見書」として引用）3頁以下において、このような立法形式が批判されている。
21) 大谷43頁参照。西田51頁によれば、アルコール等の影響により、一瞬急ブレーキを踏むのが遅れて事故を起こした程度の場合、正常な運転が困難であったとまではいえないことから、旧208条の2は成立しないとされていた。
22) 含まないとする見解（免許資格の有無は、運転技術の未熟さの判断とは無関係とする見解）として、大谷44頁、川端74頁、前田61頁参照。含むとする見解（免許資格の有無も含めて、総合考慮する見解）として、山中60頁参照。
23) 法務省平成25年4月12日付「法務大臣閣議後記者会見の概要」法務省ウェブサイト参照。
24) 日弁連意見書2頁以下参照。
25) 日弁連意見書4頁参照。
26) 今後定められることが予定されている政令上の「幻覚の症状を伴う精神病」として、統合失調症、「発作により意識障害又は運動障害をもたらす病気」として、てんかんと再発性の失神・無自覚性の低血糖症、「その他自動車の運転に支障を及ぼすおそれがある病気」として、そううつ病・重度の眠気の症状を呈する睡眠障害等が想定されている。
27) 日弁連意見書5頁参照。

28) 法務省平成 25 年 1 月 16 日付「法制審議会刑事法（自動車運転に係る死傷事犯関係）部会第 5 回会議議事録」法務省ウェブサイト 31 頁参照。
29) 日弁連意見書 8 頁参照。

VIII 凶器準備集合罪・同結集罪

本罪は、反社会的勢力による組織的な犯罪に対する立法的措置として、1958 年刑法一部改正の際に新設された。立法当時、いわゆる暴力団同士の抗争事件に関して、刑法は、事前に検挙鎮圧する規定を欠いていた。そのような抗争事件が惹き起こす社会不安に対応する必要性が本罪の立法理由である（渡辺・大コメ 10 巻 517 頁）。本罪の制定後には、学生運動の激化に伴い、過激派学生集団による街頭闘争の事前抑制、検挙鎮圧の手段としても適用された経緯も有する。

本罪の保護法益に関しては、争いがある。この点、本罪は、第一次的に個人の生命・身体等の個人的法益を保護するものであり、その予備罪的な性格を有すると主張する見解がある（予備罪説：井田 28 頁、大越 41 頁、大谷 47 頁以下、曽根 29 頁、中森 22 頁、野村 54 頁）。それに対し、本罪は、第一次的に、公共の平穏という社会的法益を保護するものであり、公共危険罪的な性格を有すると主張する見解がある（公共危険罪説：川端 85 頁、西田 58 頁）。予備罪的に理解すれば、個人の生命・身体・財産に対する共同加害の危険発生が必要となることから、本罪は、具体的危険犯として把握されることになり、加害行為開始後に参加した者に本罪は適用されないという解釈論が理論的な整合性を有する。一方で、公共危険罪的に理解すれば、社会生活の平穏を害する態様で足りることから、本罪は、抽象的危険犯として把握されることになり、加害行為開始後に参加した者にも本罪が適用されるという解釈論が理論的な整合性を有する。

1 凶器準備集合罪

2 人以上の者が他人の生命・身体または財産に対し、共同して害を加える目的をもって、凶器を準備して集合し、または凶器の準備があることを知って集合した者は、2 年以下の懲役または 30 万円以下の罰金に処せられる（旧 208 条の 3：208 条の 2 第 1 項）。

したがって、本罪は、2 人以上の者が他人の生命・身体または財産に対し、

共同して害を加える目的をもって集合した状況がなければ成立しない。この状況に関しては、判例上、積極的な加害目的だけでなく、相手方が襲撃してきた際に迎撃し、それを共同して殺傷するような受動的な目的も含まれる（最決昭 37・3・27 刑集 16・3・326）。また、共同加害の目的をもって集団に加わった者を援助する助勢的意思でも足りると解されている（最判昭 52・5・6 刑集 31・3・544、齋野・百選Ⅱ 18 頁以下）。

また、本罪における「集合」という表現には、判例上、時および場所をすでに同じくしていた２人以上の者において、その場で凶器を準備し、または、その準備のあることを知った上、共同加害の目的を有するようになり、社会的に一個の集合体とみられるに至った場合も含まれる（最決昭 45・12・3 刑集 24・13・1707、斎藤・百選Ⅱ 16 頁以下）。

本罪の手段である「凶器」とは、人を殺傷するために作られた性質を有する凶器（性質上の凶器：例えば、銃砲・刀剣等）のみならず、本来は人を殺傷するために作られたものでない物であっても、用法次第では殺傷用に使われうる凶器（用法上の凶器：鉄棒・斧・鎌・ハンマー・庖丁等）が含められる。

しかし、判例上、他人を殺傷する用具として利用する意図のもとに準備されたダンプカーであっても、他人を殺傷する用具として利用される外観を呈しておらず、社会通念に照らして、直ちに他人をして危険感を抱かせるに足りない場合には、本条の凶器には当たらないとして、その範囲が無制限に認められているわけではない（最判昭 47・3・14 刑集 26・2・187、振津・百選Ⅱ 20 頁以下）。

2 凶器準備結集罪

２人以上の者が他人の生命・身体または財産に対し、共同して害を加える目的をもって、集合した場合において、自らが凶器を準備し、または凶器の準備があることを知りながら人を集合させた者は、３年以下の懲役に処せられる（旧 208 条の 3：208 条の 2 第 2 項）。

本罪における「人を集合させる」という表現には、判例上、時および場所をすでに同じくしていた２人以上の者において、加害目的を付与することで、その目的を共有化させる場合も含まれる（名古屋高金沢支判昭 36・4・18 高刑集 14・6・351）。

また、集合体の形成および共同加害目的の付与に関して、主導的ないしは

積極的な役割が結集行為により達成されていることが必要とされる（東京地判昭 48・7・3 刑月 5・7・1139）。そのような主導的ないし積極的な役割が果たされていない単なる勧誘行為は、集合罪の教唆・幇助犯にすぎないものと解されている（大谷 54 頁、川端 90 頁）。

30) 本罪における保護法益の議論は、終了時期・目的とされる犯罪との罪数・抽象的危険犯か否か・共同加害目的の意義・凶器の意義・本罪の規模という具体的論点に波及している。この点に関しては、伊藤ほか 50 頁参照。

第4節　過失傷害の罪

I　総説

　刑法は故意犯を処罰することを原則としており、過失犯は例外的に処罰される（38条1項）。人の生命・身体は法益として特に重要なものだけに、刑法は過失により人を死傷に致す行為を処罰の対象としている。

　現代社会では、高速度交通機関や工業・土木・医療等、多方面にわたって、個人の生命・身体が危険にさらされている。現行刑法も、これらの事情に対応して、昭和22年の一部改正にあたり重過失致死傷罪を加え、また、激増する自動車事故に関連する悪質な過失犯に対処するため、昭和43年に業務上過失致死傷罪および重過失致死傷罪の法定刑を引き上げるとともに、過失犯として刑法上はじめて懲役刑が選択刑として加えられることになった。[1]

　もっとも、平成13年の刑法の一部改正により、交通事犯に関し、故意犯である危険運転致死傷罪（旧208条の2）が新設されるとともに、自動車による過失犯について、軽微な人身事故に対する刑の裁量的免除規定（211条2項）が設けられ、業務上過失致死傷罪における業務性が限定されることになった。また、平成19年の改正により、法定刑の上限を7年とする自動車運転過失致死傷罪が設けられ、自動車による過失犯は、業務上過失致死傷罪から独立した構成要件となり（211条2項）、長くその業務性が政策的に拡張されてきた業務上過失致死傷罪から別条の対象となった。

　さらに、平成25年11月20日に自動車運転死傷行為等処罰法（平25法86）が、国会において可決・成立し、同11月27日に公布されるに至り、過失運転および危険運転のいずれを問わず、自動車運転による死傷罪が新たな特別法のもとに一本化して規制されることになった。これにより、自動車運転過失致死傷罪に関する刑法211条2項の規定は削除されることになった。[2]

1)　過失犯は、一定の構成要件的結果の発生を回避すべきことが法によって要求されているにもかかわらず、不注意により当該結果を惹き起こすことによって成立する。不注意によって結果を惹き起したということは、行為者が法の要求する注意義務に違反したことを意味する。注意義務の内容は、大別して、結果予見義務と結果回避義務の2つからなる。結果予見義務とは、予見可能性を前提として、一定の具体的な結果の発生することを予見しなければならない義務であり、他方、結果回避義務とは、回避可能性を前提として、予見に基づいて当該結果を回避

するために、種々の適切な措置を講じなければならない義務をいう。従来は過失に固有な注意義務として結果予見義務を重視してきたが、最近では一定の外形的な措置を講ずべき結果回避義務へとその重点が移行しつつある。その一つの考え方として、結果回避義務を基礎づける前提として、「結果発生の不安感」ないしは「危惧感」が存在すれば足りるとする見解がある（危惧感説）。今日の有力説は、過失行為の違法性を基礎づける客観的注意義務と行為者の責任非難を基礎づける主観的注意義務の両面から考察し、これに伴って、その内容をなす結果予見義務および結果回避義務も、一般通常人の注意能力を前提とする客観的なもの（違法要素）と当該行為者の注意能力を前提とする主観的なもの（責任要素）とに分けて論ずる。

2）　平成25年11月27日に自動車運転死傷行為等処罰法が公布されるに至った背景には、自動車運転による死傷事犯の社会的実態に即した対応を求める事案の発生と世論の動向があった。とりわけ、平成24年4月23日に京都府亀岡市で小学校の集団登校中の列に無免許で居眠り運転の車が突っ込み、児童ら3人が死亡し、7人が重軽傷を負った暴走事故が、主たる契機となった。ことに、この事件において車を運転していた者は、19歳の少年であった。被害者の遺族らは、21万人の署名を集めて、加害者を自動車運転過失致死傷罪（旧211条2項、最高刑・懲役7年）より重い危険運転致死傷罪（旧208条の2、最高刑・懲役20年）の適用を求めた。京都家裁より逆送を受けた京都地検は、単なる無免許は旧208条の2では危険運転に該当せず、また本件においては、危険運転致死傷罪の構成要件である「進行を制御する技能を有しない」未熟運転にも当たらないとして、平成24年6月17日に道交法上の無免許運転罪と自動車運転過失致死傷罪の併合罪をもって起訴し、5年以上10年以下の不定期刑を求刑した。ちなみに、少年に対しては相対的不定期刑が適用され、短期は5年、長期は10年を超えることができないことから（少52条）、もしも危険運転致死傷罪が適用されたとしても、長期10年の不定期刑が上限となる。平成25年2月19日に、京都地裁は、検察官の起訴事実を認めて懲役5年以上8年以下の不定期刑を言い渡した。さらに、検察側は遺族の意向を受けて不定期刑の上限を10年にすることを求めて控訴したところ、大阪高裁は平成25年9月30日に一審を破棄し、一審より重い懲役5年以上9年以下の不定期刑を言い渡し、10月16日に確定した。

II　過失傷害罪

過失により人を傷害した者は、30万円以下の罰金または科料に処せられる（209条1項）。本罪は親告罪である（同条2項）。

過失により人の身体を傷害することを行為内容とする。本罪は、業務上または重大な過失傷害（211条）に当たらない単純な過失による身体傷害の場合に限られる。後述するところであるが、今日、211条の「業務」の概念が広く解釈・適用されているため、本条が実際に適用されることは少ないといってよい。例えば、飼主が犬を連れて散歩しているとき、犬が通行人に危害を加えた場合（名古屋高判昭36・7・20判時282・26）とか、バスケットボールの練習中の事故の場合（東京高判昭54・11・15判タ413・133）のように、比較的狭い範囲の私生活上の事故に限られる。

過失に基づくものである限り、行為が作為であると不作為であるとを問わ

ない（瀧川48頁、木村27頁、瀧川（春）＝竹内37頁）。また、本罪は傷害の結果が過失に基づくものでなければならない以上、傷害の故意についてはもちろんのこと、暴行の故意すらないことが必要である。もし暴行の故意がある場合には、結果的加重犯として傷害罪（204条）が成立する（ただし、傷害罪を結果的加重犯ではなく故意犯と解する見解では、暴行の認識があっても傷害の結果について過失があれば本罪が成立し、本罪と暴行罪との観念的競合となると解される。木村27頁）。

Ⅲ 過失致死罪

過失により人を死亡させた者は、50万円以下の罰金に処せられる（210条）。

単純な過失により人を死に致すことを行為内容とする。本罪は、209条（過失傷害罪）の結果的加重犯である。非親告罪であるが、罰金刑にとどまる。死の結果が過失に基づくものでなければならない以上、暴行の故意すらないことが必要である。例えば判例は、性交の際、その同意のもとに相手方の首を絞めて窒息死するに至らしめたときは、暴行の違法性は阻却され、本罪が成立するとしている（大阪高判昭29・7・14判特1・4・133）。

Ⅳ 業務上過失致死傷罪

業務上必要な注意を怠り、よって人を死傷させた者は、5年以下の懲役もしくは禁錮または100万円以下の罰金に処せられる（211条1項前段）。

1 刑罰の加重理由

本罪は、行為者の過失が業務上のものであることを理由として、単純な過失致死傷罪（209条、210条）に対して、業務者という身分により刑を加重した一種の身分的加重類型である。それでは、業務上の過失が通常過失に比して刑が加重される理由は何か。これに関して、学説は次のように分かれている。①業務者には、一般通常人に比して特に高度の注意義務が課せられているからとする見解（小野182頁、団藤432頁など）、②殊更に業務者に特別高度の注意義務を認める必要はなく、業務者は一般人に比して危険な結果を予見する程度が確実であり、結果の発生につき責任非難が大きいからとする見解（瀧川50頁、宮内40頁、中山69頁）、③業務上の過失は、通常の過失よりも法

益侵害性が大きく、違法性が大きいからとする見解（宮本292頁）、④業務者の注意義務の違反の程度が責任および違法性の両面において重いからとする見解（大塚45頁、瀧川(春)＝竹内43頁）、などである。

①の特別注意義務説が通説および判例の立場である（大判大3・4・24刑録20・619、最判昭32・3・26刑集11・3・110など）。しかしながら、この通説・判例の見解には疑問がある。人を死傷に致してはならないという注意義務は一般的な法的義務であって、業務者・非業務者の間に差を設けるべき性質のものではないからである。ただ、人の生命・身体に危険を及ぼすおそれのある業務に従事している者は、あらかじめそれにふさわしい知識経験をもつことが要求され、また、現に業務に従事することによって、このような知識経験を重ねてゆくものである。この意味で、法は業務者の結果回避の可能性について、一般通常人よりも、より大きな期待を抱き、業務者に対して強い非難を加え、刑罰を加重しているにすぎないとみるべきであろう（大野真義「業務上過失致死傷罪における業務性」判例演習講座189頁）。したがって、②の見解が妥当である。

2　業務の意義

本罪の主体は、人の生命・身体に危険を及ぼす可能性のある一定の業務に従事する者である。本罪における「業務」の意義について、判例は次のように定義する。「本条にいわゆる業務とは、本来、人が社会生活上の地位に基づき反覆継続して行う行為であって、かつその行為は、他人の生命・身体等に危害を加える虞があることを必要とするけれども、行為者の目的が、これによって収入を得るにあるとその他の欲望を満たすにあるとを問わない」（最判昭33・4・18刑集12・6・1090）。学説もまた、多くはこのような判例の定義を容認している。そこで、従来の判例を分析してみると、業務概念の設定上次のような要件が必要となる。

（ⅰ）　業務たる以上、それが社会生活上の地位に基づいて行われたことが必要である。したがって、あらゆる人に共通な自然的生活現象ともいうべき食事、睡眠、入浴、散歩のような個人的行動はもちろんのこと、親が子どもを養育したり、家庭の主婦が家事を行うなどのような、人の社会的地位と何ら無関係の行為は業務でない（小野181頁、瀧川(春)＝竹内41頁）。これに対して、外見上同性質の行為であっても、保育施設の経営者・職員、下宿・旅館

の管理者・使用人の行為は業務としての条件を備えるものと解さなければならない（藤木・注釈刑法(5) 128 頁）。また、社会生活上の地位に基づいて行われた事務であれば、「本務たると兼務たるとを問わず」（最判昭 26・6・7 刑集 5・7・1236）、しかも、「その事務は職業あるいは営業であることも必要でなく」（福岡高判昭 27・7・9 判特 19・178）、たとえ娯楽のためになされた場合であってもよいとされている（最判昭 33・4・18 刑集 12・6・1090）。ただし、かつては娯楽のための狩猟中の火薬爆発は業務に当たらないとした判例がある（大判大 8・11・13 刑録 25・1081、東京高判昭 29・4・13 東高刑時報 5・3・109）。

(ⅱ)　反覆継続して行うことが業務の要件として必要である。同種の行為がかなり繰返し継続することが客観的に明白な場合で、しかも、当該行為が繰返し行う意思のもとになされたものを業務という[3]。ただし、ただ一回の行為といえども、将来当該行為を繰返し行う意思をもってなされた以上、判例はこれを業務と認定している（福岡高判昭 25・12・21 高刑集 3・4・672）。

(ⅲ)　人の生命・身体に危害を与える危険性のあることが業務の要件として必要である（福岡高判昭 25・12・21 高刑集 3・4・672、最判昭 33・4・18 刑集 12・6・1090、最決昭 60・10・21 刑集 39・6・362）。およそ、いかなる行為といえども、何らかの意味において人の生命・身体に対する危険はありうるであろうが、ここで業務という限りは、その行為の客観的危険性の殊に大きいことが必要である。したがって、その行為の性質上明白に生命・身体に対する危害・脅威の存在が認識されることが必要である。

例えば、交通について、汽車・電車・自動車・船舶・飛行機などの運転業務、およびそれらの交通機関の運行のための整備、軌道その他運転施設・安全機構の管理・運営等に関する事務、医療行為としては、医師・助産師・看護師・薬剤師等の人の健康保持に関係ある業務、薬品・医薬部外品・爆発物等の各種危険物および有害薬品の製造・保管・運搬・販売、土木工事の安全機構の管理・運営、さらに食品の製造・保管・運搬・販売・加工調理等の人の衛生に関する業務および狩猟行為などがそれである。

(ⅳ)　業務概念の確立にあたって、判例はその行為が適法になされたものであるか、違法になされたものであるかは問わないとしている。自動車の無免許運転・無免許医療・無免許の汽船操縦・無免許狩猟などの行為は、いわゆる行政法上の資格要件を欠くものであって、行政罰を科せられる違法な行

為であるが、このような行為も、それが人の生命・身体に危害を及ぼすおそれのあるものであり、しかも反覆継続する限り、業務と認定される（大判大13・3・31 刑集3・259、大判昭8・6・3 判例体系34・278、福岡高判昭27・7・9 判特19・178、最判昭32・4・11 刑集11・4・1360、福岡高判昭25・12・21 高刑集3・4・672）。

　判例の定義する本罪の業務の概念は、かなり広範なものといえる。とりわけ、交通事犯においては、ほぼ無制限に業務概念が拡張され、職業的に自動車の運転業務に従事する地位にない者でも、過って人を傷害または死に至らしめた場合には、すべて本条が適用され、業務上過失致死傷罪として処罰されていた。しかし、平成19年に自動車運転過失致死傷罪（旧211条2項）が新設されたことにより、自動車による交通事犯は本罪の構成要件から切り離されることになった（後述Ⅵ参照）。

　もっとも、従来、業務概念を大幅に拡張して適用しようとする裁判所の態度には、少なからず、交通事犯に対する政策的配慮があったものといえる。しかも、学説の多くは、このような判例の態度を容認してきた。しかし、学説のなかにも、業務概念の無制限な拡張解釈に反対する見解が少数説ながら見受けられる。業務概念を文理的な意味の範囲内で、できるだけ厳格に、かつ、制限的に解釈すべきであるとの主張がそれである（瀧川幸辰・刑事法判決批評2巻223頁、大野真義「刑法第211条にいわゆる業務の概念について」阪大法学61号22頁）。

　本条を厳格に解釈する以上、もともと職業的業務者が、その業務を遂行するうえに必要な注意を怠って事故を惹き起こした場合に適用すべきである[4]。業務上必要な注意義務の前提をなす業務者の範囲を無制限に拡大するならば、過失傷害罪（209条）や過失致死罪（210条）の規定そのものが存在理由を失い無意味なものとなるからである。

　3　行為

　業務上必要な注意を怠って、人を死傷に致すことである。注意義務の態様は、具体的な事例のもとに確定されるべきものであるが、自動車事故に関する限り、膨大な判例の集積によって一定の基準が形成されてきた。

　4　罪数

　一個の業務上過失行為により、同時に数名に死傷の結果を生じさせたときは、本罪の観念的競合となる（東京高判昭39・7・22 東高刑時報15・7=8・155）。

自動車運転者が、過失により人に車を衝突させて傷害を与え、さらに被害者が死に至ることを認識しながら車体の下に引掛けて引きずったまま逃走し、被害者を死亡させたときは、本罪と殺人罪の併合罪となる（鹿児島地判昭44・3・4判時558・97）。また、自動車運転者が過失により人に車を衝突させて傷害を与えながら、そのまま轢き逃げ放置することによって被害者を死に致したときは、本罪と遺棄致死罪の併合罪となる（東京高判昭37・6・21高刑集15・6・422、東高刑時報13・6・178）。

3）　反覆継続の事実があるという場合、同種行為に関し、どの程度の繰返し継続があることを要するかにつき問題がある。判例は、当該同種行為間にかなりの間隔のある場合においても業務の認定を妨げないとしている。例えば、ドライブ・クラブの会員として運転免許証をもっている者が、休日等を利用してレンタカーを借り受けて運転していた場合、事故発生までの約2か月間にわずか4回しか運転事実がなく、その頻度がいかに疎であっても、反覆継続して行う意思のもとに自動車を運転したものと認定した判例がある（大阪高判昭32・5・20判時120・27）。
4）　瀧川は、洋服裁縫業者で営業その他の用事を達するためにオートバイを運転していた者が、ミシンを受け取って帰宅する途上、該オートバイの運転中過って人を傷害に至らしめた昭和10年11月6日の大審院判例（大判昭10・11・6刑集14・1114）を取りあげて、次のように評釈する。「本判決が主たる業務のみならず、付随事務につき業務上の過失を認むべきであるというは、一般論として正しいが、これを事案に適用した結果、洋服裁縫業者がオートバイを以てミシン機械を運搬する場合に業務上の過失を認めたことは正しくない。自動車運転手の業務上の過失は、自動車を運転する仕事及びそれに付随する仕事（自動車を修繕し掃除する等）について認むべきである」（瀧川・前掲刑事法判決批評2巻222-223頁）。

V　重過失致死傷罪

　重大な過失により人を死傷させた者も3年以下の懲役もしくは禁錮または100万円以下の罰金に処せられる（211条1項後段）。

　本罪は、重大な過失によって人を死傷させた場合に成立する。本条項は、昭和22年改正によって新たに追加された規定である。さらに、平成18年に本条1項前段の業務上過失致死傷罪と同様に、法定刑の加重改正が行われた。

　「重大な過失」の意味は必ずしも明らかでなく、学説も分かれている。例えば、①通常の過失に比べて注意義務違反の程度が著しい場合、つまり、些細な注意を払うことによって容易に回避しうる結果を発生させたことについて重い道義的非難が加えられるべき場合をいうとする見解（団藤・総論346頁、大塚48頁）、②注意能力に個人差があることを前提とし、注意能力の高い者が無関心な態度であったために結果を認識しなかったような場合をいうとす

る見解（小野清一郎・刑法講義[総論]（15版・1962）175頁）、③いわゆる認識ある過失が重過失であるとする見解（瀧川50頁）、④行為の具体的な人身に対する危険性が著しく大なる行為をなす際の過失であって、行為者がその危険性を知っているか、あるいは容易に知りうべき状況にあった場合のそれをいうとする見解（藤木・注釈刑法(5)179頁）などである。

　判例は、具体的事情に照らして、注意義務違反の程度が特に著しい場合を重過失と認定している。例えば、病的酩酊の素質を有し、以前にしばしば飲酒酩酊の上、心神耗弱ないし心神喪失の状態に陥り、その状態において犯罪を犯す習癖を自覚する者が、不注意で飲酒するときは重過失が認められる（福岡高判昭28・2・9高刑集6・1・108、同旨・大阪高判昭32・11・1判特4・22・585、東京高判昭33・12・3判特5・12・494）。また、無免許者が酩酊運転をして人の雑踏する場所に自動車を乗り入れ、しかも、前方注視義務を怠ったとき（最決昭29・4・1裁判集刑94・49）や、自動三輪車のような安定の悪い車の運転者が、時速30キロのまま減速せずに交差点を急角度に右折したときにも、重過失があったと解されている（東京高判昭34・2・13東高刑時報10・2・115）。あるいは、狩猟者が鳥の形のようなものを認め、それが人間でないことを確認せずに直ちに発砲した場合にも重過失が認められるとしている（東京高判昭35・7・27東高刑時報11・7・205）。

　本罪における重過失が構成要件要素である以上、その内容が類型的に明確化される必要がある。注意義務違反の程度が著しい場合というだけでは、定型的な客観性に乏しい。その意味で、重過失をいわゆる認識ある過失に限定すれば、構成要件要素としての範囲は明確化する。

VI　自動車運転過失致死傷罪

　自動車運転死傷行為等処罰法5条は、次のように規定する。「自動車の運転上必要な注意を怠り、よって人を死傷させた者は、7年以下の懲役若しくは禁錮又は100万円以下の罰金に処する。ただし、その傷害が軽いときは、情状により、その刑を免除することができる」と。この規定内容は、刑法旧211条2項と同一文言である。

　もともと、本罪は、危険運転致死傷罪（刑法旧208条の2）の法定刑（上限は当初15年、ただし平成16年以降20年）に対して、過失犯とはいえ、自動車

による業務上過失致死傷罪の法定刑（上限5年）が不均衡であるとの理由から、自動車による過失犯を刑法上独立して定めたものであって、法定刑の上限は7年となった。そして、単なる自動車運転過失致死傷罪に関しては、特別法である自動車運転死傷行為等処罰法も、そのまま刑法旧211条2項の規定を踏襲している。しかし、特別法は、自動車運転による過失致死傷の行為態様に新たな加重類型を設けている。

VII 自動車運転過失致死傷罪の加重類型

1 自動車無免許運転過失致死傷罪（自動車運転死傷行為等処罰法6条1項4号）

刑法旧211条2項に比して、自動車運転死傷行為等処罰法は、無免許（当該免許を受けていないか、または法令の規定により当該免許の効力が停止されている）の場合に、刑を加重し、新たに10年以下の懲役刑を定めている。まさに、この法律の立案契機となった、平成24年4月23日に発生した京都府亀岡市の交通事犯を反映したものである。

2 過失運転致死傷アルコール等影響発覚免脱罪（同法4条）

アルコールや薬物の影響で過失事故を起こし、人を死傷させた場合にアルコール等の影響の発覚を隠す目的でその場を離れる行為等に対して、新たな構成要件のもとに刑罰を加重して、12年以下の懲役刑を規定した。

これらの加重類型は、いずれも従来の刑法には定められていないが、自動車運転による死傷事犯の社会的実情等に鑑み、事案の実態に即した対応を行うため、危険運転致死傷罪とともに悪質な過失運転致死傷罪に対して新たに罰則を整備するために設定されたものである（自動車運転死傷行為等処罰法に関する法律案要綱参照）。

第5節　堕胎の罪

Ⅰ　総説
1　堕胎罪の歴史

　古代ギリシャやローマ時代には、堕胎は今日より広く行われていたといわれる。しかし、堕胎に対して道徳的に非難するという風潮はあっても、刑罰でもって臨むという思想は存在しなかった。堕胎をはじめて犯罪としたのは、教会法（Kanonisches Recht）であるといわれる。この時代から「胎児」は、一個独立の対象として扱われるようになった。教会法は、胎児が生命をもつ時期、すなわちいつ胎児は霊魂（生命）を授かるかを重視した。聖書では、男児は受胎後40日、女児は80日をもって生命の始期であるとした。そして、堕胎は、母体内の胎児または生きるべき子どもを滅失させるというのでなく、神から霊魂を授けられた者を殺すことであるとされた。例えば、コンスタンチノープルの宗教会議（692）では、堕胎を殺人と同視した。その理由は、人を殺すのも、あるいは人の形成の初期にある者を、それが未だ神の手にあり霊魂を授与されたときに殺すのも、その間に何の差もないとするものであった。

　わが国の刑法に大きな影響を与えたドイツにおける堕胎の歴史を概観すると、ドイツでは、中世においても堕胎行為を犯罪とみる法思想はなかったといわれる。例えば、有名なザクセンシュピーゲル（Sachsenspiegel, 1225）にも堕胎罪規定はなかったといわれる。

　しかし、中世の後期になると、ドイツでも教会法の影響が強くなり、そして、堕胎を殺人とみなし、嬰児殺に相当するとされるようになった。1532年のカロリナ刑事法典も堕胎を殺人罪に分類していた。1813年のバイエルン刑法典では、自己堕胎（172条）は、当時としてはかなり軽い刑（4年ないし8年の労作所収容）であった。しかし、不同意堕胎致死は死刑であった（173条）。1871年の帝国刑法典（旧法）21条以下の堕胎罪規定の基礎になったのが、1851年のプロイセン刑法典であった。そこでは、自己および第三者堕胎の場合は、5年以下の重懲役、不同意堕胎は、5年以上20年以下の重懲役、同致死は無期重懲役であった。

現行ドイツ刑法217条（嬰児殺）1項では、「出産中に、または出産の直後に、婚姻外の子を故意に殺した母親は、3年以上の自由刑に処する」として嬰児殺を処罰していたが、同条は、1998年に行われた「性刑法」の改正の一環として削除され、嬰児殺の大半は、213条（中程度の故殺として、1年以上10年以下の自由刑の範囲内で処罰され、罰金刑はない）で扱われている。また、ドイツでは、「わたしの腹は、わたしのもの」と「女性の自己決定権」を主張する女性運動家たちによる「妊娠初期における堕胎の自由化を認める『期限モデル』」が採用されている。そして、ドイツ刑法218a条1項3号では、12週以前の中絶の自由化を認めている[7]。

ところでわが国においては、「堕胎」と意識して、堕胎行為がいつごろから行われるようになったか必ずしも明らかではない。平安時代の今昔物語のなかに「流産の術」という表現が出ていることから、当時はすでに行われていたものと推測されている。しかし、わが国においては、もともと堕胎を法律的に処罰するという思想はなかった。わが国最古の法律たる大宝律にも堕胎罪の規定はなく、江戸時代に至るまで堕胎を処罰する法規はなかった。

しかし、1907（明治40）年に成立した現行刑法の第2編第29章に「堕胎の罪」が規定された。本章の保護法益は、当時の富国強兵の思想のもと「産めよ殖やせよ」の風潮による「殖民利益」に重点が置かれて、これを反映したものであった。

2　堕胎の意義と堕胎罪の保護法益

(1)　意義

堕胎（abortion）とは、「自然の分娩期に先立って人為的に胎児を母体から分離させることによって成立し、その結果胎児が死亡したか否かを問わない」とされる（大判明42・10・19刑録15・1420、大判明44・12・8刑録17・2183）。

刑法は、堕胎の罪として、自己堕胎罪（212条）、同意堕胎罪（213条前段）、同致死傷罪（同条後段）、業務上堕胎罪（214条前段）、同致死傷罪（同条後段）、不同意堕胎罪（215条1項）、同未遂罪（同条2項）、不同意堕胎致死傷罪（216条）を規定している。

(2)　保護法益と非犯罪化論

1908（明治41）年に施行された現行刑法の堕胎罪の法益の一つとして「殖民利益」が考慮されていたことは[8]、富国強兵を国策としていた当時のわが国

の状況に照らせば、当然のことであったかもしれない。しかし、終戦とともに新憲法が制定され、この「殖民利益」は、堕胎罪の法益としての意義を全く失ったものといえよう。

ところで、堕胎罪の保護法益は、通常、「胎児の生命・身体」と「母体（妊婦）の生命・身体」の安全の保護にあるとされ、まさに、二律背反の関係にあることが両者間の多くの葛藤の根源でもある。つまり、「胎児の生命・身体の安全」確保を第一義的な法益とすれば、例えば、少子化傾向対策に名を借りた「殖産思想」の復活、いわゆる「初期堕胎」（12週、3か月以前の中絶）の「非犯罪化」の否定、最近はやりの「母体血マーカー胎児診断」[9]による中絶の否定などにつながることになる。しかし、それとは反対に、「母体（妊婦）の生命・身体の安全」確保を第一義的な法益とすれば、例えば、母体保護法のように妊娠中期（現在は、22週以前）の妊婦の「産む産まないの自由」の尊重、範囲の不明確な「経済的理由」の濫用、「母体血マーカー胎児診断」による優秀な遺伝子をもつ胎児の選別に伴う、21世紀型の「優生思想」の復権などの諸問題が未解決のまま放置されることになる。もちろん、刑法は、女性のプライバシーに干渉すべきではないが、明治期と違って、「未熟児医療」や「遺伝子治療」の圧倒的発展による現状把握を前提とした論議が必要である（松宮62頁）。

(3) 行為・責任

刑法の「堕胎」という概念は、母体保護法の「人工妊娠中絶」という概念よりも広く解されている。けだし、人工妊娠「中絶」は、胎児が、母体外において、生命を保持できない時期までに人為をもって胎児を母体外に排出させる行為だからである。つまり、胎児が、母体外で生命を保持できる時期であっても、まだ母体内にあり、自然の分娩期にないのに、人為をもって胎児を母体外に排出する行為は、母体保護法にいう「人工妊娠中絶」ではなく刑法上の「堕胎」に相当すると解されている。

「堕胎」がいかなる場合に違法性を阻却されるかについては学説上の争いがある。上記の母体保護法上の適応事由に基づいて「人工妊娠中絶」が実施された場合には、刑法35条により正当な業務行為として違法性が阻却される。問題は、母体保護法の認める違法性阻却事由がないのに中絶手術が行われた場合である。この場合でも、中絶は、刑法35条の精神から認められる

超法規的違法阻却事由に該当し、違法性阻却が制限されることはないとする説が有力である。例えば、胎児が母体外において生命を保持できる時期（妊娠満 22 週以降）において胎児を人工的に母体外に排出することは、母体保護法にいう人工妊娠中絶には該当しないから、本来違法ということになるが、初産などのため産道が狭く、自然出産よりも帝王切開による方が胎児を安全に母体外に排出させることができるような場合には、直ちに緊急避難の要件に該当しなくても超法規的に違法性が阻却されると考えてよい場合があるように思われる（大谷（第 4 版）64 頁）。これに対して、こうした場合には、刑法 35 条は母体保護法の制限を受け、母体保護法で違法なものは、刑法 35 条によってその違法性が阻却されることはなく、むしろ、この場合には、適法行為の期待可能性が欠如することによって責任が阻却されるとした方がよいとする説がある（団藤 442 頁、瀧川（春）＝竹内 47 頁）。例えば、母体保護法は、「経済的事由」については、妊娠の継続または分娩が経済的に母体の健康を著しく害するおそれのある場合に限定しているが、母体の健康を著しく害するおそれまでないにしても、妊娠の継続、分娩による経済状態の悪化が家族全体に及び、最低生活を営むことができない場合もある。こうした状況における中絶であっても母体保護法の認める違法阻却事由に該当するとはいえないが、適法行為の期待可能性がない場合と考えられ、責任が阻却されるといえよう（大野＝墨谷 56 頁、山中 83 頁）。

　さて、胎児を胎内で殺すことも堕胎行為の一つの態様である。しかし、上記の最高裁（大審院）判決のように、「堕胎」は、堕胎の結果胎児が死亡したことをその成立要件とはしていない。つまり、人為的に母体外へ排出された胎児がなお生き続けていたとしても堕胎罪は既遂に達するのである。しかし、堕胎罪は危険犯であるから胎児および母体の双方に生命・身体に具体的危険を生じないときは本罪は成立しない（川端 117 頁）。

　(4)　堕胎罪と母体保護法の中絶条項

　母体保護法は、不妊手術および人工妊娠中絶に関する事項を定めることなどにより、「母体の生命健康」を保護することを目的（1 条）として、1996（平成 8）年 6 月 26 日に制定された。内容は旧優生保護法の「優生手術」の条文がすべて削除され、指定医師が本人と配偶者の同意（配偶者が知れないときは本人の同意）を得る事のみで妊娠中絶を可能にしている。

この母体保護法で「人工妊娠中絶」とは、胎児が、母体外において、生命を保続することのできない時期に、人工的に、胎児およびその附属物を母体外に排出することをいう（2条の2）。この母体保護法の問題は、14条（医師の認定による人工妊娠中絶）で都道府県の区域を単位として設立された医師会（公益社団法人）の指定する医師は、次の各号の1に該当する者に対して、本人および配偶者の同意を得て、人工妊娠中絶を行うことができるとしていることである。つまり、第1項では、「⑴妊娠の継続または分娩が身体的または経済的理由により母体の健康を著しく害するおそれのあるもの、⑵暴行もしくは脅迫によってまたは抵抗もしくは拒絶することができない間に姦淫されて妊娠したもの」、第2項「前項の同意は、配偶者が知れないときもしくはその意思を表示することができないときまたは妊娠後に配偶者がなくなったときには本人の同意だけで足りる」としている。

1）　小泉英一・堕胎罪の研究（1956）10頁・12頁。
2）　G・デーン「堕胎罪の歴史について」ユルゲン・バウマン編著・中谷瑾子＝人見宏共訳・堕胎　是か非か（1966）295頁以下。
3）　小泉・前掲注1）18頁。
4）　デーン・前掲注2）297頁。ある女性は、若い娘たちに堕胎剤の用い方を教えたために、1477年にハンブルクで火刑に処された。1499年のチロル刑事裁判所規則は、堕胎を嬰児殺の刑によって処罰していた。
5）　デーン・前掲注2）301頁。中川祐夫訳「1813年のバイエルン刑法典⑵」龍谷法学3巻1号114頁。
6）　デーン・前掲注2）301頁。1871年のドイツ帝国刑法典218条は、自己堕胎を5年以下の重懲役としていた。
7）　松宮64頁では、「外国では、妊娠初期には『期間解決方式』（本書では『期限モデル』とする）と妊娠中期には『適応事由方式』（適応モデル）の混合的方式を採用しているところが多い」としている。そして、ドイツでは、健康保険適用の条件として、妊娠初期から「カウンセリング方式」を採用し、「中絶」の濫用防止を図っている。なお、詳細は、加藤久雄・医事刑法入門（新訂版・2005）312頁。
8）　堕胎罪に関する規定が、現行法とほぼ同じ形で存置されることの理由については、「胎児もまた生命をもつものとして保護する必要があり、これを軽んずることはひいては人命の軽視にもつながること、堕胎に関する処罰規定の廃止によって性道徳がいっそう乱れるおそれもあること、堕胎罪の検挙件数が少なくても、一般予防的見地から処罰規定を置く意味はあり、また、国民意識としても堕胎を是認するに至ってはいないこと、人口問題と堕胎処罰の当否とは直接の関連はないが、わが国の人口政策がまだ十分に固まっていない現段階で、堕胎罪の廃止により人口増加の抑制を図ろうとするのは適当でないこと、諸外国において堕胎の規制が緩和されるようになっているのは、妊娠中絶に対して日本とは比較にならないほど厳しい態度をとってきたことを修正しようとするものであって、堕胎罪を全廃した立法例はないこと」などが挙げられている。また、妊娠初期における堕胎の自由化を認める「期限モデル」については、「母体

の安全という観点からは理由があるとしても、胎児の生命尊重の面からは理由がない」とされている（法務省刑事局編・改正刑法草案の解説（1975）279 頁）。
9）出生前診断をめぐる訴訟の急増とカウンセリング方式の採用について、アメリカ合衆国では、異常児出生の危険性が高いと予想されたのに、医師が「出生前診断」を勧めなかったため染色体異常児を出産した産婦から訴訟があり、医療サイドが敗訴するという事件が続発していると報告されており、医療サイドは、戦々恐々となっている。わが国では、39 歳の母親から生まれたダウン症児について出生前診断がなされなかったとして訴訟されたケースで、「妊婦からの相談や申し出がない場合、産婦人科医師が積極的に染色体異常児出産の危険率や羊水検査について説明すべき法的義務があるとは認められない。妊婦からの申し出があった場合でも、産婦人科医師には検査の実施などをすべき法的義務があるなどと早計に断言できない」として、医師に過失はないとした判例（京都地判平 9・1・24）が出ているが、日本でも出生前診断が医事紛争の種になり始めたといえる。

II 自己堕胎罪

妊娠中の女子が薬物を用い、またはその他の方法により堕胎したときは、1 年以下の懲役に処せられる（212 条）。

1 主体

行為の主体は、懐胎の女子、すなわち妊婦に限られ、一種の身分犯である。自己堕胎は、妊婦自身が、何らかの方法で自分の胎児を処分することであるから、一種の自傷行為でもある。自傷行為を不処罰とするわが刑法において、なお自己堕胎が処罰されるのは、本罪の法益がもっぱら胎児の生命・身体の保護にあると解されるからである（大谷（第 4 版）67 頁）。

2 客体

客体は、生命ある胎児である（大判昭 2・6・17 刑集 6・208 では堕胎時に「胎児が生活力を保有することを要す」としている）。したがって、行為のとき、すでに胎児が死亡している場合には、本罪の成立はない。また、想像妊娠の場合にも、客体である胎児がもともといないのであるから本罪の成立はない。胎児がどの程度に発育していることが必要かについては、「期限モデル」をとらないわが国の堕胎罪においては、基本的に問題とならず、妊娠初期——判例では妊娠 1 か月でも有罪とするものもある（大判昭 7・2・1 刑集 11・15）——の中絶も本罪を構成する。

「堕胎」は、生きていた胎児が母体外に排出されたときに既遂となる。その時点でそれが生産であると死産であるとを問わず、堕胎罪が成立する。ただし、妊婦が、母体内で胎児を殺害する方法で堕胎を行った場合には、胎児

の生命が奪われた時点で既遂を認めてもよい。

3　罪数・共犯

妊婦が、堕胎した後、母体外に排出し、生きて産まれた胎児を殺した場合には、判例（大判大 11・11・28 刑集 1・705）および通説（西田 15 頁）は、堕胎罪と殺人罪との併合罪と解している（川端 121 頁）。つまり、最初から分娩後生産胎児を殺す意思で堕胎を行い、実際に生産胎児を殺した場合には、堕胎罪と殺人罪の併合罪とする説が有力である。

堕胎の方法には制限はない。そして、この場合の堕胎は、妊婦自らが単独で堕胎行為を実行するか、他人に実施させるか、他人の協力のもとに実行するかを問わない。

他人が堕胎に関係する場合には、刑法 65 条（共犯と身分）の適用があり、妊婦は本条（212 条）の適用を受け、協力した他人は同意堕胎罪（213 条）、または業務上堕胎罪（214 条）の適用を受ける（大判大 8・2・27 刑録 25・261）。

Ⅲ　同意堕胎罪・同致死傷罪

女子の嘱託を受け、またはその承諾を得て堕胎させた者は、2 年以下の懲役に処せられる。よって女子を死傷させた者は、3 月以上 5 年以下の懲役に処せられる（213 条）。

行為の主体は、214 条との関係から、医師、助産師、薬剤師または医薬品販売業者以外の者である。刑法 65 条 2 項の「身分のない者」に該当する者が主体である。

「女子の嘱託」とは、妊婦の方から自分の意思で進んで依頼することであり、「承諾」とは、堕胎の実行行為者の方から妊婦の同意をとりつけることである。この「嘱託」または「承諾」は、ともに妊婦の真意に基づくものであることが必要である。例えば、入籍を強く希望している内縁の妻に対し「堕胎しなければ別れる、堕胎すれば必ず入籍する」と偽って堕胎を強要し、同女をして、堕胎すれば入籍されると誤信させて堕胎に応じさせたような場合には、本条にいう「承諾」ではなく、215 条 1 項の不同意堕胎罪を構成する（仙台高判昭 36・10・24 高刑集 14・7・506）。

次のような事例は、本罪の間接正犯となる。妊婦により堕胎の依頼を受けた者が、素人手段により堕胎を施したため、堕胎の結果が生ずる前に母体に

異常が生じ、医師の手術により胎児を排出しなければ妊婦の生命に危険を及ぼす状態に達した。その機会を利用して医師に対して胎児の排出を求め、医師をして生命に対する緊急避難行為として胎児を排出せしめた者は間接正犯である（大判大10・5・7刑録27・257）。

また、本条は身分犯を規定したものではないから、以下のような場合には刑法65条2項「身分なき者」に該当し、本条の適用により処罰される。妊婦に堕胎を教唆し、一方、医師に対しても同妊婦の堕胎手術をするよう教唆し、よって一個の堕胎行為に関して、妊婦に対する自己堕胎の教唆、医師に対する業務上堕胎罪の教唆と2個の教唆行為があった場合、当該教唆者は、212条、214条の成立要件である身分を有しないから、結局、本条により刑を科すことになる（大判大9・6・3刑録26・384）。

なお、妊婦の依頼により堕胎手術の費用を支払うのは、212条の幇助であるが（大判昭15・10・14刑集19・685）、やはり65条2項の適用により、本罪の従犯として刑を科すことになる。

本条の後段は同意堕胎致死傷罪を規定したもので、前段の同意堕胎罪と結果的加重犯の関係に立つものである。

本罪の結果的加重原因となる傷害は、堕胎行為として行われる胎児の殺害や母体外排出に伴って生じる創傷のほかに、生理状態を不良に変更するような事実を必要とする。例えば、堕胎技術が稚拙なため子宮を損傷したり、その他の内臓を損傷したりする場合である。堕胎行為が未熟であったため妊婦が以後不妊症になってしまったとか、堕胎には同意していた妊婦が、堕胎行為が不適切に行われたため、妊婦をして精神錯乱状態に陥れたような場合も本罪を構成するといえよう。さらに、本罪が成立するためには、基本行為たる堕胎の既遂・未遂を問わないとするのが判例（大判大13・4・28）・通説（例えば、瀧川(春)=竹内52頁）である。

しかし、不同意堕胎の結果的加重犯を定めた216条が215条2項（不同意堕胎未遂）の適用を受けるのと対比すると、本罪の成立には基本行為が既遂に達したことを要すると解するのが正当であるとする、有力な反対論がある（団藤436頁）。

Ⅳ 業務上堕胎罪・同致死傷罪

医師、助産師、薬剤師または医薬品販売業者が女子の嘱託を受け、またはその承諾を得て堕胎させたときは、3月以上5年以下の懲役に処せられる。よって女子を死傷させたときは、6月以上7年以下の懲役に処せられる（214条）。

本罪の主体は、医師、助産師、薬剤師、医薬品販売業者に限られ、したがって身分犯である。ここにいう医師は、わが国が医療制度上いわゆる専門医制度をとっていないので、産科専門医に限定されない。また、母体保護法指定医師に限定する必要もない。ただし、歯科医師・獣医師は、業務上、堕胎施術を心得ているとはいえないので、ここにいう「医師」には含まれないと解すべきである（ただし、大谷（第4版）69頁では「歯科医師」も含まれるとする）。看護師は、本条のいう身分には含まれないので、医師と共同実行の意思で堕胎手術を行った場合には、213条により処断される（加藤・前掲注7）331頁）。また、本罪には間接正犯は成立しないとされている（板倉199頁）。後段は、前段の業務上堕胎罪の結果的加重犯である。

なお、改正刑法草案では、本条を削除し、新たに、営利堕胎罪（草案279条）を設けた。その理由として、「現行法においては、（中略）特定業務者に要求される高度の職業倫理に着目している点でそれなりの合理性はあるが、行為の悪性、危険性などの面からみると、医師などの資格を有する者による場合が一般的に犯情が重いとはいえないこと、ことに行為の危険性という点からは、正規の資格を有する医師による場合の方が安全であり、この点に着眼して医師による同意堕胎を軽減類型としている立法例もあること（ロシア共和国刑法116条）、この種の事犯のうち、特に重く処罰する必要のある事例の典型は、医師でない者が不正の報酬を得ることだけを目あてに職業的に犯す場合であるが、この種の事犯は現行法の業務上堕胎罪にはあたらないこと、営利の目的で行われることを加重要件とした方が、この種の悪質な事犯を的確にとらえることができ、また、そのようにすれば、医師など特定の業務者の犯す事犯のうち犯情の重いものは大部分含まれることになる」とする（前掲注8）解説書281頁）。

V　不同意堕胎罪

女子の嘱託を受けないで、またはその承諾を得ないで堕胎させた者は、6月以上7年以下の懲役に処せられる（215条1項）。前項の罪の未遂は、処罰される（同条2項）。

本条は、女子の同意がないのに堕胎を行った者を処罰するもので、堕胎罪規定のなかで最も刑が重く、かつ未遂も処罰される。堕胎罪の非犯罪化を提唱する論者にあっても本条を削除する意図でないことは論をまたない。

本条の主体には制限がない。したがって、214条に列挙された者による堕胎であっても、妊婦の同意なく行われた場合には、本条の罪の主体となる。婚姻届出を熱望する内縁の妻に「堕胎すれば届出をする」と騙して、同女の同意を得て堕胎させた場合には、妊婦の真意の承諾があったといえず本条に該当するとした判例がある（前掲仙台高判昭36・10・24）。

妊婦の無知を利用した場合にも、同意があったとはいえず本条に該当する。

本条2項では未遂も処罰されるので、例えば、前述した想像妊娠や実行の着手前に胎児がすでに死亡していた場合などにおける堕胎行為は、未遂罪なのか、不能犯または「事実の欠缺」なのか。行為時の具体的状況を検討し、堕胎の結果の発生の危険があると認められる場合には、未遂罪が成立するとする説が有力である（団藤448頁、大塚54頁）。

VI　不同意堕胎致死傷罪

215条の不同意堕胎罪を犯し、よって女子を死傷させた者は、傷害の罪と比較して、重い刑により処断される（216条）。

本条は、前条の罪を犯し、よって女子を死傷させた者は、「傷害の罪」と比較し、重い方で処断すべしとして不同意堕胎致死傷罪を規定したものである。本条は、215条の結果的加重犯である。したがって、215条の不同意堕胎未遂罪が成立するような事例で、結果的に女子を死傷に致したときは、本罪が成立する（大野＝墨谷62頁）。

第6節　遺棄の罪

I　総説

　遺棄の罪は、老年者、幼年者、身体障害者または病者のように、他人の扶助なくしては正常な日常生活を営むことができない者を、保護のない状態に置くことで、その生命・身体を危険にさらすことによって成立する犯罪である。したがって、本罪は人の生命・身体の安全を保護法益とする一種の危険犯である（大判大4·5·21刑録21·670[1]）。

　遺棄罪の法的性格を解釈上明らかにするにあたり、一般に遺棄の行為概念につき広狭二義が行われている。通説によれば、狭義の遺棄とは「移置」、すなわち、被遺棄者を危険な場所に移すことによっていままでの保護関係を絶つ場合をいい、広義のそれは、「移置」のほかに、いわゆる「置き去り」、すなわち、被遺棄者を置いて遺棄者自らがその場所より立ち去ることによって保護関係を絶つ場合を含む。単純遺棄罪（217条）における遺棄は狭義の意味に解するが、保護責任者遺棄罪（218条）の遺棄は、広義の意味に解されている（牧野(下)292頁、宮本299頁、小野192頁、瀧川61頁、木村42頁、団藤452-453頁）。なぜならば、狭義の遺棄は、その性質上作為によるものであって、行為者は限定されないが、置き去りによる遺棄は、保護義務、すなわち、一定の作為義務を有する者によってのみ犯されうる不真正不作為犯の形態をとるものだからである。したがって、通説においては、刑法217条の単純遺棄罪は作為犯による場合を規定したものであるが、保護責任者遺棄罪を定めた刑法218条前段の遺棄罪は、作為犯による場合のほか不真正不作為犯による場合を予定しており、同218条後段の不保護は真正不作為犯の一例を規定したものと解される。

　しかし、移置と置き去りを以上のように理解すると、不作為の置き去りは保護責任者でなければ犯せないことになる。そこで、上記の通説を修正する見解として、目の不自由な者が橋に接近するのを見て橋を取りはずす行為のように、置き去りのなかには要扶助者を場所的に移転せずとも、安全な場所への接近を妨げる作為も含まれているから、作為による置き去りは保護責任のない者でも犯すことができるとして、217条は移置のほか作為による置き

去りも含むと解する説がある（木村 46 頁、植松 289 頁）。

このように、通説のいう、移置は常に作為犯であり、置き去りは常に不作為犯であるとは必ずしも明言できない。このことを明らかにしたのが大塚説である。それによると、例えば、扶助を要すべき者が任意に立ち去るのに任せておくような場合は、不作為による移置と解すべきであるし、また、谷川にかけられている吊橋を切り落とすなど、被遺棄者の保護者への接近を遮断し、または困難ならしめる行為は明らかに作為犯の形式においてなされうるが、その性質上置き去りといわねばならない、という。そして、通説の立場は、保護責任のない者に移置（Aussetzung）を処罰し、保護責任者にはさらに置き去り（Verlassen）をも禁止しているドイツ刑法221条の解釈に無批判的に追随しているきらいがある、と批判する。わが国の刑法は、保護責任のない者にも、保護責任者にも、同じく遺棄を禁じているにすぎず、したがって刑法の解釈上、移置とか置き去りとかの表面的な行為形態に拘泥すべきではない、と主張する（大塚 58-59 頁）。

遺棄罪は、被遺棄者の生命・身体を保護法益とする危険犯である。この場合、遺棄の行為によって現実化される危険の程度につき、それが具体的危険でなければならないか、それとも抽象的危険であれば足りるかについては、見解が分かれている。論議の対象となる設例は、他人の救助がほぼ予想される場合で、例えば、警察署の門前に幼児または身障者を放置して、他人または警察官が救助したのを確かめた上で立ち去ったような場合に、はたして遺棄罪が成立するか否かということである。

具体的危険犯説の立場においては、このような場合、被遺棄者の生命・身体に対する危険が具体的でないから遺棄罪は成立しないと解する（瀧川 59-60 頁、団藤 452 頁、瀧川（春）＝竹内 53 頁、宮内 40 頁、熊倉(上) 206-207 頁、桜木澄和「遺棄罪の問題点」刑法講座 5 巻 258 頁）。他方、抽象的危険犯説の見解では、このような場合でも、すでに被遺棄者の生命・身体に対する抽象的危険が発生している以上、遺棄罪の成立を認めると説く（木村 43 頁、小野 193 頁、安平 71 頁、植松 287 頁、江家 217 頁、青柳 349 頁、平野 165 頁、大塚 60 頁、香川 403 頁、藤木 11 頁、内田 91 頁）。判例も、「行為の結果が現実に生命・身体に対する危険を発生せしめたりや否やは問うところに非ず」として、抽象的危険犯説に立っている（大判大 4・5・21 刑録 21・670）。

遺棄罪は、主体の保護責任の有無によって行為形態を異にし、単純遺棄罪と保護責任者遺棄罪の別を生ずる。両者は、それぞれ構成要件を異にしている以上、危険の程度についても、必ずしも一律に判断する必要はないのではなかろうか。したがって、保護責任のある場合には抽象的危険で足りるが、狭義の遺棄、すなわち、保護責任のない単純遺棄罪の成立には具体的危険を要する、と解することができる（大野真義「遺棄罪と保護義務」法セ229号103頁、同旨・井上＝江藤42頁）。

例えば、門前または門内に捨児を発見した場合に、これを交通の激しい危険な街路か、または、人のほとんど通らない野原に移す行為は、その捨児を保護する責任のない第三者の行為であってもそれは遺棄罪として成立し、刑法217条の単純遺棄罪の構成要件に該当する。他方、路傍の捨児を届け出ずに、黙って警察署の門前に置いてくる行為は、消極的ながら現在より良好な保護状態の場所に移すことであって、捨児を保護する責任のない者の行為である限り、遺棄罪を構成しない。しかしながら、この場合、たとえ警察署の門前のように直ちに救助が予想される場所でも、要扶助者を保護すべき責任ある者、例えば、捨児に対してその親権者がこれを置き去りにする行為は遺棄罪を構成し、刑法218条に該当すると解すべきである。

1）　本罪は、被遺棄者の生命・身体を保護法益とする限り、それは個人的法益の範囲にとどまるもののように理解されるが、もともとこの犯罪は堕胎罪と同様に深刻な社会問題として、深い歴史性と政治性を担ってきた特殊な犯罪でもある。遺棄罪を単純な危険犯として捉えるようになったのは比較的近年のことであり、古くには公然と許されていた幼児や老人に対する遺棄の習俗が時代とともに順次禁止されるに至った歴史的過程を顧みても、この犯罪のもつ性格の複雑性を窺知することができる（大野真義「保護責任者遺棄罪」摂南法学17号別冊113頁）。したがって、遺棄罪の法的性格を被遺棄者の生命・身体に対する単なる危険犯と理解することについて、疑問がないわけではない（桜木・刑法講座5巻247頁参照）。

Ⅱ　単純遺棄罪

老年、幼年、身体障害者または疾病のために扶助を必要とする者を遺棄した者は、1年以下の懲役に処せられる（217条）。

1　主体

218条の行為主体である「保護する責任のある者」との対照から、本条の行為主体は別段の限定はなく、被遺棄者に対して保護責任をもたない者であれば誰でもよい。ただし、法上の保護責任のない者であっても、要扶助者を

遺棄してはならない消極的な義務を負う者のみが本罪の主体たりうると解する説がある（宮本 298 頁、瀧川 61 頁、瀧川 (春) = 竹内 54 頁）。

この説によると、要扶助者が自己または第三者の支配内にある場合、例えば、旅館・飲食店・劇場など、客の来集する場屋において、扶助を要すべき急病人・泥酔者・迷児などが出た場合、これを場屋外に追い出すとか、来訪中急病のため苦しみだした客を追い出すなどの作為による義務違反の場合が、それであるという。しかし、旅館や飲食店などの経営者、または、その従業員らには、この場合、少なくとも、要扶助者を保護すべき条理上の義務が発生するといわねばならず、その意味において、218 条の保護責任者遺棄罪を適用すべきである（大塚・注釈刑法(5) 211 頁）。むしろ、山中にいる迷児をさらに奥地へ連行して放置する場合のように、誰の支配も受けていない者に対しても本罪は成立しうる（木村 47 頁）。

このように、要扶助者を遺棄してはならないという消極的義務は、一般的法的義務であって、「人を殺してはならない」「人を傷つけてはならない」といった禁止義務と同様に遺棄行為の違法性を決定する前提条件である。したがって、このような一般的法的義務をもって、本罪の主体が直ちに限定されるとはいえない。

2 客体

行為の客体は、老年、幼年、身体障害または疾病のため扶助を必要とする者である。つまり、老衰・幼弱・身体障害・疾病のため、他人の助けを借りなければ日常生活において、自らその生命・身体への危険を排除することができない者を意味する。ここで、身体障害とは、盲・聾・唖、または手足の不完全な者などをいう。疾病は、広く肉体的・精神的に健康を害されている状態とみるのが通説・判例の見解である。例えば、泥酔（最決昭 43・11・7 判時 541・83）・飢餓・麻酔・催眠状態なども、状況によっては病的状態としてこれに含まれる。産褥にある婦女は含まれるが、単に妊娠中の婦女とか、熟睡中の者は含まれない（大塚 61 頁）。

扶助を必要とするに至った原因は、老幼・身体障害・疾病に限られる。つまり、刑法はこれらの原因を制限的に列挙しているのであって、それ以外の原因、例えば、貧困によって扶助を必要とする者や手足を縛られている者などは、本罪の客体とはならない（ただし、植松 288 頁、瀧川 (春) = 竹内 54 頁、

手足を縛られている者を障害者に準じて客体と解している)。
3 行為
　行為は、遺棄することである。遺棄とは、被遺棄者とその保護者との間に場所的隔離を生じさせることによって、被遺棄者の生命・身体を危険にさらすことである。場所的隔離の方法として、典型的なものは、被遺棄者を家から連れ出して野原に棄てるといった場所的移転を伴う場合(移置)が通常であるが、被遺棄者を危険な場所に置いて遺棄者自らがその場所より立ち去る(置き去り)という場合もありうる(なお、遺棄と置き去りとの関係については、本節Ⅰ総説を参照)。

Ⅲ　保護責任者遺棄罪・不保護罪
　老年者、幼年者、身体障害者、病者を保護する責任のある者が、これらの者を遺棄し、または、その生存に必要な保護をしなかったときは、3月以上5年以下の懲役に処せられる(218条)。本罪は、保護責任者という身分関係に基づく、単純遺棄罪に対する加重類型である。
1 主体
　行為の主体は、老年者、幼年者、身障者または病者を保護する責任のある者でなければならない(身分犯)。ここで、「保護する責任のある者」とは、老年者・幼年者・身障者または病者の生命・身体の安全を積極的に保護すべき法律上の義務を負う特別の地位にある者をいう。
2 保護責任の根拠と範囲
　保護責任の根拠と範囲については、構成要件上必ずしも明確でなく、もっぱら解釈に委ねられている。判例上認められている保護責任の根拠は、法令・契約・事務管理・慣習・条理など、いずれによる場合をも問わない。
(1) 法令による保護義務
　法令に根拠を求める場合、その法令が公法・私法のいずれであるかを問わない。例えば、警察官職務執行法3条による警察官の保護義務や民法820条の親権者の子に対する監護義務などが、それである。ただし、これらの公法上または私法上の保護義務のすべてが、直ちに遺棄罪に関する刑法上の保護義務となりうるものではない。例えば、民法上の親族関係に基づく扶養義務は、その資力に応じて生活費を供給する義務であるのに対し、本罪の成立に

必要な保護義務は、他人の扶助なくしては自らの生命・身体を安全に保持できない老年者・幼年者・身障者・病者の日常生活を具体的に保護すべき義務だからである。

交通事故における運転者の負傷者救助義務を規定した道路交通法72条が、刑法上遺棄罪の保護義務の根拠となりうるかについては、議論の分かれるところである。判例は、道路交通法72条を根拠として、刑法上の保護義務を肯定しているが（最判昭34・7・24刑集13・8・1163）、学説の多くは否定説に立つ。その理由は、道路交通法における運転者の負傷者救助義務は、事故に際してとられるべき警察活動への協力義務の一種であって、本罪における保護義務とは性質を異にし、たとえ負傷者の負傷の程度が扶助を要するに至らない軽微な場合でも、なお課せられるべきものだからである（大塚64頁）。それは、例えば、火災の際における延焼防止・人命救助についての協力義務を定めた消防法25条2項に違反することが、直ちに不作為による放火、消火妨害、殺人、傷害等の罪責を根拠付けるものでなく、ただ軽犯罪法1条8号に触れるにとどまるのと同じである（藤木英雄「ひき逃げと不作為犯」警察研究33巻9号8頁）。いわば、保護責任者遺棄罪における保護義務は、不真正不作為犯における作為義務に相当するものなのである。

同様の問題として、医師法19条1項の医師の診療義務ないし応招義務が、遺棄罪の保護義務となりうるかが最近問われている（中森喜彦「医師の診療引受義務違反と刑事責任」法学論叢91巻1号1頁以下、金沢文雄「医師の応招義務と刑事責任」法時47巻10号36頁以下参照）。医師法19条1項は、「診療に従事する医師は、診療治療の求があった場合には、正当な事由がなければ、これを拒んではならない」と規定する。もっとも、この規定には罰則がなく、診療義務の遵守は、あくまでも医師の自主性に委ねられている。ただし、不当な義務違反による診療拒否が患者の死を招いた場合には、刑法上の保護責任を認めて保護責任者遺棄罪の成立する余地があるといえる（中山研一「医療と刑法」大阪府医師会編・医療と法律（1971）272頁も、悪質な引受け拒否の場合には、刑法上遺棄罪の成立しうる余地があるという）。

しかしながら、末期患者に対する延命治療や栄養補給、排尿排便、身体衛生等の基礎的看護に対する義務を懈怠した場合には、民法上診療契約違反として賠償責任を追及されても、生命保護の見地から直ちに刑法上の保護責任

を問われることはない（大谷實・いのちの法律学（1985）103頁以下）。むしろ、このような基礎的看護義務は、患者の尊厳を守る義務とみて、生命を保護する義務でないとみる見解もある（町野朔「法律問題としての『尊厳死』」加藤一郎＝森島昭夫編・医療と人権（1984）244頁）。

(2) 契約または事務管理による保護義務

その契約が必ずしも保護義務を明示する必要はなく、看護人や子守などのように仕事の性質上当然にその義務を伴うものであればよい（瀧川(春)＝竹内56頁）。例えば、同居の雇人が疾病にかかったときは、黙約により雇主に保護責任が認められる（大判大8・8・30刑録25・963）。また、たとえ病人を引き取る義務がなくても、いったん自宅に引き取って同居させた以上は、事務管理の法理によって保護義務が発生するとした判例があり（大判大15・9・28刑集5・387）、通説もこれを認めている。

(3) 慣習または条理による保護義務

具体的な事情に即して判定されるので、その内容は必ずしも明確でない。慣習上の保護義務が認められた事例として、養子として幼児をもらい受けた者は、養子縁組に関する法律上の手続を履行していなくても、慣習上保護義務があると判断された（大判大5・2・12刑録22・134）。また、客の出入りする場屋の管理者は、その場屋内の迷子や急病人を慣習上保護すべき義務がある、と解されている（江家義男「不作為犯」刑事法講座1巻168頁）。

条理に基づく保護義務の典型例は、いわゆる先行行為によるものである。例えば、判例は、自動車の運転者が過失によって人を轢いて負傷させた場合には、先行行為に基づく作為義務として被害者に対する保護責任が発生することを認めた（最判昭34・7・24刑集13・8・1163、同旨・大阪高判昭30・11・1裁特2・22・1152、東京高判昭37・6・21高刑集15・6・422など）。

そのほか、条理に基づく場合として、同じ社員寮に起居している者が同行外出中、その一人が重傷を負ったような場合（岡山地判昭43・10・8判時546・98）や酒席に招かれた者が泥酔した友人を誘導して帰宅する場合（横浜地判昭36・11・27下刑集3・11=12・1111）などは、いずれも同行者に保護義務が認められている。また、ホテルに同伴した13歳の少女に覚せい剤を注射して錯乱状態に陥れた者が救急医療を要請せず、同女をそのままホテルの部屋に放置して死に致した不作為の行為に対して、先行行為に基づく保護義務を認めた事案

がある(最決平元・12・15 刑集 43・13・879 判タ 718・77)[3]。

3 客体

行為の客体は、老年者・幼年者・身障者または病者であり、それぞれの意味・内容は単純遺棄罪の客体と同様である。

4 行為

行為は、遺棄または生存に必要な保護をしないことである。本罪における遺棄は、要扶助者に対して法上保護義務を有する者の行為である以上、要扶助者を場所的に移す作為による場合のほか、例えば、子守が迷子になっている幼児をそのまま放置して置き去りにするような不作為の場合も、本罪の遺棄となる。

生存に必要な保護をしないことは、要扶助者との間に場所的な隔離を生じないまま、要扶助者が生存していく上で必要な日常生活上の保護を絶つことである(不保護罪)。場所的な隔離がないことから遺棄とは異なるが、保護を絶つことによって要扶助者の生命・身体を危険にさらす意味において、法的には遺棄と同等の評価を受ける。保護義務を懈怠する行為として、本罪は真正不作為犯である。判例は、養子としてもらい受けた2歳の幼児に対して、適当な食物を与えず、夏に蚊帳も用いさせず、屋外の土間で犬の側に臥かせ、その結果はなはだしい栄養障害を生じさせた場合などを示している(大判大5・2・12 刑録 22・134)。

2) 大判大7・3・23 刑録 24・235 は、「民法規定に依り其実父たる老者に対し扶養義務を負担する者は刑法第218条に所謂老者等を保護すべき責任ある者に該当するものとす」と判示して、民法上の扶養義務と刑法上の保護義務を同一視することを宣言した。しかし、この判例を批判して、牧野は、民法上の扶養義務と刑法上の保護義務とは明確に区別しなければならないとして、次のように主張する。「例へば、老者に対しても、其の老者が十分の資力を有する場合に於ては、扶養の義務は発生しないのである。而も、其の老者に対して保護義務ある場合を考へることは決して難くない。又反対に、保護義務はないけれども、扶養の義務ある場合もあり得る。扶養義務と保護義務とが並び存する場合に於ても、其の根拠は互に異って居るのである」(牧野英一「遺棄罪と保護義務」刑法研究2巻(1921)286頁)。そこで、今日では民法上の扶養義務者が当然に刑法218条の行為主体とはなりえないとみるのが通説である。

3) 保護責任の根拠と範囲に関する判例の動向については、大野真義・前掲法セ 229 号 99 頁以下、同・前掲注1)摂南法学17号別冊 122 頁以下参照。

Ⅳ　遺棄致死傷罪

単純遺棄罪または保護責任者遺棄罪を犯し、よって人を死傷させた者は、傷害の罪と比較して、重い刑により処断される（219条）。

本罪は、217条および218条の結果的加重犯である。危険犯である遺棄罪のもつ生命・身体に対する危険が現実化して、死傷の結果を発生させた場合である。結果的加重犯としての性格上、本罪の主観的要件として、行為者が遺棄または生存に必要な保護をしないという基本的行為について故意があり、被遺棄者の死傷の結果について過失がある場合に限られる。死傷の結果について当初から故意があれば、殺人罪または傷害罪が成立することになる（大判大4・2・10刑録21・90）。

処罰は、傷害の罪に比較し、重い刑により処断される。すなわち、217条、218条のそれぞれの法定刑に対し、発生した結果が致傷の場合には204条の傷害罪（15年以下の懲役、50万円以下の罰金）、致死の場合には205条の傷害致死罪（3年以上の有期懲役）の法定刑と比較して、法定刑の上限も下限もそれぞれ重い方に従って処断されるのである。

第 2 章　自由に対する罪

第 1 節　逮捕および監禁の罪

I　総説

　刑法典第 31 章「逮捕及び監禁の罪」は、人の身体の自由・行動の自由を侵害する行為を内容とする犯罪である。

　刑法が規定する「人身の自由」に対する罪は、①逮捕および監禁の罪（220 条以下）、②脅迫の罪（222 条以下）、③略取および誘拐の罪（224 条以下）より成っている。ところで、逮捕・監禁罪には、従来、基本類型としての逮捕・監禁罪（220 条）のほかに、自己または配偶者の直系尊属を逮捕・監禁することにより成立する尊属逮捕・監禁罪（220 条 2 項）があったが、2005 年 7 月の改正でこの 2 項は削除された。そして、法定刑も、3 月以上 7 年以下の懲役に引き上げられた。[1]

　また、多くの最近の教科書では、②を第 1 節にして、①を第 2 節にしているが、本書では、刑法典の条文どおりに①逮捕および監禁の罪の説明から始めたい（松宮 80 頁）。

　監禁罪は、「人を理由なく、移動しようと思っても移動できない状態に置くことは当罰性」があるから危険犯と解する（成瀬・百選Ⅱ 25 頁）。

1）　この改正に影響を与えた新潟少女監禁事件は、2000 年 1 月 28 日、新潟県柏崎市の加害者宅に別件（母親への暴力）で訪れた保健所職員が、中にいた女性を発見・保護するに至り、発覚した。加害者（犯行当時 28 歳）の容疑は当初、未成年者略取罪および逮捕・監禁致傷罪であった。これら 2 つの容疑については観念的競合の考え方から当時の刑罰規定では監禁致傷罪の懲役 10 年が上限になるとされたが、地裁判決では「犯行は法が想定していた刑期をはるかに超えた最悪のもの」と認定されるなど、罪刑法定主義の観点から刑罰の上限の問題が浮上した。検察は監禁致傷罪以外に、さらに別件である窃盗罪でも立件したが、監禁致傷罪と窃盗罪を併せた併合罪の処理が争点となり、最高裁まで争われた。被告人は懲役 14 年が確定した。当時の監禁致傷罪（221 条）の最高刑は懲役 10 年であり、窃盗罪（235 条）もまた懲役 10 年であった。そして、併合罪（45 条）は 47 条で「併合罪のうちの 2 個以上の罪について有期の懲役又は禁錮に処するときは、その最も重い罪について定めた刑の長期にその 2 分の 1 を加えたものを長期とする」と定めている。そうすると形式的には懲役 15 年の枠内で自由に量刑ができる。ただ、枠内で自由に量刑を定められるとすれば、普通なら不起訴になる軽微な犯罪を併合罪として起

訴することで法定の最高刑を簡単に超えられてしまうとも考えられる。そこで、併合罪がいわゆる併科主義による過酷な結果の回避という趣旨をもつことを前提とした上で、個別の罪の量刑を定めて合算すべきなのか（高裁）、科刑上限の枠内で判断すれば良いのか（地裁）が争点となった。最高裁は後者を支持した。

II　逮捕・監禁罪

不法に人を逮捕し、または監禁した者は、3月以上7年以下の懲役に処せられる（220条）。

1　客体

本罪の客体として、嬰児、幼児、精神障害などで心神喪失状態にある者、泥酔者、睡眠中の者などが該当するかどうかという問題である。行動の自由は、行動できる者だけに存在するもので、「自分の意思」で全く行動できない者（例えば、生後間もない嬰児など）は、本罪の客体となりえない。しかし、自然的意味において行動できる者であれば、たとえ責任能力、行為能力、さらに意思能力を欠く者（例えば、5～6歳の幼児、寛解状態の精神障害者など）であっても本罪の客体となる可能性がある。また、判例もこの立場を支持している。例えば、生後1歳7か月の幼児の事案について「法的にみて意思能力さえも有していなかったものと推認できるが、自力で、任意に座敷を這い回り、壁、窓等を支えにして立ち上り、歩き回ったりすることは認められた。それが自然的、事実的意味において任意に行動しうる者である以上、その者がたとえ法的に責任能力や行動能力はもちろん、幼児のような意思能力を欠如しているものである場合も、なお、監禁罪の保護に値すべき客体となりうるものと解することが、立法の趣旨に適し合理的というべきである」と判示して、監禁罪の成立を認めている（京都地判昭45・10・12刑月2・10・1104判時614・104、成瀬・百選II 24頁、振津・百選II〔第5版〕21頁、判例刑法84頁）。

また、行動の自由は、必ずしも現実的に存在することは必要ではなく、その可能性があれば足りるから、一時的に行動の自由を失っている者（例えば、泥酔者、睡眠中の者）も本罪の客体となりうるとする説もある（福田173頁、福田・注釈刑法(5) 228頁）。この説が通説といわれる。また、判例もこの立場を支持している。さらに、この見解に従えば、行動の自由が侵害されたかどうかは被害者の主観によるものではなく、客観的に定められることになる。

判例は、いわゆる「客観説」の立場から暴走族仲間が面識のある女性を強

姦の目的で偽計を用いて自動車に同乗させた事案につき、「(本罪では) 被監禁者が行動の自由を拘束されていれば足り、自己が監禁されていることを意識する必要はないから、強姦目的で女子を自動車に乗り込ませ疾走する行為は、被害者らが被告人らの意図に気付かず降車を要求していなくても監禁罪が成立する」としている (広島高判昭51・9・21刑月8・9=10・380、判例刑法67頁)。これに対して、主観説は、客観説が被害者の「行動の意思」とは関係なく「行動の自由」を捉えようとする立場であるのに対して、被害者の「行動の意思」を必要とする立場である。つまり、この立場では、「行動の自由は、一定の場所から移動しようとする意思があり、かつ、その能力があるにもかかわらず、外的な作用によってこれを阻止された場合にのみ、侵害されうる。つまり、移動したいのに移動できないときに、行動の自由が剝奪されたといえるのである。本来、自由はその意味を理解できる者にとって意味をもつにすぎない」「行動の自由をまったく有しない嬰児や高度の精神病によって自由の意識を欠く者などは客体とはなり得ない」(川端141頁) とされる。したがって、この主観説によれば、歩行のできない幼児、泥酔者、熟睡者などは、本罪の客体とはならないことになる。折衷説は、上記両説の見解があまりに対照的であるため、若干の修正を主張する見解である。例えば、本罪の客体となりうるのは、「身体の自由を拘束されることがその人にとって一般的に負担となりうるような者」として被害者の「意思活動の自由」を必要とする立場 (主観説) から、「乳児や高度の精神病者、精神遅滞者、比較的永続的に意識を喪失して当分回復の見込がない者などは、本罪の客体から除外される」とした上、しかし、上記にいう「意思活動は是非善悪の判断能力とは関係がなく、単に事実的なものをもって足りるから、上記以外の幼児や精神病者は本罪の客体たりうる」とする (西原133頁)。さらに、この説は、意識を喪失している泥酔者や睡眠中の者に対しては、本罪は該当しないとする点でも客観説とも異なっている。また、「意思活動の自由は、事実上のものであれば足り、責任能力や法律的行為能力の意味であることはもちろん、必ずしも意思能力の意味であることも必要としない」(大塚75頁) とする立場から、幼児や精神障害者は本罪の客体となるが、意思に基づく身体の活動能力を全く有しない嬰児や意識喪失状態の者については、本罪の客体とはならないとして若干の制限をする折衷的見解もある (大谷 (第4版) 83頁)。

2　本罪の保護法益

本罪の保護法益は、人の「身体の場所的移動の自由」を保護することである。それに対して第2節の脅迫罪・強要罪は、もっぱら人の「意思決定の自由」を保護するものである。

本罪は、場所を移動しようとする行動の意思がある者に対し、その者の意思に反し自由な場所の移動を不可能ないし困難にすることによって成立する。ただし、本罪が成立するためには、被害者の行動意思および行動能力を必要とするかという点については、学説上の争いがある。

3　行為

(1)　逮捕

人の身体を直接的に拘束してその行動の自由を奪うことをいう。この場合の「拘束」は、物理的なものばかりではなく、精神的なものでもよい。例えば、ロープや縄などで手足を縛ったりする有形力の行使だけではなく、脅迫したり、偽計によったりする無形的な方法も含む（例えば、警察官だと詐り、一定の場所に連行したり、人にピストルを突きつけその場を動けば射殺すると脅して行動の自由を奪うことなどの行為も逮捕罪が成立する。福田・注釈刑法(5) 233 頁）。判例では、「逮捕とは、直接に人の身体の自由を拘束することをいうから、ロープ等で人の胸部、足部等を木柱に縛り付けることは監禁ではなく逮捕に当たる」（大阪高判昭 26・10・26 高刑集 4・9・1173）、また、「逮捕には多少の時間継続して自由を束縛することを要し、わら縄で両足を5分間制縛して引きずり回すことはこれに当たる」とされる（大判昭 7・2・29 刑集 11・141）。甲・乙労働組合の争いの過程で、甲組合の副組合長と書記長が、乙組合の書記長を、中にはさんで両腕を抱え約 60 メートルを約 15 分にわたり無理に連行した行為を「逮捕」であるとしている（最判昭 50・8・27 刑集 29・7・442）。

(2)　監禁

(i) 監禁の継続性　　ここに「監禁」とは、人の身体の自由を場所的・時間的に継続して制限する行為をいう。つまり、人が一定の場所から自由に移動しようとすることを不可能または著しく困難にすることが「監禁」である。その方法は、有形的であると無形的であるとを問わないとするのが通説・判例である。判例は、「不法監禁傷害事件」判決の理由のなかで「監禁罪は、方法の有形的であると無形的であるとを問わず一定の場所からの脱出を不可

能にし、継続して人の行動の自由を不法に拘束することによって成立し、その拘束は多少の時間継続することを必要とするが、時間の長短は問わない。暴行・脅迫により8畳間に約30分間拘束することは、監禁に当たる」としている（大判昭7・2・12刑集11・75）。

(ii) 監禁手段の強度　「深夜、強姦の恐怖がなお継続していないといえない女子を、脱出には泳ぐほか方法のない海上沖合に停泊中の漁船内に閉じ込めたときは、脱出を著しく困難にしたものであって監禁罪が成立する」（最判昭24・12・20刑集3・12・2036）、「女子を姦淫する企図の下に、自己の運転する原付自転車の荷台に乗車させ、1000メートル余を疾走する行為は、監禁罪にあたる」などとしている（最決昭38・4・18刑集17・3・248）。

また、脅迫行為による監禁罪の成立を認めた事案で、「被告人Xは、嫌がり渋るA女をXの居室に同行させ、軽便カミソリを突きつけて脅したり、Aの頭髪を切断したり、さらに果物ナイフを突きつけて脅したりしたため、同女は、恐怖のあまり、脱出不可能となり、行動の自由を拘束された。被告人に監禁の意思がなかったとは到底採用できない」とされている（東京高判昭40・6・25高刑集18・3・238、判例刑法69頁）。女子高校生コンクリート詰め殺人事件では、被告人の少年たちが被害者をわいせつ目的で略取してから殺害するまで、約40日間にわたって被告人少年Cの実家の居室に監禁した。その間、被害者の少女は被告人の家族と食事までしているので、逃走は十分可能であり「監禁」ではないとの見方もあるが、裁判所は、毎日顔が変形するまで残虐極まりない暴行、凌辱を加え続けて殺害しているので、「監禁」があったとしている（東京高判平3・7・12判タ769・256）。

(iii) 被害者の錯誤と監禁罪　客をとることを嫌い被告人方から逃走しようとした接客婦を連れ戻すために偽計を用いた事例につき、「本条にいう『監禁』は、暴行または脅迫によってなされる場合だけではなく、偽計によって『被害者の錯誤』を利用してなされる場合をも含むものと解すべきである。逃亡した接客婦を連れ戻すため入院中の母の許へ行くものと誤信させてタクシーに乗り込ませ脱出を不可能にする行為は、監禁罪にあたる」としている（最決昭33・3・19刑集12・4・636、判例刑法67頁）。

(iv) 生活設備のある場所への監禁　例えば、「女子工員の逃走防止のため、寄宿舎の部屋出入口の戸に外部から施錠した場合、たとえ室内に健康保全と

慰安娯楽の設備があるとしても、監禁罪にあたる」としている（大判大 4・11・5 刑録 21・1891）。

(v)間接正犯　「虚偽の犯罪を警察署員に告知して留置場に留置させるというように、情を知らない第三者を利用して人を監禁させる行為も、監禁罪が成立する」（大判昭 14・11・4 刑集 18・497）。

(vi)その他の行為態様　労働争議を視察中の巡査部長を強いてデモ隊の中央付近に引き入れてスクラムを組み、その脱出を不可能にして同所より警察署まで連行した件（最判昭 34・4・28 刑集 13・4・466）、その他、被害者の脱出を防止するため「見張ったり」（大判昭 7・2・12 刑集 11・75）、番犬を置いたりしたものも監禁行為とされている。

人を強いて自動車に乗せ、疾走させる事例は、人の恐怖心を利用する監禁であるとされる。例えば、人を「自動車に乗れ、乗らなかったら殴るぞ」と脅迫し、同人を強いて自動車に乗せ、さらに、降車を求めた同人に対して空ビール瓶を振り上げ「バタバタするとこれで殴るぞ」と脅迫し、自動車を疾走させた行為は、監禁罪を構成するとしている（最決昭 30・9・29 刑集 9・10・2098）。

羞恥心を利用する場合の「監禁」として、学説では、入浴中の婦女の脱衣を持ち去り、羞恥心のため浴室から出られなくする例が挙げられる。ただし、この通説的見解に対しては、批判がある（西田 75 頁、前田 117 頁）。

「監禁」状態というためには、通常、被監禁者の自由の拘束は完全なものであることを要しないとされている。例えば、被監禁者がその場所から容易に脱出しうる状態にあるときは監禁の程度に達していないとする事例もある（東京高判昭 36・8・9 高刑集 14・6・392）。しかし、一定の場所から脱出する出口などがあっても、被監禁者がこれを知らない場合や、脱出の方法があっても、生命・身体の危険をおかすか、公序良俗に反する方法によらなければ脱出しえない場合は「監禁」であるとされる（大塚 78 頁、川端 144 頁）。

さらに、「監禁」は、被監禁者が普段有する身体・行動の自由に制限が加えられれば成立するのであるから、例えば、広大な邸内に幽閉されるような場合は、ある程度、その邸内であれば身体・行動の自由の余地があるが、この場合にも本罪を構成するとされる（大塚 78 頁）。

また、学説では、監禁者自身が被害者と居をともにしていても本罪を構成

するとする（吉川経夫「逮捕監禁罪」刑事法講座 7 巻 1572 頁）。このような見解を支持すれば、かつて精神障害者に対して盛んに行われたいわゆる「私宅監置」も本罪を構成することになろう。ただし、判例は、被告人が、自宅から約 30 メートル離れた物置小屋を改造して、ここに精神障害者である娘を住まわせ、その出入口の戸の外側にかんぬきを差し込み、内部から出られないようにして約 3 か月間留め置いたという、いわば「私宅監置」に関する事件で、監禁罪の不成立を判示したものがある（東京高判昭 35・12・27 下刑集 2・11＝12・1371 判タ 116・46、福田・注釈刑法(5) 231 頁、新判コメ(5) 494 頁）。しかし、この判例には問題がある。けだし、周知のごとく、昭和 25 年の旧精神衛生法の成立をもって「私宅監置制度」が廃止され、それを受けて同法旧 48 条では、「精神障害者は、精神病院又は他の法律により精神障害者を収容することのできる施設以外の場所に収容してはならない」と規定していた（この旧 48 条「施設以外の収容禁止」は、現行法では削除されている）。上記の事案は、明らかに同条違反であり、何ら違法性を阻却するものとは考えられない（大野＝墨谷 86 頁。反対説として、福田・注釈刑法(5) 231 頁では、「社会的相当行為」として違法性を阻却するとし、大塚 79 頁は「緊急避難」とする）。

　また、判例は、措置入院の法的要件が整っていない場合でも、覚せい剤による錯乱状態のため自傷他害行為に及んだ者の手足を縛る行為により死亡させた事案において、「保護する目的で、かつ相当性の範囲を逸脱したとまでは言えない範囲内の方法で行われたものであるから、全体としていまだに社会的に許容された範囲内の行為」であるとしている（東京地判昭 56・7・1 判時 1050・166、前田 118 頁参照）。しかし、本件のような事例が違法性を阻却するということになれば、旧 48 条は形骸化され、再び「私宅監置」を招来することになり、精神障害者の人権が不当に侵害されることになろう。この場合、認めることができるとすれば、情状によっては、せいぜい期待可能性がないとして責任阻却で処理する方が合理的であるように思われる（大野＝墨谷 86 頁）。

4　既遂時期

　逮捕および監禁の罪は、ともに継続犯なので、本罪が成立するには、被害者の身体・行動の自由に対する制限が、多少の時間継続して行われることを要する。判例は、選挙運動中の抗争で、被害者が拳骨をもって頭部顔面など

を殴打された上、縄でもって両足を縛られ、約5分間制縛して引きずり回された事件で、「一瞬時の拘束は暴行罪を構成する」が、本件の場合は、「数分間継続して被害者の身体の自由を拘束した」ことは明白であるとして本条の成立を認めている（大判昭7・2・29刑集11・141）。

5 違法性阻却事由

本条は「不法に」人を逮捕または監禁した場合と規定しているが、これがために本罪に特別な違法性が問題とされるというわけではなく、一般の違法性阻却原理に従って解釈されるべきである。ただし、一見逮捕および監禁行為の様相を呈していても、その違法性が阻却される場合も少なくない。

①法令により適法な行為とされるものとして、例えば、令状による被疑者の逮捕（刑訴199条・210条）・勾留（刑訴207条以下）、現行犯逮捕（刑訴213条）、被告人の勾引（刑訴58条）・勾留（刑訴60条）、都道府県知事が精神障害者を精神病院へ強制入院させる措置入院（精神29条）・緊急措置入院（精神29条の2）などがある。ただし、精神保健福祉法による実質的な強制入院形式には、上記の措置入院のほかに、本人の同意がなくても、「家族等」（配偶者、親権者、扶養義務者、後見人または保佐人など）の同意による、いわゆる医療保護入院がある（精神33条）。この医療保護入院は、その入院要件が、家族等の同意と病院管理者の診断結果のみであり、乱用による患者の人権侵害の危険性回避の保障はない。

また、②逮捕・監禁が正当防衛・緊急避難行為として許容されるものとして、例えば、泥酔者に「自傷他害のおそれ」がある場合に、一時的にその者の身体を制縛したりすることなどがある（大判大12・2・9新聞2103・18）。

③「被害者の承諾」によっても、違法性が阻却される。例えば、精神障害者が、自らの意思で入院を希望するいわゆる「自由入院」の場合でも、院内でのある程度の行動制限は違法ではない。

そのほかに、④労働争議などに際して行われる監禁も、争議行為の一環として、ある程度やむをえない場合には違法性が阻却される（大野＝墨谷87頁、川端147頁。なお、森本益之「逮捕・監禁の意義」判例刑法研究(5)169頁以下が詳しい。例えば、逮捕・監禁罪とした事例に三菱美唄炭鉱事件がある（最判昭28・6・17刑集7・6・1289））。

72　第2章　自由に対する罪

6　罪数および他罪との関係

　刑法220条の逮捕および監禁罪は、ともに同一法条に規定された同一性質の犯罪であり、単にその態様を異にするにすぎないから、人を逮捕し引き続いて監禁した場合には包括的一罪であり、手段結果の関係に立ついわゆる牽連犯ではない（大判大6・10・25刑録23・1131、最判昭28・6・17刑集7・6・1289、川端140頁）。

　また、他人を脅迫して一定の場所より去ることを不可能にし、直接監視のもとにその身体を抑留した場合には不法監禁罪になり、脅迫罪を構成しないとされる（大判昭11・5・30刑集15・705、福岡高判昭30・4・25高刑集8・3・363、大野＝墨谷88頁）。民事訴訟において当事者本人尋問のため呼び出しを受け裁判所に出頭した者に暴行を用いて強制的に裁判所構外に拉致し、尋問を受ける機会を失わせた場合には、強要罪ではなく逮捕罪となる（大判昭4・7・17刑集8・400）。人を恐喝して財産を交付させるため不法に監禁した場合は、本罪と恐喝罪との牽連犯である（大判明43・10・10刑録16・1651、大判大15・10・14刑集5・456）。

　最近の判例は、「13歳未満の女児を公衆トイレ内に閉じ込め、強制わいせつ行為をした上、携帯電話で撮影して、児童ポルノを製造した」事案において、監禁罪と強制わいせつ罪とは観念的競合の関係にあり、強制わいせつ罪（176条後段）と児童ポルノ製造罪（児童ポルノ法7条3項）とは併合罪の関係にあるとしている（東京高判平24・11・1高刑集65・2・18判時2196・136、小名木・平成25年度重要判例解説168頁）。

Ⅲ　逮捕・監禁致死傷罪

　220条の罪を犯し、よって人を死傷に致すことにより成立する逮捕・監禁致死傷罪（221条）は、傷害の罪と比較して、重い刑により処断される。

1　監禁罪と傷害罪

　「被告人は、約1年間に、4人の女性を順次監禁し、加療約2年3か月ないし全治不明の『外傷後ストレス障害』（PTSD）を負わせた」という事例で、最高裁は、「原審認定のような精神的機能の障害を惹起した場合には、刑法にいう『傷害』に当たる」として監禁致死傷罪の成立を認めた（最決平24・7・24刑集66・8・709判時2172・143、島岡・平成24年度重要判例解説157頁）。

2　罪数

判例は、「本条の罪の成立には、人の死傷が逮捕又は監禁そのもの、すくなくともその手段たる行為そのものから生じたことを要するから、人を監禁しその機会にこれに暴行を加えて傷害を負わせたときは、本罪ではなく、監禁罪と傷害罪の両罪が成立し併合罪となる」としている（名古屋高判昭31・5・31裁特3・14・685）。

3　因果関係

「被害者が被告人の運転する走行中の自動車のドアから車外に転落して死亡した場合、転落がドアの故障によるものであれ、被害者の脱出行為によるのであれ、被告人の監禁行為と被害者の死亡との間に因果関係は認められるから、本条の罪が成立する」としている（名古屋高判昭35・11・21下刑集2・11=12・1338）。

また、「被告人は、共犯者2名と共謀の上、乗用自動車（A車）の後部トランク内に被害者を押し込み、同人を脱出不能にし、同車を走行させた後、市街地の路上で停車させた。数分後、後方から来た乗用自動車（B車）の運転者が前方不注意のため、停車中のA車に追突し、トランク内の被害者を死に至らしめた」という事案において、「監禁行為と被害者の死亡との間に因果関係がある」としている（最決平18・3・27刑集60・3・382判時1930・172、島田（聡）・平成18年度重要判例解説157頁）。

第2節　脅迫の罪

I　総説
1　本罪の種類

刑法典第32章では、脅迫の罪を規定している。脅迫の罪には、脅迫を手段として他人の生命、身体、自由、名誉または財産に対して危害を告知して、その私生活の平穏を侵害されるかもしれないとする「恐怖心」を抱かせる罪（狭義の脅迫罪・222条）と、脅迫・暴行を手段として他人を脅迫し、その意思決定ないし行動の自由を侵害する罪（強要罪・223条）がある（川端151頁、大谷88頁）。

2　罪質

狭義の脅迫罪における「脅迫」は、他人の意思決定・活動の自由に向けられ、その恐怖心を抱かせることにあるので、危険犯である。一方で、強要罪は、脅迫に加え、暴行を加えて、「義務のないこと」を行わせたり、「権利行使の妨害」などにより他人の意思決定・行動の自由を侵害する罪なので、侵害犯である。したがって、同罪の法定刑は重く設定されている。

3　保護法益

狭義の脅迫罪は、個人の意思が何らかの外部的強制により不法に乱されないという消極的状態を保護することを主眼とする類型とされ、保護法益は、「意思の平穏」とされている（瀧川（春）＝竹内61頁）。

判例は、「本条の罪は、人の意思決定の自由を『保護法益』とするから、自然人に対してのみ成立し、法人に対しては成立しない。したがって、株式会社に対して業務の遂行を妨害する旨告知する行為は、本条の罪に当たらない」としている（大阪高判昭61・12・16高刑集39・4・592）。

II　（狭義の）脅迫罪

生命、身体、自由、名誉または財産に対し害を加える旨を告知して人を脅迫した者は、2年以下の懲役または30万円以下の罰金に処せられる（222条1項）。親族の生命、身体、自由、名誉または財産に対し害を加える旨告知して人を脅迫した者も、前項と同様である（同2項）。

1　客体

行為の客体は人である。本罪の保護法益が個人の意思の自由に関わっているのであるから意思能力を要することになる。つまり、人は意思能力を有する「自然人」と解するのが通説である（大谷 89 頁、川端 158 頁、前田 123 頁）。「法人」に対する脅迫罪は成立しない（大阪高判昭 61・12・16 高刑集 39・4・592）。

2　行為

行為は、人を脅迫することである。「脅迫」とは、人を畏怖させる目的をもって、畏怖させるに足る特定の害悪を加えるべきことを告知することである。その害悪の内容は、人またはその親族の生命、身体、自由、名誉または財産に対するものである。判例は、放火または殺害をなすべき旨の手紙を郵送して脅迫した事案で、「（被害者が）右通告を受けたるため『畏怖の念』を起こしたると否とは、同罪の成立には影響しない」とし、抽象的危険犯としている（大判明 43・11・15 刑録 16・1937）。

いわゆる「村八分」、つまり、一定地域の住民が結束して、特定人に対して社会的制裁として絶交する旨告知する行為については、脅迫罪説と名誉毀損罪説の対立がある。脅迫罪説が通説（松宮 89 頁、川端 156 頁）・判例であり、本書の立場でもある。判例には、「相手方の人格を蔑視し共同生活に適しない一種の劣等者として待遇しようとするものであるからその名誉を侵害し、その決議を通告することは、将来引き続き不名誉な待遇をしようとする『害悪の告知』に当たる」（大判昭 9・3・5 刑集 13・213）、「本件のような山間部では、地域は狭くまた居住者も少数であるが、その居住者による集団社会の交際関係は却って緊密度が高く、その関係から除外される自由及び名誉に対する脅威は、より深い」ので、その告知がたとえ小規模生活圏で行われたからといって、脅迫罪を否定する理由にはならないとするものなどがある（大阪高判昭 32・9・13 高刑集 10・7・602 判時 135・32、新判コメ⑸ 512 頁、川端 155 頁、松宮 89 頁）。

次に、名誉毀損罪説は、「村八分」は原則として名誉毀損罪の限度で抑止されるべきであるとする。つまり、①個人が他人と交際するかどうかは各人の自由、②「村八分」の決定により相手方の社会的評価は低下しているので「脅迫」ではない（山中 119 頁、大谷（第 4 版）91 頁）。

3 「害を加える旨の告知」

(1) 害悪の告知

　害悪の告知は、相手方を畏怖させる目的をもって行われれば足りるが、告知内容の害悪が一般的に人に畏怖心を起こさせる程度のものであって、害悪の告知が相手方に実現可能性を感じさせる具体性をもつものでなければならない（瀧川(春)=竹内 63 頁）。具体性をもたない告知は「警告」であって脅迫罪にならない（前田 125 頁）。天変地異や吉凶禍福の告知については、それが告知者の支配力の範囲内にある旨を、相手方に感知させる方法で行われる場合には脅迫となりうるが、そうでない限り、単なる警告であって脅迫には当たらない（大野=墨谷 76 頁、大塚 69 頁）。判例は、「害悪の告知」がなされたとき、「それによって相手方が現実に畏怖心を生じたことは必ずしも要しない」としている（大判明 43・11・15 刑録 16・1937、大判昭 8・11・20 刑集 12・2048）。

　害悪の告知については、害悪が告知者自身によって加えられる旨を告知すると、第三者によって加えられる旨を告知する（間接脅迫）とを問わない（大判大 10・6・24 刑集 14・728）。しかし、後者の場合には、自己が第三者の害悪行為の決意に影響を与えうる地位にあることを相手方に知らせれば足り、現にそのような地位にあるかどうか、害悪の実現が可能であるかどうかを問わない（大判昭 10・11・12 刑集 14・1240）。つまり、「脅迫」が、告知された者の心理に対して、脅迫者の影響力によって実現が可能であることを印象づければ足りるからである（川端 158 頁）。

　(i) 脅迫罪の成立を肯定したもの　「君の警察活動を止めよ、止めないと必ず不幸が起こる」「君も妻子があるから、よく考えたらどうか、皆君の敵ばかりだ」など申し向けることは、害悪の告知に当たる（大阪高判昭 29・6・11 判特 28・144）。また、政治の派閥の中心人物に「出火御見舞申上げます、火の元に御用心」という趣旨の文面の葉書が舞い込めば、火をつけられるのではないかと畏怖するのが通常であるから、脅迫罪に当たる（最判昭 35・3・18 刑集 14・4・416、塩谷・百選Ⅱ 26 頁）。このように、告知される害悪は、一般に人を畏怖させるに足る程度のものでなければならない。

　(ii) 脅迫罪の成立が否定されたもの　本条の「脅迫」たるには、告知される害悪の内容が客観的かつ具体的で、一般的にみて畏怖に値するものであることを要するから、駐在所勤務の巡査に対し「この事を本署に連絡すると、

もっと重い責任を持ってくるぞ」と申し向けることはこれに当たらない（静岡地判昭 33·5·20 判夕 81·91）。また、「死刑を含む有罪判決を言い渡した裁判官に対し『人殺し、売国奴、貴様に厳烈な審判が下されるであろう』など記載した葉書を投函、配達させた行為は、文面が婉曲であり何人の手によって害悪が加えられるか全く不明確であり、脅迫罪は成立しない」とするものもある（名古屋高判昭 45·10·28 刑月 2·10·1030）。

(2)　害悪の将来性

「害悪を事後に通知したのでは脅迫罪は成立しない。本件では、将来放火するであろうことの『未然』の通告に当たるか否か判示が不明であり理由不備である」として脅迫罪は成立しないとした（大判大 7·3·11 刑録 24·172、所・注釈刑法(5) 249 頁）。

(3)　告知方法

害悪の告知方法には制限がなく、文書によると、口頭によると、挙動によるとを問わない。文書による場合は、記名の有無を問わないし、自己名義、他人名義、あるいは虚無人名義をもってするとを問わない（大判昭 7·11·11 刑集 11·1572）。また、告知者自ら直接相手方に告知すると、第三者を介して間接的に伝達すると、公示して相手方が害悪内容を知りうるようにするとを問わない（最判昭 26·7·24 刑集 5·8·1609、大野＝墨谷 75 頁）。相手方が知りうる形態でなされた「落とし手紙」による場合であっても畏怖の念を生じさせうるものであればよい（大判昭 16·2·27 刑集 20·6）。なお、最近急速に普及したインターネットのツイッターなどによる脅迫的・名誉毀損的書き込みについても、本条による規制が可能かどうか検討する必要がある。

4　罪数

加害の告知後、その「害悪」を具体的に実行した場合には、その実行された行為が独立して成立し、両犯罪行為は併合罪の関係となる（川端 161 頁、大谷 94 頁）。判例もまた、「暴行・脅迫が不法監禁中になされたものであっても、不法監禁の状態を維持・存続させるためその手段としてなされたのではなく、被害者の言動に対する憤激など別個の動機原因からなされた場合には、右暴行・脅迫は監禁罪に吸収されず、別罪を構成する」とし（最判昭 28·11·27 刑集 7·11·2344）、数人が共同して実行行為をした場合には、「暴力行為等処罰に関する法律」が適用され、本罪は成立しないとする（大判昭 7·11·14 刑

集 11・1611、川端 161 頁)。

Ⅲ 強要罪

　生命、身体、自由、名誉または財産に害を加えるべきことをもって脅迫し、または暴行を用い、人に義務のないことを行わせ、または権利の行使を妨害した者は、3年以下の懲役に処せられる（223条1項）。親族の生命、身体、自由、名誉または財産に害を加える旨を告知して脅迫し、人に義務のないことを行わせ、または権利の行使を妨害した者も、前項と同様とする（同条2項）。前2項の罪の未遂も処罰される（同条3項）。

1　保護法益

　本罪は、本人またはその親族の生命・身体・自由・名誉もしくは財産に対し害を加えるべきことをもって脅迫し、または「暴行」を用い、人をして義務のないことを行わせるか、または行うべき権利の行使を妨害することによって成立する。本罪の保護法益は、個人の「意思決定の自由」、ないし「意思決定実現の自由」である（前田127頁、川端162頁、大谷94頁）。その性質は、侵害犯である。判例も本罪の保護法益は、「意思決定に基づく行動の自由にあるから、本条1項にいう『暴行』は、相手方の自由な意思決定を拘束してその行動の自由を制約するに足りる程度のものであることを要し、背広の襟をつかんで引っ張り、怒鳴りながら身体を前後に数回揺さぶることでは未だその程度に達したとはいえない」としている（大阪地判昭36・10・17下刑集3・9=10・945）。

2　行為

　本罪の行為は、脅迫または暴行である。「脅迫」は、狭義の脅迫罪における脅迫と同じ意味に解される。「暴行」は、人に対するものであれば足り、必ずしも人の身体に加えられることは必要でない（前掲大阪地判昭36・10・17、川端162頁、大谷95頁。反対説として、山口77頁では、「強要罪は、意思活動（行動）の自由に対する侵害犯」とする）。したがって、第三者に対する暴行であってもよいが、「義務のないことを行わされる」か、または「権利の行使を妨害される者」とその暴行を受ける第三者との間に共感関係があることを要する（大野＝墨谷78頁）。また、暴行が直接に人の身体にではなく間接的に物に対して加えられても、それが特定の人を目標として加えられたとみられる密

接不可分の関係があればよい（瀧川（春）=竹内66頁）。

3　強制行為

本条1項の「義務のないことを行わせる」とは、「自己に何らの権利権能なく、したがって相手にその義務がないのに、暴行・脅迫を用いて、強いて作為、不作為または忍受をさせたことをいい、雇人たる13歳の少女に水入りバケツ、木製腰掛等を数十分間から数時間にわたり胸辺または頭上に支持させたことは、これに当たる」としている（大判大8・6・30刑録25・820）。また、強要罪に当たらないとされた事例として、「『暴行を用いて、人に義務のないことを行わせ』るとは、なお被強要者自身の意思に基づく行為が存することを要し、暴力のままにその人を器械的に行動させることはこれに当たらない。よって、女性の両腕を背後からつかんで引っ張り、10メートル余を移動させることは、不法監禁罪に当たることは格別、強要罪には当たらない」とする（東京高判昭34・12・8高刑集12・10・1017）。

「権利の行使を妨害する」とは、脅迫または暴行によって、他人の正当な権利の行使を妨げることである。例えば、正当な告訴権者に対し、脅迫または暴行を加えることによって、その告訴権の行使を断念させるような場合である。

判例には、「新聞記者が料理店営業者に対し、自己の意思に逆らうと右料理店に関し不利益な事項を新聞に掲載すると告げて告訴を中止させたときは、権利の行使を妨害したものである」とするものもある（大判昭7・7・20刑集11・1104）。

4　未遂

本罪は、「害悪の告知」が相手方に知らされたときに既遂となる（大野=墨谷76頁）。また、強要罪の成立は、手段たる「脅迫」または「暴行」と、その結果たる「義務のないことを行わせ、または権利の行使を妨害した」こととの間には因果関係が存在しなければならない。したがって、人に義務のないことを行わせ、または権利行使を妨害する意思をもって、脅迫または暴行を行ったにもかかわらず、これを果たさなかった場合、つまり相手方がそれに基づいて特定の作為・不作為に出なかった場合は、本罪の未遂となる。また、「害悪の告知が相手方に義務のないことを行わせるために行われたときは脅迫罪ではなく強要罪が成立し、被通告者が実行できなかったときも強要

未遂罪のみが成立する」（大判昭 7・3・17 刑集 11・437）。

5 罪数

他罪との関係についてみると、職務強要罪（95 条 2 項）、強制わいせつ罪（176 条）、強姦罪（177 条）、強盗罪（236 条）、恐喝罪（249 条）などは、いずれも暴行または脅迫を手段として、おのおのの作為・不作為を強要することから、基本的な罪質を同じくしているとみられる。強要罪は、これら各罪に対して一般法的性格を有するとし、強要罪と上記の各罪が、一般法と特別法の関係にあるとする。したがって、これら各罪が成立する場合には、法条競合により強要罪は適用されない（大野＝墨谷 79 頁、山中 123 頁、大谷（第 4 版）97 頁）。

なお、「暴力行為等処罰ニ関スル法律」により、集団的脅迫（同法 1 条）、常習的脅迫（同法 1 条ノ 3）についての規定がある。

第3節　略取、誘拐および人身売買の罪

I　総説
(1) 犯罪類型

刑法典第 33 章で規定される「略取、誘拐及び人身売買の罪」は、人を従来の保護された生活環境から離脱させて自己または第三者の事実的な支配下に置き、人身の自由を侵害することを内容とする犯罪である。

これらの犯罪として、未成年者略取・誘拐罪（224 条）、営利目的等略取・誘拐罪（225 条）、身の代金目的略取・誘拐罪、身の代金要求罪（225 条の 2）、国外移送目的略取・誘拐罪（226 条）、人身売買罪（226 条の 2）、被略取者等所在国外移送罪（226 条の 3）、被略取者引渡し罪（227 条）、未遂罪（228 条）、解放による刑の減軽（228 条の 2）、身の代金目的略取等予備罪（228 条の 3）、親告罪（229 条）などが規定されている。

これらの略取・誘拐罪は、古くから人を酷使・搾取するための人身売買の手段と密接な関係をもっており、人身売買の手段として略取・誘拐が行われることが少なくなかった。例えば、遊女として働かせるための人身売買は経済的貧困と親子の封建的従属関係を温床としていたし、通称タコ部屋・監獄部屋における半強制労働は、わが国における労働力供給の前近代的性格を示していた。しかし、最近では、こうした行為は、国際的な経済発展の陰の部分として、国際犯罪組織によるビッグ・ビジネスとして国際的な規模において行われている。その取締りのために国際条約が締結されている。特に、最近の国際組織犯罪の撲滅対策に関する国際条約に基づき、2005（平成 17）年、本章に人身売買罪（226 条の 2）が新設されたのに伴い、本章も「略取、誘拐及び人身売買の罪」と改正され、犯罪類型も国内犯から国外犯まで多様化し、性格の異なる行為態様が混在している。したがって、本章の各罪における保護法益も多様化していることが特徴で、解釈・適用にあたっては注意しなければならない。[1]

未成年者誘拐罪の保護法益は、「被誘拐者たる未成年者の『自由』のみならず、両親、後見人等の監督者又はこれに代わり未成年者に対し事実上の監督権などの『監護権』でもある」（福岡高判昭 31・4・14 裁特 3・8・409、島岡・百選

Ⅱ 29 頁）とするものもある。特に身の代金目的略取・誘拐罪、身の代金要求罪（225 条の 2 第 1 項）は、1963（昭和 38）年に起こった「吉展ちゃん誘拐殺人事件」を契機に 1964 年に新設され、法定刑も無期または 3 年以上の懲役刑に引き上げられ重罰化された[2]。

また、かつてみられた略取・誘拐・人身売買は、しばしば深刻な社会問題を反映するものであったが、現在でも形こそ違え、子どもや女性を性産業や臓器売買の対象とした唾棄すべきビジネスとしてますます増殖している。特に、東日本大震災後、例えば、原発事故の処理をする作業員不足に付け込んだ、暴力団系の人材派遣業者による労働力搾取のための略取・誘拐が多発し、ホームレスの人たちが被害にあっていると報告されている[3]。

日本は最近までハーグ条約を締結していなかったので、養子縁組のあっせん業は、罰則のない届出制であり、無届けの業者による人身売買の危険性が指摘されていた。この海外養子縁組の陰には、民間あっせん事業者の存在があるといわれる。こうした現状を打破するため 2013 年 5 月にハーグ条約の締結が国会で承認され、2014 年 1 月に署名、4 月から加盟・発効している（正式には「国際的な子の奪取の民事上の側面に関するハーグ条約」という）[4]。

さらに今日では、このような労働力搾取のための略取・誘拐に代わって政治目的のための人質の略取・誘拐や身の代金目当ての略取・誘拐の増加がみられるようになり新たな社会問題となっている。身の代金目当ての拐取は、その行為を手段として金銭を奪取することを目的とするものであるから、財産犯的性格も合わせ有するものである（大野＝墨谷 89 頁）。

(2) 意義

ここに「略取」とは、暴行または脅迫を手段として相手方またはその保護監督者の意思に反して、その生活環境から離脱させ、自己または第三者の事実的支配下に置くことをいう（広島高岡山支判昭 30・6・16 裁特 2・12・610）。一方、「誘拐」とは、詐欺または誘惑の手段によって他人を自己の実力的支配下に置き、その居所を移動させる場合である。すなわち、偽計や甘言を用い、または人の思慮浅薄に乗じて相手方を行為者に随行させて、その支配下に置く行為を意味している。例えば、未成年者に、外妾または仲居になると高給が得られ着物ももらえると告げることは、この誘惑に当たるとした判例もある（大判大 12・12・3 刑集 2・915）。また、「誘惑においては、必ずしも虚偽の事実で

被害者を錯誤に陥れることを要しない」ともされている（大判大7・10・16刑録24・1268）。

(3) 欺罔の相手方

判例は、「未成年者の監督者を欺いて利害判断を誤らせ未成年者を自己の支配内に移すことを承諾させて、これを移したときは、誘拐罪が成立する」としている（大判大13・6・19刑集3・502）。

(4) 既遂時期

「14歳の少女を自己の自転車に同乗させ約1.4キロ余を連れ去ったときは、一応被害者を自己の実力的支配内に置いたといえるから、そこで被害者の母親に発見されて奪還されても、誘拐既遂罪が成立する」としている（東京高判昭30・3・26裁特2・7・219）。

(5) 告訴権者

「未成年に対する監護権を侵された監督者は、告訴権を有する」（福岡高判昭31・4・14裁特3・8・409、名和・百選Ⅱ〔第5版〕24頁）。さらに、暴行・脅迫と欺罔・誘惑の手段が併せて用いられた場合は、同一構成要件内における行為態様の相違にすぎないから、略取・誘拐の一罪が成立するとする判例もある（大判昭10・5・1刑集14・454）。

(6) 保護法益

保護法益に関する見解の違いは、被害者の承諾による違法阻却の成立する範囲に影響する。すなわち、①被拐取者の真実に出た同意が存在する場合においても、保護監督者が同意していないときは、違法性が阻却されない。逆に、②保護監督者の同意があっても被拐取者本人が同意していなければ違法阻却が認められない。また、③嬰児や高度の精神障害者のように自己の意思表示をなしえない場合を除いて、「被拐取者本人」と「監護権者」の双方の同意が存在する場合には違法阻却が認められることになる。

また、略取・誘拐罪においては、「自由が制限された状態が、その者の安全にとって危険なものである場合に限って処罰している」として「保護法益」を「被拐取者の自由」と「生命・身体の安全」の両方にあると解する説もある（平野176頁同旨、古田敏雄「刑法における人身の自由の保護」現代刑法講座4巻193頁）。

(7) 本罪は、継続犯か状態犯か

本罪が継続犯か状態犯かについても見解が分かれている。

①状態犯説。状態犯説は被拐取者の「人的保護関係」を保護法益とする立場なので、それが侵害されたときに本罪は既遂に達し、その後は単に違法状態が続くにすぎないとする（山口91頁、松宮97頁）。②継続犯説。被拐取者の自由の侵害を本質とする立場からは、自由の侵害が継続している間実行行為が継続しているから、本罪は継続犯と解されている（大谷（第4版）102頁）。③二分説によると、本罪は原則的に被拐取者の自由に対する犯罪であるから一般には継続犯とみるべきであるが、被拐取者が全く行動の自由を欠く嬰児や高度の精神障害者などであるときはもっぱら保護監督権の侵害が認められ、その限りで状態犯となると解されている。この二分説が通説である（川端167頁）。本書もこの二分説を支持したい。

判例も「被誘拐者が犯人の実力支配内より脱せざる以上は法律の保護せんとする被誘拐者の身体の自由及監護権者あるときは其の監督権は間断なく侵害されつつある」ことを理由として継続犯説を採用しているとされる（大決大13・12・12刑集3・871、大野＝墨谷92頁）。しかし、この判例解釈をめぐっては、対立がある。つまり、判例は「継続犯説をとっている」とする立場（大判昭4・12・24刑集8・688頁、川端167頁、大野＝墨谷92頁）と、最決昭58・9・27刑集37・7・1078は身の代金目的拐取罪と被拐取者に対する監禁罪とを観念的競合ではなく併合罪としていることから、判例は状態犯説をとるものと解されるとする立場（松宮97頁、山口90頁）とが対立している。

1) 人身売買罪は、2005（平成17）年6月16日に可決された刑法改正で新設された。アメリカ合衆国国務省の Trafficking in Persons Report（2004年度版）において日本人による人身売買問題が厳しく非難されたことに対応している。
2) 東京都台東区入谷（現在の松が谷）で起きた男児誘拐殺人事件。1966年3月17日東京地方裁判所が被告人に死刑を言渡すが、弁護側が被告人には計画性はなかったとして控訴した。しかし、同年11月東京高等裁判所は控訴を棄却。弁護側が上告するが、1967年10月13日最高裁判所は上告を棄却し死刑が確定した。4年後の1971年12月23日に死刑が執行された。
3) 鈴木智彦・ヤクザと原発（2011）に詳しい。
4) 1989年採択の「子どもの権利条約」では、養子縁組は可能な限り国内委託を優先することを定め、国際的な養子縁組の場合は国内における場合の保護および基準と同等のものの享受を確保するよう定めている。海外に送り出す場合でも、児童の利益への最大限の配慮を求め、不当な金銭授受を禁じている。また、1993年のハーグ条約では、手続上、終始関係両国の法務当局が責任を負うよう定め、「人身売買」ではないとの証明、養親・養子に関するプロフィール交

換、子どもの出国見届け・入国確認等の義務があるとされる（前田 130 頁参照）。

II　未成年者略取・誘拐罪

未成年者を略取または誘拐した者は、3 月以上 7 年以下の懲役に処せられる（224 条）。また、本罪では未遂も処罰される（228 条）。

1　本罪の保護法益

略取・誘拐罪の保護法益は、被拐取者の行動および「意思決定の自由」である（松宮 96 頁）。しかし、この保護法益をどうみるかについても、従来から争いがある。まず、被拐取者の「行動の自由」を侵害することを本罪の本質と解する説。これは、略取・誘拐罪がローマ法の「支配権掠奪」以来、奴隷の所有者や子どもに対する父親の「支配権」を犯す罪とされ、沿革的には保護監督権の侵害を中心に考えられてきたからだと主張する（大野＝墨谷 90 頁）。これに対して、本罪が被拐取者の「人的保護関係」を侵害するものであり、本人の利益はもとより、親権者その他の保護監督者の利益を保護するものであるとする説。また、折衷的立場で、被拐取者の自由の侵害を原則としつつも、被拐取者が保護監督者のもとで生活している場合には、その監護権をも侵害するものであると説くものもある（団藤 476 頁）。さらに、「被拐取者の自由およびその安全」とする説は、近時の多数説であるとされる（山口 93 頁、大谷（第 4 版）102 頁。前田 133 頁は「安全と行動の自由」は嬰児にも存在するとしている）。

判例は、未成年者誘拐罪の保護法益について、古く「未成年者の略取罪は暴行又は脅迫を加え幼者を不法に自己の実力内に移し、一方において監督者の監護権を侵害するとともに、他方において幼者の自由を拘束する行為によって成立する」とするものがある（大判明 43・9・30 刑録 16・1569）。また、「被誘拐者たる未成年者の自由のみならず、両親、後見人等の監督者又はこれに代わり未成年者に対し事実上の監護権を有する監督者などの監護権でもある」とする（福岡高判昭 31・4・14 裁特 3・8・409、名和・百選 II〔第 5 版〕24 頁）。また、「親権者による未成年者略取」について、判例では、「別居中で離婚係争中の妻が養育している 2 歳の長男を夫が有形力を用いて連れ去る行為は、未成年者略取罪の構成要件に該当し、行為者が親権者の一人であることは、違法阻却の判断において考慮されるべき事情にとどまる」として、違法阻却

を否定するものもある（最決平17・12・6刑集59・10・1901判時1927・156、島岡・百選Ⅱ28頁）。

2 主体・客体・行為

行為主体に制限はない。被拐取者の意に反する自由の侵害がなされる限り、保護監督者もまた本罪の主体となりうる。

客体は未成年者すなわち20歳未満の者である。婚姻により民法上成年に達した者とみなされる未成年者（民753条）も、未成年者保護の見地から、ここにいう未成年者と解されている。営利目的・身の代金目的などで行われたときは本罪でなくそれぞれの犯罪が成立する。

行為は、略取または誘拐である。その区別についてはすでに述べた。拐取行為は通常被拐取者の場所移転を伴う。しかし、客体が未成年者の場合には、その保護監督者を欺罔しあるいは暴行・脅迫を加えて立ち去らせることによっても犯しうるから、必ずしも場所的移転を本質とするものではないとされる（大野＝墨谷93頁）。

3 被拐取者本人の意思と監護権者の意思が一致しない場合

この場合には、特に承諾能力を認めてもよいと思われる13歳（強姦・強制わいせつにおける承諾能力）ないし14歳（刑事責任能力）以上の成人に近い未成年者の同意の扱いが問題となる。通説・判例は、監護権者の利益侵害や未成年者保護の必要性などから、この同意の効果を否定している（松宮98頁）。しかし、本罪の保護法益を被害者の意に反する自由の侵害の排除とみるならば、本人の同意を全く無視することには疑問が提出される（内田127頁、中山116頁）。次に、監護権者の同意については、通説は、他人の法益に対する侵害を内容とすることを理由に違法性を阻却しないと解している（大塚206頁、木村67頁）。ただし、本人の意に反してなされた監護権者の行為による第三者への支配の移転も、それが本人の利益になる場合には違法性が阻却されよう（大谷（第4版）102頁、大野＝墨谷93頁）。

Ⅲ 営利目的等略取・誘拐罪

営利、わいせつ、結婚または生命もしくは身体に対する加害の目的で、人を略取し、または誘拐した者は、1年以上10年以下の懲役に処せられる（225条）。また、未遂も処罰される（228条）。

1 客体

客体に制限はなく、未成年者でも成年者でもよい。また、未成年者を客体とする場合も営利などの目的が認められる限り本罪のみが成立する。

2 目的

本罪は、目的犯である。本罪が前述の「未成年者拐取罪」より重く処罰されるのは、他の動機による場合よりも「自由に対する侵害の程度」が大きいからである（川端173頁、東京高判昭31・9・27高刑集9・9・1044）。

(i)「営利の目的」　「営利の目的」とは、財産上の利益を得、または第三者に得させる目的をいう。利得は営業的であることを要しないし（大判明44・11・16刑録17 2002）、継続的であることも不要である（大判大9・3・31刑録26・223）。また、取得すべき利益が不法な利益である必要はない。例えば、被拐取者を芸妓稼業に従事させ、その収入を自己に対する同人の債務の弁済に充当しようとするのは「営利の目的」に当たる（大判大14・1・28刑集4・14、香川・注釈刑法(5)282頁）。さらに、営利の目的は、「誘拐を決意する動機を指称するものであるから、必ずしも誘拐行為自体により利益を取得する場合に限らず、誘拐後に被害者をして醜業をさせるなど、誘拐後の行為の結果として取得する場合を含む」としている（大判昭2・6・16新聞2726・13）。また、「拐取行為により財産上の利益を得ようとすることであるから、その利益は必ずしも被拐取者自身の負担によって得られるものに限らず、拐取行為に対して第三者から報酬として財産上の利益を得る場合も含まれる」と解されている（最決昭37・11・21刑集16・11・1570）。

これに対し、「営利の目的」の範囲を被拐取者の犠牲において財産上の利益を得る目的に限るべきだとする限定説がある（平野177頁）。具体的には、報酬取得目的、被拐取者の所持品奪取目的、身の代金目的などが問題となる。身の代金目的の場合は、営利目的に含まれると解するのが従来の通説・判例であったが（東京高判昭31・9・27高刑集9・9・1044）、この種の事犯の多発化傾向と事実の悪質重大性に鑑み、昭和39年に独立の「身の代金拐取罪」が新設された（225条の2）。225条との関係は法条競合（吸収関係）とみるのが一般的理解である（香川・注釈刑法(5)206頁、大野＝墨谷94頁）。

(ii)「わいせつの目的」　性的欲望を興奮または満足させる目的をいう。自己の欲望のためか、他人のためにするものであるかを問わない。また被拐

取者をわいせつ行為の主体とする目的であるか客体とする目的であるかも問わない（団藤480頁）。例えば、被拐取者に対して、わいせつな性的行為をし、または第三者にそれを行わせる場合だけではなく、被拐取者に売春をさせる場合をも含まれる（川端174頁）。

(iii)「結婚の目的」　被拐取者を行為者自身または第三者と結婚させる目的である。結婚とは法律上の婚姻に限らず事実上の結婚すなわち内縁関係も含むと解されている（団藤480頁、松宮99頁、川端174頁、大谷（第4版）103頁、通説）。本罪の罪質が被拐取者を一定の保護状態ないし自由な生活関係から離脱させて、その自由を奪うことを内容としていること、および法文が法律上の結婚を意味する「婚姻」という言葉を使用していないことなどをその根拠とする（瀧川（春）＝竹内79頁）。ただし、単なる同棲の目的は、わいせつ目的と解される（大谷103頁）。また、ストリップ劇場でわいせつ行為をさせて働かせて利益を得ようとするのは「営利の目的」に当たる（大谷（第4版）103頁）。

判例は、「本条の結婚目的にいう『結婚』は、法律婚のみならず事実婚も含むが、それは、通常の夫婦生活の実質を備え単に届出を欠く場合を指すから、肉体関係の継続という一時的享楽は本条の『わいせつ』に含まれる」としている（岡山地判昭43・5・6下刑集10・5・561）。

(iv)「生命もしくは身体に対する加害の目的」　例えば、移植のための臓器・組織の摘出などを目的とした人の略取・誘拐を念頭に置いたものである（松宮99頁、川端174頁、大谷（第4版）104頁）。

3　既遂・未遂の時期

本条の罪は、「他人を自己の実力的支配内に置いたときに既遂に達し、その後被誘拐者が犯人の支配内から脱出したため営利その他の目的を達することができなかったとしても未遂になるわけではない」としている（大判大3・4・14刑録20・559）。

4　罪数

(1)　複数の目的と共犯

本条の罪は、人を実力支配内に置いたときに直ちに成立し、支配継続中も当該犯罪は引き続き存立する。「『わいせつ目的』で少女を誘拐し犯人の実力支配内に置いた後、さらに『営利目的』で別所に誘拐したときは、目的を異

にするに従って新たな支配関係が生じたといえるから後者もまた誘拐罪を構成するが、前者と後者は同一法益を侵害し同一法条に触れる行為であるから、包括的に観察して一罪として処断すべきである。後者の行為のみに加担した者には、後者の罪に対する『共犯』が成立する」とされる（大決大13・12・12刑集3・871、川端175頁）。

(2) 他罪との関係

本条の罪は、人を自己の支配下に置いた段階で既遂に達するがその後も犯罪行為が「継続犯」であるから、監禁を手段として営利略取が行われた場合、監禁罪と営利略取罪とは観念的競合の関係に立つ（大阪高判昭53・7・28高刑集31・2・118）。「営利の目的」で人を略取した者が、身の代金要求罪を犯した場合は、両罪は併合罪の関係に立つ（最決昭57・11・29刑集36・11・988）。また、学説は、本罪が殺人または傷害の目的（例えば、臓器移植の摘出行為など「生命もしくは身体に対する加害の目的」）で行われた後、被拐取者を殺害したり、傷害を負わせた場合には、本罪と殺人罪または傷害罪とは牽連犯となるとしている（川端175頁）。ただし、本罪の目的で拐取後被拐取者を殺害したときは、「拐取罪と殺人罪は併合罪である」「幼児を拐取した後に遺棄した場合、拐取罪と遺棄罪は併合罪となる」（前田136頁）として見解が分かれている。

Ⅳ 身の代金目的略取・誘拐罪、身の代金要求罪

近親者その他略取されまたは誘拐された者の安否を憂慮する者の憂慮に乗じてその財物を交付させる目的で、人を略取し、または誘拐した者は、無期または3年以上の懲役に処せられる（225条の2）。

人を略取しまたは誘拐した者が近親者その他略取され、または誘拐された者の安否を憂慮する者の憂慮に乗じて、その財物を交付させ、またはこれを要求する行為をしたときも、前項と同様である（同2項）。未遂（228条）だけでなく予備も処罰される（228条の3）。

1 立法趣旨

本罪は、前述のように、昭和38（1963）年に起こった「吉展ちゃん誘拐殺人事件」を契機に昭和39年に新設され、法定刑も無期または3年以上の懲役刑に引き上げられ重罰化された（松宮100頁。事件については、前述の注2）を参照）。

2 本罪の性格

本罪は、罪質的には、被拐取者の自由の侵害にとどまらず強盗罪ないし恐喝罪のような財産犯的性格を有する。従来、この種の事犯は営利目的など拐取罪と恐喝罪の併合罪として処理されてきていた。しかし、事犯の多発化傾向ならびに社会的有害性、残酷性、伝播・模倣性などに鑑み、一般予防的見地から犯罪社会学的類型をも考慮して新設されたものである（大谷（第4版）105頁）。1項が「身の代金目的」で人を拐取する行為を処罰し、2項が拐取後に身の代金を要求し取得する行為を罰している。2項が存在する実益は、特に本条1項以外の行為主体（224条、225条、226条）が拐取行為後に身の代金を要求し交付させる場合に生じてくる（中山120頁）。

3 本罪の目的

本罪は、目的犯であるが、「身の代金要求の目的」という文言は用いられていない。これは、身の代金というと釈放の対価を意味するから、それ以外の場合、例えば、財物を渡さなければ被拐取者の生命・身体に危害が加えられるなどと脅迫した場合を処罰できなくなるおそれがあると考えられたからである（大野＝墨谷96頁）。したがって、本罪には被拐取者の安否を憂慮する者の憂慮に乗じて財物を交付させる目的のすべてが含まれるから、被拐取者を殺害してから身の代金を要求しようとする目的も含まれると解しているものもある（瀧川（春）＝竹内82頁）。

なお、本罪は「財物」を交付させる目的と規定されているから、財物以外の財産上の利益を得る目的は含まれていない。したがって、債務の弁済を免除させる目的で人を拐取した場合は本罪でなく営利目的拐取罪（225条）となる（大野＝墨谷97頁）。

4 「近親その他被拐取者の安否を憂慮する者」

(i)「近親」　親子・夫婦・兄弟姉妹・祖父母と孫などのように近しい親族関係にあるため当然に被拐取者の安否を憂慮すると考えられる者をいう。判例は、「本条にいう『近親』は直系血族、配偶者、兄弟姉妹を含むが『親族』という概念よりも狭い」としている（大阪地判昭51・10・25刑月8・9＝10・435判時857・124）。

(ii)「その被拐取者の安否を憂慮する者」　住込店員に対する店主などのように、近親同様に親身になって被拐取者の安否を憂慮する者をいう。単に

被拐取者あるいは近親などの苦境に同情する気持から心配するにすぎない者まで含む趣旨ではない。被拐取者の自由を回復するためにはいかなる財産的犠牲もいとわないと通常考えられる程度の特別な人間関係にある者と解すべきである（前掲大阪地判昭51・10・25）。また、「略取され又は誘拐された近親でなくとも、略取され又は誘拐された者の安否を親身になって憂慮するのが社会通念上当然とみられる特別な関係にある者はこれに含まれる。相互銀行の代表取締役社長が略取された場合、同銀行幹部らは、特別の関係にあり、『安否を憂慮する者』に当たる」（最決昭62・3・24刑集41・2・173、田中・百選Ⅱ30頁）。

  5　主体
　本罪の主体は、「人を略取または誘拐した者」であって、225条の2第1項に限らず、224条・225条・226条1項の罪を犯した者などが含まれる。拐取者という身分がなければ本罪の主体たりえないという意味で、身分犯と解するのが一般である（大谷107頁）。したがって、本罪の主体は、拐取の実行行為者に限られ、行為者を教唆・幇助した共犯者は除外される（大谷（第4版）107頁、反対説として、西田81頁）。

  6　行為
　本罪の行為は、憂慮に乗じて、その財物を交付させ、またはこれを要求する行為をすることである。「交付させる」というのは、相手方の提供する財物を受け取る場合だけでなく、相手方の黙認に乗じて取得する場合も含まれる。また、法文が「要求し」とせず、「要求する行為をし」と規定していることから、財物交付を求める意思表示だけで足り、要求が相手方に到達することは必要としないとされる（大谷（第4版）107頁）。本罪に「未遂犯」処罰の規定がないのも、要求の意思表示をもって既遂となるためであると解されているからである。しかし、意思表示を相手方が了知したことは必要としないが、相手方に到達することは必要とするとの反対説がある（内田148頁）。これは、理論上未遂である場合を既遂とすることへの疑問に基づく見解である（大野＝墨谷97頁）。身の代金交付罪については、「憂慮に乗じてその財物を交付させた」という因果関係が必要であるから、この因果関係を欠くときは、「要求罪」が成立する場合は別として、交付罪としては不可罰の未遂となる。また、要求行為をなした相手方が「安否を憂慮する者」でない場合は、

構成要件該当性がないので本罪は成立しない。もっとも、恐喝未遂となることはありうるとされる（大野＝墨谷 97 頁）。

7　他罪との関係

本罪と他の拐取罪との罪数関係については、牽連犯説が有力である。判例も「身の代金目的で人を略取誘拐した者が更に略取され又は誘拐された者を監禁し、その間に身の代金を要求した時は、身の代金目的略取誘拐罪と身の代金要求罪とは牽連犯の関係に、右各罪とは併合罪の関係に立つ」としている（最決昭 58・9・27 刑集 37・7・1078 判時 1093・148、十河・百選Ⅰ 206 頁）。また、「身の代金目的で人を誘拐した者がその後、身の代金を要求した時は、包括一罪である」とする判例もある（宮崎地都城支判昭 50・11・5 判タ 333・363）。

V　所在国外移送目的略取および誘拐罪

所在国外に移送する目的で、人を略取し、または誘拐した者は、2 年以上の有期懲役に処せられる（226 条）。

本罪は、平成 17（2005）年の改正で、「日本国外へ移送」から「所在国外に移送」に拡大され、日本国外に限らず、広く人が所在する国から国外に移送する目的による行為も処罰の対象になった（大谷（第 4 版）109 頁、前田 136 頁）。

本罪は、所在国外へ移送する目的で人を略取・誘拐することを内容とする犯罪である。したがって、目的犯である（大谷（第 4 版）108 頁、川端 180 頁）。

本罪の行為は、所在国外へ移送する目的で人を略取・誘拐することである。

判例は、「日本人の妻と別居中の外国人（オランダ国籍）が、妻のもとで監護養育されていた子（2 歳 4 か月）を、母国オランダに連れ去る目的で、入院中の病院から有形力を用いて連れ出し、保護されている環境から引き離して自分の事実的支配下においた行為は悪質であり、本罪が成立する」としている（最決平 15・3・18 刑集 57・3・371、川端 180 頁、山中 136 頁）。

Ⅵ　人身売買罪

人を買い受けた者は、3 月以上 5 年以下の懲役に処せられる（226 条の 2 第 1 項）。未成年者を買い受けた者は、3 月以上 7 年以下の懲役に処せられる（同 2 項）。営利、わいせつ、結婚または生命もしくは身体に対する加害の目

的で、人を買い受けた者は、1年以上10年以下の懲役に処せられる（同3項）。人を売り渡した者も同様である（同4項）。所在国外に移送する目的で、人を売買した者は、2年以上の有期懲役に処せられる。なお、上記の犯罪のいずれの未遂も処罰される（228条）。

1 総説

(1) 意義・態様

本罪は、日本国外に移送する目的で人を売買する行為だけが処罰の対象であった。しかし、前述のように、「人身売買」をめぐる国際情勢の変化に対応するため、平成17年6月16日の刑法の一部改正で新設された。

人身売買罪の態様として、人身買受け罪（226条の2第1項）、未成年者買受け罪（同条2項）、営利目的等人身買受け罪（同条3項）、人身売渡し罪（同条4項）、所在国外移送目的人身売買罪（同条5項）が規定されている。そして、人を買い受ける場合（同条1項）、客体が未成年者の場合（2項）や、「営利、わいせつ、結婚又は生命もしくは身体に対する加害の目的」で買い受ける場合（3項）はそれぞれ刑が加重される。さらに、「所在国外に移送する目的」で売買した場合（5項）に関しても刑が加重される。

(2) 保護法益

人身売買の保護法益は、略取・誘拐罪と同様に、被売者の人身の自由の保障に加え、その「人間の尊厳」の確保にある。特に、被売者が未成年者である場合には、保護者の保護監督権も含まれる（大塚671頁）。また、「本罪の罪質は、行動の自由を害する点にあるのではなく、むしろ『人格の尊厳』を保障する見地から人を売買の目的物（かつての「奴隷売買」の被害者のように）としてはならないという趣旨に基づく」ものだから、「人の授受によって犯罪が終了する状態犯」であると解するのが妥当である（川端182頁）。

2 人身買受け罪

人を買い受けた者は、3月以上5年以下の懲役に処せられる（226条の2第1項）。

本罪の主体については、とくに制限がない。客体は、第2項（未成年者買受け罪）との関連で「成年者」に限定されている。

本罪の行為は、人を買い受けることである。対価は、金銭である必要はない。例えば、被売者の労働・サービスの提供も対価に相当する。

本罪は、被売者の人身の自由および生活の安全を侵害する犯罪であるから、本罪が既遂となるのは、契約書の交換などの形式的契約関係が成立しただけでは不十分で、被売者に対する事実的支配の移転が必要である（大谷（第4版）110頁）。そして、被売者を売買または交換する申込みがあった時点で買受け行為の実行の着手があっても、まだ、買手側に事実的支配の移転がなければ未遂にとどまる。

3　未成年者買受け罪

未成年者を買い受けた者は、3月以上7年以下の懲役に処せられる（同条2項）。

4　営利目的等人身買受け罪

営利、わいせつ、結婚または生命もしくは身体に対する加害の目的で、人を買い受けた者は、1年以上10年以下の懲役に処せられる（同条3項）。

本罪は、近時の悪質な人身売買行為（特に、暴力団の資金源として、わいせつ、結婚または生命もしくは身体に対する加害の目的）の実態を考慮して、1年以上10年以下の懲役を科し、厳罰化による一般予防的効果を狙ったものである。

5　人身売渡し罪

人を売り渡した者も、前項と同様である（同条4項）。

本罪は、買手の方を取り締まるだけではなく、そもそも人を売り渡した者も厳罰に処そうという趣旨で規定され、前項と同様、1年以上10年以下の懲役を科すものである。

6　所在国外移送目的人身売買罪

所在国外に移送する目的で人を売買した者は、2年以上の有期懲役に処せられる（同条5項）。

前述のように、人を買い受ける場合、客体が未成年者の場合（2項）や、「営利、わいせつ、結婚又は生命もしくは身体に対する加害の目的」で買い受ける場合（3項）はそれぞれ刑が加重されている。そして、本罪も行為の悪質性から刑が加重されている。

本罪を犯した後、被売者をその所在国外に移送したときは、本罪と後述の「被略取者等所在国外移送」（226条の3）との牽連犯となる（大判昭12・3・5刑集16・254、大谷（第4版）111頁）。

5) 前述注1)のアメリカ国務省報告書のように、世界的な移植の臓器不足を解消する目的で、人身売買・臓器売買が蔓延している。「臓器売買」については、1997年10月に施行された臓器移植法により、種々の形態の臓器売買が禁止されている。また、臓器移植法20条で、臓器売買の罰則として「5年以下の懲役若しくは500万円以下の罰金に処し、又はこれを併科する」と定められている。最近起こった、日本ではじめて公になった臓器売買事件(宇和島臓器売買事件)では、臓器移植法違反(売買の禁止)により移植を受けた患者男性および内縁の妻が起訴され、ドナーとなった女性が略式起訴された。2006年12月、松山地裁宇和島支部において、「臓器移植法の人道性、任意性、公平性という基本理念に著しく反するもので、移植医療に対する社会の信用性を揺るがした影響は大きい」として、両被告人ともに懲役1年、執行猶予3年(求刑・懲役1年)が言い渡された。ドナー女性は、罰金100万円、追徴金30万円、乗用車没収の略式命令を受けている。

Ⅶ 被略取者等所在国外移送罪

略取され、誘拐され、または売買された者を所在国外に移送した者は、2年以上の有期懲役に処せられる(226条の3)。

Ⅷ 被略取者引渡し罪

224条、225条または前3条の罪を犯した者を幇助する目的で、略取され、誘拐され、または売買された者を引き渡し、収受し、輸送し、蔵匿し、または隠避させた者は、3月以上5年以下の懲役に処せられる(227条)。

225条の2第1項の罪を犯した者を幇助する目的で、略取されまたは誘拐された者を引き渡し、収受し、輸送し、蔵匿し、または隠避させた者は、1年以上10年以下の懲役に処せられる(同2項)。

営利、わいせつまたは生命もしくは身体に対する加害の目的で、略取され、誘拐され、または売買された者を引き渡し、収受し、輸送し、または蔵匿した者は、6月以上7年以下の懲役に処せられる(同3項)。

225条の2第1項の目的で、略取されまたは誘拐された者を収受した者は、2年以上の有期懲役に処せられる。略取されまたは誘拐された者を収受した者が、近親者その他略取されまたは誘拐された者の安否を憂慮する者の憂慮に乗じて、その財物を交付させ、またはこれを要求する行為をしたときも、同様である。

刑法227条は、拐取罪の事後従犯的な場合を上記のような5個の構成要件に分けて独立の犯罪類型としている。いずれも拐取後の違法状態の継続を確保させる行為を処罰しようとするものである。

また、本条における「蔵匿」とは、「略取され又は誘拐された者にその発見を妨げるような場所を供給することをいうから、情を知って旅館の投宿人名簿に偽名を記入して同旅館に滞在させることもこれに当たる」としている（大判明44・7・28刑録17・1477）。

Ⅸ 解放による刑の減軽

身の代金目的拐取罪（225条の2第1項）、身の代金要求罪（同2項）、身の代金目的拐取犯の幇助的収受罪（227条2項）、身の代金目的収受罪および収受者身の代金要求罪（227条4項）を犯した者が、公訴の提起前に被拐取者を安全な場所に解放したときは、その刑が減軽される（228条の2）。

身の代金目的による略取・誘拐においては、被拐取者の生命に危険が及ぶ場合が少なくない。そこで、本条は、犯人が被拐取者を自発的に解放したときは必ず刑を減軽することを定めて被拐取者の生命・身体の安全を図ろうとしている。いわゆる刑事政策的規定である。

本条のように、刑の減軽がなされるのは、違法性ないし責任性の減少に基づくものととらえることが可能である。「被拐取者を自発的に解放することによって示された犯行後における犯人の心情」という面を考慮するならば、責任性の減少といえる。ただ、この見地では、逃走の足手まといになるとか身の代金獲得目的を達成したなどの理由から被害者を解放しても本条の適用はないことになる。これに対し、違法性の減少という観点に立つと、これらの場合にも本条を適用することは可能となろう（大野＝墨谷101頁）。

「解放」とは、被拐取者に対する不法な支配を解くことであるが、それは「安全な場所」になされなければならない。判例は、「安全な場所」とは、「略取され又は誘拐された者が近親者・警察当局等によって安全に救出されると認められる場所を意味し、そこにいう安全とは具体的かつ実質的な危険にさらされるおそれのないことであり、漠然とした抽象的な危険や単なる不安感・危惧感を伴うだけでこれが欠けるわけではない」としている（最決昭54・6・26刑集33・4・364、宮野・百選Ⅱ〔第2版〕34頁）。

Ⅹ 身の代金目的略取予備罪

225条の2第1項の罪（身の代金目的略取罪）を犯す目的で、その予備をし

た者は、2年以下の懲役に処せられる。ただし、実行の着手前に自首した者は、その刑を減軽または免除される（228条の3）。

本罪は、身の代金目的・誘拐罪が悪質な犯罪であるので、予備の段階でも処罰して犯行を未然に防ごうとする趣旨で昭和39年の改正によって新設された（川端187頁）。なお、本罪においては、他の予備罪と異なり、実行着手前に自首したとき、その刑が必要的に減免される。自首を要件とする予備罪の中止犯が認められたことになる（大野＝墨谷102頁）。

XI 親告罪

224条の罪、225条の罪およびこれらの罪を幇助する目的で犯した227条1項の罪ならびに同条3項の罪ならびにこれらの罪の未遂罪は、営利または生命もしくは身体に対する加害の目的による場合を除き、告訴がなければ公訴を提起することができない。ただし、略取され、誘拐され、または売買された者が犯人と婚姻をしたときは、婚姻の無効または取消しの裁判が確定した後でなければ、告訴の効力がない（229条）。

未成年者略取・誘拐罪、営利・わいせつ・結婚目的略取・誘拐罪およびこれらの罪を幇助する目的の被略取・誘拐者収受罪、営利・わいせつ目的収受罪ならびに以上の犯罪の未遂罪は、営利の目的に出たものでない限り親告罪である。ただし、被略取・誘拐者または被売者が犯人と婚姻したときは、婚姻の無効または取消の裁判が確定した後でなければ告訴の効力はない。つまり、本条に列記された罪のうちで、営利目的または生命もしくは身体に対する加害の目的による犯行の場合は、「悪質」であるから、非親告罪とされたものである（川端189頁）。

「告訴」は、犯罪事実の訴追を求める意思表示であり、告訴の権利は被害者とその法定代理人に認められる（刑訴230条、231条）。

ここでは法定代理人でない監護者にも告訴権が認められるかという問題がある。この点は、略取・誘拐罪の性格理解と関連し、監護権侵害を認める通説・判例の見地からは当然に肯定せられ、被略取・誘拐者の自由の侵害のみを保護法益とする見解によれば否定的に解されると考えられている。しかし、通説・判例の見地に立たなくても、監護者は被略取・誘拐者の利益を図る立場にある以上告訴権を有するとの見解もある（大谷（第4版）115頁）。また、

前述の判例のように、「未成年者に対する監護権を侵された監督者は、告訴権を有する」とされる（福岡高判昭31・4・14）。

　本条但書の「婚姻」は法律上の婚姻を意味する（山中142頁）。判例は、「刑訴法237条が、公訴提起後は実質的にいかなる事由があっても告訴を取消し得ないと規定しているので、現行法では公訴権がいったん発動された後は司法秩序の原則が私人の意思に優越するのであり、公訴提起後に略取・誘拐された者と犯人が婚姻しても、既になされた告訴の効力に影響はない」としている（富山地判昭31・10・1判時90・27）。この判例に反対するものに、「刑法は営利略取誘拐等を除き婚姻を第一次的に保護・尊重しているといえるから、略取・誘拐された者が犯人と婚姻したときは、既になされていた告訴の効力は消滅する」とする第2審の判決がある（名古屋高金沢支判昭32・3・12高刑集10・2・157）。この判決は、婚姻尊重の趣旨から、婚姻継続中の告訴の効力を否認するものである（大谷（第4版）115頁）。他方、離婚がなされたときは、婚姻の無効・取消しの裁判が確定した場合に準じ告訴権が回復すると解されている（大野＝墨谷103頁）。

第4節　性的自由に対する罪

I　総説

　刑法典は、第2編第22章「わいせつ、姦淫及び重婚の罪」において、公然わいせつ罪（174条）、わいせつ物頒布等罪（175条）、淫行勧誘罪（182条）、重婚罪（184条）などとともに、強制わいせつ罪（176条）、強姦罪（177条）、準強制わいせつ・準強姦罪（178条）、集団強姦・準集団強姦罪（178条の2）、強制わいせつ・強姦致死傷罪（181条）を規定している。もとより第22章は「社会的法益に対する罪」について規定しており、前者の罪はこれに当たるが、他方で、後者の罪については、個人の性的自由を侵害する罪であることから、一義的には「個人的法益に対する罪」として理解されている（山口106頁、大谷109頁、前田146頁、曽根65頁、高橋118頁、佐久間112頁、松宮108頁）。

II　強制わいせつ罪

　13歳以上の男女に対し、暴行または脅迫を用いてわいせつな行為をした者は、6月以上10年以下の懲役に処せられる。13歳未満の男女に対し、わいせつな行為をした者も同様である（176条）。なお、未遂も処罰される（179条）。

1　総説

　本罪は、13歳以上の男女に対しては、暴行または脅迫を用いてわいせつな行為をした場合に成立するが（176条前段）、13歳未満の男女に対しては、暴行・脅迫や相手方の同意の有無に関係なく、わいせつな行為を行うだけで成立する（同後段）。このように本罪は被害者が13歳以上かどうかによって成立要件が異なるが、これは、13歳未満の者については、性的な意思決定や行動の自由について判断する能力が十分ではないと考えられることから、これら年少者の性的保護に強く配慮したものである。

2　行為

　本罪における「わいせつな行為」とは、行為者の性欲を満足させる意図のもとに、客観的にも性欲を刺激・興奮させるとともに、普通人の正常な性的

羞恥心を害し、善良な性的道徳観念に反する行為であるとされる（名古屋高金沢支判昭 36・5・2 下刑集 3・5=6・399）。具体的には、被害者の身体に無理やり抱きついたりキスをしたりする、乳房を揉む、陰部に触れるなどの行為のほか、裸にして写真を撮る行為、男女に性交を強要する行為、肛門に異物を挿入する行為などがこれに当たる。

　わいせつ行為の手段としての暴行・脅迫について、例えば、物理的にみて抵抗力の低い女性や年少者が客体である場合は、比較的軽微な有形力の行使であってもその性的自由を侵害しうるし、また、電車内における痴漢行為など、羞恥心から周囲の助けを求めにくい状況も考えられる。こうした理由もあって、学説の多くは、本罪における暴行・脅迫は、被害者の反抗を著しく困難にする程度のものであれば足り、強盗罪のように被害者の反抗を抑圧する程度のものであることまでは要しないとする。

　もっとも、暴行・脅迫の程度をめぐっては、電車内における痴漢行為や道ですれ違いざまに被害者の身体を触る行為など、暴行行為それ自体がわいせつ行為に当たる場合（性的暴行）が問題となる。この点、本罪における暴行・脅迫は手段であり、しかも被害者の反抗を著しく困難にする程度のものでなければならない点を重視して、このような場合には暴行罪しか成立しないという考え方もありうるが、本罪の保護法益が性的自由の保護であることに鑑みると、この考え方は採用できない。そこで、学説や判例においては、暴行と脅迫を分けて考え、暴行の場合、被害者の油断に乗じて行われるときは、比較的軽微のものでも本罪の手段となりうることから、必ずしも一般的に被害者の反抗を著しく困難にする程度までは要しないとする見解（大塚 99 頁、大谷 112 頁、曽根 65 頁、前田 148 頁）、被害者の意思に反して身体に物理的な力を加える以上、その力の程度の大小強弱は問わないとする見解（大判大 13・10・22 刑集 3・749）、不意の性的暴行に対してはまさしく不意であるがゆえに反抗が困難であることを理由に本罪の成立を認める見解（西田 90 頁、高橋 122 頁）、性的暴行の場合は暴行により性的自由を直接的に侵害するものとして端的に本罪に含まれるとする見解（山口 107 頁）などがみられるが、いずれにしても本罪が被害者の「意に反して」なされるものである以上、暴行・脅迫には少なくともそれだけの強制的な要素が含まれていなければならないことになろう（松宮 110 頁、佐久間 115 頁注 4）。

3 主観的要件

判例は、本罪が成立するためには「その行為が犯人の性欲を刺戟興奮させまたは満足させるという性的意図のもとに行われることを要(する)」として、もっぱら報復・侮辱目的で女性を脅迫して服を脱がせて裸体にさせ、その写真を撮影したという事案について、本罪の成立を否定した(最判昭45・1・29刑集24・1・1)。このように、判例は、本罪の主観的要件として、故意のほかに行為者が自己の性欲を刺激・満足させる旨の主観的意図が必要であるとしており、本罪を傾向犯と解している。しかしながら、学説においては、本罪の保護法益が被害者の性的自由である以上、行為者において当該行為がわいせつ行為である旨の認識、すなわち、当該行為が被害者に性的羞恥心を抱かせ、その性的自由を害するものであるという認識があれば、行為者の主観的意図の内容にかかわらず本罪の成立を認めるべきであるとして、判例に批判的な見解が有力である(山口108頁、西田90頁、佐久間115頁、東京地判昭62・9・16判時1294・143)。

また、本罪は故意犯であるから、構成要件該当事実についての認識が必要となる。したがって、被害者の同意を得てわいせつ行為をする場合、本条後段の罪が成立するためには、行為者において被害者が13歳未満であることの認識が必要であり、被害者を13歳以上であると誤信して、その同意を得た上でわいせつな行為をした場合は、事実の錯誤として本罪の故意が阻却されることになる。

III 強姦罪

暴行または脅迫を用いて13歳以上の女子を姦淫した者は強姦の罪とし、3年以上の有期懲役に処せられる。13歳未満の女子を姦淫した者も同様である(177条)。なお、未遂も処罰される(179条)。

1 総説

本罪は、13歳以上の女子に対しては、暴行または脅迫を用いて姦淫した場合に成立するが(177条前段)、13歳未満の女子に対しては、暴行・脅迫や相手方の同意の有無にかかわりなく姦淫するだけで成立する(同後段)。このように本罪においても、強制わいせつ罪と同様、13歳未満の者については性的な意思決定や行動の自由について判断する能力が十分ではないと考えら

れることから、被害者が13歳以上かどうかによって成立要件が異なる。

2 行為

本罪の対象となる行為は姦淫であり、これは男女間の性交のことをいう。男性器の少なくとも一部を女性器に挿入することで既遂となる。したがって、姦淫の結果として射精することまでは要しない。

強制わいせつ罪と異なり、本罪の行為の客体は女子に限られることになるが、行為主体は男子に限られない。例えば、女性が男性を道具として利用し被害女性を姦淫させる場合や、あるいは、女性が男性と共謀した上、共同正犯である男子が被害女性を姦淫する場合のように、女性も間接正犯、共同正犯として本罪の主体となりうる[1]。

ところで、本罪をめぐっては、夫婦間において本罪が成立しうるかが問題となる。学説においては、婚姻関係があるからといって、妻に性交の包括的な同意義務が存在するわけではないから、強姦罪の成立を肯定する見解が多数である（西田91頁、山口109頁、佐久間117頁、大谷125頁）。裁判例においても、「婚姻中の夫婦は、互いに性交渉を求め、かつ、これに応ずべき関係にあることから、夫の妻に対する性交を求める権利の行使として常に違法性が阻却されると解することも考えられる。しかし、かかる権利が存在するとしても、それを実現する方法が社会通念上一般に許容すべきものと認められる程度を超える場合には、適法な権利行使とは認められず、強姦罪が成立するというべきである」として、女性の自己決定権を保護する立場から夫婦間における強姦罪の成立を肯定するものもある（東京高判平19・9・26判タ1268・345）。これに対して、夫婦間における強姦罪の成否の基準を婚姻関係が実質的に破綻していたかどうかという点に求めるものもあるが（広島高松江支判昭62・6・18高刑集40・1・71）、学説からは、婚姻が実質的に破綻していたかという判断は法的安定性に欠けるし、そのような場合に限定する必然性もないとして、夫婦間の強姦の成否をこのような場合に限定する必要はないとする指摘がなされている（西田91頁、大谷125頁、佐久間118頁）。

姦淫行為の手段としての暴行・脅迫については、強制わいせつ罪の場合と同様、被害者の反抗を著しく困難にする程度のものであれば足り、被害者の反抗を抑圧する程度のものであることまでは要しない（西田91頁、高橋126頁、最判昭24・5・10刑集3・6・711）。被害者の反抗を抑圧する程度の暴行・脅迫

を要するとした場合、本罪の成立要件を厳しくすることとなり、被害者の保護に支障を来すおそれがあるからである（大塚102頁）。

本罪は未遂も処罰されるが、この点に関連して実行の着手時期が問題となる。13歳未満の女子に対しては姦淫行為を開始した時点で、13歳以上の女子に対しては暴行・脅迫を開始した時点で実行の着手が認められる[2]。もっとも、判例は、暴行・脅迫への着手より前の段階での実行の着手を肯定しており、被害者をダンプカーの車内に引きずり込み、5キロ離れた場所に移動して車内で姦淫したという事例において、「強姦に至る客観的な危険性」が認められるとして、ダンプカーに女性を引きずり込もうとした段階で実行の着手を認めている（最決昭45・7・28刑集24・7・585）。

1) 共同正犯の事例につき、最決昭40・3・30刑集19・2・125。
2) もっとも、強制わいせつ罪も本罪と同様に暴行・脅迫を手段とすることから、未遂の段階では行為者の意思・目的によって両罪を区別せざるをえないとされる（大塚103頁、佐久間119頁）。

Ⅳ　準強制わいせつ罪・準強姦罪

人の心神喪失もしくは抗拒不能に乗じ、または心身を喪失させ、もしくは抗拒不能にさせて、わいせつな行為をした者は、176条の例による（178条1項）。女子の心神喪失もしくは抗拒不能に乗じ、または心身を喪失させ、もしくは抗拒不能にさせて、姦淫した者は177条の例による（178条2項）。なお、未遂も処罰される（179条）。

1　総説

準強制わいせつ罪は、人の心神喪失・抗拒不能に乗じて、または人を心神喪失・抗拒不能にさせて、わいせつな行為をした場合に成立し（178条1項）、準強姦罪は、女子の心神喪失・抗拒不能に乗じて、または女子を心神喪失・抗拒不能にさせて、姦淫した場合に成立する（同2項）。いずれの罪も暴行・脅迫を手段とするのではなく、被害者の抵抗困難な状態を利用して、わいせつな行為または姦淫を行うものである。したがって、行為者が暴行・脅迫によって被害者を抵抗困難な状態にし、わいせつな行為または姦淫に及んだ場合は、本罪ではなく強制わいせつ罪または強姦罪が成立することになる（最判昭24・7・9刑集3・8・1174）。

2 心神喪失・抗拒不能

本罪における心神喪失とは、責任能力における心神喪失とは異なり、失神、睡眠、飲酒酩酊、高度の精神障害などの理由によって、わいせつな行為または姦淫についての正常な判断力が失われている状態をいう。例えば、東京高判昭和51・12・13東高刑時報27・12・165は、4〜5歳程度の知能しかない重度の知的障害の女性を姦淫した事案について、本罪の成立を認めている。また、抗拒不能とは、わいせつな行為または姦淫についての正常な判断力は失われていないものの、物理的・心理的に抵抗することが著しく困難な状態をいう。物理的抗拒不能の例としては、手足を縛られている場合などがあり、心理的抗拒不能の例としては、被害者が錯誤や極度の畏怖状態に陥っている場合、飲酒による酩酊状態の場合などがある。

ところで、心理的抗拒不能のうち、錯誤に陥っていた場合については、被害者がいかなる点において錯誤に陥っていたのかということをめぐって問題が生じる。例えば、医師が患者からの信頼を利用して、治療行為を装って患者である女性を誤信させ姦淫するような場合(大判大15・6・25刑集5・285)や、深夜に半覚醒状態のため自分の夫と行為者を誤信したことを利用して姦淫したような場合(広島高判昭33・12・24高刑集11・10・701)については、被害者はその性的な意思決定を行う場面において錯誤に陥っており、正常な判断に基づいて意思決定をすることができなかった結果、性的自由が侵害されたと評価しうることから、本罪が成立することに争いはないとされる(大谷129頁、山口112頁、前田158頁)。これに対して、偽医師が治療のために性交をすることが必要であると偽って被害者を誤信させ姦淫したような場合(名古屋地判昭55・7・28刑月12・7・709)や、プロダクション経営者がモデル志望の女性に対してモデルになるためには必要であると偽って全裸にして写真を撮影したような場合(東京高判昭56・1・27刑月13・1=2・50)について、裁判例は本罪の成立を認めているが、学説のなかには、こうした事案の場合、被害者は性的な行為を行うことについては認識しており、ただそのことを了解するに至る動機において錯誤があったにすぎないことから、性的な行為を行うことについては被害者の有効な同意があったと評価しうるとして、本罪の成立に消極的な見解もある(西田92頁)。しかしながら、こうした外形的な同意があった場合にそれをすべて有効なものとしてしまうと、本罪の成立範囲が不当に狭

まってしまうおそれもあることから、このような場合に抗拒不能を認めるかどうか判断するにあたっては、被害者の同意がいかなる状態のもとでなされたかということについて慎重に検討する必要があろう。[3]

3) 例えば、高橋129頁は、前掲名古屋地裁昭和55年判決を引用し、抗拒不能に当たるかどうかは、被害者の承諾（同意）が自由なる意思のもとに行動する精神的余裕が失われた状態での承諾か否かが基準となりうるとする。

V 集団強姦・準集団強姦罪

2人以上の者が現場において共同して177条または178条2項の罪を犯したときは、4年以上の有期懲役に処せられる（178条の2）。なお、未遂も処罰される（179条）。

1 総説

性犯罪のなかでも、複数の者による強姦は著しく悪質なものであり、国民の処罰感情も極めて強いことから、平成16（2004）年の刑法一部改正によって新設されたのが本罪である。本罪は強姦罪の特別加重類型であり、強姦罪の法定刑は3年以上の有期懲役であるが（177条）、本罪の法定刑は4年以上の有期懲役とされており（178条の2）、行為の悪質性に鑑みて法定刑の下限が加重されている。さらに集団強姦に伴う致死傷罪の場合、その法定刑の下限は6年の懲役であるが（181条3項）、これも強姦致死傷罪の5年（181条2項）と比べて重くなっている。

2 行為

本罪は、必要的共犯の形をとり、行為主体は「2人以上の者」であるが、同じく「2人以上の者」を行為主体とする凶器準備集合・結集罪（旧208条の3→208条の2）のように一定程度の多人数を必要とするわけではない。これは、凶器準備集合罪・結集罪においては、個人の身体・生命の安全のみならず公共の平穏・秩序も保護法益とされていることから、これらを害する程度の多人数が必要とされるためであり、本罪はもっぱら個人的法益を侵害する罪であるから、行為主体は端的に2人以上であればよい。また、本罪は、「2人以上の者が現場において共同して」行わなければならず、複数の者が現場とは別の場所で共謀していたものの、実際に現場で姦淫行為を行ったのはそのうちの1人だけであった場合は「現場において共同して犯した」とは

いえないが (佐久間122頁、大谷118頁、前田127頁)、他方、2人以上の者が現場において共同していれば、その全員が姦淫行為を行っていなくても、そのうちの1人が姦淫行為を行えば本罪は成立するとされる。なお、行為主体は男子に限られず、間接正犯や共同正犯の形で女子も行為主体となりうる点は通常の強姦罪・準強姦罪と同様である。

3 客体

本罪の客体は、177条および178条2項の罪に規定された客体と同じであり、13歳以上の女子である場合と13歳未満の女子である場合とに分かれる。したがって、構成要件的行為も客体によって分かれ、前者の場合は、「2人以上の者が現場において共同して」暴行または脅迫を用いて姦淫行為を行うことであり、後者の場合は、「2人以上の者が現場において共同して」姦淫行為を行うことである。

Ⅵ 親告罪

刑事訴訟法は、親告罪については告訴がなされることを訴訟条件としており、告訴がなかったり取り消されたりした場合、検察官は公訴を提起することができない。刑法上、強制わいせつ罪、強姦罪、準強制わいせつ罪、準強姦罪およびこれらの罪の未遂罪は、親告罪とされているが (180条1項)、これは、性犯罪が被害者の名誉やプライバシーに深く関わるものであり、事件が公判廷で審理された場合、かえって被害者に不利益を及ぼすおそれがあることから、公訴提起するかどうかについて被害者の意思決定に配慮する必要があるためである。なお、親告罪の告訴は、原則として、被害者など告訴権者が犯人を知った日から6か月以内になされることを要するが (刑訴235条1項本文)、これらの罪については、被害者に短期間で意思決定をさせるのは酷であることから、平成12 (2000) 年の刑訴法改正により告訴期間が撤廃されている (同但書)。

他方、強制わいせつ罪、準強制わいせつ罪およびこれらの罪の未遂罪であっても、2人以上の者が現場において共同して犯したものについては、親告罪とはされない (180条2項)。集団強姦罪、準集団強姦罪についても同様である。これらの罪は、複数人による凶悪性・危険性の高い行為であり、被害者の個人的な利益以上に犯罪者の処罰の必要性が大きいことがその理由であ

る（大塚107頁）。

Ⅶ　強制わいせつ・強姦致死傷罪

　176条もしくは178条1項の罪またはこれらの罪の未遂罪を犯し、よって人を死傷させた者は、無期または3年以上の懲役に処せられる（181条1項）。177条もしくは178条2項の罪またはこれらの罪の未遂罪を犯し、よって女子を死傷させた者は、無期または5年以上の懲役に処せられる（181条2項）。
　強制わいせつ罪や強姦罪などの性犯罪においては、被害者の強い抵抗も予想しうるところであり、行為者の暴行・脅迫によって被害者の死傷という結果が生じやすい。そこで、こうした性犯罪の特徴に鑑みて、結果的加重犯規定として置かれているのが本罪である。
　本罪は、強姦罪、強制わいせつ罪を基本犯とし、死傷結果を加重結果とするものである。また、基本犯が未遂に終わっても、被害者に死傷結果が生じた以上、本罪の既遂犯となる。ところで、死傷結果については、わいせつ行為や姦淫行為それ自体および犯行の手段となった暴行・脅迫に起因するものに限定する見解と、これに加えて犯行と密接に関連する行為から生じた死傷結果も含まれるとする見解（大塚105頁、前田164頁、佐久間125頁）とに分かれる。判例は、後者の立場をとっており、例えば、最高裁平成20・1・22決定（刑集62・1・1）は、就寝中の被害者にわいせつ行為を行った者が逃走するために被害者に暴行を加えて傷害を負わせた事案について、被告人が被害者に加えた暴行は準強制わいせつ行為に随伴するものであるとして、強制わいせつ致傷罪の成立を肯定している。なお、本罪が成立するためには、こうした行為と死傷結果との間に因果関係が必要であり、例えば、強姦の被害者が羞恥心のあまり自殺したような場合には、通常予想される因果関係が欠けることから、本罪は成立しないと解される（大塚105頁、西田95頁）。
　なお、傷害の程度について、従来の判例は傷害の軽重を問わず、医師の手当を要しないような軽傷であっても本罪が成立するとしているが（最判昭25・3・15刑集4・3・355）、学説のなかには、法定刑が最も軽い強制わいせつ致傷罪でも「無期または3年以上の懲役」であることから、軽度の内出血や擦過傷など暴行・脅迫やわいせつ・姦淫行為に通常随伴しうるような軽微な傷害については、本条の致死傷に含むべきではないとする見解もみられる（山口

115頁、大谷122頁、高橋134頁)。

Ⅷ　淫行勧誘罪

営利の目的で、淫行の常習のない女子を勧誘して姦淫させた者は、3年以下の懲役または30万円以下の罰金に処せられる（182条）。

「淫行の常習のない女子」とは、貞操観念に乏しく、不特定人を相手として性生活を行うことを常習とする女子以外の女子のことである（大塚524頁、佐久間382頁）。また、「営利の目的」とは、何らかの財産的利益を得る目的である。勧誘の方法は問われないが、少なくとも「淫行の常習のない女子」に姦淫の意思を生じさせることが必要であり、勧誘された女子が相手方と姦淫行為を始めることにより既遂となる。

なお、本罪については、風俗犯とする見解が多数説であるが、他方で本罪は女性の性的情操を保護しようとするものでもあり、その意味において個人的法益に対する罪として理解する立場も有力である。もっとも、今日、本条の必要性や妥当性については疑問があるとされ、こうした法益の保護にあたっては、売春防止法や児童買春・児童ポルノ処罰法などの重要性が増してきているとされる（松宮119頁）。

第 5 節　住居を侵す罪

I　総説

　刑法典は、第 2 編第 12 章「住居を侵す罪」において、住居侵入罪（130 条前段）と不退去罪（同条後段）を規定している。住居を侵す罪は、被害にあった家のみならずその近隣にまで不安を及ぼすことから、かつては社会的法益に対する罪として捉えられていたとされ、現行刑法典の立案者も、本規定の刑法典における位置から本罪を社会的法益に対する罪であると理解していたようであるが（大塚 109 頁）、現在ではむしろ個人的法益に対する罪として理解するのが一般的である。もっとも、個人的法益の内容をめぐっては、見解の対立がみられる。

　戦前においては、本罪は、家父長制に基づく家長の住居権が侵害される罪であると理解されていた（旧住居権説）。判例も、夫の不在中に姦通目的で妻の承諾を得て住居に立ち入った事案につき、妻の承諾を得ていたとしても夫たる住居権者がこれを認容する意思を有するとは推測できないとして、住居侵入罪の成立を認めた（大判大 7・12・6 刑録 24・1506）。しかしながら、戦後、住居権の内容が不明確であることに加えて、家父長制自体が日本国憲法の理念と相容れなかったことから、旧住居権説は支持を失うことになる。そして、これに代わって現れたのが、「事実上の住居の平穏」を本罪の保護法益と解する平穏説である（小野 208 頁、団藤 501 頁、大塚 111 頁）。この平穏説もある程度支持を得るに至ったが、同説に対しても、そもそも「平穏」とはどのような状態を意味するのかが不明確であることに加えて、侵入態様が平穏かどうかに関わりなく住居権者の退去要求に従わないことだけで不退去罪が成立することと均衡がとれないという批判がなされた。

　そこで、現在では、本罪の保護法益を、住居や建造物を支配・管理する権利、すなわち住居や建造物に誰を立ち入らせ誰の侵入を拒むかを決める自由であるとする新住居権説（あるいは住居権説・管理権説）が多数説となっている（平野 182 頁、山口 119 頁、髙橋 138 頁、松宮 124 頁、大谷 126 頁）。判例も、基本的には新住居権説に従っていると理解されており、最高裁昭和 58・4・8 判決（刑集 37・3・215）は、「刑法 130 条前段にいう『侵入し』とは、他人の看

守する建造物等に管理権者の意思に反して立ち入ることをいうと解すべきであるから、管理権者が予め立ち入り拒否の意思を積極的に明示していない場合であっても、該建造物の性質、使用目的、管理状況、管理権者の態度、立入りの目的などからみて、現に行われた立ち入り行為を管理権者が容認していないと合理的に判断されるときは、他に犯罪の成立を阻却すべき事情が認められない以上、同条の罪の成立を免れない」と判示している[1]。

　平穏説と新住居権説との対立は、侵入の意義をどのように理解するかという点において表面化してくる。すなわち、平穏説においては、平穏を害する態様の立ち入りが本罪における侵入に当たると解するのに対し（平穏侵害説）、新住居権説においては、住居権者（管理権者）の意思に反する立ち入りが本罪の侵入に当たるとされる（意思侵害説）。もっとも、上述の通り、平穏説においては平穏という状態がどのような状態を意味するのか必ずしも明確ではないとされる。この点、平穏の意味を単に騒音の有無などといった行為態様のみで判断するのではなく、住居等の内部において守られるべき実質的利益（例えば、生命、身体、財産、業務など）に対する侵害の危険性をも含めて判断するのであれば（前田 172 頁）、住居権者は住居内におけるプライバシーという重要な利益を有していることから、住居権者の意思に反する立ち入りは、結局のところプライバシーの侵害という意味において平穏を害する立ち入りということになるが、そうなれば平穏説と新住居権説との間に実質的な差異はないことになろう（西田 97 頁、山口 118 頁）[2]。最高裁平成 21・11・30 判決（刑集 63・9・1765）も、マンションの管理組合名義で敷地内におけるチラシ・パンフレット等の投函を禁止する掲示がなされていたマンションに立ち入って、マンション内の住戸のドアポストに政党の都議会報告、アンケート用紙などを投函したという事案において、「管理組合の意思に反して立ち入ることは、本件管理組合の管理権を侵害するのみならず、そこで私的生活を営む者の私生活の平穏を侵害するものといわざるを得ない」として、管理権者の意思に反した立ち入りが私生活の平穏を害することにもつながる旨判示している。

　なお、住居侵入罪の罪質について、判例は、侵入後退去するまで継続して犯罪が成立する継続犯であると解しており（最決昭 31・8・22 刑集 10・8・1237）、学説も概ねこの見解を支持する（西田 101 頁、大塚 120 頁、大谷 131 頁、中森 71 頁、曽根 80 頁）。他方、侵入後の滞留という事実は継続するが、侵入という

構成要件該当事実は継続しないことから、住居侵入罪を継続犯ではなく状態犯として理解する立場もある（山口119頁）。

1) 近時の判例として、最判平20・4・11刑集62・5・1217、最判平21・11・30刑集63・9・1765がある。
2) 平穏説を徹底した場合、かりに住居権者の意思に反していたとしても立ち入りの態様が平穏であれば本罪は不成立ということになるが、本罪を個人的法益に対する罪として位置付ける以上、個人の意思や承諾と無関係に犯罪の成立・不成立が決まってしまうことについては疑問が残されることになる（西田98頁）。

II　住居侵入罪

正当な理由がないのに、人の住居もしくは人の看守する邸宅、建造物もしくは艦船に侵入した者は、3年以下の懲役または10万円以下の罰金に処せられる（130条前段）。

1　客体

本罪の客体は、「人の住居若しくは人の看守する邸宅、建造物若しくは艦船」である（130条前段）。

⑴　人の住居

住居の意義については、人の起臥寝食に使用される場所であるとする見解（曽根79頁、前田175頁、松宮127頁）が通説であるとされるが、それよりも広く、人の日常生活に利用される場所（例えば、事務室や研究室、実験室など）も含みうるとする見解（大塚112頁、大谷127頁、西田99頁）も有力である。その使用は一時的であっても足り、ホテルや旅館の一室も住居に当たるとされる（反対説として、大塚112頁）。また、通説・判例は、これらに付属する囲繞地も住居に含まれるとする。囲繞地とは、建物に接してその周辺に存在し、かつ、管理者が外部との境界に門塀等の囲障を設置することにより、建物の付属地として、建物利用のために供されるものであることが明示されているものをいう（最判昭51・3・4刑集30・2・79）。

住居は必ずしも建築物である必要はなく、艦船や車両も含みうるが（西田99頁、山口120頁、曽根79頁、高橋139頁）、住居といえるためには、一定の構造・設備を有していることが必要であるから、例えば、地下道や公園のベンチ、段ボール箱、ドラム缶、土管などは住居に含まれない（曽根79頁、前田175頁）。また、居住者が法律上の正当な権限を有していることも要しない

(最決昭28・5・14刑集7・5・1042)。

　また、本罪における人の住居とは、他人の住居のことであり、行為者自身が当該住居の居住者ではないことを意味する。もっとも、住居から離脱した者が現に居住する者の承諾のないまま立ち入る場合は本罪が成立する。判例・裁判例も、家出中の息子が共犯者とともに実父の住む家に強盗目的で侵入した事案（最判昭23・11・25刑集2・12・1649）や別居中の妻の不貞行為を現認する目的で自己所有の家屋に侵入した事案（東京高判昭58・1・20判時1088・147）において、住居侵入罪の成立を認めている。なお、死者は「人」に含まれないので、居住者を全員殺害した後に侵入しても、住居侵入罪は成立しない（山口121頁、高橋140頁）。

　(2)　人の看守する邸宅、建造物、艦船

　邸宅とは、居住用の建造物で住居以外のものをいう。例えば、空き家や閉鎖中の別荘などのほか、これらに付属する囲繞地も邸宅に含まれる。また、判例によれば、集合住宅の1階出入口から各室玄関前までの共用部分も邸宅に含まれるとされる（最判平20・4・11刑集62・5・1217）。

　建造物とは、住居、邸宅以外の建物のことをいい、例えば、官公庁の庁舎、銀行、学校、工場、倉庫などがこれに当たる。その囲繞地も含まれる。判例および裁判例によれば、大阪万博の太陽の塔（大阪高判昭49・9・10刑月6・9・945）、駅構内（最判昭59・12・18刑集38・12・3026）、警察署の塀（最決平21・7・13刑集63・6・590）などは建造物に含まれるが、広島の原爆ドームについては建造物性が否定されている（広島地判昭51・12・1判時846・125）。

　艦船とは、軍艦および船舶をいう。

　なお、邸宅、建造物、艦船については、「人の看守する」ものであることが必要である。「人の看守する」とは、人が事実上管理・支配することであり（最判昭59・12・18刑集38・12・3026）、守衛や監視人を置いたり入口を施錠したりするなど、そのための人的・物的設備を施すことが必要で、単に立入禁止の看板を立てる程度では不十分であるとされる（大塚115頁、西田96頁、大谷129頁、曽根79頁）。なお、この場合における「人」とは、守衛や監視人ではなく、邸宅、建造物、艦船の管理者のことをいう。

　2　行為

　正当な理由がないのに、人の住居等へ「侵入」することである。「侵入」

の意義については、先述したように、本罪の保護法益をめぐって平穏説をとるか新住居権説をとるかで異なってくるが、判例・通説は、後者の立場をとり、住居権者（管理権者）の意思に反する立ち入りが本罪の侵入に当たるとする（意思侵害説）。この点、明示の同意・承諾がない場合であっても、飲食店やデパート・ショッピングモールなどの売場、ホテルのロビー、官公署の庁舎・構内などのように、周囲の状況からみて広く一般客に対して開放されている場所については、一般的・包括的な同意・承諾があるものと評価することができるが、これらの場所についても、違法な目的による立ち入りである場合には、一般的・包括的な同意・承諾の範囲を超えるものとして、本罪の成立が肯定されることになる（大谷132頁、佐久間134頁）。判例は、銀行の現金自動預払機（ATM）利用客のカードの暗証番号等を盗撮する目的で、銀行員が常駐しない銀行支店出張所へ立ち入った事案につき、「そのような立入りが同所の管理権者である銀行支店長の意思に反するものであることは明らかであるから、その立入りの外観が一般の現金自動預払機利用客のそれと特に異なるものでなくても、建造物侵入罪が成立するものというべきである」としている（最決平19・7・2刑集61・5・379）。その他、裁判例においても、例えば、一般人の出入自由な会館に、同所で禁止されているビラの配布を行う目的で立ち入った事案（東京高判昭48・3・27東高刑時報24・3・41）や、国民体育大会の開会式を妨害する目的で、一般客を装って、陸上競技場に立ち入った事案（仙台高判平6・3・31判時1513・175）において、もし管理権者が立入りの真の目的を知っていたならばその立入りを承諾することはなかったとして、本罪の成立が認められている。もっとも、こうした見解に対しては、立入り行為が、立入りの許された時間内に通常の形態で行われている場合には、かりに看守者が入口に立ってチェックをしたとしても、その違法目的を知ることはできないことから、管理者にあっては当然に立入りを許可したといわざるをえず、それゆえ、一般に開放されている建物等については、こうした形態の立入りである限り、当該建物管理者の事前の包括的同意の範囲内にあり、本罪は成立しないとする批判もある（平野184頁、西田102頁、曽根82頁、松宮124頁）。

　「正当な理由がない」とは、違法性阻却事由がないことをいう。もっとも、違法な侵入のみが犯罪となりうるのは当然のことであり、この語は単に語調

の上から加えられた修飾語にすぎないとされる（大塚 120 頁）。

　なお、住居等への侵入をめぐっては、以下のような問題がある。まず、住居権者・管理権者に錯誤に基づく同意・承諾があった場合の処理である。最高裁判所昭和 23・5・20 判決（刑集 2・5・489）は、強盗殺人犯がその目的を秘して、客を装って店内に侵入した事案につき、「被害者において顧客を装い来店した犯人の申出を信じ店内に入ることを許容したからと言って、強盗殺人の目的を以て店内に入ることの承諾を与えたとは言い得ない」として、本罪の成立を認めている。学説も概ねこの考え方を支持するが（団藤 505 頁、大塚 117 頁、大谷 129 頁）、他方で、住居権者・管理権者に、立ち入ることの動機について錯誤があったにせよ、誰を立ち入らせるかということそれ自体についての錯誤がない以上、その同意・承諾は有効であり、本罪の成立を否定する見解もまた有力である（西田 102 頁、山口 125 頁、大谷 131 頁、曽根 81 頁、松宮 129 頁）。

　次に、住居権者・管理権者が複数いる場合に、その全員の同意・承諾が必要とされるのか、あるいは、その一部の者の同意・承諾で足りるのかという問題がある。これについては、全員の同意・承諾が必要であり、一部の者が不在である場合にはその者の意思ないし推定的意思に反しないものでなければならないとする説（大塚 118 頁）、建物等に現在している者の意思を基準とする説（西田 101 頁）、少なくとも一人の同意・承諾があれば足りるとする説（山口 124 頁）などが対立しているが、いずれにせよ、同意・承諾に基づいて立入りを認めることが、立入りを拒否する者の住居権・管理権を実質的にどの程度侵害したかという点、および、同意・承諾の意思と拒否の意思のいずれを保護すべきかという点から判断されるべきであろう（高橋 144 頁）。

3）　住居の意義を人の起臥寝食の場所に限定する場合、事務室や研究室、実験室などは、建造物に当たることになるが、いずれにしてもこれらの場所への侵入は本条で処罰されることになる。
4）　学説のなかには、囲繞地を掘り返しても建造物損壊罪に当たらないとして、本罪においても「住居」や「建造物」等に囲繞地を含むことを否定する見解がある（松宮 128 頁）。

III　不退去罪

　要求を受けたにもかかわらず、人の住居もしくは人の看守する邸宅、建造物もしくは艦船から退去しなかった者は、3 年以下の懲役または 10 万円以

下の罰金に処せられる（130条後段）。

　不退去罪（130条後段）は、住居権者・管理権者の同意・承諾を得て、住居、邸宅、建造物、艦船に立ち入った者が、退去の要求を受けたにもかかわらず、その場所から退去しない場合に成立する。したがって、本罪はその性格上、真正不作為犯である。

　本罪は、退去要求後、退去のために必要であると思われる合理的な時間が経過してもなおその場所にとどまっていた場合に既遂となる。それゆえ、本罪については未遂成立の余地はないとする見解が有力である（西田103頁、山口127頁、曽根83頁、前田179頁。反対説として、大塚123頁、高橋148頁、松宮131頁）。

第3章　名誉・秘密に対する罪

第1節　名誉に対する罪

I　総説

　刑法典第2編第34章「名誉に対する罪」においては、名誉毀損罪（230条）と侮辱罪（231条）が規定されている。この名誉の毀損は、言論・表現活動により生じるものであることから、その犯罪化は、憲法上の権利である「表現の自由」に抵触する可能性も有する。そのような問題を調整するため1947年の刑法一部改正により、言論・表現活動が公共の利害に関する場合の特例（230条の2）が新設された。[1]

　本罪の保護法益である「名誉」とは何かという問題に対しては、以下における3点の名誉概念に関連付けて、議論が展開されている（学説上の論点整理に関しては、大塚(裕)396頁以下）。

　すなわち「名誉」とは、第1に、その人物の人格的価値そのものを意味する「内部的名誉」であり、第2に、その人物に対する社会的な評価を意味する「外部的（社会的）名誉」であり、第3に、個々人における自己評価から抱かれる感情としての「名誉感情」（主観的名誉）である。

　ここにおける内部的名誉に関しては、自己に内在する価値そのものであり、他人により毀損されるものではないという理由から、刑法による保護の対象外にあるものと解されている。したがって、保護法益としては、他人による侵害が可能な外部的名誉と名誉感情が問題となる。

　そこで、名誉に対する罪の沿革、名誉毀損罪と侮辱罪との間にみられる法定刑の差、法文の言回しの違いを根拠にして、名誉毀損罪の保護法益は、外部的名誉であり、侮辱罪のそれは、名誉感情とする見解が有力に主張されている（小野214頁、団藤512頁、瀧川(春)＝竹内118頁以下、福田188頁）。しかし、法文上、侮辱罪でも公然性が必要とされていることを考慮すると侮辱罪が個人の社会的評価を保護していないとは解しにくい。また、名誉感情は、面前で侮辱された場合、それが非公然のものであっても侵害されうる。このこと

から、当該見解によれば、そのような場面に侮辱罪が不成立となる理由の説明が困難である。さらに、名誉毀損罪と侮辱罪とで保護法益が異なるものと想定すると、事実の真実性が証明された場合、230条の2により、名誉毀損罪に該当する行為は処罰されないのに対して、侮辱罪に該当する行為は処罰されてしまうという不均衡が生じうる。

これに対し、名誉毀損罪および侮辱罪の保護法益を、外部的名誉に加え自己の社会的評価に対する名誉感情に求める見解がある（大塚134頁以下、平野191頁、前田188頁）。しかし、自己評価を基準とする名誉感情は、個人差があるものとして、この見解は批判されている（大野＝墨谷131頁）。

この点、判例は、名誉を「人の社会上の地位又は価値」（大判大5・5・25刑録22・816）と解しており、名誉毀損罪と侮辱罪との区別に関しては、事実摘示の有無に求めている（大判大15・7・5刑集5・303）。両罪の間にある法定刑の差は、事実の摘示が社会的地位に及ぼす影響の大きさにより説明される。この判例において採用された見解を支持する学説も多い。[2]

なお、支払い資力または支払い意思に関する社会的信用は、性質上、財産的法益の一種とも考えられることから、本章における名誉からは除外され、信用毀損罪により保護される（大判大5・6・26刑録22・1153）。

1) 戦前から戦後にかけての名誉毀損罪と表現の自由をめぐる立法と学説状況に関しては、平川宗信・名誉毀損罪と表現の自由（1983）32頁以下が詳しい。
2) 同旨の学説としては、井田80頁、植松345頁、大谷162頁以下、岡野80頁、香川466頁、柏木413頁、吉川98頁、木村85頁、中111頁、萩原51頁、藤木・講義248頁、松宮146頁、山口135頁、山中183頁参照。

II 名誉毀損罪

公然と事実を摘示して、人の名誉を毀損した者は、その事実の有無を問うことなく、3年以下の懲役もしくは禁錮または50万円以下の罰金に処せられる（230条1項）。死者の名誉を毀損した者は、虚偽の事実を摘示するものでなければ罰せられない（同条2項）。

1 主体

自然人であれば、誰でも主体となる。出版社等の法人も主体に含ませるべきだとの見解がある（内田210頁）。しかし、そのような見解は、個人行為責任の原理に照らして問題であるとも批判されている（大野＝墨谷132頁）。

2 客体

　本罪の客体に関しては、保護法益である名誉が同時に客体であると解されている[3]。この名誉を外部的名誉ないしは社会的地位と解すれば、自然人だけでなく、法人も名誉を有するものとして含まれることになる（大判大15・3・24刑集5・117）。また、名誉は、現に存在する事実的評価であるから、当該人物の真価とは一致しない「虚名」も保護される。

　死者の名誉とは何かに関しては、様々な見解が主張されている。例えば、死者は、法益主体ではありえないとして、遺族の名誉権だと解する見解（宮本313頁以下）、遺族の死者に対する感情であると解する見解（大場(上)340頁）、死者個人の名誉そのものだと解する見解（植松335頁、内田209頁、大谷178頁、曽根98頁、瀧川94頁、平川227頁）がある。

3 行為

　本罪における行為は、公然と事実を摘示して、人の名誉を毀損することである。

(1) 公然性

　本罪における「公然」とは、判例によれば、不特定・多数人が認識可能な状況を意味するものとされている（大判昭6・6・19刑集10・287）。さらに、判例は、特定・少数人に事実を告知した場合であっても、間接的に、不特定・多数人に伝播する状況があれば、公然性を認めている（伝播性の理論：最判昭34・5・7刑集13・5・641、阿部・百選Ⅱ38頁以下）。これに対しては、学説上、伝播性の理論は、事実の摘示を「公然」と行うことを求めている条文の趣旨に反するものと批判されている[4]。

(2) 事実の摘示

　本罪における「事実」とは、判例によれば、人の社会的地位ないし価値を侵害するに足りるものとされている（大判大7・3・1刑録24・116）。そして、当該事実は、単なる人の意見判断ではなくして、いわゆる真実の証明に適するような具体的事実でなければならない（東京高判昭33・7・15刑集11・7・394）。また、必ずしも非公知のものであることは必要とされず、公知の事実で足りる（大判大5・12・13刑録22・1822）。なお、死者に対する場合は、虚偽の事実であることが必要とされる（230条2項）。しかし、生者に対する場合は、事実の真偽は問題とはされず、たとえ真実であっても、名誉毀損罪が成立する（同

条1項）。

　摘示の方法に関して、条文上、特に限定はない。漫画・漫文であってもよい（大判昭8・11・22刑集12・2082）。事実の具体性に関しては、特定可能な他人の名誉を毀損していると認められる程度で足り、その事実が時期、場所、手段等に関して精密に特定されることは必要ではないとされている（大判昭7・7・11刑集11・1250）。また、被害者の氏名を明示しなくても、誰に対するものであるか容易にわかる場合は、被害者の特定に欠けるところはないとされている（最判昭28・12・15刑集7・12・2436）。実在の人物を参考にしたモデル小説における名誉毀損は、民事裁判のみならず、刑事裁判においても問題となりうる（東京地判昭32・7・13判時119・1）。

⑶　名誉の毀損

　判例によれば、名誉毀損罪は、公然と人の社会的地位を貶めるに足りる具体的事実を摘示して、名誉低下の危険状態を発生させることで既遂となり、実際に被害者の社会的地位が侵害されたことは必要とされない（大判昭13・2・28刑集17・141）。学説上も、社会的評価が侵害されたかどうかの証明は困難であるという理由から、抽象的危険犯として、判例を支持する見解が一般的である（大塚135頁、大谷167頁、団藤513頁、中森75頁、西田113頁、山中185頁）。これに対して、名誉毀損罪を社会的情報状態への侵害犯として捉え、名誉を毀損する情報が多数に対し流通するには至らなかった場合は、未遂にとどまると解する見解も主張されている[5]。

4　故意

　生者に対する名誉毀損罪では、摘示事実の真偽に関する認識は、原則として問題にならない。しかし、死者に対する場合は、摘示事実が虚偽であることの認識が必要であり、客観的には虚偽であるのに、そのことを誤信していた場合には、故意が阻却されうる。

5　罪数

　名誉は、各人において保護される法益である。したがって、1回の事実摘示で複数人の名誉を毀損した場合、各人に対する名誉毀損罪の観念的競合となる。また、毎日発行する新聞紙上において、一人の名誉を毀損する数個の事実を連載した場合は、掲載日数の多少に関係なく、包括一罪と評価される（大判明45・6・27刑録18・927）。

名誉毀損罪と侮辱罪とは、法条競合の関係にあり、名誉毀損罪が成立する場合には、侮辱罪は成立しないものと一般的に解されている（大判大 3·11·26 刑録 20·2265）。

3） 中森・大コメ 12 巻 13 頁参照。人の名誉を行為客体ではないとするものとして、内田 210 頁参照。
4） 大谷 165 頁、川端 232 頁、曽根 90 頁以下、高橋 160 頁、西田 112 頁、林 116 頁、平川 226 頁、平野 193 頁、松宮 148 頁、山口 137 頁参照。
5） 内田 222 頁、曽根 89 頁、平川・前掲注 1 ）24 頁参照。しかし、伊東 113 頁では、本罪を侵害犯と解しながらも、社会的な評価の低下を立証することは困難であることから、判例における危険犯的な帰結は妥当であると評価されている。

Ⅲ　事実の証明

生者に対する名誉毀損行為が公共の利害に関する事実を対象とし、その目的がもっぱら公益を図るためであったと認められる場合は、事実の有無を判断して、それが真実であることの証明があったとき、その者は罰せられない（230 条の 2 第 1 項）。未だ公訴されていない人の犯罪行為に関する事実は、公共の利害に関する事実とみなされる（同条 2 項）。生者に対する名誉毀損行為が公務員または公選による公務員の候補者に関する事実を対象とする場合は、事実の有無を判断して、それが真実であることの証明があったとき、その者は罰せられない（同条 3 項）。

1　総説

刑法 230 条の 2 は、現行憲法下において、個人における名誉の保護と思想良心・表現の自由とを調和するものとして理解されている（最判昭 44·6·25 刑集 23·7·975）。

そのような意味で、本条は、名誉毀損罪に関する特別な不処罰事由を規定したものである。ただし、名誉毀損罪においては、一般的な違法性阻却事由（35 条の正当行為）も考慮することができる。そのことから、本条による不処罰事由と一般的な違法性阻却事由との関係性が問題となる。

また、本条では「真実であることの証明があったとき」という訴訟法的文言が用いられている。このことから、言論・表現活動を行う者が当該真実性を誤信した場合、その刑法的処理に関する実体法的説明が議論されている。

2 摘示事実の公共性

まず、刑法230条の2が適用されるために、その第1項は、摘示事実が公共の利害に関することを求めている。判例によれば、公共の利害に関する事実に当たるか否かは、摘示された事実自体の内容・性質に照らして客観的に判断される（最判昭56・4・16刑集35・3・84、末道・百選Ⅱ 40頁以下）。

そのような事実の典型が犯罪行為に関する事実であり、公務員または公選による公務員の候補者に関する事実である。これらの事実は、法文上、公共の事実性があるものとみなされている（230条の2第2項・3項）。

前者の犯罪行為に関する事実が公共性を有することは、当然のことであり、不要な規定であるとの立法論もある（草案310条）。しかし、捜査密行主義に対抗するために、国民には犯罪行為に対する批判のみならず、その捜査・起訴を監視する権利があり、そのような権利を支える意味においても、この規定は有意義である（起訴後の事実に関しては、裁判公開原則により、このような規定がなくとも、当然に報道することが可能と考えられている）。

判例によれば、社会的実力者という「公的存在」（公人）に関する事実も公共性を有するものとされている。私人の私生活上の行状であっても、その者における社会的活動の性質・社会的影響力の程度等によっては、そのような社会的活動に対する批判・評価のための資料として「公共の利害に関する事実」に当たると解するのが判例である（前掲最判昭56・4・16）。

3 目的の公益性

次に、刑法230条の2が適用されるために、その第1項は、摘示目的の公益性を求めている。刑法230条の2第1項の「専ら公益を図ること」という文言に関しては、それが主たる目的で足りるものと解されている。この「目的」は、摘示行為が公益実現のために向けられていたことを意味している。それは、表現された内容、表現方法、事実調査の程度等により客観的に判断される（前掲最判昭56・4・16）。なお、公務員または公選による公務員の候補者に関する事実は、その摘示自体が当然に公益目的を有するものとみなされている（230条の2第3項の一般的解釈）。

4 事実の真実性

刑法230条の2における「真実であることの証明があったとき」という表現が証明できなければ処罰されることを意味するならば、その挙証責任は、

被告人に転換されていることになる。したがって、これを厳格に解するならば「疑わしきは、被告人の利益に」という刑事訴訟の大原則に反する。

この問題を回避するために、真実性は、犯罪の成否とは無関係な処罰阻却事由であるという見解が主張されている[6]。しかし、この見解によれば、真実性を誤信した場合は、すべて処罰されることになるため、自由な表現行動の萎縮が懸念される。

そこで、この真実性の証明に関しては、具体的な法益衝突を調整する段階に位置付けられる規定として、違法性阻却事由であると考える見解が主張されている[7]。

この事実の真実性を違法性阻却事由であるとする見解に対しては、違法性阻却事由の錯誤により故意が阻却されるという理論構成を併せて採用するならば[8]、軽率に真実であると誤信した場合にまで、故意がないものとして不可罰とされてしまうという批判がある。すなわち、軽率な言論による名誉毀損まで許容してしまうことは妥当ではないという批判である。この批判に対しては、真実性の誤信が違法性阻却事由の錯誤として処理されるのは、事実の公共性と目的の公益性が認められた上でのことであり、前述したような目的の公益性を想定するならば、真実性の誤信により故意を阻却しても、不都合はないという反論がなされている（大野＝墨谷142頁、斎藤（信）78頁、松宮159頁）。

また、違法性阻却事由と考える見解に対する批判を避けるために「事実が証明可能な程度に真実であったこと」をもって阻却事由の内容とし、行為者が証明可能な程度の資料・根拠をもって真実と誤信した場合にだけ、故意を阻却するという見解も主張されている（大塚145頁、団藤524頁）。しかし、行為時において「真実であることの証明があったとき」という文言から、このような裁判時の証明可能性に関する解釈内容を読み込むことはできないと批判されている。

さらに、本条は、事実が虚偽であると認識しなかった点に過失がある場合を処罰する趣旨であるという見解も主張されている（西田119頁以下、山口148頁）。しかし、このような理解は、本来、故意犯であるべき名誉毀損罪を過失危険犯として構成し直すものであり、故意責任を原則とする解釈論としては問題を有するものと批判されている（松宮157頁以下）。

この点、判例は、その真実性の誤信に関して、確実な資料・根拠に照らして、相当の理由がある場合には、犯罪の「故意がない」と判示したり（最判昭44・6・25刑集23・7・975。概説として、曽根・百選Ⅱ42頁以下）、また、名誉毀損罪が「成立しない」とも判示している（最決平22・3・15刑集64・2・15）。したがって、どのような理論構成が採用されているかは、明らかではない。

　なお、確実な資料・根拠に照らして真実であると信じた場合は、表現の自由の正当な行使であるから、刑法35条によって、違法性が阻却されると解する説もある（高橋172頁、平川・前掲注1）102頁、藤木・講義246頁）。確かに、刑法230条の2の要件を満たさなくても、刑法35条の正当行為または被害者の承諾による行為として違法性が阻却されることも想定されるべきであろう。真偽不明であっても、公的討論により解決する必要のある情報（例えば、公務員の犯罪に関する事実、公務員の職務行為そのものに関する事実）に関して、その摘示行為における違法性の有無は、刑法35条により判断されるべき余地が十分に残されている。

6) 同旨の学説としては、伊東121頁、植松340頁、内田217頁、井上＝江藤87頁、高橋170頁、中森81頁、日高76頁以下、前田199頁参照。
7) 同旨の学説としては、大塚144頁、大谷174頁、岡野86頁、川端236頁、曽根95頁、斎藤（信）75頁、団藤523頁、福田193頁、松宮159頁、山中198頁参照。なお、団藤説は、当初、真実性を行為の違法性に影響する要素だとして、違法類型としての構成要件該当性を阻却する事由であると主張していた。この構成要件該当性阻却説に関しては、団藤（初版）421頁参照。
8) 例えば、故意論における責任説の理解によれば、違法性阻却事由は、消極的構成要件であるとして、その錯誤は故意を阻却するという説明が可能になる。

Ⅳ　侮辱罪

　事実を摘示しなくても、公然と人を侮辱した者は、拘留または科料に処せられる（231条）。

1　客体

　侮辱罪の保護法益を外部的名誉に求めれば、本罪の客体である「人」には、法人も含まれることになる（最決昭58・11・1刑集37・9・1341、川端・百選Ⅱ44頁以下）。しかし、保護法益を名誉感情に求めれば、法人を「人」に含めることはできず、そのような感情を有さないと評価される者（例えば、幼児等）も除かれることになる（中森・大コメ12巻64頁）。

2 行為

侮辱とは、判例によれば、具体的事実を摘示することのない抽象的な人格の評価を意味しており、その者を端的に罵詈嘲弄することを表している（大判大15・7・5刑集5・303等）。

V 親告罪

名誉毀損罪と侮辱罪は、いずれも親告罪である（232条）。両者の罪が親告罪とされているのは、事件を訴追することにより、かえって被害者の名誉を侵害してしまうことが想定されるからである。

第2節　秘密を侵す罪

Ⅰ　総説

　刑法典第2編第13章「秘密を侵す罪」においては、信書開封罪（133条）と秘密漏示罪（134条）が規定されている。個人は、その私生活において、種々の秘密を有する。そのなかでも、刑法は、特に信書の秘密と一定の職業者が業務上知り得た人の秘密とを保護しようと企図している。刑法典上の条文の並びからは、秘密の保護は、社会的法益の場所に位置付けられている。しかし、秘密を侵す罪が親告罪とされていることに照らして、これらの罪は、人の秘密のみを保護法益として、想定しているものと考えられる。このことから、個人的法益に関する罪として一般的に理解されている。

Ⅱ　信書開封罪

　正当な理由がないのに、封がされている信書を開けた者は、1年以下の懲役または20万円以下の罰金に処せられる（133条）。本罪は、親告罪である（135条）。

1　通信の秘密

　通信の秘密は、国民の基本的人権として憲法21条2項により保護されている。信書は、通信の一手段であるから、本罪は、この規定を具体化したものといえる。ただし、本罪は、通信の秘密すべてを保護対象とするものではない。後述するように、客体は、封がされている信書であり、それを開封する行為のみを当罰的であるとしている。なお、郵便物として取り扱われる信書に関しては、郵便法77条が適用されるため、本罪の対象から除外される。[1]

2　客体

　本罪の客体は、封をしてある信書である。本罪における「信書」とは、特定人に対し、自己の意思を伝達するための文書の総称とされる（大判明40・9・26刑録13・1002）。そのように客体が意思伝達の文書に限定されることから、単なる図画・写真は、信書に該当しないという見解が主張される（井上＝江藤72頁、柏木396頁、瀧川（春）＝竹内113頁、山中175頁）。それに対し、封による秘密保持を強調する立場によれば、そのような図画・写真も含まれるとい

う見解も有力である（植松327頁、大塚126頁、大谷156頁、川端222頁）。

また、本罪の「封をしてある」という表現は、外部から認識できないように信書と一体をなす形で外包装置が施された状態を意味する。封筒に入れ、糊で厳封する等、その方法は、限定されていない。しかし、封筒をクリップでとめる場合、容易に開封しうる程度に紐で括るだけの場合、信書を机の引出しに入れて施錠しておく場合等は、その外包装置が信書と一体をなしていないために、いずれも封がされた信書とは理解されていない（伊東105頁、山中175頁）。なお、受信者が、一度開封して閲読した後、再び封をした場合、本罪における「封をしてある信書」に当たるか否かは、争いがある[2]。

3 行為

本罪における行為は、封がされている信書を開けることである。例えば、封筒を破る場合のように、封を無効にして信書の内容が閲覧されうる状態を作出することである。封筒の糊付け部分に湿気を当てて開ける等、必ずしも物理的な破壊を伴わない場合も含まれる。しかし、封を開けることが必要とされるため、光線に当てて内容を透視するような方法は、本罪の行為には該当しないものとされる。

抽象的危険犯とされ、そのような状態を作出した以上、行為者が現に信書の内容を知ったかどうかは問われない[3]。

また、開封行為は「正当な理由がない」ものが可罰的とされている。正当な事由による開封行為としては、権利者が開封に同意を与えている場合、開封が法令上認められている場合等（郵便法41条1項、同53条1項、刑訴100条等）が考えられる。

4 親告罪

本罪は、親告罪とされている。その理由として、本罪は、比較的軽微なものであり、また、訴追により秘密が公になることで、被害者に不利益を与える懸念も生じるということが挙げられる（吉川94頁）。

告訴権者が誰かに関しては議論がある。判例によれば、発信者には常に告訴権があり、信書の到達後には受信者にも告訴権が生じるものとされている（大判昭11・3・24刑集15・307）。これに対し、発信者と受信者はともに信書の秘密に関して利害関係を有していることを根拠に、両者ともに告訴権を有するという見解もある（植松328頁以下、小野212頁、団藤509頁、山中177頁）。

1) 郵便法により保護される秘密には、封がされていない葉書等も含まれる。なお、刑法に信書開封罪・隠匿罪等の規定がありながら、郵便法において、信書に関する独自の罰則規定を設けている理由は、刑法上の信書開封・隠匿罪等は、親告罪であるのに対し、郵便物等において秘密を侵す行為は、単に個人の法益の侵害であるばかりでなく、郵便物の安全確実な送達の保護・郵便制度への社会的信頼等、社会全体の公益が侵害され、親告罪とすることは適当ではないと考えられたことによる。
2) 肯定説として、大塚 126 頁、大谷 157 頁、川端 222 頁、瀧川 88 頁、山中 175 頁参照。否定説として、香川 461 頁、柏木 398 頁参照。
3) 大塚 127 頁、大谷 157 頁、曽根 85 頁、瀧川(春)＝竹内 114 頁、山中 176 頁参照。これに対し、本罪を侵害犯として把握する立場として、伊東 105 頁、中森 73 頁、林 108 頁、松宮 139 頁、山口 129 頁参照。

Ⅲ 秘密漏示罪

医師、薬剤師、医薬品販売業者、助産師、弁護士、弁護人、公証人、宗教、祈祷、祭祀の職にある者、またはこれらの職にあった者が正当な理由がないのに、その業務上取り扱ったことに関して知り得た秘密を漏らした場合、6月以下の懲役または10万円以下の罰金に処せられる（134条）。本罪は、親告罪である（135条）。

1 主体

本罪は、真正身分犯である。列挙された主体のなかでも「医薬品販売業者」とは、薬事法24条により医薬品販売業の許可を得た者、「弁護人」は、弁護士の資格を有することなく弁護活動を行う者、すなわち特別弁護人（刑訴31条2項）、「宗教の職にある者」とは、神官、僧侶、牧師、神父等、「祈祷・祭祀の職にある者」とは、祈祷師である。なお、法文上の「医師」に歯科医師が含まれるかに関しては、議論がある。

これらは限定列挙であるため、当該業務の補助者が業務上取り扱ったことに関して知り得た人の秘密を漏らしたとしても、本罪には問われない。このような主体の列挙方式は、秘密を保護するための現状に適していないとして、立法的解決も望まれている。しかし、実際には、本条で列挙された以外の多くの業種に関しても、特別法により秘密漏示を罰する例が多い（例えば、弁理士法30条、公認会計士法27条・52条、税理士法38条・59条等）。

2 客体

行為の客体は、134条において列挙された主体が業務上取り扱ったことに関して知り得た人の秘密である。したがって、そのような主体が業務とは無

関係に見聞した秘密は除外される。この点、医師が鑑定人に選任された場合、鑑定職務自体は、基本的な医行為とは異なることから、鑑定中に見聞した事実は、本罪における秘密に相当しないという主張があった。しかし、判例は、医師の業務を基本的な医行為と当該医行為以外の業務とに区別することは困難であり、本罪は、医師という信頼に値する業務に求められる高い倫理性に着目して規定した趣旨であると解して、医師が鑑定業務中に知りえた事実も本罪の秘密に相当するものと解している（最決平24・2・13刑集66・4・405）。

また、秘密の内容に関しても、本人が主観的に秘密にしたい事実（主観的秘密）なのか、客観的に秘密として保護するに値するもの（客観的秘密）なのかという論点が議論されている（米澤・大コメ7巻341頁以下）。この点に関しては、特定の小範囲の者にだけ知られている事実で、本人が他の者に知られたくないという意思を有しており、さらに他人に知られることが客観的に本人の不利益になると認められるものを秘密とする折衷的見解も主張されている（大谷159頁、平野189頁、中森73頁、牧野(上)129頁、山口132頁）。

本罪における「人」は、死者を除く自然人だけでなく、法人等の団体も含まれると解されている（山口133頁、山中178頁参照。自然人に限るとする見解として、西田107頁）。ただし、本罪は、個人的法益を保護するものである以上、国家・地方公共団体における秘密（行政上の機密事項）は含まないと解するのが一般的である（これに反対する見解として、柏木400頁、木村96頁以下、中森73頁参照）。

3　行為

秘密を漏らすことが本罪の行為である。「漏示」とは、秘密とされる事実を未だに知らない第三者に対して、その事実を知らせることであり、その方法は限定されない。口頭でも書面でもよく、不作為の場合（秘密を含む文書の放置等）もありうる。また、本罪では、公然性は必要とされないため、他言を禁じたとしても漏示となる。漏示が公然となされ、その事実が人の名誉を毀損するものであれば、本罪と名誉毀損罪（230条）との観念的競合となる。

また、漏示行為に正当な理由があれば、本罪は成立しない。本人の同意が存在する場合、法令上、秘密を告知する義務が課せられている場合、第三者の正当な利益を保護する目的により相当な範囲で人の秘密を漏示するような場合が考えられる。例えば、感染症法12条では、患者の情報を保健所長、

都道府県知事に届け出る義務が定められている。このような届出は、法令上の正当行為とされる。判例によれば、弁護人が職責を果たすために業務上知り得た他人の秘密を公判廷で陳述した場合は、違法性が阻却され本罪は成立しないとされている（大判昭 5・2・7 刑集 9・51）。また、救急治療にあたった医師が患者の尿検査をした際、覚せい剤使用の反応が生じたため、これを警察に通報した行為に関しても「医師の守秘義務に反しない」ものと判示されている（最決平 17・7・19 刑集 59・6・600）。

4　親告罪

本罪も信書開封罪の場合と同じ趣旨で親告罪とされている。告訴権者に関しては、秘密の主体として業務上の取扱いを託した本人が該当するのは当然である。そのほかにも秘密漏示により被害を受けた者も含むとの見解もある（大塚 131 頁以下、大谷 160 頁、川端 224 頁、牧野(上) 131 頁）。しかし、この見解は、その限界を画するのが困難であると批判されている（もっとも、近親者には、刑訴法 231 条による告訴権が想定されうる）。

4）　刑事事件において、法律以外の専門的知識が必要とされる場合、そのような専門的知識を有する者を特別弁護人として選任する場合がある。例えば、脱税事件において、税理士を特別弁護人に選任したり、航空機事故において、航空工学の専門家を特別弁護人に選任する場合が挙げられる。

5）　含まれないとする見解として、香川 464 頁参照。含まれるとする見解として、朝倉 82 頁、平川 256 頁参照。

6）　草案では、現行法のような限定列挙方式ではなく「医療業務、法律業務、会計業務その他依頼者との信頼関係に基づいて人の秘密を知ることとなる業務に従事する者もしくはその補助者またはこれらの地位にあった者」（317 条）という概括条項に改めることが提案されている。

第4章　信用および業務に対する罪

第1節　信用に対する罪

I　総説

　信用毀損罪（233条前段）の保護法益である「信用」とは、経済的活動に関する人の社会的評価を意味する。この信用を保護することにより、刑法は、円滑な経済生活が可能になることを企図している。信用は、人の社会的評価である点で名誉と共通性を有する。その一方で、経済的活動に着目した社会的評価である点において独自性を有する。

　このような性格を有することから、信用に対する罪を財産罪の一種と解する見解も主張されている[1]。しかし、信用の毀損は、常に財産への侵害を伴うものではない。したがって、信用毀損罪は、人格罪としての性格を基本としながら、財産罪に近い側面を有する独自の犯罪類型であると理解するのが一般的である[2]。

---

1)　大判大5・6・26刑録22・1153は、信用を財産的法益の一種と明言している。一方で、大判明44・4・13刑録17・557は、信用と財産権を区別するべきものと判示している。
2)　同旨の学説として、井田77頁、大塚153頁、川端252頁、瀧川(春)＝竹内134頁、中122頁、西田125頁、福田196頁、松宮167頁、山口153頁、山中208頁参照。

II　信用毀損罪

　虚偽の風説を流布し、または偽計を用いて人の信用を毀損した者は、3年以下の懲役または50万円以下の罰金に処せられる（233条前段）。

1　客体

　本罪の客体は、人の信用である。より具体的には、人の支払い能力または支払い意思に対する社会的信頼を意味する（大判大5・6・1刑録22・854）。信用の主体としての「人」は、自然人および法人のみならず、法人格のない団体をも含む（大判大15・2・15刑集1・30）。なぜなら、法人格のない団体でも経済的な活動主体として社会的に独立した存在と扱われうるものであり、その経済的側面に対する社会的評価を想定しうるからである。

2 行為

 本罪における行為は、虚偽の風説を流布し、または偽計を用いて人の信用を毀損することである。このように信用毀損の手段は、虚偽の風説を流布することに加え、偽計を用いることの 2 種類に限定されている。「虚偽の風説を流布」するとは、真実でない事実を不特定または多数人に伝播させることである（大判昭 12・3・17 刑集 16・365）。必ずしも行為者自らが直接的に不特定または多数人に告知する必要はない。特定の少数人に告知した場合でも、これらの者を通して、順次、不特定または多数人に伝播されることを認識して告知し、その結果、不特定または多数人に伝播されたのであれば、虚偽の風説を流布したことに相当する（大判大 5・12・18 刑集 22・1909、大判昭 12・3・17 刑集 16・365）。新聞紙上に掲載・発行するのも虚偽の風説を流布したことに含まれる（大判明 42・11・15 刑録 15・1589）。虚偽の風説は、行為者自らが捏造したものであるかどうかにかかわらず、他人からの伝聞でもよい（大判大 2・1・27 刑録 19・85）。悪事醜行の観念を含んでいる必要もない（大判明 44・2・9 刑録 17・52）。また、具体的な不正の事実を指摘することは必要とされていない（大判明 45・7・23 刑録 18・1095）。

 「偽計を用い」るとは、人の錯誤・不知を利用し、または人を欺罔・誘惑する手段を用いることを意味する[3]。例えば、駅弁業者と紛争中の者が当該業者の駅弁が不潔・不衛生であるという不実の内容を記載した葉書を郵送した場合が挙げられる（大判昭 3・7・14 刑集 7・8・490）。

 「信用を毀損」するとは、信用を低下させる危険性を生じさせることを意味する。現実に信用が低下したことは必要でない（大判大 2・1・27 刑録 19・85）。本罪は、この意味において、危険犯と解されている[4]。

3 罪数・他罪との関係

 虚偽の風説を流布しながら、偽計を用いて人の信用を毀損した場合には、包括して信用毀損罪の一罪が成立する。公然と虚偽の事実を流布する一個の行為により、人の名誉とともに信用を毀損した場合については、法条競合によって信用毀損罪のみを認める見解が主張されている（内田 230 頁、大谷 183 頁、瀧川 101 頁）。名誉毀損罪と信用毀損罪は、共通性を有しながらも、各々は独立した犯罪であるから、両罪の観念的競合であるという見解もある（大塚 156 頁、小野 224 頁、木村 82 頁、牧野(下) 527 頁、山中 211 頁）。

3) 井田77頁、大塚155頁、大谷183頁、川端254頁、曽根101頁、団藤533頁、中森86頁、山中211頁参照。偽計の意味に関する学説としては、欺罔に限定する狭い見解（小野223頁、植松349頁）、欺罔・誘惑に限らず、あまねく陰険な手段を用いることと解する広い見解（柏木416頁）がある。
4) 同旨の学説として、井田78頁、大塚154頁、大谷183頁、中森86頁、西田125頁参照。これに対して、本罪を侵害犯とする見解として、内田230頁、曽根101頁、高橋175頁、前田206頁、松宮170頁参照。

第2節　業務に対する罪

I　総説

業務妨害罪（233条後段・234条）および電子計算機損壊等業務妨害罪（234条の2）の保護法益は、人が反復・継続して行う社会的・経済的活動としての業務の安全である（木藤・大コメ12巻72頁）。ただし、業務妨害罪における「業務」とは、必ずしも経済的活動に限定されるわけではなく、威力による場合が想定されていることからも、自由に対する罪という側面も含んでいることが留意される。したがって、業務妨害罪は、人格罪的性格と財産罪的性格とが併存する犯罪であると理解することもできる（井田78頁、大塚154頁、瀧川(春)＝竹内134頁、福田196頁、中122頁、山口155頁、山中209頁）。

II　業務妨害罪

虚偽の風説を流布し、または偽計を用いて人の業務を妨害した者は、3年以下の懲役または50万円以下の罰金に処せられる（233条後段：偽計業務妨害罪）。威力を用いて人の業務を妨害した者も同じく3年以下の懲役または50万円以下の罰金に処せられる（234条：威力業務妨害罪）。

1　客体

本罪の客体は、人の「業務」である。業務の主体たる「人」には、自然人および法人のみならず、法人格のない団体も含まれる（大判大15・2・15刑集1・30）。

本罪における業務は、経済的なものに限定されず、広く職業その他継続して従事することを必要とする事務または事業を総称する（大判大10・10・24刑録27・643）。また、業務は、継続して行う事務であるから、一回的・一時的な出来事（例えば、ある団体の結成式のような行事）は、本罪の業務に当たらない（東京高判昭30・8・30高刑集8・6・860）。そのような継続的性質を有する業務が事実上平穏に行われている限り、業務の基礎となっている契約の有効・無効または行政法上要求される免許の有無等にかかわらず、刑法上保護に値する業務に相当するものと判例上、理解されている[1]。

また、本罪における業務に公務が含まれるかどうかに関しては、議論があ

る。この論点に関しては、後述の公務執行妨害罪（95条）のところで詳しく検討する。

2 行為

本罪の行為は、虚偽の風説を流布し、または偽計もしくは威力を用いて、人の業務を妨害することである。「虚偽の風説を流布」すること、「偽計を用い」ることの意味に関しては、信用毀損罪の場合と同様に解される。偽計に関しては、必ずしも人の意思に働きかける必要はなく、密行的になされた結果として業務が妨害された場合も含まれる（最決昭 59・4・27 刑集 38・6・2584、鎮目・百選 II 50 頁以下）。

「威力を用い」ることの意味に関しては、判例によれば、人の自由意思を制圧するに足りる勢力であると解されており、相手方に対して暴行・脅迫を加えた場合のみならず、恐喝または権勢により相手方を畏怖させるような場合も含まれる（大判明 43・2・3 刑録 16・147）。必ずしも、それが直接的に業務の従事者に対してなされることは必要ではない（最判昭 32・2・21 刑集 11・2・877）。威力は、犯人の威勢・人数および四囲の状勢から被害者の自由意思を制圧するに足りる勢力であればよく、現実に被害者が自由意思を制圧されたことは必要とされない（最判昭 28・1・30 刑集 7・1・128）。

偽計と威力の区別に関しては、人の意思を制圧するような勢力が用いられている場合を威力とし、それ以外による計略的手段が偽計の場合であると理解されている。

「業務を妨害した」とは、業務の執行自体を妨害する場合のみならず、広く業務の運営に支障を来す可能性のある一切の行為を含む（大判昭 8・4・12 刑集 12・5・413）。すなわち、判例は、妨害の結果を発生させる危険性のある行為をすれば足り、現実に業務の遂行が阻害される必要はないものと判示している（大判昭 11・5・7 刑集 15・8・573、最判昭 28・1・30 刑集 7・1・128）。学説上も、本罪は、危険犯であると理解されるのが一般的である。

3 罪数・他罪との関係

日時を異にし、数個の偽計および威力を用いて他人の業務を妨害した場合には、233条と234条とに当たる単純一罪と解されている（福岡高判昭 33・12・15 裁特 5・12・506）。1個の行為により、他人の信用を毀損すると同時に、その業務をも妨害した場合は、両罪の観念的競合を認めるべきとされる。支配

人としての任務に背き、主人の営業を妨害した場合は、背任罪および業務妨害罪の観念的競合とされている（大判大 14・10・21 刑集 4・11・667）。

1) 耕作権を有しない者の農業（東京高判昭 24・10・15 高刑集 2・2・171）、行政上の許可を得ていない湯屋営業（東京高判昭 27・7・3 高刑集 5・7・1134）も、本罪にいう「業務」に当たる。
2) 本書第Ⅲ編第 3 章第 1 節「Ⅱ公務執行妨害罪／2『職務を執行するに当たり』という文言の意義／(2)公務と業務」の項を参照すること。
3) 団藤 538 頁は、限界事例として、両方の手段を併用した場合には、端的に両条に当たる単純な一罪を考えてよいとする。なお、草案 315 条参照。
4) 同旨の学説として、井田 78 頁、大塚 160 頁、川端 262 頁、瀧川（春）＝竹内 140 頁、団藤 538 頁、福田 201 頁参照。これに対し、本罪を侵害犯として理解し、現実に業務妨害の結果の発生を求める見解として、内田 182 頁、大谷 150 頁、小野 224 頁、曽根 75 頁、平野 188 頁、瀧川 100 頁、中山 152 頁、中森 63 頁、林 127 頁、西田 130 頁、前田 215 頁、松宮 174 頁、山口 168 頁参照。
5) 大塚 163 頁、大谷 151 頁、川端 263 頁、木村 76 頁、山中 220 頁参照。これに対して、小野 224 頁、瀧川 101 頁は、単純一罪とする。

Ⅲ　電子計算機損壊等業務妨害罪

人の業務に使用する電子計算機もしくはその用に供する電磁的記録を損壊し、もしくは人の業務に使用する電子計算機に虚偽の情報もしくは不正な指令を与え、またはその他の方法により、電子計算機に使用目的に従った動作をさせず、または使用目的に反する動作をさせて人の業務を妨害した者は、5 年以下の懲役または 100 万円以下の罰金に処せられる（234 条の 2）。

1　意義

電子計算機（コンピュータ）の普及・発展により、情報の保存・検索・分析・伝達等の大量・迅速な処理が可能となった。事務計算・経営管理等、官庁・民間の諸企業における電子計算機による事務処理の範囲は、極めて広範なものとなっている。

このような観点から、電子計算機に対する加害行為を手段とする業務妨害を新たな業務妨害罪として類型化し、従来の偽計・威力業務妨害罪の法定刑よりも重いものとして、刑法 234 条の 2 が 1987 年の刑法一部改正により新設された。したがって、本罪は、前述した偽計・威力業務妨害罪における加重類型として構想されている（鶴田・大コメ 12 巻 152 頁参照）。

2　客体

本罪の客体は、電子計算機による人の業務である。本罪における「業務」

とは、偽計・威力業務妨害罪（233条後段・234条）が意味する業務と同様である。電子計算機とは、自動的に計算・データ処理を行う電子装置を意味する。刑法234条の2においては「人の業務に使用する電子計算機」と規定されているので、本罪における「電子計算機」とは、本条の趣旨から考えて、業務に組み込まれ、それ自体が一定の独立性を有しながら、自動的に情報処理を行うものとして使用される電子計算機を意味する。したがって、情報処理能力を有せず、他の機器（自動販売機・自動改札機等）に組み込まれて、その構成部品となっているような電子計算機（例えば、マイクロプロセッサ等の実装された集積回路・半導体チップ）は、本罪の「電子計算機」からは除外される。

また、本罪における「その用に供する電磁的記録」とは、人の業務に使用する電子計算機の用に供された電磁的記録を意味する。

3　行為

本罪の行為は、第1に、加害行為があり、第2に、動作障害という中間結果が惹起され、第3に、業務妨害が生じるという3要素から構成されている。

(1)　加害行為

加害行為の手段は、条文上、3種類が規定されている。第1に、人の業務に使用する電子計算機またはその用に供する電磁的記録を損壊する行為であり、第2に、人の業務に使用する電子計算機に虚偽の情報または不正の指令を与える行為であり、第3に、その他の方法である。

本罪における電子計算機・電磁的記録の「損壊」とは、それらの物自体を物理的に毀損し、電磁的記録を消去することをいう。

本罪における「虚偽の情報」とは、その内容が真実に反する情報を意味する。「不正の指令」とは、当該業務過程において、本来予定されていない指令を意味する。「与え」るとは、このような情報または指令を電子計算機に入力することを意味する。

本罪における「その他の方法」とは、条文上、例示された以外の電子計算機に向けられた加害行為であり、その動作に直接的な影響を及ぼす性質の手段を意味する。電子計算機の電源の切断、動作環境の破壊（温度・湿度等を異常状態にすることにより電子計算機を誤動作させること等）、通信回線の切断、入出力装置等の付属設備の損壊、処理不能データの入力等が具体例として想定

される。

(2) 動作障害という中間結果の惹起

本罪が成立するためには、条文上、電子計算機をして使用目的に沿うべき動作をさせないこと、または使用目的に反する動作をさせることが求められている。この「使用目的」とは、電子計算機を使用している者が業務の遂行に際して、当該電子計算機により実現しようと企図する目的を意味する。本条では、当該目的とは異なる動作の実行が問題になることから、他人の電子計算機の電磁的記録から情報を盗取する行為・無権限で他人の電子計算機を使用する行為のように必ずしも動作障害を惹起しない行為は、本罪には該当しない（大塚166頁、佐久間165頁）。

(3) 業務妨害

本罪の成立には、条文上、加害行為により電子計算機の動作障害を生じさせ、その結果として「人の業務を妨害した」ことが必要とされている。「妨害した」とは、偽計・威力業務妨害罪における意味と同様に理解されている。したがって、偽計・威力業務妨害罪における判例に従えば、妨害結果発生の危険性を有する行為をすれば足り、現実に業務の遂行が阻害されたことは必要とされない[6]。このような理解によれば、電子計算機を利用して動作障害を発生させさえすれば、それが直ちに発見・修正されたことにより、業務自体には支障を来さなかった場合であっても、本罪が成立することになる（大塚166頁、団藤691頁）。

4 故意

本罪の故意は、上記に関する事実（加害行為があり、動作障害という中間結果が惹起され、業務妨害が生じること）の認識ないしは認容である。

5 罪数・他罪との関係

加害行為が数個であっても、1個の業務妨害を生じさせた場合には、本罪の単純一罪である。本罪の罪数決定に際しては、業務妨害という結果を基準とすべきであると解されるからである。電子計算機の損壊行為が本罪と器物損壊罪とに該当する場合は、両罪が成立し、観念的競合となる。

[6] 鶴田・大コメ12巻155頁、大塚166頁参照。これに対して、本罪を侵害犯と理解するものとして、大谷154頁、曽根77頁、西田133頁、前田219頁、山口167頁参照。

第 5 章　財産に対する罪

第 1 節　財産罪総論

I　総説

　刑法は、個人的法益の一つである財産を保護するために、刑法 235 条以下で財産に対する罪を定めている。人が社会において経済的な活動を展開する上で、財産は重要な役割を有しており、法益として刑法上の保護に値することは当然であるといえる。そもそも、国家が財産権を保護すべきことは、憲法上も規定されている（憲 29 条 1 項）。しかし、刑法は謙抑性（断片性と補充性）という性質を有するため、刑法における財産の保護は、債務不履行や不法行為などの規定を通じた民法上の保護と比べて、かなり断片的なものにとどまり、あくまでも民法による保護を補充するものでしかない。例えば、刑法では、故意による財産の侵害しか処罰の対象とはなっておらず（過失の場合は処罰されない）、民法のように財産をその侵害一般から包括的に保護するのではなく、条文上定められた一定の行為態様（窃取、強取、詐取など）による侵害の場合だけを捉えて、それからの保護を図るにすぎない。そして、刑法では、財産的法益は財物と財産上の利益に分けられるが、財物の保護と比べて財産上の利益の保護はより限定的なものとなっている。
　また、財産は、個人的法益のなかでもっとも下位に置かれている。これは、生命や身体といった他の個人的法益と比べて、財産が他人に譲渡可能であり、たとえ失われても、場合によっては再び得ることが可能であるという点に求められる。生命、身体、自由、名誉といった他の個人的法益は、いわば一身専属的なものであり、他者に譲渡することはできず、また喪失した後に再び得ることは、およそ不可能であるか（生命の場合）、財産と比べて著しく困難であるといえよう。この点が、法益内部での序列関係における財産の下位性を基礎づけていると理解することができる。
　いずれにせよ、刑法は、以上のような性質を有する財産という法益を保護するために、財産に対する罪として、窃盗・強盗の罪（36 章）、詐欺・恐喝

の罪（37章）、横領の罪（38条）、盗品等に関する罪（39章）、毀棄・隠匿の罪（40章）の各犯罪類型を定めている。

Ⅱ　財産罪の分類と体系
1　行為客体に基づく区別

刑法235条以下の財産に対する罪（財産罪）は、いくつかの観点から分類することができる。まず、行為客体に着目して、財物を客体とする財物罪と財産上の利益を客体とする利得罪に分けることができる（財物と財産上の利益の意義については後述する）。財物罪に分類されるのは、窃盗罪（235条）、不動産侵奪罪（235条の2）、1項強盗罪（236条1項）、準強盗罪（238条の事後強盗罪と239条の昏酔強盗罪）、1項詐欺罪（246条1項）、準詐欺罪（248条）、1項恐喝罪（249条1項）、横領罪（252条・253条・254条）、盗品関与罪（256条）、毀棄罪（258条以下）である。

財産上の利益を客体とする財産罪としては、まず強盗利得罪（236条2項）、詐欺利得罪（246条2項）、恐喝利得罪（249条2項）が挙げられる。このように、強盗罪、詐欺罪、恐喝罪は1項で財物罪を規定し、2項で利得罪を規定していることになる。それゆえ、それぞれの利得罪は2項犯罪（2項強盗罪、2項詐欺罪、2項恐喝罪）と呼ばれることもある。電子計算機使用詐欺罪（246条の2）は財産上の利益のみを客体とする純粋な利得罪である。また、背任罪（247条）は、財産上の侵害を犯罪成立の要件としているものの、行為客体は条文上明確ではない。ただし、財物と財産上の利益の双方が行為客体として問題となるため、上記の分類にはうまくあてはまらない犯罪類型である。

このような分類から気が付くことは、窃盗罪では、強盗罪、詐欺罪、恐喝罪とは異なり、財物のみが行為客体とされている点である。不動産侵奪罪、横領罪、盗品関与罪、毀棄罪も同様であり、これらは、財物・物に対してしか成立しない純粋な財物罪である。つまり、財産上の利益が客体となる場合（利益窃盗・権利窃盗）は不処罰となる。ただし、上記の電子計算機使用詐欺罪は、理論的には利益窃盗を処罰する規定であると一般的に理解されている。

2　行為態様に基づく区別

次に、財産罪は行為態様による区別が可能である。ただし、これは、財物を対象とする財物罪内部での区別でしかない点に注意を要する。したがって、

利得罪にはあてはまらないし、財産犯としての性格づけが困難な背任罪もこの区別のなかには含まれない。

まず、被害者が財物を利用することを不可能にする毀棄罪（258 条以下）と犯人側が財物の利用可能性を獲得する領得罪に分けることができる（領得罪では、後述する不法領得の意思が必要となる）。領得罪には、毀棄・隠匿の罪以外のすべての財物罪が含まれる。通説によれば、領得罪は領得目的によるものであり、単なる破壊目的でなされる毀棄罪よりも、一般予防上禁止する必要性が高いため、より重く処罰されることになる（大谷 199 頁、西田 158 頁、山口 203 頁、中森 88 頁、高橋 218 頁、井田 85 頁。反対説としては、山中 254 頁）。領得罪と毀棄罪のそれぞれの典型例である、窃盗罪（235 条）と器物損壊罪（261 条）の法定刑を比較した場合、10 年以下の懲役である窃盗の方が 3 年以下の懲役である器物損壊罪よりもはるかに重く処罰されることになる。結果の重大性だけをみたら、盗まれるより、破壊される方がダメージは大きいともいえる。しかし、刑法は単に物を破壊する目的で行われる毀棄罪の場合よりも、領得目的、つまり他人の物を自分のものにしてしまう目的で（換言すれば、不法領得の意思を伴って）行われる領得罪の方を、一般予防的な考慮に基づき重く処罰するのである。簡単にいえば、人間は利益の獲得増進を目指す存在であるため、他人の財物を破壊するよりも、それを自分のものにして利用しようとする利欲的な傾向が強いことを立法者は念頭に置いて、そのような他人の財物を不法に自分のものとして利用する（領得する）行為をより重く処罰して、予防する必要があることを意識していたと説明できることになる。器物損壊罪では、被害者の財物を破壊し、その利用可能性を被害者から奪うだけであるが、窃盗罪では、被害者に利用できなくさせてしまうだけでなく、犯人の方が新たに利用可能性を取得することになる。犯人の側からみても、単に破壊するよりも領得することの方が、魅力が大きいわけであり、一般的に行われやすい傾向があるといえる。

領得罪は、被害者が占有する財物を自己の占有下に移転させて占有を侵害する奪取罪（占有移転罪）とそのような占有侵害を伴わない横領罪（252 条以下）、さらに間接領得罪といわれる盗品関与罪（256 条）に分かれる。ここで、横領罪は、単純横領罪（252 条）、業務上横領罪（253 条）、遺失物等横領罪（254 条）に分かれるが、占有侵害を伴わないことから、奪取罪と比べて軽く

処罰されることになる。また、盗品関与罪は、他人が行った財産犯に事後的に関与して、領得行為を引き継ぐものであり（平野199頁、中森88頁）、それゆえに、間接領得罪と呼ばれることになる。

そして、奪取罪は、占有の移転が被害者の意思に反する盗取罪と、瑕疵があるとはいえ、一応被害者の意思に基づいて占有の移転がなされる交付罪に区別される。盗取罪に含まれるのが、窃盗罪（235条）、不動産侵奪罪（235条の2）、強盗罪（236条）である。交付罪に当たるのは、詐欺罪（246条）と恐喝罪（249条）である。

3 個別財産に対する罪と全体財産に対する罪

財産罪は、個別財産に対する罪と全体財産に対する罪にも分類される。個別財産に対する罪では、被害者が、個々の財物あるいは個々の財産権（例えば、債券）を失っただけで、財産犯の成立が認められる。これに対して、全体財産に対する罪では、被害者が失った財産と反対給付によって得た財産をプラスマイナスして、財産の全体が減少した場合にだけ財産犯が成立することになる。この全体財産に対する罪に当たるのは、背任罪だけであり（反対説として、団藤546頁、大塚167頁以下）[1]、それ以外の財物罪・利得罪のすべては、個別財産に対する罪であると理解されている。したがって、例えば、窃盗犯が被害者宅から何らかの財物を盗みだしたが、その際に相当する対価を置いていったとしても、窃盗罪の成立は否定されないことになる。

[1] 団藤546頁は、強盗罪・詐欺罪・恐喝罪は全体財産に対する罪を含むとする。大塚167頁以下も同旨である。

Ⅲ 財物の意義と財産上の利益

1 財物の意義

(1) 有体性説と管理可能性説

財物の意義については、有体物でなければならないとする有体性説と、管理可能なものであれば財物に含まれるとする管理可能性説が対立している。

有体性説によると、財物は空間の一部を占めて、物理的に形を有する有体物でなければならない。このような理解は、民法の規定とも合致する（民85条）。物理的に形を有する客体である限り、固体、液体、気体も財物に含まれることになる。したがって、熱気や冷気は財物であるが、冷たさ、熱さ、

そして電気などのエネルギーは無体物であるため、財物には含まれない。ただし、電気については、刑法上「財物とみなす」という条文があるため（245条）、例外的に財物として扱われることになるが、有体性説からすると、これはあくまでも例外を定めた規定ということになる（つまり、電気以外のエネルギーが財物とされることはない）。このような例外規定により、まず窃盗罪や強盗罪において、電気は財物とみなされるが、さらに同条は、詐欺罪と恐喝罪にも準用されている（251条）。しかし、横領罪や毀棄罪については準用されていないため、横領罪や毀棄罪については、電気は財物としては扱われないことになる。なお、刑法の条文では、電気を財物としてみなす旨の上の条項が適用（準用）される犯罪の場合に「財物」という文言が、準用されないものについては「物」という文言が用いられているが、その意味するところは同じと考えてよい。まとめてみると、有体性説によると、電気以外のエネルギーは、窃盗罪、強盗罪、詐欺罪、恐喝罪では客体である財物に含まれないし、電気も（例外規定が準用されない結果）横領罪や毀棄罪では客体である財物とはなりえないことになる。ただし、電気以外のエネルギーは、確かに財物としてはおよそ保護されないが、利得罪の対象として捉えることは、有体性説からしても可能である。

　これに対して、管理可能性説によると、管理可能なものであれば財物とされるため、当然に無体物である電気のようなエネルギーも財物に含まれる。したがって、電気を財物とみなすという規定（245条）は、当然の事柄を規定した注意規定でしかなく、同条が準用されない横領罪や毀棄罪についても電気は財物に含まれるし、それ以外のエネルギーについても財物罪全般でカバーされることになる。

　管理可能性説は、旧刑法時代の電気窃盗事件判決に由来する見解である。旧刑法には現在の刑法245条のような「みなし規定」がなかったが、大審院は、当時の窃盗罪の規定（旧366条）の客体である「所有物」について、その要件としては、有体物でなくても「可動性」と「管理可能性」があれば十分であるとして、電気を窃盗罪の客体に含める旨の結論を下していた（大判明36・5・21刑録9・874）。その後、現行刑法は、電気を財物とみなす245条をおき、立法的な解決を図ったが、学説上は、現行刑法のもとでもこの管理可能性説が有力に主張され続けた。しかし、以下のような批判に基づき、管理

可能性説は適切ではないことが意識されるようになり、現在では有体性説が通説となっている（平野200頁、大谷187頁、中森106頁、西田140頁、山口173頁、山中230頁、高橋200頁、井田90頁）。

　管理可能性説に対する批判としては、次の点を挙げることができる。まず、①245条の文言を読めば、「電気は、財物とみなす」とある。これは、電気が財物ではないことを論理的な前提にしているといわざるをえない。そして、②管理可能性説のような解釈は、限界があいまいとなってしまい、財物概念を無限定に拡張する危険性がある。例えば、管理可能性説によれば、管理が可能であるものは財物に当たることになり、電気、熱といったエネルギーの不正使用だけではなく、例えば、無断観劇、無賃乗車、電話の無断使用までもが窃盗罪を構成することになってしまう（西田140頁）。なぜなら、劇場、電車、電話は、いずれも物理的あるいは事務的に管理されているからである。しかし、これでは利益窃盗を不処罰とする現行法の立場に反する結果になってしまう。そこで、管理可能性説の論者も財物に含まれるのは、電気と同じような自然力のエネルギーに限ることを主張したり（団藤548頁）、物質性を備えたものに限定しようとする（大塚172頁）。しかし、そのような限定は管理可能性説のそもそもの出発点に矛盾する。限定を加えて修正を施さないといけないということは、出発点が誤りであることの証左にほかならないであろう。

　(2)　財物の価値性、権利性

　財物といえるためには、刑法上の保護に値する価値を有していなければならない。この場合、どの程度の価値を必要とするかについて、判例は、必ずしも金銭的・経済的（交換）価値を有する必要はないとしている（大判明44・8・15刑録17・1488、最判昭25・8・29刑集4・9・1585、詳しくは、大野・演習各論123頁参照）。しかし、客観的な経済的（交換）価値がない場合でも、被害者本人にとって重要であるという主観的価値がある場合（例えば、思い出のある青春時代の写真）、そして、客観的価値も主観的価値もないが、他人の手に渡り悪用されたら困る場合（例えば、犯罪事実を自認した書面。大判大3・5・1刑録20・725）のように、悪用の防止の観点から認められる消極的価値があるときには財物性は肯定される[2]。

　また、財物といえるためには、財産権の対象となるものでなければならな

い。人の人体は、そのままでは財産権の対象ではないので財物には当たらない。しかし、身体から切り離された場合には、例えば、毛髪をかつらの材料にするときのように、財産権の対象となるので財物に当たる。移植のために摘出された臓器についても同様に財物性は認められるが、再び移植されて身体の一部となったときには財物性は否定される（山口175頁）。身体に装着する義手、義足、入れ歯などは当然に財物となる（井田95頁）。

所有の禁じられた禁制品（麻薬、銃砲刀剣類、偽造通貨など）についても、財物性は肯定され、禁制品に対する財産犯は成立する（最判昭和24・2・15刑集3・2・175：隠匿物資である元軍用アルコールを詐取した事案[3]）。なぜならば、禁制品の所有は確かに禁じられているが、およそ所有権の対象とならないわけではなく、公的機関の法的手続によって没収されうる場合に、それに対して民法上の権利を主張して拒むことができないだけである。つまり、禁制品についても、公的機関による没収手続以外との関係では侵害されるべきではない利益があり、財物として保護されるべきである。したがって、私人によるその侵害は財産犯となる（大塚176頁、大谷191頁、西田141頁、山口186頁、中森94頁、高橋203頁、井田95頁）。

動産だけでなく、不動産も当然に財物であるが、不動産侵奪罪（235条の2）の規定がある関係で、窃盗罪の客体である財物には不動産は含まれない。これは、窃盗罪の「窃取」という行為態様が、他人の占有を侵して持ち去るという占有の移転を伴うものであることからも基礎づけられる（物理的に動かすことのできない不動産を「窃取」することはできない）。これに対して、その他の財物罪である詐欺罪、恐喝罪、横領罪については、不動産も財物（物）に含まれる。ただし、強盗罪については争いがあり、不動産を強盗罪の客体である財物に含める見解もあるが（西田173頁、伊東165頁）、学説の多数は、窃盗罪との共通性から、強盗罪の場合も不動産をその客体から除外する（平野202頁、大塚175頁注10、大谷188頁、中森103頁注34、高橋200頁、井田90頁）。ただし、学説の多数からしても、強盗行為によって不動産の事実的支配を奪った場合には、不動産の占有を有することは財産上の利益と解することができるので、2項強盗罪による処罰は可能である（例えば、前掲大塚175頁注10）。

(3) 情報が化体した媒体の財物性

有体性説の立場に立てば、企業秘密、営業上のノウハウ、貴重な顧客データといった情報それ自体は財物ではないことになる。しかし、そのような情報を記録した媒体である文書、フロッピーディスクは情報が化体した有体物であることは間違いなく、財物として保護される。したがって、例えば、情報の記録媒体である文書ファイルを盗んだ場合、その限りで窃盗罪が成立することになる。盗まれた財物は、文書ファイルそのものというより、そのような媒体に情報が化体して合わさったものである。これは、情報と媒体を切り離すことなく、媒体そのものの価値に情報の価値を加味する形で媒体に財物性を認めることを意味する（東京地判昭 59・6・28 刑月 16・5=6・476：新薬産業スパイ事件［帝三製薬関係］。本件の詳細については、木村・百選Ⅱ 64 頁参照）。

情報が化体された媒体については、窃盗罪以外にも業務上横領罪が成立することがあるが（例えば、東京地判昭 60・2・13 刑月 17・1=2・22：新潟鉄工事件）、情報が化体した媒体（財物）の領得がない場合には、背任罪の成立が認められる（東京地判昭 60・3・6 判時 1147・162：総合コンピュータ事件。本件の詳細については、奥村・百選Ⅱ 140 頁参照）。

2 財産上の利益

財産上の利益とは、人の財産のなかで有体物である財物以外の一切のものをいう。刑法では、電子計算機使用詐欺罪、背任罪に当たる場合を除き、財産上の利益を単純に取得する行為（利益窃盗の場合）や毀棄する行為は処罰されていない。あくまでも 2 項犯罪として、それぞれで予定されている行為態様（強盗罪における暴行または脅迫による強取、詐欺罪における欺罔行為と相手方の錯誤・処分行為による詐取、恐喝罪における喝取）に基づく場合にのみ処罰の対象となる。

財産上の利益は、債権の取得、労務（サービス）の提供などの積極的利得だけでなく、債務の免除、支払いの猶予などの消極的利得も含む（高橋 205 頁）。ただし、取得した債権が民法上有効である必要はなく、債務の免除あるいは支払いの猶予の場合でも、民法上有効に債務が消滅することや終局的に支払を免れることは必要ではない。しかし、財産上の利益を得たといいうるためには、単に一時的に債務を免れただけでは十分ではなく、犯人の行為がなければ、債務履行の催促などの具体的措置が即座にとられたといえるよ

うな切迫した特段の状況があるなどの理由で、実際に犯人が財産上の利益を具体的に取得していなければならないであろう（最判昭 30・4・8 刑集 9・4・827 参照）。また、労務の提供については、財産犯の対象である以上、通常対価の支払いを伴う労務に限定されるべきとする見解が有力である（中森 92 頁）。

2) 関連する判例の概観として、佐藤＝麻生・大コメ 12 巻 173 頁以下。
3) ただし、本件について最高裁は、事実上の所持を保護するという保護法益論における所持説（占有説）の立場から詐欺罪の成立を認めている。
4) 最高裁は、「すでに履行遅滞の状態にある債務者が、欺罔手段によって、一時債権者の督促を免れたからといって、ただそれだけのことでは、刑法 246 条 2 項にいう財産上の利益を得たものということはできない。その際、債権者がもし欺罔されなかったとすれば、その督促、要求により、債務の全部または一部の履行、あるいは、これに代りまたはこれを担保すべき何らかの具体的措置が、ぜひとも行われざるを得なかったであろうといえるような、特段の情況が存在したのに、債権者が、債務者によって欺罔されたため、右のような何らかの具体的措置を伴う督促、要求を行うことをしなかったような場合にはじめて、債務者は（中略）財産上の利益を得たものということができる」としている。なお詳細については、只木・百選Ⅱ 110 頁。
5) なお、強盗罪、詐欺罪、恐喝罪は、本来的に財物・財産上の利益が犯人側に移転する点に本質があると解し、財産上の利益についても移転性を求める見解として、山口 214 頁以下・247 頁以下、伊東 166 頁がある。

第2節　窃盗の罪

I　総説

刑法第36章は「窃盗及び強盗の罪」を規定する。窃盗の罪は、他人の財物を窃取する窃盗罪（235条）と他人の不動産を侵奪する不動産侵奪罪（235条の2）に分かれる。それぞれ未遂も処罰される（243条）。また、親族間の犯罪に関する特例（244条）も本章に規定されている。

II　窃盗罪
1　客体

窃盗罪の客体は財物であるが、不動産侵奪罪の規定があるため、不動産は除外される。財物とは有体性説に従う限り、有体物でなければならない。例外的にみなし規定があるため、電気は財物とみなされる（245条）。

2　保護法益

窃盗罪の保護法益について、本権説と占有説の対立がある。この対立は形式的には、刑法242条における「他人の占有」の解釈問題に帰着するが、実質的には自力救済を原則的に許容するか、あるいは禁止するのかという違いとなって現れる。242条は、詐欺罪、恐喝罪に準用されるので（251条）、奪取罪のすべてにおいて両説の対立は問題となる。

本権説は、所有権その他の本権が保護法益であるとする見解である。同説は、窃盗罪が「他人の財物」を客体とすることから、他人が所有する財物を盗んだ場合に処罰されるとして、窃盗罪の保護法益をまず所有権であると理解する。ただし、242条によって、自己の財物でも他人が占有しているときには、その財物を盗めば処罰される。そこで、本権説は、同条の「他人が占有」する場合を、質権、賃借権、留置権等の民法上の適法な権限である本権に基づく場合に限定する。したがって、本権説からすると、窃盗の被害者が、窃盗犯人が占有する自己物を取り返したとしても、窃盗犯人の違法な占有は本権に基づくものではないので、242条は適用されず、被害者の取り返す行為（自救行為）は許されることになる。

占有説（所持説）は、財物の占有または所持それ自体が窃盗罪の保護法益

であるとする考え方である。同説によると、所有権・本権とは関係なく、人が財物を現に支配している事実上の状態が保護されることになり、242条の「他人が占有」する場合は、権限のない違法な占有を含むことになる。窃盗犯人から被害者が自己の物を取り返す場合も、窃盗犯人の占有は「他人の占有」する場合となり、取り返し行為は、原則として窃盗罪の構成要件に該当する。ただし、占有説も、窃盗被害者の取り返し行為につき、その必要性、緊急性、手段の相当性が認められる場合には、例外的に自救行為として違法性が阻却されるとしている（前田234頁、なお大谷196頁）。占有説の基本的な思想は、法治国家である限り、自力救済を原則的に禁止し、あくまで例外としてのみ許容するという態度である。

　判例の立場は、本権説から占有説に移行したとされており、現在では占有説の立場に立つものが多い（例えば、最決平元・7・7刑集43・7・607。本件についての詳細は、林(幹)・百選Ⅱ52頁参照）。その背景には、刑事裁判においては、民事上の権利関係の判断を原則的に回避しようとする政策判断があるとされている。

　本権説については、自力救済の原則的な許容が法治国家にそぐわない点が問題であり、占有説も明らかに違法な保護に値しない占有も原則的に刑法で保護することになる点で疑問である[1]。そこで、現在の学説の多数は、所有権またはその他の本権が保護されるのは当然として、さらに民事上の権限の裏付けのない占有であっても、刑法上の保護に値する実質を有している限りは、窃盗罪の規定によって保護されるべきとする、折衷的な修正本権説と呼ばれる立場をとっている。刑法上の保護に値する占有として、「平穏な占有」（平野206頁）、「一見不法な占有とみられない財物の占有」（大塚181頁以下）ということがいわれている。

　修正本権説の出発点は、窃盗罪（奪取罪）の規定が所有権その他の本権の保護を究極的に目指すべきものとするところにある（井田92頁）。ただし、複雑化した社会では当事者のどちらに所有権その他の本権があるのか明確ではないので、所有権その他の本権を保護するためにも、ひとまず現状を維持し、正当な権利者の確定と民事的な解決を優先させることを基本とする。したがって、平穏になされている占有であれば一応刑法上の保護に値することになり、保護法益に含まれる。しかし、被害者側に保護される実質的理由が

明白に存在しない場合、つまり、現状を変更することが、むしろ所有権および本権の保護の要請に合致するときには、その場合に限って、たとえ自力救済による権利回復であっても、その行為の構成要件該当性を否定するわけである。

3　占有の有無・限界
(1)　窃盗罪における被害者の占有

窃盗罪は盗取罪であり、他人の意思に反して、その財物の占有を侵害することを本質的要素とする犯罪である。したがって、被害者に占有がなければ成立しない。ここでいう占有とは、財物に対する現実的な事実的支配関係を意味しており、民法における占有概念とは異なっている。この事実上の支配が認められるためには、客観的には、他人の支配を排除する状態、すなわち排他的支配を被害者が有していることを必要とし、主観的には、排他的支配の意思、すなわち占有の意思を被害者が有していることを必要とする。ただし、占有の意思は、補充的に考慮されるものでしかない（大谷207頁、西田143頁、山中241頁、山口178頁）。

(2)　占有の有無の問題

窃盗罪が前提とする占有は、客観的に財物を事実上支配している状態でなければならない。ただし、事実的支配が客観的には明確でない場合に、それを推測させる状況しかないときには、被害者の占有意思が補充的に考慮されるべきとされている。事実上の支配は、典型的には占有者の物理的支配力の及ぶ場所、すなわち排他的支配領域内において認められる。この排他的支配領域内にある財物は、手に持っていなくても、眼前に置いて監視していなくても占有が認められる（大谷207頁）。例えば、自宅内の財物は、たとえ被害者がその所在を忘れていてもなお占有が認められることになる（大判大15・10・8刑集5・440）。

また、財物は支配領域外にあるが、客観的に他人の事実的支配を推認せしめる状況がある場合には、占有意思を補充的に考慮して占有が認められる。例えば、駐輪場に自転車を駐輪するなど、保管場所に財物を置く場合には、保管のための場所であるという「支配を推認せしめる客観的な状況」があり、財物を保管するという占有の意思も認められるので占有が肯定される（なお、佐藤＝麻生・大コメ12巻200頁以下も参照）。また、被害者が占有を失っても、

その財物が建物管理者など第三者の占有に移る場合は、その第三者の支配領域内にあるので事実上の支配を認めて問題ない[2]。

同様の問題が生じるのが、公園や駅の構内といった公共的な場所に放置された財物である。この点につき、判例では、置き忘れてからどれくらいの時間と距離があるかという時間的・場所的接着性に基づいて占有の有無が判断される傾向にある（山口179頁[3]）。

人の死亡後、その者が生前占有していた財物を領得する行為の罪責が問題となる。この死者の占有が問題となる事例としては、①行為者が被害者の殺害後に領得の意思をもって、死者から財物を領得する場合、②殺害行為を木陰から見ていた第三者が、行為者が去った後に、死者から財物を領得する場合の2つがある。通説・判例（団藤572頁、大塚187頁、前田260頁以下等）は、②の第三者の領得行為を占有離脱物横領とするが、①の行為者本人による死者の財物の領得行為については、「被害者が生前有していた財物の所持はその死亡直後においてもなお継続して保護するのが法の目的」であり、「被害者からその財物の占有を離脱させた自己の行為を利用して右財物を奪取した一連の被告人の行為は、これを全体的に考察して」窃盗罪に当たるとしている（最判昭41・4・8刑集20・4・207）。しかし、被害者の死亡によって保護に値する財物の占有は消滅し、①と②のどちらの場合も、あくまで占有離脱物横領罪にしかならないという見解の方が最近では有力である（平野204頁、大谷211頁、西田146頁、中森97頁、山中248頁、山口183頁以下、高橋235頁）。

(3) 占有の帰属の問題

財物の占有に複数の者が関与している場合、占有が誰に帰属しているかによって、横領罪と窃盗罪のいずれが成立するのかが区別される。財物の占有に複数の者が関与している場合の典型例は共同占有である。共有物を共同で保管している場合には、占有は共同者全員に帰属するから、その一部の者が他の共同者の同意を得ないで、領得の意思で自己単独の占有に移した場合は、他人の占有を侵害しているので、窃盗罪が成立する（大判大8・4・5刑録25・489）。

次に、複数者の占有に上下関係がある場合は、占有は上位の者に帰属する。商店主と店員の場合、店内の品物は店員が事実上管理しているとしても、店員はいわば占有の補助者にしかすぎないため、店主とは独立した独自の占有

を有しているとはいえない。品物の主たる占有は店主に属しているので、店員による品物の領得は横領ではなく、窃盗になる（大谷212頁）。

封緘した包装物を預けた場合、その占有が委託者または受託者のいずれに属するかについて争いがある。例えば、施錠してあるトランクを受託した者が鍵をこじあけてその内容物を領得する場合、その内容物の占有が誰に帰属するのかが問題となる。判例は、トランクの占有は、現実にそれを支配している受託者にあるが、中身の占有は、鍵がかけられている以上、委託者にあるため、中身の抜き取り行為は窃盗になるが、鍵を開けずにトランクそのものを領得した場合は横領罪が成立するとしている（佐藤＝麻生・大コメ12巻212頁以下参照）。学説上、判例に従う見解もあるが（大谷213頁、高橋232頁）、判例の結論に従うと、全体を領得する場合、業務性がなければ単純横領罪（252条）になり、5年以下の懲役でしか処罰されない。これに対して、全体ではなく、内容物だけを領得すれば窃盗罪として10年以下の懲役で処罰されることになり、不均衡が生じる。そこで、全体か中身かを区別せず、全体につきその占有は委託者にあるとして、受託者の領得行為は全体に対するものでも、中身に対するものでも、窃盗罪になるとする見解が有力に唱えられている（団藤570頁、大塚189頁以下、山中250頁、山口182頁[4]）。有力説の立場の方が妥当であろう。

4　不法領得の意思

窃盗に代表される領得罪は故意犯であるので、主観的要件として故意が必要であるのは当然である。しかし、通説・判例は、故意とは別に不法領得の意思が必要であるとする。判例上の定義によると、不法領得の意思は「権利者を排除して、他人の物を自己の所有物として、その経済的用法に従い、利用処分する意思」（大判大4・5・21刑録21・663）である。したがって、不法領得の意思は2つの要素に分けることができる。①権利者を排除して所有権者ないしは本権者として振る舞う意思である権利者排除意思と、②財物の経済的用法（ないしは本来の用法）に従ってこれを利用し処分する意思である利用処分意思の2つである。

権利者排除意思は、権利者を排除するに至らない程度に占有を取得する意思しかない、他人の財物の軽微な無断一時使用（使用窃盗）を窃盗罪から除外する機能を有している。使用窃盗として不可罰となるかどうかの具体的基

準として、判例は当初、行為者の返還意思の有無に求めていた。かつて大審院は、自転車の無断使用に際し、自転車を自己の所持に入れた際に、一時使用の意思しかないときは窃盗罪を構成しないが、返還しないで乗り捨てる意思のときは不法領得の意思が認められるとしていた（大判大 9·2·4 刑録 26·26）。しかし、その後の判例においては、権利者排除意思はかなり緩やかに認められるようになっており、返還意思のある無断一時使用についても窃盗罪を肯定する傾向にある（佐藤 = 麻生・大コメ 12 巻 236 頁以下参照）。学説の多数も、一定の場合には一時使用目的しかない犯人について権利者排除意思があることを認める傾向にある。つまり、一時使用目的による占有の取得であっても、所有権またはその他の本権を有する者でなければ使用できないような態様において利用する意思があれば、権利者排除意思が認められるとされている（大谷 201 頁）。その具体的判断の際には、もはや返還意思の有無や一時使用の時間的長短のみが基準となるのではなく、当該無断使用によって権利者が被った損害や損害の可能性も考慮される（西田 161 頁、山口 200 頁）。

　利用処分意思には、毀棄・隠匿の目的で他人の占有する財物を奪取する行為を窃盗罪から除外し、窃盗罪などの領得罪と器物損壊罪などの毀棄・隠匿罪を限界づける機能がある[5]。したがって、破壊（毀棄）目的で他人の財物を奪取しても、自分のものとして利用する利用処分意思が欠けるため、窃盗罪にはならない。これに対して、反対説は、単なる破壊目的であっても、占有を侵害して、財物を自由に使用・処分しうる立場を取得した以上、窃盗の成立を認めるべきとする（大塚 201 頁）。その根拠は、通説・判例からすると、(i)毀棄目的で奪取したが、毀棄せずに放置した場合、あるいは、(ii)その後に領得の意思が生じた場合を（器物損壊罪の未遂は不処罰であるし、窃盗罪とするためには、占有侵害時に不法領得の意思がなければならないので）不可罰とせざるをえず、不当である点に求められる。しかし、通説・判例からしても、(i)の場合は、財物の所有者に対してその物を本来の用途に従って使用することを不可能にさせる、つまりその物の本来の効用を喪失させてしまうことに当たるから、損壊概念を効用侵害と捉える立場（効用侵害説）に基づいて、器物損壊に当たると解することが可能である。(ii)の場合も、遺失物等横領罪（254 条）の成立を認めることが可能であり、必ずしも不処罰というわけではない（大谷 204 頁）。そもそも反対説のように、破壊目的であっても物を持ち

去れば窃盗罪になるというのでは、器物損壊罪は占有を奪わずにその場で損壊した場合にしか認められなくなってしまい、同罪の成立範囲は非常に狭くなってしまう。また、窃盗罪と器物損壊罪の法定刑の重さの違いは、領得目的（利用処分意思）による奪取行為を一般予防上の見地から破壊目的による場合よりも重く処罰するという思想に基づくものであり、両目的を区別しない反対説では、そのような重さの違いを説明できないことになる（井田 93 頁）。判例はこの問題に関して、一貫して利用処分意思を窃盗罪成立のために要求している。利用処分意思の具体的内容としては、経済的用法や本来の用法に従って利用処分する場合に限定される必要はない。財物から生ずる何らかの効用を享受する意思であればよいといわれている（西田 159 頁、大谷 200 頁、中森 101 頁、高橋 221 頁）。

5　実行行為

窃盗罪で予定されている行為は、条文上「窃取」である。「窃取」とは、他人の占有する財物を、その占有者の意思に反して自己または第三者の占有に移転させる行為をいう。「窃取」の手段・方法には制限はない。

窃盗罪は未遂も処罰される（243条）ので、実行の着手時期（43条）が問題となる。窃盗行為の着手時期は、形式的には占有侵害の開始時期をいう。財物の性質、形状および行為の態様を考慮して、特別の障害がない限り、他人の財物を自己の占有下に移すことが経験則上一般に可能となる時点、すなわち結果発生の具体的危険が発生したと認められる時点をもって実行の着手とみなすべきである（大谷 215 頁）。学説上は、このような法益侵害または構成要件実現の実質的な危険性に着目する見解（実質的客観説）が多数説である。判例によれば、「他人の財物に対する事実上の支配を侵すに付き密接なる行為」（大判昭 9・10・19 刑集 13・1473）をしたときに実行の着手があるとされ、判例も同様に結果発生の具体的危険に着目していると学説上理解されている（西田 148 頁）。具体的には、窃盗犯人が、窃盗の目的で他人の住居に侵入しただけでは、窃盗罪の実行の着手は認められない。しかし、金品物色のためにタンスに近寄ったときや、懐中電灯で財物を物色したときには実行の着手が認められるとされている。

窃盗罪の既遂時期は、他人の占有を侵害して自己の占有に移したとき、つまり犯人が占有を取得したときと解する見解（取得説）が通説・判例である

(山中264頁、井田100頁など)。なお、いつ犯人が占有を取得したかという、既遂時期の判断の際には、未遂の場合と同様に、財物の性質、形状、財物に対するそれまでの他人の占有状況、さらには窃取行為の態様を総合的に考慮して、具体的に決定すべきである（西田149頁、中森99頁、山口196頁、高橋240頁）。例えば、在宅中の住居の場合、財物に対する占有者（被害者）の支配力は強いので、目的物が小さくても、ポケットに入るなど容易に自己の占有を設定できる場合を除き、既遂といえるためには、原則として屋外への搬出が必要になる。これに対し、支配力の弱い留守宅の場合などは、同じ財物でも搬出の準備があれば既遂となる（大谷216頁）。

窃盗には不可罰（共罰）的事後行為の問題がある。窃盗罪は状態犯の典型例であり、既遂に達すれば、その後も違法状態は続いていたとしても犯罪自体は終了している。したがって、継続している違法な財産状態は、窃盗罪の犯罪事実ないしは構成要件該当事実ではないことになる。つまり、既遂後の違法状態のなかで行われることがすでに予想される、言い換えれば、窃盗罪の構成要件ですでに評価済みの行為は不可罰的事後行為となり、別の犯罪として処罰されることなく、あくまで窃盗罪の量刑で考慮されることになる（井田99頁）。例えば、窃盗犯人が目的物を窃盗の後で使用・処分しても、それが窃盗罪によって評価される範囲内にある限りは、別の犯罪としての処罰はなされない。例えば、窃盗による領得物を犯人がその後破壊したとしても、器物損壊罪で処罰されることはない。これに対して、例えば、預金通帳と印鑑を盗んだ後に、これらを用いて銀行員を欺いて、窓口から金銭の払い戻しを受けたときは、新たに銀行等の法益を侵害することになり、窃盗罪によって評価される範囲を逸脱する行為となるので、これとは別に詐欺罪となる。

1) なお、占有説からすると、事実上の占有だけが保護法益であり、所有権その他の本権の保護は窃盗罪では全く考慮されなくなる点も不当である。判例が占有説の論理を採用するのも例外的に処罰を拡張する規定である刑法242条の解釈の上でのことでしかなく、所有権の保護を度外視しているわけではない。井田92頁参照。
2) 例えば、宿泊客が旅館の風呂の脱衣所に置き忘れた時計は、旅館主の占有に属することになるので、これを領得する行為は窃盗になる。
3) 判例の詳細については、佐藤＝麻生・大コメ12巻202頁以下参照。
4) 大塚189頁以下は、その際に受託者は委託者の占有を補助する機関にすぎないと解するのが妥当であろうとする。山中250頁も同旨である。
5) 学説上は、この利用処分意思を主観的責任要素として捉える見解が有力に主張されている。

大谷 199 頁、西田 158 頁、山口 203 頁。反論として、中森 102 頁、山中 254 頁。なお、高橋 218 頁。
6) 校長を失脚させるために教育勅語を学校の天井裏に隠匿した行為（大判大 4・5・21 刑録 21・663）、最初から自首して刑務所に入るつもりで音楽テープを盗んだ事例（広島地判昭 50・6・24 刑月 7・6・692）、犯行の発覚を防ぐため腕時計等を投棄しようとしてこれらを死体から取り外した場合（東京地判昭 62・10・6 判時 1259・137）など、いずれも利用処分意思が欠けるとして、判例は窃盗罪の成立を否定している。
7) ただし、器物損壊罪は、犯罪としては成立している。窃盗罪と器物損壊罪は、包括一罪の関係にあり、あくまでも窃盗罪の規定で併せて処罰されるにすぎず、器物損壊罪の構成要件に該当する行為があることは否定されないのである。したがって、第三者が窃盗犯人の器物損壊行為を幇助したときは、その者は窃盗の幇助犯にはならないが、器物損壊罪の幇助犯にはなりうる。井田・総論 525 頁以下参照。

III 不動産侵奪罪
1 総説

　この不動産侵奪罪は、土地の不法占拠を処罰するために、昭和 35（1960）年の刑法改正により新設されたものである。この改正前には、窃盗罪の客体である「財物」に不動産が含まれるかどうかについて学説上争いがあったが、土地の不法占拠が窃盗罪で処罰されることはなかった。その理由としては、窃盗罪の行為である「窃取」という文言が、占有の場所的移転を前提にしていると理解されていたため、土地を不法に占拠しても、土地の占有を場所的に移動させて犯人が自己の占有に移したとはいえないことが挙げられる。また、そもそも土地や建物といった不動産はまさに文字通り不動であって、動産とは違って所在が不明になることはないので、民事手続による被害の回復が容易であり、刑罰を用いて処罰するまでもないとされたのである（西田 161 頁、山口 204 頁）。しかし、戦後の混乱期のなかで土地建物の不法占拠事件が相次ぎ、民事訴訟も遅延するようになってしまい、被害を回復することが困難な状況が続いていた。このような事態に対処するために、昭和 35 年の改正で 235 条の 2 の不動産侵奪罪の規定が新設され、不動産も刑法上の保護の対象となったのである。この改正によって同時に、235 条の「財物」から不動産が除外される点が条文上も確定されたことになる。

2 客体および行為

　不動産侵奪罪の客体は、「他人の不動産」である。ただし、本罪にも刑法 242 条が適用されるので、たとえ自己が所有する不動産であっても、他人の

占有に属する限りは、他人の不動産とみなされる。不動産とは、民法86条1項によれば、「土地及びその定着物」をいう。土地は単に地面だけではなく、境界によって区切られた地上の空間、地下も含む。ただし、立ち木といった土地の定着物も、伐採して動産化させて領得すれば、もはや窃盗罪が成立する。また、建物の一部を損壊して、例えば屋根瓦一枚を領得する場合も、場所的に移動させて占有を取得することが可能となるので、窃盗罪になる。また、本罪での他人の占有についても、窃盗罪の財物について述べたことがそのままあてはまり、修正本権説の立場からすると、不動産が平穏に占有されている限りは、占有者に所有権があることが明確ではなくても、その不動産は本罪によって保護される。

　本罪の行為は侵奪である。侵奪とは、他人の占有を排除して自己または第三者の占有を設定することをいい、窃盗罪における動産に対する窃取に対応する概念である。侵奪はその態様に制限がなく、事実上の占有の設定行為があれば足りる。しかし、侵奪は不動産に対する事実的な占有の設定を必要とするので、所有権を有しない者が、登記名義を勝手に改ざんして法律上の占有を取得しただけでは、この不動産侵奪罪には当たらない（大谷221頁、西田163頁、中森103頁、山口206頁）。

　不動産侵奪罪が成立するためには、窃盗罪と同様に、故意と不法領得の意思（権利者排除意思および利用処分意思）が必要である。したがって、単に一時使用のために他人の不動産を占拠しただけでは、侵奪に当たらず、ある程度継続的に占有を奪う意思がなければならない（山中270頁）。

　通説上、この不動産侵奪罪は、窃盗罪と同様に、不動産に対する占有を獲得したときに既遂に達し、その後は違法状態が続くにすぎない状態犯であると解されている。したがって、不動産の不法な占有移転が実行行為の内容であり、違法な財産状態が継続していること自体は、不動産侵奪罪という犯罪を構成する事実ではないことになる。例えば、土地や家屋の賃借人が期限を過ぎてからも占有を継続した場合、違法な状態は継続しているが、この場合には、それに先行する不法な侵奪行為は存在しないので不動産侵奪罪にはならない。また、刑法235条の2が施行される以前からすでに継続している不法占拠の場合も、不法に占拠した、つまり侵奪行為を行った当時は、刑法上不可罰であったため、不動産侵奪罪は成立しないことになる。ただし、判例

は、すでに継続している占有の態様が質的に変化して、新たな占有侵害と評価できる場合には不動産侵奪罪の成立を肯定している（最決昭42・11・2刑集21・9・1179。なお、橋田・百選Ⅱ 72頁も参照）。

8) 判例上の具体例としては、河上＝髙部・大コメ12巻315頁以下を参照。

Ⅳ 親族間の犯罪に関する特例
1 本特例の法的性質

刑法244条は、配偶者、直系血族または同居の親族との間で窃盗罪、不動産侵奪罪、これらの未遂罪を犯した者の刑を免除し、その他の親族間で行われた場合を親告罪とする特例を定めたものであり、親族相盗例と呼ばれている。同条はさらに、251条と255条により詐欺罪、背任罪、恐喝罪、横領罪にも準用されている。ここでの親族の範囲は民法上の規定によって定められる。配偶者については、学説上、内縁関係への準用を認める見解もあるが（大谷225頁）、判例は否定的である（最決平18・8・30刑集60・6・479）。

刑法244条1項における刑の免除の法的な性質については、違法性の減少に基づくという見解（平野207頁、中森104頁以下）、責任の減少が認められるとする見解（西田164頁以下、山中274頁）が主張されているが、「法は家庭に入らず」という法格言が示すように、家庭内の紛争には国家が干渉しない方がよいとする法政策に基づき、行為の違法性や責任の評価とは無関係に、処罰だけが阻却されるとする処罰阻却事由説（政策説）が通説・判例である（大谷224頁、山口209頁以下、井田101頁、高橋246頁）。つまり、犯罪は成立しているが、政策的な理由から処罰されないだけである。

2 親族関係の必要な範囲

窃盗の目的物の所有者と占有者とが異なる場合、本条の親族関係が窃盗犯人と誰との間で必要となるのかが問題となる。通説・判例は、目的物の所有者および占有者の両者との間に親族関係が必要であると解している（最決平6・7・19刑集48・5・190。本件についての詳細は、川口・百選Ⅱ 68頁参照）。

親族相盗例の趣旨を、「法は家庭に入らず」という法格言に求め、親族間の財産秩序は親族内部において維持すべきであり、そこでの紛争は親族内部で解決すべきであると解する以上は、本条は、あくまで被害を処理すること

が親族内部において可能な場合にだけ妥当すると解すべきである（大谷226頁、高橋247頁）。ここで、目的物の所有者または占有者のどちらかが親族以外の場合は、まさに親族以外の者が被害者になるので、もはや親族内部での処理が不可能となり、本条の対象外になる。したがって、目的物の所有者・占有者双方に対して行為者は親族関係を有していなければならない。

3　親族関係の錯誤

例えば、子が父親の占有する他人の財物を父親の所有物であると誤信して窃取したときなどが問題となる。しかし、244条は、あくまでも親族という身分に基づく政策的な処罰阻却事由を規定したものとする通説・判例の理解からすると、親族関係の有無は、犯罪の評価とは関係のない事情として客観的に存在しているだけで十分であり、行為者が認識していたかどうかは処罰阻却の効果には関係がない。したがって、逆に行為者が客観的には親族関係はないのに、あると誤信していた場合も、本条の適用はなく、窃盗罪が成立する（大谷228頁、山口212頁、井田108頁）。

4　1項と2項の不均衡

244条2項の場合が親告罪であるのに対して、同条1項の場合が有罪判決の一種である刑の免除にとどまるため、告訴がないときと比較すると、1項におけるより近い関係にある親族に対する場合の方が不利益な扱いを受けることになる。つまり、告訴がないとき、2項が予定する遠い関係にある親族に対する場合は、訴追されず、裁判の場で判断されるまでに至らない。これに対して、1項が予定するより近い関係にある親族に対する場合は、刑の免除とはいえ、有罪判決を受けるのである。

このような不均衡を是正するために、学説では、1項の場合も親告罪として扱うとする見解（団藤582頁、山口208頁、高橋249頁）や、「起訴状に記載された事実が真実であっても、何らの罪となるべき事実を包含していないとき」に公訴棄却とすることを規定した刑事訴訟法339条1項2号を準用して公訴棄却の扱いを認める見解（大谷227頁、中森105頁注39）などがある。しかし、いずれも解釈論としては無理のある主張であり、立法的に解決するしかない。ただし、1項の場合でも、刑の免除が予定されていることから、現実に起訴されることは、起訴便宜主義のもとではまずありえず、不均衡が実際上問題となることはない（西田167頁、井田101頁）。

第3節　強盗の罪

I　総説

　強盗の罪とは、暴行または脅迫により、被害者の意思に反して、その財物あるいは財産上の利益を奪う犯罪である。強盗の罪としては、条文上、236条1項の強盗取得罪（1項強盗罪）、同条2項の強盗利得罪（2項強盗罪）、238条の事後強盗罪、239条の昏酔強盗罪の4つがある。このうち、事後強盗罪と昏酔強盗罪は強盗に準じる行為であるとして、準強盗罪と呼ばれている。なお、通説・判例によれば、主観的要件として、故意のほかに不法領得の意思も必要となる。加重類型としては、240条の強盗致死傷罪、241条の強盗強姦および強盗強姦致死罪が規定されている。また、それぞれ243条によって未遂が処罰されており、237条では強盗の予備行為も処罰の対象とされている。準強盗罪の刑罰および罰条の適用については、236条の強盗罪と同じように取り扱われる。したがって、法定刑は236条の強盗罪と同じとなるし、例えば、事後強盗行為から相手方を殺傷すれば、240条の適用が問題となり、強姦を行えば、241条の適用の対象となる。なお、事後強盗罪においては、予備を処罰する規定の適用について争いがある。

　強盗罪は、被害者の意思に反して財物の占有を侵害し、それを領得する点で窃盗罪と共通性を有している。両者はともに盗取罪として分類されている。しかし、窃盗罪は財物罪であるので、財物のみを客体としているが、強盗罪は財物を客体とする（236条1項）以外に、財産上の利益を客体としている（236条2項）ので、客体の範囲が異なっている。また、強盗罪の手段は暴行・脅迫であるので、行為態様の点でも窃盗罪から区別される。特に、暴行・脅迫が手段とされていることは、強盗罪が財産犯だけでなく、被害者の生命・身体・自由に対する罪（つまり、人身犯罪）としての性格も含んでいることを意味している（井田110頁）。

　同様に、暴行または脅迫を手段として財物および財産上の利益を領得する犯罪類型として恐喝罪（249条）がある。しかし、強盗罪と恐喝罪は、手段である暴行・脅迫の程度によって区別されている。強盗罪では、手段である暴行・脅迫は、相手方の反抗を抑圧する程度に達しうるものであることが必

要である。これに対して、恐喝罪では、そこまでの強度な暴行・脅迫は必要ではない。恐喝罪においては、暴行・脅迫によって相手方に恐怖心を抱かせ、それに基づく不安な心理状態、瑕疵ある意思決定を通じて財物を交付させ、財産上の処分行為を行わせることが犯罪の要素になっているからである。つまり、恐喝罪では嫌々ではあるが、被害者は自分の意思に基づいて財物の交付や財産上の利益の処分を行うことになる。これに対して、強盗罪では被害者の意思に反する形で無理矢理財物あるいは財産上の利益が奪われるのである。

Ⅱ 強盗罪

1 強盗取得罪（1項強盗罪）

1項強盗罪は、狭義の強盗罪または強盗取得罪と呼ばれ、他人の財物を客体とする。ただし、242条により自己の財物でも、他人が占有している限りは、他人の財物とみなされる。

1項強盗罪の行為は、暴行または脅迫により、相手方の反抗を抑圧し、その意思に反して他人の財物を自己または第三者の占有に移すことである。このような行為は条文上「強取」と呼ばれる。強取は、「暴行・脅迫」→「反抗の抑圧」→「財物の取得」という3つの要素に分解できるが、これらの要件は、因果関係によって結びつく形で存在していなければならない（井田111頁）。

強盗罪の手段たる暴行・脅迫は、被害者の反抗を抑圧するのに十分な強度のものでなければならず、この点で、そこまでの程度を要求しない恐喝罪と区別される。被害者の反抗を抑圧するのに十分なものであるかどうかの判断は、行為当時における、犯人および被害者の性別、年齢、犯行の状況、凶器の有無といった具体的事情を考慮して（西田168頁）、そのような状況におかれた一般人にとって反抗が不可能もしくは著しく困難であるかどうかという形で、一般人を基準にして客観的になされるものである（大谷231頁）。言い換えれば、社会通念上一般的に被害者の反抗を抑圧するのに十分な程度であるか否かという客観的基準によって判断されるのであり、個々具体的な被害者の主観が基準になるわけではない（通説・判例）。

したがって、客観的に一般人の反抗を抑圧するのに足りる程度の暴行・脅

迫が加えられた以上は、それで十分であり、具体的な被害者が現実的に反抗を抑圧されたかどうかは問われない。しかし、例えば、客観的には反抗を抑圧するのに十分な程度の暴行・脅迫であったが、現実の被害者が豪胆な人物で、現実には反抗を抑圧されるまでには至らなかったが、それでも財物をしぶしぶ交付した場合が問題となる。判例は、その場合も強盗の既遂としているが（最判昭24·2·8刑集3·2·75）、学説上は、強盗未遂と恐喝罪の既遂の観念的競合とする見解が支配的である（曽根129頁、山中278頁、西田169頁、高橋256頁など）。ただし、結果的には観念的競合なので、刑法54条によって「その最も重い刑」である強盗未遂によって処断される[1]。また反対に、犯人が強盗の意思で、客観的には反抗を抑圧する程度に達しない暴行・脅迫を手段として用いたのに、被害者が特別に臆病者であって、反抗が抑圧されてしまい、その意思に反して財物が奪取されてしまった場合の処理についても争いがある。学説の多数は、たとえ客観的には抑圧するに足りない暴行・脅迫でも、犯人が、被害者が臆病であることを認識して、暴行・脅迫を加えたのであれば、強盗になるとする（大塚213頁注2、大谷231頁、山中278頁、山口218頁、井田110頁）。しかし、客観的に反抗を抑圧するに足りない程度の暴行・脅迫しかない以上、あくまで恐喝罪の既遂にしかならないとする見解も有力である（曽根129頁、西田169頁、高橋256頁）。この有力説については、反抗を抑圧されて、被害者が「交付」できなかったにもかかわらず、恐喝罪の既遂を認める点に問題があると解される。

　強盗罪における暴行は、最狭義の暴行と呼ばれ、被害者の反抗を抑圧する程度の強度の有形力の行使であることが必要となる。しかし、犯行抑圧状態を惹起できる強度のものである限り、必ずしも人の身体に対して直接加えられることは必要ではなく、物に対する有形力の行使でも、被害者の意思・行動の自由を抑制し、その反抗を抑圧しうるものであるときは、本罪の暴行となる。この意味では暴行罪（208条）における狭義の暴行よりも広く、間接暴行も含まれることになる（大谷232頁、山中278頁、井田111頁）。ただし、このような場合、暴行ではなく、暴行を示すことによる「脅迫」と捉える見解もある（中森107頁）。また、強盗犯人が財物を奪うためいきなり被害者を殺害するような場合、強盗の手段である暴行・脅迫がないように思われるが、殺害行為は、被害者の反抗を完全に抑圧するものであるから（大谷232頁、

西田171頁)、そこには強盗罪の手段である暴行が含まれていることになる。結論としては、240条の強盗殺人罪になる。

　いわゆる「ひったくり」行為も暴行を手段としているが、学説の多数は、あくまで窃盗罪にしかならないとする。なぜなら、通行人を不意に突き倒し、その携行品を奪って逃走したとしても、犯人は隙をついて占有を奪っただけであり、被害者の反抗を抑圧する程度の暴行を加えて、その結果として財物を奪取してはいないからである（西田169頁、山口218頁）。強盗罪における暴行といえるためには、被害者の反抗を抑圧するために行われなくてはならない。しかし、ひったくろうとしたところ、被害者が財物を離さないため、なおも暴行を継続した場合などでは、それが被害者の反抗を抑圧するに足りる程度に達すれば強盗になる。例えば、被告人がひったくって奪取する目的で自動車の窓からハンドバッグの下げ紐をつかんで引っ張ったのに対し、被害者が手を離さなかったので、さらに自動車を進行させたため被害者を負傷させた事案につき、最高裁は、さらに自動車を進行させてなおも引っ張る行為を「被害者の女性がハンドバッグを手離さなければ、自動車に引きずられたり、転倒したりなどして、その生命、身体に重大な危険をもたらすおそれのある暴行であるから相手方女性の抵抗を抑圧するに」足りるものであるとして、強盗の手段である暴行であることを認めている（最決昭45・12・22刑集24・13・1882）。

　強盗罪は故意犯であるので、暴行・脅迫の段階で財物奪取の意思がなければ犯罪は成立しない。ここで、暴行・脅迫を行った後にはじめて、奪取の意思が生じた場合が問題となる。例えば、暴行・脅迫を加え、被害者の反抗が抑圧された段階で、財物奪取の意思が生じて財物を奪取した場合に強盗罪の成立を認めてよいのだろうか。通説・判例は、財物奪取の意思が生じた後に、改めて暴行・脅迫が必要であると解している。つまり、暴行・脅迫を加えた後に財物の奪取意思が生じた場合は、さらに暴行・脅迫を加えて相手方の反抗を抑圧している状態を持続させ、その財物を奪取してはじめて、強盗の意思に基づく暴行・脅迫が行われることになるので、そのような場合にのみ強盗罪の成立を認めるのである。しかし、財物奪取の意思が生じた後に新たな暴行・脅迫が必要であるといっても、それ以前に先行する暴行・脅迫によってすでに反抗抑圧状態が形成されている場合は、それを継続させるに足りる

ものであればよいので、それほど強度の暴行・脅迫が改めてなされる必要はないという見解が有力である（西田 173 頁、山口 222 頁）。

また逆に、財物奪取の後に暴行・脅迫を行った場合も問題になる。ただし、最初から強盗の故意がある限り、財物奪取後に被害者に暴行・脅迫を加えて反抗を抑圧した場合は、財物の占有の完全な取得と暴行・脅迫の間に因果関係が認められる限り、強盗罪に当たる（山中 281 頁）。また、窃盗犯人が、財物の占有をまさに取得しようとする段階、または半ば取得した段階で被害者に発見されたところ、居直って財物奪取のために暴行・脅迫を加えた場合は、この暴行・脅迫の段階から強盗罪の実行の着手となり（大谷 235 頁）、暴行・脅迫の結果、財物の占有を完全に取得すれば、結果として強盗罪が成立する。このような場合を「居直り強盗」と呼ぶ（中森 108 頁）。

2　強盗利得罪（2項強盗罪）

本罪の客体は、1項強盗罪と異なり、財産上の利益である。条文上、「財産上不法の利益を得」とされているが、これは「不法な利益」を得ることではなく、利益を得る方法が不法であることを意味する。例えば、債権者に暴行・脅迫を加えて支払いの請求を不能にして債務を免れる行為が典型例である。不動産に対する占有も財産上の利益になるから、暴行・脅迫を手段として不動産を侵奪した場合も強盗利得罪に当たる。

このように、2項強盗罪は客体の点で1項強盗と異なるにすぎず、1項強盗と同様に、暴行・脅迫によって被害者の反抗が抑圧され、その結果、犯人が財産上の利益を取得するという因果の流れが存在していなければならない。ここで、財産上の利益の取得が、債務免除や支払猶予の意思表示といった被害者の財産的処分行為に基づくものでなければならないか否かが問題となる。この問題について、過去の判例は、財産上の利益の取得を明確に確定するためにも処分行為が必要であるとし、これを支持する学説も有力であった。しかし、現在の通説・判例は処分行為を不要としている（判例としては、最判昭 32・9・13 刑集 11・9・2263）。なぜなら、強盗の場合、被害者は暴行・脅迫によって反抗を抑圧されているので、瑕疵ある意思に基づくとはいえ、任意の意思表示がある処分行為を行うことは想定できないからである。

しかし、有体物である財物と異なり、財産上の利益の移転を明確に確定することは困難である。そこで、学説上は、暴行・脅迫により1項強盗におけ

る財物の移転と同視できるだけの財産的利益の具体性・確実性が必要であるとする見解（西田 174 頁、大谷 239 頁、山口 223 頁以下）、暴行・脅迫により直接的に財産上の利益が移転することを要するとの見解（町野 174 頁以下、林 213 頁以下）が主張されている。判例上、2 項強盗罪の成否が問題となった事案としては、借金の証書もなく被害者以外に債権の存在を知る者がいなかった場合の債権者の殺害未遂があり（最判昭 32・9・13 刑集 11・9・2263）、最高裁は、債権者をして事実上支払いの請求をすることができない状態に陥らしめて支払いを免れたとして（2 項）強盗殺人罪の未遂の成立を認めている（詳細については、安田・百選Ⅱ 78 頁参照）。ただし、被害者以外に相続人が債権の存在を容易に知ることができた事案につき、被害者から債務の返済を厳しく迫られていた事情があったことから、殺害によって、債権者の督促を免れえたこと自体が財産上の利益に当たるとして財産上の利益の取得を認めた裁判例もある（大阪高判昭 59・11・28 高刑集 37・3・438）。また、唯一の相続人が被相続人を殺害しようとしたが、殺害目的は遂げなかった事案につき、財産上の利益は、財物の場合と同様、反抗を抑圧されていない状態において被害者が任意に処分できるものであることを要するとして、相続の開始による財産の承継は、人の死亡を唯一の原因として発生するものであるから、そこに任意の処分の観念を容れる余地はないので、それを 236 条 2 項が予定する財産上の利益とすることはできないとして、（2 項）強盗殺人罪の未遂を否定した裁判例もある（東京高判平元・2・27 高刑集 42・1・87）。しかし、2 項強盗罪について任意の処分を要件とすることには疑問がある。被相続人の殺害の場合は、相続人としての地位を取得したにすぎず、財産上の利益の取得は未だ現実的なものではないとするか（西田 171 頁、大谷 240 頁、山口 225 頁）、相続による財産の移転は、暴行・脅迫によって直接的になされるものではなく、相続手続を経る間接的なものであるとして、直接性の要件を満たさないとして否定するしかないであろう。

　2 項強盗の既遂時期は、財産上の利益が行為者側に移転した時期である。被害者からキャッシュカードの暗証番号を聞き出そうと脅迫を行った事案につき、「被告人が本件被害者から窃取に係るキャッシュカードの暗証番号を聞き出すことは同人名義の預貯金口座から預貯金の払い戻しを受け得る地位を得ることにほかならず、この地位を得ることは、財物の移転と同視できる

程度に具体的かつ確実な財産的利益を得たものということができ」、「キャッシュカードとその暗証番号を併せ持つ者は、あたかも正当な預貯金債権者のごとく、事実上当該預貯金を支配しているといっても過言ではなく、キャッシュカードとその暗証番号を併せ持つことは、それ自体財産上の利益とみるのが相当であって、キャッシュカードを窃取した犯人が被害者からその暗証番号を聞き出した場合には、犯人は、被害者の預貯金債権そのものを取得するわけではないものの、同キャッシュカードとその暗証番号を用いて、事実上、ATM を通して当該預貯金口座から預貯金の払戻しを受け得る地位という財産上の利益を得たものというべきである」として、キャッシュカードの占有を事実上確立していることを前提に、暗証番号を聞き出した時点で財産上の利益を得たとする裁判例がある（東京高判平 21・11・16 判タ 1337・280）。

1） 山口 217 頁は、現在の実務もこのような考えに従っているとする。
2） ただし、判例のなかには、より緩やかに解し、犯人が先行する暴行・脅迫により生じた反抗抑圧状態を利用して財物を取得する場合には、それで強盗罪の成立を認めうるとするものもある（例えば、東京高判昭 57・8・6 判時 1083・150、大阪高判昭 61・10・7 判時 1217・143）。また、被害者が緊縛された状態にあり、実質的に暴行・脅迫が継続していると認められる場合に、新たな暴行・脅迫がなくても強盗罪が成立するとした東京高判平 20・3・19 高刑集 61・1・1 も参照。
3） なお、大阪高判平元・3・3 判タ 712・248、山口・百選 II 80 頁以下も参照。
4） なお、2 項強盗罪の客体である財産上の利益について、移転性という要件を求める見解として、山口 214 頁以下。

III 事後強盗罪

1 本罪の意義

刑法 238 条に規定されている事後強盗罪は、236 条の普通の強盗罪とは異なり、窃盗犯人が犯行を終了し、あるいは窃盗の意思を放棄して現場を離れる際に暴行・脅迫が行われた場合に成立する。このような場合は、実質的に強盗と同じであるという理由で、「強盗として論じられる」準強盗罪である。238 条の条文上、「強盗として論ずる」としているのは、刑罰および他の罰条の適用上すべて強盗と同じように取り扱うという趣旨である。したがって、法定刑は 236 条に準じることになり、その他、240 条の強盗致死傷罪、241 条の強盗強姦および同致死罪などの適用においても強盗と同じように取り扱われる。

2 主体

本罪の主体は「窃盗」であるが、これは窃盗罪の実行に着手した窃盗犯人のことである。通説・判例上、窃盗犯人は財物を取得している既遂犯、またそうではない未遂犯の両方を含んでいる。事後強盗で予定される暴行または脅迫は、条文上、①「財物を得てこれを取り返されることを防ぐ目的」、②「逮捕を免れる目的」、③「罪跡を隠滅する目的」でなされなければならないが、②「逮捕を免れる目的」と③「罪跡を隠滅する目的」の場合は、財物を得ていることは必須の要件ではなく、窃盗未遂犯も主体になりうるからである。したがって、①の財物を得てこれを取り返されることを防ぐために暴行・脅迫を加える場合は、窃盗既遂犯だけが主体となりうることになる。

3 行為

本罪の行為は、上記の３つの目的のいずれかのために暴行・脅迫を加えることである。それゆえ、本罪は目的犯であるが、暴行・脅迫の相手方は、必ずしも窃盗の被害者であることは必要ではなく、犯行を目撃して追跡してきた者、現行犯人として逮捕するために追跡してきた警察官なども暴行・脅迫の相手方となる。

4 窃盗の機会の継続性

事後強盗罪における暴行・脅迫は、当然普通の強盗罪と同様に相手方の反抗を抑圧するに足りるものでなければならないが、この暴行・脅迫は、窃盗の現場または窃盗の機会の継続中になされる必要がある（通説・判例）。ここでは、窃盗行為と単に時間的・場所的接着があれば、窃盗の機会の継続が肯定されるのかが問題となる。

窃盗の機会の継続に関する判例上の事案は、以下の３つの類型に分類できる（分類の用語は、高橋271頁以下に従った）。まず、①逃走追跡型とされるものであり、窃盗犯人が追跡されている最中に暴行・脅迫を行った場合、窃盗の現場から時間的・場所的に多少離れていたとしても窃盗の機会の継続中であるとされることが多い。次に、②現場滞留型と呼べるものがあり、窃盗犯人が財物を窃取した後、天井裏に潜み、３時間後通報を受けた警察官に逮捕されそうになったところ、ナイフで警察官の顔面等を切りつけた事案につき、最高裁は「被告人は、上記窃盗の犯行後も、犯行現場の直近の場所にとどまり、被害者等から容易に発見されて、財物を取り返され、あるいは逮捕され

得る状況が継続していたのであるから、上記暴行は、窃盗の機会の継続中に行われたものというべきである」として事後強盗罪の成立を認めている（最決平14·2·14刑集56·2·86）。本件では、窃盗犯人に対する被害者等からの追及可能性が暴行または脅迫に至るまで継続していたか否かが基準となっている。さらに、③現場回帰型があり、被告人はいったん窃盗に入り、財布を窃取し、誰からも追跡されることなく自転車で1キロ離れた公園で盗んだ現金を数えるなりしたが、3万円と少なかったので、再度同じ家に盗みに入ろうと引き返し、その家に入ろうとしたところ家人に発見されたので、ナイフを取り出して脅迫し、隙をみて逃走した事案につき、最高裁は、「被告人は、財布等を窃取した後、だれからも発見、追跡されることなく、いったん犯行現場を離れ、ある程度の時間を過ごしており、この間に、被告人が被害者等から容易に発見されて、財物を取り返され、あるいは逮捕され得る状況はなくなったものというべきである」として、事後強盗罪の成立を否定している（最判平16·12·10刑集58·9·1047）。本件でも、同様に被害者の追及可能性が及ばない安全圏に逃れたことが重視されている。なお、同様に③の現場回帰型に属するものとして、被害者方に侵入して財物を窃取した犯人が、誰からも追跡されることなく隣接する自宅に戻り、約10分ないし15分後、罪跡を隠滅する目的で被害者方に赴き、家人を殺害した事案につき、一度自宅という被告人自身にとっての安全圏に戻っている点に着目して、被害者の支配領域から完全に脱したとして、窃盗の機会の継続性を否定し、事後強盗に基づく強盗殺人ではなく、窃盗と殺人の併合罪とした裁判例もある（東京高判平17·8·16高刑集58·3·38）。したがって、窃盗の機会の継続性の基準については、必ずしも窃盗行為との時間的・場所的接着性だけが基準となるわけではない。[8]

5 未遂

243条によって、事後強盗罪の未遂も処罰される。通説・判例は、事後強盗罪が既遂になるか未遂になるかは、先行する窃盗が既遂か未遂かによって決定されるとしている（団藤592頁、大塚224頁等）。ここでは、あくまで先行する財物奪取の有無が、既遂になるか、あるいは未遂になるかの基準となる。したがって、通説・判例によれば、①「財物を得てこれを取り返されることを防ぐ目的」のために暴行・脅迫がなされた場合は、その犯行主体は窃盗既遂犯しか想定されえないので、成立する事後強盗罪は、常に既遂ということ

になる。これに対して、窃盗未遂犯も主体になりうる②「逮捕を免れる目的」、③「罪跡を隠滅する目的」の場合には、本罪の未遂が認められることになる。ただし、先行する窃盗が未遂の場合は、通説と同様に本罪も未遂となることを認めつつ、先行する窃盗が既遂の場合でも、取り返しを防ぐため（つまり、①の目的で）暴行・脅迫を加えたが、最終的に財物が被害者その他によって取り戻された場合は、あくまで本罪は未遂にしかならないという見解も有力に主張されている（曽根135頁、西田181頁）。

6　暴行または脅迫だけに関与した者の処理

事後強盗罪における暴行・脅迫だけに関与した者の処理をめぐり、学説と判例では争いがある。まず、①事後強盗罪は真正身分犯であるとして、刑法65条1項の適用によって処理する見解がある（大阪高判昭62・7・17判時1253・141、前田300頁、井田123頁）。また、②事後強盗罪を不真正身分犯であるとして、65条2項の適用を認める見解もある（新潟地判昭42・12・5判時509・77、東京地判昭60・3・19判時1172・155、団藤・総論420頁、大塚225頁、大谷243頁）。さらに、③事後強盗罪は、窃盗と暴行または脅迫の結合犯であると理解し、承継的共同正犯の問題として処理する見解もある（中森112頁、山中290頁、295頁以下、西田184頁、山口232頁以下、高橋274頁）。ここでは、事後強盗罪を身分犯と解するか（①あるいは②の見解）、結合犯として理解するか（③の見解）の対立が問題となっている。最後の結合犯説の論者によれば、身分犯説からすると、事後強盗罪の枠内で、財物奪取の法益侵害・違法性を評価できないという点に致命的な欠陥があるとされている（山口232頁）。また、身分犯説からすると、窃盗はあくまで身分なので、事後強盗罪の実行行為はもっぱら暴行または脅迫だけとなる。しかし、通説・判例上、事後強盗罪の未遂は窃盗が未遂か否かで決まるはずであり、実行行為とはされない窃盗行為が未遂か既遂かを決めるのは、刑法43条の解釈として不適切となる（なお山中290頁）。したがって、③の結合犯説が正当であろう。

5）　山口227頁は、強盗罪には窃盗罪が含まれていることから、強盗犯人も本罪の主体になりうるとする。
6）　これに対し、西田178頁は、本罪の窃盗を窃盗既遂犯に限定する。
7）　ただし、井田114頁によると、この場合の暴行・脅迫は、財物奪取の手段ではもはやないため、そのような行為を処罰することによって保護される法益は、財産的法益ではなく、窃盗犯人の逮捕や訴追という司法作用の保護が法益として想定されざるをえなくなる。

8) あくまでも時間的・場所的接着性を重視する見解として、曽根135頁がある。

Ⅳ　昏酔強盗罪

本罪（239条）は、人を昏酔させて財物を窃取した場合に成立する。財産上の利益は客体から除外されている。条文上、「強盗として論ずる」とされているので、事後強盗罪と同様に準強盗罪である。手段として規定されているのは、「昏酔」であるが、これは薬物などによって人の意識作用に一時的または継続的な障害を生じさせることをいう。このように意識作用が害されている状態下では、被害者の反抗は抑圧されてしまい、暴行・脅迫が用いられた場合と同視できるので、強盗と同様に扱われるわけである。

昏酔の手段には制限がないが、典型例は、財物を奪取する目的で麻酔薬や睡眠薬を用いて被害者の意識作用を侵害する場合である。ただし、有形力を行使して被害者の意識作用を侵害した場合、例えば、こん棒で頭を殴って相手を朦朧とさせた場合は端的に暴行を手段としているので、普通の強盗罪が成立する（山口234頁）。通常、人の意識作用に障害を生じさせることは傷害に当たるが、しかし、昏酔強盗罪が成立すると同時に、常に刑法240条前段の強盗傷人罪あるいは強盗致傷罪が成立すると解するのは不適切である。したがって、本罪で予定されている程度の昏酔を生じさせることは、240条の傷害には当たらないと解すべきである（中森113頁、山中301頁、山口234頁、井田114頁）。本罪で予定されている財物奪取の形態は「盗取」であり、「強取」ではない。これは、暴行・脅迫以外の手段による財物奪取が想定されているからである。

Ⅴ　強盗致死傷罪
1　本罪の意義

本罪（240条）は、強盗の機会に犯人が死傷の結果を発生させることが多いため、生命および身体を特に保護する観点から（つまり、この限りでは生命および身体も本罪の保護法益となる）、強盗罪の加重類型として定められたものであり、その法定刑は非常に重い。本罪は、結果的加重犯としての強盗致傷罪、強盗致死罪のほかに、故意犯としての強盗傷人（傷害）罪、強盗殺人罪の4つの構成要件を含むとされている。しかし、刑法240条の条文は、その

規定の仕方が結果的加重犯を予定しているだけのように読めるため、強盗傷人（傷害）罪、強盗殺人罪といった傷害あるいは殺人の故意がある場合が含まれているかどうかが問題となる。殺害する故意を有しながら強盗を行って被害者を殺害した場合について、かつて明治時代の判例は、強盗致死罪と殺人罪の観念的競合であるとしていた（大判明 43・10・27 刑録 16・1764）。しかし、現在の通説・判例はそのような場合について、端的に 240 条後段が適用されるとしている。

確かに、240 条後段は「死亡させたとき」と規定しており、これは強盗犯人が被害者を死亡させてしまった場合と読めるため、強盗が被害者を故意に殺害する場合を含まないような表現がとられている。しかし、同条後段の法定刑が極端に重く、無期または死刑となっているのは、むしろ、強盗に際して故意に殺害する場合こそを、同条後段の典型例として立法者が予想していたからであると考えられる。また、205 条の傷害致死罪の規定にみられるような、結果的加重犯について通常用いられている「よって」の文言が 240 条では用いられていないことも、本条が結果的加重犯だけではなく、重い結果について故意がある場合を含む根拠となる。したがって、通説・判例が理解するように、本条後段は殺害の故意がある場合を含んでいると解するのが正当である。そして、このことは、傷害結果に故意がある場合についてもあてはまる。こうして、240 条は、①強盗犯人が暴行・脅迫から結果的加重犯として意図せずに傷害を生じさせた場合である強盗致傷罪、②強盗犯人が故意に傷害を加えた場合である強盗傷人（傷害）罪、③強盗犯人が暴行・脅迫から結果的加重犯として意図せず死亡の結果を生じさせた場合である強盗致死罪、④強盗犯人が故意に人を殺した場合である強盗殺人罪という 4 つの構成要件を含んでいると理解することができる。

2 本罪の主体

本罪の主体は、条文上「強盗」であるが、これは、強盗の実行に着手した者のことであり、強盗未遂犯人と強盗既遂犯人の両方を含んでいる（通説・判例）。236 条の普通の強盗罪の犯人だけではなく、準強盗罪である事後強盗罪あるいは昏酔強盗罪の犯人もここに含まれる。したがって、窃盗犯人が逮捕を免れるために追跡者に暴行を加えたら事後強盗となるが、その暴行から死傷の結果を発生させた場合は、本罪が成立することになる。

3　本罪の行為と強盗の機会

　本罪の行為は、条文上、人を負傷させ、人を死亡させることである。ここで被害者である「人」は、必ずしも強盗行為の直接の被害者と一致する必要性はない。なぜならば、事後強盗から死傷の結果が発生した場合のように、そこで死傷結果の原因となる暴行が加えられる者は、財物を奪取された被害者に限定されず、追跡者や逮捕しようとする警官であったりするからである。

　負傷あるいは死亡という死傷結果が、強盗罪の手段である暴行・脅迫から生じる必要があるのか否かが問題となる。240条は、強盗の機会には死傷の結果が生じやすく、また殺人・傷害が行われる場合も多いことを考慮して作られた規定であるから、死傷の結果は、強盗の手段としての暴行・脅迫から生じることは必ずしも必要ではなく、強盗の実行に着手後、強盗の機会においてなされた行為から生じていれば十分であると通説・判例は考えている（機会説）。財物奪取の手段である暴行・脅迫から死傷結果が発生しなければならないとする立場（手段説）が狭すぎる点は、238条の事後強盗罪を考えてみれば明らかとなる。240条も事後強盗罪について適用されるが、事後強盗でなされる暴行・脅迫は財物奪取の手段ではなく、あくまでも取戻しを防いだり、逮捕を免れる手段としてなされるのであり、そこから死傷結果が発生した場合も当然に240条の本罪となるからである。そこで、通常の強盗罪の場合でも、それとの均衡上、死傷結果の原因行為は強盗の手段としてなされた暴行・脅迫に限定されるべきではなく、強盗の機会においてなされていれば十分と解するわけである。

　しかし、強盗の機会というだけでは、原因行為はあまりにも無限定に広くなりすぎる。例えば、強盗犯人が逃走の際に誤って赤ん坊を踏み殺した場合、強盗の際に他の共犯者を殺害した場合、強盗の際に前から殺したいと思っていた者にたまたま出会ったので殺した場合にも本罪の成立が認められてしまうであろう。そこで、強盗行為と密接に関連した行為から生じる必要があるとする密接関連性説（大谷250頁、高橋280頁）、財物奪取の手段である暴行・脅迫と事後強盗類似の状況における暴行・脅迫から生じた場合に限定する拡張された手段説（曽根138頁、西田186頁、山口236頁、なお中森114頁）といったより限定的な見解が主張されている。

4 本罪の主観的要件

　強盗傷人罪あるいは強盗殺人罪の場合は、それぞれ傷害または殺害について故意がなければならないが、結果的加重犯である強盗致傷罪あるいは強盗致死罪の場合、かつての通説は、240条前段の強盗致傷罪について、暴行罪（208条）と傷害罪（204条）との関係から、犯人は最低限暴行の故意を有していなければならないとし、それとの均衡上、後段の強盗致死罪についても同様に暴行の故意を要求していた（団藤595頁、大塚233頁）。つまり、強盗致傷罪ないしは強盗致死罪が成立するためには、強盗の手段として脅迫ではなく、暴行がなされていなければならないとしたのである。これに対して、同様に強盗の手段として予定されている脅迫に関する故意しかない場合は、たとえ脅迫行為から重い死傷の結果が発生したとしても、強盗致死罪や強盗致傷罪にはならないとしてきたのである（このような場合は、強盗罪と過失傷害罪（209条）あるいは過失致死罪（210条）の観念的競合になりうるとした）。このような限定は、死傷結果の原因行為を広く捉えがちな機会説の結論とのバランスをとるためになされているといえよう（山口238頁）。

　しかし、最近の多数説は、そのような主観的要件における限定を不要と解し、暴行の故意がある場合は当然として、たとえ暴行の故意がないとき、つまり脅迫の故意しかない場合についても、強盗致傷罪と強盗致死罪の成立を認めている（西田186頁、高橋283頁など）。その根拠は、240条の趣旨から導き出される。つまり、同条の趣旨は、強盗の際に意図しない死傷の結果が発生しがちであるから、それから被害者の生命または身体を手厚く保護する点にある。となると、強盗の際における脅迫行為から重い死傷結果が発生することもありうるのに、それを本罪の成立範囲から除外するのは不当ということになる。したがって、例えば、脅迫行為によって気の弱い被害者がショックを受けて失神した場合や、犯人が脅迫のために構えたピストルの引き金に指をうっかり触れてしまい、被害者を射殺したような場合も、240条の強盗致傷罪ないしは強盗致死罪が成立することになるわけである。

　このような最近の多数説の結論は、本罪にいう死傷の結果は、暴行・脅迫から生じればよいのであるから、強盗致傷罪と強盗致死罪を暴行のみではなく、脅迫の結果的加重犯として解するものであろう。

5 傷害の意義

強盗傷人罪および強盗致傷罪の成否に関して重要な問題となるのが、負傷(傷害)の程度である。裁判例においては、204条の傷害罪における傷害と同じであるとするものと、同条の傷害より重度のものでなければならず、軽微な傷害は刑法240条の対象とはならないとする見解が対立している(日野・大コメ12巻402頁参照)。学説も、軽微な傷害を同条の対象から除外しようとしてきた。その根拠は、かつては240条前段の法定刑の下限が7年以上の懲役であったため、酌量減軽しても、それだけでは処断刑の下限が3年6月になるだけであり、25条にある刑の執行猶予の前提である3年以下の懲役という要件を満たさないという点にあった。つまり、ちょっとしたかすり傷を負わせた場合に、240条前段の強盗致傷罪または強盗傷人罪が成立してしまうとすると、犯人には執行猶予がつかないという不当に重い結論になってしまうことが危惧されたのである。しかし、2004年に改正が行われ、240条の法定刑の下限は6年以上の懲役に改められた。したがって、軽微な傷害を負わせたにすぎないという場合でも執行猶予が簡単につかないという問題はもはやなくなった。

6 未遂

本罪も243条によって未遂が処罰される。そもそも、本罪が重く処罰される根拠は、強盗の際に侵害されがちな人の生命・身体を手厚く保護するということにあったのであるから、犯人が財物を得たかどうかは重要ではなく、あくまで死傷結果の発生の有無が重視されなければならない。したがって、通説・判例は、死傷の結果が発生すれば、たとえ犯人が財物を取得していなくても、つまり、強盗行為自体は未遂であっても、本罪は既遂になるとしている(大谷251頁、井田119頁)。そもそも、結果発生が必然的な、結果的加重犯である強盗致傷罪と強盗致死罪については、未遂は存在しないと考えるのが普通である。未遂とは結果を発生させようと意図して、それに失敗した場合のことをさしており、意図しない加重結果である致傷や致死については実現意思が欠けるので未遂というものは観念できない。そのような死傷の結果がない場合には、単純に236条の強盗罪が成立するだけである。そして、強盗犯人が傷害の故意で暴行を加えたところ、傷害結果が発生せず暴行にとどまった場合、つまり傷害が未遂の場合は、単に強盗の手段としての暴行が

加えられたにすぎず、236条の強盗罪が成立するだけでしかない。つまり、強盗傷害罪の未遂というものもありえないことになる。したがって、強盗殺人罪について、殺人の点が未遂に終わった場合だけが240条後段の未遂行為として、243条によって処罰されることになる（大谷252頁、中森115頁）。この場合、実行の着手時期は、財物奪取の開始時点ではなく、殺害行為そのものを開始した時点である（西田187頁、山口241頁、井田119頁）。ただし、殺人の点が未遂の場合だけでなく、そもそも強盗が未遂の場合も強盗殺人罪の未遂になるとする有力説もある（平野211頁、中山259頁、曽根140頁）。

9) なお、純然たる過失しかない場合でもよいとする見解として、前田310頁以下。なお、大谷252頁、山中302頁。
10) 脅迫行為といっても、凶器を被害者に示す場合などは、そのような行為は暴行と捉えることも可能であるので、従来の通説からしても、強盗致傷罪の成立を認めて差し支えないことになる。なお、判例では、日本刀を突き付ける行為（最決昭28・2・19刑集7・2・280）や被害者の首などにナイフを突き出す行為（最判昭33・4・17刑集12・6・977）は暴行であり、そこから傷害が生じたときは、強盗致傷罪になるとされている。
11) 処断刑とは、法律上または裁判上の加重減軽事由に基づいて法定刑に修正を加えたものであり、処断刑の範囲内で宣告刑が言い渡されるという関係にある。
12) 山口238頁以下は、強盗罪の要件である暴行・脅迫は、反抗を抑圧する程度の強度のものでなければならないから、それに伴い軽度の傷害が生じることは当然であり、この意味で、現行法のもとでも理論的には、軽度の傷害は強盗罪に含まれて包括評価されるべきであるとする。なお、中森113頁、山中300頁、高橋277頁。

Ⅵ 強盗強姦罪・同致死罪

　刑法241条前段は強盗強姦罪を規定し、重く処罰しているが、その趣旨は、強盗犯人が強盗の機会に強姦を行うことが多いことから、性的自由（性的自己決定権）の保護に着目して、重い法定刑でもってそのような犯罪行為を強く禁止するということである。また、同条後段は、強盗強姦罪の結果的加重犯として強盗強姦致死罪を規定し、死刑または無期懲役というさらに重い法定刑を定めている。そして、243条によって強盗強姦罪、強盗強姦致死罪の両方ともその未遂が処罰されることが予定されている。

　強盗強姦罪の主体は、条文上「強盗」となっているが、これは強盗犯人のことであり、強盗既遂犯人と強盗未遂犯人の両方を含んでいる（通説・判例）。そして、当然に準強盗罪である事後強盗罪あるいは昏酔強盗罪の犯人でもかまわない。そして、これらの強盗犯人が強盗の機会に強姦を行うことによっ

て本罪は成立する。強姦は準強姦罪（178条）も含む。典型例は、強盗犯人が財物を奪取するために被害者の女性に暴行・脅迫を加え、その後、反抗を抑圧されている女性の姿を見て、強姦の意思が生じ、強姦に及んだ場合である[13]。ただし、必ずしも強盗と強姦の被害者が同一である必要はないとされている（中森115頁、山口241頁）。この強盗強姦罪は、被害者の性的自由の保護に着目した規定であるので、強姦の被害が発生すれば本罪は既遂となり、本罪の未遂はあくまで強姦の点が未遂である場合に認められる。したがって、強盗の点が既遂か未遂かは問われないことになる（通説・判例）。

　241条後段の強盗強姦致死罪は、条文上「よって女子を死亡させたとき」となっており、明らかに結果的加重犯であるので、強盗強姦行為から意図しない死の結果が発生した場合に成立する。つまり、強盗犯人が最初から殺意を有しながら、被害者の女性を強姦して殺害した場合は含まれない[14]。このような場合、強盗殺人罪と強盗強姦罪の観念的競合とするのが通説・判例の立場である（大判昭10・5・13刑集14・514）。

　同条後段は、被害者女性を死亡させてしまった場合だけを規定し、傷害を負わせた場合を規定していない。つまり、強盗強姦致傷罪というものは条文上存在しない。そこで、強盗強姦行為から傷害の結果が発生した場合の処理が問題となるが、241条前段の強盗強姦罪の法定刑が重いものであるので、傷害の結果が発生した場合でもあくまで強盗強姦罪の成立だけを認め、量刑で考慮するというのが判例・多数説の立場である（大谷255頁、中森116頁、山口243頁、井田117頁）[15]。また、243条によって、241条後段の強盗強姦致死罪についても未遂処罰が問題となるが、本罪は結果的加重犯であるので、死亡結果の発生を犯罪成立のための必然的な要件としている。したがって、そもそも本罪の未遂というものはありえないという見解が有力である（大谷255頁、中森116頁、西田188頁）。ただし、強姦の点が未遂であれば、死の結果は発生していても、本罪の未遂になるとする見解もある（平野211頁、大塚237頁、曽根141頁）。

13) これに対し、最初は強姦の故意で暴行・脅迫を行い、その後、強盗の意思が生じてさらにこれを実行に移した場合には、強姦罪と強盗罪の併合罪になるとするのが、判例・多数説の立場である（最判昭24・12・24刑集3・12・2114）。
14) 強盗強姦致死罪には殺意のある場合を含むとする見解として、団藤577頁、山中307頁、山口242頁。

15) 強盗強姦罪と強盗致傷罪の観念的競合とする見解として、山中308頁、西田188頁。

Ⅶ　強盗予備罪

　強盗を行う目的で、その実行行為を準備した場合に、本罪が成立する（237条）。殺人予備罪（201条）や放火予備罪（113条）とは異なり、情状による刑の免除は規定されていない。強盗を行う目的が要求されているので、本罪は目的犯である。本罪の予備行為といえるためには、強盗の目的があることを前提にして、強盗の実行に直接的に役立つ行為、換言すれば、客観的に実行の着手に至る相当の危険性が認められる行為がなされていなければならない（東京地判昭39・5・30下刑集6・5=6・694参照）。判例上は、金品の強奪を企て、出刃包丁等の凶器や懐中電灯を携えて徘徊する行為（最判昭24・12・24刑集3・12・2088）、凶器を携帯して被害者宅に赴き表戸を叩いて家人を起こす行為（最大判昭29・1・20刑集8・1・41）などに強盗予備罪の成立が認められている（河上＝髙部・大コメ12巻372頁参照）。

　本罪の「強盗の目的」に事後強盗罪の目的が含まれるかどうかについて争いがある。判例上は、例えば、ビルの事務所等に忍び込み窃盗を行い、ドライバー、ペンチ、ガラス切り、金づち、懐中電灯などのほか、他人に発見された場合に脅すために、模造けん銃と登山ナイフを携帯して、ビル街の路上を侵入しようとする建物を物色しながら徘徊しているところを職務質問されて逮捕された事案につき、「刑法237条にいう『強盗ノ目的』には、同法238条に規定する準強盗を目的とする場合を含むと解すべき」としたものがあり（最決昭54・11・19刑集33・7・710。本件の詳細については、安達・百選Ⅱ84頁参照）、事後強盗罪についても予備罪の成立が認められている。これに対して、学説上は、消極的に解する否定説も有力である（大塚237頁、曽根136頁、中森111頁、髙橋266頁）。その論拠としては、強盗予備罪の規定が、事後強盗罪の規定の前に置かれていること、事後強盗罪は窃盗を前提としているが、刑法では窃盗の予備行為は処罰されていないのに、事後強盗の予備を処罰してしまうと、窃盗予備を処罰することになってしまうことが挙げられている。しかし、否定説が主張する条文の位置に基づく論拠からすると、昏酔強盗罪（239条）の予備行為も処罰されないことになるが、昏酔強盗の目的で睡眠薬を準備する場合も本罪に当たるといわざるをえないので条文の位置という論

拠は決定的なものではなく、そもそも 238 条が「強盗として論ずる」としている限りは、予備の点についても普通の強盗罪と等しく取り扱う趣旨であると解するべきである。また、本罪の「強盗の目的」には、窃盗犯が居直って強盗を行う居直り強盗の目的も含まれるはずであり、その際の目的が未必的なものでもかまわない点を考慮すると、居直り強盗とあまり変わらない事後強盗の目的も本罪の目的のなかに含めるべきといえよう（団藤 598 頁、大谷 256 頁以下、西田 182 頁、山口 230 頁以下、井田 119 頁）。したがって、判例の立場である肯定説が妥当である。

　強盗予備行為が、実行の着手に至る前に任意の形で中止された場合につき、通説は、刑法 43 条但書の中止犯の規定を準用すべきとしている（大谷 257 頁、井田 117 頁、高橋 267 頁など）。判例は、この点について否定的であるが（最大判昭 29・1・20 刑集 8・1・41）、殺人予備罪とは異なり、本罪では情状による刑の免除が規定されていないため、通説の主張するように準用を認めないと、強盗の実行の着手後であれば、中止犯として刑の減軽または免除がなされることとの関係で不均衡が生じてしまうという問題がある。

　本罪の後、強盗罪の実行に着手した場合には、予備行為は強盗罪の既遂または未遂に吸収される。

第4節　詐欺の罪

I　総説

　刑法典第2編第37章「詐欺及び恐喝の罪」のうち、詐欺の罪は、人を欺いて錯誤に陥れ、その錯誤による瑕疵ある意思に基づいて財物や財産上の利益を交付させる罪である。本罪の特徴は、相手方の意思に反して財物を奪取する窃盗罪や強盗罪と異なり、相手方の（瑕疵ある）意思に基づいて財物や財産上の利益が移転する点にある。つまり、相手方に誤った情報を提供することによって、錯誤に陥らせ、その結果、相手方が自ら財物や財産上の利益を交付させるように動機づけるものであり、その意味において、「動機づけ犯」と呼ばれる。したがって、本罪が成立するための要件は、①人を欺く行為（欺罔行為）、②錯誤、③交付行為（財物または財産上の利益の交付行為）、および①〜③間の因果関係であり、さらに構成要件としては明示されていないが、詐欺罪も財産犯である以上、④財産上の損害の発生、の4つということになる。

　刑法は、詐欺の罪として、通常の詐欺罪（246条）のほか、電子計算機使用詐欺罪（246条の2）、準詐欺罪（248条）を規定している。これらの罪の未遂も罰せられる（250条）。なお、詐欺の罪に対しては、親族間の犯罪に関する特例（244条）の準用がある（251条）。

　詐欺罪は、個人的法益としての財産的法益に対する罪であり、その保護法益は個人の財産であるとするのが通説である（大塚240頁）。なお、詐欺罪の保護法益に「取引における信義誠実」も含むとする見解があるが、この見解に従えば、財産の侵害としては処罰に値しない行為であったとしても、その方法が信義誠実に反するがゆえに詐欺罪の成立を認めることになってしまうことから、否定的に解されている。

　ところで、詐欺罪が個人的法益に対する罪であることから、国・地方公共団体に対する詐欺罪が成立するかどうかが問題となる。すなわち、国家的法益に対する詐欺が成立するかという問題である。この点、そもそも詐欺罪は個人的法益としての財産的法益に対する罪であり、国家・公共的法益に向けられた欺罔的行為は詐欺罪としての定型性を欠くとして、否定的に解する立

場もある（団藤607頁、大塚241頁）。しかし、判例は、国がその所有する未墾地を農地法所定の趣旨に従って自ら保有し、これを開墾利用して自己の営農に役立てる意思のある者に売り渡そうとしていたところ、被告人がその意思がないのにこれを秘して国に売渡しを求め、当該未墾地を買い受けたという事案において、欺罔行為によって国家的法益を侵害する場合であっても、それが同時に、詐欺罪の保護法益である財産的法益を侵害するものである以上、詐欺罪が成立するとしており（最決昭51・4・1刑集30・3・425）、学説においても、これを支持する見解が多数である（西田189頁、山口246頁、大谷248頁、曽根142頁）。

Ⅱ　詐欺罪

人を欺いて財物を交付させた者は、10年以下の懲役に処せられる（246条1項）。前項の方法により、財産上不法の利益を得、または他人にこれを得させた者も同様である（同2項）。なお、未遂も処罰される（250条）。

1　客体

詐欺罪の客体は、財物（246条1項）および財産上の利益（同2項）である。

(1) 財物

財物とは、他人の占有する他人の財物である。本罪においても、窃盗罪と同様に、電気は財物とみなされる（251条、245条）。また、自己物の特例および親族相盗例が準用されている（251条、242条、244条）。

詐欺罪においては、窃盗罪の場合とは異なり、財物のなかに動産のみならず不動産も含まれるとするのが判例・通説である（大判明36・6・1刑録9・930、大判大11・12・15刑集1・763）。これは、詐欺罪の場合、相手方の交付行為（欺罔行為による登記名義の移転）によって不動産の占有の移転が可能となるからである。これに対して、家賃を支払う意思がないにもかかわらず、これをあるかのように装って、家屋を借りて入居する行為は、人を欺いて不動産の占有を得たものであるが、この場合はもっぱら不動産を利用する権利を得ただけであって、不動産それ自体を得たわけではないから、「財物」ではなく「財産上不法の利益」を得たものとして、2項詐欺罪が成立することになる。

(2) 財産上の利益

246条2項では、財産上不法の利益を得、または他人にこれを得させるこ

とが詐欺罪の成立要件とされているが、ここで「不法の」とは、不法な手段によって利益を得ることをいい、利益そのものが不法であることまでは必要ない。また、「財産上の利益」とは、通説・判例によれば、財物以外の財産的利益の一切をいうとされる。具体的には、債務の免除・弁済の猶予、役務・サービスを提供させること、債権や担保権を取得することなどが含まれる。

　もっとも、判例は、リンゴ500箱を売り渡す契約をした者が、その代金を受領しながら履行期限を過ぎてもその履行をしなかったため買主から再三の督促を受けたことから、その履行の意思がないのに、買主を駅に案内してリンゴの発送手続を終えたように見せかけてその旨買主を誤信させたという事案について、「すでに履行遅滞の状態にある債務者が、欺罔手段によって、一時債権者の督促を免れたからといって、ただそれだけのことでは、刑法246条2項にいう財産上の利益を得たものということはできない。その際、債権者がもし欺罔されなかったとすれば、その督促、要求により、債務の全部または一部の履行、あるいは、これに代わりまたはこれを担保すべき何らかの具体的措置が、ぜひとも行われざるをえなかったであろうといえるような、特段の情況が存在したのに、債権者が、債務者によって欺罔されたため、右のような何らか具体的措置を伴う督促、要求を行うことをしなかった場合にはじめて、債務者は一時的にせよ右のような結果を免れたものとして、財産上の利益を得たものということができるのである」と判示して、履行遅滞にある債務者が債権者を欺いてその督促を一時的に免れた場合について、詐欺罪が成立するというためには、ただ欺罔手段を用いたというだけではなく、そのことによって債権者に実質的な財産上の損害が生じたかどうかが問われなければならないとしている（最判昭30・4・8刑集9・4・827）[1]。

　また、学説のなかには、役務・サービスの提供をめぐっても、その移転性の欠如を理由に、当然に2項詐欺罪のいう「財産上の利益」に当たるとはいえないとする見解がある。すなわち、被害者を欺くことによって役務・サービスを取得したとしても、被害者が失うのは代金請求権であり、サービスそれ自体が失われるわけではない。そこで、詐欺罪が財産の占有移転を本質であるとする犯罪であるとする前提に立つならば、利益の移転のない行為は詐欺罪とみることはできないことから、役務・サービスの提供そのものではな

く、その代金支払いを欺罔行為によって免れることが「財産上不法の利益」に当たるとするのである（山口248頁）。しかしながら、この見解に従えば、例えば、料金を支払う意思がないのに散髪屋で散髪をしてもらった場合、散髪をしてもらっている時点では2項詐欺罪は既遂とはならず、散髪終了時に欺罔手段によって散髪代の支払いを免れた時点になってようやく2項詐欺罪が成立することとなり、処罰範囲が不当に狭く限定されすぎてしまうことになる。それゆえ、役務・サービスの提供についても財産上の利益に当たるとする説が有力である（平野219頁、西田191頁、高橋292頁）。もっとも、この説においても、あらゆる役務・サービスの提供が財産上の利益に当たるとするわけではなく、詐欺罪が財産的利益を保護するものであることを踏まえて、対価を伴う役務・サービスの提供のみが財産上の利益に当たるとされる。[2]

2　欺罔行為

(1)　総論

　詐欺罪が成立するためには、人を欺くこと（欺罔行為）によって相手方を錯誤に陥れ、その錯誤に基づいて相手方が財産的交付行為を行い、行為者または第三者に財物・財産上の利益を移転させることが必要である。すなわち、詐欺罪においては、「欺罔」→「錯誤」→「交付行為」（処分行為）→「財物・財産上の利益の移転」という一連の因果過程をたどることが求められているのである。それゆえ、「人を欺く行為」（欺罔行為）も、人を錯誤に陥れた上で、その状態に基づいて交付行為を行う程度のものでなければならない。その意味において、欺罔行為というためには、相手方が真実を知っていれば財産的交付行為を行わなかったであろう重要な事実を偽るものでなければならないとされる（西田193頁、山口251頁）。例えば、取引においては、多少の誇張や事実の歪曲、あるいは駆け引きが伴うことがあるが、それが一般的に取引において許容しうる程度のものであれば、欺罔行為とはいえない。判例も、商品の名称は偽ったが、その品質・価格に変わりはなく、買主も名称にこだわらずに自己の鑑識をもって購入したという事案（大判大8・3・27刑録25・396）や、担保物である絵画が偽物ではあるけれども十分な担保価値を有していた事案（大判大4・10・25新聞1049・34）において、詐欺罪の成立を否定している。

　欺罔行為は、錯誤に陥らせた状態で相手方に財産の交付をさせる手段とし

てなされるものであるから、例えば、相手方に「服が汚れていますよ」などと虚言を申し向けて、相手方が注意を奪われている隙に相手の鞄など財物を奪取した場合、その行為は相手方を錯誤に陥れた上でそれに基づいて相手方に交付行為をさせるものではないから、欺罔行為とはいえないことになる。同様に、服を買う客を装って試着中に逃走する行為も、相手方の交付行為に向けられたものではないから、欺罔行為とはならず、詐欺罪は成立しないことになる。なお、相手方に虚言を申し向けたが、相手方がそれを看破し、錯誤には陥らなかったものの憐れに思って金員を交付した場合は、被害者が欺罔行為によって錯誤に陥った上で金員を交付したわけではないから、詐欺罪は既遂とはならず、詐欺未遂罪が成立することになる。

さらに、欺罔行為は「人」に向けられたものでなければならない。例えば、通貨に似た金属片を自動販売機に投入して誤作動をさせ、商品や釣銭等を取得したとしても、それは「人を欺いて錯誤に陥らせた」わけではないから、詐欺罪は成立しないことになる。同様に、パチンコ遊技機の内部コンピュータを機械等を用いて不正に誤作動させてパチンコ玉を出すことも、対象が「人」ではないことから、詐欺罪ではなく窃盗罪が成立することになる（最決昭31・8・22刑集10・8・1260)[3]。

(2) 不作為による欺罔

欺罔行為は、作為のみならず不作為によってもなしうる。不作為による欺罔行為とは、すでに相手方が錯誤に陥っていることを知りながら真実を告知しないことをいう（不真正不作為犯）。この場合、詐欺罪が成立するためには、一般の不真正不作為犯と同様に、真実を告げる作為義務（告知義務）が必要であり、不作為者にはそれを基礎付ける保障人的地位が認められなければならないとされる（大判大6・11・29刑録23・1449)。この点、判例は、信義誠実の原則に基づき、広範囲にわたって告知義務の存在を認めており、例えば、取引をなすにあたって相手方に準禁治産者（現在では被保佐人）であることを告知しなかった場合（大判大7・7・17刑録24・939)、不動産の売買にあたって買主に抵当権の設定およびその登記があることを告知しなかった場合（大判昭4・3・7刑集8・107)、生命保険契約を締結するにあたって被保険者の現在疾患を告知しなかった場合（大判昭7・2・19刑集11・85)などのほか、誤振込によって入金があったことを銀行に告知せずに預金の払い戻しを受けた場合について

告知義務の存在を認め、詐欺罪の成立を肯定している（最決平15・3・12刑集57・3・322）。もっとも、告知義務の存否の判断にあたっては、個別的な取引の内容に関する重要な事実か否か、相手方の知識、経験、調査能力等の諸事情を考慮する必要があるとされる（西田194頁）。

不作為による欺罔かどうかが問題となる例として、いわゆる釣銭詐欺がある。これは、例えば、買主が1000円の商品を購入するにあたり、売主に5千円札を渡したところ、売主が1万円札と勘違いして9000円の釣銭を差し出したことに買主が気付きながら黙ってそれを受け取るというものである。この場合、事実を告知しなければ買主は不当に多い釣銭を受け取ることになるから、信義誠実上、買主は売主に対して、釣銭が余分に多い旨の事実を告知する義務があり、これを怠って釣銭を受け取れば、不作為による詐欺が成立するとする見解が有力である（大塚244頁、大谷252頁）。もっとも、この考え方に対しては、告知義務を肯定することは、取引の相手方の財産を保護する義務を認めることになるが、こうした義務が通常の取引関係から生じると考えるのは不合理であるとして、告知義務を否定し、釣銭詐欺に詐欺罪の成立を認めるのは妥当ではないとする見解もある（山口254頁）。

なお、これに対して、釣銭を受け取った後に釣銭が余分に多いことに気付いたが、これを売主に返さなかった場合は、釣銭を受け取る時点では欺罔行為が存在しないので、詐欺罪は成立せず、遺失物等横領罪が成立することになる。

(3) 挙動による欺罔

不作為による欺罔と区別されるべきものとして、挙動による欺罔と呼ばれるものがある。例えば、飲食店において、最初から支払いの意思も能力もないのに、そのことを秘して飲食の提供を受ける、いわゆる無銭飲食の事案について、判例は、注文行為それ自体が支払い意思・能力があるように装った挙動による欺罔であるとしている（大判大9・5・8刑録26・348、最決昭30・7・7刑集9・9・1856）。すなわち、通常、飲食店において飲食の注文をする場合、それは代金を支払うことが暗黙の前提となっているはずであるから、言葉には出さなくとも、注文行為のなかに代金支払い意思の告知が当然に含まれていると解するのである。このことは、いわゆる取込詐欺の場合も同様であり、会社の経営が行き詰まり、代金を支払う意思も能力もないのに、商品を発注

して納入させたときは、その注文行為自体が挙動による欺罔に当たることになる（最決昭43・6・6刑集22・6・434）。この場合も、商品発注行為それ自体に代金支払いの意思が当然に含まれていると解しうるからである。こうした事例については、支払いの能力のないことを相手側に告知しないという点をとらえて、不作為による欺罔と理解することも可能である。しかしながら、不作為による欺罔の場合には告知義務の存在が前提となることから、例えば、飲食店で注文をする際には、代金を支払う意思・能力のあることを店側にその都度告知しなければならないということになってしまい、現実的ではないといえよう。

3　交付行為

(1)　交付行為

詐欺罪が成立するためには、欺罔行為によって相手方を錯誤に陥らせ、その錯誤による瑕疵ある意思に基づいて財物や財産上の利益を自己または第三者に移転させる行為が必要である。これを交付行為（処分行為）という。この交付行為は、詐欺罪と窃盗罪を区別する上で重要なメルクマールとなる。なぜなら、窃盗罪においては相手方の意思に反して財物の占有が移転するのに対して、詐欺罪の場合は、瑕疵のある状態ではあるが、被欺罔者の意思に基づいてその占有が移転することになるからである。このように、交付行為は、財物・財産上の利益を移転する事実（客観面）と交付する意思（主観面）とから成り立つものであり、客観的に財物・財産上の利益の移転が認められても、その移転が被欺罔者の意思によるものではない場合は交付行為とはいえず、詐欺罪は成立しないことになる。このことから、詐欺罪は交付罪とされ、単純な奪取罪である窃盗罪と区別されるが、特に2項詐欺については、その客体が財産上の利益であることから、交付行為の有無は、本罪を不可罰とされる利益窃盗と区別する上で重要な意義を有することになる。

裁判例も、例えば、試乗車を乗り逃げしようと考えた被告人が、自動車販売店において購入客を装って車の見積書に虚偽の氏名、住所、電話番号を書き込み、試乗の希望を申し向けたところ、その旨誤信した営業員が単独での試乗を勧めたことから、そのまま試乗車を乗り逃げしたという事案につき、被害者が被告人に試乗車の単独試乗をさせた時点で、同車に対する占有が被害者の意思により被告人に移転しているとして詐欺罪の成立を認めている

(東京地八王子支判平 3・8・28 判タ 768・249)。これに対して、洋服店の店員に洋服の試着を勧められた被告人が、店員の隙を見てそのまま逃走したという事案について、試着の段階では未だなお被害者の洋服に対する占有が失われているとはいえず、被告人が店員の隙を見て逃走した段階ではじめて占有の移転が認められることになるが、この占有移転については店員の意思に基づくものと評価することはできないとして、詐欺罪ではなく窃盗罪の成立を認めた例もある（広島高判昭 30・9・6 高刑集 8・8・1021）。他方、判例のなかには、被告人の虚言を誤信した被害者が、自ら他の場所へ持参するつもりで用意した現金入りの風呂敷包を自宅の奥の方から持ち出してきて玄関の上り口に置き、被告人を残して便所に行った隙に、被告人がこれを持って逃走したという事案につき、被害者が被告人の虚言を誤信した結果、事実上被告人に自由に支配させることができる状態に現金を置かせたとして、詐欺罪の成立を認めたものがあるが（最判昭 26・12・14 刑集 5・13・2518）、これについては被害者に占有移転の認識、すなわち現金の入った風呂敷包を被告人に交付する意思があったとはいえず、詐欺罪の成立を否定し窃盗罪の成立を認めるべきであるとする見解が有力である（山口 257 頁、西田 191 頁、曽根 143 頁、高橋 300 頁）。

　交付行為は、作為による場合のみならず、相手方がこうした移転を行うことをあえて阻止しないという不作為の場合も含まれる。もっとも、作為・不作為いずれの場合であっても、詐欺罪の成立を認めるためには、交付行為によって、財物・財産上の利益が直接移転することが必要である（直接性の要件）。そのため、単に相手方の占有状態を不安定にさせるような行為（占有の弛緩）は、占有移転のためにさらに別の占有移転行為を行うことが必要となるから、交付行為とはいえないことになる。この点、欺罔行為によって相手方にいったん財物を放棄させてからその後取得した場合について、窃盗罪や遺失物等横領罪の成立を認める見解もあるが、相手方に放棄させた後、直ちに行為者が拾得でき、そのことによって占有を取得したと解しうる場合には詐欺罪が成立しうるとする見解が有力である（西田 195 頁、山口 255 頁）。

　なお、交付の相手方は、欺罔行為者自身のみならず第三者の場合も含まれる。ただし、それが実質的に欺罔行為者に交付したと同視できる場合か、欺罔行為者が第三者に利得させることを目的とした場合に限られる（大判大 5・9・28 刑録 22・1467）。

(2) 交付意思

上述したように、財物・財産上の利益の交付がなされたというためには、客観面としての交付の事実のみならず、それが意思に基づいて行われることが必要である。したがって、財物・財産上の利益の交付・移転ということの意味をおよそ理解しえない幼児や高度の精神障害者などといった意思無能力者は交付行為をなしえない。

交付意思をめぐって問題となるのは、移転する財物や財産上の利益について、どの程度の認識があれば交付意思が存在したと評価しうるかということである。この点、客体が財物の場合であれば、少なくとも財物の占有が自分から相手に移ることを認識しているはずであるから、通常であれば、交付意思の存在を認めることにそれほど大きな問題はないといえる。

しかしながら、例えば、古本屋が客から買い取ろうとしている本のなかに1万円札が挟まっていることに気付きながら、客にそのことを告げずにその本を500円で買い取る場合、確かに1万円札の占有は客の意思に基づいて古本屋に移転しているが、客は本のなかに1万円札が挟まっていることには気付いてはおらず、したがって、その移転については認識していないことになる。このような場合、交付意思を厳格に解し、被欺罔者の瑕疵ある意思に基づいて占有移転がなされるというだけではなく、交付の対象となる財物の価値や内容についても正確に認識していることまで求める見解に立てば、1万円札については交付意思があったとは評価できないことから、詐欺罪ではなく窃盗罪が成立することになる（意識的交付行為説：曽根143頁、前田275頁）。だが、被欺罔者の瑕疵ある意思に基づいて占有の移転がなされたという事実があれば詐欺罪と評価することは可能であるし、そもそも、欺罔行為によって相手方に財物・財産上の利益の価値や内容について正確に認識させないことが詐欺罪の典型的なパターンであると考えられるところ、これをあえて詐欺罪の対象から外すべき理由はないとするならば、必ずしも交付意思を厳格に解する必要はないことになる。そこで、交付意思についてもう少し緩やかに解し、被欺罔者の瑕疵ある意思に基づいて占有移転がなされた上で、必ずしも交付した財物の価値や内容についてまで正確に認識している必要はないとする見解もまた有力に主張されることになる（無意識的交付行為説）。この見解に従えば、本の占有移転が客の意思に基づいて行われている以上、その

中に1万円札が挟まっていたとしてもその部分の認識までは必要とされないから、詐欺罪が成立することになる（平野215頁、大塚262頁、西田196頁、大谷266頁、高橋303頁）。

(3) 交付意思が問題となる事例

交付意思の内容をめぐっては、とりわけ客体が財産上の利益である場合に固有の問題が発生する。なぜなら、客体が財産上の利益である場合、一般的にその取得・移転の形態は多様であり、どの時点で利益の移転があったか、あるいは、被欺罔者に交付の対象となる財産上の利益についてどの程度の認識が存在したのかが必ずしも明確ではないことが多いからである。そこで、以下、交付意思が問題となる事例についてみていくことにする。

(ⅰ)無銭飲食　まず、無銭飲食については、大きく2つの態様に分けることができる。すなわち、最初から支払いの意思も能力もないのに、そのことを秘して飲食の提供を受ける場合と、当初は支払い意思を有していたものの、飲食の後にその意思をなくした場合である。前者については、上述したように、飲食の注文行為自体が挙動による欺罔に当たり、注文行為がなされた時点で1項詐欺罪が成立することになる。後者については、さらに、店員の隙を見て逃走する場合と、店員等を欺いて外出し逃走する場合に分けることができるが、いずれの場合も、客体は財産上の利益（代金支払いの免除）ということになる。このうち、店員の隙を見て逃走する場合は、そこに欺罔行為が存在せず、錯誤に陥った被欺罔者の意思に基づいて財産上の利益の移転が生じるとはいえないので、2項詐欺罪は成立しないことになる。それゆえ、無銭飲食の事案で特に問題となるのは、当初は支払い意思を有していたものの、飲食後になって支払い意思をなくし、店員等を欺いて逃走する場合である。

判例は、代金支払いの意思も能力もないのにこれをあるかのように装って、料亭において宿泊1回、飲食3回をなし、その後、自動車で帰宅する知人を見送ると嘘を言って店先に出てそのまま逃走し、代金の支払いを免れたという事案において、「詐欺罪で得た財産上不法の利益が、債務の支払を免れたことであるとするには、相手方たる債権者を欺罔して債務免除の意思表示をなさしめることを要するものであって、単に逃走して事実上支払をしなかっただけで足りるものではないと解すべきである」として詐欺罪の成立を否定している（最決昭30・7・7刑集9・9・1856）。すなわち、ここでは、債務の支払い

を免れて財産上不法の利益を得たというためには、被害者が代金債務の免除について認識をした上で、その意思表示がなければならないとする。しかしながら、通常、客が一時外出する際に、店主が代金の支払い免除について常に認識しているとは考えにくく、また、欺罔行為がなければ店主は間違いなく客に代金支払い請求をしたはずであろうから、客の欺罔行為によって、店主が不作為による交付行為（代金支払いの免除）をそれと認識せず無意識的に行ったと評価することもまた可能である。そして、店主のこうした無意識的な交付行為によって財産上の利益が移転していることに相違はないから、無意識的交付行為説に立てば、詐欺罪の成立を肯定することもできよう。なお、裁判例においても、旅館に宿泊していた被告人が「今晩必ず帰ってくるから」と欺いて、宿泊料を払わずに逃走した事案について、被告人の欺罔行為ゆえに旅館主は宿泊料の請求をしなかったのであり、そのことはとりもなおさず「旅館主において被告人の支払を少なくとも一時猶予する旨の意思を暗黙に表示させた」ものと評価しうるとして、詐欺罪の成立を認めたものがある（東京高判昭33・7・7裁特5・8・313）。

(ⅱ)キセル乗車　キセル乗車とは、例えば、鉄道を利用してA駅からD駅までの区間をB駅、C駅を経由して乗車しようとする者が、A-B駅間の乗車券を購入し、それをA駅の改札係員に呈示して改札を通過、鉄道に乗車し、その後、あらかじめ準備しておいたC-D駅間の乗車券や定期券をD駅の改札係員に交付・呈示し、改札を通過するによって、B-C駅間の運賃の支払いを免れる行為のことである。キセル乗車については、そもそも詐欺罪が成立するのかどうか、あるいは、成立するとしても乗車駅の段階で詐欺罪が成立するのか、下車駅の段階で詐欺罪が成立するのかということをめぐって見解の対立がみられる。

まず、詐欺罪の成立を認めないとする見解（消極説）であるが、東京高裁昭和35・2・22判決（判タ102・38）は、被告人が、A駅からB駅を経由してD駅まで行く目的であるにもかかわらず、B駅までの乗車券しか購入せず、それをA駅の改札係員に呈示した上で乗車し、D駅において下車後、駅員の隙を見て逃走するなどしてB-D駅間の乗越料金の支払いを免れようとした事案について、事実を申告すべき法律上の義務が存する場合でなければ詐欺罪における欺罔行為があるとはいえないが、乗越の場合に乗車駅において係

員にこれを申告する法律上の義務はなく、また、乗客が下車駅において精算することなく、あたかも正規の乗車券を所持するかのように装い、下車駅の改札係員を欺罔して出場したとしても、係員が免除の意思表示をしない限り、支払い義務は依然として存続し、出場することによってこれを免れうるものではないから財産上の利益を得たとはいえないとして、詐欺罪の成立を否定している（曽根152頁、松宮248頁）。

次に、乗車駅の段階で詐欺罪が成立するとする見解（乗車駅基準説）であるが、この見解は、A-B駅間の乗車券は、キセル乗車目的で購入したものであるから無効であり、それゆえこの乗車券を改札係員に呈示して鉄道に乗車する行為が欺罔行為に当たるとした上で、行為者の乗車した列車の運転士や乗務員などが行為者をD駅まで輸送するという役務の利益を提供したことが交付行為に当たるとする。したがって、この説によれば、財産上不法の利益は、列車による輸送という役務であり、乗車駅において列車に乗車し、その列車が出発した時点で輸送の利益を得たことになるから、この時点で2項詐欺罪が成立することになる（大塚262頁、大谷269頁）。

もっとも、これに対しては、A-B駅間の乗車券は、少なくともB駅を通過しない限りは有効であると解すべきであることや、実質的な輸送利益の交付者は列車の運転士・乗務員であり被欺罔者である改札係員ではないのではないかといった疑問が示されているほか、詐欺罪が既遂となる時点が不当に早くなりすぎるといった批判がある。

そして、下車駅の段階で詐欺罪が成立するとする見解（下車駅基準説）であるが、この見解は、本来精算すべき運賃があるにもかかわらず、これを秘して、C-D間の乗車券・定期券を下車駅改札係員に呈示して改札を通過する行為が欺罔行為に当たるとした上で、改札係員に未払い運賃の請求をさせないまま改札を通過し、その支払いを事実上免れさせることが交付行為に当たるとする。したがって、この見解に従えば、財産上不法の利益は、運賃の支払い債務の免除であり、その支払いを免れた時点、すなわち下車駅で改札を通過した時点で2項詐欺罪が成立することになる（西田198頁、山口261頁）。

もっとも、この見解に立つ場合、下車駅の改札係員が本来請求すべきB-C間の未払い運賃を認識していないという点をどのように理解するのかとい

うことが問題となる。この点、無意識的交付行為説に立てば、行為者の欺罔行為によって、改札係員が未払い運賃の支払い免除をそれと認識せず無意識的に行ったと評価しうるから、被欺罔者である改札係員の意思に基づいて交付行為がなされている以上、2項詐欺罪の成立を肯定しうることになる。これに対して、意識的交付行為説に立てば、改札係員がB-C駅間の差額運賃を請求する権利の存在を認識していない以上、交付意思があるとはいえないことになるから、2項詐欺罪は成立しないことになる。

なお、人に対する欺罔行為を要求するという詐欺罪の性質上、自動改札機を利用した不正乗車については、詐欺罪成立の余地はない[7]。

(4) 三角詐欺

詐欺罪においては、被欺罔者および交付行為者と財産上の被害者は一致することがほとんどであるが、場合によっては、被欺罔者・交付行為者と財産上の被害者が異なることがある。例えば、銀行の支店長を欺いて融資をさせた場合、被欺罔者・交付行為者は銀行支店長であるが、財産上の被害者は銀行ということになる。このように、被欺罔者・交付行為者と財産上の被害者が異なる場合を三角詐欺という。判例も、「詐欺罪が成立するためには、被欺罔者が錯誤によってなんらかの財産的処分行為をすることを要するのであり、被欺罔者と財産上の被害者が同一人でない場合には、被欺罔者において被害者のためその財産を処分しうる権能または地位のあることを要する」として、被欺罔者と財産上の被害者とが異なっていても両者に一定の関係、すなわち、被欺罔者において被害者のためにその財産を処分しうる権能または地位がある場合においては、詐欺罪が成立することを認めている（最判昭45・3・26刑集24・3・55）。

(i) 訴訟詐欺　三角詐欺に当たるかどうか問題となるのが、訴訟詐欺である。訴訟詐欺とは、民事訴訟において、当事者が裁判所に対して虚偽の主張をしたり虚偽の証拠を提出したりして裁判所を欺き、自己に有利な判決を得て敗訴者から財物や財産上の利益を得ることをいう。このような場合をめぐって、詐欺罪の成立を否定する見解とこれを肯定する見解の双方がみられる。

まず、詐欺罪の成立を否定する見解によれば、民事訴訟は本来的に形式的真実主義・当事者弁論主義にのっとって行われるものである以上、裁判所は当事者の主張に拘束されることになるから、錯誤に陥っていようが虚偽だと

気付いていようが勝訴判決を下さざるをえない場合があるとして、欺罔行為や錯誤の要件を満たしうるかという点において疑問が残ることになるとされる。しかも、敗訴者による交付行為についても、訴訟に敗れたためやむを得ず交付行為を行うのであり、意思に基づく交付行為とはいえないとされる。

　これに対して、詐欺罪の成立を肯定する見解によれば、裁判所も欺罔される場合があることは否定できず、また、裁判所は、判決に基づいて敗訴者の財産を処分・交付する権限を有することになるから、交付行為を行うのも敗訴者ではなく裁判所であるとされる。それゆえ、訴訟詐欺は、財産上の被害者が敗訴者であり、かつ裁判所が被欺罔者・交付行為者であるという三角詐欺の　類型として理解できるとされるのであり、判例もこの立場をとる（大判明44・11・27刑録17・2041、大判大5・5・2刑録22・681）。

　(ⅱ)クレジットカードの不正使用　　代金相当額を支払う意思も能力もないのに、クレジットカード会員が自己名義のクレジットカードを加盟店で呈示して商品を購入する行為が詐欺罪となるかどうかについては争いがある。この点について、加盟店はカード会員の支払い能力や意思にかかわらずクレジットカード会社から立替え払いを受けられることを理由に詐欺罪の成立を否定する見解もあるが（松宮242頁）、カード会員に支払いの意思も能力もないことが事前に判明していれば、信義則上、加盟店も商品購入取引を拒否すべきであるとして、学説の多くは詐欺罪の成立を認めている。

　もっとも、詐欺罪の成立を肯定する立場においても、被欺罔者や被害者あるいは客体をどのように理解するかによって、さらに1項詐欺の成立を認める見解と2項詐欺の成立を認める見解とに分かれる。まず、1項詐欺の成立を認める見解であるが、これは、カード会員の欺罔行為によって加盟店が商品を交付する点をとらえて、加盟店が被欺罔者かつ被害者であり、客体を商品として理解する立場である。しかしながら、こうした理解に対しては、カード決済の手続きに問題がない限り、加盟店はいずれにせよカード会社から商品の代金を受領しうることから、加盟店を被害者として理解することに疑問なしとはしえないとする指摘がなされている。これに対して、2項詐欺の成立を認める見解は、実際に財産上の被害を被っているのがカード会社である点を考慮して、被欺罔者および交付行為者は加盟店であるが、被害者はクレジットカード会社であり、客体は代金支払い債務の免除であるとする三角

詐欺の構成をとる。すなわち、カード会社は、カード会員が加盟店において商品を購入した時点で、その代金支払い債務を引き受けることになるから、その裏返しとして、カード会員は代金支払い債務の免除という財産上の利益を得ることになり、また、加盟店もカード決済の手続きを通じてカード会社に商品代金相当額を支払わせることになるから、「その財産を処分しうる権能または地位」にあると評価しうることになる。

なお、他人名義のクレジットカードの不正使用については、そもそもクレジットカードは、カード名義人に対してその職業や収入などの審査を経た上で、その人物が信用に足る者であることが確認されてはじめて発行されるものであるから、通常、その規約において、名義人以外の者のカード使用を禁止している場合が多い。したがって、名義人以外の者が名義人になりすましてクレジットカードを使用して商品を購入した場合、詐欺罪が成立することになる。また、名義人の承諾がある場合でも、判例は同様の理由で詐欺罪の成立を肯定している（最判平16・2・9刑集58・2・89）。

(5) 財産上の損害

詐欺罪は、条文上には明記されていないが、財産犯の一種であることから、その成立要件として財物・財産上の利益の占有移転のみならず財産上の損害の発生が必要であるとされる。この点について問題となるのは、例えば、価格相当の商品を提供した場合でもなお詐欺罪が成立するのかどうかということである。判例は、一般に市販され誰でも容易に入手しうる電気アンマ器（小売価格2,100円）を、一般には入手困難であり、中風や小児麻痺に特効のある高価で新しい特殊治療器であると偽って、2,200円ないし2,400円で売却した事案について、「たとえ価格相当の商品を提供したとしても、事実を告知するときは相手方が金員を交付しないような場合において、ことさら商品の効能などにつき真実に反する誇大な事実を告知して相手方を誤信させ、金員の交付を受けた場合は、詐欺罪が成立する」としている（最決昭34・9・28刑集13・11・2993）。

ところで、詐欺罪における財産上の損害の意義については、従前、個別財産の喪失、すなわち財物や財産上の利益の交付自体が損害であるとする考え方が有力であった。被害者にとっては、財物を喪失することによってそれを使用・収益・処分する利益を失うことになる以上、損害の発生を認めること

ができるから、真実を告げれば相手方は財物を交付しなかったとみられる場合には、相当な対価の支払いがあったとしても詐欺罪の成立を肯定しうるのである（形式的個別財産説：大塚255頁）。しかしながら、形式的個別財産説に対しては、「交付自体が損害」という発想を突きつめていった場合、結局のところ損害を不要とする結論に至りうるとして、詐欺罪が財産犯であることを重視する立場から、実質的な財産上の損害を要求する見解が有力に主張されている（実質的個別財産説）。この説によれば、実質的な財産上の損害の有無は、当該取引において被害者が獲得しようとしたものと実際に給付されたものとを比較した上で、被害者が獲得しようとして失敗したものが経済的に評価して損害といいうるものかどうかにより決定されるべきであるとされる（西田204頁）。例えば、この立場によれば、上記判例においても、電気アンマ器の代金交付自体が財産上の損害となるのではなく、被害者が獲得しようとしていたもの、すなわち購入価格以上の商品価値が得られなかったことが財産上の損害として評価されることになる。

　また、近時有力な学説として、財産上の損害について、書かれざる構成要件の問題ではなく錯誤の内容の問題として理解しようとする立場がある。これは、詐欺罪において財産は「交換手段・目的達成手段」として保護されていることに基づいて、これらの点に錯誤が存在することによって、被欺罔者・交付行為者が認識したような「財産交換」が失敗したり、財産の交付により達成しようとした「目的」が達成できなかったりした場合に、実質的な法益侵害性が認められ、財産上の損害と評価しうるとするものである[9]。

　判例も、建設会社の担当者が公共工事の発注元である地方公共団体に対して、工事の際に発生した汚泥の処理を適切に行ったように偽って、本来よりも早く工事の請負代金を受領したという事案について、「本来受領する権利を有する請負代金を不当に早く受領したことをもって詐欺罪が成立するというためには、欺罔手段を用いなかった場合に得られたであろう請負代金の支払とは社会通念上別個の支払に当たるといい得る程度の期間支払時期を早めたものであることを要する」としており、財産上の損害について実質的な観点から検討を加えているといえよう（最判平13・7・19刑集55・5・371）。

(6)　文書の不正取得

　官公庁に対して虚偽の申立てを行い、各種証明書等の交付を受けることが

詐欺罪となるかどうかという点について、判例は、建物所有証明書（大判大3・6・11 刑録 20・1171）、印鑑証明書（大判大 12・7・14 刑集 2・650）、旅券（最判昭 27・12・25 刑集 6・12・1387）等については詐欺罪の成立を否定し、健康保険被保険者証（大阪高判昭 59・5・23 高刑集 37・2・328、最決平 18・8・21 判タ 1227・184。なお、名古屋地判昭 54・4・27 刑月 11・4・358、大阪高判昭 60・6・26 高刑集 38・2・112 は詐欺罪の成立を否定）、簡易生命保険証書（最決平 12・3・27 刑集 54・3・402）等については詐欺罪の成立を肯定している。

　そこで、これら詐欺罪の成否を分ける基準をどこに求めるのかということが問題となるが、学説は概ね次のように理解する。例えば、旅券といったようなある一定の地位や資格を証明する手段としての意味しかもたないような文書については、それ自体に経済的価値があるわけではないが、他方で、健康保険被保険者証や簡易生命保険証書といった文書は、それらを有していることによって経済的利益を取得しうる文書であり（例えば、健康保険被保険者証を有していれば傷病等の治療の際に国から保険給付を受けることができる）、これらの文書を交付することによって、官公庁に財産上の損害が生じるとするのである。したがって、文書の不正取得において詐欺罪が成立するかどうかという点については、当該文書が、単に証明手段としての意味しかもたないものなのか、あるいはそれに加えて経済的・財産的価値としての意味ももつものなのかという基準によって判断すべきということになるであろう。

　判例は、他人名義で銀行口座を開設し預金通帳およびキャッシュカードの交付を受けた事案（最決平 14・10・21 刑集 56・8・670）、および第三者に預金通帳およびキャッシュカードを譲渡する目的であることを秘して自己名義の銀行口座を開設し預金通帳およびキャッシュカードの交付を受けた事案（最決平 19・7・17 刑集 61・5・521）について、詐欺罪の成立を認めている。財産上の損害という点からすると、ここでは預金通帳の文書としての意味、すなわち預金通帳それ自体に経済的価値があるかどうかが問題となるが、この点につき、学説は、当該口座が犯罪に使用された場合に銀行が損害賠償責任を負うリスクを負う可能性も考えられることから、銀行には財産的損害の可能性があるとして、詐欺罪の成立を肯定する見解（西田 209 頁）と、預金通帳はそれ自体で何らかの経済的価値を有するものではなく、また、こうした口座が他の犯罪行為に使用されるおそれがあるとしてもそれを金融機関の財産上の損害

とみることはできないことなどから、詐欺罪の成立を疑問視する見解（高橋324頁、曽根144頁、松宮246頁）とに分かれている。

(7) 不法原因給付と詐欺罪

民法708条は、不法な原因のために給付を行った者は、その給付した物の返還を請求することができないとしている。したがって、例えば、仇敵を殺してやると欺いて相手方からその報酬を詐取した場合のように、欺罔された被害者が財物の交付を行ったが、それが不法原因に基づくものであった場合、被害者には返還請求権がないことになるが、そのような場合であっても詐欺罪が成立するかどうかが問題となる。

判例は、欺罔行為によって相手方の財物に対する支配権を侵害した以上、たとえ交付行為が不法原因に基づくものであり、交付行為者が返還請求や損害賠償請求を行うことができない場合であったとしても詐欺罪は成立するとしており（最判昭25・7・4刑集4・7・1168）、学説も概ね詐欺罪の成立を肯定する。[10]

他方、例えば、買春後に相手方を欺いてその対価の支払いを免れたような場合にも詐欺罪は成立するのであろうか。判例・学説はこうした事案について、売春行為は公序良俗に反するから、契約は無効であり、対価の支払いを受ける債権は民法上保護されないとして、2項詐欺罪の成立を否定するもの（大塚254頁、西田213頁、曽根156頁、高橋328頁、札幌高判昭27・11・20高刑集5・11・2018）と、詐欺罪の処罰根拠は、単に被害者の財産の保護のみならず、違法な手段から社会秩序を保護することにもあるとし、2項詐欺罪の成立を肯定するもの（団藤618頁、福田・注釈刑法(6)242頁、大谷273頁、名古屋高判昭30・12・13裁特2・24・1276）がある。

1） なお、1項詐欺についてであるが、「(請負人が)本来受領する権利を有する請負代金を不当に早く受領したことをもって詐欺罪が成立するというためには、欺罔手段を用いなかった場合に得られたであろう請負代金の支払とは社会通念上別個の支払に当たるといい得る程度の期間支払時期を早めたものであることを要する」として、支払いの時期が多少繰り上がった程度では詐欺罪が成立するとはいえないとした判例がある。ここでも詐欺罪の成立を肯定するためには被害者に実質的な財産上の損害が発生していることが求められているといえよう（最判平13・7・19刑集55・5・371）。
2） したがって、例えば、友人を欺いて学校から家まで車で送ってもらった場合、通常、それは対価を伴う役務・サービスの提供とはいえないから詐欺罪は成立しないことになるが、料金を支払う意思がないのにタクシーに乗車した場合は、2項詐欺が成立することになる。
3） なお、機械装置が介在していても、欺罔行為が人に向けられた行為と評価できる場合、詐欺罪は成立することになる。例えば、最決平14・2・8刑集56・2・71は、消費者金融会社の無人契約

4) もっとも、積極的行為によって銀行の利益を守る義務が預金者にあるとするのは根拠がないとする見解もある（中森120頁）。
5) 例えば、福岡高判昭27・3・20判特19・72は、事業不振の結果負債の弁済に窮し、使用人全員を解雇して事業を縮小し、約束手形の不渡りも数回にわたっていた等の事情を秘して取引を行った事案につき、こうした事情を取引相手に告知する義務はないとする。また、東京高判平元・3・14判タ700・266は、厳しい建物建築規制や宅地造成規制を受けている土地の売買にあたって、不動産業者のように振る舞う買主に対しては、一般人に対する場合とは異なり、規制の内容を逐一告げなくても規制のあることおよびその概要を告げ、相手方においてこれを調査する機会を与えれば足りるとする。
6) なお、大塚264頁は、当初からキセル乗車の目的があった場合には乗車駅基準説によって、乗車後あるいは下車後に運賃の支払いの意思をなくした場合は下車駅基準説をとるべきであるとする。
7) もっとも、電子計算機使用詐欺罪の成立の余地は残される（後掲東京高判平24・10・30参照。）
8) なお、少数説であるが、全体財産の減少を財産的損害であるとする見解もある（林150頁）。
9) もっとも、この説に対しては、目的の不達成という基準は、「事態を正しく認識していれば財物を交付しなかったであろうという事情」があれば常に損害があるという帰結に至りうるものであり、その意味において形式的個別財産説に近づくことになるとする指摘もある（高橋319頁）。
10) もっとも、その理由については、被害者は欺罔されなければ交付しなかったであろうとする点に根拠を求める説と、被害者の適法な財産状態が欺罔行為によって侵害された点に根拠を求める説とに分かれる。

Ⅲ　電子計算機使用詐欺罪

　246条のほか、人の事務処理に使用する電子計算機に虚偽の情報もしくは不正な指令を与えて財産権の得喪もしくは変更に係る不実の電磁的記録を作り、または財産権の得喪もしくは変更に係る虚偽の電磁的記録を人の事務処理の用に供して財産上不法の利益を得、または他人にこれを得させた者は、10年以下の懲役に処せられる（246条の2）。なお、未遂も処罰される（250条）。

1　意義

　近時、電子計算機（コンピュータ）の普及により、経済的取引の多くの場面でその事務処理が人の介入を経ずに自動的に処理されるようになったが、本罪は、これを悪用して財産上の利益を得ようとする行為を処罰する規定である。例えば、不正に取得した他人名義のキャッシュカードを使い、銀行の現金自動預払機（ATM）を利用して、他人名義の預金口座から自己名義の口座に振替送金する行為は、機械から現金を奪取するわけではなく、未だ

「財物」を取得したとはいえないことから窃盗罪に当たらないばかりか、そこには人に対する欺罔行為も存在しないことから詐欺罪も成立しない。そこで、こうした処罰の間隙を埋めるために、1987（昭和62）年の刑法一部改正により本罪が設けられた。

 2 行為

　本罪の行為は、「人の事務処理に使用する電子計算機に虚偽の情報若しくは不正な指令を与えて財産権の得喪若しくは変更に係る不実の電磁的記録を作り」、または、「財産権の得喪若しくは変更に係る虚偽の電磁的記録を人の事務処理の用に供して」、財産上不法の利益を得、または他人にこれを得させることである。

　財産権の得喪・変更に係る電磁的記録とは、財産権の得喪・変更の事実を記録した電磁的記録であり、その作出・更新によって、直接的に財産権の得喪・変更が生じることになるものを意味し、例えば、銀行の顧客元帳ファイルにおける預金残高記録、プリペイドカードの残額・残度数の記録などがこれに当たる。これに対して、銀行のキャッシュカードの磁気ストライプ部分の記録や自動車登録ファイル、不動産登記ファイルなどは、一定の事実を証明するための記録にすぎず、財産権の得喪・変更に係る電磁的記録には当たらない。

　また、「不実」「虚偽」とは、事務処理の目的に照らし、その内容が真実に反することを意味する。

　本罪における行為態様は二種類に分けられる。一つは、人の事務処理に使用する電子計算機に虚偽の情報または不正な指令を与えることによって、真実に反する電磁的記録を作り出すことである。例えば、電子計算機に架空の入金データや弁済データを入力したり、プログラムを改変したりすることによって、自己の預金口座に不実の入金を行わせたり、債務の不存在を示す不実のデータを作出したりする行為がこれに当たる（東京高判平5・6・29高刑集46・2・189、最決平18・2・14刑集60・2・165）。もう一つは、財産権の得喪・変更に係る虚偽の電磁的記録を人の事務処理の用に供することであり、例えば、偽造したプリペイドカードを利用して不法に有償サービスの提供を受ける行為がこれに当たる。

　なお、東京高裁平成24・10・30判決（研修778・13）は、自動改札機を利用し

たキセル乗車の事案について、偽造・変造されたものではない真正な回数券・精算券を使用した場合であっても、電子計算機を使用する当該事務処理システムにおいて予定されている事務処理の目的に照らして「虚偽の電磁的記録」と評価しうる場合があるとして、本罪の成立を認めている。

Ⅳ 準詐欺罪

未成年者の知慮浅薄または人の心神耗弱に乗じて、その財物を交付させ、または財産上不法の利益を得、もしくは他人にこれを得させた者は、10年以下の懲役に処せられる（248条）。なお、未遂も処罰される（250条）。

準詐欺罪は、未成年者の知慮浅薄または人の心神耗弱に乗じて、その財物を交付させ、または財産上不法の利益を得、もしくは他人にこれを得させた場合に成立する。

本罪における「未成年者」とは、20歳未満の者をいう（民4条）。なお、民法には婚姻による成年擬制があるが、未成年者保護の見地から本罪には適用されないとされる（西田223頁、高橋338頁、反対説として松宮251頁）。「知慮浅薄」とは、知識が乏しく思慮の足りないことをいう。「心神耗弱」とは、意思能力を完全に失っているわけではないが、精神の健全を欠き、事物の判断をするのに十分な普通人の知能を備えていない状態をいうとされる（大判明45·7·16刑録18·1087）。

通常の詐欺罪においては、欺罔行為によって相手方の意思に瑕疵を生じさせることになるが、本罪においては、相手方の知慮浅薄あるいは心神耗弱に乗じて、欺罔行為に至らない程度の誘惑的な手段を用いることによって、財物を交付させ、または財産上不法の利益を得ることになる。したがって、相手方が未成年者などであっても手段が欺罔行為であれば、通常の詐欺罪が成立することになる。また、意思能力を欠く幼児や心神喪失者からその財物を得た場合は、本罪ではなく窃盗罪が成立することになる。

第5節　恐喝の罪

I　総説

人を恐喝して財物を交付させた者は、10年以下の懲役に処せられる（249条）。前項の方法により、財産上不法の利益を得、または他人にこれを得させた者も、同項と同様とする（同条2項）。また、本章の罪の未遂は処罰される（250条）。なお、242条、244条および245条の規定は、本章の罪について準用される（251条）。

1　犯罪類型

本罪は、被害者の「瑕疵ある意思」に基づき、その財物または財産上の利益を暴行または脅迫により喝取する罪である。刑法第37章には、詐欺および恐喝の罪が規定され、恐喝罪（249条1項）、恐喝利得罪（同条2項）、これらの未遂罪（250条）が規定されており、詐欺罪（246条）と同様に「親族間の特例」も準用される（251条の準用と244条の特例）。

恐喝罪の成立には、通常、「不法領得の意思」が必要であるとされる（大谷（第4版）295頁。不要説として川端393頁）。ところが、他人の財物または財産上の利益を取得する正当な権利を有する者が、その権利の実行の手段として恐喝をなし、財物または財産上の利益を取得した場合、基本的には「正当な権利」を発動させたにすぎないのに、恐喝罪が成立するかどうかは学説においても争いがあり、判例においても変遷がみられる。

学説においては、単に権利の行使に藉口（口実をもうけて言訳をする）・仮託して恐喝手段を用いた場合にはいずれも恐喝罪の成立を認めるが、正当の権利を有する者が、その権利の実行に際して恐喝手段を用いて財物あるいは財産上の利益を得た場合には、無罪説、脅迫罪説、恐喝罪説の3つに大別することができる。このうち特に脅迫罪説と恐喝罪説が鋭く対立している。また、判例は無罪説から脅迫罪説へと変遷し、最高裁判決（最判昭30・10・14刑集9・11・2173、北川・百選Ⅱ 118頁）で「他人から財物または財産上の利益を取得する正当な権利を有する者であっても、恐喝手段によって権利を実行した場合には、恐喝罪が成立する」として恐喝罪説に到達したといわれる（川端393頁）。

2 保護法益

本罪は、人に恐怖心を生じさせ、その意思決定および行動の自由を侵害して「財物」または「財産上の利益」を喝取する罪であるから、「自由に対する侵害」が必要である。したがって、本罪の保護法益は、「財産」のほかに「自由」を含むが、本質的には財産罪である（川端389頁、大谷（第4版）291頁）。

判例は、「法律上正当な権利のある者が、これを実行するにあたり、その範囲を超過した場合には、原則として、正当な権利の範囲外において領得した財産または利益の部分についてのみ恐喝罪が成立する」（大連判大2・12・23刑録19・1502）として、行為者の「正当な権利」の範囲外の恐喝行為のみを恐喝罪としている。また、同様に、被告人が共同出資者から「趣旨金」回収の際に、相手を畏怖させ喝取した事案で「(権利の) 範囲程度を逸脱するときには違法となり、恐喝罪が成立する」としている（最判昭30・10・14刑集9・11・2173判時63・3、町野・百選Ⅱ〔第4版〕102頁、北川・百選Ⅱ 118頁、判例刑法226頁）。さらに、医療行為の強要について、「患者が、医師を『脅迫』して不必要な麻酔薬の注射を強いるのは、その対象が非財産的な医療行為であって、財産的処分行為ではないから、恐喝罪は成立せず、強要罪が成立する」としている（高松高判昭46・11・30高刑集24・4・769）。

Ⅱ 狭義の恐喝罪

人を恐喝して財物を交付させた者は、10年以下の懲役に処せられる（249条1項）。未遂は処罰される（250条）。

1 客体

本罪の客体は、他人の占有する「他人の財物」である。自己の財物であっても、すでに自己の占有を離れて、他人の占有に属する物や、公務所などの命令で他人が占有・管理している場合は、242条・251条により「他人の財物」とみなされる。また、「電気」も本罪の客体である（251条・245条「電気は、財物とみなす」）。

「金員喝取の目的で、その支払を約束する契約書を交付させた場合には、この契約書には、重要な財産的価値が認められるから1項の既遂が成立する」（東京高判昭53・3・20刑月10・3・210）、「被害者を『脅迫』し、同人をして4万円を交付することを約束させた以上、『財産上不法の利益を得』たもので

ある」（最判昭 26・9・28 刑集 5・10・2127）とする判例もある。

2 「喝取」行為

恐喝罪は、「害悪」の及ぶべきことを通知して相手方を畏怖させることにより「財物」を交付させる犯罪である。

判例では、恐喝行為、つまり「害悪の告知」は、「明示の言動でなくてもよく、自己の経歴、性行及び職業上の不法な勢威等を利用して財物を要求し、相手方をしてもし要求を入れないときは不当な不利益を醸される危険があるとの危惧の念を抱かしめるような『暗黙の告知』で足りる」とされている（最判昭 24・9・29 裁判集刑 13・655）。また、「『害悪の告知』は、行為者自身が行為にでるものであることは要せず、行為者が第二者において相手方に対して害悪行為を加えることを告げて畏怖させる場合でもよく、その害悪行為が虚構の事実であっても本罪を構成する」（東京高判昭 32・1・30 東高刑時報 8・1・16）、「第三者の行為による害悪の告知が恐喝となるのは、行為者において自己が第三者の害悪行為の決意に影響を与え得る立場にあることを相手方に知らしめるか、相手方においてこれを推測し得る場合であることが必要である」などとしている（大判昭 5・7・10 刑集 9・497）。

3 財産上の損害の発生の要否

判例には、「恐喝罪が成立するには、脅迫による畏怖がなければ、その財物又は財産上の利益を交付しなかったであろうという関係があれば足り、たとえ相当な対価が支払われた場合であっても、その交付された財物又は財産上の利益の全部につき恐喝罪が成立する」（大判昭 14・10・27 刑集 18・503）、「人に暴行・脅迫を加え財物又は財産上の利益を獲得すれば恐喝罪が成立するのであって、財物又は財産上の利益に反対給付を約束したか否か、また、反対給付をなす真意があった否かは、恐喝罪の成否に影響しない」（大判大 15・12・24 新聞 2656・13）といったものがある。

4 恐喝罪と権利行使

(1) 学説

さて、前述のように、他人に対して権利を有する者が、その自己の権利を実行する場合に、その手段として「恐喝行為」を行ったときは、学説は、以下の3つの立場に分かれて論じられている（演習各論 167 頁以下）。つまり、(i)脅迫罪説は、全額恐喝罪説を否定して権利の範囲内の恐喝行為についての

み脅迫罪（222条）の成立を認めようとする説である。恐喝罪説は、さらに、(ⅱ)全面的に「恐喝罪」のみを肯定する説（通説、大谷（第4版）298頁）と、(ⅲ)二分説（個別財産には恐喝罪を、全体財産には脅迫罪の成立を肯定する説）とに分かれている。

　(ⅰ)脅迫罪説　　この説は、いわゆる「本権説」の立場から、「正当な権利行使の範囲内である」以上、「恐喝」という手段が違法であっても財産犯である「恐喝罪」は成立せず、その手段の反社会性に関して脅迫罪に問われるにすぎないとするものである（西田典之「権利の行使と恐喝」刑法の争点244頁、山中367頁）。この説によれば、恐喝罪が成立するためには、まず、恐喝によって交付させる財物は、その交付を受ける権利のない他人の財物または他人の財物とみなされる自己の財物であることを要する（川端博・現代刑法論争(1985) 156頁）。したがって、他人に対して権利を有する者が、その権利の行使上、許容の範囲であれば、たとえ「恐喝」して財物の交付を受けた場合であっても、その行為は喝取ではなく、「脅迫行為」——脅迫行為は財物の交付とは関係なく成立する——となり、脅迫罪が成立するというのである。つまり、財産犯としての恐喝罪がなぜ成立しないかといえば、行為者にしてみればもともと自分の財物という意識があるため財産犯の成立要件である行為者に「不法領得の意思」と相手方（この場合は債務者であるからもともと交付義務がある）に「財産上の損害」の両方がないからである。脅迫罪が成立するのは、いくら債権者であっても、相手を脅迫して財物の交付をさせるのは「権利の濫用」であるし、そういった反社会的行為を容認するわけにはいかないので、脅迫罪の成立を否定するわけにはいかないからである。

　さらに、この脅迫罪説は、いわゆる「結果無価値論」からも基礎付けられている。すなわち、「財産犯としての恐喝罪の違法の中核は、『不法な利益の取得』という結果無価値のなかにこそ求められるべきであり、手段の違法を重視しすぎることは妥当でない」とされている（西田・前掲論文24頁）。

　(ⅱ)恐喝罪全面肯定説　　この説は、以下のような理由から喝取した財物全体に対して恐喝罪の成立を主張するものである。つまり、本来、自己の財物に属するものであるといえども、現実に他人が事実上占有している以上は、その占有は一応法的に保護されるべきであるから、これを反社会的な手段（例えば、恐喝手段）に訴えて侵害するときは、喝取した金額全体について恐

喝罪の構成要件に該当し、恐喝罪を構成するとする立場である。この立場が、通説・判例とされている（大谷（第4版）297頁）。

　(iii)二分説　これは個別財産と全体財産とを区別し、前者については恐喝罪の成立を認め、後者については脅迫罪の成立を認めようとする立場である。つまり前者の場合は、財物またはその他の個々の財産権が対象とされるので、その財物または権利を領得すること自体が相手の損害となり「恐喝罪」が成立することになる。それに対して後者の場合には、全体財産つまり財産状態が対象となるので、全体として相手方の財産状態に損害があったかどうかが問われるが、通常、債権者が自分の権利を実行し、債務者がそれに応じて義務を履行する場合には、そこには債務者側の財産状態に「損失」という状況は生じないので、その権利行使が脅しを伴って実行されたとしても恐喝罪の「喝取」には該当せず、その手段として用いられた脅迫や暴行などが財産犯とは別に脅迫罪や暴行罪を構成しうるにすぎないのである（団藤536頁）。

　(2)　学説の若干の検討

　通説・判例でもある恐喝罪説に対しては、脅迫罪説からの批判がある。脅迫罪説の特徴は、「権利の行使」の目的と手段を明確に区別し、目的が正当ならば、つまり、「権利の範囲内」での権利の回復の目的であるならば、その実現行為は、たとえ相手方をして畏怖の結果、財物を交付させたとしても「恐喝罪」には該当せず、その脅しや暴力行為という実現手段の違法性についてのみ刑法的評価をすればよいとするところにある。

　刑事政策的にみて、この場合の行為を恐喝罪ではなくて脅迫罪にとどめるというこの説にはどんな長短があるであろうか。

　事例を一つひとつ慎重に検討していくと、こうした「権利行使」の事例の多くは、権利者が暴力団と関係なく個人的にその権利を実現するためにやむをえず脅迫や暴行を用いる場合は、むしろ権利者の方が弱者で、債務者の方がずるく狡滑な場合が多い。逆に、暴力団などに債権取立てを依頼する場合の権利者は、債務者と比べ強者の側に立つ者が多い。もし、債権者・債務者間に上記のような力関係があるとしたら、やはり脅迫罪説の容認は、暴力団などによる違法な債権取立業を結果的に放任することになってしまうであろう。このような意味でも、通説・判例のいう恐喝罪説が妥当であると思われる。参考までに指摘しておくと、1992年3月施行の暴力団員不当行為防止

法（「暴力団法」）では、その第2章で「暴力的要求行為の禁止」につき規定して、いわゆる「民事介入暴力」を厳しくコントロールしようとしている。特にその9条8号は、「人に対し、債務の全部又は一部の免除又は履行の猶予をみだりに要求すること」、つまり、人（行為者と密接な関係を有する者として国家公安委員会規則で定める者を除く）から依頼を受け、報酬を得てまたは報酬を得る約束をして、金品等を目的とする債務について、債務者に対し、粗野もしくは乱暴な言動を交えて、または迷惑を覚えさせるような方法で訪問しもしくは電話をかけて、その履行を要求することを禁止している（同条7号）。そして、指定暴力団員が上記の禁止事項に違反した場合には、公安委員会はその行為の中止命令を出すことができ（同11条）、さらに、その中止命令に違反した場合には、3年以下の懲役もしくは500万円以下の罰金（併科も可）に処せられることになった（46条1号）。

(3) 判例の動向と検討

債権者が、その債権を行使する場合、債務者が何らかの形で債務を果たさないため、欺罔や恐喝の手段を使ってその権利を行使したときには、詐欺罪、恐喝罪、脅迫罪などが成立するかどうかについて、判例においては、旧刑法以来変遷があり、今日でも、それが明確な形で示されているとは必ずしもいえないとされる（中森喜彦「権利行使と詐欺・恐喝罪」判例刑法研究6巻249頁）。

最高裁は、「かつての共同経営者だったAが、18万円の債権（会社設立出資金）のうち15万円の支払いを受けたが、残額3万円の支払いを要求する際、債権取立屋に依頼し、それらの者が債務者Bに対して身体に危害を加えるような態度を示し、債務残額3万円を含む6万円を交付させた」という事案で、「被告人等が債権取立のために執った手段は、権利行使の手段として社会通念上、一般に忍容すべきものと認められる程度を逸脱した手段であることは論なく、したがって、原判決が、被告人Bに対する債権額のいかんにかかわらず、金6万円の全額について恐喝罪の成立を認めたのは正当である」、「債権額のいかんにかかわらず」喝取した金額の全部について恐喝罪が成立するとした（前掲最判昭30・10・14、北川・百選Ⅱ118頁、判例刑法226頁、大野＝墨谷225頁）。

5 強盗罪・詐欺罪・強要罪との区別

恐喝罪と強盗罪（236条）は、同じ「財物・財産上の利益」を得る犯罪で

あるが、前者は、10年以下の懲役、後者は、5年以上の有期懲役で法定刑に大きな違いがある。それは、強盗の手段たる「暴行・脅迫」が被害者の生命・身体への侵害行為であるのに対して、恐喝は、喝取行為により財物を交付させる犯罪だからである。詐欺罪と恐喝罪とは、ともに被害者の「瑕疵ある意思」によって財物・財産上の利益を得る点で共通であるが、その手段である「詐取」と「喝取」に違いがある。法定刑は、ともに10年以下である。

また、脅迫罪（222条）の法定刑は2年以下の懲役または30万円以下の罰金であり、強要罪（223条）は3年以下の懲役である（罰金刑はない）。それに対して、恐喝罪は、財産犯の一種であり、わが国の刑法は、伝統的に財産犯に対しては財産刑を付けないという原則を維持しているので、恐喝罪（249条）にも罰金刑はなく、10年以下の懲役となっており、前2罪と比べると法定刑は圧倒的に重くなっている。特に、刑の執行猶予は、「3年以下の懲役もしくは禁錮または50万円以下の罰金」の言渡しを受けた者に、情状により許可される（25条1項）。

これらの点からいうと、脅迫罪説は、重罰化回避という点では長所を有するが、この種の犯罪が往々にして暴力団の債権取立業などとして行われていることに鑑みると、脅迫罪は他の2罪と比べて法定刑も低く、暴力団によってしばしば行われる債権取立などの民事介入事件の摘発という点からすると、その犯罪を助長するおそれさえあるという短所を有するといえよう（演習各論170頁）。

6　罪数・他罪との関連

1個の恐喝行為で同一の被害者から数回にわたって財物を交付させたときは、包括一罪である。1個の恐喝行為によって数人を畏怖させそれぞれから財物を取得したときは、観念的競合となる。かつて判例（大判大15・10・14刑集5・456）では、人を「恐喝する目的」で監禁したときは、監禁罪と本罪との牽連犯であるとされていたが、「恐喝の手段として監禁が行われた場合であっても、両罪は、犯罪の通常の形態として手段または結果とは認められず、牽連犯の関係にはない」（最決平17・4・14刑集59・3・283）と判示して、判例変更している（大谷（第4版）296頁）。この判例変更に対して、「XらがAから金品を喝取しようとAを監禁し、その際にAに対して加えた暴行により傷害を負わせ、これら監禁のための暴行などにより畏怖しているAをさらに

脅迫して現金および自動車1台を喝取した」事案であり、「犯罪の一体性、処罰の一回性を根拠付けるほどの犯罪類型としての関連性は認めがたい」として反対する立場もある（前田120頁）。

Ⅲ　恐喝利得罪

　249条1項の方法により、財産上不法の利益を得、または他人にこれを得させた者も、同項と同様とされる（249条2項）。未遂は処罰される（250条）。

　本罪の行為は、人を恐喝して「財産上不法の利益」を得たり、他人にこれを得させることである（川端395頁）。本罪は、いわゆる「2項恐喝」と呼ばれるもので、特に「黙示の処分行為」について問題となる（大野＝墨谷223頁）。また、本罪の成立には、畏怖に基づく「処分行為」によって行為者または行為者と一定の関係を有する第三者に財産上の利益を移転させることが必要である（大谷（第4版）296頁）。

　本罪の本質は、「被喝取者の畏怖による『瑕疵ある同意』を利用する財物の領得行為であり、被喝取者が畏怖して黙認しているのに乗じて、財物を奪取した場合にも本罪が成立する」（最判昭24・1・11刑集3・1・1）とするものや、飲食代金の支払いを請求したAに対して、「そんな要求をしてわしの顔を汚すか、こんな店をつぶす位簡単だ」などと脅迫した事例で、「飲食代金の請求を受けた者が、脅迫により畏怖させ、その請求を断念させた以上、そこに被害者の黙示的な支払猶予の処分行為が存在するから、恐喝罪が成立する」としたものなどがある（最決昭43・12・11刑集22・13・1469判時545・84、岡上・百選Ⅱ120頁、判例刑法223頁）。

第6節　横領の罪

I　総説
1　意義・保護法益

　刑法典第 38 章は、「横領の罪」として、単純横領罪（252 条）、業務上横領罪（253 条）、遺失物等横領罪（254 条）の3種類を規定している。これらの横領の罪は、すでに述べた窃盗・強盗・詐欺・恐喝の罪と同様に、他人の財物を不法に取得（領得）する財産犯罪であるが、本罪は、「占有の侵害」を伴わないという点に特色がある。これら3種類のうち、単純横領罪と業務上横領罪は、他人から財物を委託された者が、その委託者との間の「委託信任関係」を破って、自ら占有・保管する他人の財物を取得する犯罪であり、委託物横領罪と呼ばれるのに対して、遺失物等横領罪（旧「占有離脱物等横領罪」）は、遺失物など単に人の占有を離れた他人の財物を取得する犯罪であり、ここでは「委託信任関係」は前提とされていない。両者のいずれを横領の罪の基本類型と考えるかは、横領の本質を「委託信任関係の侵害」による財物の取得とみるか、それとも「他人の占有に属さない」財物の取得とみるかにかかっているが、通説は、前者の立場に立ち、遺失物等横領罪は財産取得罪の最も基本的な類型として別章下に規定されるべきだとする立場もある（団藤 636 頁、福田 226 頁、松宮 268 頁）。また、この遺失物等横領罪は、「信頼を裏切るという背信的性格を有しておらず、むしろ窃盗罪に近接する犯罪であり」、本罪は「窃盗の罪（第 36 章 235 条）に併合し、委託物横領罪は背任罪（247 条）と併せて認識するほうが妥当である」とする説も主張されている（大谷（第4版）299 頁）。

　本罪は、他人の占有に属さない「他人の財物」を不法に横領する犯罪である（川端 396 頁）。また、ここに「横領」とは、「他人の物を自己または第三者のために不法に領得することをいい、必ずしも自己に領得する場合に限らない」とされる（大判昭 8・7・5 刑集 12・1101）。

　横領の罪の保護法益は、もっぱら財物に対する所有権その他の本権に限られるとされる（本権説：福田 227 頁、松宮 270 頁、川端 397 頁）。

2 不法領得の意思

横領罪に必要な「不法領得の意思」とは、「他人の物」の占有者が委託契約の任務に背いて、その物について処分権限がないのに所有者でなければできないような処分をする意思を意味する。そして、「必ずしも占有者が自己の利益取得を意図することを必要とするものではなく、また占有者が不法に処分したものを後日補塡する意思があっても横領罪が成立する」とされる（最判昭24・3・8刑集3・3・276、橋本・百選Ⅱ 128頁）。また、「森林組合の組合長及び常務理事が、法令で保管方法と使途が限定され、他のいかなる用途にも絶対流用支出することができない性質の金員を、使途の規正に反して貸付支出したときは、手続違反的な形式的違法行為にとどまるものではなく、他人の所有権そのものを侵害する行為にほかならないから、『不法領得の意思』が認められる」とする（最判昭34・2・13刑集13・2・101、斎藤・百選Ⅱ〔第4版〕116頁）。また、国際航業事件においては、「同社の経理部長Xと経理次長Yは、自社の株式を買い占めた仕手集団に対抗する目的で、第三者に対し、その買占めを妨害するための裏工作を依頼するため、同社のために業務上保管していた裏金をその妨害工作の資金及び報酬として支出した」、しかし、「これらの膨大な金員の支出は、会社のために行われたとは判断できない。したがって、被告人らに会社の金員を支払ったので『不法領得の意思』がなかったという主張は、容認できない」として、業務上横領罪が成立するとした（最決平13・11・5刑集55・6・546、内田・百選Ⅱ 130頁）。

しかし、学説上、「不法領得の意思」をめぐる問題は、横領の罪においても、その領得性および成立範囲を画する問題として、領得行為説（通説・判例）と越権行為説（川端407頁）の対立となって現れている。領得行為説は、「自己の占有する『他人の財物』を不法に領得することである。したがって、『不法領得の意思』を実現するすべての行為である」と解している。しかし、「横領罪においても『不法領得の意思』をその主観的な成立要件」としつつ、「本書の立場から、横領罪は『委託信任関係』を裏切り財物を領得する点に本質があり」「物の占有という委託の任務に反して、すなわち『権限を越えて占有物を処分することが必要であり』、その意味で『越権行為説』が妥当である」。「一方、横領罪は、領得罪であり、その主観的要件として『不法領得の意思』を必要と解すべきであり、『領得行為説』が妥当である」として、

「横領行為といえるためには、客観的には権限を逸脱する行為、主観的には『不法領得の意思』が必要となる」とする折衷的立場もある（大谷（第4版）312頁）。

判例は、横領罪の「領得の意思」を「他人の他の占有者が委託の任務に背いて、その物につき権限がないのに所有者でなければできないような処分をする意思」（前掲最判昭24・3・8刑集3・3・276、橋本・百選Ⅱ128頁）と定義しているが、これを窃盗罪の「領得の意思」と比較すると、単純な「毀棄・隠匿の意思」を排除するための基準である「経済的用法に従って利用・処分する意思」という部分が欠落している（福田235頁）。しかし、本来この立場が意図している、いわゆる「使用横領」（一時的な無断使用・流用）の不可罰性に関しても、判例は、すでに述べた不特定物の一時流用について「後日に補填する意思」があっても横領罪の成立を妨げないとしており（前掲最判昭24・3・8）、また、新潟鉄工事件では、「内容自体に経済的価値があり、かつ、所有者以外の者が許可なくコピーすることの許されない機密資料を、コピーの目的で許可なく持ち出す行為には、その間、所有者を排除し、当該資料を自己の所有物と同様にその経済的用法に従って利用する意図が認められ、使用後返還する意思があったとしても、『不法領得の意思』が認められる」としている（東京地判昭60・2・13刑月17・1=2・22判時1146・23、城下・百選Ⅱ132頁）。そのほかに、例えば、本人のためにする場合、すなわち、村長が保管中の公金を、村のためにする意思で指定外の経費に流用した場合（大判大3・6・27刑録20・1350）、住職が、檀徒総代の同意および主務官庁の認可を受けずに、その代表する寺院の什物(じゅうもつ)（宝物）を寺院のために処分した場合（大判大15・4・20刑集5・136）、「組合員が会社のために集金した現金を、争議解決まで一時保管の趣旨で、組合執行委員長名義で預金するいわゆる『納金スト』において、会社の業務命令で『納金スト』を中止して当該預金が会社に返還されたものである場合には、上の預金行為には『不法領得の意思』がない」として（最判昭33・9・19刑集12・13・3047）、横領罪を否定している（大野＝墨谷238頁）。

3　「委託」関係の意義

本罪が成立するためには、「物の占有」が、使用貸借、賃貸借、委任、寄託といった契約（当事者間の直接の委託行為）による「委託信任関係」に基づいて発生することが必要であるとされる。しかし、判例にはそのほかに、こ

れに準ずる関係が存在する限り、法律上の義務、事務管理、後見、慣習、条理に基づくものであってもよいとするものがある（東京高判昭 25・6・19 高刑集 3・2・227）。また、委託・受託権限の存否や委託契約の有効・無効を問わず、「委託信任関係」は事実上のものであれば足りるとして、「委託契約を解除していた場合でも、委託物を返還せずにこれを費消すれば本罪が成立する」とするものや（大判明 42・11・15 刑録 15・1596）、「債権の譲渡人が債務者に対し、その譲渡通知をしないうちに、債務の弁済として同人より受領した金銭を、譲渡人に渡さないで勝手に費消すれば本罪が成立する」とする判例（最決昭 33・5・1 刑集 12・7・1286）がある。そして、時々、日常的に起こるケースであるが、「他人より一時スーツケースの看視を依頼されただけの者は、未だその保管の委託を受け、占有を取得するに至ったとはいえない」という判例もある（東京高判昭 35・3・1 下刑集 2・3=4・305）。

4 共犯

本罪は二重の身分犯であるため、共犯と身分の関係について問題が生じる。通説・判例は、その理由付けについては見解が分かれるが、結論は一致している。まず、第 1 に、業務上の占有者とそうでない占有者とが共同占有している委託物を共同して横領した場合には、65 条 1 項によって本罪が成立し、同条 2 項によって単純占有者には単純横領罪の刑が適用される。第 2 に、まったく「身分のない非占有者」が業務上の占有者に加功した場合については、65 条 1 項によって本罪の共犯を認め、身分のない非占有者には同条 2 項によって単純横領罪の刑を科すべきものとしている（最判昭 25・9・19 刑集 4・9・166）。また、不動産の二重売買の事例で、「被告人丙は、乙の山林を不法に入手しようと企て、『二重譲渡』になることを知りつつ、山林の登記簿上の名義人甲が、山林は乙のものなので『二重譲渡』になるので、売買契約を拒否したにもかかわらず、甲に執拗に働きかけて、法的知識の乏しい甲に被告人丙との間に売買契約を締結させた場合には、丙は、甲の横領罪の共同正犯になる」とした判例もある（福岡高判昭 47・11・22 刑月 4・11・1803 判タ 289・292、和田・百選 II 126 頁）。

5 横領罪と背任罪との区別

さて、両罪に関する学説も多岐にわたっている。ここでは、「委託物横領罪の成立要件の明確化にあり、財物について『不法領得』が認められれば横

領であり、それ以外の場合について、事務処理者による任務違背が認められれば背任になる」とする説を支持したい（浅田・百選Ⅱ135頁、平野231頁、松宮294頁、山口334頁）。

また、判例は、横領罪の成立には、「『他人の所有権に対する侵害』のあることが必要で、質権者より質物の保管を委託された者が、これをその所有者に交付する行為は、横領罪ではなく、背任罪を構成する」（大判明44・10・13刑録17・1698）、「背任罪と横領罪は任務違背を共通にするが、一般法と特別法の関係にあり、客体が物自体に関するときには横領罪で、そうでないときには背任罪である」（朝鮮高等法院判昭14・9・21評論全集29刑77）、「村長が業務上保管している公金を、同村の訓算において、親交のある第三者に貸与し、村に財産上の損害を加えた場合には、業務上横領罪ではなく、背任罪が成立する」（大判昭9・7・19刑集13・983、大塚・注釈刑法(6)484頁、浅田・百選Ⅱ134頁）とするものなどがある。

Ⅱ　単純横領罪

自己の占有する他人の物を横領した者は、5年以下の懲役に処せられる（252条）。自己の物であっても、公務所から保管を命ぜられた場合において、これを横領した者も、前項と同様である（2項）。

本罪が窃盗罪などと比べて法定刑が軽いのは、すでに、自己の支配下にある「他人の財物」を平穏に領得するものだからである（瀧川(春)＝竹内209頁、大野＝墨谷230頁）。

本罪の主体は、「他人の物」の占有者、または、公務所から保管を命ぜられた「自己の物」の占有者に限定されている。本罪は、身分犯である。

1　客体

行為者が占有する「他人の物」、または、公務所から保管を命ぜられた「自己の物」である。

(1)　「物」とは

「物」とは、財物を意味し、動産のほか、不動産を含むとされる。他の財産罪と同様に物理的に管理可能であれば、電気はもちろん、その他のエネルギーも本罪の客体となる（通説・判例）。しかし、単なる権利や利益は、本罪の客体とはなりえない。また、窃盗罪の客体である「財物」のなかには不動

産は含まれないが、横領罪においては、物についての、単に事実上ばかりでなく、法律上の支配・処分の可能なものをも含むので、不動産も客体となる（川端 398 頁）。しかし、単なる権利や利益は、本罪の客体とはなりえない（大野＝墨谷 230 頁）。

　(2)　占有の意義

　本罪における「自己の占有」とは、「必ずしも物の握持のみではなく、事実上、法律上物に対する支配力を有する状態を汎称するものである」とされる（大判大 4・4・9 刑録 21・457）。例えば、「村長が、自己が保管する公金を銀行に預け入れても、この公金は依然村長の支配内にあり、『自己の占有する他人の物』に該当し、これをほしいままに引き出す行為をもって横領罪は既遂になる」（大判大元・10・8 刑録 18・1231）。また、横領罪の「占有」は、物の所有者またはこれに準じる者と行為者との間の「委託信任関係」から生じたものでなければならない。したがって、例えば、誤配された現金書留郵便物のように偶然自己の事実上の支配内に入った物（偶然占有）については、差出人はこれに伴いその封入物件についての占有を喪失し、誤配された郵便物は占有離脱物となる（大判大 6・10・15 刑録 23・1113）。

　(3)　「他人の物」とは

　「他人の物」とは、行為者以外の他人（自然人または法人）の所有に属する財物を意味する。横領罪は、「自己の所有物」については成立しない（ただし、例外として「2 項横領」252 条 2 項）。したがって、「自己の物」の占有か「他人の物」の占有かの区別は、横領罪と窃盗罪の区別にとっても決定的に重要である。また、横領罪の占有は、「法律上の支配関係」も含み、「事実上の支配関係」だけが問題になる窃盗罪のそれより広いことに注意しなければならない（大野＝墨谷 231 頁）。

　法律上の支配関係が認められる例としては、他人から金銭を委託された者が、その保管方法として、それを銀行に預金した場合（大判大 7・10・8 刑録 18・1238）、貨物引換証・倉庫証券・船荷証券といった物権的有価証券を占有する場合（大判大 7・10・19 刑録 24・1274、大谷（第 4 版）302 頁）、不動産に関して、登記簿上その名義人になっている場合（最判昭 30・12・26 刑集 9・14・3053）に法律上処分しうる状態にあれば、それらを占有していると解されている。

　「他人の物」か「自己の物」かの区別が重要な意味をもつので、以下では、

問題となった主要な事例をいくつか検討する（大野＝墨谷232頁）。

不動産の「二重売買」に関しては、売買契約の締結によって目的物の所有権は買主に移転するから（民176条）、まだ目的動産の引渡しまたは不動産の所有権移転登記を完了する前に売主が他にこれを売却する行為は、横領罪を構成する（最判昭30・12・26刑集9・14・3053）。また、前述のように、不動産の「二重売買」の事例で、「横領罪の共同正犯になる」としたものがある（福岡高判昭47・11・22刑月4・11・1803判タ289・292、和田・百選Ⅱ126頁）。

「販売委託品」については、その所有権は売却されるまで委託者に属する（最決昭28・4・16刑集7・5・915）。

「割賦販売」に関しては、特約のない限り、代金完済に至るまで、目的物の所有権は売主に属すると解される（大判昭9・7・19刑集13・1043、最決昭55・7・15判時972・129）。また、「ローン販売」の場合には、物の所有権は、担保目的でローン会社に譲渡されない限り、買主に移転し、場合によって、その物に担保権が付されるだけである（松宮273頁）。

「譲渡担保」に関しては、特約のない限り、内外ともに所有権が債権者に移転する形態と、特約によって弁済期まで所有権が債務者に留保される形態とが考えられるが、前者においては債務者がほしいままに処分した場合に、また後者においては債権者が処分した場合に、それぞれに横領罪が成立するものと解されている（大判昭11・3・3刑集15・396、大判大13・12・24民集3・555、大野－墨谷233頁、川端403頁）。

委託された金銭について、例えば、「消費寄託」の成立が認められるような場合には、当該金銭の所有権は、受託者に帰属する。問題は、これら以外の、例えば、一定の使途・目的を定めて寄託された金銭や、一定の委託事務に関連して委託者のために受領した金銭について生じる。判例は、前者に関して、「製茶買受け資金を受託した者はその金銭について刑法252条にいわゆる『他人の物』を占有する者と解され、受託者が当該金銭を委託の本旨に反して自己の用途に費消したときは、横領罪を構成する」（最判昭26・5・25刑集5・6・1186、佐久間・百選Ⅱ124頁、川端403頁）とし、後者に関しては、債権取り立てを委任された者が債務者から取り立てた金銭（大判昭8・9・11刑集12・1599）、雇われ人が主人のために取り立てた売掛け代金（大判大11・1・17刑集1・1）、委託販売によって受領した代金（大判大2・6・12刑録19・711、最決昭28・

4・16刑集7・5・915）などは、受託者が受領すると同時に事務委託者に帰属するとしている。

委託を受けて他人の不動産を占有する者が、ほしいままに抵当権を設定してその旨の登記を終了した後においても、その不動産は「他人の物」であり、ほしいままに売却等による所有権移転行為を行いその旨の登記を終了したときは横領罪が成立するとするものもある。この大法廷判決は、従来の判例解釈を変更して、後行行為についても「横領」罪の成立を認めたものである（最大判平15・4・23刑集57・4・467判時1829・32、浅田・平成15年度重要判例解説168頁、伊東・百選Ⅱ136頁）。

(4) 不法原因給付物

「不法原因給付物」については、それが横領罪の客体である「他人の物」といえるかどうかについて肯定説、否定説、および折衷説が鋭く対立している（大谷（第4版）308頁）。この対立は、不法原因給付物の返還請求権を否定する民法708条の射程範囲が必ずしも明らかでないことにも起因するが、むしろ、あらゆる形態の不法原因給付物の所有権帰属を一つの統一的な原理で説明しようとしてきた点にこそ、その原因があったように思われる（大野＝墨谷235頁）。そして、横領を否定する見解は、「民法では返還しなくてよい物の返還を刑法によって強制することになるのは不当である」と主張するのである。判例には、「不法原因のため給付をした者は民法上その給付したものの返還を請求することはできないが、しかし横領罪の目的物は単に犯人の占有する『他人の物』であることを要件としているだけであるから、不法原因給付物についても横領罪が成立する」（最判昭23・6・5刑集2・7・641、佐伯・百選Ⅱ122頁）とするものや「窃盗犯人が盗品の有償処分のあっせんを依頼したあっせん者に対して、その売却代金の返還を請求し得ないとしても、あっせん者がこの売却代金を着服すれば横領罪が成立する」（最判昭36・10・10刑集15・9・1580）とするものがある。しかし、いずれにせよ、「横領罪の成否を判断するためには、被害者の返還請求権を認めるべきか否かを民法レベルの総合判断で個別に判断することが不可欠である。そうでなければ、『法秩序の統一性』に矛盾が生じてしまうからである」とされている（松宮275頁）。

(5) 「公務所から保管を命ぜられた物」

さて、252条2項のいわゆる「2項横領」は、自己の物であっても公務所

から保管を命ぜられた場合には横領罪が成立することを認める規定である。同項は、国の保管命令を保護するための例外規定であって、これを私人間の保管関係一般に広く拡張することは許されないとされる（通説）。判例は、「公務所から保管を命ぜられた物」とは、「有体動産の差押さえのため、有体動産の存した場所とは異なる、営業所の宿直室の壁に差押えの公示を貼付しただけであるような、封印その他差押えを明白にすべき方法でなされなかった場合には、執達史がその保管を命じても、公務所から保管を命じられた物とはいえない」としている（大判大15・11・26刑集5・551）。

２　客観的行為

「不法領得の意思」を実現する行為であり、判例は、「法律的処分行為」として、物の売却、贈与、貸与、交換、質権・抵当権・譲渡担保権の設定、債務弁済への充当、預金、その引出し、振替、自己の所有権を主張して民事訴訟を提起することなどを認めており、また事実上の処分行為としては、消費、着服（自己のために占有を切り替えること）、拐帯（持ち逃げ）、抑留、搬出、毀棄、隠匿などを認めている。

３　未遂と既遂

通説・判例は、「不法領得の意思」の実現と認められる行為が開始されれば、その終了をまたずに直ちに既遂に達するものと解している。確かに、横領罪には未遂処罰規定がないため、そのように解する必要性があるのかもしれないが、横領罪は単に「委託信任関係」を破ることを犯罪としているのではなく、あくまでも財産犯としての領得罪である以上、単なる教義的な処分行為の開始では足りず、財産的損害またはその危険と直結する処分行為が現実化されているかどうかを実質的に判断する必要があるといえよう。例えば、売却のための単なる申込み（大判大2・6・12刑録19・714）などは不可罰的未遂と解すべきであるとする立場も有力である（川端416頁）。また、「領得行為説」の立場から未遂を認める説も有力である（山中388頁、西田225頁）。処分行為の着手と終了の区別は、横領罪における中止未遂の適用の可能性を認めるためにも不可欠である。

Ⅲ　業務上横領罪

業務上自己の占有する他人の物を横領した者は、10年以下の懲役に処せ

られる（253条）。

　本罪の主体は、業務上「他人の物」を占有する者であり、二重の意味で身分犯である。通説・判例によれば、252条1項の委託物横領罪（単純横領罪）は、「他人の物」の占有者という身分を必要とする真正身分犯であるとされ（最判昭27・9・19刑集6・8・1083）、また、業務上横領罪（253条）は、「他人の物」の占有者という身分と業務者という身分を必要とする二重の身分犯であり、委託物横領罪との関係では不真正身分犯と解されている（豊田・百選Ⅰ188頁）。

　「業務」とは、基本的には、業務上過失致死傷罪におけるそれと同じである。ただ本罪では、危険事務に代えて「他人の物」の保管占有事務に限定され、また「附随的事務」については、その不当な拡張を防ぐために、本業との密接な関連性および反復継続性が強く求められることに注意すべきである。判例は、「本条にいう業務とは、法規又は慣習によるか契約によるかを問わず、同種の行為を反復すべき地位に基づく事務を指称する」としている（大判昭9・10・29新聞3793・17）。

　本条にいう「業務者」とは、他人に雇われ、業務として金品を保管する者である。例えば、「村長は、年度予算に属する金員のような財産を管理する権限を有するが、それ以外の財産については、会計事務を管掌する収入役が、保管占有すべき職務権限を有するので、村長が収入役と相謀って横領行為をなした場合には、村長には、刑法65条1・2項を適用して、単純横領罪の刑を科すべきである」とされる（最判昭32・11・19刑集11・12・3073、豊田・百選Ⅰ188頁）。

Ⅳ　遺失物等横領罪

　遺失物、漂流物その他占有を離れた他人の物を横領した者は、1年以下の懲役または10万円以下の罰金もしくは科料に処せられる（254条）。

1　客体

　遺失物、漂流物は例示であり、「占有を離れた他人の物」が客体となる。

　遺失物（占有離脱物）とは、占有者の意思によらずにその占有を離れ、まだ誰の占有にも属していない物をいう。判例によれば、「刑法上の占有は、人が物を実力的に支配する関係で、必ずしも物の現実の所持又は監視を必要

とせず、物が占有者の支配力の及ぶ場所に存在するをもって足りる」（最判昭 32・11・8 刑集 11・12・3061、松尾(誠)・百選Ⅱ 56 頁）。

　占有者の意思に基づかずに偶然に自己の占有に帰した物（例えば、誤配の郵便物、風で飛んできた隣家の洗濯物など）を含む。本罪の客体については窃盗罪の客体との区別が問題になる。殺害後にはじめて領得意思が生じて盗んだ場合や、置き忘れた物がいつから遺失物になるかといった問題がある。「酩酊のため自転車を路上に放置してその場を立ち去った者が、放置場所を失念して帰宅した場合、この自転車は占有離脱物である」（東京高判昭 36・8・8 高刑集 14・5・316）。被害者が、公園のベンチにポシェットを忘れ 200 メートル離れたところで気が付いたが、忘れるのを見ていた被告人は、被害者が 27 メートル離れた時点で、これを領得した場合、被害者のポシェットに対する占有は失われておらず、被告人の本件領得行為は窃盗罪に当たるとした判例がある（最決平 16・8・25 刑集 58・6・515 判時 1873・167、園田・平成 16 年度重要判例解説 163 頁）。

　また「他人の物」でなければならないので、無主物は本罪の客体にならない。この点、判例は、いけすから逃げ出した養殖色鯉（天然のものと区別できる）（最判昭 56・2・20 刑集 35・1・15、江口・百選Ⅱ〔第 2 版〕120 頁）や、古塚内に埋蔵されていた 1500 年以上も前の宝石類も本罪の客体になるとしている（大判昭 8・3・9 刑集 12・232）。また、「ゴルフ場内の人工池の底にあるロストボールはゴルフ場側の所有に帰し、かつ、ゴルフ場の管理者に占有がある」として、その領得行為を窃盗罪とした（最決昭 62・4・10 刑集 41・3・221 判時 1231・164、林(美)・昭和 62 年度重要判例解説 164 頁）。

　2　行為

　「不法領得の意思」をもって「他人の物」を自己の事実上の支配内におくことである。当初は、返還または警察に届け出る意思をもって拾得した場合でも、後に領得の意思をもってそれを実現する行為をしたときには、その時点から本罪が成立する（大判大 10・10・14 刑録 27・625）。盗品と知りつつ拾得した場合にも、贓物収受罪ではなしに、本罪が成立する（最判昭 23・12・2 刑集 2・14・1877）。他人の占有物を遺失物と誤認して窃取したときには、38 条 2 項によって、本罪が成立する。

V　親族間の犯罪に関する特例

244条（親族間の犯罪に関する特例）の規定は、この章の罪について準用される（255条）。

1　趣旨

本条による特例（244条）は、「法は家庭に入らず」という趣旨から、第38章に規定する横領罪について親族間の犯罪にも準用される。したがって、直系血族、配偶者および同居の親族の間で本罪が犯された場合は、その刑が免除される。ただし、内縁関係にある「配偶者」については、最高裁は、「244条1項が、内縁の配偶者に適用されることはない」としている（最決平18・8・30刑集60・6・479判時1944・169、林・平成18年度重要判例解説167頁）。

2　親族相盗例の適用範囲

最高裁は、「未成年後見人である被告人が、共犯者2名と共謀の上、業務上預かり保管中の未成年被後見人の貯金約1500万円を引き出して横領した」事案で、「家庭裁判所選任の未成年後見人の後見の事務は公的性格を有するもので、刑法244条1項を準用して刑を免れる余地はない」として、親族相盗例の準用を否定している（最決平20・2・18刑集62・2・37判時1998・161、川口・平成20年度重要判例解説192頁）。

また、「成年被後見人の養父であった被告人が、後見の事務として業務上預かり保管中の預貯金を引き出して横領した」事案で、244条1項の準用を否定している（最決平24・10・9家裁月報65・2・88、裁時1565号3頁、内田・平成24年度重要判例解説161頁）。

しかし、こうした判例の傾向に対して、「後見人になっても親族は親族であって244条の明文を無視するのは罪刑法定原則違反である」とする見解もある（松宮284頁）。

第7節　背任の罪

I　総説

　刑法典は、瑕疵ある財産的処分行為に関する「詐欺及び恐喝の罪」（第2編第37章）の章下に背任罪を規定している。しかし、背任罪を信任関係（信頼関係）に背いて財産的損害を与えるという点に本質があると理解するならば、それは委託物横領罪と近似する犯罪類型であり、むしろ「横領の罪」（第2編第38章）の章下に規定されるべきとも考えられる。[1]

　このように背任罪の本質的内容は、曖昧なものである。このことから、その体系的理解に関しては、従前より議論が生じている。この点、背任罪をめぐる「権限濫用説」と「背信説」との対立が議論の出発点として紹介されることが一般的である。[2] ここでいう「権限濫用説」とは、他人の事務処理のために法的代理権を与えられた者が当該権限を濫用して財産の損害を生ぜしめる点に背任罪の本質を見出す見解である（代表的な主唱者として、瀧川幸辰が挙げられる。瀧川172頁以下）。例えば、物の売却を法的に委任された者が不当に廉価で売却するというような行為が想定される。これに対する「背信説」とは、そのような法律上の権限の有無に限定されることなく、およそ事実上の行為によっても事務委託者との信任関係に背く点に背任罪の本質を見出す見解である。[3] 例えば、売却前に保管された委託物の管理を怠ることで、その品質を劣化させた事実上の行為により、廉価でしか売却できなくなるような場合も想定される。

　日本の刑法における背任罪は、成立過程を鑑みれば、その権限を法的代理権に限定する見解が起草者により否定されている。[4] しかし、背任罪の成立範囲に関して、当初は事務処理者の権限に着目した立法が試みられたことからも、完全に背信説的な理解が前提にされているとも断定できない。[5] 問題は、権限濫用説と背信説の対立から出発して、どのように背任罪の妥当な処罰範囲を画していくかにあろう。

1）　生田ほか166頁参照。しかし、横領罪は、個々の財物における領得を内容とするのに対し、背任罪は、その財物を領得する行為というよりも、その所有者の全体財産（経済的な財産状態全般）を侵害するもの（毀棄罪的性格）として把握されている点で異なる。その意味で、背任

罪は、横領罪よりも法定刑が軽く設定されている。このような指摘に関しては、日比・大コメ 13 巻 173 頁参照。
2) 横領罪との関係で背任罪をめぐる学説上の対立状況を紹介するものとして、上嶌一高・背任罪理解の再構成（1997）123 頁以下参照。
3) この見解は、わが国における判例・通説として紹介されている。この点、日比・大コメ 13 巻 173 頁参照。
4) 現行刑法の立法経緯に関しては、上嶌・前掲注 2) 119 頁以下。
5) このような指摘として、内田幸隆「背任罪の系譜、およびその本質」早稲田法学会誌 51 巻 131 頁参照。

II 背任罪

　他人のためにその事務を処理する者が、自己もしくは第三者の利益を図り、または本人に損害を加える目的で、その任務に背いた行為をして、本人に財産上の損害を与えたとき、5 年以下の懲役または 50 万円以下の罰金に処せられる（247 条）。

1 他人のための事務処理者

　本罪の主体は「他人のために、その事務を処理する者」に限定される。したがって、本罪は、身分犯である。他人とは、自然人であると、法人であると、権利能力なき社団であるとを問わない。単に「他人（本人）のため」の事務を処理するだけではなく、「他人（本人）の事務」に関して、その他人（本人）のために処理しなければならない法的誠実義務をもっぱら負う立場にある者でなければならない。したがって、例えば、売買契約において、売主・買主の双方に要求される信義誠実な債務の履行は、両者の相手方の利益のためになされる事務であったとしても、同時に自己のための事務でもあるから、背任罪は成立しないものと理解されている（ただし、民事上の債務不履行または刑事上の詐欺罪・横領罪の成立は、別途問題となる）。すなわち、本罪における「他人の事務」とは、本来、その他人（本人）が自分自身で実行可能な事務でありながら、これを行為者が代わって事務処理しているという状況が必要であると理解されている。

　他人（本人）の事務を処理するための根拠は、必ずしも権限を授与するというような主観的信任関係が存することは必要ではない。その他人（本人）と行為者との間に一定の法的な信任関係があれば足り、その発生原因は、法令の規定・契約・慣習・事務管理のいずれから生じるものであってもよい（日比・大コメ 13 巻 177 頁以下）。そのような意味で、他人（本人）と行為者と

の間における対内的関係が必要とされる。その一方で、第三者への対外的関係においては、必ずしも代理権のような法的権限が存在する必要はないものとされている（大判大 12・3・21 刑集 2・242）。

　本罪における「事務」の内容は、公的事務であると、私的事務であるとを問わない。公的事務である場合、その行為者が公務員であることは必要とされない。解釈上、背任罪という財産犯の性格からして、公的事務の内容も財産上の処理に限定され、一定程度、包括的・裁量的な内容を備えたものであることが必要とされている（井田 143 頁以下、伊東 228 頁、団藤 652 頁、大塚 321 頁以下、大谷 331 頁）。

2　任務違背行為
(1)　権限濫用説と背信説

　背任罪の実行行為は「任務に背く行為」である。この点に関しては、前述した権限濫用説と背信説とで理解が異なる。

　権限濫用説によれば、背任罪の主体は、法的代理権を有する者に限定されるので、実行行為（任務違背行為）も対外的な法律行為（民法上の意思表示を要素とする行為）に限定されることになる（瀧川 173 頁）。この考え方は、確かに背任罪の成立範囲を画する基準が明確であるという長所を有している。しかし、これによれば、事実行為（例えば、着服・費消等の民法上の意思表示を要素としない行為）における背任罪の成立が認められなくなることから、法益保護の要請が十分に果たされない懸念が生じる。

　その一方で、背信説によれば、任務違背行為とは、本人の事務を処理するに際して、本人との信任関係を裏切り、誠実義務に違反するものとして把握される。すなわち、具体的状況のもとで、法規・契約内容・慣習・信義誠実の原則に照らし、当該事務の処理者として期待された行為に反することを意味する。それは、法律行為である必要はなく、事実行為（大判大 3・6・20 刑録 20・1313 等）でも、不作為（大判明 45・5・6 刑録 18・570）でも足りる。確かに、財物の保管を委託された者が当該物を損壊した場合または企業の営業秘密を盗用した場合（東京地判昭 60・3・6 判時 1147・162、奥村・百選 II 140 頁以下）、このような事実行為による財産侵害は、可罰性が高く、これを背任罪として捕捉する必要性が認められる。このことから、判例・通説は、背信説を支持するものであると一般的に理解されている（小野 263 頁、川端 425 頁、団藤 648 頁、

福田 286 頁)。

(2) 背信説を限定化する試み

　背信説は、確かに法益保護の要請を満たすものである。しかし、一方で、すべての信任関係違背が背任行為であるとすると処罰範囲が無限定に拡大してしまうことも懸念される。そこで、背信説の内容を限定化することにより、背任罪の成立範囲を明確化することが学説において求められている（伊藤ほか 230 頁以下、大塚(裕)296 頁以下）。

　まず、任務違背行為を選別する基準として、権限濫用説の考え方を再評価し、背任罪の前提となる「権限」とは、法的代理権に限定されずに、事実上の処分権限として理解されるべきという主張がある。このような見解は、背信的権限濫用説と呼称されている。しかし、この背信的権限濫用説は、事実上の処分権限の内容が不明確であると批判されている（平川 389 頁）。

　次に、事務処理者と本人との間に特定の高度な信任関係がある場合に背任罪の成立を限定するべきだという考えが主張されている。このような見解は、限定背信説と呼称されている（曽根 181 頁、林 268 頁、山中 406 頁以下）。しかし、この限定背信説は、何が高度な信任関係に当たるのかの基準が明確ではないと批判されている。

　また、事務処理者の範囲を「本人の財産処分に関する意思決定過程に関与する者及び当該過程を監督する者」と説明する考え方も主張されている。このような見解は、意思内容決定説と呼称されている（同旨の学説として、上嶌・前掲注 2) 238 頁）。しかし、この意思内容決定説は、意思決定にかかわらない事実行為が任務違背行為に含まれないことは妥当ではないと批判されている（今井ほか 248 頁、西田 254 頁以下）。

　結局のところ、どのように事務処理者に委ねられた財産処分に関する裁量の範囲を明確化するかに関しては、学説上も議論が収束していない状況にある。例えば、取引上、損害発生の危険性が高い確率で予想される「冒険的取引」が任務違背行為になるかどうかは、委託事務の性質・内容によっても評価は異なる。広汎な裁量権限を有する会社の経営者等においては、一定程度の冒険的取引も一般的に許されるであろう。それに対して、後見財産の事務処理として、そのような冒険的取引は許容されないものとも考えられる（大野＝墨谷 245 頁）。背任罪が問題となる事務処理の内容は、様々な性質のもの

が想定される。このことからも、これらに共通した一定の基準を構築する学説上の試みは、非常に困難なものと考えられている[8]。

3 財産上の損害

本罪は、任務違背行為により財産上の損害発生が求められている。ここでいう損害とは、積極的損害（既存財産の減少）であるか、消極的損害（得べかりし利益の喪失）であるかを問わない。全体財産に対する罪であるから、一方で損害があっても、他方で当該損害を補う給付がある場合には、全体として財産上の損害があったとはいえない[9]。問題は、この全体財産の減少を法律的見地から判断するのか、経済的見地から判断するのかにある。

この点、判例によれば、損害の有無は、法的にではなく経済的見地から判断されている（最決昭58・5・24刑集37・4・437、船山・百選Ⅱ142頁以下）。したがって、いかに法律上の権利を有していても経済的に回収不可能な状態を発生させた場合には、その時点で（例えば、不良貸付の時点で）損害が生じたと認められる（大判昭13・10・25刑集17・735）。損害額が不確定でもよい（大判昭8・12・4刑集12・2196）。財産上の損害の有無が経済的見地で把握されるのであれば、任務違背行為が法律上無効であっても、財産上の損害は肯定されうる（最判昭37・2・13刑集16・2・68）。

また、任務違背行為が法的効果を伴わない事実行為の形式（例えば、帳簿への虚偽記載）による場合でも、権利行使を妨げる事実状態の作出があるとして財産上の損害発生が肯定される場合もある（大判大3・6・20刑録20・1313、大判昭13・11・21刑集17・86）。

本罪は、危険犯ではなく、結果犯である。その未遂も処罰される（250条）。したがって、財産上の損害が現実に発生したと認められない限り、「財産減少の危険の発生」（植松457頁）というだけでは、未遂の段階にとどまると解するべきである。この点、判例において用いられる「実害発生の危険」という表現は、危険犯であることを意味するものではなく、前述したように、法律的に損害が発生していなくても、経済的に実害が発生していることを意味しているものと解されている（日比・大コメ13巻198頁）。

4 図利・加害目的

本罪は、主観的要件として、故意のほかに、自己もしくは第三者の利益を図る目的（図利目的）または本人に損害を加える目的（加害目的）が必要であ

る。すなわち、目的犯である。したがって、本罪は、設定された目的に応じて、利得罪的性質を有する「利得的背任」と毀棄罪的性質を有する「毀棄的背任」とに分かれることになる（伊東228頁）。

判例によれば、図利目的は、財産上のものである必要はなく、身分上の利益（自己の信用面目を守るため）も含まれる（大判大3・10・16刑録20・1867）。これに対しては、本罪の財産犯としての性格からして財産上の利益に限定されるべきという主張がある。[10]

問題は、図利・加害の事実に関して確定的な認識または意欲を必要とするかである。例えば、脅迫等により任務違背行為を強要された事務処理者が消極的な動機でやむなく事務委託者に損害を与えたような場合、そのような図利・加害目的を認めることができるか否かが問題となる。

この点に関して、そのような確定的認識・意欲を求める見解（積極的動機説）によれば、仮に加害目的が未必的認識で足りるとすると損害発生の認識という背任罪の故意と重なることになり、故意と別個に図利・加害目的を設定した意味が失われると主張されている（井田144頁、大塚327頁、大谷334頁、川端432頁、須之内215頁、曽根187頁）。

しかし、図利・加害目的は、当該任務違背行為が委託者本人のために事務処理する意思（本人図利目的）である場合には、背任罪が成立しないことを裏側から表現したと考えることも可能である。[11]このような観点から、本人図利目的を排除する趣旨で図利・加害目的を説明する見解（消極的動機説）も主張されている（伊東233頁、中森141頁、西田260頁、前田399頁、山口327頁）。この見解によれば、本人図利目的が認められない場合、図利・加害目的は未必的なもので足りるということになる。

5　背任罪の成否が問題とされた具体例

判例上、背任罪の成立が問題とされた典型的な例としては、銀行の事務担当者が回収の見込がないのに十分な担保を取らずに行った不良貸付（最決昭38・3・28刑集17・2・166、最決昭60・4・3刑集39・3・131）、いわゆる「蛸配当（粉飾決算）[12]」（大判昭7・9・12刑集11・1317）、物品払下げの事務担当者が殊更に廉価で売却する行為（大判昭9・5・28刑集13・679）、いわゆる「二重抵当」（最判昭31・12・7刑集10・31・1592）[13]等が挙げられる。ここでは、特に「二重抵当における背任罪の成否」が重要な論点を含んでいることから、以下、検討する。[14]

前述したように、背任罪の成立要件を厳格に解するならば、債務者・抵当権設定者が債権者・抵当権者に対して負うべき登記協力義務は、「債権者・抵当権者のための事務」ではあっても「債権者・抵当権者の事務」とはいえない[15]。したがって、二重抵当は、背任罪を構成しないと解するべきという見解も学説上、有力に主張されている[16]。

しかし、債権者・抵当権者は、債務者・抵当権設定者の協力を得て、登記という対抗要件を備えなければ権利を保全できないという特殊性を有する。この点を考慮して、判例では、債務者・抵当権設定者を債権者・抵当権者の事務処理者として構成することで、背任罪の主体となりうるものと考えており、学説上も支持されている（井田149頁）。

また、任務違背行為の内容を背信説に従って、本人との委託信任関係に違反する一切の行為を意味すると解するならば、債務者・抵当権設定者は、債権者・抵当権者に対して、登記に必要な協力をし、それを妨害してはならないという義務に違反するものとして理解することも可能である。

問題は、そのような任務違背行為により、財産上の損害が発生したか否かである。これは、前述したように、どのような視点から財産上の損害を理解するかに応じて結論が異なりうる。これを経済的な観点から評価すると、不動産の価値が二重抵当の先順位および後順位の抵当権者における全体の極度額を担保するのに十分である場合、登記の順番に関係なく債務の弁済は担保されており、経済的損害は、発生していないようにも思われる。しかし、判例によれば、先順位の抵当権と後順位の抵当権とでは、債権に対する経済的価値が異なり、その価値の差異は、抵当物件の価値が全債務の合計額を上回るか下回るかとは無関係に生じるものと理解されている。

また、債務者・抵当権設定者は、二重抵当を実施することにより、新たな融資を受けられる。このことから、図利目的が肯定される。

以上のような説明により、判例上、二重抵当は、背任罪を構成するものとして処理されており、学説上も支持されている。このような結論は、電話加入権の二重譲渡等においても同様にあてはまるものとして理解されている（大判昭7・10・31刑集11・1541、東京高判平11・6・9判時1700・168）。

6　背任罪と横領罪との区別

基本的に、横領罪は、他人の委託物を領得する犯罪である。その一方で、

背任罪は、他人の事務を処理するに当たり、本人に損害を与える犯罪である。このことから、両罪の実質的な性格は異なる。しかし、「他人の事務を処理する者」（委任、寄託、雇用、請負等の関係にある者）として、本人から管理・保管を委託された財物（特に金銭）を不正に利用・処分し、そのことで本人に損害を与えた場合、両罪のいずれに該当するのかは、実際上、不明瞭である（論点の整理として、伊東・現代272頁以下、大塚(裕)314頁以下）。両罪が競合する場合の罰条関係に関しては、両罪は保護法益を同じくするので、一方が成立すれば他方は成立しない法条競合の関係にあると解するのが一般的である。問題は、どのような基準で両罪を区別するかにある。

　まず、第1の見解は、行為の客体に応じて両罪を区別する。すなわち、財物に対する場合が横領罪であり、それ以外の財産上の利益に対する場合を背任罪とする見解である（客体基準説）[17]。これは、横領罪と背任罪との関係を強盗罪等における1項犯罪と2項犯罪とに対応させて理解するものである。しかし、横領罪の方が背任罪よりも法定刑が重いことを考えると、なぜ、財物侵害が利益侵害よりも重く処罰されるのかを合理的に説明するものではないと批判されている。

　次に、第2の見解は、物に対する処分行為が一般的権限の範囲を越えて行われた場合が横領罪であり、その範囲内で濫用的に行われた場合が背任罪とする見解である（権限基準説）[18]。しかし、一般的・抽象的権限の逸脱と濫用の境界は必ずしも明確ではなく、また、本人のために行われた一般的・抽象的権限の範囲を越える行為が直ちに領得行為になるとはいえないと批判されている。

　そこで、第3の見解として、他人の物そのものを自己領得してしまう場合が横領罪であり、それに対して、あくまでも本人の事務として物を処理する際に、本人に損害を与え、または本人の損失において自己または第三者の利得を図る場合が背任罪になるとする見解が主張されている（領得行為基準説）[19]。しかし、この見解は、領得行為という抽象的な基準を提示するにすぎないことから、この領得行為性を判断する具体的な下位基準を設定する必要がある。例えば、この説を主張する論者の多くは、判例と同様に「名義」および「計算」[20]という表現を用いて、横領罪と背任罪の区別を試みている。

　判例は、伝統的に、自己の利益を図る目的で物を処分する場合は横領罪で

あり、第三者の利益を図る目的で物を処分する場合には、それが自己の名義または計算で行われるならば横領罪であり、本人の名義かつ計算で行われるならば背任罪であるという基準を用いている（最判昭34・2・13刑集13・2・101）。この判例の趣旨が、行為者において物が自己のものとして領得されたか否かを明らかにするところにあるならば、第3の領得行為基準説と内容的にほぼ同様のものとも考えられる[21]。

7 背任罪と共同正犯

不正融資等を実施した事務処理者に背任罪が成立する場合、そのような事務処理者としての身分を有していない不正融資等の相手方に関して、背任罪の共同正犯が成立するかという問題が議論されている[22]。以下、この点に関して、検討を加える。

まず、前提問題として、身分犯に非身分者が加功した場合、共同正犯が成立するかという「共犯と身分」に関する一般的な論点が指摘できる。この点に関して、判例によれば、非身分者も身分者と共同することにより、刑法上、想定される保護法益を侵害することは可能であるとして、65条1項の「共犯」は、共同正犯を含むものと解されている（大判明44・10・9刑録17・1652、大判大4・3・2刑録21・194）。したがって、理論的には、融資を受ける非身分者も融資を行う身分者とともに共同正犯が成立しうるということになる。

実際上、判例において、このような相手方が当該背任行為により利益を収めた場合、その者を共同正犯として処罰した事例（最決平15・2・18刑集57・2・161：住専事件、最決平17・10・7刑集59・8・1108：イトマン事件、最決平20・5・19刑集62・6・1623：石川銀行事件）が近時における議論を喚起している[23]。

しかし、不正融資等の相手方に関しては、原則として、背任罪の共同正犯を認めるべきではないようにも思われる。なぜなら、通常、資金の融資を受ける側は、自己の利益を追求するために、融資を実施する側に積極的に働きかけることが通常であり、そのような働きかけ自体は、刑事責任の対象とされるべきではないからである（大塚（裕）308頁）。したがって、融資を受ける側において、例外的に背任罪の共同正犯が認められるためには、どのような要件が必要とされるかという問題が生じる。

この点、従前の下級審判例においては、社会通念上、許されない態様で積極的に働きかけて背任行為を強いる等、当該背任行為を殊更に利用したと認

められるような場合が想定されていた（東京地判平 13・10・22 判時 1770・3）。

　しかし、最高裁は、前掲した住専事件およびイトマン事件において、そのような社会通念を逸脱した積極的働きかけが認められないような場合であっても、関係当事者間における癒着状況（相互依存関係）という利害の共通性に着目して、背任罪の共同正犯を認めている。さらに、最高裁は、前掲した石川銀行事件において、そのような利害の共通性が認められなくても、不正融資等の実現に積極的に加担したと評価可能であれば、共同正犯が成立するとも判示している。したがって、この石川銀行事件の判例により、積極的な働きかけ（加担）が意味するところは、社会通念上、許されない態様という意味合いから、資金の貸し手と借り手という利害対立関係を解消することにより、不正融資等を積極的に推進する意味合いにまで変容したものとも評価されている（伊東ほか 257 頁、大塚(裕)311 頁）。

　以上の近時における判例の動向をまとめると、例外的に背任罪の共同正犯が認められるためには、次のような状況が求められることになる。第 1 に、不正融資等を実施する側（事務処理者）の適切な審査機能が期待しえないような状況を不正融資等を受ける側が作出する（働きかける）ような場合である。第 2 に、不正融資等を実施する側と当該融資を受ける側の両者において、利害関係が一体化しているような場合である。これらの状況的要件が認められる場合、不正融資等の相手方は、背任という結果に対する寄与の重大性が肯定され、共同正犯として処罰される実質を備えているものとして評価することができる（このような状況的要件に関しては、今井ほか 259 頁、大塚(裕)312 頁）。

6）　同旨の学説として、植松 452 頁、内田 345 頁、大塚 317 頁、大谷 328 頁、藤木・講義 343 頁参照。伊東 229 頁および前田 391 頁における「新（しい）権限濫用説」も基本的には同様である。
7）　例えば、限定背信説を主張する曽根 181 頁によれば、背任罪は、組織的経済活動における内部的信任関係違背による財産侵害として把握されることになる。しかし、大塚(裕)297 頁によれば、それは、信頼関係の「範囲」に関する問題であって、「程度」を限定するものではないと批判されている。
8）　この点、島田聡一郎「背任罪に関する近時の判例と、学説に課された役割」ジュリ 1408 号 118 頁によれば、背信説の立場から、何が任務違背行為に当たるのかを判断する基準として、被害者である本人の意思およびそれを具体化した定款・内規等が重要な意味を有すると指摘している。
9）　日比・大コメ 13 巻 201 頁参照。背任罪は、現行財産罪のなかでも唯一の全体財産に対する

犯罪とされる。
10) 大塚326頁以下、団藤655頁、福田289頁参照。もっとも身分上の利益を財産上の利益として再構成できる限り問題ない。
11) 判例上も、本人の利益を図る目的でなされた事務処理は、たとえ本人に損害が生じても本罪は成立しない（大判大15・4・20刑集5・136）。その一方で、主として自己または第三者のためになされる場合には、本人の利益を図る目的が併存していても、背任罪を成立させた判例（最決平10・11・25刑集52・8・570）の解説として、長井・百選Ⅱ146頁以下参照。
12) 蛸配当（粉飾決算）とは、架空の利益を計上して配当する行為の通称である。
13) 概説としては、松宮・百選Ⅱ138頁以下参照。
14) 二重抵当の問題も含め、排他性を有する物権的権利の保全が侵害された場合における論点を指摘するものとして、島田・前掲注8）115頁参照。
15) このような者を「事務処理者」に含めると必ずしも本人との高度な信頼関係や包括的な裁量権を要しない結果になると指摘する者として、生田ほか166頁参照。
16) 同旨の学説として、平野229頁、中山334頁、上嶌・前掲注2）242頁、松宮289頁、山口324頁参照。
17) 同旨の学説として、大谷338頁、岡野196頁、木村150頁、江家321頁、西原255頁、牧野(下)760頁参照。
18) 同旨の学説として、伊東235頁、植松460頁、内田345頁、川端426頁、佐久間250頁以下、団藤641頁、大塚320頁、藤木・講義354頁以下、前田408頁参照。
19) 同旨の学説として、生田ほか176頁以下、曽根184頁、中森143頁、西田266頁、萩原117頁、平川391頁、山口334頁、山中408頁参照。
20) この「計算」の意味するところに関しては、日比・大コメ13巻221頁では、「経済的効果を帰属させること」として説明されている。これを「資金の流れ」と表現するものとして、島田・前掲注8）121頁参照。井田149頁によれば「計算」とは、形式的な「名義」に対して、実質的な法的・経済的な効果と表現されている。
21) なお、伊東236頁によれば、権限の範囲を逸脱しているか否かということは、領得行為に該当するか否かの判断基準に相応の意味を有することから、権限基準説も領得行為基準説も判例の見解も実質的には同等の内容であることが指摘されている。
22) 議論状況に関しては、島田・前掲注8）121頁以下、山口厚ほか「座談会：現代刑事法研究会(6)背任罪」ジュリ1408号121頁以下・145頁以下参照。
23) 概説としては、橋爪・百選Ⅱ148頁以下参照。

第8節　盗品等に関する罪

I　総説

　刑法典第2編第39章「盗品等に関する罪」においては、盗品等無償譲受け罪（256条1項）、盗品等運搬罪（同条2項）、盗品等保管罪（同条2項）、盗品等有償譲受け罪（同条2項）、盗品等有償処分あっせん罪（同条2項）が規定されている。

　盗品等に関する罪が本犯である財産犯とは独立の財産犯罪として位置付けられるようになったのは、比較法的にも19世紀以降であり、それまでは本犯者の庇護犯または事後従犯として取り扱われていた。確かに、盗品等に関する罪は、本犯の存在を前提として成立するものであり、この点で犯人蔵匿罪や証拠隠滅罪と同様の犯人庇護的性格を認めることができる。しかし、盗品等に関する罪が行われる現状は、必ずしも本犯のためにする意思を必要としていないし、自己の利欲のために行われる利欲犯的性格が強い点からも、むしろ独立した財産犯罪として把握されるのが一般的である。

　盗品等に関する罪の保護法益は、従前から議論されている。判例（最判昭23・11・9刑集2・12・1504等）によれば「贓物に関する罪の本質は、贓物を転々して被害者の返還請求権の行使を困難若しくは不能ならしめる」点に盗品等に関する罪の本質があるとされている。これは、いわゆる「追求権説」と呼称され、学説上も支持されている。これに対し、盗品等に関する罪の本質を本犯により作出された違法な財産状態を維持する点に求める見解も主張されている。これは、いわゆる「違法状態維持説」と呼称され、少数の学説において支持されている（木村166頁）。違法状態維持説は、盗品等に関する罪を規定したドイツ刑法旧259条において、従前、その客体が「犯罪行為により取得された物」と規定されていたことを受け、そこで支持されていた考え（Aufrechterhaltungstheorie）を援用したものである。したがって、この違法状態維持説によれば、収賄罪・賭博罪のように財産犯とはされない犯罪により獲得された財物も、本罪の客体とされうる。

　この見解の相違は、どの範囲で本罪の客体である盗品等を把握するのかに影響する。追求権説は、それを狭く解し、違法状態維持説は、これを広く解

することになると考えられている[5]。この点、現行法上、盗品等に関する罪の客体は「領得された物」という文言により財産犯の一種と理解されている以上、違法状態維持説のように盗品等の概念を広く捉えることは、わが国の解釈論として、妥当ではないと批判されている（生田ほか180頁、山口337頁、山中423頁）。

　他方、追求権説は、盗品等に関する罪を規定する刑法256条1項と同条2項の法定刑に大きな差のある点が回復追求の困難性の面から十分に説明しきれていないことが批判されている。しかし、この1項と2項の罪質の相違に関しては、法社会学的分析を基礎にした適切な指摘がある（平野龍一「賍物罪の一考察」小野還暦343頁以下）。すなわち、その指摘によれば、1項における無償譲受け罪は、本犯の利益の分け前に関与する行為で前近代的な犯罪類型であり、2項の有償譲受け罪等は、交換経済の発展を前提に、本犯の行為を誘発助長し、自己の欲望を実現しようとする利欲犯的性格を有する近代的犯罪類型とする分析がなされている[6]。双方の法定刑の差も、このような両者の罪質の相違に着目することで合理的な説明が可能である。

　また、追求権説と違法状態維持説の関係も必ずしも排斥し合うものでなく、一方では、本犯の被害者の観点からみれば回復追求を困難ならしめる行為であり、他方、本犯と盗品等犯人との関係の面から把握すると本犯を庇護する行為としても把握できるとして、盗品等に関する罪の保護法益を総合的に把握しようとする見解も主張されている[7]。確かに、盗品等に関する罪の罪質は、追求権を保護するという観点だけでは把握できない側面を有する。しかし、様々な要素を総合的に考慮する折衷説的な見解は、翻って本質的なものを見失わせ、盗品等に関する罪の適用範囲を拡張させるものであると批判されている（名和鉄郎「賍物罪」現代刑法講座4巻373頁以下）。

1) 刑法表記の現代語化を図った1995年刑法一部改正以前は「贓物ニ関スル罪」という章名が用いられていた。「贓」とは、不正な手段で手に入れた物を意味する。贓物は、文献上「賍物」と表記される場合もある。本罪の沿革等を説明する際、必要に応じて、贓物（賍物）の旧表記を用いる。
2) 盗品等に関する罪の歴史的沿革は、高田義文「贓物罪」刑事法講座4巻893頁以下が詳細である。
3) 同旨の学説として、朝倉208頁、内田379頁、小野277頁、香川582頁、川端439頁、須之内225頁、曽根192頁、山口337頁以下参照。なお、この追求権説を核として、利益関与的性格を加味するという見解（大谷341頁、高橋405頁、団藤660頁以下、中森145頁、西田269

頁以下、山中 425 頁）も主張されている。
4) ドイツ刑法 259 条は 1974 年 3 月 2 日の改正により、本犯行為としての窃盗を例示するとともに「その他、他人の財産に向けられた違法な行為により入手された物」と規定するようになった（香川 583 頁参照）。
5) もっとも違法状態維持説に立てば必ず盗品等の概念が広くなるという必然性はないとの見解もある（井上＝江藤 200 頁参照）。
6) 判例によれば「法が贓物牙保（盗品等有償処分あっせん罪）を罰するのは、これにより被害者の返還請求権の行使を困難ならしめるばかりでなく、一般に強窃盗の如き犯罪を助成し誘発せしめる危険があるからである」と判示されている（最判昭 26・1・30 刑集 5・1・117）。
7) 同旨の学説として、井田 158 頁参照。また、大塚 333 頁、福田 293 頁以下、前田 415 頁は「新しい違法状態維持説」（財産犯により生じた違法な状態）ないし「追求権を核とした違法状態維持説」を主張する。さらに、行為無価値論の立場から、財産犯全体の捉え方に関する再検討を主張する立場として、自由な意思決定を基礎とした財産支配の事実的状態を保護法益として設定するべきと主張する見解もある（伊東 239 頁参照）。学説の整理に関しては、藤永・大コメ 13 巻 469 頁以下参照。

II 盗品等無償譲受け・運搬・保管・有償譲受け・有償処分あっせん罪

盗品等を無償で譲り受けた者は、3 年以下の懲役に処せられる（256 条 1 項）。盗品等の運搬・保管・有償譲り受け、または有償で処分をあっせんした者は、10 年以下の懲役および 50 万円以下の罰金に処せられる（同条 2 項）。

1 客体

客体は「盗品その他財産に対する罪に当たる行為によって領得された物」（盗品等）である。1995 年の刑法一部改正以前における「贓物」という文言に比べて、その意味内容が明確化された。この文言に従えば、収受された賄賂、賭博により得た物、偽造の通貨・文書、密輸入の財物、漁業法違反の漁獲物等は、256 条の客体には当たらない。

盗品等に関する罪の成立は、財産罪である本犯の存在を前提とする。この点、判例によれば、本犯は、犯罪として成立している必要はなく、構成要件に該当する違法な行為であれば足りるとされている。したがって、本犯者が 14 歳未満の責任無能力者の場合（大判明 44・12・18 刑録 17・2208）、親族相盗により刑が免除される場合（大判大 5・7・13 刑録 22・1267）、公訴時効が完成したため処罰できない場合（大判明 42・4・15 刑録 15・435）であっても、盗品等に関する罪は成立する。

また、判例が採用する追求権説によれば、被害者が法的手段により取り戻すことが可能な物であることが必要とされる。この点に関して、いくつかの

論点が生じている。

　まず、被害者が不法原因により交付した財物が本罪の客体に当たるか問題となる。不法原因給付物は、民法上、返還請求権が認められないことから、追求権説によれば、本罪の客体とはならないという結論になる[8]。他方、違法状態維持説によれば、返還請求権の有無は問題とされないことから、本罪の客体となる（木村169頁）。また、折衷説的な立場からは、追求権の有無に拘泥することなく、本犯が成立する限り、それにより入手された物は盗品等に該当するという見解も主張されている（藤木・講義359頁、中谷瑾子「贓物罪」刑法講座6巻156頁）。

　また、民法上、即時取得された財物が本罪の客体に当たるか問題となる。追求権説によれば、返還請求権が認められる限りで本罪の客体となることから、盗品に関して民法上即時取得の要件が備わる場合であっても（民192条）、被害者に回復請求権が留保される2年間（民193条）は、盗品等に該当するものとされる（大判大15・5・28刑集5・192等）。

　さらに、民法上、加工された財物が本罪の客体に当たるか問題となる。この点、追求権説によれば、回復請求権が消滅すると本罪の客体ではなくなるので、加工により物の所有権が工作者に帰するような場合（民246条）は、盗品等には該当しないことになる。ただし、多少の変更を加えても物の同一性が失われない限り、盗品等に当たるものと評価することができるので、強窃取した貴金属の原形を変えて金塊とした場合（大判大4・6・2刑録21・721）、盗伐した木林を製材にして搬出した場合（大判大13・1・30刑集3・38）、自転車の車輪やサドルを取り外して他の自転車の車体に取り付けた場合（最判昭24・10・20刑集3・10・1660、大山・百選Ⅱ 154頁以下）も盗品等に当たるとされている。

　そして、被害者が返還請求権を有するのは盗品等それ自体に対してであるから、盗品等の売却代金により購入した物は盗品等には当たらない。しかし、判例によれば、金銭のように代替性を有するものは、他の金銭に両替されたとしても、本罪の客体に当たるとされている（大判大2・3・25刑録19・374）[9]。さらに、盗品等とされる小切手を呈示して得た現金も盗品等に当たるとする判例もある（大判大11・2・28刑集1・82）。これは、小切手の特殊な性格と機能から、現金との間に同一性を認めるという理論構成により、説明されている

(河上＝渡辺・大コメ 13 巻 485 頁)。

2 行為

盗品等に関する罪の行為は、無償譲受け（1 項）、運搬・保管・有償譲受け・有償処分あっせん（2 項）である。

無償譲受けとは、盗品等であることを知りながら、無償で当該物を取得することである（大判大 6・4・27 刑録 23・451）。贈与を受けたり、無利息消費貸借により物の事実上の処分権を得た場合が無償譲受けに相当する。本罪は、危険犯ではなく、侵害犯であるとされ、収受の約束では足りず、現実に盗品等の引き渡しを要するものと解されている。

運搬とは、盗品等の所在を移転することであり、有償・無償を問わない。判例によれば、被害者の追求回復を困難にすれば足りるので、運搬距離が短い場合でも本罪は成立する（最判昭 33・10・24 刑集 12・14・3368）。また、窃盗犯人に協力して盗品の返還と引き換えに被害者から金員を交付させる目的で盗品を被害者宅に運び込んだ行為を本罪の運搬に当たるとした判例もある（最決昭 27・7・10 刑集 6・7・876）。この判例に対しては、被害者の追求を困難にしたとはいえないという批判がある（大塚 338 頁、大谷 347 頁、吉川 212 頁、江家 346 頁、曽根 194 頁、山中 430 頁）。

保管とは、委託を受けて盗品等を保管することであり、有償・無償を問わない。質物として取得する場合（大判明 45・4・8 刑録 18・443）、貸金の担保として受け取る場合（大判大 2・12・19 刑録 19・1472）も含まれる。委託者が本犯である必要はなく、第三者から保管を委託された場合も含まれる（最判昭 34・7・3 刑集 13・7・1099）。判例は、盗品等であることを知らずに保管を始めた者において、その情を知った後も本犯者のために保管を継続した場合、盗品等保管罪に当たるものとしている（最決昭 50・6・12 刑集 29・6・365、小野寺・百選Ⅱ 152 頁以下）。

有償譲受けとは、盗品等の所有権を有償取得することであり、売買のほかにも、債務弁済（大判大 10・1・18 刑録 27・5）、代物弁済、売渡担保、利息付消費貸借（福岡高判昭 26・8・25 刑集 4・8・995）も含まれる。判例によれば契約の締結だけでは足りず、追求回復を困難にするという本罪の性質から、盗品の引渡しが必要とされる（大判大 12・1・25 刑集 2・19）。

有償処分あっせんとは、盗品等の有償処分（売買・質入れ等）を媒介周旋す

ることである（大判大 3・1・21 刑録 20・41）。当該処分は、有償であることが求められる一方で、媒介周旋自体が有償でなされたかどうかは問われない（最判昭 25・8・9 刑集 4・8・1556）。有償処分あっせんの成立時期に関して、判例は、周旋の事実があれば、売買が成立しなくても、有償処分あっせん罪が成立するとし、その理由として、強窃盗等の本犯を誘発する危険があること（最判昭 26・1・30 刑集 5・1・117）を挙げている。学説にも、周旋行為の明確性、事後従犯的・本犯助長的性格を理由に判例の結論を支持するものがある（井上＝江藤 203 頁以下、柏木 517 頁、前田 419 頁以下）。これに対して、少なくとも周旋に関する契約の成立がなければ有償処分あっせん罪は成立しないとする見解も有力である（内田 382 頁、大塚 339 頁、大谷 349 頁、佐久間 257 頁、瀧川（春）＝竹内 232 頁）。また、被害者を処分の相手方とする場合であっても、上記の判例における理由を引用して、有償処分あっせん罪が成立すると解されている（最決平 14・7・1 刑集 56・6・265、深町・百選Ⅱ 150 頁以下）。

3　故意

盗品等に関する罪は、故意犯であるから、行為者が盗品等であることを認識していなければならない。ただし、必ずしも盗品等であることの確定的認識は必要ではなく、盗品等であるかもしれないと思いながらも、あえて本犯者に関与するような未必の認識で足りるとされている（最判昭 23・3・16 刑集 2・3・227）。また、どのような犯罪により領得されたものか（大判大 3・3・14 刑録 20・297）、本犯が誰であるか（大判昭 8・12・11 刑集 12・2304）、被害者が誰であるか（大判明 44・3・9 刑録 17・295、大判明 44・12・7 刑録 17・2155）、本犯の行われた日時・場所（大判大 12・12・8 刑集 2・930）を具体的に知らなくても本罪は成立する（情況証拠から盗品性の知情を認定することに関しては、井田 162 頁以下参照）。

4　罪数

盗品等に関する罪の各行為が競合して行われた場合、包括一罪として処理されるべきという見解がある（松宮 303 頁、山中 433 頁）。しかし、判例によれば、盗品等を保管後に、本犯者に返還し、その後、盗品等の周旋が行われた場合、保管罪と有償処分あっせん罪は、併合罪とされている（最判昭 25・3・24 刑集 4・3・407）。本犯の教唆者・幇助者が盗品等に関する罪の各行為を犯した場合、判例は、窃盗教唆者が盗品を買い受けた行為に関して、窃盗教唆と盗品等有償譲受け罪の併合罪とした（大判大 5・6・15 刑録 22・998）。学説は、判

例を支持する見解[12]と牽連犯説[13]とが対立している。

8) しかし、民法708条但書が適用される限りで給付者による返還請求が可能であることから、盗品等に関する罪が成立する余地を認める見解として、曽根193頁、西田272頁以下、山口342頁参照。
9) 内田384頁は、両替された金銭を例外的に盗品等に含めることに関して「価値」に盗品性を認める方向に傾くとして反対する。
10) 本犯者から盗品等を窃取することは、無償取得ではあっても、窃盗罪であり、本罪における無償譲受けには当たらない。したがって、本犯者との意思連絡が前提となる。
11) 同旨の学説として、大塚337頁、大谷346頁、曽根194頁、団藤666頁、西田274頁、前田418頁、山口345頁参照。
12) 同旨の学説として、植松469頁、大谷351頁、柏木520頁、瀧川150頁、藤木・講義363頁参照。
13) 同旨の学説として、大塚340頁、小野283頁、吉川215頁、江家348頁、瀧川(春)=竹内235頁、中森148頁、福田294頁参照。

Ⅲ 親族等の間の犯罪に関する特例

配偶者との間において、または直系血族、同居の親族もしくはこれらの者の配偶者との間において、盗品に関する罪を犯した者は、その刑が免除される（257条1項）。親族でない共犯者に関しては、その刑は免除されない（同条2項）。

1 趣旨

財産犯に関しては、広く親族相盗例が適用（244条）または準用（251条・255条）されている。しかし、盗品等に関する罪においては、そのような親族相盗例を準用することなく、別に本条のような特例を設けている。この立法趣旨は、親族相盗例のように「法は家庭に入らず」という観点からではなく、むしろ本犯の親族が盗品等を無償で譲り受けたり、運搬・保管・有償譲受け・有償処分あっせんすることは、本犯を庇護する行為として、寛大に対応するべきであると考えられたことによる（立法理由に関しては、内藤・注釈刑法(6)576頁参照）。

刑が免除される法的理由に関しては、学説上、議論されている。可罰的違法性を欠くとする見解（井上=江藤206頁）、期待可能性の不存在による責任阻却説（佐伯172頁、瀧川149頁、瀧川(春)=竹内234頁）、犯罪は成立していながらも親族間における人情の機微を考慮して一身的に刑罰が阻却される一身的刑罰阻却事由説（小野284頁、内田391頁、大塚343頁、大谷352頁、香川593

頁、川端 448 頁、曽根 196 頁、日高 135 頁）が主張されている。

２　親族関係の所在

当該特例の趣旨に照らして、親族関係は、判例上、本犯者と盗品等に関する罪の犯人との間に存在しなければならないとされている（大判大 3・1・21 刑録 20・41）。学説上も、このような考えが支持されている。[14]

これに対し、親族関係は、本犯の被害者と盗品等に関する罪の犯人の間に存することを要するという見解がある（植松 470 頁、小野 284 頁）。この見解は、当該特例を親族相盗例と同趣旨のものと考えるものである。これに対しては、本犯の被害者と盗品等に関する罪の犯人との間に親族関係が存在するのは偶然的であり、親族相盗例のような社会学的類型性を欠くし、両者の間に他人である本犯者が介在する以上「法は家庭に入らず」という原則も、この場合には妥当しないという批判がなされている。

なお、判例は、盗品等に関する罪の犯人相互間に親族関係がある場合に関しても、特例の適用を否定する（最決昭 38・11・8 刑集 17・11・2357）。しかし、学説上は、この場合も本条の適用を除外する必要はないとする見解も主張されている。[15]

14) 同旨の学説として、井田 158 頁、内田 391 頁、大塚 343 頁、大谷 352 頁、川端 447 頁、高橋 416 頁、瀧川 149 頁、団藤 669 頁、吉川 216 頁、平野 235 頁、松宮 305 頁、西田 279 頁参照。
15) 同旨の学説として、伊東 244 頁、内田 392 頁、木村 172 頁以下、曽根 197 頁、高橋 416 頁、瀧川(春)＝竹内 234 頁、中森 149 頁以下、中山 353 頁、林 313 頁、藤木・講義 364 頁、牧野(下)837 頁、前田 422 頁、松宮 305 頁、山口 351 頁参照。

第9節　毀棄および隠匿の罪

I　総説

　刑法典第2編第40章「毀棄及び隠匿の罪」においては、公用文書等毀棄罪（258条）、私用文書等毀棄罪（259条）、建造物等損壊および同致死傷罪（260条）、器物損壊罪（261条）、境界損壊罪（262条の2）、信書隠匿罪（263条）が規定されている。

　毀棄および隠匿の罪は、領得する意思なく、一定の文書または財物に関する効用（価値）の減却・減少行為を処罰するものである。同じく損壊行為であっても、外国国章の損壊（92条）等とは、保護法益の点で異なる。さらに、いわゆる不法領得の意思は不要であることから、同じ財産犯である窃盗・横領等の領得罪とは区別される。このような意思の有無は、責任非難の程度において差異を生じさせるものと解されるから、本罪の法定刑は、毀棄ないし損壊という外部的行為態様の重大性にもかかわらず、総体的に軽微なものとなっている。したがって、毀棄および隠匿の罪においても、いくつかの特に軽い犯罪類型は、親告罪とされている（264条）。

　また、条文上、自己が所有権を有する財物であっても、差押えを受け、担保物権が設定されていたり、または賃貸されているような場合、他人の所有する財物と同様に取り扱われる点が留意されなければならない（262条）。

II　公用文書等毀棄罪

　公務所の用に供する文書または電磁的記録を毀棄した者は、3月以上7年以下の懲役に処せられる（258条）。

1　客体

　公務所の用に供する文書とは、現に公務所において使用されているか、または使用の目的で保管されている文書の総称である。このような文書であれば、名義の公私・作成目的・所有者・真偽・保存期間は問題とされない。判例上、文書とは、文字または符号により表示される思想（意思または観念）が記載されたものを意味する（大判明43・9・30刑録16・1572、大判昭11・7・23刑集15・1078）。本罪は、公用文書取扱いの安全性を確保することにより、公務の

円滑な遂行を確保する趣旨を有する。このことから、公用文書の範囲は、次第に拡大されてきている。例えば、未完成の文書であっても、文書としての意味・内容を備えるに至った弁解録取書（最判昭 52・7・14 刑集 31・4・713）、違法な取り調べにより作成された供述録取書（最判昭 57・6・24 刑集 36・5・646）は、本罪における文書に当たるものとされている。さらに、証明の用に供せられないもので、日常用語では文書とはいいがたい形態のものとして、例えば、(旧) 国鉄駅助役が白墨で列車案内等を記載した急告板も本罪の客体とされている（最判昭 38・12・24 刑集 17・12・2485）。

2　行為

本罪における「毀棄」とは、判例によれば、文書の破り捨てのように物質的な破壊行為を意味するばかりではなく、文書の効用を害する有形無形の行為をも含む。例えば、文書の実質的部分のみならず、文書に貼付されている印紙を剥がす場合のように、形式的部分に対してなされた行為（大判明 44・8・15 刑録 17・1488）、内容自体には手を加えず単に署名の一部を書き換えた行為（大判大 11・1・27 刑集 1・16）、文書を持ち出し隠匿して、一時的に利用を不能にする行為（大判昭 9・12・22 刑集 13・1789）も本罪における毀棄に当たるとされている（効用侵害説）。この刑法上の「毀棄」概念に隠匿行為を含めるべきかという論点[1]に関しては、後述される信書隠匿罪のところで再度、検討する。

公用電磁的記録毀棄罪においては、公用電磁的記録の証明作用を失わせる行為として、例えば、記録媒体の損壊、記録の全面的消去・一部消去による意味の不明化等が本罪の毀棄に相当するものと考えられている（石川・大コメ 13 巻 544 頁）。

1）　毀棄概念の学説に関しては、石川・大コメ 13 巻 543 頁参照。

Ⅲ　私用文書等毀棄罪

権利または義務に関する他人の文書または電磁的記録を毀棄した者は、5年以下の懲役に処せられる（259条）。本罪は、親告罪である（264条）。

1　客体

本罪における「権利又は義務に関する」文書とは、権利・義務の存否・得喪・変更等を証明する文書を意味する（大判昭 11・7・23 刑集 15・1078）。また

「他人の文書」とは、他人が所有する文書をいう（大判明34・10・11刑録7・9・79）。公用文書は、除外される一方で、公文書・私文書の別や自己名義・他人名義の区別は、問題とはならない。また、偽造罪における私文書（159条）と有価証券（162条）の区別は、本罪の成立とは無関係であり、権利・義務に関する文書には、有価証券である小切手も含まれることに留意しなければならない（最決昭44・5・1刑集23・6・907）。

2　行為

毀棄の意義は、公用文書等毀棄罪の場合と同じである。判例によれば、他人の所有する自己名義の文書の日付を勝手に変更した場合を文書偽造・変造罪ではなく、本罪に当たると判示したものもある（大判大10・9・24刑録27・589）。

IV　建造物等損壊罪・同致死傷罪

他人の建造物または艦船を損壊した者は、5年以下の懲役に処せられる。そのような行為の結果として人を死傷させた者は、傷害の罪と比較して重い刑により処断される（260条）。

1　客体

本罪における「建造物」とは、家屋その他これに類似する建築物を総称するものであり、壁または柱で支えられた屋根を有する工作物であって、土地に定着し、少なくとも、その内部において人が出入りしうるものでなければならない（大判大3・6・20刑録20・1300）。したがって、単に棟上げ（骨組みを組み立てた段階）をしただけでは、屋根・壁を有しておらず、未だ本罪の客体に当たらないとされる（大判昭4・10・14刑集8・477）。

建具類や畳は、建造物の構成部分であるのか、付属物であるのかという論点がある。判例によれば、家屋の外囲に建付けてある雨戸または板戸のように損壊することなく自由に取り外すのできるものは、建造物の構成部分ではないとされる（大判大8・5・13刑録25・632）。しかし、家屋の屋根に固着して一体化したと考えられる屋根瓦に関しては、建造物の一部とされている（大判昭7・9・21刑集11・1342）。この判例に対しては、屋根瓦のような容易に補修しうるものは、建具類と同じく器物損壊罪の対象として取り扱われるべきという批判がなされている（大谷358頁、曽根202頁、団藤675頁、山中442頁）。

また、判例上、他人の建造物に属するか否かは、相当程度、民事法的評価から独立して判断することができるものとされている（最決昭61・7・18刑集40・5・438、今井・百選Ⅱ 156頁以下）。

本罪における「艦船」とは、軍艦および船舶を含む包括的な用語であり、一般的には船舶を意味する。艦船に人が現在していたか否かは、本罪の成否とは関係がない（大谷359頁、香川602頁）。

2 行為

本罪における「損壊」とは、客体における本来の効用（使用価値）を害する行為を意味する。したがって、事実上その用法に沿って使用することができない状態に至らしめた場合も含まれる。例えば、居住中の家屋を持ち上げて、移動させた場合も損壊に当たる（大判昭5・11・27刑集9・810）。また、判例によれば、損壊は、一部分で足り、その効用をすべて不能にすること、または主要部分を損壊することまでは必要とされない（大判明43・4・19刑録16・657）。この点、建造物へのビラ貼り[2]・落書き[3]が損壊に当たるかという論点がある。これに関しては、犯罪の成否に「美観」が建造物本来の効用として独自に保護されるならば、建造物損壊罪が認められるものと考えられている。

2) 確かに、ビラ貼りにより、建物の美観ないし品位は損なわれる。重要文化財の指定を受けたような特殊な建造物に関しては、このような美観・品位が本質的要素ともいえるであろう。さらに、判例のなかには、一般の建造物に関して正面から美観ないし品位そのものを建物本来の効用として認めるものもある（例えば、広島高岡山支判昭29・11・25裁特1・12・554）。一方で、学説上、本来の効用を居住性や業務遂行性にとどめようとする見解も主張されている（例えば、中185頁、吉川220頁）。なお、本罪に該当しなくてもビラの貼られた建具や備品に関しては、器物損壊罪が成立しうる（最決昭46・3・23刑集15・2・239）。
3) 概説としては、岡本・百選Ⅱ 160頁以下参照。

Ⅴ 器物損壊罪

公用文書等毀棄罪、私用文書等毀棄罪、建造物等損壊罪以外の財物を損壊し、または動物を傷害した者は、3年以下の懲役または30万円以下の罰金もしくは科料に処せられる（261条）。本罪は、親告罪である（264条）。

1 客体

公用文書等毀棄罪、私用文書等毀棄罪、建造物等損壊罪以外における他人の財物が客体であり、これには土地および動物が含まれる。違法に掲示された選挙ポスターも本罪の客体となりうる（最決昭55・2・29刑集34・2・56）。

2　行為

　本罪における「損壊」とは、本来、物理的な破壊のみならず、事実上、物の効用を害し、本来の目的に供することのできない状態にさせる行為の一切を含むものと理解されている（最判昭32・4・4刑集11・4・1327、小林・百選Ⅱ158頁以下）。例えば、判例上、営業上、食器に放尿する行為も物理的破壊を伴わないにもかかわらず、効用を喪失させたとして損壊に当たるものと評価されている（大判明42・4・16刑録15・452）。土地を損壊した事例としては、校庭に「アパート建築現場」と墨書した立札を掲げて、一定の範囲に杭を打ち込んで、学校の授業活動に支障を生じさせた場合が挙げられる（最決昭35・12・27刑集14・14・2229）。

　本罪における「傷害」とは、他人が飼育する動物本来の効用を害することである。動物自体を死傷させた場合だけでなく、隠匿その他の行為により管理不能にしてしまうことも含まれる（瀧賢＝名取・大コメ13巻580頁）。例えば、他人の養魚池にいる鯉を大量に水門より流出させた場合も傷害に当たる（大判明44・2・27刑録17・197）。

Ⅵ　境界損壊罪

　境界標を損壊、移動もしくは除去し、またはその他の方法により土地の境界を認識できなくさせた者は、5年以下の懲役または50万円以下の罰金に処せられる（262条の2）。

1　罪質

　本罪は、1960年の刑法一部改正において不動産侵奪罪（235条の2）とともに新設されたものである。不動産侵奪罪が領得罪であるのに対し、本罪の性質は、毀棄・損壊罪として理解される（団藤677頁、中186頁以下）。しかし、本罪は、境界標の損壊その他の行為自体に意味があるのではない。要点は、土地の境界を認識できなくさせることにより、土地の上に存する所有権等の物権・賃借権のような債権の及ぶ範囲が不明確になるか否かにある。したがって、境界標を損壊しても、境界が不明にならない場合には、本罪は成立しない（最判昭43・6・28刑集22・6・569、菊池・百選Ⅱ162頁以下）。

2　客体

　本罪における「境界標」とは、権利者の異なる土地に関して、その場所的

限界を示すために設置された標識のことである。土地の権利関係は、所有権その他の私法上の権利のみならず、公法上の関係（例えば、市区町村の境界）を示す場合も含まれる（渡辺＝中田・大コメ13巻594頁以下）。境界標は、事実上境界として機能しているものであれば足り、それが真実の法律関係に合致したものでなくてもかまわない。例えば、町道の敷地内に石垣を作り、その内側に樹木が植えられて以降、40数年間、町道の所有者である町当局が当該状態を放置し、周囲の人間も、この状態を承知してきたことが認められるような場合、この石垣・樹木を損壊して、境界を不明にさせる行為は、本罪に当たるとした事例がある（東京高判昭41・7・19高刑集19・4・463）。

3　行為

境界を認識不能にする行為に限定はない。条文上における境界標の「隠匿」「移動」「除去」は例示である。「その他の方法」とは、当該例示行為に準ずるとされる行為一般を意味する。例えば、境界とされる川の流れを変えるとか、溝を埋めることも含まれる（大谷362頁、山口362頁、山中449頁）。境界の認識不能の程度は、新たに何らかの方法で境界の確認をしない限り、認識できない状態になったことで足りる。したがって、不動産登記簿等の公文書・売買等の契約書・測量などにより正確な境界を確認できる場合であっても本罪は成立する（植松477頁、団藤679頁、山口362頁、山中449頁）。

Ⅶ　信書隠匿罪

他人の信書を隠匿した者は、6月以下の懲役もしくは禁錮または10万円以下の罰金もしくは科料に処せられる（263条）。本罪は、親告罪である（264条）。

1　客体

「他人の信書」とは、他人の名義ではなく、他人の所有する信書を意味する。本罪における「信書」は、郵便物として特定人に宛てた意思伝達の文書であり、封書に限定されない（大判明40・9・26刑録13・1002）。したがって、葉書も信書である。しかし、信書としての目的を完全に達してしまった以降の郵便物は、もはや本罪の客体には該当しないと解されている（団藤680頁、山中450頁）。

2 行為

前述したように、判例によれば、文書毀棄罪において、文書一般の隠匿行為が毀棄行為に含まれると解釈されている。このことから、本罪で信書に限定された隠匿行為を独立に処罰する趣旨は何かという論点が生じる。

この点、信書隠匿罪の法定刑が比較的軽いことに着目して、その理由を信書の経済的価値が相対的に小さいからであるとし、その意味で、本罪を文書毀棄罪の特別規定と解して、本罪は、信書の隠匿および毀棄行為の両者において適用するものであると主張する見解がある（瀧川180頁、中森154頁、福田308頁、前田433頁）。

これに対し、信書の経済的価値が低いと考えるべき根拠はないとして、信書における「隠匿」を2段階に分け、信書の利用を不可能にして効用を害する程度の場合は文書毀棄罪で処理し、その程度に至らないで信書発見に妨害を与える程度の場合は本罪に当たると主張する見解もある（内田408頁、大塚355頁、大谷363頁、川端463頁、曽根205頁、高橋426頁、団藤680頁）。しかし、この区分は、実際上、困難であると批判されている（渡辺＝中田・大コメ13巻599頁）。

そもそも本条の沿革を確認すると、本罪は、信書開封罪（133条）のみでは、信書の保護を全うすることができないと考えられたことから制定されたものである[4]。しかし、文書一般の隠匿行為を毀棄行為に含める現在の判例実務の定着状況を鑑みれば、本罪を独自に規定する意義は乏しく、改正刑法草案においても、信書隠匿罪は削除されている。

4) 松尾浩也・(増補解題)増補刑法沿革総覧（1990）2216頁参照。

第Ⅱ編　社会的法益に対する罪

第1章　公共の安全に対する罪

第1節　騒乱の罪

Ⅰ　総説

　騒乱の罪（平成7年に刑法が改正される以前は、「騒擾ノ罪」と呼ばれていた）は、多衆で集合して暴行または脅迫を行うことにより、あるいは暴行または脅迫の目的で集合した多衆が解散の命令を受けたにもかかわらず、解散しない場合に成立する。前者が騒乱罪（106条）であり、後者が多衆不解散罪（107条）である。この多衆不解散罪は、刑法典のなかでも数少ない真正不作為犯の一つである。

　騒乱の罪は、構成要件上、多数者の行為が共同して行われることが必要となる必要的共犯の一種としての集団犯（多衆犯）である。この点で、内乱に関する罪（77条以下）と共通性を有するが、内乱罪で必要となる「憲法の定める統治の基本秩序を壊乱する」目的がないことから、内乱罪とは区別される。騒乱の罪は、群集心理に駆られ、または群衆心理を利用して犯される点に特徴がある群衆犯罪であり（大塚359頁）、多衆が共通の目的を有することは不要であるし、組織化されている必要もない。単なる烏合の衆でもかまわないのである。

　騒乱の罪の罪質をめぐっては争いがある。保護法益につき、判例は公共の静謐または平穏であると解しており（最判昭35・12・8刑集14・13・1818）、学説上も不特定または多数人の生命・身体または重要な財産の保護を超えた「公共の平和」（団藤173頁）、「治安そのものという社会存立のための基本条件としての利益」（大塚358頁）、「法秩序によって保護されているという公衆のもつ安心感」（大谷368頁）を保護法益とする見解が主張されており、これが通説

とされている。しかし、公共の平穏の内容は明確ではなく、このような見解からすると、治安維持機構・組織に攻撃が加えられ、秩序の維持が困難になった場合には、騒乱罪が成立することになってしまい、特定少数者に対する集団的な暴力行為や警察などに対する暴力行為についても、容易に騒乱罪の成立が認められてしまうとの批判がなされている（西田290頁、山口366頁）。そこで、近年では、騒乱の罪を放火罪などと同様の公共危険罪として捉え、不特定多数人の生命・身体・財産を侵害する危険を生じさせた場合に犯罪として成立するとの見解が有力に主張されるようになっている（平野241頁、中森159頁、西田290頁、山口367頁、高橋430頁）。騒乱の罪では、多数人の集合が犯罪成立の前提とされているが、集会の自由は憲法上保障されており（憲21条）、それとの抵触の危険をはらむ騒乱の罪の適用については、限定的な解釈のもとで十分に慎重な形でなされなければならない。したがって、騒乱の罪の罪質を公共危険罪として限定的に捉える近年の有力説の方が妥当であろう。

　騒乱の罪の規定は、戦前においては労働争議などで適用されており、戦後直後の混乱時期には、4大騒乱（騒擾）事件と呼ばれる昭和24年の平事件、昭和27年のメーデー事件、同年の吹田事件、同じく同年の大須事件が短い期間の間に集中して起こったが、その後は昭和43年の新宿騒乱事件を除いて立件されたものはない。[1]騒乱罪の適用が慎重になった背景には、騒乱罪が多数の被告人が登場する非常に複雑な事件であるため、裁判が長期化することに加え、凶器準備集合罪（208条の2）の規定を用いた事件への対処が図られたことがあるとされている[2]（山口366頁、松宮325頁）。

　騒乱の罪の特別罪として、政治目的によって行われる場合が、破壊活動防止法で処罰の対象となっている。破壊活動防止法40条1号は、政治上の主義もしくは施策を推進し、支持し、またはこれに反対する目的のための騒乱罪（刑106条）の予備・陰謀・教唆・せん動を処罰する。このような場合には、通常の騒乱罪とは異なり、多衆のある程度の組織化を要するとの見解もある（団藤176頁注4）。なお、公職選挙法230条が規定する多衆の選挙妨害罪も類似の性質を有する犯罪類型である。

1）　以下、各事件の概要を示すが、その他の事件を含む詳細については、松本・大コメ6巻358

頁以下を参照。①平事件（最判昭 35・12・8 刑集 14・13・1818）：同事件は昭和 24 年 6 月 30 日に発生しており、警察署長が道路上に設置された壁新聞用の掲示板の撤去を命じたことに抗議して、労働組合員ら約 300 名が警察署に押しかけて、約 8 時間にわたり投石をしたり、警官を殴打するなどして署内に乱入し、検挙されていた仲間を監房から奪還するなどした事件であり、159 名が起訴された（騒乱罪のほか、建造物侵入、職権強要等）。最高裁で騒乱罪の成立が認められている。②メーデー事件（東京高判昭 47・11・21 高刑集 25・5・479）：同事件は昭和 27 年 5 月 1 日に発生したものであり、神宮外苑でのメーデー中央大会が終了した後、デモ行進に移った参加者らの一部約 7000 名が、皇居前広場が使用禁止とされたことを理由に、皇居前広場で警官隊と衝突して乱闘を行った事件である。1232 人が検挙され、騒乱罪その他で 216 名が起訴された。集団の同一性および静謐侵害性が否定されて、東京高裁で騒乱罪については無罪が言い渡されている。③吹田事件（大阪高判昭 43・7・25 判時 525・3）：同事件は、朝鮮動乱 6・25 記念日前夜祭に参加した群衆約 900 名が、国鉄吹田操車場の襲撃を企て、火炎びん、竹やり、硫酸びんを携えて、同操車場、吹田駅に乱入し、警官隊と衝突した事件である。騒乱罪その他で 111 名が起訴されたが、大阪高裁は共同意思の不存在を理由にして、騒乱罪の成立を否定した。④大須事件（最決昭 53・9・4 刑集 32・6・1077）：同事件は、昭和 27 年 7 月 7 日に発生したものであり、訪ソ・訪中の国会議員らの帰朝演説会が行われた名古屋市大須球場に集まった聴衆のうち、約千数百名が演説会終了後にデモ行進を行い、火炎びんを投げつけるなどして警官隊と衝突した事件である。騒乱罪その他で 150 名が起訴された。最高裁で騒乱罪の成立が認められている。⑤新宿騒乱事件（最決昭 59・12・21 刑集 38・12・3071）：同事件は、昭和 43 年 10 月 21 日の国際反戦デーの当日、過激派諸団体がベトナム戦争反対運動の一環として米軍用ジェット燃料輸送阻止のために新宿駅を占拠し、約 3000 人で警官隊と投石、角材の殴打により争ったが、さらに駅舎の一部、警察車両に対して放火を行った事件である。734 名が逮捕され、騒乱罪その他で 21 名が起訴された。最高裁により騒乱罪の成立が認められている。なお、新宿騒乱事件については、松村・百選Ⅱ 164 頁以下も参照。

2）　上記のメーデー事件と吹田事件では、騒乱罪の適用は裁判所から否定されている。事実関係の複雑さを原因とする同罪の適用の困難さを見て取ることができる。

Ⅱ　騒乱罪

1　主体

多衆で集合して暴行または脅迫した場合に騒乱罪が成立する。通説・判例によると本罪の主体は「多衆」であるとされている（大塚 360 頁、大谷 368 頁など）。これに対して、多衆を構成する個々人が主体であるという見解も有力に主張されている（山中 460 頁、山口 367 頁、高橋 431 頁）。多衆が主体であるとする通説の見解は、あくまでも暴行・脅迫だけが本罪の構成要件的行為であると理解して、刑法 106 条各号における首謀者、指揮者、率先助勢者、付和随行者の規定は、関与の形態に応じた処罰の区別にすぎないという結論に行きつく（団藤 181-182 頁注 17）。これに対して、個々人が主体であるとする見解は、刑法 106 条各号における各主体の首謀行為、指揮・率先助勢行為、付和随行行為を構成要件的行為と解して、多衆が集合して行った暴行・脅迫

は、各号の関与行為により生じさせられた構成要件的結果・状況であるとする（中森161頁、山中460頁、山口367頁、髙橋431頁）。そして、このような見解こそが騒乱の罪の罪質を公共危険罪として捉える理解にも整合するとされている。

多衆そのものを主体とするか、それとも多衆を構成する個々人が主体となるかの対立はあるが、いずれにせよ、多衆で集合して暴行・脅迫がなされなければならない。判例上、多衆とは「一地方における公共の静謐を害するに足る暴行脅迫をなすに適当な多数人」（最判昭35・12・8刑集14・13・1818：平事件）であるとされており、通説もこれに従う（団藤175頁、大塚360頁）。これは本罪の保護法益を公共の静謐または平穏であるとする理解を背景にするものである。これに対して、本罪を公共危険罪として不特定多数人の生命・身体・財産に対する危険を処罰するものであるとする理解からは、多衆とは「これに属する個々の人の意思では支配できない程度の集団」（平野241頁、中森161頁）、「一見しただけでは人数が把握できないほどの大集団」（曽根210頁）であるとの見解や、より公共危険罪の特質に照らして「集団構成員の性質、集合の場所・時間、凶器の有無等も考慮に入れて、相当多数の一般住民、通行人、その他の者の生命、身体、財産に危険を及ぼすことが可能な程度の多数人」（西田293頁、なお山口367頁以下）、「一地方の一般住民、ないしその地方に居合わせた者の多数が、その生命・身体・財産の危険を感じ、その地方の通常の警察力をもってしては制御が困難な程度に至った集団」（山中461頁）であるとする見解が呈示されている。そして、多衆に至らない集団による暴行・脅迫は、暴力行為等処罰に関する法律1条の集団暴行・脅迫罪にとどまるとされている（西田292頁、山口368頁）。

多衆は「集合」しなければならないが、これは多数人が時と場所を同じくして集団を形成することをいう（大谷369頁）。この集団は、組織化されている必要はなく、共通の目的をもつことも不要である（大判明45・6・4刑録18・815）。群集心理に支配された烏合の衆であれば十分であり、首謀者が欠けていてもかまわない（大判大3・10・19刑録20・1884）。当初は、平穏に集まった群衆が、中途から共同して暴行・脅迫を行って騒乱行為に及んだ場合も本罪を構成し、当初から暴行・脅迫の目的で集合する必要はない（大判大4・11・6刑録21・1897）。

2 実行行為

　通説的見解によれば、本罪の実行行為は暴行または脅迫である。これに対して、本罪の主体を多衆を構成する個々人であると考える有力説からすると、106 条の各号に対応する行為が実行行為とされることになり、暴行・脅迫は個々人の各号に対応した個別の行為から生じた構成要件的結果、あるいはそれらが行われる際の構成要件的状況となる（例えば、山中 460 頁）。ただし、暴行・脅迫と各号に対応する行為の双方が実行行為であるとする見解もあり（中山 373 頁、曽根 210 頁）、実務でも同様の立場がとられているとの指摘がある[5]。いずれにせよ、集団による形で暴行・脅迫が行われていなければならない。

　暴行・脅迫は最広義のものである。つまり、暴行は個人に対するもののほか、不特定多数人に対するものも含まれ、さらには、器物損壊や建造物侵入などの形による物に対するものであってもよい（最判昭 35・12・8 刑集 14・13・1818：平事件）。脅迫については、告知される害悪の如何を問われない。そして、他の罪名に触れない程度の暴行・脅迫で十分である。ただし、そのような暴行・脅迫は、判例上、一地方の平穏を害するに足りるものでなければならないとされている（前掲最判昭 35・12・8 など）。そして、一地方の範囲については、「単に暴行脅迫が行われた地域の広狭や居住者の多寡などといった静的、固定的要素のみによってこれを決めるべきものではなく、右地域（同所にある建物・諸施設、事業所などをも含む）が社会生活において占める重要性や同所を利用する一般市民の動き、同所を職域として勤務する者らの活動状況などといった動的、機能的要素をも総合し、さらに、当該騒動の様相が右地域にとどまらず、その周辺地域の人心にまで不安、動揺を与えるに足りる程度のものであったか否かといった観点からの考察も併せて行うべき」とされている（最決昭 59・12・21 刑集 38・12・3071：新宿騒乱事件。新宿駅およびその周辺が一地方に当たると判断した）。

　学説の多くも、暴行・脅迫は、一地方の平穏を害しうるものでなければならないとするが（団藤 176 頁、大塚 362 頁、曽根 210 頁、なお大谷 370 頁）、そのような見解は、本罪の保護法益を公共の平穏と解する点からの帰結であるとして、本罪を公共危険罪として理解する見解からは、不特定多数人の生命・身体・財産に危険を及ぼす程度の暴行・脅迫が必要であるとされている（平

野242頁、中森160頁、西田293頁、山口370頁、高橋432頁)。この見解からすると、特定の個人や警官隊を目的とした集団的暴行だけでは騒乱罪は成立せず、その暴行の対象が拡大し、付近の一般住民や通行人にも危険が及ぶ可能性が生じた場合にのみ同罪は成立することになる（西田293頁、山口370頁)。一地方の平穏を害する危険性、あるいは不特定多数人の生命・身体・財産に対する危険性のいずれに着目するにせよ、その際に具体的な危険性の発生が必要か否かについては争いがさらにあり、学説の多くは、本罪を抽象的危険犯であると解している（平野242頁、中森160頁、前田438頁、山中462頁、高橋432頁注9)。具体的危険犯とする見解としては、大塚362頁、西田293頁、なお大谷370頁は準抽象的危険犯であるとする)。[6]

3 関与行為

集合した多衆による暴行・脅迫への関与者については、その役割の相違に基づいて、異なった法定刑が規定されている。

(i)首謀者（106条1号：1年以上10年以下の懲役または禁錮）　首謀者とは、騒乱行為全体の主導者であって、騒乱を首唱・画策し、多衆をしてその合同力により暴行・脅迫をさせる者である。首謀者は、必ずしも騒乱の現場に赴いて、多衆とともに暴行・脅迫をし、または、多衆の指揮統率を行うことを必要とせず、現場に行かずに他所にとどまっていてもよいとされている（大判大4・11・6刑録21・1897、最判昭28・5・21刑集7・5・1053)。

(ii)指揮者（106条2号：6月以上7年以下の懲役または禁錮）　他人を指揮した者（指揮者）とは、多衆が集合して暴行・脅迫をする際に、多衆の一部または全部を指揮統率した者をいう。指揮をとる行為は、暴行・脅迫が行われている現場でなされるだけでなく、事前に他の場所で行われるのでもかまわないとされている（大判昭5・4・24刑集9・265)。

(iii)率先助勢者（106条2号：6月以上7年以下の懲役または禁錮）　他人に率先して勢いを助けた者（率先助勢者）とは、多衆の合同力を恃んで自ら暴行・脅迫をなし、もしくは多衆になさしめる意思で多衆にぬきんでて騒乱を容易ならしめ、その勢いを助長・増大させる行為を行う者であり、その行為は現場で行われるだけでなく、事前に行われるのでもかまわないとされている（最決昭53・9・4刑集32・6・1077：大須事件)。つまり、多衆の先頭に立って自ら暴行・脅迫を行うだけでなく、多衆を挙動あるいは言語によって激励して

暴行・脅迫を行わせる場合も含まれる。そして、集団による暴行・脅迫の現場にいる必要もない。

(iv)付和随行者（106条3号：10万円以下の罰金）　付和随行した者（付和随行者）とは、群集心理に駆られて集団による暴行・脅迫に付和雷同的に加わった者であり、多衆の構成員のうち、首謀者、指揮者、率先助勢者以外の者をさす。共同して暴行・脅迫を行う意思で多衆に加わっていれば、実際に暴行・脅迫を行う必要はないとされている（大判大4・10・30刑録21・1763）。付和随行者が、実際に暴行・脅迫に及んだ場合でも、暴行罪（208条）・脅迫罪（222条）よりも軽く処罰されることになるが、これは群集心理に基づく行為である点が考慮されたからである（団藤184頁、人塚361頁）。

以上の(i)首謀者、(ii)指揮者、(iii)率先助勢者が、自ら暴行・脅迫を行う必要はなく、集団による暴行・脅迫である騒乱の現場にいなくてもよいとするのが、通説・判例である。[7]

4　主観的要件

本罪の主観的要件としては、まず故意が必要であり、これは集団による暴行・脅迫と首謀者、指揮者・率先助勢者、付和随行者という自らの役割（あるいはそれに対応する関与行為）を認識していることを意味する。しかし、通説・判例によると、このような個別の故意のほかに、多衆の共同意思が必要である。

この共同意思は、集団を構成する個々人を騒乱罪における多衆に結びつけるための要件であり、共同意思があってはじめて、暴行・脅迫が集団そのものにより行われたことになる（大谷371頁参照）。また、集団による暴行・脅迫を個々の構成員に帰属させるための要件でもある（西田294頁）。このような共同意思に基づかない暴行・脅迫は、多衆の構成員によって行われたとしても本罪には当たらない。

判例上、共同意思は「多衆の合同力を恃んで自ら暴行又は脅迫をなす意思ないしは多衆をしてこれをなさしめる意思と、かかる暴行又は脅迫に同意を表し、その合同力に加わる意思とに分たれ、集合した多衆が前者の意思を有する者と後者の意思を有する者とで構成されているときは、その多衆の共同意思がある」とされている（最判昭35・12・8刑集14・13・1818：平事件）。また、共同意思は、共謀共同正犯における共謀ないしは通謀とは異なり、より緩や

かなもので足り、多衆を構成する個人間で意思の連絡や相互認識は必要ではないし、当初から集団に共同意思が存在する必要もないとされている。さらには、「多衆集合の結果惹起せられることのあり得べき多衆の合同力による暴行脅迫の事態の発生を予見しながら、あえて、騒擾行為に加担する意思があれば足りるのであって、必ずしも確定的に具体的な個々の暴行脅迫の認識を要するものではない」とされており、騒乱行為に加担する意思は確定的なものでなければならないが、多衆による暴行・脅迫の発生については、未必的なもので十分とされている（前掲最判昭35・12・8、また最決昭53・9・4刑集32・6・1077：大須事件）。学説の多くも、このような未必的な共同（的な暴行・脅迫の）意思を肯定している（団藤180頁注13、大塚364頁注8、大谷372頁）。しかし、限定的に解釈すべき本罪の性質からすれば、未必的な共同意思では足りないと解すべきであろう（曽根213頁）。なお、判例では、「同一地域内において、構成を異にする複数の集団により時間、場所を異にしてそれぞれ暴行・脅迫が行われた場合であっても、先行の集団による暴行・脅迫に触発、刺激され、右暴行・脅迫の事実を認識認容しつつこれを継承する形態において、その集団による暴行・脅迫に時間的、場所的に近接して、後の集団による暴行・脅迫が順次継続的に行われたときには、各集団による暴行・脅迫は全体として同一の共同意思によるものというべき」とされており（最決昭59・12・21刑集38・12・3071：新宿騒乱事件）、複数の集団の同一性が共同意思の観点から肯定されている。この点については、集団の同一性はあくまで客観的に判断されるべきとして、学説上批判が提起されており（曽根213頁、中森160頁注5、松宮328頁等）、妥当であろう。

5　共犯の成否

暴行・脅迫を行う多衆に対する関与する行為については、本罪が必要的共犯である集団犯であることから、首謀者等の役割に応じた関与のみが処罰の対象となり、刑法総則の共犯の規定は適用されないとする見解が主張されている（団藤181頁、大塚362頁）。確かに、集団内部での関与者については、このように解することができるであろう。しかし、現場に行かずに首謀者を教唆・幇助した者のように集団外から関与した者については、総則の共犯規定の適用を排除する理由はないと思われる（大谷374頁、曽根213頁、中森162頁、西田292頁、山口371頁、高橋432頁）。しかし、首謀者、指揮者・率先助

勢者らは現場にいる必要がなく、集団による暴行・脅迫が行われる以前に各関与行為を行っていることで足りるのだとすると、内外の区別は大きな意味をもたなくなるとの指摘もなされている（中森162頁、山中468頁）。

6　他罪との関係

本罪の行為は暴行・脅迫であるので、たとえ暴行罪・脅迫罪の要件が満たされたとしても、本罪に吸収される。判例は、暴行・脅迫を内容として含む他の罪（殺人罪、住居侵入罪、建造物損壊罪、強盗罪、恐喝罪、公務執行妨害罪など）が成立する場合は、本罪と観念的競合になるとしている（松本・大コメ6巻402頁）。学説上は、公務執行妨害罪、建造物損壊罪などの騒乱罪に通常伴う罪については、騒乱罪に吸収されるべきであるが、指揮者・率先助勢者の刑よりも重い刑に当たる罪については、本罪への吸収を認めるべきではないとする見解（団藤181頁注15）、このような法定刑を基準とする限定を付することなく、騒乱罪に通常伴うような犯罪は、一律的に本罪に吸収されるとする見解（大谷375頁、曽根210頁）が主張されている。しかし、保護法益の相違に着目する限り、容易に吸収を認めることは妥当ではなく、判例の立場が妥当であると解される（大塚365頁、山中469頁、西田294頁、山口372頁、高橋434頁、なお中森162頁）。

3）　判例では、参加者が約30名しかいなくても騒乱罪の成立が認められた場合がある（最判昭28・5・21刑集7・5・1053：佐世保事件）。

4）　なお、松本・大コメ6巻364頁は、組織的な集団による事前の共謀に基づく騒乱事件の場合には、集団が予め複数の小集団に分かれて、時間的、場所的に多少の間隔をもつ形態で分散集合が行われても、それが同じ地域内におけるものであれば、一地方の平穏を害するおそれに結びつくため、その全体につき集合の要件をみたすものといえようとする。

5）　松本・大コメ6巻357頁は、集団による暴行・脅迫が本罪の構成要件の中核になっていることは否定できないが、実務では、騒乱罪成立時の集団を構成した首謀者・指揮および率先助勢者・付和随行者の各具体的行為も、集団全体の行動と同等の審理の重点対象となっており、その構成要件該当性も肯定する見解が妥当であろうとする。

6）　判例の多くは、抽象的危険犯説に依拠していると理解されている。ただし、この点については、松本・大コメ6巻376頁以下も参照。大塚362頁以下注7は、最近の実務では、具体的危険の発生をまって本罪の立件をしていると解されるふしがあるとする。

7）　これに対し、松宮327頁以下は、自ら暴行・脅迫を行わなかった者を刑法106条の正犯とすることには疑問が残るとし、首謀者も指揮者・率先助勢者も付和随行者も自ら暴行・脅迫をなすことを要するとする。

Ⅲ 多衆不解散罪

　本罪は、暴行または脅迫を行うために多衆が集合した場合に、権限のある公務員から解散の命令を3回以上受けたにもかかわらず、解散しなかった場合に成立する。本罪は暴行・脅迫の目的で集合することが必要な目的犯であり、騒乱罪の予備段階を捕捉する性質を有する真正不作為犯である。したがって、解散がなされずに、騒乱罪の成立に至る場合には、本罪は騒乱罪に吸収される（大判大4・11・2刑録21・1831）。なお、本罪の成立には、現実に暴行・脅迫が行われる切迫した危険が必要であるとされている（大谷376頁、中森162頁、曽根214頁、山中469頁、西田295頁）。暴行・脅迫の目的は、集合の当初から存在する必要はなく、通説上、当初は他の目的で集合した多衆であっても、途中から暴行・脅迫の目的が形成された場合には、解散命令を受ける以前である限り、本罪の成立を妨げない（大塚365頁以下など）。

　ただし、戦後においては、本罪が適用された例はほとんどなく、公安条例・道交法に基づき実力で多衆をその場から退散させ、暴行等で抵抗する者に対しては、公務執行妨害罪で逮捕処罰するという対応がとられている（松本・大コメ6巻405頁）。

　多衆は、条文上「首謀者」（3年以下の懲役または禁錮）と「その他の者」（10万円以下の罰金）に分かれ、騒乱罪の場合と同様に役割に応じて法定刑に差異が設けられている。首謀者とは、集団形成の際に主導的役割を演じた者ではなく、集団の不解散について主導的役割を演じた者のことである。したがって、本罪の首謀者と多衆が集合した際の首謀者は必ずしも同一人物でなくてもよい（大塚367頁、大谷377頁、山中470頁、山口374頁）。

　解散を命令する権限をもつ公務員とは、通常は警察官のことである。解散の命令は適法なものでなければならず、集合した多衆に対して発せられ、その構成員全体に認識されることを要する。解散命令権の根拠規定としては、戦前には治安警察法8条1項があったが、これは戦後に廃止されたため、現在では、警察官職務執行法5条に規定されている制止権に根拠を求める見解が通説である（団藤185頁以下注4、大塚366頁注1、西田295頁）。

　解散命令を「3回以上」受けたことが要件とされるが、解散命令は、集合者が解散を考慮するために必要とする相当の時間的間隔をおいて行われなければならず、単に解散を3回連呼しただけでは、1回の命令があったにすぎ

ない（大塚366頁、山中470頁）。学説上は、「以上」という文言は言葉のあやであるとして、解散命令が3回出された時点で本罪は既遂に達するとの見解（団藤185頁[8]、大塚366頁、中森163頁、前田440頁）、3回目の解散命令の後、解散のために必要な時間を経過したときに既遂になるとする見解（西田295頁、山口373頁、高橋435頁）、4回目以降の解散命令で解散した場合にも本罪の成立を否定する余地を認める見解（平野243頁、大谷376頁、曽根214頁、山中470頁）が対立している。現実的には、騒乱直前の集団に対する解散命令は、騒然とした雰囲気があることから、3回以上の多数回の命令を相当時間かけて継続してはじめて実現できるものであり、4回目以上の解散命令と並行して、またはそれを受けて解散体制に入った多衆に対して、本罪が成立したとして警察官が検挙活動に入ることは、不穏な事態の収束に逆行し、かえって混乱を招くおそれがあるとの指摘もなされている（松本・大コメ6巻408頁）ことを考慮すれば、条文上3回「以上」となっている限り、4回目以降の命令で解散した場合にも本罪の成立を否定する余地を認めるべきであろう。

　解散とは、任意の形で多衆が集合を解くことを意味するので、集団が単に場所を移動しただけでは解散したことにはならず（大塚366頁、大谷376頁、中森163頁、山口374頁）、本罪成立後、逮捕を免れるために集団から離脱して逃走しても本罪の成立とは関係がない。多衆の一部の者だけが解散したときは、残余の者について本罪が成立するが、大部分の者が解散し、残った者だけでは、もはや騒乱罪の成立を肯定しえない程度の規模の集団でしかない場合には、本罪には当たらない（大塚366頁、大谷376頁、山口374頁）。

8）　団藤185頁は、4回目以降の命令で解散した場合にも本罪の成立を否定することは、実質的には当該公務員の手心で犯罪の成否そのものを左右することが可能となってしまい、法的安定性が害されてしまうとする。

第2節　放火および失火の罪

Ⅰ　総説
1　保護法益

　刑法典は、第2編第9章「放火及び失火の罪」において、現住建造物等放火罪（108条）、非現住建造物等放火罪（109条）、建造物等以外放火罪（110条）という3つの放火罪のほか、延焼罪（111条）、消火妨害罪（114条）、失火罪（116条）、激発物破裂罪（117条）、業務上失火罪（117条の2）、ガス漏出等および同致死傷罪（118条）を規定している。建造物等に対する放火や失火は、その客体を焼損するのみならず、他の建造物等にも燃え広がることによって、不特定多数の者の生命や身体・財産に危害を及ぼす危険性が高いという点で、典型的な公共危険罪である。他方で、これらの罪は、火力によって建造物等の個人的財産を損壊するという性質も併せもっていることから、副次的に個人的法益に対する罪としての側面も有している。

2　公共の危険

　放火罪は、その客体に応じて、3種類に類型化されているが、さらに公共の危険の発生を要件とするか否かによって、具体的危険犯と抽象的危険犯に分かれる。

　例えば、放火罪のうち、自己所有の非現住・非現在建造物へ放火した場合（109条2項）や建造物以外の客体に放火した場合（110条）は、条文上、公共の危険の発生が要求されていることから、これらの罪が成立するためには、公共の危険が具体的に発生することが必要となる（具体的危険犯）。その内容について、かつての判例は、公共の危険を108条および109条1項に規定する建造物への延焼の危険（大判明44・4・24刑録17・655）と解してきたが（限定説）、これに対して、最高裁平成15・4・14判決（刑集57・4・445）は、「（公共の危険とは）必ずしも同法108条及び109条1項に規定する建造物等に対する延焼の危険のみに限られるものではなく、不特定又は多数の人の生命、身体又は前記建造物等以外の財産に対する危険」も含むものであるとして、従来の見解と比べてその内容を拡張する判断を示した（非限定説）。したがって、この判例に従えば、109条2項や110条に規定する客体に対する放火罪の成

立を認めるためには、他の客体へ延焼する具体的な危険、あるいは不特定または多数の人の生命・身体・財産に対する具体的な危険の発生が必要となる。

この点に関して問題となるのは、公共の危険の発生をいかなる基準で判断するのかということである。判例および学説の多くは、自然的・物理的な基準からは危険が存在しない場合でも、具体的な状況において通常人が危険を感じるような程度に達すれば公共の危険があるものとする見解をとるが（前掲大判明44・4・24、大塚378頁、大谷374頁、佐久間283頁）、その一方で、現実に被害が生じる可能性がないのに、危険感のみで判断することは必ずしも妥当ではないとして、公共の危険発生の判断は客観的になされるべきであるとする見解もまた有力である（山口389頁）。この点、裁判例においても、客観的要素を重視したものがいくつかあり、例えば、麓の人家から300メートル以上離れた山腹で、周囲の雑木をすべて切り払い、小雨の降るなかで付近に延焼することのないように監視しながら自己所有の炭焼き小屋を焼損したという事案において、「このような状態から見れば他に延焼する危険は毛頭なかったものと認め得べく、ましてや附近の部落民の中にも延焼の危険を感じた者も全く認めることは出来ない」として、公共の危険の発生を否定したもの（広島高岡山支判昭30・11・15裁特2・22・1173）や、人家に隣接する駐車場に駐車中の自動車のボディカバーに放火し、その一部を焼損した事案において、人家と被害車両との距離はわずか0.56メートルしかなかったけれども、諸般の事情を考慮すれば、「炎は自然に消えるに至っていたであろう蓋然性がかなり高かったと認めざるをえず、したがって未だ付近の建造物等への延焼に至る客観的な危険性を肯認しうる状況にも、一般人をして右のような結果を生ずるおそれがあると危惧させるに足りる状態にも至っていなかった」として、公共の危険の発生を否定したものがある（浦和地判平2・11・22判時1374・141）。

また、具体的危険犯である109条2項や110条の罪が成立するためには、客観的要件である公共の危険の発生のみならず主観的要件として行為者にその認識が存在することが必要かどうかという問題がある。この点、判例は「刑法110条1項の放火罪が成立するためには、火を放って同条所定の物を焼燬する認識のあることが必要であるが、焼燬の結果公共の危険を発生させることまでを認識する必要はないものと解すべきである」として、公共の危

険の認識は不要であるとしている（最判昭 60・3・28 刑集 39・2・75）。このように、判例は認識不要説をとるが、これに対して、学説の多くは、109 条 2 項や 110 条 2 項の場合、その客体は自己所有物であるから、これを焼損する意思があったとしてもそれ自体は何らかの犯罪の故意となるものではなく、また、110 条 1 項の場合も、公共の危険の発生の認識がなければ、残るのはその客体に対する焼損の故意だけであるが、それだけではせいぜい損壊罪の故意を認めうる程度にすぎないことから、故意犯処罰あるいは責任主義の原則に立てば、これらの罪が成立するためにはこの程度の認識だけでは足りず、公共の危険の認識まで要求されるべきであるとして、認識必要説をとる（団藤 199 頁、大塚 379 頁、大谷 375 頁、佐久間 283 頁、曽根 215 頁、松宮 331 頁）。認識必要説が妥当であろう。

他方、現住・現在建造物に放火した場合（108 条）や自己所有ではない非現住・非現在建造物へ放火した場合（109 条 1 項）にあっては、常に公共の危険があると擬制されており（団藤 187 頁、大判明 44・4・24 刑録 17・655）、具体的危険の発生いかんにかかわらずこれらの罪が成立することになる（抽象的危険犯）。

3 焼損

放火罪・失火罪にあっては、いずれの類型においても客体を「焼損」することが要件とされているが、この「焼損」の意義をめぐっては争いがある。特に放火罪においては、放火して焼損すれば既遂となることから、どの時点で焼損があったかということは非常に重要な問題となってくる。

まず、独立燃焼説と呼ばれる見解がある。これは、火が媒介物を離れて、目的物が独立に燃焼を継続するに至った状態に達したことで焼損と解するものである。判例および学説の多数はこの説をとっており、例えば、最高裁昭和 23・11・2（刑集 2・12・1443）は、家屋の押入内壁紙にマッチで放火した火が天井に燃え移り、天井板約 1 尺四方を焼損したという事案において、放火罪の既遂を認めている。

これに対して、独立燃焼説では既遂時期が早くなりすぎて中止犯の成立する余地がほとんどなくなってしまうとして、効用喪失説と呼ばれる見解が提唱される。これは、火力により目的物の重要な部分が焼失して、その本来の効用を失ったことをもって焼損と解するものである。すなわち、目的物が単

に独立して燃焼するだけではなく、その効用が失われるに至ってはじめて焼損と解されることから、独立燃焼説と比べて既遂時期は相当程度遅くなる。しかしながら、効用喪失を厳格に解すれば、建造物の全半焼が要求されることになるから（山口384頁）、今度は逆に既遂時期が遅くなりすぎるという批判が現れてくることになる。

　そこで、両説の中間的見解として、重要部分燃焼開始説（燃え上がり説）、毀棄説（一部毀棄説あるいは一部損壊説とも呼ばれる）といった見解が提唱される。重要部分燃焼開始説は、目的物が「燃え上がったこと」、すなわち、目的物の重要部分が燃焼を開始したことをもって焼損と解するものである。この説は、独立燃焼説を基本としつつも、重要部分の燃焼に至ってはじめて焼損と解することで、独立燃焼説をとった場合よりも既遂時期を遅らせるものであるが（西田302頁）、一方で、この説をとった場合、そもそも何が「重要部分」であるか不明確であるという問題が残されることになる（西田302頁、山口385頁）。毀棄説は、火力により目的物が毀棄罪における「損壊」の程度に達したことをもって焼損と解するものである。この説は、効用喪失説を基本としつつ既遂時期を早めるものであるが、目的物が独立して燃焼する状態になれば、同時に目的物を損壊したといえることから、独立燃焼説と実質的な差異は認められないのではないかという批判がある（西田302頁、山口384頁）。

　このように、「焼損」の意義をめぐっては諸説あるが、もとより放火罪は公共危険犯であるところ、目的物が独立して燃焼しはじめた時点で、その火が他の建造物等に燃え移る可能性がにわかに高まることにも鑑みると、独立燃焼説が妥当であろう。もっとも、近年、不燃性・難燃性の建造物が増えたことに伴い、目的物が独立して燃焼する状態には至らないものの、媒介物の火力によりコンクリート製の内壁が剥落したり、有毒ガスが発生して多数の人が死傷したりするような事案も発生している。こうした事情を背景に、目的物が独立して燃焼しなくても、媒介物の火力によってその効用が失われた場合には放火罪の既遂を認めるべきであるとする新効用喪失説が主張されている（河上和雄「放火罪に関する若干の問題について」捜査研究26巻3号36頁）。この説は、現代の建造物の特徴を考慮している点は評価しうるものの、判例・学説において支持を得るに至っていない。その大きな理由は、構成要件

上、放火罪の成立には火力による目的物の「焼損」が必要とされているが、「焼損」という言葉をいかに広く捉えたとしても、燃焼を経ない目的物の損壊を「焼損」ということはできないからである。

4 罪数

放火罪の罪数についてであるが、放火罪は公共危険罪であるから、放火行為が1個であろうと複数であろうと、あるいは、1個の放火行為で複数の建造物等を焼損したとしても、生じた公共の危険が一つであれば、包括して一罪が成立する。なお、後者の場合において、複数の異なる種類の客体を焼損した場合は、その客体に応じた最も重い罪が成立することになる。例えば、1個の放火行為で現住建造物と非現住建造物を焼損した場合、包括して現住建造物等放火罪のみが成立する。

1) なお、裁判例のなかには認識必要説に立つものもある（名古屋高判昭39・4・27高刑集17・3・262）。
2) 1995（平成7）年改正以前は「焼燬（しょうき）」という表現を用いていた。

II 現住建造物等放火罪

放火して、現に人が住居に使用しまたは現に人がいる建造物、汽車、電車、艦船または鉱坑を焼損した者は、死刑または無期もしくは5年以上の懲役に処せられる（108条）。なお、未遂も処罰される（112条）。

1 客体

本罪の客体は、現に人が住居に使用し、または現に人がいる建造物、汽車、電車、艦船または鉱坑である。「人」とは犯人以外の者をいう。したがって、例えば、犯人が単独で居住していた自分の家屋に放火した場合、他に現在する者がいなければ、本罪ではなく109条の罪が成立するが、家族や同居人がいる場合は本罪が成立することになる。

「現に人が住居に使用し」とは犯人以外の者が起臥寝食をする場所として、日常使用されていることをいうが、必ずしも放火当時に人が現在することまでは必要ではない。判例も、自己所有の家屋に寝泊まりさせていた従業員5名を旅行に連れ出している間に、保険金目的でこの家屋に放火した事案につき、本件家屋は、人の起居の場所として日常使用されていたものであり、従業員が旅行中の本件犯行時においても、その使用形態に変更はなかったとし

て、本罪の成立を認めている（最決平9・10・21刑集51・9・755）。また、「現に人がいる」とは、放火行為の際に、犯人以外の者が現実に居合わせることをいい、この場合は、必ずしも建造物が住居に使用されていることは要しない。

建造物とは、建造物損壊罪における建造物とほぼ同義であり、家屋その他これに類似する建築物であって、屋根を有し、壁または柱によって支持され、土地に定着し、少なくともその内部に人が出入りしうるものをいう（大判大3・6・20刑録20・1300）。毀損しなければ取り外すことのできない状態にある建具その他家屋の従物は、建造物の一部を構成する（最判昭25・12・14刑集4・12・2548）。

汽車と電車は、いずれも軌道上を走行する交通機関のことであるが、汽車が蒸気によるエネルギーを動力源とするのに対し、電車は電力を動力源とする。なお、汽車にはガソリンカーやディーゼルカーも含まれるが、航空機やバスは本罪の客体とはならない。また、艦船とは、軍艦および船舶のことをいい、鉱坑とは、炭坑など地下の鉱物資源を採取するための設備をいう。

2 建造物の一体性

建造物の現住性に関連して、例えば、複数の建造物がつながり合って構造上一体化しているような建造物、すなわち、複合建造物に放火した場合に、その部分に現住性が認められなくても、他の部分に現住性が認められれば、建造物全体を現住建造物として評価した上で、本罪の成立を認めてよいかという問題がある。この場合、かりに放火した部分と現住性が認められる部分が別個の建造物であるならば、非現住建造物等放火罪かせいぜい本罪の未遂罪が成立するにすぎないが、これに対して、全体として一つの建造物として評価するならば、本罪の既遂罪が成立することとなり、この点に建造物の一体性を問う意義がある。判例は、神職や守衛らが就寝していた社務所や守衛詰所と木造の廻廊や歩廊などでつながっていた無人の社殿へ放火した事案について「右社殿は、その一部に放火されることにより全体に危険が及ぶと考えられる一体の構造であり、また、全体が一体として日夜人の起居に利用されていたものと認められる。そうすると、右社殿は、物理的に見ても、機能的に見ても、その全体が1個の現住建造物であったと認めるのが相当である」として、本罪の成立を認めた（最決平元・7・14刑集43・7・641）。

このように、判例によれば、建造物の一体性は、物理的一体性と機能的一

体性の2つの観点から判断されることになる。物理的一体性とは、建造物がその一部に放火されることによって、建造物の構造上、人が現住・現在する部分にまで延焼する可能性があることを意味し、機能的一体性とは、建造物全体が一体として機能した上で、日常的に人の起居に利用されていることを意味する。このうち、物理的一体性については、構造的に建造物が分離している場合、延焼の可能性を認めることができないから、建造物の一体性を認めるためにはこの基準を満たすことが必要である。これに対して、機能的一体性については、複合建造物を一体として起居に利用している場合、火災によって人が危険にさらされる可能性が高まることから、これを建造物の一体性判断の基準として用いること自体は妥当といえるが、機能的一体性を理由として物理的一体性のない建造物の放火にまで本罪を適用することについては、「人が火災の危険にさらされる可能性」という必ずしも明確ではない基準によって現住建造物の範囲を画することになることから、否定的に解すべきである（山口381頁、松宮329頁）。例えば、福岡地判平成14・1・17（判タ1097・305）は、宿泊棟と研修棟が渡り廊下で連結されたホテルの無人の研修棟に放火したが、研修棟側の入口に防火扉である鉄製扉が設置されている上、宿泊棟側入口にもガラス窓付きの金属製扉が設けられており、さらに渡り廊下の屋根から床面に至るまでの部材のなかに可燃物は見当たらなかったという事案について、宿泊棟と研修棟との間には相当強い機能的連結性が認められるものの、このような防火設備および材質等に鑑みると、渡り廊下を経由して研修棟から宿泊棟へ延焼する蓋然性を認めるには合理的疑いが残るとして、本罪の成立を否定している。

　また、複合的建造物のみならず、例えば、不燃性・難燃性建材を用いて建てられたマンションなどの集合住宅において、空き家である一室に放火したが、耐火性により焼損がその部屋の内部のみにとどまったような場合にも同じことがあてはまる。というのも、マンション全体を1個の建造物としてとらえるならば本罪の成立が認められるが、耐火性ゆえに各部屋がそれぞれ独立した建造物であると評価できるのであれば、非現住建造物等放火罪あるいは本罪の未遂罪が成立するにとどまることになるからである。この点、裁判例のなかには、鉄筋10階建てマンションの1階にある無人の医院に放火した事案について、「本件医院は、すぐれた防火構造を備え、1区画から他

の区画へ容易に延焼しにくい構造となっているマンションの一室であり、しかも、構造上および効用上の独立性が強く認められるのであるから、放火罪の客体としての性質は該部分のみをもってこれを判断す」べきであるとするものがある一方で（仙台地判昭58・3・28刑月15・3・279）、鉄筋3階建てマンション内の空室に放火した事案について、「いったん新建材等の燃焼による有毒ガスなどがたちまち上階あるいは左右の他の部屋に侵入し、人体に危害を及ぼすおそれがないとはいえず、耐火構造とはいっても、各室間の延焼が容易ではないというだけで、状況によっては、火勢が他の部屋へ及ぶおそれが絶対にないとはいえない構造のものである」ことを理由に、本罪の成立を認めているものもある（東京高判昭58・6・20刑月15・4=5=6・299）。いずれにせよ現住部分への延焼可能性の程度を基準として、本罪の成否を判断しているといえよう。
3)

3　行為

　本罪の行為は、目的物である建造物等に「放火」することであり、焼損に至ることで既遂となる。焼損の意義については、すでに述べた通りである。放火とは、火を放つことであるが、目的物に直接点火することのみならず、媒介物への点火も含まれる。さらに、裁判例のなかには、点火行為自体がない場合でも、引火性の高いガソリンなどの物質を散布した段階で焼損を惹起する切迫した危険性が生じたとして、放火罪の着手を認めるものもある（横浜地判昭58・7・20判時1108・138）。なお、放火は通常、作為によるが、発生した火力を消火すべき法律上の義務を有する者が、容易に消火可能であったにもかかわらずあえて放置したような場合、不作為による放火となる（最判昭33・9・9刑集12・13・2882）。

3)　なお、東京高判昭58・6・20は、物理的一体性を判断する際に、延焼可能性のみならず、有毒ガスの発生による人体への危害の可能性も考慮しているが、後者の点まで考慮すべきかどうかは、なお議論のあるところである。

Ⅲ　非現住建造物等放火罪

　放火して、現に人が住居に使用せず、かつ、現に人がいない建造物、艦船または鉱坑を焼損した者は、2年以上の有期懲役に処せられる（109条1項）。前項の物が自己の所有に係るときは、6月以上7年以下の懲役に処せられる。

ただし、公共の危険を生じなかったときは処罰されない（同2項）。なお、109条1項の罪の未遂は処罰される（112条）。

1　客体

本罪の客体は、現に人が住居に使用しておらず、なおかつ、現に人がいない建造物、艦船または鉱坑である。典型的な例としては、倉庫や物置小屋などが挙げられる。108条の場合とは異なり、汽車や電車は含まれない。また、「人」とは犯人以外の者を意味する。

さらに本罪は、客体が他人所有か自己所有かでその取り扱いを異にしている。すなわち、客体が自己の所有にかかる場合、自己所有物の処分は本来的に自由であることや、他人の財産権に対する侵害が発生しないことを考慮して、公共の危険の発生を要求するとともに法定刑も減軽されている。もっとも、差押え等にかかる自己所有物の特例があり、客体が自己の所有にかかるものであったとしても、差押えを受け、物権を負担し、賃貸し、または保険に付したものである場合には、他人の財産権の侵害を伴うことになるから、他人所有にかかる場合と同様の取り扱いを受ける（115条）。

2　行為

放火して上述の客体を焼損することであるが、1項の罪が抽象的危険犯であるのに対して、2項の罪は具体的危険犯であり、公共の危険の発生がなければ罰せられない。なお、放火の意義および公共の危険については、すでに述べた通りである。

Ⅳ　建造物等以外放火罪

放火して、前2条に規定する物以外の物を焼損し、よって公共の危険を生じさせた者は、1年以上10年以下の懲役に処せられる（110条1項）。前項の物が自己の所有に係るときは、1年以下の懲役または10万円以下の罰金に処せられる（同2項）。

1　客体

本罪の客体は、「前2条に規定する物以外の物」、すなわち非建造物である。人が現在する汽車・電車は、108条の客体となるが、人が現在しない汽車・電車は、109条の客体に含まれていないから、本罪の客体に含まれることになる。また、本罪においても、客体が自己所有物である場合には、差押え等

にかかる自己所有物の特例が適用される（115条）。なお、無主物については、やはり他人の財産権の侵害を伴わないことから、自己所有の場合に準じて取り扱うべきであるとされる（西田 305 頁、山口 391 頁、大塚 378 頁、大谷 374 頁、大阪地判昭 41・9・19 判タ 200・180）。

2 行為

放火して建造物以外の物を焼損することである。もっとも、本罪は具体的危険犯であり、客体の所有者が自己であるか他人であるかを問わず、公共の危険を生じさせた場合のみ処罰されることになる。

V 延焼罪

109 条 2 項または 110 条 2 項の罪を犯し、よって 108 条または 109 条 1 項に規定する物に延焼させたときは、3 月以上 10 年以下の懲役に処せられる（111 条 1 項）。110 条 2 項の罪を犯し、よって 110 条 1 項に規定する物に延焼させたときは、3 年以下の懲役に処せられる（同 2 項）。

本罪は、109 条 2 項の罪または 110 条 2 項の罪を犯したことによって、108 条または 109 条 1 項の客体に延焼させた場合（111 条 1 項）、あるいは、110 条 2 項の罪を犯したことによって、110 条 1 項の客体に延焼させた場合（111 条 2 項）をそれぞれ重く処罰する結果的加重犯である。この点、111 条 1 項の客体に 110 条 1 項の客体（他人所有の非建造物）が含まれていないが、これは 111 条 1 項の法定刑より 110 条 1 項の法定刑の方が重いためである。なお、例えば、差押えを受けている自己所有物へ延焼させた場合については、115 条を適用して本罪の成立を肯定する見解（西田 310 頁、山口 394 頁、松宮 332 頁）と、111 条に明文の規定がなく、また 115 条が故意に焼損した場合にのみ適用される規定であることを理由に、本罪の成立を否定する見解（大塚 381 頁、大谷 379 頁）とに分かれる。

本罪は結果的加重犯であり、本罪が成立するためには、基本犯である 109 条 2 項、110 条 2 項の罪が成立することが必要である。したがって、109 条 2 項、110 条 2 項の客体に放火し、これを焼損するとともに、公共の危険が生じることが必要であり、これらの客体に放火したが公共の危険が生じないうちに本罪の客体に延焼したときは、失火罪が成立するにとどまる（山口 394 頁、曽根 223 頁）。また、延焼の結果について認識のないことも本罪成立

のために必要であり、延焼の結果について認識のあった場合には108条、109条1項、110条1項の罪が成立することになる（大塚380頁、大谷378頁）。

なお、延焼とは、犯人の予期しなかった客体について焼損の結果をもたらすことであり、放火の目的物の焼損と延焼の事実との間には因果関係が必要である。

Ⅵ 放火予備罪

108条または109条1項の罪を犯す目的で、その予備をした者は、2年以下の懲役に処せられる。ただし、情状により、その刑を免除することができる（113条）。

本罪は、108条および109条1項の罪の重大性・危険性に鑑みて、未遂のみならず、その予備をも処罰するものである。予備とは、放火の準備行為のことであり、実行に着手する以前の段階をいう（団藤202頁、大塚382頁）。例えば、放火の材料を用意する行為や、それを持って現場に赴く行為などがこれに当たるが、裁判例のなかには、現住建造物の玄関板張り床上に灯油を散布した上、玄関前屋外で新聞紙にライターで火を点けたが、その時点で通行人に新聞紙をはたき落とされたという事案において、実行の着手を否定して放火予備罪を認めたものがある（千葉地判平16・5・25判タ1188・347）。なお、放火罪が未遂・既遂の段階に至ったときは、本罪はそれらの罪に吸収される（大塚382頁、大谷379頁、佐久間286頁、大判明44・7・21刑録17・1475）。

Ⅶ 消火妨害罪

火災の際に、消火用の物を隠匿し、もしくは損壊し、またはその他の方法により消火を妨害した者は、1年以上10年以下の懲役に処せられる（114条）。

本罪は抽象的危険犯であり、これらの行為がなされたことで既遂に達し、現実に消火が妨害されたことまでは要しない（団藤203頁、大塚383頁、西田311頁、山口395頁）。「火災の際に」とは、行為の状況を限定したものであり、出火の原因を問わず、現に火災が発生しているか、あるいは、まさに火災が発生しようとしている状況をいう。

Ⅷ 失火罪

　失火により、108条に規定する物または他人の所有に係る109条に規定する物を焼損した者は、50万円以下の罰金に処せられる（116条1項）。失火により、109条に規定する物であって自己の所有に係るもの、または110条に規定する物を焼損し、よって公共の危険を生じさせた者も、1項の場合と同様である（同2項）。

　失火とは、過失により出火させることをいう。116条1項の罪は抽象的危険犯であるが、116条2項の罪は具体的危険犯であり、公共の危険の発生を必要とする。また、116条1項の客体については、延焼罪の場合と同様に、115条を適用できるとする見解とこれを否定する見解に分かれる。

Ⅸ 業務上失火罪・重過失失火罪

　116条または117条1項の行為が業務上必要な注意を怠ったことによるとき、または重大な過失によるときは、3年以下の禁錮または150万円以下の罰金に処せられる（117条の2）。

　業務上失火罪は、業務上必要な注意を怠って116条の罪を犯した場合に成立するものであり、失火罪に関する加重規定である。本罪における業務とは、「職務として火気の安全に配慮すべき社会生活上の地位」をいう（最決昭60・10・21刑集39・6・362）。したがって、本罪の主体となりうる者は、火気を直接使用する職務に従事する者（例えば、調理師、ボイラーマンなど）、引火性の極めて高い危険物や火気の発生しやすい器具・設備を取り扱う職務に従事する者（例えば、プロパンガス販売業者、給油作業員、サウナ風呂製作者など）、火災の発見・防止を行うことが求められる職務に従事する者（例えば、夜警、劇場・ホテルの経営者・支配人など）などである。これに対して、個人的な喫煙や家庭内の調理などの行為は、反復継続されるものであっても、職務として行われる行為ではないから、本罪における業務には当たらない（大塚384頁、西田312頁、山口396頁）。

　重過失失火罪は、重大な過失によって、116条の罪を犯した場合に成立するものであり、業務上失火罪と同様、失火罪に関する加重規定である。重大な過失が認められた例としては、盛夏晴天の日にガソリン給油所のガソリン缶から間近な場所でライターに点火した事例（最判昭23・6・8裁判集刑2・329）

などがある。

X　激発物破裂罪・過失激発物破裂罪

火薬、ボイラーその他の激発すべき物を破裂させて、108条に規定する物または他人の所有に係る109条に規定する物を損壊した者は、放火の例による。109条に規定する物であって自己の所有に係るものまたは110条に規定する物を損壊し、よって公共の危険を生じさせた者も同様である（117条1項）。前項の行為が過失によるときは、失火の例による（同2項）。

激発物破裂罪は、激発物を破裂させて物を損壊する行為を放火罪に準じて処罰するものであり、損壊された客体に応じた放火罪の法定刑が適用されることになる。

過失激発物破裂罪（117条2項）は、過失によって、117条1項の罪を犯したときに、116条の規定に従って処罰することを定めたものである。

なお、爆発物取締罰則における「爆発物」も激発すべき物の一種であるが、爆発物取締罰則における爆発物使用罪は、本罪の特別罪と解すべきであることから、爆発物の使用については、爆発物使用罪のみの成立を認めるべきであるとされる（大塚386頁、西田313頁、山口398頁、大谷383頁。反対説として、大判大11・3・31刑集1・186）。

XI　ガス漏出・同致死傷罪

ガス、電気または蒸気を漏出・流出させ、または遮断し、よって人の生命、身体または財産に危険を生じさせた者は、3年以下の懲役または10万円以下の罰金に処せられる（118条1項）。ガス、電気または蒸気を漏出・流出させ、または遮断し、よって人を死傷させた者は、傷害の罪と比較して、重い刑により処断される（同2項）。

本罪における「人」とは、犯人以外の者をいう。特定かつ少数の人でもよいとされ（西田313頁）、本罪が成立するためには、これらの人の生命・身体・財産に対する具体的な危険の発生が必要とされるが[4]、他方で、不特定または多数の人の生命・身体・財産に対する危険（抽象的危険）もまた想定されていることから、抽象的公共危険罪としての性格も有しているとされる（大塚387頁、西田313頁）。なお、人の生命・身体・財産に危険を生じさせれ

ば本罪は既遂に達し、現実に損害を生じたことまでは要しない。

　ガス漏出致死傷罪は、ガス漏出罪を犯したことによって、人を死傷させた場合を重く処罰する結果的加重犯である。

4）　具体的危険の発生についての認識も必要とされるかどうかについては、放火罪と同様に、ここでも認識必要説と認識不要説とが対立している。

第3節　出水および水利に関する罪

I　総説

　刑法典第10章の出水および水利に関する罪は、出水に関する罪と水利に関する罪という罪質を異にする2つからなる。出水に関する罪は、放火罪と同様の公共危険罪であり、水力という水の破壊作用による不特定多数人の生命・身体・財産に対する危険性である公共の危険を対象とするのに対し、水利に関する罪は、財産権の一種である水利権を保護法益とする財産罪である。しかし、水利権がその性質上多数者の利用を前提としていること、水利権を侵害する手段が出水に関する罪である出水危険罪と共通であること、出水の危険を伴う場合が多いことから同一の章のもとに規定されている（河上＝木村・大コメ7巻146頁）。

　現行刑法上、出水に関する罪は、現住建造物等浸害罪（119条）、非現住建造物等浸害罪（120条）、水防妨害罪（121条）、過失建造物等浸害罪（122条）、出水危険罪（123条後段）の5つがあり、水利に関する罪は、水利妨害罪（123条前段）の1つのみである。

II　現住建造物等浸害罪

　本罪（119条）は、出水させて、現に人が住居に使用し、または現に人がいる建造物、汽車、電車または鉱坑を浸害した場合に成立する。これは放火罪の現住建造物等放火罪（108条）に相当する浸害罪であり、これと同様に抽象的公共危険罪である。ただし、本罪では、艦船は客体には含まれていない。出水により艦船を転覆、沈没または破壊した場合には、本罪ではなく、艦船転覆等の罪（126条2項）が成立する。また、現住建造物等放火罪と比較して、法定刑の下限が引き下げられている。

　実行行為は、出水させて浸害する行為である。「出水させる」とは、人の管理・制圧下にある水力を開放して、水を溢れさせることをいう。水は貯水されたものであるか、流水であるかを問わない。出水の手段については、出水危険罪（123条後段）が、堤防の決壊、水門の破壊を手段として例示しているが、そのようなものに限られる必要はない。水流のせき止めも本罪に当た

ると解されるし、河川やため池だけでなく、高潮の際の海水のせき止めも本罪になりうる（河上＝木村・大コメ7巻154頁）。判例上、河川の氾濫ですでに客体に浸水が始まっていても、堤防を破壊してさらに水量を増加させて浸害すれば、「出水させる」に当たるとされている（大判明44・11・16刑録17・1984）。

「浸害」とは、一時的なものでもよいが、客体を浸水させることにより、その効用の滅失・減損をもたらすことをいう（団藤217頁、大谷501頁、中森172頁、曽根225頁）。本罪は、浸害が発生すれば、公共の危険が発生したものとして扱う抽象的危険犯であるので、それにより既遂となる。本罪の未遂処罰規定はないが、出水させて浸害に達しないときには、後述の出水危険罪（123条後段）が成立する。

Ⅲ 非現住建造物等浸害罪

本罪（120条）は、放火罪における非現住建造物等放火罪（109条）および建造物等以外放火罪（110条）に対応するものである。放火罪のような区別を行わず、刑法109条1項に相当する場合でも公共の危険の発生が要求される具体的公共危険罪である。本罪の客体には、田畑、森林、牧場等も含まれる。自己所有物については、それが差押えを受け、物件を負担し、賃貸し、または保険に付したものである限りで、処罰の対象となる（120条2項）。この点も放火罪とは異なる（110条2項参照）。

本罪は、具体的危険犯として、公共の危険の発生が必要となるが、その内容が、119条の物件を浸害する具体的な危険の発生でなければならないのか（西田315頁）、あるいは、それに限定されずに端的に不特定多数人の生命・身体・財産に具体的な危険が発生すれば十分であるのか（山口401頁、高橋460頁）が問題となる。この点は、放火罪の場合と同様に解すべきであろう。また、具体的な公共の危険の発生の認識は、不要とする見解もあるが（西田315頁）、それは本罪の不法内容の中核をなすものであるから、放火罪の場合と同様に必要であると解すべきである（大塚391頁、大谷402頁、中森173頁、山中501頁、山口401頁、高橋460頁）。当該の認識を欠く場合には、毀棄罪と過失建造物等浸害罪（122条）の観念的競合となる（大塚391頁、大谷402頁）。

IV 水防妨害罪

　本罪（121条）は、放火罪における消火妨害罪（114条）に対応するものである。構成要件の客観的要素として「水害の際に」という行為の状況が必要となる。「水害の際」は、現に洪水等による浸害が発生している場合だけでなく、このような浸害が発生しようとしている状況も含むとするのが通説である（河上＝木村・大コメ7巻166頁）。「水害」とは、出水および浸害による公共の危険が生じた場合、あるいは生じうる場合をいい（山中502頁、山口402頁、高橋460頁）、その原因は、人為的なものでも、台風等の自然災害によるものでもかまわない。なお、水害発生以前の防水器具に対する損壊等の行為は、水防法によって処罰される。

　本罪の行為は、水防用の物を隠匿し、もしくは損壊し、またはその他の方法により水防を妨害することである。「水防用の物」とは、土嚢、石材、材木、船等の水害を防ぐすべての物をさす。本来水防のために用いられる物に限定されず、水防に用いられうる物も対象となる。「隠匿」とは、水防用の物を、水防を行う者に対して、その発見を困難ないし不可能にすることをいう。「損壊」は、水防用の物を物理的に破壊することによって、水防の効用を失わせることをいう。器物損壊罪の場合とは異なり、もっぱら物理面での破壊が本罪では念頭に置かれる（河上＝木村・大コメ7巻166頁）。「その他の方法」とは、隠匿・損壊以外の方法で、水防の活動を妨害するに足るすべての方法をさす。妨害は、不作為による場合でも可能であるが（大谷402頁）、その際には水防活動を行う作為義務が法律上存在することが必要となる（山中502頁）。

　本罪は、抽象的危険犯であり、通説上、上記の行為が行われれば、水防活動に対する妨害が実際に発生しなくても既遂となる（河上＝木村・大コメ7巻167頁）。

V 過失建造物等浸害罪

　本罪（122条）は、放火罪における失火罪（116条）に対応するものであるが、業務上過失または重過失についての加重規定（117条の2）が存在しない点、さらには、109条1項の客体に対応する物（120条1項）に対する過失浸害の場合にも、公共の危険の発生が要求されている点で異なっている。また、

法定刑（20万円以下の罰金）も失火罪の場合（50万円以下の罰金）よりも軽くなっている。

本罪は、過失により出水させて、現住建造物等浸害罪（119条）の客体を浸害し、または非現住建造物等浸害罪（120条）の客体を浸害して公共の危険を発生させた場合に成立する。前者は、抽象的公共危険罪であり、後者は具体的公共危険罪である。

本罪により人の死傷結果が生じた場合には、過失傷害罪（209条）、過失致死罪（210条）が成立し、本罪と観念的競合となる（河上＝木村・大コメ7巻172頁）。

Ⅵ　出水危険罪

本罪（123条後段）は、堤防を決壊させ、水門を破壊し、その他出水させるべき行為をした場合に成立する。その他「出水させるべき行為」とは、例示されている堤防の決壊や水門の破壊のような出水の危険のある行為であり、当該の行為が行われれば、出水の結果、浸害の結果およびその危険が生じなくても本罪は既遂に達する（大谷403頁など）。抽象的公共危険罪である。現住建造物等浸害罪（119条）、非現住建造物等浸害罪（120条）には未遂の処罰規定はないが、本罪がその役割を果たす。しかし、浸害の危険性すらいらないため、処罰範囲は未遂よりも広く（中森173頁）、予備段階も含むことになる。現住建造物等浸害罪、非現住建造物等浸害罪を行ったが、浸害の結果が生じなかった場合、（特に非現住建造物等浸害罪のときに）公共の危険が生じなかった場合には本罪のみが成立し、また、出水の故意はあったが、浸害についての故意が欠けるときも、本罪のみが成立する（河上＝木村・大コメ7巻180頁）。

Ⅶ　水利妨害罪

本罪（123条前段）は、堤防を決壊させ、水門を破壊し、その他水利の妨害となる行為をしたときに成立する。本罪は、公共危険罪ではなく、他人の水利権を保護法益とする財産罪である（中森174頁、山口402頁など）。本罪が成立するためには、水利権を有する被害者の存在が必要となる（大判昭7・4・11刑集11・337）。[1]

水利権とは、水を灌漑、水車の動力、発電のために利用する権利であり（河上＝木村・大コメ7巻175頁）、契約上、あるいは慣習上認められるものをさす（大判昭7・4・11刑集11・337）。罪刑法定主義の観点から、慣習法による処罰は禁じられているが、水利権の多くは慣習法によって認められているので、例外と解するしかない。ただし、交通手段としての水路の利用権は、往来を妨害する罪（124条以下）、水道による飲料水としての利用権は、飲料水に関する罪（142条以下）によって保護される。

　「水利の妨害となるべき行為」とは、例示である堤防の決壊、水門の破壊のほか、水門の閉塞（大判昭4・6・3刑集8・302）・変更（大判明35・4・14刑録8・4・77）、貯水の流出（大判昭9・5・17刑集13・646）等、水利を妨害するおそれのある一切の行為をさす（大谷404頁）。水利権を現実に妨害したことは必要ではないと解されている（団藤219頁）。この意味で本罪は水利権という個人的な財産権に対する具体的危険犯である（山中503頁、西田316頁）。

1）　前田465頁は、水利権を有しない者に対しても、事実上水の利用が継続してなされている場合には、形式的にみれば法的権利性が完全に備わっていなくても、水利妨害罪の保護客体となりうる慣習法上の「水利権」を認める余地があるとする。

第4節　往来を妨害する罪

I　総説

　刑法典第11章の往来を妨害する罪は、道路その他の交通施設、鉄道その他の交通機関に攻撃を加え、交通の安全を侵害するものである。直接の保護法益は、交通の安全であるが、交通の安全の侵害は、それを利用する不特定多数者の生命・身体・財産に危険を生ぜしめることになるので、本罪は、放火罪等と同様の公共危険罪であると解されている。

　しかし、刑法が往来を妨害する罪として規定する犯罪類型（124条以下）は、刑法制定当時に重要とされた交通施設・交通機関を念頭に置いたものでしかない。その後に発達を遂げた、自動車交通、航空交通等の保護については、特別法による対処が図られている。[1]

---

1)　例えば、信号機等の濫用・損壊に対する処罰規定を有する道交法、高速自動車国道損壊罪等を処罰する高速自動車国道法、新幹線の運行の安全に関する新幹線鉄道における列車運行の安全を妨げる行為の処罰に関する特例法、航空機の安全に関する航空の危険を生じさせる行為等の処罰に関する法律を挙げることができる。その他の特別法については、渡邊・大コメ7巻186頁以下を参照。

II　往来妨害罪・同致死傷罪

　往来妨害罪（124条1項）は、陸路、水路または橋を損壊し、または閉塞して往来の妨害を生じさせた場合に成立する。未遂も罰せられる（128条）。

　客体は、「陸路」、「水路」、「橋」であり、公衆（不特定多数人）の通行に供されるものでなければならない。「陸路」とは、道路のことであり、「水路」とは、船舶、筏の航行に用いられる河川、運河、港口をさす。「橋」とは、河川、湖沼に架けられた橋のほか、陸橋や桟橋も含む。「陸路」と「橋」につき、もっぱら鉄道のためだけに供されているものは、本罪ではなく、往来危険罪（125条）の客体となる（渡邊・大コメ7巻191頁以下）。

　行為は、「損壊」または「閉塞」によって往来の妨害を生じさせることであり、損壊・閉塞以外の手段は含まれない。したがって、偽計の手段（例えば、虚偽の通行禁止の立札）によって車両の通行を妨害する行為では、本罪は成立しない（中森175頁、西田318頁、山口404頁等）。「損壊」は、物理的な破

壊に限られており、「閉塞」とは、障害物を設けて道路などを遮断することをさす。判例上、閉塞といえるためには、損壊と同視できる程度に、道路等を遮断する必要があり（名古屋高判昭 35・4・25 高刑集 13・4・279）、また、部分的な閉塞にすぎない場合でも、道路の効用を阻害して往来の危険を生じさせるときは、閉塞に当たるとされている（最決昭 59・4・12 刑集 38・6・2107）。[2]

損壊または閉塞の結果、往来の妨害が生じたときに本罪は既遂となる。往来の妨害の発生とは、通行を不可能または困難にする状態を生じさせることである（団藤 223 頁、大谷 406 頁、西田 318 頁等）。ただし、通説・判例（大判昭 3・5・31 刑集 7・416）は、実際に特定の何人かの往来が妨害される必要はないとする（反対説として曽根 227 頁）。この意味では、本罪は具体的危険犯である。損壊・閉塞行為を行ったが、往来の妨害の具体的な危険を発生させなかったときに、本罪は未遂となる。

往来妨害致死傷罪（124 条 2 項）は、往来妨害罪を基本犯とする結果的加重犯である。往来妨害罪が既遂となっていることが必要であるので、損壊・閉塞行為だけから死傷結果が生じても、本罪は成立しないとするのが通説である（団藤 224 頁、大塚 398 頁、中森 175 頁、西田 318 頁、高橋 464 頁等。反対説として前田 467 頁）。[3] したがって、橋を破壊した結果、通行人の往来が妨げられ、転落して負傷した場合には、本罪が成立するが、橋を破壊する行為の際に誤って通行人を負傷させたときには、往来妨害罪と過失傷害罪の観念的競合にしかならない（大谷 406 頁）。

2） 幅約 6 メートルの道路を約 4 メートル遮断する形で自動車を斜めに置き、ガソリンをまいて炎上させたという事案である。
3） 判例は、橋梁損壊の最中に橋梁が墜落して、作業員・通行人を死傷させた事案について、往来妨害致死傷罪の成立を肯定しているが（最判昭 36・1・10 刑集 15・1・1：天狗橋損壊事件）、橋の落下前にすでに往来妨害の事実が発生していたと解しうる事案であったとされている（中森 175 頁注 30、山口 406 頁、松宮 349 頁）。

III 往来危険罪

本罪（125 条）は、重要な交通機関である汽車、電車、艦船の往来の危険を生じさせる行為を、往来妨害罪よりも加重して処罰するものである。

往来の危険を生じさせる手段として、「鉄道若しくはその標識」の損壊、「灯台若しくは浮標」の損壊が例示されているが、「その他の方法」でもよい。

「鉄道」とは線路だけでなく、運行に必要な一切の設備をさし、トンネル、枕木等も含む。「標識」とは信号機その他の標示物であり、「損壊」は物理的な破壊に限られている。「その他の方法」としては、線路の上に障害物を置くこと、汽車・電車の運転に必要な器具を破壊すること、無人電車を暴走させること（最大判昭30・6・22刑集9・8・1189：三鷹事件）、正規のダイヤに従わない電車の運行（最判昭36・12・1刑集15・11・1807：人民電車事件）等がある。なお、通説・判例は、ガソリンカーも汽車・電車に含まれるとする（大判昭15・8・22刑集19・54）。「灯台」とは、艦船の航行のための灯火による陸上の標識であり、「浮標」とはブイ等の水上の標示物である。艦船の往来の危険を生じさせる「その他の方法」としては、航路に水雷等の障害物を設置すること、浮標の除去、偽の浮標の設置等が挙げられる（渡邊・大コメ7巻207頁以下）。通説・判例は、艦船については、その大小形状を問わないとする（大谷408頁、中森176頁、山中508頁、山口408頁等、大判昭10・2・2刑集14・57）。

　本罪が既遂に達するためには、汽車・電車または艦船の往来の危険を生じさせなければならない。「往来の危険を生じさせた」とは、衝突・転覆・脱線・沈没・破壊等の往来に危険な結果を生ずるおそれのある状態を発生させることをいう[4]。この意味で本罪は具体的危険犯であり、実害の生じたことは必要ではない（通説・判例）[5]。具体的な危険の発生に至らないときは、未遂となる（128条）。本罪の故意があるといえるためには、その具体的な危険性の認識が必要である（疑問とするものとして、西田319頁）。

4）　曽根228頁、山口407頁は、有人の汽車等の交通に対する危険が生じる必要があるとする。
5）　最近の判例として、最決平15・6・2刑集57・6・749がある。事案の詳細については、金・百選Ⅱ178頁参照。

Ⅳ　汽車等転覆破壊・同致死罪

　汽車等転覆破壊罪（126条1項、2項）は、現に人がいる汽車・電車・艦船を転覆・沈没・破壊することによって成立する。これは、汽車等の内部にいる人に対する危険の惹起を処罰根拠としながら、利用者である不特定多数人の生命・身体に対して危険をもたらす類型的な行為を念頭に置いた抽象的危険犯である（山口408頁）。

　客体である汽車等には現に人がいなければならない。その時期については、

実行の開始から結果発生までのいずれかの時点で人がいればよいとする見解が多数説である（大塚401頁、大谷409頁、中森177頁、山中510頁、西田320頁、前田470頁、高橋467頁）。本罪が単なる公共危険罪ではなく、現にいる人の生命・身体の安全が直接の保護法益であると解されるので、妥当である。なお、修理中の汽車等のように交通機関としての機能を停止しているものは本罪の客体から除外される。本罪が既遂となるためには、転覆・沈没・破壊の結果が生じなければならない。汽車・電車の脱線は、転覆には含まれず（疑問とするものとして、西田320頁）、艦船の沈没は、単なる座礁を含まない。汽車・電車の破壊とは、その実質を害して、交通機関としての機能の全部または一部を失わせる程度の物理的損壊をいう（最判昭46・4・22刑集25・3・530）。艦船についても同様に解されているが、漁船を座礁させて、バルブを開放して海水を取り入れて航行能力を失わせた事案につき、これを破壊に当たるとした判例もある（最決昭55・12・9刑集34・7・513）。

汽車等転覆破壊致死罪（126条3項）は、汽車等転覆破壊（126条1項、2項）の結果的加重犯であり、人を死亡させた場合に成立する。基本犯について転覆・破壊等の結果が生じていることが前提であり、転覆・破壊等の行為それ自体から死亡結果が発生したときには本罪は成立しない（平野244頁、大谷411頁、中森178頁、山中512頁、西田320頁以下、高橋468頁、松宮353頁）。本罪は、加重結果が傷害である場合を規定していないが、本罪の法定刑の重さからして、その場合には本罪に吸収されると解される（山中512頁注11、山口410頁）。死亡結果が発生する人の範囲については、本罪の公共危険罪としての性格から考えるに、汽車等に現在する人に限定される必要はなく、駅のホームの乗客、沿線住民等その周囲にいる人も含まれるべきである（団藤232頁、大塚403頁、大谷412頁、山中512頁、西田321頁、前田471頁）。判例もこの点を肯定しているが（前掲最大判昭30・6・22）、限定説も有力である（曽根230頁、中森178頁、山口410頁、高橋468頁、松宮353頁）。最初から殺害の点に故意がある場合には、多数説は、本罪の法定刑の重さを理由に、本罪のみの成立を認め、殺人が未遂になったときには、汽車等転覆破壊罪と殺人未遂罪の観念的競合になると解している（大谷412頁、中森178頁、山中513頁、西田321頁、前田471頁、山口410頁以下、高橋469頁、松宮353頁）。

V　往来危険による汽車等転覆破壊罪

本罪（127条）は、往来危険罪（125条）の結果的加重犯であり、往来危険罪を行い、故意なくして汽車・電車・艦船の転覆・破壊・沈没を引き起こした場合に、そのような結果について故意がある汽車等転覆破壊罪（126条）と同様に処罰するという、極めて異例の規定に基づくものである（中森179頁、山口411頁、松宮354頁）。本罪について問題となるのは、①転覆等の対象となる汽車等が無人のもので足りるか、また、②加重結果として人の死亡を引き起こした場合に、刑法126条3項の適用が肯定されるかという点である。判例は、①と②の双方につき肯定する（前掲最大判昭30・6・22）。学説では、①の点については、刑法127条が人の現在性を要求していないことから、判例と同様に解する見解もあるが（大塚405頁、大谷413頁）、通説は、「前条（126条）の例による」となっている限り、刑法126条の場合と同様の危険が認められるためには、人の現在する汽車等でなければならないとする（団藤228頁以下、平野244頁、中森179頁、曽根231頁、西田321頁、前田472頁、山口412頁、高橋470頁、松宮355頁）。②の点については、刑法126条3項の法定刑が重いことから、同条項の適用を否定する見解もあるが（大塚405頁、曽根232頁、山中517頁）、通説は、「前条の例による」とある限り、126条3項の適用を否定できないとして、判例と同様の立場に立っている（大谷414頁、中森179頁、西田322頁、前田473頁、山口412頁、高橋470頁）。

VI　過失往来危険による汽車等転覆破壊罪

本条は、以下の犯罪類型を規定する。①過失往来危険罪（129条1項前段）は、過失によって汽車等の往来の（具体的）危険を生じさせる、125条の過失犯である。②過失汽車等転覆破壊罪（129条1項後段）は、過失によって126条1項と同条2項の犯罪を実現する場合であり、人が汽車等に現在しない場合を含むとするのが通説である。本罪の結果、人を死傷させた場合は、本罪と過失致死傷罪（209条、210条）との観念的競合となる。③上の①と②を業務上の過失で行う場合には刑が加重されている（129条2項）。主体である、「業務に従事する者」とは、直接または間接に汽車等の交通往来の業務に従事する者であり（大判昭2・11・28刑集6・472）、機関手、運転手、駅長、転轍手、信号係、船長、航海士などである。本罪の結果、人を死傷させた場合

は、本罪と業務上過失致死傷罪（211条）との観念的競合となる。

第 2 章　公衆の健康に対する罪

第 1 節　あへん煙に関する罪

I　総説

　刑法典第 2 編第 14 章「あへん煙に関する罪」は、あへん煙の吸食およびその輸入・製造・販売などの行為を内容とする犯罪であり、その保護法益は、あへん煙の吸食によって害される公衆の健康である。あへん煙とは、けしの液汁を凝固させたもの（生あへん）を、キセルやパイプなどによって吸引できるように加工したもの（あへん煙膏）をいうが、これを吸食すると、そこに含まれるモルヒネなどのアルカロイドが中枢神経に作用することによって陶酔感が得られる一方で、強度の精神依存性、身体依存性および耐性を有することから、常用すると中毒を招き、次第に心身を害して最後には廃人に至るのみならず、その悪習が社会に蔓延すると、例えば、アヘン戦争（1840年）当時の清（中国）のように、公衆の健康を損ねて、社会発展の基礎を破壊させ、数多の派生的弊害を生むことにもつながりかねない（大塚509頁）。

　そこで本章においては、あへん煙輸入等罪（136条）、あへん煙吸食器具輸入等罪（137条）、税関職員によるあへん煙輸入等罪（138条）、あへん煙吸食および吸食場所提供罪（139条）、あへん煙等所持罪（140条）とこれらの罪の未遂処罰規定（141条）が規定されているが、現在では、あへんについては、あへん法（昭29法71）によって包括的な規制がなされており、例えば、あへん煙吸食器具等輸入罪以外はあへん法による処罰が可能であり、本罪の規制対象には含まれていない生あへんについても同法に取締規定がある（あへん法3条2号・51条以下）。このように、あへんに関する行為は、刑法とあへん法の2つの法律によって規制されているが、あへん法の罰則に当たる行為が刑法の罪にも触れるときは、刑法の罪に比較して重きに従って処断するものとされている（あへん法56条）。そのため、本罪の諸規定は、実際上空文化しているともいわれる（山口414頁、前田476頁）。

　なお、今日では、あへん煙よりもむしろ麻薬や覚せい剤、大麻などの濫用

が重大な社会問題となっており、これらの薬物を規制するために、覚せい剤取締法、麻薬及び向精神薬取締法、大麻取締法などがあり、シンナー等の有機溶剤については、毒物及び劇物取締法がある。さらに、平成3（1991）年には、国際的な協力の下に規制薬物に係る不正行為を助長する行為等の防止を図るための麻薬及び向精神薬取締法等の特例等に関する法律（いわゆる麻薬特例法）が制定され、業として行う不法輸入等の罪（5条）、薬物犯罪収益等隠匿罪（6条）、薬物犯罪収益等収受罪（7条）などが規定されている。

1) これら3法にあへん法を加えたものが、いわゆる薬物4法である。

Ⅱ　あへん煙輸入等罪

あへん煙を輸入し、製造し、販売し、または販売の目的で所持した者は、6月以上7年以下の懲役に処せられる（136条）。なお、未遂も処罰される（141条）。

1　客体
本罪の客体は、あへん煙である。「あへん煙」とは、吸食できるように加工されたあへん煙膏をいう。その原料としての生あへんはこれに含まれない（大判大8・3・11刑録25・314）。

2　行為
輸入し、製造し、販売し、または販売の目的で所持することである。「輸入」とは、日本国外から日本国内に搬入することをいう。輸入の既遂時期については、領海あるいは領空に入れば足りるとする見解があるが（大塚510頁）、判例は、陸揚げを要するとしており（大判昭8・7・6刑集12・1125）、学説にも、輸入罪が罰せられるのはそれによって公衆衛生が危険にさらされるためであり、こうした危険は、船舶による場合は陸揚げ、航空機による場合は荷降ろしの段階ではじめて認められるとして、判例を支持する見解がある（大谷408頁、前田477頁、松宮348頁）。なお、いったん国内に入った以上は、一時国内を通過するにすぎない場合でも輸入に当たるとされる（福田124頁、前掲大判昭8・7・6）。「製造」とは、生あへんからあへん煙膏を作り出すことである。「販売」とは、不特定または多数人に対して有償譲渡することをいう。「所持」とは、あへん煙を事実上支配することをいい、必ずしも自ら手に持

っていることまでは要しない。また、自己のための所持であるか他人のための所持であるかを問わない。なお、所持は「販売の目的」でなされることを要する。「販売の目的」とは、不特定または多数人に対して有償譲渡しようとする目的をいう。販売目的を欠く所持（単純所持）の場合には、本罪は当たらず、あへん煙等所持罪（140条）で処罰されることになる。

2） 他方、輸入の着手時期に関して、判例は、海上に覚せい剤を投下し、これを他の船で回収することによって輸入しようとした事案につき、覚せい剤を海上に投下した段階では「回収担当者が覚せい剤をその実力的支配のもとに置いていないばかりか、その可能性にも乏しく、覚せい剤が陸揚げされる客観的な危険性が発生したとはいえないから、本件各輸入罪の実行の着手があったものとは解されない」としている（最判平20・3・4刑集62・3・123）。それゆえ、輸入の実行の着手があったと認められるためには、原則として「陸揚げされる客観的危険性」が存在することが必要であるとされる（前田477頁）。

Ⅲ　あへん煙吸食器具輸入等罪

あへん煙を吸食する器具を輸入し、製造し、販売し、または販売の目的で所持した者は、3月以上5年以下の懲役に処せられる（137条）。なお、未遂も処罰される（141条）。

「あへん煙を吸食する器具」とは、あへん煙を吸食する目的で作られた器具のことをいい、例えば、煙管などがこれに当たる。「輸入」「製造」「販売」「所持」「販売の目的」の意義については、あへん煙等輸入罪（136条）の場合と同様である。

Ⅳ　税関職員によるあへん煙輸入等罪

税関職員があへん煙またはあへん煙を吸食するための器具を輸入し、またはこれらの輸入を許したときは、1年以上10年以下の懲役に処せられる（138条）。なお、未遂も処罰される（141条）。

本罪の主体は「税関職員」であるが（身分犯）、税関に勤務する職員のすべてをいうのではなく、特に輸入に関する事務に従事する職員に限られる（大塚511頁、大谷408頁）。本罪の行為は、輸入し、または輸入を許すことである。「輸入」の意義については、あへん煙輸入等罪（136条）の場合と同様である。また、「輸入を許す」とは、明示的にまたは暗黙に輸入を許可することをいう。輸入罪は、あへん煙輸入等罪（136条）、あへん煙吸食器具輸入等

罪（137条）の法定刑を身分によって加重するものである。輸入許可罪は、あへん煙輸入等罪（136条）、あへん煙吸食器具輸入等罪（137条）の教唆または幇助に当たる行為であるものの、本来であればそれを取り締まるべき立場にある者自身によって行われる点を重視して独立罪とされている（大塚511頁）。

本罪の既遂時期については、あへん煙輸入等罪またはあへん煙吸食器具輸入等罪が既遂になった時点であるとされる（団藤237頁、大塚511頁、山口415頁、大谷409頁）。

V　あへん煙吸食および場所提供罪

あへん煙を吸食した者は、3年以下の懲役に処せられる（139条1項）。あへん煙の吸食のため建物または室を提供して利益を図った者は、6月以上7年以下の懲役に処せられる（同2項）。なお、未遂も処罰される（141条）。

「吸食」とは、あへん煙を呼吸器または消化器によって消費することをいう。その目的のいかんを問わず、また、公然と行われるかどうかにもかかわらない。あへんの吸食については、一種の自傷行為であるとの理由から、この種の行為を処罰することについて疑問を呈する見解もあるが、あへん煙の吸食は、吸食者自身の心身を害するのみならず、他の犯罪を誘発するおそれがあるとともに、その悪習が社会を頽廃に導く危険性を有していることから、やはり処罰の対象とすべきであろう（大谷409頁）。吸食のためにあへん煙またはこれを吸食する器具を一時的に所持する行為は、本罪に吸収され、別罪を構成するものではないが（大判大6・10・27刑録23・1103）、以前からあへん煙またはこれを吸食する器具を所持していた者が、それを用いて吸食した場合は、本罪とあへん煙所持罪との併合罪となる（大判大9・3・5刑録26・139）。

また、あへん煙吸食場所提供罪は、あへん煙の吸食のため建物または室を提供して利益を図った場合に成立する。「あへん煙の吸食のため」とは、あへん煙の吸食の用に供するためという意味であり、吸食者の目的を意味するものではない。「建物または室を提供」とは、あへん煙を吸食する場所として、建物や部屋を提供することをいう。本罪は、あへん煙吸食罪の幇助行為のうち、場所を提供して利益を図る行為を独立して加重処罰するものであるが、これは、本罪が利欲犯かつ営業犯的要素を有するとともに、あへん煙吸食の悪習を蔓延させることを直接的に助長するものであることによる（大塚

512頁)。「利益を図る」とは、財産的利益を得る目的を有することであり、本罪が成立するためには、この目的を必要とするが（目的犯)、現実に利益を得たことまでは要しない。

Ⅵ　あへん煙等所持罪
　あへん煙またはあへん煙を吸食するための器具を所持した者は、1年以下の懲役に処せられる（140条)。なお、未遂も処罰される（141条)。
　本罪は、あへん煙またはあへん煙を吸食するための器具の販売目的所持（136条・137条）以外の所持を処罰するものである。前述したように、あへん煙吸食の際に、あへん煙またはあへんを吸食する器具を所持していたとしても吸食罪（139条）に吸収され、本罪は成立しない。

第2節　飲料水に関する罪

I　総説

　刑法典第2編第15章「飲料水に関する罪」は、公衆、すなわち、不特定また多数人の飲料に供する浄水を汚染し、または、それに毒物を混入する行為などを行う犯罪である。こうした行為は、飲料水を利用する公衆の生命・身体の安全を脅かすものであり、それゆえ、本罪は抽象的公共危険罪の一種であると解されている。したがって、本罪の保護法益も、公衆の健康と解される。本章においては、浄水汚染罪（142条）、水道汚染罪（143条）、浄水毒物等混入罪（144条）、浄水汚染致死傷罪・水道汚染致死傷罪・浄水毒物等混入致死傷罪（145条）、水道毒物等混入罪・同致死罪（146条）、水道損壊・閉塞罪（147条）が規定されている。

II　浄水汚染罪・同致死傷罪

　人の飲料に供する浄水を汚染し、よって使用することができないようにした者は、6月以下の懲役または10万円以下の罰金に処せられる（142条）。よって人を死傷させた者は、傷害の罪と比較して、重い刑により処断される（145条）。

　本罪の客体は、人の飲料に供する浄水である。「人」とは、本罪の保護法益が公衆の健康であることから、特定人ではなく不特定または多数人のことをいうとされる。したがって、特定人の飲用に供するためにコップなどに入れられている水を汚染したとしても本罪は成立しないことになる。なお、ここでいう多数人とは、ある程度の多数人であれば足りるとされ（大塚505頁、西田324頁、山口416頁、大谷403頁）、判例も、浄水汚染等致死傷罪に関するものではあるが、一家の飲料に供するために炊事場に置かれた水瓶に毒物を混入した事案について、同罪の成立を認めている（大判昭8・6・5刑集12・736）。また、「浄水」とは、人の飲料に供しうる程度に清潔な水のことをいい、井戸水のような自然水であると水道水のような人工水であるとを問わない。

　本罪の行為は、汚染し、よって使用することができないようにすることである。「汚染」とは、泥土や塵芥などを混入したり、水底を攪拌して混濁さ

せたりするなどして、水の清潔状態を失わせることをいう。「使用することができないようにする」とは汚染の結果、飲料水としての用途を失わせることをいう。通常人の感覚に照らして飲用するに堪えない状態になればよく、物理的な理由であると心理的な理由であるとを問わない（大塚 505 頁、西田 324 頁、山口 416 頁、大谷 403 頁、佐久間 306 頁、松宮 350 頁）。したがって、井戸への放尿はもちろんのこと、井戸水に食紅を投入して赤褐色に混濁させ、飲料水として使用することを躊躇せざるをえないような状態にした場合にも本罪が成立する（最判昭 36・9・8 刑集 15・8・1309）。なお、条文上は「よって」とあり、一見、結果的加重犯のようにもみえるが、学説の多くは、本罪の故意には「使用することができなくなる」ことについての認識・予見が必要であるとしている（大塚 505 頁、山口 416 頁、大谷 403 頁、前田 480 頁）。

　浄水汚染致死傷罪は、浄水汚染罪の結果的加重犯である。基本犯である浄水汚染罪を犯し、よって人を死傷させた場合に成立する。死傷の結果について故意がないことが必要であり、故意がある場合には殺人罪あるいは傷害罪が成立し、本罪とこれらの罪の観念的競合となる（大塚 507 頁、西田 325 頁、山口 418 頁、大谷 405 頁、前田 481 頁）。

Ⅲ　水道汚染罪・同致死傷罪

　水道により公衆に供給する飲料の浄水またはその水源を汚染し、よって使用することができないようにした者は、6 月以上 7 年以下の懲役に処せられる（143 条）。よって人を死傷させた者は、傷害の罪と比較して、重い刑により処断される（145 条）。

　「水道」とは、浄水を供給するための人工的設備をいう。構造・設備の大小や公設・私設のいかんを問わないが、単に自然の水流を利用しただけで人工的設備のないものは、それが公衆の飲用に供されていても、水道には当たらない（大塚 506 頁、山口 417 頁、大谷 404 頁）。また、法令・慣習により、浄水の水道であることを容認されたものであることも要しない（大判昭 7・3・31 刑集 11・311）。「水源」とは、水道に流入する前の水、すなわち、貯水池や浄水池、あるいはそこに流入する水流などをいう。

　本罪の行為は、浄水汚染罪（142 条）の場合と同様である。もっとも本罪においては、浄水汚染罪よりも法定刑が重く定められているが、これは、水

道が不特定・多数人に対して飲用の浄水を供するものであり、これが汚染されたり、あるいはその供給源となる水源が汚染されたりすることによって使用できなくなった場合、その被害が広範に及ぶ可能性があるためである。なお、本罪においても、条文上は「よって」という文言が用いられているが、浄水汚染罪と同様、本罪の故意には汚染する意図だけでは足りず、使用不能にすることまでの認識・予見が必要であるとされる（山口 417 頁）。

水道汚染致死傷罪は、水道汚染罪の結果的加重犯である。基本犯である水道汚染罪を犯し、よって人を死傷させた場合に成立する。死傷の結果について故意がないことが必要であり、故意がある場合には殺人罪あるいは傷害罪が成立し、本罪とこれらの罪の観念的競合となる点は、浄水汚染罪の場合と同様である。

Ⅳ 浄水毒物等混入罪・同致死傷罪

人の飲料に供する浄水に毒物その他人の健康を害すべき物を混入した者は、3 年以下の懲役に処せられる（144 条）。よって人を死傷させた者は、傷害の罪と比較して、重い刑により処断される（145 条）。

「浄水」の意義については、浄水汚染罪におけるのと同様である。「毒物」とは、例えば、青酸カリ（大判昭 3・10・15 刑集 7・665）、硫酸ニコチン（大判昭 8・6・5 刑集 12・736）など、化学的作用により、少量でも人の健康を害するに足りる無機物をいう（大塚 506 頁）。また、「人の健康を害すべき物」とは、毒物以外の物で、飲用することによって人の健康を害する物質をいう。例えば、細菌、寄生虫、その卵などのほか（大塚 506 頁、山口 417 頁、大谷 404 頁、前田 481 頁）、日常的に飲用されることにより体内に蓄積された結果健康を害するような物質も含まれるとされる（西田 325 頁）。なお、毒物その他人の健康を害する物は、浄水を人の健康を害すべき程度にするまで混入されることが必要であるが（大塚 507 頁、山口 417 頁、大谷 404 条）、実際に人の健康に障害を与えたことまでは必要としない。

浄水毒物等混入致死傷罪は、浄水毒物等混入罪の結果的加重犯であり、基本犯である浄水毒物等混入罪を犯し、よって人を死傷させた場合に成立する。死傷の結果について故意がないことが必要であり、故意がある場合には殺人罪あるいは傷害罪が成立し、本罪とこれらの罪の観念的競合となる点は、浄

水汚染致死傷罪・水道汚染致死傷罪の場合と同様である。

V　水道毒物等混入罪・同致死罪

水道により公衆に供給する飲料の浄水またはその水源に毒物その他人の健康を害すべき物を混入した者は、2年以上の有期懲役に処せられる。よって人を死亡させた者は、死刑または無期もしくは5年以上の懲役に処せられる（146条）。

「水道」「浄水」「水源」「毒物その他人の健康を害すべき物」の意義については、浄水汚染罪・水道汚染罪・浄水毒物等混入罪におけるのと同様である。また、毒物その他人の健康を害する物は、人の健康を害すべき程度に混入されることが必要であるが、実際に人の健康に障害を与えたことまでは必要としない（前掲大判昭 3·10·15）。もっとも、水道毒物等混入致死罪が致死の場合のみを対象とし、致傷の場合を含んでいないことから、本罪の行為によって致傷の結果が生じた場合にも本罪の適用があるとされる（大塚 507 頁）。また、本罪の法定刑は傷害罪の法定刑より重いことから、傷害の結果を生じた場合は、本罪のみが成立し、別に傷害罪は成立しないとされる（西田 326 頁、山口 418 頁、大谷 405 頁）。

水道毒物等混入致死罪は、基本犯である水道毒物等混入罪を犯し、よって人を死に至らしめた場合に成立する。なお、本罪の法定刑は殺人罪の法定刑と同じであることから、死亡の結果について故意があった場合でも、本罪のみの成立を認めれば足りると解するのが多数であるが（西田 326 頁、山口 418 頁、大谷 405 頁）、本罪と殺人罪との観念的競合であるとする見解もある（大塚 508 頁）。

1) なお、殺人が未遂に終わった場合については、水道毒物等混入罪と殺人未遂罪との観念的競合になるとする見解（大塚 508 頁、西田 326 頁、山口 418 頁、大谷 405 頁）と、不特定または多数人に対する殺人未遂の罪数が不確定になることを踏まえて、水道毒物等混入罪のみを適用すべきであるとする見解（松宮 352 頁）がある。

VI　水道損壊・閉塞罪

公衆の飲料に供する浄水の水道を損壊し、または閉塞した者は、1年以上10年以下の懲役に処せられる（147条）。

「浄水の水道」とは、浄水の清浄を保ちつつ一定の地点に導く施設のことをいう。「損壊」とは、本罪が浄水の供給を妨害する罪であることに鑑みて、水道による浄水の供給を不可能あるいは著しく困難にする程度にまで破壊することをいう（大谷406頁）。「閉塞」とは、有形の障害物で水道を遮断し、浄水の供給を不可能あるいは著しく困難にすることをいう（大阪高判昭41・6・18高刑集8・6・836）。これらの程度に達しない損壊は、器物損壊罪によって処理すべきであるとされる（大谷406頁）。なお、水道の鉛管を切り取って窃取した場合は、本罪と窃盗罪の観念的競合となる。

第3章　公共の信用に対する罪

第1節　通貨偽造の罪

Ⅰ　総説
1　犯罪類型

　刑法典第16章の「通貨偽造の罪」では、通貨偽造罪・同行使罪（148条）、外国通貨偽造罪・同行使罪（149条）、偽造通貨等収得罪（150条）、前3条の未遂罪（151条）、収得後知情行使罪（152条）、通貨偽造等準備罪（153条）について規定している。

2　保護法益

　通貨偽造罪の保護法益に関しては2つの見解が対立している。第1説は、通貨に対する「公共の信用」という「社会的法益」を保護することによって経済取引の安全を図るとする見解である（「社会的法益説」ともいう。大谷（第4版）426頁、川端516頁）。第2説は、通貨に対する「公共の信用」と「国家の通貨を発行する権限」（通貨発行権）の両方を保護することにあるとする見解である（木村232頁、大塚410頁、西田302頁など）。いうまでもなく現代における経済取引は、基本的に通貨を媒介としている。つまり、通貨に対する「公共の信用」がなくなれば経済取引の安全は害されることになる。したがって、「経済取引の安全確保」こそが、第一義的な保護法益であり、その波及的効果として政府の「通貨発行権」が保護されているにすぎない。また、現代のように国際間の経済取引や人事交流が頻繁になると外国の通貨に対する「公共の信用」の保護も国内通貨と同様の重要性を増しつつあり、ますます世界主義的見地が要請されている。したがって、第1説の社会的法益説が妥当である（大野＝墨谷327頁、川端516頁）。

　判例は、後説の立場をとっている。例えば、「本罪は、通貨発行権者の発行権を保障し、『通貨に対する社会の信用』を確保することにあるので、正規の手続によらず入手した証紙を旧円紙幣に貼付して新円紙幣として偽造するときは本罪が成立する」としている（最判昭22・12・17刑集1・94）。

3 代用貨幣の流通拡大と「通貨偽造罪」の存在意義

現代の通貨は、もちろん銀行券で、紙幣がその主役である。しかし、インターネットの発展により、日本銀行が発行する貨幣や紙幣に代用する、いわゆる「代用貨幣」として、電子的なデータによって決済される「電子マネー」[1]やネット上の電磁的記録の「ビットコイン（Bitcoin）」[2]などが急速に発展している。このビットコインを乱用して、違法薬物の購入手段としたり、資金洗浄や脱税に利用したり、「暴力団の資金源」になっているとも報道されている。伝統的な「偽造罪」の認知件数も急速に増加して、「2000年前後から、パソコン、スキャナープリンター、カラー複写機等を使って紙幣等を偽造した事例に関する有罪判例が目立」ってきた（前田484頁）のは、暴力団によるハイテク「偽造団」が結成されている証拠でもある。

1) 電子マネーとは、情報通信技術を活用した、企業により提供される電子決済サービスである。
2) ビットコインとは、ネット上で扱われる「電磁的記録」で、通貨にも有価証券にも当たらず、一種の暗号通貨であり、「代替通貨」である。日本円で約480億円の損失を出したビットコイン取引所のマウントゴックスが民事再生手続を開始したという報道（2014年）で一気に有名になった。

II 通貨偽造罪

行使の目的で、通用する貨幣、紙幣または銀行券を偽造し、または変造した者は、無期または3年以上の懲役に処せられる（148条1項）。未遂も罰せられる（151条）。

1 客体

(1) 意義

本罪の客体は、「通用する」通貨であり、そのなかには「貨幣」「紙幣」「銀行券」がある。「貨幣」とはいわゆる硬貨のことであり、「紙幣」とは政府の発行する証券のことである。「銀行券」とは政府の認許によって日本銀行が発行している証券であり、通常、「紙幣」というのはこの銀行券のことをさしている（大判大3・11・14刑録20・2111）。

(2) 「通用する」とは

本罪にいう「通用する」というのは、法律上、強制通用力を有していなければならないという意味である。したがって、古銭や廃貨は強制通用力を失ったものとして本罪の客体から除かれ、新しい通貨と引換期間中の旧い通貨

は本罪の通貨に含まれるか否かについても、通説は、強制通用力がない以上通貨とはいえないとする（大野＝墨谷328頁、大谷（第4版）427頁）。

　2　行為

本罪の行為は、偽造と変造である。

(1)　偽造

「偽造」とは、通貨の発行権限をもっていない者が一見、真貨であると一般人を誤認させるような真貨の類似物を作り出すことである。判例は、「本条の銀行券の偽造は、通常人が不用意にこれを一見した場合に真正の銀行券と思い誤る程度に製作されていることを要する」としている（最判昭25・2・28裁判集刑16・663）。

偽貨に相当する「真貨」の存在が必要か否かについて、学説上は、必要説（瀧川236頁）と不要説（通説、大谷（第4版）428頁）が対立している。一般人が偽造通貨を真貨と誤信するには相当する真貨の存在が理論上必要であるが、事実上、偽造通貨を存在もしない外国の真貨だと一般人に誤認させる場合がないとはいえないから、世界主義的見地から不要説（大野＝墨谷329頁）が妥当である。

硬貨の偽造の場合について問題となるのは、偽貨の真価が名目額よりも大きい場合に本罪が成立するか否かであるが、通説は成立を肯定する。

(2)　変造

「変造」とは、真貨に加工して真貨の特徴を保持しつつ変更し、一般人が真貨と誤認するような真貨の類似物を作り出すことをいう。したがって、変造は常に真貨を材料とし、その態様には名価変更の場合と硬貨の量目を減らす場合とがある（大野＝墨谷329頁）。また、最高裁は、「真正な1000円銀行券2枚を用いこれを2枚にはがすなどして、4つ折りまたは8つ折りにした銀行券と思い誤らせる程度の外観、手触りを備えた6片の物件は真正の1000円銀行券として流通する危険を備えたものと認められるので、これを作出する行為は『変造』に当たる」としている（最判昭50・6・13刑集29・6・375判タ326・333、新判コメ(4)321頁）。

(3)　偽造と変造と模造の区別

いずれにしても「変造」と「偽造」との限界付けは困難であるが、第1に偽造と変造とは、同一構成要件に属する行為であり、したがって、第2に両

者の法定刑も同じであるから、実際上両者を区別する実益に欠けるのである。ちなみに判例も偽造と変造を誤った判決に対して上級審による破棄理由とはならないとしている（最判昭 39・9・26 刑集 15・8・1525、大野 = 墨谷 329 頁）。

「通貨『偽造』とは新たに通貨の様式、外観を作り出す行為で、通貨『変造』とは既存の真正通貨の様式、外観の完全性を変更する行為である」とされる（新潟地判昭 39・3・12 下刑集 6・3=4・227）。「真正の銀行券の中間の一部を取り除き両端の残存部分を継ぎ合わせ一見完全な一枚の銀行券のごとき外観を有するものを作出する行為は『偽造』に当たる」（広島高松江支判昭 30・9・28 高刑集 8・8・1056 判時 64・4）。また、「模造」は、通貨に似ているが平均的な一般人の通常の注意力から判断すれば真貨と誤認することのないような物を作り出すことである（大判昭 2・1・28 新聞 2664・10）。この模造は、通貨及証券模造取締法 1 条（紛わしい外観を有するもの）で処罰される。

3　主観的要件（行使の目的）

本罪成立の主観的要件として、通貨を偽造または変造するという認識（故意）のほかに、「行使の目的」が必要である（大野 = 墨谷 329 頁、大谷（第 4 版）429 頁）。したがって、本罪は目的犯である。「行使の目的」とは、偽貨を真貨として使用する意思であり、自己が行使する意図であろうと他人を通じて使用する目的であろうと偽貨を流通過程に置く意思をいう（最判昭 34・6・30 刑集 3・6・985）。したがって、学校の教材または装飾品として用いるのは、ここにいう目的には当たらない（川端 519 頁）。

Ⅲ　偽造通貨行使罪

偽造・変造の貨幣、紙幣または銀行券を行使しまたは行使の目的をもってこれを人に交付しもしくは輸入した者も、前項と同じく無期または 3 年以上の懲役に処せられる（148 条 2 項）。未遂も罰せられる（151 条）。

1　客体

偽造・変造の貨幣、紙幣または銀行券であり、それらが行使の目的で偽造・変造されたか否か、また偽造・変造の主体のいかんを問わない。

2　行為

行使、交付および輸入の 3 形態である。「行使」とは真正な通貨として偽貨を流通の場に置くことである。その行使が有償・無償にかかわらず（大判

昭7・6・15刑集11・837)、またその行使方法が違法かどうかを問わない（大判明41・9・4刑録14・755)。また、情を知らない者を通じて流通の場に置くこともまた行使であり、情を知らない者への引渡行為自体が行使である（通説、団藤247頁。大谷（第4版）431頁は「手渡す行為自体が既に流通を予想しておこなわれるので、あたかも自動販売機に偽貨を投入するのと同じ意味で『行使』である」とする)。「交付」とは行使の目的をもって、情を知った者、すなわち偽貨であることを予め知っている者に偽貨を引き渡すことである。被交付者が引き渡された偽貨を行使しても交付者に行使罪の教唆・幇助罪は成立しない（大判明43・3・10刑録16・402)。「輸入」とは偽貨を国外から日本国の国内に搬入することであり、領海内、領空内に搬入すれば足りる。

3　行使の目的

交付罪および輸入罪が成立するためには「行使の目的」が必要である。なお、行使罪は行使の故意で足りる。

4　他罪との関係

偽造・変造した後、その偽貨を行使した場合、両罪は牽連関係に立つとするのが通説であるが、行使罪においては偽貨を行使して財物を詐取した場合、偽造通貨行使罪のみが成立するのか、加えて詐欺罪も成立するのかが問題となる。積極説は両者の法益の相違に着目し、吸収関係にないことを根拠とする（木村235頁、西原306頁）のに対し、通説・判例である消極説は、本罪（148条2項）の構成要件には詐欺罪を予定しているなどの理由から吸収されるとする（大野=墨谷331頁、団藤245頁、川端521頁、大谷（第4版）432頁、大判明43・6・30刑録16・1314)。

Ⅳ　外国通貨偽造罪

行使の目的で、日本国内に流通している外国の貨幣、紙幣または銀行券を偽造し、または変造した者は、2年以上の有期懲役に処せられる（149条1項)。未遂も罰せられる（151条)。

本罪は、あくまでわが国内における「取引の信用」を保護することを目的としている。

本罪の客体は、日本国内に流通する外国の貨幣、紙幣または銀行券である。「流通」とは事実上わが国内に流通していることをいい（大谷（第4版）433

頁、中山 258 頁、団藤 248 頁)、流通の範囲は必ずしも日本全土あまねく流通している必要はなく、また、必ずしも、日本人の間だけで流通するものに限らない（大野＝墨谷 331 頁、前田 493 頁)。判例は、「日本国内の米軍施設内で流通する、米軍の発行したドル表示軍票は、流通が制限的だがなお日本国内に流通するといえる」としている（最判昭 30・4・19 刑集 9・5・898、最決昭 28・5・25 刑集 7・5・1128 判タ 31・70、新判コメ(4) 328 頁)。

本罪の行為は偽造・変造である。これらの意義は、148 条 1 項と同様に解してよい。

V　偽造外国通貨行使罪

偽造または変造の外国の貨幣、紙幣または銀行券を行使し、または行使の目的で人に交付し、もしくは輸入した者も、前項と同じく 2 年以上の有期懲役に処せられる (149 条 2 項)。未遂も罰せられる (151 条)。

本罪の行為は、偽造・変造の外国の貨幣、紙幣または銀行券を行使し、または行使の目的で人に交付し、もしくは輸入することである。

「行使」「交付」および「輸入」の意義・内容については 148 条 2 項と同様に解してよい。なお、行使罪以外においては「行使の目的」が本罪の成立には必要である（大野＝墨谷 331 頁)。

VI　偽造通貨収得罪

行使の目的で、偽造または変造の貨幣、紙幣または銀行券を収得した者は、3 年以下の懲役に処せられる (150 条)。未遂も罰せられる (151 条)。

本条に明示されてはいないが、前 2 条との対比上、148 条および 149 条の偽造通貨をさすと解する通説は妥当である。「行使の目的」で偽造されたものであることは必要ない。

本罪の行為は、偽貨であると知りながら行使の目的で収得することである。行使の目的で偽造されたものであるとの認識は必要ない。「収得」とは贈与、売買、拾得、盗取、詐取その他の方法で、有償・無償また行使場所を問わず、自己の所持に移す一切の行為をいう。横領が収得に当たるかについて、肯定説と否定説がある。しかし、横領は所持の移転を伴わないから、「収得」ではない（大野＝墨谷 332 頁、大谷（第 4 版）434 頁)。

ただ、情を知らずに預かった偽貨を後に偽貨と知って「行使の目的」で横領した場合、情を知って自己の占有に移すことがないから「収得」でないと解すべきである（木村 236 頁、中山 421 頁、大野 = 墨谷 332 頁など）。

収得後さらに行使すれば収得罪と行使罪の牽連犯とするのが通説である（川端 523 頁）。なお、判例（大判明 43・6・30 刑録 16・1314）の立場は必ずしも牽連犯とはしていない。また奪取した場合、禁制品について財産犯を認める立場は両者を観念的競合とし、財産犯が不成立とする立場は収得罪のみの成立とする。窃盗または詐取によって収得したときは、窃盗罪または詐欺罪と本罪との観念的競合となる（大谷（第 4 版）434 頁）。

VII　収得後知情行使罪

貨幣、紙幣または銀行券を収得した後に、それが偽造または変造のものであることを知って、これを行使し、または行使の目的で人に交付した者は、その額面価格の 3 倍以下の罰金または科料に処せられる。ただし、2 千円以下にすることはできない（152 条）。

本罪の客体は、偽造・変造された国内通貨およびわが国で事実上流通している外国通貨である。

行為は、客体を収得した後それが偽貨であることを知りながらそれを行使または行使の目的で人に交付することである。偽貨だと知って行使する点では 148 条 2 項および 149 条 2 項の行使・交付罪と全く同一行為であるが、本罪は収得後偽貨であることを知って行使・交付する点で相違があり、いわば上記 2 条の減軽類型である（大野 = 墨谷 333 頁）。その理由は、偽貨だとは知らないでそれを収得した者が、損失を転嫁しようとして行使する行為は、人の情として理解できないわけではなく、期待可能性が低いからである（川端 523 頁）。なお、偽貨の収得は、本罪が減軽類型であることを考えると適法に限るべきであり、窃取したような場合は、窃盗罪と 148 条 2 項または 149 条 2 項に定める行使罪との併合罪になる（大谷（第 4 版）435 頁）。

偽貨の行使の際に財物を騙取する場合、本罪のほかに詐欺罪が成立するか否かであるが、本罪の構成要件が当然予定していること、また減軽類型である点を考慮すると否定説が妥当である（団藤 255 頁、大野 = 墨谷 333 頁、川端 524 頁、大谷（第 4 版）435 頁、松宮 393 頁など、通説）。

Ⅷ　通貨偽造等準備罪

　貨幣、紙幣または銀行券の偽造または変造の用に供する目的で、器械または原料を準備した者は、3月以上5年以下の懲役に処せられる（153条）。

　本罪は148条、149条に規定する通貨偽造・変造罪において自らの通貨偽造・変造のための準備行為のみならず、他人の通貨偽造・変造を幇助するための予備行為のうち、器械と原料の準備行為に限定して独立の犯罪類型としたものと解するのが通説・判例である（大野＝墨谷334頁、大判大5・12・21刑録22・1925、「詐欺銀行券偽造詐欺未遂贓物収受ノ件」新判コメ(4)332頁）。

　本罪の行為は、器械または原料を準備することであり、偽造・変造の実行に着手できる程度に準備が完了することは必要でない（大判昭4・10・15刑集8・485）。

　客体は、器械または原料に限定される。「器械」とは、偽造・変造の用に供しうる一切の器械をいう（大判大2・1・23刑録19・28）。「原料」とは地金、用紙および印刷用インクなどである。

　本罪は主観的違法要素として、「偽造または変造の用に供する目的」が必要である（大判昭4・10・15）。さらに「行使の目的」が必要か否かについては積極説（団藤250頁など）と消極説（木村238頁など）に見解が分かれている。

　本罪の準備者が偽造・変造するに至れば準備罪は偽造・変造罪に吸収される（大判明44・7・21刑録17・1475）。他人の偽造・変造の用に供する目的で準備した場合、他人が偽造・変造の実行をしなくても準備罪で処罰され、他人がその実行行為に至ったとしたら準備罪は吸収され偽造・変造の幇助罪のみが成立する（前掲大判大5・12・21、山中541頁）。なお、本罪を幇助するとき、本罪の幇助犯になるか否かは本来的には予備罪の幇助犯を肯定するか否かによって異なるが、本罪は単なる予備を超えた独立の犯罪構成要件だとする見解もあり、肯定説が通説である（瀧川（春）＝竹内290頁、大野＝墨谷334頁）。また、通貨を偽造・変造した者が、それを行使した場合には、偽造罪と行使罪とは牽連犯となる（川端526頁）。

第2節　文書偽造の罪

I　総説
1　保護法益
　刑法典第2編第17章「文書偽造の罪」における保護法益は、文書に対する公共の信用である[1]。それは、権利・義務その他の事実証明を内容とする文書の信用性を確保することにより、一般的な取引の安全を企図するものである。判例によれば、本罪の成立には、抽象的に文書の信用を害する危険性があれば足りるとされ、文書を偽造し、または当該偽造文書を行使すれば、直ちに本罪が成立し、現実に公共の信用を害したか、その具体的な危険性を生じさせたかは問題とされない（大判明43・12・13刑録16・2181）[2]。

2　文書
　文書とは、判例によれば、文字または文字に代わるべき記号・符号（例えば、点字、電信符号、速記符号等）が用いられた上で、ある程度永続するべき状態において、物体の上に記載された意思または観念の表示であり、その内容が法律上または社会生活上、重要な事実の証明に役立つものをいう（大判明43・9・30刑録16・1572）。ここで記号とは、文字その他の発音的符号を用いたものに限られず、象形的符号を用いた図画をも含む（最判昭33・4・10刑集12・5・743）。

　文書は、特定人の意思・観念の表示であることが客観的に理解しうるものであることが求められ、特定人の間にだけ通用するにすぎない記号は、文書ではないと解されている（伊東305頁、木村241頁）。

　また、刑法的保護の観点より、文書は、法律上重要性を有する意思・観念の表示であることを要するため、単に思想を示すにすぎない小説や書画のような芸術作品自体は、本罪における文書には当たらない（大判大2・3・27刑録19・423）。しかし、書画の署名に関しては、当該書画が自己のものであることを証明する意思を示したものであることから、簡略化された文書（講学上「省略文書」とも呼ばれる）に相当する（大判大2・3・27刑録19・423）。

　さらに、本罪における文書には、意思・観念の表示主体である名義人の存在が必要とされる。したがって、名義人のない書面のみならず、それが判別

しがたい書面も文書とはいえないと解されている（小野98頁）。しかし、その氏名が明示される必要はなく、文書自体の内容・形式・筆跡等から判別しうるものであれば足りる（大判昭7・5・23刑集11・665）。名義人の実在を要するかに関して、判例によれば、架空人名義であっても一般人に実在者が真正に作成したものと誤信させるおそれがあれば足りるとされる（最判昭28・11・13刑集7・11・2096）。なお、文書の記載内容から把握された責任主体となる名義人と文書作成の実質的主体となる作成者は区別されなければならない。両者が異なる場合に、その成立が不真正な文書として、有形偽造となりうる。

　文書には、原本性が必要とされる（伊東306頁）。単なる草稿や写しは、刑法上の文書に該当しないものと考えられてきた。もっとも、写しや謄本であることの認証文言が記載されている場合には、認証者を作成名義人とする原本的性格が認められる（最決昭34・8・17刑集13・10・2757）。ここでは、そのような認証を欠く単なる写し、特に複写機による写真コピーの文書性が今日的に問題とされる。

　確かに、手書きによる写しの場合を想定すれば、当該写しの作成者の認識を経由して原本を再構成するものであって、原本作成者の意思・観念を直接的に表示するものではなく、そもそも信用性に欠けるとも考えられる。しかし、複写技術の進歩に伴って精巧な写真コピーの作成が容易になり、現在、それを原本の代わりに利用する傾向が一般化している。例えば、他人の自動車免許証の写真コピーを作成し、これに自分の写真・氏名等を貼付・記載して、さらに、その写真コピーを作成することで、あたかも自分の免許証であるかのような外観を呈する写真コピーを作出する事態が頻発している。したがって、この写真コピーに原本性が認められるか否かが議論されている。

　この点、最高裁は、写真コピーの性質と社会的機能は、原本と同様の機能と信用性を有するとして偽造罪の成立を肯定する立場を採用している（最判昭51・4・30刑集30・3・453、五十嵐・百選Ⅱ184頁以下）。

　学説上においては、積極説と消極説が対立している。積極説は、写真コピーの正確さと社会的機能の重要性を強調する。他方で、消極説によれば、写真コピーが高度に精巧であったとしても、認証文言がない限り、原本とは別個独立のものであり、また、写真コピーは、誰でも自由に作成できることから、その写真コピーの作成者自体が当該写真コピーの責任主体とされる。し

たがって、そこに他人名義の冒用はないという理由から偽造罪の成立が否定されることになる。

結局のところ、写真コピーの社会的機能は保護するべきと考えられる一方で、罪刑法定主義の観点によれば、現行法上の偽造罪とは相容れない部分があることから、立法的な解決が望まれる論点である。

3 偽造

何をもって偽造と解するかに関しては、文書名義の真正か、文書内容の真偽かという対立がある。この点、偽造とは、作成名義（文書の責任主体）自体の真正を偽るものと解する立法主義を「形式主義」という[8]。一方で、これを文書の内容上の真実性を偽るものと解する立法主義を「実質主義」という。

また、不真正な文書の作成、すなわち、権限のない他人名義の文書作成を「狭義における文書偽造」または「有形偽造」という。そして、権限のある者が内容的に真実に反する文書を作成することを「虚偽文書の作成」または「無形偽造」という。わが国の刑法が採用する立法主義に関しては、現行法の規定形式に照らして、文書に対する公共の信用を保護するために、まず作成名義の真正が求められていることから、形式主義を原則としながら、いくつかの犯罪類型において実質主義をも補充的に加味したものであると理解されている（大判昭18・12・29刑録22・357）[9]。

さらに、偽造には、以下のような4種の異なる意義がある[10]。すなわち、最広義の偽造として、文書の偽造・変造・虚偽文書の作成・偽造文書等の行使すべてを総称する場合がある。広義の偽造とは、最広義の意味から行使を除いたものをさす。すなわち、ここでは有形偽造と無形偽造により構成され、両者ともに変造を含むため、有形変造や無形変造も含まれる。さらに狭義の意味として、有形偽造と有形変造だけをさす場合がある。最後に最狭義として、有形偽造のみをさす場合がある。一般に偽造という場合には、この最狭義の概念を意味する。

従来、偽造とは、作成権限を有しない者が他人の名義を冒用して文書を作成することであると理解されていた（大判明39・8・28刑録12・888）。現在では、単純に作成名義を偽って文書を作ることを意味するのみならず、名義人と作成者の間における人格の同一性に齟齬を生じさせることをも意味する[11]。すなわち、判例によれば、ある文書の作成者が当該文書から生じる責任を負担し

ているかのようにみえる場合であっても、当該文書の作成主体が真の人格を隠し、別人格になりすますような場合は、有形偽造に当たるものと考えられている。

　偽造の方法・手段には限定がない。他人名義を冒用して新たに文書を作成する場合のみならず、既存文書を利用する場合も含まれる。文書は、真正に作成されたものと一般に信じさせる程度の形式・外観を備えている以上、その形式・要件に多少の不備があっても偽造とされる（最判昭26・8・28刑集5・9・1822）。また、一見して改竄の痕跡が明らか（例えば、運転免許証の表面にテープが張ってある等）であっても、文書の性質上、想定されうる行使形態（例えば、金融会社支店の自動契約受付機を使用する際に、イメージスキャナを介して改竄された運転免許証の画像を読み取らせ、相手方のディスプレイに表示させる行為）において十分に通用する場合、判例上、偽造文書に当たると緩やかに把握されている（大阪地判平8・7・8判タ960・293、森永・百選Ⅱ188頁以下）。

　作成権限を有する者から、その名義の使用を適法に許容されて文書を作成する場合は、原則として、名義の冒用には当たらない。すなわち、この場合、実際の作成者は、作成権者に代わって文書を作成するにすぎない。このことから、文書に記載された意思・観念の主体は、あくまでも作成権限を有する者と解されている。

　しかし、文書の性質として、名義人自身による作成だけを予定し、他人名義の作成が許されない場合、たとえ事前に同意があっても偽造罪が成立する（交通事件原票中の供述書に関して、最決昭56・4・8刑集35・3・57、井田・百選Ⅱ204頁以下）。

　また、行政事務においては、作成権限を有する上司を補助する公務員が実際に文書の起案・作成を担当し、その上司は、当該文書に形式的な事後決済を与えるということが慣行化している。このような関係性のなかで、その補助公務員が上司の決裁手続を受けることなく、しかし、内容は正確な文書を作成した場合、公文書偽造罪が成立するか否かが問題となる。この点に関して、判例によれば、補助公務員も文書内容の正確性が確保されている等、その者の授権を基礎付ける一定の範囲内で作成権限を有しているとして、偽造罪の成立が否定されている（最判昭51・5・6刑集30・4・591、臼木・百選Ⅱ190頁以下）。

また、代理権を基礎として文書が作成される場合、当該代理権者が権限範囲内で当該権限を濫用して本人名義の文書を作成しても、公共の信用を害することはないため偽造ではないとされる。その一方で、当該権限の範囲を越えた場合、偽造罪が成立する[13]。

　これに対し、例えば、代理権を全く有していないBが「A代理人B」名義で文書を作成するような場合、誰が文書の名義人となるかが議論されている。この点、一部の学説によれば、作成者Bが同時に名義人でもあり、単に内容虚偽の文書の作成（無形偽造）だとする見解が主張されている（木村250頁、牧野(上)164頁以下）。しかし、判例は、文書の法律効果は本人に帰属することから、本人Aの名義を冒用する有形偽造と解している（大判明42・6・10刑録15・738）。学説上も判例と同旨の見解が支持されている[14]（井田190頁、大谷469頁、小野100頁、瀧川241頁、団藤278頁、藤木・講義145頁）。これに対して「A代理人B」という合一した名義の冒用という見解も主張されている（伊東313頁、植松155頁、福田96頁）。

　さらに、肩書を冒用した場合が有形偽造であるか、無形偽造であるかという論点がある。肩書の冒用は、単に虚偽の事実を記載しただけであるから、確かに無形偽造として理解する余地もある。しかし、判例によれば、同姓同名の弁護士になりすまし、弁護士の肩書を付して文書を作成・行使した事案に関して、本件は、名義人と作成者との人格の同一性に齟齬を生じさせたものであり、有形偽造であると解している（最決平5・10・5刑集47・8・7、西村・百選Ⅱ198頁以下）。また、これに関連して、文書作成に一定の資格が要求される場合に当該資格を冒用する行為も、文書に対する公共の信用を害することになり、有形偽造として処罰されることになる（最決平15・10・6刑集57・9・987、林・百選Ⅱ202頁以下）。

4　変造

　変造とは、有形偽造の一種であり、真正な他人名義の文書における非本質的部分に権限を有しない者が変更を加え、新たな文書を作り出すことをいう（久保・大コメ8巻91頁以下）。変更が文書の本質的部分に及べば偽造となる。ここで偽造と変造の限界は画しがたい。偽造は、既存の文書を利用して、それとは全く別の新しい証明力を有する文書を作成したとされる場合であるのに対し、変造は、既存の有効な文書の効力を保存して、その内容を変更する

場合である。ただし、両者の法定刑は同じであるため、区別の実益は少なく、判例上も、いずれに当たるか判断を誤っても、破棄理由にはならないとされている（大判明44・11・9刑録17・1843）。

なお、変造は、文書毀棄罪（258条・259条）との区別も問題となりうる。毀棄は、文書の効力を滅失させるのに対し、変造は、それより新たな証明力を作り出す点で異なる（久保・大コメ8巻93頁）。例えば、判例上、私文書において、金額の一部消去により別の金額を改竄するのは変造とされる一方、複数人の署名がある私文書において、一人の署名・捺印部分を抹消して、別人の署名に書き換えた場合は、毀棄とされている（大判大11・1・27刑集1・16）。

5　虚偽文書の作成（無形偽造）

虚偽文書の作成（無形偽造）とは、作成権限を有する者が真実に反する内容の文書を作成することを意味する。前述したように、現行刑法は、形式主義を原則とするため、実質主義を採用する犯罪類型は、例外的に公文書に関しては156条（虚偽公文書作成罪）および157条（公正証書原本不実記載等罪）、私文書に関しては160条（虚偽診断書等作成罪）が規定されるにとどまる。一般人が記載内容を真実と誤信する程度のものであれば、その方法には限定がない。例えば、ある事実の記録を殊更に脱漏させるというような不作為も含まれる（大判昭2・6・8刑集6・298）。

6　行使目的および行使

文書の偽造・変造・虚偽文書の作成に関しては、故意とは別個の主観的要素として、これらの文書を行使する目的が要求される。行使の目的とは、偽造文書を真正なものとして、または虚偽文書を内容の真実なものとして使用する目的である。広く文書の効用に役立たせる目的があれば足り（最決昭29・4・15刑集8・4・508）、自らが使用する目的か否かも問題とされない（大判大2・12・6刑録19・1387）。

また、偽造等の文書を行使することも処罰される。行使とは、偽造文書を真正なものとして、または虚偽文書を内容の真実なものとして使用することである。他人が偽造した文書の使用も含む（大判明41・12・21刑録14・1136）。作成時に行使の目的を欠いていることから、偽造等には当たらない文書であっても、行使罪の客体とはなりうる（大判明45・4・9刑録18・445）。行使方法は、提出・交付・送付のほか、帳簿等の場合は、相手方が文書内容を認識しうる

状態に置く備付も行使に該当する（大判大 14·12·23 刑集 4·787）。行使の相手方は、法文上、特に限定されていない。偽造等の文書に当たることを知る者に文書を交付しても行使には当たらないとされる（大判大 3·10·6 刑録 20·1810）。当該相手方は、文書に関して、利害関係を有する必要があるか否かという論点がある。これを不要とする判例（最決昭 42·3·30 刑集 21·2·447）に対して、利害関係がなければ、文書の用法に従った使用が想定できないし、文書の真正に対する公共の信用を害されていないとして、これを必要と解する見解も有力に主張されている（大塚 458 頁、牧野(上) 210 頁以下）。

　7　未遂

　現行法は、157 条（公正証書原本不実記載等罪）、158 条（偽造公文書行使罪）、161 条（偽造私文書行使罪）、161 条の 2 第 3 項（電磁的記録供用罪）のほかは、未遂処罰規定を有していない。これら以外の未遂に関しては、大体において印章偽造の罪（刑法典第 2 編第 19 章）を構成し、事実上、そこで処罰されうるものと解されている（本書第Ⅱ編第 3 章第 5 節「印章偽造の罪」参照）。

　8　電磁的記録

　電磁的記録を刑法典中の「文書」に含めることは、伝統的な文書概念に大きな影響を及ぼす。その一方で、現代社会においては、文書と並んで電磁的記録の社会的信用性も刑法上、保護する必要性がある。このような動向を受けて 1987 年刑法一部改正により、公正証書原本不実記載等罪（157 条 1 項）および不実記載公正証書原本行使罪（158 条 1 項）の客体に電磁的記録が追加されるとともに、電磁的記録不正作出罪（161 条の 2 第 1 項・2 項）および不正電磁的記録供用罪（同条 3 項）が新設された。

　これらの犯罪類型における電磁的記録とは、電子的・磁気的方式等、人の知覚により認識できない方式で作成され、電子計算機による情報処理の用に供されるものをいう（7 条の 2）。なお、電磁的記録は、記録としての性質上、一定程度の永続性を有することが必要なため、例えば、通信中、処理中のデータ等は、これに含まれない。

　電磁的記録は、従前、文書により果たされてきた情報の保存・処理・伝達・証明等の媒体となる点で文書と共通の機能を有する。しかし、そこに記録されている情報は、電子計算機による処理を介さなければ、その機能を発揮しえない。したがって、文書とは異なる性格を有する。

また、情報の主体としての名義人を確定することが不可能な場合も少なくない。なぜなら、電磁的記録は、一般的に多数の端末機器を通じて、多くの人々の入力によって作り出され、各々のデータに関する名義人を定めることが困難な場合が多いからである。したがって、一般的な文書偽造罪のように、名義の冒用という見地から電磁的記録の信用性の保護を企図することも困難である。

　しかし、電磁的記録も作成権限のある者により作成されたという意味で信用性を確保するべきものであることは否定できない。このような理由から従前の文書偽造罪と異なり、偽造・変造・虚偽内容の作出を区別することなく、これらの各行為に相応する場合をすべて包摂しうる表現として「電磁的記録を不正に作」るという文言が用いられたとされている（特に「虚偽内容の作出」も含みうる文言に対する批判として、山口476頁）。また、電磁的記録は、データの入力に際して、特に入力者の印章・署名は用いられないため、文書のように有印と無印との区別を設ける必要はなく、また、印章・署名の観念も不要となる。ただし、電磁的記録の信用性を重視して、有印文書偽造・変造罪と同程度の法定刑が規定されている。

　以上のような法改正に対しては、文書と電磁的記録の相違を考慮すれば、そもそも電磁的記録の不正な操作を文書偽造罪の枠にあてはめて規定すること自体の妥当性が問題となる。すなわち、電磁的記録不正作出罪は、電磁的記録に対する社会の信用を保護するというよりも、それを用いた事務処理に対する社会の信用、言い換えれば、事務処理自体の正確性を相当程度、早期の段階で保護しようとするものだとも指摘されている（山口477頁によれば、情報処理阻害罪的性格を示すものとも評価されている）。

1）　荒木＝小出・大コメ8巻55頁参照。
2）　同じく文書偽造罪を抽象的危険犯として把握する学説上の見解として、井田178頁、大塚434頁、大谷437頁参照。
3）　例えば、会社社長が秘書に命じて文書を作らせた場合、現実の作成者は、形式的には秘書とされる。しかし、その秘書は、単に社長の命令下において書面を作ったにすぎず、実質的な作成者は、社長であると評価できる。したがって、この場合、名義人と作成者は実質的に異ならない。このような作成者の捉え方は「観念説」ないしは「意思説」と呼ばれる（井田181頁、大谷447頁、木村244頁、髙橋490頁、松宮371頁参照）。これに対し、秘書が作成者だとする見解は「事実説」ないしは「行為説」と呼ばれる。
4）　この論点に関する概説として、荒木＝小出・大コメ8巻70頁以下参照。

第2節　文書偽造の罪　307

5) 議論の整理に関しては、伊東・現代349頁以下、大塚(裕)440頁以下参照。
6) 同旨の学説として、井上＝江藤252頁、岡野272頁、川端544頁、西原289頁、前田518頁参照。積極説のなかには、公文書の複写コピーを認証文言が省略された写し文書として、無印公文書偽造と構成する見解もある（井田189頁、大塚444頁、藤木・講義144頁）。
7) 同旨の学説として、朝倉286頁、浅田ほか284頁、伊東307頁、伊藤ほか360頁、内田566頁、大谷444頁、吉川292頁、曽根242頁、高橋488頁、団藤273頁、中森193頁、中山429頁、西田356頁、平川444頁、町野324頁、松宮369頁、山口433頁、山中551頁参照。
8) なお、内容の真偽を全く問わない形式主義に対しては、内容が真実であれば、その文書の受け手・利用者は実害を被らないため、犯罪成立を要しないのではないかとの疑問も平野261頁において指摘されている。
9) ドイツ刑法は、虚偽文書作成の処罰は限定的であり、形式主義を基本としている代表的な立法例である。一方、フランス刑法は、名義の冒用のみならず、文書内容の真実を害する場合を広く処罰しようとしていることから、実質主義を採用している代表的な立法例である。ドイツ刑法における文書偽造罪の沿革に関しては、川端博・文書偽造罪の理論（新版・1999）19頁以下が詳しい。
10) 荒木＝小出・大コメ8巻77頁以下参照。
11) 他人の氏名が限られた範囲で自己を指称するものとして従来より通用していた場合、その使用が作成名義を偽るものかどうかという論点がある。この点、偽造罪を成立させた判例（最判昭59・2・17刑集38・3・336）の概説としては、武藤・百選Ⅱ196頁以下参照。
12) 例えば、逃亡中の指名手配犯が潜伏先で就職するために、架空名義履歴書を作成する場合、そこに自分の姿を撮影した写真を添付していても、判例（最決平11・12・20刑集53・9・1495）によれば、有形偽造とされる。当該判例の概説としては、十河・百選Ⅱ200頁以下参照。
13) 荒木＝小出・大コメ8巻83頁以下参照。ただし、公務員による公文書作成の場合、作成権限内でも内容に虚偽があれば、虚偽公文書作成罪が成立する。
14) この判例は、代表名義の冒用事例（最決昭45・9・4刑集24・10・1319）においても引用されている。この代表名義の冒用事例に関しては、髙山・百選Ⅱ194頁以下参照。
15) 郵便貯金通帳に関する偽造の例として、大判大15・5・13刑集5・158（貯金預入および払戻金額欄の改竄）、変造の例として、大判昭11・11・9新聞4074・15（貯金預入または払戻日付の改竄）。私文書の場合、金額欄の改竄は、判例上、一貫して変造とされている（大判明44・11・9刑録17・1843）。
16) この点、偽造運転免許証の携帯が「行使」といえるかに関して、判例（最判昭44・6・18刑集23・7・950）は、公衆が認識しうる状態に置かない限り、公共の信用を害する危険性は生じないとして、消極的に解している。当該判例に関しては、須之内・百選Ⅱ208頁以下参照。

Ⅱ　詔書等偽造罪

　行使の目的をもって、御璽、国璽もしくは御名を使用して詔書その他の文書を偽造し、または偽造した御璽、国璽もしくは御名を使用して詔書その他の文書を偽造した者は、無期または3年以上の懲役に処せられる（154条1項）。御璽、国璽を押捺し、または御名を署した詔書その他の文書を変造した者も偽造罪と同様に処罰される（同条2項）。

　天皇は、憲法上、一定の重要な国事行為をすることから（憲6条・7条）、

国家機関として、詔書その他の公文書を作成する。本条は、天皇名義の文書に関する偽造を一般の公文書の場合よりも重く処罰する規定である。適用の実例は、ほとんどない。

なお、本条で「御璽」とは天皇の印章、「国璽」とは日本国の印章、「御名」とは天皇の署名を意味する。また「詔書」とは、国会召集の詔書等、慣例（実際には、1947年に廃止された「公式令」に沿う方式）に従って、天皇の国事に関する意思表示を公示する文書であり、「その他の文書」とは、条約の批准書等、詔書の慣例が採用されない天皇名義の公文書である。天皇の私文書は含まれない。

III 公文書偽造罪

行使の目的をもって、公務所または公務員の印章もしくは署名を使用して、公務所または公務員が作成するべき文書もしくは図画を偽造し、または偽造された公務所または公務員の印章もしくは署名を使用して、公務所または公務員の作成するべき文書もしくは図画を偽造した者は1年以上10年以下の懲役に処せられる（155条1項）。公務所または公務員の捺印もしくは署名した文書もしくは図画を変造した者も偽造罪と同様に処罰される（同条2項）。公務所または公務員の印章もしくは署名を使用せずに、公務所または公務員の作成するべき文書もしくは図画を偽造し、または公務所または公務員の作成した文書もしくは図画を変造した者は、3年以下の懲役または20万円以下の罰金に処せられる（同条3項）。

本罪の客体である「公文書」とは、公務所・公務員が職務上、その名義を示しながら、権限内において作成するべき文書・図画を意味する（大判明45・4・15刑録18・464）。公務所・公務員が作成する文書・図画であれば、公法上のものに限られず、私法上の関係で作成された取引等の領収書も公文書に当たる（大判昭10・12・26刑集14・1446）。

なお、公文書は、所有・保管の帰属先を問題にしないことから、毀棄罪における公用文書（258条）とは区別されなければならない。

公文書は、公の機関が法令を根拠として作成する関係上、私文書より信用度が高く、それだけに偽造による被害の程度も一般に大きいと考えられる。このことから、私文書よりも厚く保護されている（大判昭14・7・26刑集18・

444)。また、公文書のなかでも、作成主体を物体上に顕出させた文字・符号の影跡である「印章」または氏名等を表記する「署名」のある「有印公文書」は、それらを有していない「無印公文書」(例えば、物品税証紙)よりも厚く保護されている。ここにおける印章・署名の使用は、他人が偽造した場合だけではなく、自ら偽造して、これを使用し公文書を偽造した場合も含み、後者の場合、印章・署名の偽造の点は本罪に吸収される（大判大 12・4・23 刑集 2・351）。

Ⅳ 虚偽公文書作成罪

公務員が自分の職務に関して、行使の目的をもって、虚偽の文書もしくは図画を作成し、または文書もしくは図画を変造したときは、印章または署名の有無に応じて、詔書等偽造罪および公文書偽造罪と同様に処罰される（156 条）。

本罪は、公務員による公文書の無形偽造を罰する真正身分犯である。主体は、職務上、公文書の作成権限を有する公務員でなければならない（最決昭 29・4・15 刑集 8・4・508）。作成権限のない公務員による場合は、本罪ではなく、公文書偽造罪に当たる（大判大 7・11・20 刑録 24・1378）。名義人以外の公務員であっても、単なる事務補助者ではなく、法規上または授権により作成権限が委任されていると認められる場合は、本罪の主体たりうる（例えば、助役が執務の便宜上、代理名義を省略して、村長名を使用していた場合に関して、大判明 44・7・6 刑録 17・1347）。

本罪の間接正犯が成立するか否かは、公正証書原本不実記載等罪との関連で議論されている（荒木＝波床・大コメ 8 巻 149 頁以下）。なぜなら、公正証書原本不実記載等罪は、本罪の間接正犯的態様を規定しているだけでなく、その法定刑が本罪よりも軽く設定されているからである。判例によれば、非公務員による利用の場合、公正証書原本不実記載等罪に該当するほかは、本罪の間接正犯を認めない（最判昭 27・12・25 刑集 6・12・1387）。一方で、公文書の起案を担当する公務員が上司たる公務員を利用して、虚偽内容の文書に署名させた場合、本罪の間接正犯を認めている（最判昭 32・10・4 刑集 11・10・2464、照沼・百選Ⅱ 192 頁以下）。すなわち、利用される直接正犯者が（補助的）公務員であるか、非公務員であるかに応じて、成立範囲を振り分けていると評価で

きる。

　また、本罪における「変造」は、偽造罪における一般的な意味での「変造」とは異なり、権限ある公務員が既成の公文書に変更を加えて、その内容を虚偽のものにすることを意味する。

　内容虚偽の公文書を作成する際、その認識が必要とされる。その一方で、届出により記載される文書に関しては、当該届出を受け付ける公務員の実質的審査権の有無に応じて、処理内容が異なる。例えば、家屋台帳の記載のように届出事項の実質的審査権が公務員に認められている場合に関しては、虚偽の認識を有しながら記載すれば本罪が成立する（大判昭7・4・21刑集11・415）。これに対し、形式的審査権しかない戸籍簿の記載に関しては、殊更に届出人の意を受けたような場合であるならば、本罪が成立する（大判大7・7・26刑録24・1016）。

V　公正証書原本不実記載等罪

　公務員に対し虚偽の申立てをして、登記簿、戸籍簿その他の権利もしくは義務に関する公正証書の原本に不実の記載をさせ、または権利もしくは義務に関する公正証書の原本として扱われる電磁的記録に不実の記録をさせた者は、5年以下の懲役または50万円以下の罰金に処せられる（157条1項）。公務員に対し、虚偽の申立てをして、免状、鑑札または旅券に不実の記載をさせた者は、1年以下の懲役または20万円以下の罰金に処せられる（同条2項）。未遂も罰せられる（同条3項）。

　本罪の客体は、制限的に列挙されている。「権利・義務に関する公正証書」とは、公務員が職務上作成する文書として、権利・義務に関して一定の事実的証明力を有する文書を意味している（最判昭36・6・20刑集15・6・984）。その権利・義務の内容は、財産法上のものに限らず、身分法上のものも含む（大判大4・4・30刑録21・551）。また「権利・義務に関する公正証書の原本たるべき電磁的記録」とは、公務員が職務上作成する公正証書の原本に相当する電磁的記録である。例えば、自動車登録ファイル（道路運送車両法6条）や住民基本台帳ファイル（住民基本台帳法6条3項）等に相当する。

　さらに「免状」とは、一定の人に特別な権利を付与する行政官庁の証明書（例えば、医師免許状、自動車運転免許証）であり、「鑑札」とは、公務所による

許可、登録の証明物件として、それを備付けまたは携帯することが求められているもの（各種の営業鑑札、犬の鑑札）であり、「旅券」とは、国外渡航者に対して、それを許可する旨を記載した文書である（旅券法2条以下）。

　本罪における行為は、公務員に対して、一定の事実の存否に関して真実に反する申立てをすることにより、権利・義務に関する公正証書の原本または同様の電磁的記録に不実の記録をさせることである。典型的な例としては、所有権移転の原因が贈与であるのに売買によるとの虚偽の申立てをして、その旨を不動産登記簿に記載させたような場合（大判大10・12・9新聞1933・12）が挙げられる。

　本罪は、事情を知らない公務員を利用する犯罪であり、虚偽公文書作成罪（156条）または公電磁的記録不正作出罪（161条の2第2項）における間接正犯の形式を独立に処罰するものといえる。したがって、申立てを受けた公務員が事情を知っていた場合、当該公務員に関しては、虚偽公文書作成罪または公電磁的記録不正作出罪の成立可能性が生じる。他方、申立人の罪責に関しては、それらの犯罪に加担する共犯として把握する見解（団藤296頁）に対し、本条の（共同）正犯として把握する見解（大谷464頁、藤木・講義149頁）とに分かれる。

　なお、公務員が公正証書の原本または原本たるべき電磁的記録に不実の記載をなし、または記録をした時点が既遂であり、他方で未遂は、虚偽の申立てを開始した時点とされる。

Ⅵ　偽造公文書行使罪

　詔書等偽造罪・公文書偽造罪・虚偽公文書作成罪・公正証書原本不実記載等罪における文書または図画を行使し、または公正証書原本不実記載等罪における電磁的記録を公正証書の原本として利用した者は、その文書または図画を偽造もしくは変造し、または虚偽の文書もしくは図画を作り、または不実の記載もしくは記録をさせた者と同様に処罰される（158条1項）。未遂も罰せられる（同条2項）。

　本罪は、偽造公文書・虚偽公文書を行使し、または公正証書原本不実記載等罪における電磁的記録を供用する犯罪であり、処罰は、各々の偽造罪と同一の法定刑による。本罪における「行使」とは、偽造文書を真正なものとし

て、または虚偽文書を内容の真実なものとして使用することを意味する（詳細に関しては、前述を参照）。また「供用」とは、公正証書の原本として扱われる電磁的記録を公務所に備えることで、一定の権利・義務に関して公的に証明をなしうる状態に置くことを意味する。

なお、公文書を偽造して、これを行使した場合、偽造罪と本罪との牽連犯になり、公正証書原本等不実記載罪（157条）と本罪との関係も、判例によれば牽連犯とされる（大判大11・9・27刑集1・483）。

Ⅶ 私文書偽造罪

行使の目的をもって、他人の印章もしくは署名を使用して、権利、義務もしくは事実証明に関する文書もしくは図画を偽造し、または偽造された他人の印章もしくは署名を使用して、権利、義務または事実証明に関する文書もしくは図画を偽造した者は、3月以上5年以下の懲役に処せられる（159条1項）。他人が押印し、または署名した権利、義務または事実証明に関する文書もしくは図画を変造した者も偽造罪と同様に処罰される（同条2項）。他人の印章もしくは署名を使用せずに、権利、義務または事実証明に関する文書もしくは図画を偽造または変造した者は、1年以下の懲役または10万円以下の罰金に処せられる（同条3項）。

本罪は、私文書の有形偽造を罰するものである。有印・無印の区別があり、公文書偽造罪に対応した構造が採用されている。私文書と公文書の区別は、作成名義が私人であるか公務所・公務員であるかにより、また、公務員が職務執行と無関係に作成した文書は、私文書とされる（例えば、公務員の退職届に関して、大判大10・9・24刑録27・589）。

本罪の客体とされる「権利・義務に関する文書」とは、借用証書、保証証書等、権利・義務の発生・変更・消滅等に関する文書をいう（大判明44・10・13刑録17・1713）。また「事実証明に関する文書」とは、判例によれば「社会生活に交渉を有する事項を証明するに足りる文書」とされている（最決昭33・9・16刑集12・13・3031）。これには、大学入学試験の答案も含まれるとされている（最決平6・11・29刑集48・7・453、曲田・百選Ⅱ186頁以下）。学説では、より限定して、法律上または取引上重要な文書とする見解（団藤293頁）、法律上問題となりうべき事実の証明に役立つ文書とする見解（大塚484頁以下、大

谷468頁、江家154頁）が有力である。この定義の広狭は、判例が本罪の客体とした書画の箱書、画賛の署名等に関する問題点として、議論されている。

なお、無印私文書偽造の例としては、銀行の支払い伝票等が問題となるにすぎない。

VIII 虚偽診断書等作成罪

医師が公務所に提出すべき診断書、検案書または死亡証書に虚偽の記載をしたときは、3年以下の禁錮または30万円以下の罰金に処せられる（160条）。

本罪は、私文書に関する無形偽造（虚偽文書の作成）を処罰する唯一の規定とされる[17]。

主体は、医師に限られる（身分犯）。歯科医師を含むかに関しては、議論がある[18]。ただし、医師が公務員であれば、虚偽公文書作成罪が問題となる（最判昭23・10・23刑集2・11・1386）。客体は、公務所に提出すべき診断書・検案書・死亡証書である。「診断書」とは、医師が診断結果を表示して人の健康状態を証明するために作成する文書、「検案書」とは、生前診察していない医師が死体に関して死亡を確認する文書、「死亡証書」とは、死亡診断書で、生前より診察していた医師が患者の死亡を確認する文書を意味する。

本罪の行為は、診断の結果に反する記載である。虚偽の記載とは、事実の記載のみならず、判断の記載をも含み、それが客観的に真実であれば本罪を構成しない（大判大5・6・26刑録22・1179）。その場合には、公務所の判断を誤らせる危険性がないからである（瀧川（春）＝竹内312頁）。

17) ただし、他の法令において、私文書の虚偽記載が罰せられる場合がある。例えば、金融商品取引法197条・207条、所得税法242条等参照。
18) 肯定説として、大塚487頁、大谷476頁、柏木284頁、西田378頁参照。否定説として、香川287頁参照。

IX 偽造私文書・虚偽診断書等行使罪

私文書偽造罪および虚偽診断書等作成罪における文書または図画を行使した者は、その文書または図画を偽造もしくは変造し、または虚偽の記載をした者と同様に処罰される（161条1項）。未遂も罰せられる（同条2項）。

本罪は、偽造公文書行使罪と同趣旨の規定であり、私文書偽造罪および虚偽診断書等作成罪における文書または図画を行使することにより成立し、客体たる私文書の種類に応じて、各々の法定刑により処罰されることになる。

X 電磁的記録不正作出罪・同供用罪

人の事務処理を誤らせる目的をもって、その事務処理の用に供する権利、義務または事実証明に関する電磁的記録を不正に作成した者は、5年以下の懲役または50万円以下の罰金に処せられる（161条の2第1項）。前項の罪が公務所または公務員によって作成されるべき電磁的記録に関係するときは、10年以下の懲役または100万円以下の罰金に処せられる（同条2項）。

本罪は、電磁的記録の不正な作出を内容とする犯罪である。人の権利・義務または事実証明に関する電磁的記録を客体とする私電磁的記録不正作出罪（1項）と公務所または公務員により作成されるべき電磁的記録を客体とする公電磁的記録不正作出罪（2項）の態様において分類され、公電磁的記録不正作出罪の方が重く処罰される。

1 私電磁的記録不正作出罪

客体は、他人の事務処理の用に供する権利・義務または事実の証明に関する電磁的記録である。客体となる電磁的記録の範囲は、私文書偽造罪（159条）と同一とされる。具体的な例としては、オンライン化された銀行の預金元帳ファイルの記録等が挙げられる。

また、本罪の行為は、電磁的記録を不正に作ることである。「不正に作る」とは、電磁的記録作出権者の意図に反して、権限なしに電磁的記録を作り出すことを意味する。この場合、コンピュータの設置・運営主体により電磁的記録作出の権限が付与された管理事務補助者において、その権限を逸脱して記録が作られる場合も含む。

しかし、この不正作出という概念は、多分に包括的であり、虚偽作成をも含みうる概念であるため、私電磁的記録に関しては、無形偽造行為が一般的に処罰されうる可能性が生じる。他方、公電磁的記録に関しては、その入力端末が外部者にも開かれている場合、これまで不可罰と解されてきた公文書の間接無形偽造行為が、不正作出そのものとして処罰されうることになる（中森206頁、山口476頁以下）。この点に関しては「不正に」という文言を

「権限なくして」と解するか、「権限なくして、又は権限を濫用して」と解するかで、その広狭が決定されることになる。[19]

本罪は「人の事務処理を誤らせる目的」が必要である（目的犯）。すなわち、本来企図されていた内容とは異なる事務処理がなされるように仕向ける目的が必要とされる。

2 公電磁的記録不正作出罪

本罪の客体は、公務所または公務員により作成されるべき電磁的記録である。例えば、戸籍事務を担当する市職員が架空の人物になりすまして金融機関から金員を詐取するために、当該架空人物の戸籍を捏造し、住民基本台帳ファイルの端末機を操作して不実の転入記録を作成した行為が本罪に関する裁判例として挙げられる（仙台地判平 2・9・11 刑資 273）。

[19] この点、大谷 479 頁においては、私電磁的記録不正作出罪においては「権限なくして」作出した場合を実行行為とし、公電磁的記録不正作出罪においては「権限なくして、又は権限を濫用して」作出した場合を実行行為と解することで、通常の公文書・私文書と同様の処罰範囲を設定しようと試みている。

XI 電磁的記録供用罪

不正に作られた権利、義務または事実証明に関する電磁的記録において、人の事務処理を誤らせる目的をもって、人の事務処理の用に供した者は、その電磁的記録を不正に作った者と同様に処罰される（161 条の 2 第 3 項）。未遂も罰せられる（同条 4 項）。

本罪の行為は、不正に作出された電磁的記録を「人の事務処理の用に供する」ことである。この「用に供する」（供用）は、文書における「行使」に相当する。

他人が不正な電磁的記録を事務処理に使用しうる状態を作れば、本罪は既遂に達する（ただし、川端 569 頁によれば、不正に作出した電磁的記録を他人に交付しただけでは、既遂には至らないとされる）。その結果として、電子計算機が作動し、誤った証明作用が現出されたこと、または誤った事務処理がなされたことを要しない（大塚 492 頁）。また、可罰的な未遂の時期は、供用行為を開始した時点である。この未遂犯処罰の必要性は、当該電磁的記録が人の事務処理において用いられる状態に置かれれば、人の識別を経ずに機械的に処

理されることになるため、実害発生の危険性が大きいことによるものと説明されている（大谷484頁）。

　また、本罪においても、人の事務処理を誤らせる目的が要件となっている（目的犯）。これは、不正作出罪におけるのと同様、本罪の成立範囲を限定するためのものである。

　なお、罪数に関して、電磁的記録不正作出罪と本罪とは牽連犯とされる。また、本罪と電子計算機損壊等業務妨害罪（234条の2）および不実電磁的記録作出利得罪（246条の2）とは観念的競合と解されている（大塚493頁。なお、本罪と窃盗罪との牽連関係に関しては、大谷484頁以下）。

第3節　有価証券偽造の罪

I　総説

　刑法典第2編第18章「有価証券偽造の罪」の保護法益は、有価証券に対する取引の安全および公共の信用である。有価証券は、権利・義務に関する文書の一種であることから、現行法上、文書偽造罪と並んで規定されている。一方で、有価証券は、財産権を表章するものであり、その多くが流通性を有し、通貨に類似している。その性格に着目すれば、むしろ通貨偽造罪の特別類型と考えることもできる。有価証券偽造に関して、私文書偽造よりも重い法定刑が規定されているのは、このような有価証券の特殊な性格に配慮したものと考えられる。

II　有価証券偽造罪

　行使の目的をもって、公債証書、官庁の証券、会社の株券、その他の有価証券を偽造または変造した者は、3月以上10年以下の懲役に処せられる（162条1項）。

1　客体

　本罪の客体は、有価証券である。条文において挙げられている「公債証書・官庁の証券・会社の株券」は、その例示である。ここでいう「有価証券」とは、財産上の権利を表示する証券であり、その表示された権利の移転・行使・処分のために、その証券の占有を必要とする意味において、権利化体性を有するものである（大判明42・3・16刑録15・261等）。したがって、単に一定の事実を証明するためだけの「証拠証券」は含まれない。ここで表示される財産権は、債権（手形・小切手等）、物権（貨物引換証等）、その他の権利（株券等）であり、その表示の方式も、無記名式（券面に権利者の氏名は記載されず、誰でも所持人が権利者とされる債券：商品券・株券等）、記名式（券面に記載された権利者のみ行使可能であり、発行者の許可なく譲渡できない債券：裏書禁止手形等）、指図式（券面の権利者、またはその人から裏書譲渡において指図された者が権利行使できる債券：手形等）であるかは問われない。

　また、必ずしも私法上の有価証券の概念と一致する必要はない。例えば、

鉄道乗車券（大判大3・11・19刑録20・2200）、電車の定期券（最判昭32・7・25刑集11・7・2037）のように、流通性のないものも本罪の客体となる[1]。本罪にいう有価証券は、日本国内において発行され、または流通するものに限られ、外国においてのみ流通するものは含まれない（大判大3・11・14刑録20・2111）。

本罪において列挙された「公債証書」とは、国または地方公共団体が発行する国債または地方債証書を意味する。「官庁の証券」とは、官庁の発行する財産権に関する証券であり、例えば、財務省証券、郵便為替証書等をいう（大判明43・5・9刑録16・821、福岡高判昭25・3・17判特6・65）[2]。「会社の株券」とは、株式会社の発行した株主権を表章する証券をいう。しかし、電子証券化された株券は、含まれない（佐久間320頁）。「その他の有価証券」の例としては、手形、小切手、貨物引換証、預証券、船荷証券、社債券等のような商法上の有価証券のほか、宝くじ、商品券等も含まれる。

一方で、刑法上の有価証券に当たらないものとして、郵便貯金通帳（大判昭6・3・11刑集10・75）、銀行の無記名定期預金証書（最決昭31・12・27刑集10・12・1798）が挙げられる。これらは、証拠証券にすぎないもので、権利化体性を有していないと評価される。また、下足札・手荷物預り証のような免責証券（債務者が、悪意・重過失なく、その所持人に弁済すれば、たとえ所持人が真の権利者でなくても、有効な弁済と認められ、債務者は免責されるという効力を有する証券）も権利化体性が認められないことから、有価証券に当たらない。また、収入印紙（国庫収入となる手数料等のために財務省が発行する証票）、郵便切手は、いわゆる金券（私法上の権利を表示しているわけではなく、法令により証券そのものに特定の価値が認められているもの）に相当することから、本条における有価証券に当たらないと解されている[3]。

また、クレジットカード、プリペイドカード等の電磁的記録を不可欠の構成要素とする支払用カードに関しては、従前、人を介さず直接に機械を通して使用することが予定されており、電磁的記録部分には、可視性がなく、真正なものと誤信させる外形すら存在しないことから、その有価証券性をめぐって議論があった。しかし、この論点に関しては、2001年の刑法一部改正による現行刑法典第2編第18章の2「支払用カード電磁的記録に関する罪」の新設により、解決が図られた（詳細は、後述）。

なお、最近における情報技術の発達は、権利の流通面における券面の存在

の必要性を非常に縮小させており、法的にも有価証券のペーパーレス化（無券面化）が整備され始めている。したがって、今後、本罪の存在意義も大きく変わる可能がある。

  2　行為

　行使の目的をもって、有価証券を偽造または変造することである。

　本罪における「行使の目的」とは、偽造・変造の有価証券を真正の証券として使用する目的である。行為当時、それを真正のものとして、その効用を満たす目的があれば足り、必ずしも具体的に証券を流通させる目的を有することを必要としない（東京高判昭32・5・24判特4・11=12・285）。

　本罪における「偽造」とは、学説上、作成権限のない者が他人名義を冒用して有価証券を作成する行為と一般的に解されている（しかし、虚偽記入罪との関係で争いがあることに関しては、後述）。ここでは、対外的に本人を代理（または代表）して手形・小切手を振り出す権限を有している者が本人との関係性における内部的制限に反して手形・小切手を振り出してしまった場合、有形偽造（可罰的）とされるか、無形偽造（背任罪が問われうる以外では、不可罰的）にとどまるかという問題が生じる。この点、判例によれば、権限濫用と解される事案は、無形偽造で不可罰であり、無権限または権限逸脱と解される事案では、有形偽造であると処理されてきている（例えば、最決昭43・6・25刑集22・6・490、豊田・百選Ⅱ206頁以下）。

　偽造の程度は、外形上一般人をして真正のものと誤信させる形式を具備していれば足り、それが有価証券として法律上の要件を具備することまでは必要とされない（最判昭30・5・25刑集9・6・1080）。例えば、架空人名義で手形を作成した場合（東京高判昭41・6・29下集8・6・854）等も含まれる。有価証券に対する公共の信用・取引の安全を害する以上、たとえ有価証券が商法上無効であっても、本罪の偽造は成立する。

　本罪における「変造」とは、真正に成立した他人名義の有価証券に権限なく変更を加えることである。例えば、他人の振り出した小切手に記載された金額の改竄（最判昭36・9・26刑集15・8・1525）、手形の振出日付・受取日付の改竄（大判大3・5・7刑録20・782）等が挙げられる。変造は、その変更により有価証券の本質的部分に変動を生じさせないことが必要であり、その本質的部分に変更を加えたと評価されるならば、それは偽造として扱われることになる。

1) 判例と同様に、流通性を不要とする学説として、朝倉304頁、井田200頁、伊東330頁、井上＝江藤271頁、植松177頁、大塚424頁、大谷487頁、小野115頁、川端571頁、高橋527頁、団藤258頁、中山449頁、林386頁、前田498頁、牧野(上)243頁、山口480頁。
2) もっとも郵便為替証書中の受取人署名捺印欄は、判例上、独立の私文書と評価されている（大判明43・5・9刑録16・821）。
3) 井田200頁、伊東331頁、植松176頁、大谷488頁、高橋528頁、松宮396頁、山口481頁参照。これに対し、有価証券性を肯定する説として、中山450頁、平野258頁。もっとも、収入印紙、郵便切手等の偽造変造等は、特別法で処罰される。

Ⅲ　有価証券虚偽記入罪

　行使の目的をもって、有価証券に虚偽の記入をした者は、3月以上10年以下の懲役に処せられる（162条2項）。

　本罪における「虚偽記入」とは、行使の目的で有価証券に真実ではない記載をすることをいう。しかし、文書偽造罪における虚偽文書作成罪に相当する犯罪類型か否かに関しては、議論がある。

　判例によれば、本罪における虚偽記入とは、真実に反する一切の記載行為を意味し、名義人が虚偽の記入をする場合（無形偽造）のみならず、他人名義を冒用して行う場合（有形偽造）をも含むものとされている（最決昭32・1・17刑集11・1・23）。すなわち、証券の成立に関わる振出・発行というような基本的証券行為を除いて、裏書・引受・保証のような付随的証券行為に関する限り、自己名義であると他人名義であるとを問わず、真実に反する一切の記載行為が広く本罪における虚偽記入であると判例は理解している。

　この点、学説上の通説的見解によれば、本罪は、文書偽造罪における虚偽文書作成罪（無形偽造）に相当するものであり、虚偽記入とは、作成権限を有する者が真実に反する記載をすることであると解されている。例えば、倉庫業者が寄託されていない物に関する預証券を発行するような場合が虚偽記入に相当する。したがって、他人名義を冒用する場合には、基本的証券行為のみならず、付随的証券行為も含めて、偽造・変造に当たると解されることになる。

　しかし、本罪を無形偽造に限定する学説上の通説に対しては、手形・小切手のような代表的有価証券に関する場合、作成権限を有する者の記載は、たとえ虚偽のものであろうと券面に記載した通りの法的責任が商法上発生することから（文言証券性）、実際、無形偽造の想定が困難で、虚偽記入の事実は、

ほとんど発生しえないという批判が指摘されている（井田 208 頁、今井ほか 330 頁以下、藤木・講義 159 頁、山口 482 頁以下）。

また、通貨偽造罪・私文書偽造罪においては、無形偽造が処罰されない現行法のもとで、その中間にある有価証券偽造罪においてだけ無形偽造を処罰することは均衡に失することを根拠に、有形偽造のなかでも、付随的証券行為のみを虚偽記入とする学説上の少数説も主張されている（斎藤(信)266 頁）。

4) 学説上、判例の見解を支持するものとして、朝倉 307 頁以下、木村 274 頁、草野 257 頁、西原 299 頁以下、牧野(上) 246 頁、宮本 562 頁参照。
5) 同旨の学説として、板倉 223 頁、伊東 331 頁、井上＝江藤 274 頁、植松 178 頁、大塚 431 頁、大谷 492 頁、小野 118 頁、香川 297 頁、川端 574 頁、江家 162 頁、佐久間 322 頁、曽根 259 頁、高橋 529 頁、瀧川 247 頁、団藤 263 頁、中山 450 頁、中森 210 頁、平野 259 頁、福田 113 頁以下、山口 483 頁、山中 606 頁参照。

Ⅳ　偽造有価証券行使等罪

偽造・変造・虚偽記入された有価証券を行使し、または行使の目的をもって、これを人に交付し、もしくは輸入した者は、3月以上 10 年以下の懲役に処せられる（163 条 1 項）。未遂も罰せられる（同条 2 項）。

本罪における「行使」とは、偽造・変造・虚偽記入された有価証券を真正または内容が真実な有価証券として使用することを意味し、必ずしも流通に置くことまでは必要とされない（大判明 44・3・31 刑録 17・482）。ただし、判例は、偽造手形を善意に取得した者において、取得後に偽造されたものであることを知った上で、その支払いを求めるために真正の手形署名者（裏書人）に手形を呈示して債務の履行を請求することは、当然の権利行為であって、偽造手形の行使罪には当たらないと解している点に注意を要する（大判大 3・11・28 刑録 20・2277）。

本罪における「交付」とは、偽造・変造・虚偽記入された有価証券に関して当該事情を知る他人へ付与することである（大判明 44・2・2 刑録 17・27、大判昭 2・6・28 刑集 6・235）。この場合、事情を知らない他人に付与すれば、交付でなく行使となる。交付は、行使の目的で行われることが必要である（大判明 44・5・29 刑録 17・987）。しかし、交付を受けた相手方において、これが行使されなくても、本罪は成立する（大判昭 7・4・20 刑集 11・395）。

本罪における「輸入」とは、偽造・変造・虚偽記入された有価証券を国外

から国内に搬入することである。

　有価証券を偽造して、これを行使した場合、有価証券偽造罪と同行使罪は、牽連犯となる（大判明42・2・23刑録15・127）。有価証券を偽造し、これを行使して、詐欺をした場合も、本罪と詐欺罪とは牽連犯となる（大判明43・11・15刑録16・1941）。

第4節　支払用カード電磁的記録に関する罪

I　総説
1　保護法益

　刑法典第2編第18章の2「支払用カード電磁的記録に関する罪」の保護法益は、支払用カードと一体となった電磁的記録の真正、そして、これらの支払用カードを用いた支払決済システムに対する社会的信頼である。通貨偽造・有価証券偽造の罪と並ぶ偽造罪の一種として位置付けられている。

　クレジットカード、プリペイドカード等の支払用カードは、電磁的記録を不可欠の構成要素としている。そのようなカードは、現在、通貨・有価証券と同等の社会的機能を有している。近時、この電磁的記録に関するデータを不正に取得してカードを偽造する等の犯罪が増大しており、国際的な規模で組織的に実行されることも少なくない。

　また、このような支払用カードは、人を介することなく、直接、機械に使用することも可能である。そして、そのような場合には、カード全体としての真正な外観は必ずしも求められない。すなわち、機械に対して使用可能な形状を有する電磁的記録でありさえすれば、一見して偽造された外観を有するものであったとしても、機械に対しては正規のカードと同様に通用してしまう。このような事態により、真正な外観に対する公共の信頼を要求してきた従前の偽造罪では対応できないという問題が生じていた。そこで、そのような問題に対応するため、2001年に刑法一部改正として、本章における内容が可決成立した（改正内容に関しては、井上宏「『刑法の一部を改正する法律』の概要」現代刑事法30号64頁以下）。

　その改正内容は、支払用カードにおいて不可視とされる電磁的記録部分に着目したものであり、カード自体の真正な外観は必要とされない。そのようなカードの可視的な外観（作成名義）に対する信頼に関しては、従前の偽造罪が適用される。すなわち、そのようなカードの外観に対する信頼が電磁的記録部分とは別個に保護されるべき場合、本章における犯罪のほかに、その外観に対する各種偽変造罪が成立しうる。

　したがって、真正なカードの外観を有するテレホンカードの電磁的記録部

分のみを改竄した事案において、そのような真正な外観と不正な磁気情報部分とを一体としてみることで、電話の役務提供を受ける財産上の権利が証券上に表示されていると評価して、当該カードの有価証券性を認めた判例（最決平3・4・5刑集45・4・171）の考え方（いわゆる「一体説」）は、本改正法施行後、本章の客体となる支払用カードに対して適用されない（井上・前掲66頁）。

2　定義

(1)　代金または料金の支払用のカード

本罪における「代金又は料金の支払用のカード」とは、商品の購入、役務の提供等の取引の対価を現金で支払うことに代えて、電磁的な認証システムにおいて利用されるカードを意味する。

具体的には、後払方式であるクレジットカード、前払方式であるプリペイドカード等がある。有料道路料金自動収受システムで用いられるETC（Electronic Toll Collection）カード、カード型の電子マネーも、これに当たる。

(2)　預貯金の引出用のカード

本罪における「預貯金の引出用のカード」とは、郵便局または銀行等の金融機関が発行する預金または貯金に関わるキャッシュカードを意味する。この預貯金の引出用カードは、本来的には、支払用カードとは機能を異にし、取引の円滑化という保護法益からは、本罪の客体としては、相当ではないようにも思われる。しかし、わが国では、預貯金のキャッシュカードの大部分がデビットカード（対価の即時的支払機能を有するカード）としても用いられており、また、当該カードによりATMを利用した代金振込みができること等を考慮して、支払用カードと同等であるとされた。したがって、キャッシュカードの本来の機能である金銭の自動的な出入機能を保護することが本罪の主眼ではないものと考えられている（伊藤ほか396頁、曽根260頁以下参照）。しかし、カードの記載または記録からは、デビット機能の有無が判別困難であることから、デビット機能の有無を問わず、キャッシュカードは、本章の罪の適用において「預貯金の引出用のカード」に含まれるものとして別枠の客体であると解されている[1]。

(3)　支払用カードに当たらないもの

いわゆるポイントカード・マイレージカードも商品やサービスの取引に関連するカードである。しかし、そのようなカードは、利用に伴って発生する

割引特典の可能性がポイントとして蓄積されているだけのものである。このような割引特典は、対価への支払いではない。したがって、当該カードは、代金または料金の支払用のカードではない（ただし、そのようなポイントを不正取得した上で、商品またはサービスを受けた場合には、私電磁的記録不正作出・同供用罪、詐欺罪、電子計算機使用詐欺罪等の成否が問題となる）。

いわゆるローンカードは、ATM による「預貯金」以外の金銭の借入・返済その他の払込・引出に関連するカードである。しかし、それは、取引現場における代金・料金の支払決済の機能を有していないので、支払用カードには当たらない（大谷 497 頁、川端 579 頁、斎藤(信) 346 頁、西田 345 頁、山口 489 頁、山中 610 頁以下）。

しかし、支払用カードに当たらないものであっても、当該カードの電磁的記録が多機能化して、代金または料金の支払決済機能を併有することになれば、その限りにおいて、支払用カードであると評価される。この点に注意を要する。

その他、電磁的記録を構成要素とする支払決済手段であっても、支払用カードを構成する電磁的記録に当たらないものとして、カードとはいえない形状のもの（携帯電話型の端末等）、電子商取引における支払決済に用いられる電子データそのもの（ID、口座番号等）等がある。

3　人の財産上の事務処理を誤らせる目的

本章の罪においては、人の事務処理を誤らせる目的が必要とされる。しかし、電磁的記録一般を対象とする 161 条の 2 の場合と異なり、本章の罪により保護されるべきものは、人の事務処理のなかでも「財産上」の事務処理に限られる。例えば、クレジットカードが単に身分証明のためだけに利用される場合等、もっぱら非財産的な事務処理を誤らせる目的にとどまるならば、本章の罪は、成立しないと解されている（井上・大コメ 8 巻 372 頁）。

1）　井上・大コメ 8 巻 371 頁、井田 202 頁、伊東 335 頁、大塚 710 頁、大谷 496 頁、斎藤(信) 346 頁、高橋 533 頁、西田 345 頁、山口 488 頁参照。

Ⅱ　支払用カード電磁的記録不正作出等罪
1　支払用カード電磁的記録不正作出罪
　本罪の行為は、人の財産上の事務処理を誤らせる目的をもって、支払用カードを構成する電磁的記録を不正に作ることである（163条の2第1項）。
　本罪における「電磁的記録を不正に作る」とは、161条の2第1項の場合と同様、権限なくまたは権限を濫用して、記録媒体上に電磁的記録を存在するに至らしめることを意味する。新たに全部作り出す場合に加え、既存の記録を改変することも含まれる。
　しかし、161条の2の場合と異なり、本罪の場合は「支払用カードを構成する」電磁的記録の不正作出を意味する。したがって、正規のカードと同様に、機械処理が可能な形状を有するカード板と一体となった状態の電磁的記録を作出することが必要である。
　本罪については、未遂が処罰される（163条の5）。実行の着手は、カード情報の不正取得や生カードの調達等、不正作出の準備罪（163条の4）の段階を超え、カードを構成する電磁的記録を作り始める時点に求められる。したがって、具体的には、カード情報をカード板に組み込まれた磁気ストライプ部分に印磁し始めようとする段階で着手が認められる。また、正規のカードからカード情報をコピーして取得し、パソコンに保存している等の段階では足りないとされる。既遂時期は、機械処理が可能な程度、カード板に情報が印磁された時点となる。
2　不正作出支払用カード電磁的記録供用罪
　本罪の行為は、人の財産上の事務処理を誤らせる目的で、不正に作られた支払用カードを構成する電磁的記録を人の財産上の事務処理の用に供することである（163条の2第2項）。
　本罪における「電磁的記録を人の財産上の事務処理の用に供する」の意味は、161条の2第3項の場合と同旨である。支払用カードを構成する電磁的記録の場合、当該カードを用いた支払決済システムにおける電子計算機において用いうる状態に置くことである。
　本罪については、未遂が処罰される（163条の5）。例えば、不正作出された支払用カードをCAT（信用照会端末）やATM（現金自動預払機）等に挿入しようとする時点で実行の着手が認められる。カードを挿入して電磁的記録

の内容が当該システムにおいて読み取り可能となった時点で既遂に達する。
3　不正電磁的記録カード譲渡し・貸渡し

本罪の行為は、人の財産上の事務処理を誤らせる目的をもって、不正電磁的記録カードを譲り渡し、または貸し渡すことである（163条の2第3項前段）。

本罪における「譲渡し」「貸渡し」とは、不正電磁的記録カードを人に引き渡す行為である。処分権の付与を伴うものが「譲渡し」であり、これを伴わないものが「貸渡し」である。すなわち、機械に対する使用を供用罪（2項）として捉え、人に対する引渡し行為を「譲渡し」または「貸渡し」と捉える。当該カードの電磁的記録が不正に作出されたものであることを相手方が知っているか否かを問わない。

なお、譲受け・借受け行為は、対抗犯（共犯）として処罰されていない。譲受け・借受け行為の危険性は、それに引き続く不正電磁的記録カードの所持行為に比べて、法益侵害の危険が特に高いとは認められないことから、人の財産上の事務処理を誤らせる目的で所持するに至った段階で改めて所持罪（163条の3）で処罰すれば足りると考慮されたことによる。

本罪については、未遂が処罰される（163条の5）。実行の着手は、カードの所持を移転させる行為を開始した時点のみならず、これに密接する準備行為を開始した時点にも認められる。既遂時期は、相手方に所持が移転した時点である。

4　不正電磁的記録カード輸入

本罪における行為は、人の財産上の事務処理を誤らせる目的で、不正電磁的記録カードを輸入することである（163条の2第3項後段）。

本罪における「輸入」の意義は、国外から国内に物品を搬入することである。輸出は、処罰されない。輸出行為そのものは、国内における法益侵害の危険性を特に高めるものではないことから、輸出前の所持罪（163条の3）を処罰すれば足りると考慮されたことによる。

本罪については、未遂が処罰される（163条の5）。

Ⅲ　不正電磁的記録カード所持罪

本罪は、不正電磁的記録カードの所持を罰するものである（163条の3）。
従前における刑法の偽造罪には、偽造された物の所持を罰する規定はなか

った。不正電磁的記録カードに関しては、反復使用が可能であるため、その所持による法益侵害の危険性が特に高く、所持を犯罪化しておかなければ、当該カードが使用されるまで犯人の検挙や証拠物の押収等の捜査が困難であり、取締りの実効性が著しく損なわれること等を考慮して、その所持を罰するものとされた。

本罪の行為は、これを人の財産上の事務処理を誤らせる目的で所持することである。

本罪における「所持」とは、カードの保管に関して、事実上の支配関係を有していることをいう。覚せい剤の所持罪と同様に、人が物を保管する実力支配関係を内容とする行為であり（最判昭30・12・21刑集9・14・2946）、換言すれば、物を管理しうる状態にあることを意味する（最判昭31・5・25刑集10・5・751）。

また、所持罪が成立するためには、当該カードの電磁的記録が不正に作出されたものであることの認識が必要であり、その程度は、未必的なものでも足りる。カードの取得時に電磁的記録が不正作出されたものであるとは知らなくても、後日その事実を知って、人の財産上の事務処理を誤らせる目的で所持を続けた場合も本罪に当たる。

Ⅳ 支払用カード電磁的記録不正作出準備罪
1 趣旨

本罪は、支払用カード電磁的記録不正作出における予備的な行為のなかでも、支払用カードを構成する電磁的記録の情報を取得し、提供しまたは保管する行為および器械または原料を準備する行為を処罰する。

クレジットカードにおける偽造の手口として、他人のカードにおける磁気ストライプ部分から電磁的情報を盗み取り（スキミング）、いわゆる「生カード」（データを印磁する前段階まで完成されたカード原板）に盗み取ったデータを印磁することで偽造クレジットカードを作成するという手法が典型的とされている。このような準備行為を犯罪化しておかなければ、この種の事案への的確な対応が困難となる。このことを考慮し、支払用カード電磁的記録不正作出の遂行にとって、類型的に不可欠であり、特に重要な準備行為、すなわち、カード情報を取得し、提供しまたは保管する行為および器械または原料の準備行為が可罰化された。

2　カード情報の取得・提供・保管

本罪は、支払用カード電磁的記録不正作出行為の用に供する目的で、支払用カードを構成する電磁的記録の情報（カード情報）を取得・提供すること（163条の4第1項）または不正に取得されたカード情報を保管すること（163条の4第2項）を処罰するものである。

本条の客体は「支払用カードを構成する電磁的記録の情報」である。具体例は、支払用カードの磁気ストライプ部分に記録されている電磁的情報である。また、カード会社等のコンピュータにおいて、それと同等の情報が蔵置されていれば、これも本条の客体に該当する。

カード情報の「取得」とは、当該情報をカードから自己の支配下に移し取る行為をいう。具体的には、磁気読取・記憶装置を用いて、カードの磁気ストライプ面からカード情報を直接的にコピーする行為等である。なお、クレジットカードの表面に凹凸で記載された会員番号等は、支払決済システムを作動させる情報ではないので、これを盗み見て書き取る行為は、カード情報の取得には当たらない。

カード情報の「提供」とは、当該情報を事実上相手方が利用できる状態に置く行為をいう。具体的には、カード情報が記録されている記録媒体を相手方に交付する行為、数字や符号でコード化されたカード情報を相手方に送信する行為等が提供に当たる。

カード情報の「保管」とは、有体物の所持に相当する行為であり、カード情報を自己の実力支配内に置いておくことをいう。具体的には、カード情報をパソコンのハードディスクに保存する行為、カード情報が記録されているスキミング装置や記録媒体を保有する行為等がこれに当たる。

1項の罪は、未遂が処罰される（163条の5）。これは、取得・提供という準備行為が着手された段階で電磁的記録不正作出の既遂に至る危険性が強く認められるだけではなく、現実の犯罪情勢を前提とすれば、スキミング装置が設置された場合等、データが実際に取得される以前においても処罰の必要性があることによる。

3　器械・原料の準備

163条の2第1項の犯罪行為の用に供する目的で、器械または原料を「準備」することである（163条の4第3項）。

本条の客体は、器械または原料である。器械・原料の意義は、通貨偽造等準備罪（153条）の場合と同趣旨である。不正作出に直接必要なものに限定されない。具体的には、カードライター、いわゆる「生カード」等が器械・原料に相当する。

準備の意義も、通貨偽造等準備罪（153条）の場合と同趣旨である。すなわち、不正作出に利用される器械・原料を買い入れ、製作する等、これらを利用して不正作出の目的を遂行しうべき状態に置く行為であり、その実行に着手しないものである。

第5節　印章偽造の罪

I　総説
1　保護法益
　刑法典第2編第19章「印章偽造の罪」の保護法益は、印章・署名に対する公共の信用ないし印章を用いた取引方法の信用である。
　社会生活上、文書の形式的信頼性は、そこに表示された名義人の印章・署名の信用性に負うところが大きい。そのような意味で、特定人の同一性を表示・証明する手段としての印章・署名は、重要な機能を有している。
　したがって、印章偽造の罪は、印章・署名の真正を偽ることで、公共の信用を害する危険性が生じれば成立する。それ以上に特定個人に対する財産上の損害を与えることは必要とされない。そのような意味で、本罪は、抽象的危険犯である。
　文書偽造罪・有価証券偽造罪に未遂罪処罰規定がないのは、そこでの未遂相当の行為は、本章の罪により捕捉されるものと考えられたことによる。このことから、文書偽造罪・有価証券偽造罪が成立する場合、手段としての本章の罪は、それらに吸収され、独立の犯罪として処罰されないものと解されている（大判昭7・7・20刑集11・1113等）。

2　客体
(1)　印章
　本章の罪における「印章」とは、特定人の人格を表示して、その人の同一性を表示するために顕出された象形（文字または図形）を意味する（小西・大コメ8巻252頁）。印章は、特定の人格を表示するものと理解されるものである。このことから、花押・拇印等は印章に含まれる一方で、観光名所の記念スタンプ等は含まれない。
　この「印章」の意義に関しては、印影（紙等に押された印章の跡）に限定されるのか、印顆ないし印形（印影を顕出させるのに必要な文字または図形を刻した物体・いわゆる「判子」そのもの。公的に登録されたものは「印鑑」とも呼ばれる）をも含むのかという議論がなされている。
　判例によれば、印章には印影と印顆の両方が含まれるとされている（大判

明43・11・21刑録16・2093)。一部の学説も、これを支持している（植松183頁以下、大場(下)291頁、香川305頁、藤木・講義160頁、三原359頁、宮本565頁）。この見解は、権限を有しない者が他人の印顆を作ることは、すでに印章に対する公共の信用を害する危険性を生じさせていると主張する。

これに対して、印章の意味は、印影に限定されるという見解も主張されている[1]。この見解は、署名と印章が同列に規定されていること、社会生活上の意味を有するのは印影として顕出された時点であること、他人の名前の印顆（例えば、市販されている三文判）を購入しただけでは当罰性がない以上、偽の印顆を入手しただけで本罪の対象とする必要はないことを理由としている。

さらに問題となるのは、非常に簡略化された文書（省略文書）と印章の区別である。単に表示の主体が誰であるかを示すにすぎないものは「印章」として把握される。しかし、それを超えて、意思・観念を示すものであれば、省略された「文書」に該当するようにも考えられる。このことから、これらの区別に関する論点が生じる[2]。

例えば、郵便局の日付印に関して、判例は、これを印章とする立場（大判明42・6・24刑録15・848）から、署名ある省略文書とみる立場（大判昭3・10・9刑集7・683）へと変遷してきている。

この点、学説としては、外見上、印章と認められる程に簡略化された形態の文字表示に関して、たとえ内容的に一定の事項を証明する意味を含むものであっても印章に当たるとする見解が主張されている（大塚495頁、江家168頁、団藤301頁、福田118頁）。これに対し、当該文書が名義人の一定の意思または観念を内容とするものであれば、たとえ簡略化されたものであっても省略文書であるとする説も主張されている[3]。

(2) 署名

本章の罪における「署名」とは、その主体たる者が自己を表示する文字によって氏名その他の呼称を表記することである（大判大5・12・11刑録22・1856）。氏または名のみ、商号その他の符号文字、屋号、略号、雅号等の表記も署名に該当する。

この「署名」の意義に関しては、自署に限るのか、記名（例えば、代筆・ゴム印・印刷等による場合）を含むのかという議論がなされている。

判例によれば、署名には、記名も含まれるとされており（大判明45・5・30刑

録16・74)、学説上も支持されている。この見解によれば、帳簿等の証拠書類となりうる重要な記名も想定しうることから、保護の必要性が認められること、刑法自体が「公務所の署名」という自著できない概念を認めていることが理由とされている。

これに対して、署名は、自著に限定されるという見解も主張されている。この見解は、わが国の取引慣行上、記名は、押印を伴うことで自署と同じ意味が認められていること、今日の社会生活において記名は、文書等に頻出し、必ずしも主体者が自己表示したものであるのか判別が困難になっていることを理由とする。

(3) 記号

本章の罪における「記号」とは、一定の事実を記録・表示するために簡略化された符号をいう (小西・大コメ8巻270頁)。例えば、検印・極印 (品質保証の表示)・訂正印が記号に当たる。たとえ印影であっても、このような符号として用いられる場合、印章ではなく記号とされる。刑法典では、公務所の記号が独立して規定化されており (166条)、印章偽造・不正使用の罪よりも軽い。判例によれば、印章の場合と同様、印影を顕出させる物体は、記号に含まれる (大判明45・4・22刑録18・491)。

問題は、このような「記号」と人の同一性を証明する「印章」との区別である。この区別の基準に関して、学説上、文書に押捺するものが「印章」であり、文書以外の産物・商品等に押捺するものが「記号」であるというように、使用される目的物の相違に求める見解が主張されている (押捺物体標準説)。この見解によれば、文書は、社会生活上、重要な意味を多く有するものとされ、それに押捺されるものを「印章」として厚く保護するべきことが理由とされる。

これに対して、主体の同一性を証明するのが印章であり、その他の事項を証明するのが記号であるとする証明目的の相違に求める見解が主張されている (証明目的標準説)。この見解によれば、人の同一性を表示するものは、信用性・証明力が大きいものとされ、これを「印章」として厚く保護するべきことが理由とされる。

この点、判例は、証明目的標準説の立場 (大審明42・9・23刑録15・1155) から、押捺物体標準説の立場 (大判大3・11・4刑録20・2008、最判昭30・1・11刑集9・

1・35）へと変遷してきている。

3 行為

(1) 偽造

本章の罪における「偽造」とは、権限なく他人の印章等を作出することを意味する。その方法の如何を問わない。代理権・代表名義の印章等を偽造する場合も含む。表示された印章等の主体が架空のものであっても、一般人を誤信させる程度の形式・外観を備えたものを作出すれば足りる（最決昭32・2・7刑集11・2・530）。

(2) 使用

本章の罪における「使用」とは、行使と同義であると解されており、印章等の印影を他人が閲覧できる状態に置くことをいう。真正な印章等を権限なくまたは権限を越えて他人に対し使用することに加え、偽造された印章等を真正なものとして使用することも含まれる。

1) 同旨の学説として、井田204頁、伊東316頁、井上＝江藤277頁、今井ほか372頁、大塚494頁、大谷505頁、小野120頁以下、川端587頁、江家165頁、斎藤（信）264頁、佐久間364頁、須之内314頁、曽根266頁、高橋541頁、瀧川250頁、団藤302頁、中森215頁以下、中山454頁、西田385頁、西原302頁、平野265頁、福田118頁、前田551頁、山口496頁、山中618頁参照。

2) この論点に関しては、松宮孝明「印章偽造と文書偽造」立命館法学298号357頁以下が詳しい。

3) 同旨の学説として、井田204頁、伊東316頁、今井ほか372頁、大谷506頁（ただし、郵便物の日付印が金員領収の趣旨であれば文書であり、郵便局を経由したことを示すにすぎない場合は、印章とするべきという区別説）、川端587頁（大谷と同旨の区別説）、中山455頁、西田386頁、平野264頁以下、松宮369頁、山口497頁、山中619頁参照。

4) 同旨の学説として、井田204頁、伊東316頁、大場(下)297頁、高橋540頁、中森200頁、西田385頁、福田119頁、藤木・講義160頁、前田552頁、三原360頁、山口497頁、山中620頁参照。

5) 同旨の学説として、大塚496頁、大谷507頁、小野121頁、川端589頁、曽根267頁、団藤302頁、中山455頁、松宮402頁、宮本566頁参照。

6) 同旨の学説として、瀧川251頁、藤木・講義161頁以下、宮本565頁以下参照。

7) 同旨の学説として、井田205頁、伊東316頁以下、井上＝江藤277頁、今井ほか372頁、植松186頁以下（ただし、修正説）、大塚501頁、大谷510頁、小野121頁以下、川端590頁、佐久間366頁、須之内315頁、曽根268頁、高橋541頁、団藤303頁、中森216頁、中山458頁、西田386頁、西原303頁、林394頁、平野265頁、福田119頁、三原364頁、山口498頁、山中624頁参照。

Ⅱ　御璽等偽造・不正使用罪

　行使の目的をもって、御璽・国璽・御名を偽造した者は、2年以上の懲役に処せられる（164条1項）。御璽・国璽もしくは御名を不正に使用し、または偽造された御璽・国璽・御名を使用した者も同じく2年以上の有期懲役に処せられる（同条2項）。2項の使用罪に関しては、未遂も罰せられる（168条）。

　本罪に関連する判例としては、天皇制を揶揄する内容の文言および御名・御璽を記載したビラに対する差押処分が問題になった事案がある。そのようなビラにおける御名・御璽の不真正は明白であり、御名・御璽偽造罪が成立する余地はないとして、当該差押処分は、取り消されている（大阪地決昭60・3・5判タ556・217）。

Ⅲ　公印等偽造・不正使用罪

　行使の目的をもって、公務所または公務員の印章もしくは署名を偽造した者は、3月以上5年以下の懲役に処せられる（165条1項）。公務所または公務員の印章もしくは署名を不正に使用し、または偽造された公務所または公務員の印章もしくは署名を使用した者も、同じく3月以上5年以下の懲役に処せられる（同条2項）。2項の使用罪に関しては、未遂も罰せられる（168条）。

　「公務所または公務員の印章」には、公務上使用されるものであれば、職印・私印・実印等も含まれる（大判明44・3・21刑録17・427）。また「署名」には、公務員の資格により自己を示して行った自署も含まれる。たとえ職名だけの記載であっても、これが一定の公務員を指称することが明らかであるならば、公務員の署名に当たる（大判明44・11・16刑録17・1989）。

Ⅳ　公記号偽造・不正使用罪

　行使の目的をもって、公務所の記号を偽造した者は、3年以下の懲役に処せられる（166条1項）。公務所の記号を不正に使用し、または偽造された公務所の記号を使用した者も同じく3年以下の懲役に処せられる（同条2項）。2項の使用罪に関しては、未遂も罰せられる（168条）。

　ここにいう偽造された記号は、一般人が真正な記号であると誤信する程度

に至る必要がある（最決昭32・6・8刑集11・6・1616）。また、判例によれば、真正の記号が表示されている物体を権限なく利用または処分することも不正使用に含まれると解されている（大判大11・4・1刑集1・194）。

V 私印等偽造・不正使用罪

　行使の目的をもって、他人の印章もしくは署名を偽造した者は、3年以下の懲役に処せられる（167条1項）。他人の印章もしくは署名を不正に使用し、または偽造された印章もしくは署名を使用した者も、同じく3年以下の懲役に処せられる（同条2項）。2項の使用罪に関しては、未遂も罰せられる（168条）。

　ここにいう「他人」とは公務所・公務員以外において、社会生活上独立の人格を有する自然人（死亡者、外国の公務員）・法人・法人格のない団体等のすべてを含む。なお、私人の記号は、公信力が弱く、立法沿革上の理由から、本条の印章には含まれないようにも解釈しうる。しかし、判例によれば、私印偽造の罪が他に比べ軽いことを理由として、本条に含まれると解されている点が注意を要する（大判大3・11・4刑録20・2008）。

第6節 不正指令電磁的記録に関する罪

I 総説

2011年刑法一部改正により、第19章の2として、本罪が規定された[1]。これにより、不正指令電磁的記録（いわゆるコンピュータ・ウイルス）の作成・提供（168条の2第1項）、供用（同第2項）、取得・保管等（168条の3）の行為が処罰されるようになった[2]。本罪は、情報処理の高度化に伴う犯罪への対応、また「サイバー犯罪に関する条約」[3]批准に向けた国内法整備の一環として、新設されたものである。

本罪の保護法益は「電子計算機のプログラムに対する社会一般の人の信頼」とされている（抽象的危険犯。井田205頁、伊東427頁、佐久間368頁、曽根268頁、前田556頁）。コンピュータ・ウイルスにより被害を受けた個人の法益を保護する個人的法益に対する罪（例えば、電子計算機損壊等業務妨害罪、公用・私用電磁的記録毀棄罪の予備段階を捕捉するための犯罪類型）というよりも、むしろ社会的法益に対する罪として一連の偽造罪に準じる犯罪として位置付けられている[4]（井田205頁、伊東427頁、大谷513頁、佐久間368頁、西田389頁以下、日高200頁、前田556頁、山口634頁）。

1) この改正の概要に関しては、欄清隆「『情報処理の高度化等に対処するための刑法等の一部を改正する法律』の概要」刑事法ジャーナル30号3頁以下参照。本節に関係する内容として、渡邊卓也「サイバー関係をめぐる刑法の一部改正」刑事法ジャーナル30号27頁以下参照。立法担当者による説明として「いわゆるコンピュータ・ウイルスに関する罪について」法務省ウェブサイト参照（以下「法務省解説文書」として引用）。
2) 本罪の概説として、山口厚「コンピュータ・ウイルス罪の論点」法とコンピュータ30号59頁以下参照。
3) 欧州評議会において採択された世界初の包括的なコンピュータ犯罪に関する条約である。同条約の概要に関しては、松長一太「サイバー犯罪条約の概要」罪と罰48巻4号34頁以下参照。
4) 本罪が新設される以前においては、コンピュータ・ウイルスによる事案を器物損壊罪をもって処理していた裁判例もある（東京地判平23・7・20公刊物未登載）。渡邊・前掲注1）29頁では、電子計算機損壊等業務妨害罪等の予備的行為という性格が重視されている。

II 不正指令電磁的記録作成・提供罪

正当な理由がないのに、人の電子計算機における実行の用に供する目的で、人が電子計算機を使用するに際してその意図に沿うべき動作をさせず、また

はその意図に反する動作をさせるべき不正な指令を与える電磁的記録を作成し、または提供した者は、3年以下の懲役または50万円以下の罰金に処せられる（168条の2第1項1号）。不正な指令を記述した電磁的記録その他の記録を作成し、または提供した者も、同様に処罰される（同2号）。

1　客体

本罪の客体として、まず「人が電子計算機を使用するに際してその意図に沿うべき動作をさせず、またはその意図に反する動作をさせるべき不正な指令を与える電磁的記録」（168条の2第1項1号）が挙げられている。これが刑法典における「コンピュータ・ウイルス」の定義ということになる。それは、コンピュータ上で動作する不正プログラムを広く含む。例えば、他のプログラムに寄生して自己の複製を作成し感染する形態のものばかりではなく、いわゆる「トロイの木馬型プログラム」（無害のプログラム等であるかのように見せかけて、コンピュータ使用者が気付かないうちに破壊活動・情報の漏えい等を行うプログラム）、「ワーム型プログラム」（他のプログラムに寄生せず、単体で自己増殖するプログラム）、「スパイウェア型プログラム」（コンピュータ使用者が知らないうちにインストールされ、様々な情報を収集するプログラム）等のすべての不正なプログラムを包括的に表現するものとして理解されている。

しかし、いわゆる「バグ」（プログラミングの過程で作成者も知らない内に発生するプログラム・ミス）は、コンピュータ・ソフトウェアの開発において不可避なものであり、それにより惹起される使用者側の不具合は、社会的にも受忍されるべき事柄であることを考慮して、不正指令電磁的記録には当たらないものと解されている。

不正指令電磁的記録が作動するために、アイコンのダブル・クリック等の使用者の行為が必要であるかを問わない。本罪における電子計算機には、いわゆるパソコン等のほか、自動的に計算・データ処理を行う電子装置としての機能を有するものであれば、携帯電話（特にスマートフォン）も含まれる。

さらに、本罪の客体は、168条の2第1項2号により拡張されており「前号に掲げるものの他、同号の不正な指令を記述した電磁的記録その他の記録」も客体となる。前述した同項第1号の客体は、そのままの状態で電子計算機において動作可能なものである。それに対し、第2号における記録とは、内容的には「人が電子計算機を使用するに際して、その意図に沿うべき動作

をさせず、またはその意図に反する動作をさせるべき不正な指令を与える」ものとしては完成段階にありながらも、しかし、そのままでは電子計算機において動作可能な状態にないものをいう（伊東 428 頁では、極めて抽象度の高い危険性を処罰するものであると評価されている）。例えば、そのような不正な指令を与えるプログラムのソースコード（機械言語に変換・翻訳すれば、電子計算機で実行可能なプログラムのコード）を記録した電磁的記録、または、これを紙媒体に印刷したものが想定されている。

　2　行為

　本罪の行為は、正当な理由がないのに、人の電子計算機における実行の用に供する目的で、不正指令電磁的記録を作成・提供することである。

　本罪における「正当な理由がない」とは、「違法に」「違法性阻却事由がないのに」という意味であると解されている[9]。例えば、ウイルス対策ソフトウェア開発のために、自己のコンピュータ上で作動するコンピュータ・ウイルス等を作成するような場合は、正当な理由があるとして本罪は成立しないものと解されている[10]。

　さらに、本罪の成立には「人の電子計算機における実効の用に供する目的」が必要とされる（目的犯）。これは、不正指令電磁的記録を電子計算機の使用者において、これを実行しようとする意思がないのに実行されうる状態に置く目的を意味する[11]。すなわち、不正指令電磁的記録である事情を知らない第三者のコンピュータで実行されうる状態に置くことを要し、不正指令電磁的記録の動作が予定される電子計算機の使用者において、それが不正指令電磁的記録であると認識していないことが前提とされる。

　本罪における「作成」とは、不正指令電磁的記録を新たに記録媒体上、存在するに至らしめることをいう。また「提供」とは、不正指令電磁的記録であることの事情を知った上で、これを自己の支配下に置こうとする者に対して、その者の支配下に当該電磁的記録を移し、事実上、利用可能な状態に置くことをいう。

5）　法務省解説文書 3 頁参照。大谷 514 頁、山口 634 頁によれば、何が不正指令電磁的記録に当たるかという問題に関しては、一般の使用者が想定するべき電子計算機の動作と実際の動作が乖離するかにより判断されるべきであり、個別の使用者における「意図」が基準となるべきではないと説明されている。また、西田 391 頁によれば、プログラムの機能を考慮した場合に社

会的に許容しうるものかどうかという視点が示されている。
6) 佐久間371頁、渡邊・前掲注1) 29頁によれば、いわゆるフリーソフトウェアの開発においては、利用者からバグの報告を受けて改善するという慣行がある以上、たとえバグの発生が不可避であると考えていても、本罪における故意は認められないとされる。
7) 法務省解説文書4頁以下参照。この点に関して、今井ほか375頁では、バグにより電子計算機の機能が麻痺し、通常の作動への復旧が困難な状況が生じた場合には、当該バグは、不正指令電磁的記録に該当するべきだと主張されている。また、前田558頁では、ウイルス機能を有するバグの存在が指摘・確認されながらも放置したような場合、作成罪との同価値性が認められるのであれば、不作為による作成罪が成立すると主張されている。
8) 法務省解説文書3頁参照。
9) 山口・前掲注2) 62頁では、当然のことを念のために規定したにすぎず、厳密に言うならば、この文言は不要だとする。
10) 伊東428頁、今井ほか375頁、大谷514頁、佐久間371頁、曽根269頁、西田391頁以下、日高200頁、前田556頁、松宮405頁参照。
11) これは、単に他人の電子計算機において電磁的記録を実行する目的ではなく、電子計算機の使用者における意図に沿うべき動作をさせない電磁的記録の認識認容が必要であることが法務省により強調されている。したがって、ある者が正当な目的で作成したプログラムが他人に悪用されてコンピュータ・ウイルスとして用いられたとしても、そのプログラム作成者には同罪は成立しないものと考えられる。この点に関しては、法務省解説文書7頁参照。松宮404頁、山口635頁によれば、いわゆる「バグ」も、このような目的に欠けるものとして、説明されている。

Ⅲ 不正指令電磁的記録供用・同未遂罪

正当な理由がないのに、不正指令電磁的記録を人の電子計算機における実行の用に供した者は、作成・提供罪と同様に処罰される（168条の2第2項）。

人の電子計算機における実行の用に供するとは、不正指令電磁的記録であることの事情を知らない第三者のコンピュータで実行可能な状態に置くことを意味する。例えば、不正指令電磁的記録の実行ファイルを電子メールに添付して送付し、そのファイルに関して事情を知らず、実行する意思もない使用者のコンピュータ上で何時でも実行できる状態に置く行為が挙げられる[12]。

供用罪は、未遂も処罰される（同条3項）。例えば、コンピュータ・ウイルスをウェブサイト上に置いた段階にとどまり、相手方のパソコンに取り込まれる前であれば、未遂であると解されている（このような例に関しては、山口635頁）。

12) 法務省解説文書10頁参照。

Ⅳ　不正指令電磁的記録取得・保管罪

　正当な理由がないのに、人の電子計算機における実行の用に供する目的で、不正指令電磁的記録を取得し、または保管した者は、2年以下の懲役または30万円以下の罰金に処せられる（168条の3）。

　本罪における「取得」とは、不正指令電磁的記録等であることの事情を知った上で、これを自己の支配下に置くことをいう。また「保管」とは、不正指令電磁的記録等を自己の実力支配内に置くことをいう。

第4章　風俗に対する罪

第1節　わいせつおよび重婚の罪

I　総説

　わいせつおよび重婚の罪は、刑法典第2編第22章「わいせつ、姦淫及び重婚の罪」のうち、姦淫罪（176条～182条）を除いた部分から成り、公然わいせつ罪（174条）、わいせつ物頒布等罪（175条）および重婚罪（184条）をその内容とする。もっとも、刑法典第2編第22章は、社会的法益を侵害する犯罪群と個人的法益を侵害する犯罪群とが含まれている。すなわち、姦淫の罪は個人の性的自由を侵害する犯罪であるのに対して、わいせつおよび重婚の罪は社会の健全な性的風俗を侵害する犯罪である。しかし、本来個人の自由に委ねられた範囲の大きい性生活に関する秩序ないし性的風俗に対して、刑法がどこまで干渉すべきかは、立法の上からだけでなく、解釈の上からも特に慎重を期さねばならない。[1]

1)　近親相姦や反自然的わいせつ行為を処罰する立法例もあるが（イギリス、ドイツ）、これらは刑法による道徳の強制になりかねない傾向があるため、むしろ、個人の道徳感情に委ねるべきである。わが国にも、かつて姦通罪の規定（旧183条）が設けられていたが、戦後、日本国憲法14条の男女平等の原則に反するものとして、昭和22年の刑法の一部改正で削除された。なお、性的風俗を保護法益とする特別法として、売春防止法（昭31法118）、および「児童買春、児童ポルノに係る行為等の処罰及び児童の保護等に関する法律」（平11法52）があり、また、関連法規として、青少年の健全育成を目的とする各都道府県の条例（青少年保護条例、青少年育成条例など）がある。

II　公然わいせつ罪

　公然とわいせつな行為をした者は、6月以下の懲役もしくは30万円以下の罰金または拘留もしくは科料に処せられる（174条）。

　本罪は、公然とわいせつな行為をすることによって成立する。「公然」とは、不特定または多数人が認識できる状態をいう（最決昭32・5・22刑集11・5・1526）。この場合、現実に不特定または多数人によって認識されたことは必要でなく、その可能性があれば足りる（団藤315頁、大塚515頁）。なお、本

罪における公然の観念は、名誉毀損罪のような他の犯罪におけるそれと、抽象的定義は同一であっても、その意味内容は、それぞれの構成要件の目的論的解釈の上から多少のニュアンスの相違がありうる（大塚・注解786頁）。論者によっては、本罪は社会一般の人の風俗感情に対するものであるところから、具体的に「多数」という意味も個人的法益に関する名誉毀損罪の場合より、かなり緩やかに解してよいであろう、という（植松正「猥褻・姦淫および重婚に関する罪」刑事法講座7巻1526頁）。

「わいせつな行為」とは、判例によれば、「その行為者又はその他の者の性欲を刺激興奮又は満足させる動作であって、普通人の正常な性的羞恥心を害し、善良な性的道義観念に反するもの」をいう（東京高判昭27・12・18高刑集5・12・2314）。わいせつ性の概念については、次の175条に関連して論ずるが、わいせつ物頒布罪における「わいせつ」は物の属性であるのに対して、本罪におけるそれは行為の属性である点が異なる（団藤・注釈刑法(4)280頁）。本罪の行為の性質上、行為を見た者が実際に性的羞恥心を抱いたかどうかは問題でなく、行為が少なくとも普通人に性的羞恥感情を覚えさせる性質のものであればよい。

性交やこれに類する行為、性器の露出はわいせつ行為であるが、性器以外の、しり、ももなどの露出は、本罪でなく、軽犯罪法1条20号に該当する。また、乳房の露出も、必ずしもわいせつ行為とはいえない（植松203頁、瀧川（春）-竹内339頁、大塚・注解787頁）。営利を目的としない本罪の行為は、性的異常性格と結びつく、一種の露出狂的行為といえる。問題は、営利の目的で、いわゆる「本番」を観覧に供するエロ・ショウやストリップ・ショウについて、それらが本罪のわいせつ行為となるのか、それとも175条のわいせつ物陳列罪の対象となるのかについて争いがある。判例は、エロ・ショウやストリップ・ショウにおける性交・性器の露出は、いずれも本罪にいうわいせつ行為に当たるとしているのに対して（最判昭25・11・21刑集4・11・2355、東京高判昭27・12・18高刑集5・12・2314、最決昭30・7・1刑集9・9・1769、最決昭32・5・22刑集11・5・1526など）、学説上有力な反対説がある。

それによると、人に観覧させるため、自らわいせつ行為をすることは、本罪ではなく、わいせつ物陳列罪に当たるという。その理由として、春画を公然陳列しても本罪より法定刑の重いわいせつ物陳列罪となるのに、現実感を

もったわいせつ度の高い生きた人間のわいせつ行為を観覧させることが軽い刑事責任にしか当たらないのは不都合であること、わいせつ行為をする人間も、観覧の対象としては、肉体とその運動とであるにすぎないから、訴訟法上検証の客体としての身体が一種の物として扱われるのと同様に、わいせつ行為を行う者は、公然陳列罪の行為者であるとともに、その身体は観覧の客体たるわいせつ物にもなっていること、が挙げられている（植松 206-207 頁）。ストリップ・ショウなどが、営利目的の観覧という意味では、確かに、刑の権衡上 175 条の適用も理由があるが、生きた人間の行為を人格と切り離して「物」と同一視することは、刑法の解釈上無理がある[2]。

2) 平野 271 頁、大塚 516-517 頁、中山 462 頁。なお、団藤・注釈刑法(4) 282 頁は、公衆の観覧に供するわいせつ行為のなかの営利犯的ないし営業犯的なものは、むしろ、175 条の罪と共通的性質をもつものであることから、わいせつ物陳列罪の適用を主張する説の意義を認めている。

Ⅲ　わいせつ物頒布等の罪

わいせつな文書、図画、電磁的記録に係る記録媒体その他の物を頒布し、または公然と陳列した者は、2 年以下の懲役もしくは 250 万円以下の罰金もしくは科料に処せられ、または懲役および罰金を併科される。電気通信の送信によりわいせつな電磁的記録その他の記録を頒布した者も、同様である（175 条 1 項）。有償で頒布する目的で、前項の物を所持し、または同項の電磁的記録を保管した者も、同項と同様である（175 条 2 項）。

1　客体

本罪の客体は、わいせつな文書、図画、その他の物である。文書・図画については、文書偽造罪におけるような限定はない（大塚・注解 793 頁、中山 463 頁）。文書の典型的なものは、小説や随筆である。図画には絵画・映画・写真・ビデオテープ（最決昭 54・11・19 刑集 33・7・754）のほか、未現像フィルム（名古屋高判昭 41・3・10 高刑集 19・2・104、大阪高判昭 44・3・8 判時 553・88、名古屋高判昭 55・3・4 刑月 12・3・74）なども含まれる。「その他の物」とは、文書・図画以外のもの、例えば、彫刻・置物などであり、性器の模擬物がその典型例である（大判大 7・6・10 新聞 1443・22、総判研刑法(19) 14 頁参照、最決昭 34・10・29 刑集 13・11・3062）。そのほか、録音テープ（東京高判昭 46・4・1 高刑集 24・4・789、東京高判昭 48・8・29 東高刑時報 24・8・137）などがある。

さらに、近年インターネットによるパソコン通信の急速な普及により、新たな映像媒体によるわいせつ画像が刑事規制の対象となるか否かが問われるようになった。それに伴って、平成23年の刑法の一部改正（法74）により、「電磁的記録に係る記録媒体」が175条のわいせつ物となった。

もっとも、この改正以前においても、本罪の客体は必ずしも有体物に限定されることなく、サーバー・コンピュータに記憶・蔵置された情報としての画像データも含まれると判断された下級審判決がある（岡山地判平9・12・15判時1641・158、大阪地判平11・3・19判タ1034・283）。また、その後、最高裁においても、わいせつな画像データを記憶・蔵置させたパソコンのハードディスクそのものを本罪にいうわいせつ物に相当すると判示するに至っている（最決平13・7・16刑集55・5・31)。

2 わいせつ性の概念

客体がわいせつ物といえるためには、それがいずれも「徒らに性欲を興奮又は刺激せしめ且つ普通人の正常な性的羞恥心を害し善良な性的道義観念に反するもの」（最判昭26・5・10刑集5・6・1026）でなければならない。わいせつ性に関するこの定義は、戦後最初のリーディング・ケースとして最高裁判所が下したものであるが、その基本姿勢は大審院判例によって確立されたものを継承しており、現在も変わらない。

要するに、わいせつ物たるためには、「性欲を興奮、刺激せしめること」、「性的羞恥心を害すること」、そして、「善良な性的道義観念に反すること」の三要件を満たすことが必要である。しかも、わいせつ物が与える興奮・刺激やそれを見る者が抱く羞恥感情の程度は社会通念によって判断されるが、社会通念そのものが時と所によって異なるものだけに、その判定には不確定要素が多い。同時に、「善良な性的道義観念」とは何であるかについても不明確であり、その内容は漠然としている。

このように、わいせつ性の概念そのものが、刑法上規範的構成要件要素として、もっぱら裁判官の価値判断に委ねられていることから、規定そのものの不明確性を理由に、最近では明確性の理論ないし実体的デュー・プロセスの理論から、罪刑法定主義を保障した憲法31条に反して違憲であるとの上告理由が多くみられるようになった。しかし、最高裁判例をはじめ下級審判例のほとんどは合憲説をとる（東京高判昭54・3・20判時918・17、最判昭55・11・28

刑集 34・6・433)。確かに、175 条そのものは合憲であるが、事案の内容によっては適用違憲の問題も考慮すべきである。

3 芸術性とわいせつ性

わいせつ性の判断において困難な問題は、科学的な著書・論文や芸術作品をどう評価するかである。例えば、医学書における性器の写真も、それ自体部分的には、たしかにわいせつ性を帯びる。しかし、他方、憲法上表現の自由（憲 21 条）や学問の自由（憲 23 条）が保障されている。科学性・芸術性とわいせつ性との関係について、チャタレー事件の最高裁大法廷判決は、「芸術性と猥褻性とは別異の次元に属する概念であり、両立し得ないものではない。（中略）高度の芸術性といえども作品の猥褻性を解消するものとは限らない。（中略）ほぼ同様のことは性に関する科学書や教育書に関しても認められ得る」と判示して、すぐれた芸術作品といえどもわいせつと評価しうることを明らかにしている（最大判昭 32・3・13 刑集 11・3・997）。サド事件の最高裁大法廷判決もまた、芸術性・思想性が処罰の対象とする程度以下にわいせつ性を昇華し解消させることがない限り、その芸術的・思想的価値がいかに高くとも、それ自体としてはわいせつ性の評価の上に何ら決定的意味をもつものでないとしている（最判昭 44・10・15 刑集 23・10・1239）。

判例の基本的姿勢が芸術性とわいせつ性との両立を認めるとはいえ、作品の一部を取り上げて直ちにその作品をわいせつと評価することは、憲法の保障する基本的人権を侵害することになる。したがって、わいせつ性の判断は、その作品を全体として考察した上で評価しなければならない。ところが、チャタレー事件の最高裁大法廷判決は、「問題は本書の中に刑法 175 条の『猥褻の文書』に該当する要素が含まれているかどうかにかかっている」として、部分的評価によるわいせつ性の判断を認めている。それは、チャタレー判決が「性行為非公然性の原則」を前提として、先にみたわいせつ性評価の三要件を満たすものであれば、そのものの性質や科学的・芸術的価値のいかんを問わずわいせつと判断するものであって、表現の自由や学問の自由との関連から不当といわねばならない。

もっとも、判例理論も、その後の変遷においてかなりの修正がほどこされた。例えば、サド事件の最高裁大法廷判決（昭 44）では、個々の章句の部分は、全体としての文書の一部をなすものであるから、一部のわいせつ性の有

無は文書全体との関連のもとに判断すべきであるとして、「特定の章句の部分を取り出し、全体から切り離して、その部分だけについて猥褻性の有無を判断するのは相当でない」と判示した。これは、「部分の全体的評価」の考え方を採用したものであって、チャタレー判決の「部分の部分的評価」より大きく前進したものといえる。次いで、「四畳半襖の下張」事件の最高裁判決（昭 55）において、「全体の全体的評価」の考え方がはじめて打ち出され、性的描写の露骨・詳細の程度と手法、文書全体に占める比重、表現された思想性・芸術性との関連性、文書の構成・展開、性的刺激の緩和の程度を「全体としてみたとき」という判断基準が示された（最判昭 55・11・28 刑集 34・6・133。なお、この判例の批評として、大野真義・昭和 55 年度重要判例解説 174 頁以下参照）。

ことに、「四畳半襖の下張」事件に関わる第二審の東京高裁判決は、従来の判例理論に示されてきたわいせつ性の判断基準が、社会通念に重点が置かれる傾向があったため、抽象的で客観性に乏しいことに着目して、判断基準をより具体的に設定することを試みたものとして注目に値する（東京高判昭 54・3・20 判時 918・17）。それによると、わいせつ判断の第 1 の要件として、①性器または性的行為の露骨かつ詳細な具体的描写叙述があり、②その描写叙述が情緒・感覚あるいは官能に訴える手法でなされている、という 2 つの外的事実の存在が最小限必要であるほか、第 2 の要件として、文書の支配的効果が好色的興味に訴えるものと評価され、かつ、その時代の社会通念上普通人の性欲を著しく刺激興奮させ、性的羞恥心を害するいやらしいものであることを要する、という（なお、詳細には、大野真義「わいせつ性の判断基準と構成要件の明確化」判時 931・148 以下参照）。

4　相対的わいせつ文書の概念

わいせつ性評価の一つの視点を示すものとして、相対的わいせつ文書の概念がある。それは、文書そのもののわいせつ性とは別に、その取り扱われ方、例えば、文書の形式、頒布・販売の方法などを考慮することによって、相対的にわいせつ性を判断しようとするものである。このような考え方は、もともと、19 世紀末におけるドイツのビンディングの主張に由来するものであるが（Binding, Unzüchtige Handlungen und unzüchtige Schriften, ZStr W. B. 2, 1822, SS. 468 ff.）、わが国では、いちはやく団藤の紹介するところとなり、今

目的課題として展開された（団藤重光「チャタレイ裁判の批判」中央公論72巻8号49-50頁）。[6]

わが国の判例のなかにも、下級審を中心に相対的わいせつ文書の概念を肯定する傾向がみられる。チャタレー事件の第一審判決は、翻訳者を無罪としながら宣伝販売の方法を取り上げて出版者を有罪とし（東京地判昭27・1・18高刑集5・13・2524）、サド事件の第二審判決は、文書自体がわいせつでも、出版・広告の方法や読者層の限定などによって、相対的にわいせつ評価を受けない場合のあることを認めている（東京高判昭38・11・21高刑集16・8・573）。サド事件の最高裁大法廷判決の反対意見のなかにも、相対的わいせつ文書の概念を肯定する有力説がある（田中・色川両裁判官の反対意見）。この見解は、学説としては、まだ少数説ではあるが、注目される見解として定着している。[7]しかし、これに対して通説からは、例えば、文書自体のわいせつ性がその対象や取り扱い方によって本質的に左右されるべきでないこと（植松208頁）、本来真面目な作品でもその取り扱い方法のいかんによってわいせつ性を帯びることがあってはならないこと（瀧川（春）＝竹内340頁）、そして、この説自体が部分的わいせつ性を強調する見解と異ならない効果をもつ（前田信二郎・文藝裁判の条理（1964）43頁）などの理由から反対論が展開されている。

しかしながら、相対的わいせつ文書の概念の考え方は、反対説が懸念するように、文書のわいせつ性の評価を必ずしも常に可罰的な方向にのみ作用せしめるものではなく、むしろ、相対的に評価することによってわいせつ性の存在を否定する機能をもつものである。つまり、全体的考察を文書の置かれた状況にまで拡大することによって、わいせつと認められる文書であっても、その頒布の方法いかんによっては本罪を構成しない場合が認められるのである。ただ、この理論に課せられた基本的な課題としては、文書の形式、頒布・販売の方法など、その置かれた状況をできるだけ定型化することによって、可罰性の限界を明確化する必要があろう（相対的わいせつ文書の概念につき、詳細は、大野真義・刑法の機能と限界（2002）129頁以下参照）。

5　行為

本罪の客体であるわいせつ物や電磁的記録に係る記録媒体等を頒布・公然陳列すること、および、電気通信の送信によりわいせつな電磁的記録等を頒布することである（1項）。あるいは、有償頒布の目的で上記のわいせつ物

を所持し、または電磁的記録を保管することである（2項）。

「頒布」とは、不特定または多数人に対し、無償で交付することをいい、「有償頒布」とは、有償で譲渡・販売することをいう。この場合、現実に交付されることが必要であり、郵送したが相手方に到着しなかったときには、頒布があったとはいえない（大判昭 11・1・31 刑集 15・68）。わいせつ図画を不特定または多数人を対象とする目的で、特定の一人に対して 2 回の無償交付を行ったにとどまる場合であっても頒布に当たる（東京高判昭 47・7・14 東高刑時報 23・7・136）。

インターネットを通じて不特定多数の利用者にわいせつ画像を送信し、再生閲覧させた行為に対して、わいせつ図画公然陳列罪に適用した初期の著名な判例として、平成 8 年 4 月 22 日の東京地裁判決（東京地判平 8・4・22 判タ 929・266、判時 1597・151）を挙げることができる[8]。

また、客の持ち込んだビデオテープにわいせつなビデオテープを転写して、有償で交付する行為はわいせつ図画の有償頒布に当たる（大阪地堺支判昭 54・6・22 判時 970・173。なお、批評として、大野真義・判時 992・191 以下参照）。「公然陳列」とは、不特定または多数人が観覧することのできる状態に置くことである。映画の上映も陳列に当たる（大判大 15・6・19 刑集 5・267、東京高判昭 33・4・22 東高刑時報 9・4・119）。

「所持」とは、わいせつ物を自己の支配下に置くことをいうが、必ずしも現実に身につけている必要はない。ただし、所持は「有償頒布の目的」である場合にのみ本罪を構成する。なお、所持罪について、わいせつ画像のビデオ・カセットのマザーテープ自体を有償頒布する目的がなくても、これをダビングしてダビングテープを販売する目的で所持した場合は、わいせつ図画販売目的所持罪に該当すると判示した判例がある（富山地判平 2・4・13 判時 1343・160）。パソコン通信の普及により、ハードディスクに蔵置されたわいせつ情報そのものも有償頒布の対象となった。その意味で、有償頒布の目的でわいせつな電磁的記録を保管することも、有体物のわいせつ物の所持と同様に 175 条 2 項の規制対象となる（ネットワーク犯罪におけるわいせつ物の公然陳列罪については、佐久間修・最先端法領域の刑事規制（2003）322 頁以下参照）。

児童ポルノの写真、電磁的記録等を製造・所持・運搬・輸入・輸出あるいは不特定または多数の者に提供し、公然陳列する行為に関しては、「児童買

春、児童ポルノに係る行為等の処罰及び児童の保護等に関する法律」によって処罰される。例えば、児童ポルノを撮影し、その画像を電磁的記録に係る記録媒体に蔵置し、それを他のハードディスクにコピーする行為は、同法7条3項にいう児童ポルノ製造罪に当たるとした判例がある（最決平 18・2・20 刑集 60・2・216）。ちなみに、児童ポルノ製造罪と児童福祉法 34 条 1 項 6 号にいう児童に淫行させる罪は、併合罪の関係となる（最決平 21・10・21 刑集 63・8・1070）。

6 故意

故意があるといえるためには、客体のわいせつ性を認識していることが必要である。いわゆる意味の認識が本罪の故意の成立に必要である。もちろん、この場合、客体が刑法 175 条にいうわいせつの文書・図画などに該当していることの認識までも必要としない。もっとも、チャタレー最高裁判例は、「175 条の罪における犯意の成立については問題となる記載の存在の認識とこれを頒布販売することの認識があれば足り、かかる記載のある文書が同条所定の猥褻性を具備するかどうかの認識まで必要としているものではない」と判示して、意味の認識としてのわいせつ性の認識の必要性までも否定している[9]。

もっとも、下級審ではあるが、映画に対するわいせつ性の判断につき、映倫（映画倫理の自主規制機関）の審査を通過していることから、映画の製作監督者と配給上映の責任者には、法律上許容されたものと信ずるにつき相当な理由があるとして、刑法 175 条の故意を欠くと判示した、いわゆる「黒い雪」事件に係る東京高裁の判決がある（東京高判昭 44・9・17 高刑集 22・4・59 判時 571・19。なお、この判例に対する批評として、大野真義「映画『黒い雪』に対する猥褻性の判断と自主規制」昭和 44 年度重要判例解説 130 頁以下参照）。

3) パソコン通信を利用したわいせつ画像の提供に対して、わいせつ物公然陳列罪を適用した最初の判例は、横浜地川崎支判平 7・7・14（平 7（わ）181 号、確定、公刊物未登載）であった。この事件は、被告人が電話回線を利用してパソコンネットを開設し、平成 6 年 5 月ころから平成 7 年 3 月 29 日までの間、男女の性器、性交場面等を露骨に撮影したわいせつ画像のデータ合計 259 画像分をホストコンピュータのハードディスク内に記憶させ、ダイヤル Q^2 あるいは一般電話回線を使用して、パソコン通信の設備を有する不特定多数の顧客に、上記わいせつ画像を再生可能な状況に置き閲覧させた事実に基づくものである。なお、ネット上のわいせつ画像に対する判例の動向については、大野・前掲刑法の機能と限界 209 頁以下参照。

4) わいせつ性の概念につき、最高裁判例として最も指導的な役割を果たしたものは、チャタレ

一事件に関する昭和32年の大法廷判決である（最大判昭32・3・13刑集11・3・997）。もっとも、この判例も、わいせつの定義に関しては新たな概念を提起したものではなく、むしろ、従来の判例理論を踏襲して、「猥褻文書たるためには、羞恥心を害することと性欲の興奮、刺戟を来すことと善良な性的道義観念に反することが要求される」と判示し、その理由をおおよそ次のように説示している。つまり、人間性に由来する人間のもつ羞恥感情が性行為の非公然性を要求し、これが理性と相俟って性に関する道徳と秩序を維持している。ところが、わいせつ文書は、この性行為非公然性の原則に反して露骨な性的描写を行い、性欲を興奮・刺激し、羞恥感情を害し、人間の性に関する良心を麻痺させ、しいては性道徳・性秩序を無視する行為を誘発する危険を含む。刑法175条がわいせつ文書の頒布・販売を処罰しているのは、このような理由からである、という。

5）　最判昭58・10・27刑集37・8・1294における団藤裁判官の補足意見のなかで、特に刑法175条と憲法31条の実体的デュー・プロセスないし罪刑法定主義との関係について、次のように述べられているのが目をひく。「(1)刑法175条の構成要件、とくに猥褻の概念が明確といえるかどうかは、困難な問題である。判例によれば、『猥褻』とは『徒らに性欲を興奮又は刺戟せしめ、且つ普通人の正常な性的羞恥心を害し、善良な性的道義観念に反するものをいう』と定義されている（チャタレー事件判決、前掲刑集1003頁）。この定義を将来にわたっていつまでもこのまま維持することができるかどうかは別論として、この定義はそれじたいとしてかなり明確なものであるから、刑法175条の構成要件が不明確なものであるといえないとした判例（最高裁昭和54年11月19日第二小法廷判決・刑集33巻7号754頁）は、一応是認されるべきであろう。ただ、猥褻概念は、規範的構成要件要素の典型的なものであって、記述的構成要件要素とちがって、認定した事実をこの定義にあてはめる際に改めてさらに特別の判断が必要になるのである（チャタレー事件判決における真野裁判官の意見はこの趣旨の指摘を含むものと解される）。ことに右の定義中にある『善良な性的道義観念』は社会的風潮とともに変化するものであり、定義の形式的な枠組みは固定したものであっても、その意味内容は可変的である。（中略）したがって、認定事実についての構成要件該当性の判断には、実質的な不確定要素が何重にも加わることになる。これは猥褻文書図画頒布販売罪の本質上、免がれがたいところである。」「このようにして、判例によってあたえられている猥褻の定義が形式上一応明確であることをもって充分とすることはできないのであって、当審においても下級審においても、右の定義の具体的適用の基準を定立するために努力を重ねているのである。（中略）当審の前記定義は、このような判例による種々の具体的基準の集積によって、その具体的な意味内容が次第に形成されて来ているのである。わたくしは構成要件的定型は判例によって固められて行くべきものであるという見解をもっているのであり、そのばあいの判例とは下級裁判所の判例をも含めた総合的な全体を考えているのである。猥褻の意義についての判例は、なお形成途上にあるが、現段階の判例を前提として考えても、刑法175条の規定を構成要件の不明確という理由でただちに憲法31条に違反するものということはできないとおもう。」「(2)ところで、憲法31条の関係で、さらに遡って検討されなければならないのは、刑法175条の罪の処罰根拠ないし保護法益、およびこれに関連して罪刑の均衡の問題である。（中略）そこでさらに問題となるのは、法定刑である。（中略）猥褻文書図画頒布販売罪の行為類型の中心にあるのは、人の性的な好奇心や慾望の弱点につけこんで営利をはかろうとする商業主義的行為であり、しかも、その中には、少年の情操を害するような態度のものや、いわゆる『見たくないものを見ない権利』を害するような態度のものも含まれているのである。したがって、現行法が本罪の法定刑の中に懲役刑をも加えていることは、あながち理由がないわけではない。このようにして、処罰根拠および罪刑の均衡の点においても、刑法175条の規定をもって、ただちに憲法31条に違反するものとすることはできないのである」と。ちなみに、刑法175条の保護法益を善良な性風俗ないし性秩序の維持においた場合、少なくとも、ハード・コア・ポルノと解された以上は、その有害性の有無

を問わず、一律に刑法上の規制の対象とすることができる。この事件の弁護人の上告趣意は、保護法益を性秩序の維持といった一般的なものに求めずに、他人の見たくない権利としての幸福追求権の保護および未成年者の保護といった、より実質的なものにその処罰根拠を求めている。このように、実質的有害性をその処罰根拠とみた場合には、たとえハード・コア・ポルノというべきものでも、これを一律に規制することは適用違憲の問題を生ずることになる。なお、この事件に関する判例批評として、大野・判時1126・224以下参照。

6) 団藤の説くところによると、「たとえば一般の読者の卑俗な興味にさらすために描かれたならば猥褻でありうる事項であっても、これを科学的研究のために専門の科学者のあいだだけで発表することは、完全に憲法の保障する範囲内であり、また、かようなばあいには、刑法の意義においても、なんら猥褻性を帯びるものではない。逆にいえば、その同じ研究発表であっても、科学的研究の目的を逸脱する態様で一般読者に公表するときは、憲法の保障する範囲をも逸脱するし、刑法上の意義においても猥褻性を帯びて来ることがありうるわけである」という。したがって、相対的わいせつ文書の概念と全体的考察とは、次の2つの理由から部分的に重なり合う関係にあることを明らかにしている。すなわち、「第一に、問題部分が全体の中でどのように取り扱われているかは、純然たる内容だけの問題でなく、取り扱いの形式にも関係して来る。たとえば、問題部分だけに読者の卑俗な関心をひくような組み方で印刷されていることによって、全体を猥褻文書と判断しなければならないようなばあいをも想定することができるであろう。この限度では、全体的考察と相対的猥褻文書の概念とは、相互に重なり合うものというべきである。第二に、全体的考察ということは、文書じたいのみについていわれているが、相対的猥褻文書の概念は文書をどのように取り扱っているかによる相対的猥褻性をみとめるものである。この限度では、相対的猥褻文書の概念は、単なる全体的考察ということをこえるものである。しかし、さらに一歩を進めて、全体的考察ということを状況にまで拡張し、文書をその置かれた状況のもとに全体的に考察することをも意味するものとすれば、全体的考察ということと相対的猥褻文書の概念とは表裏一体をなすものとなるであろう」(団藤・注釈刑法(4) 286-288頁)と。

7) この説をとる学説として、団藤・注釈刑法(4) 286頁以下、荘子邦雄「猥褻の意義」判例演習各論122頁、大塚・注解793頁、中山67頁、大野眞義「刑法175条にいう猥褻の概念と規範的評価(二)」阪大法学107号19頁。

8) 東京地判平8・4・22判時1597・151は、インターネット接続専門会社である株式会社ベッコアメ・インターネットの会員の被告人が、インターネットの不特定多数の利用者にわいせつ画像を送信し、再生閲覧させることにより、わいせつ図画の公然陳列を企て、平成8年1月28日ころから同月31日ころまでの間、上記会社の東京事務所に設置されたサーバーコンピュータのマイクロシステム製ディスクアレイ内に、男女の性器・性交場面等を撮影したわいせつ図画のデータ合計67画像分を記憶・蔵置させ、一般の電話回線を使ってインターネット対応パソコンをもつ不特定多数の利用者に上記わいせつ画像を再生できる状況を設定し、わいせつ図画を公然陳列した事案に基づくものである。

9) 団藤321頁は、チャタレー最高裁判例が、本罪の故意の成立には、問題となる記載の存在とこれを頒布・販売することの認識があれば足りるとしたことに対して、刑法にいわゆる「わいせつ」に当たるということの認識が不要だという意味では正当だが、意味の認識としてのわいせつ性そのものの認識の必要性を否定した点では不当である、と評される。

Ⅳ　重婚罪

　配偶者のある者が重ねて婚姻をしたときは、2年以下の懲役に処せられる。その相手方となって婚姻した者も、同様である（184条）。

　本罪は配偶者のある者が、前婚を解消することなしに重ねて婚姻することによって成立する。その相手方も同様の処罰の対象となる（必要的共犯）。一夫一婦制の婚姻制度を保護法益としており、婚姻は前婚・後婚ともに法律上の婚姻でなければならない。いわゆる内縁関係は法律上の婚姻でないから、本罪を構成しない。事実上の一夫一婦制度の侵害を広く処罰の対象とするために、後婚が事実婚で足りるとする少数説もあるが（牧野(上) 293-294 頁、小野 138 頁）、この立場においては、民法上の婚姻の概念と矛盾するばかりでなく、蓄妾などの行為も本罪の対象となって、重婚罪の成否が不明確となる。

　法律上の婚姻に限定される以上、本罪の成立は、実際には極めて稀な場合である。判例は、前婚について妻との協議離婚届を偽造し、市町村役場の戸籍係員に届け出て戸籍簿の原本にその旨の不実の記載をさせて婚姻関係を抹消したのち、事情を知らない戸籍係員に後婚についての婚姻届を受理させた事案について、本罪の成立を認めている（水戸地判昭 33・3・29 一審刑集 1・3・461、同旨・名古屋高判昭 36・11・8 高刑集 14・8・563）。

第2節　賭博および富くじに関する罪

I　総説

賭博および富くじに関する罪は、偶然の勝敗によって財物を得喪する行為を内容とする犯罪である。刑法は、単純賭博罪（185条）、常習賭博罪（186条1項）、賭博場開張等図利罪（186条2項）、および富くじ罪（187条）を規定している。

自己の財産を自ら任意に投じて処分することに発する賭博や富くじの行為は、本来行為者の自由に委ねるべきものであって、一見犯罪として処罰するに当たらないようにみえる。しかし、これを容認するときは、人間のもつ本能の一面をなす射倖心を助長し、「国民をして怠惰浪費の弊風を生ぜしめ、健康で文化的な社会の基礎をなす勤労の美風を害するばかりではなく、甚だしきは暴行、脅迫、殺傷、強窃盗その他の副次的犯罪を誘発し、又は、国民経済の機能に重大な障害を与えるおそれすらある」（最判昭25・11・22刑集4・11・2380）ことが、賭博罪の処罰理由である。したがって、本罪の保護法益は社会的法益と理解されている。[1]

他方、公営賭博である宝くじを認める「当せん金付証票法」（昭23法144）をはじめ、国家または地方公共団体の財政その他の政策上の理由から「競馬法」（昭23法158）、「自転車競技法」（昭23法209）、「モーターボート競走法」（昭26法242）、「金融商品取引法」（昭23法25）、および「商品先物取引所法」（昭25法239）などの特別法のもとに、賭博・富くじに類する行為が法令に基づくものとして違法性が阻却され、公認されている。しかし、これらの公認賭博等の行為が賭博に対する罪悪感を著しく希薄なものとし、ひいては反社会的集団である博徒を育む危険性のあることも、否めない事実である。[2]

---

1)　平野251頁によると、本罪の保護法益である勤労の美風を養うことは、国民教育の任務であっても、刑罰本来の任務ではないとし、そればかりでなく、勤労によらないで経済的利益を得る行為のすべてが経済倫理に反して処罰されるわけではない、と主張する。したがって、賭博罪を「財産に対する罪」と解して、現行法のようにすべての賭博を処罰の対象とすることに疑問を提起している。

2)　金融商品取引法や商品先物取引所法等の特別法に関連して、財テクブームのもとに国民の射倖心を煽る海外先物取引やデリバティブ取引（金融派生商品）の法的性格については、佐久間

修・最先端法領域の刑事規制（2003）249頁以下参照。

II 単純賭博罪

賭博をした者は、50万円以下の罰金または科料に処せられる。ただし、一時の娯楽に供する物を賭けたにとどまるときは、この限りでない（185条）。

1 行為

偶然の勝敗によって賭けた財産の得喪を決する行為をいう。勝敗を争う相手方がなければ成立しないので、本罪は必要的共犯の一種である。平成7年の改正（平7法91）以前の文語体の旧規定では、「偶然の輸贏（ゆえい）」の文言が用いられていた。「輸」は負けること、「贏」は勝つことを意味し、勝敗を表現する。

偶然の事情とは、例えば、競馬（東京控判明44・5・6新聞735・21）や闘鶏（大判大11・7・12刑集1・377）などのように、当事者が確実に予見または自由意思で支配することのできない事実に基づくものをいう。つまり、当事者にとって主観的に不確実な事実に関わるものであれば足り、客観的に不確実なものであることを必要としない（大判大3・10・7刑録20・1816）。また、偶然の事情は当事者の行為にある場合でも、その他の事実にある場合でもよく、その事実は過去・現在・将来のいずれのものであってもよいとされる（木村218条）。

判例によると、当事者の技量の巧拙によってすべてが決定されるものでなく、偶然の事情の影響を受けるものであれば本罪が成立するとしている（大判大4・10・16刑録21・1632、大判昭10・3・28刑集14・346、大判昭12・9・21刑集16・1299）。例えば、じゃん拳および花札使用による勝敗（大判大12・11・14刑集2・788）、麻雀（大判昭6・5・2刑集10・197）、囲碁（大判大4・6・10刑録21・805）、将棋（大判昭12・9・21刑集16・1299）などは、当事者の技量の優劣、経験の深浅に関係があるといえるが、主として偶然の事情に基づくものとして、本罪の成立を認めている。

本罪の客体となる財産とは、必ずしも金銭その他の有体物に限らず、広く財産上の利益、例えば不動産や債権等も含まれる（団藤351頁、大塚529頁）。また、偶然の事情に基づく勝敗によって、賭物が勝者に交付されることを予約すれば足り、現実に提供されることを必要としない（大判明45・7・1刑録18・

947、大判大 14・1・31 刑集 4・27)。例えば、勝者の負担すべき費用を敗者が弁済することでもよい (大判昭 4・2・18 刑集 8・72)。

2 違法性阻却事由

「一時の娯楽に供する物」を賭けた場合には、可罰的違法性を欠くものと解され、賭博罪に当たらない (大判大 2・11・19 刑録 19・1253)。「一時の娯楽に供する物」とは、経済的価値が僅少で関係者が即時娯楽のために費消するような物をいう (大判昭 4・2・18 刑集 8・72)。例えば、共同飲食費の支払いまたはタバコ 1 個、あるいは、天丼一鉢 (大判昭 9・2・7 裁判例 8 刑 2、大判大 9・4・30 新聞 3694・5) などが、本条の但書に該当する物として挙げられている。しかしながら、たとえ僅少であっても、金銭はその性質上一時の娯楽に供せられる物でないから、本条但書に該当しないとする判例も少なくない (大判大 11・11・21 新聞 2070・19、大判大 13・2・19 刑集 3・95、大判昭 5・11・4 裁判例 4 刑 51、最判昭 23・10・7 刑集 2・11・1289)。

Ⅲ 常習賭博罪

常習として賭博をした者は、3 年以下の懲役に処せられる (186 条 1 項)。

1 主体

賭博の常習者である (身分的加重類型)。常習性は行為の属性ではなく、行為者の属性であると解されている (小野 148 頁、瀧川 197 頁、団藤 355 頁など)。したがって、常習性は責任要素である。もっとも、常習性は行為者の属性であるとともに行為の属性でもあるとして、それは責任要素であるとともに、違法性の要素でもあると説く見解がある (大塚 530-531 頁)。

常習者とは、反覆して賭博行為をなす習癖のある者をいう (最大判昭 26・8・1 刑集 5・9・1709)。賭博を反覆累行する習癖のある者でも必ずしも賭博を渡世とする博徒である必要はなく (最判昭 23・7・29 刑集 2・9・1067)、ほかに一定の職業をもって生計を営む者でも常習者たりうる (大判昭 12・6・5 新聞 4156・16)。また、習癖の発現とみられる以上、ただ 1 回の賭博行為でも本罪を構成する (大判大 5・2・21 刑録 22・301、大判昭 4・7・1 新聞 3037・12)。なお、常習賭博罪において数個反覆して行われる行為は、包括一罪を構成する (最判昭 26・4・10 刑集 5・5・825)。

2 共犯と身分

賭博の常習者と非常習者が共犯関係にある場合には、常習賭博罪の共同正犯として、常習者には186条1項が適用され、被常習者には185条の単純賭博罪が適用される（65条2項）。ところが、非常習者が常習者に賭博を教唆した場合には単純賭博罪の教唆犯が適用され、他方、常習者が非常習者に賭博を教唆した場合には、常習賭博罪の教唆犯が適用されることになる（大連判大3・5・18刑録20・932）。それは、本罪の常習性を身分犯として行為者の属性と判断する通説・判例の見解に基づくものだからである[3]。

3) かつて判例は、186条1項は常習賭博罪の正犯者にのみ適用すべきものであって、非常習者を幇助した常習者は単純賭博罪の従犯として処断すべきであると判示した（大判大3・3・10刑録20・266）。ところが、その後の連合部判決（前掲大連判大3・5・18）によって、常習賭博罪の従犯をもって論ずべきものへと変更された。常習性を行為者の属性であるとともに行為の属性であると主張する大塚531頁は、大正3年3月10日の旧大審院判例の見解の方が妥当であると説く（同533頁）。

IV 賭博場開張罪・博徒結合罪

賭博場を開張し、または博徒を結合して利益を図った者は、3月以上5年以下の懲役に処せられる（186条2項）。

本罪は、いずれも賭博罪の教唆的または幇助的行為であり、賭博行為を助長して、社会の健全な経済活動を阻害するとともに、他の犯罪を誘発する危険のある無頼の集団を組成する意味において悪質であり、刑も重い。なお、本罪はいずれも利益を図る目的で行うことを要することから、一種の目的犯である。

1 賭博場開張等図利罪（前段）

本罪は、行為者みずからが主宰者となり、その支配下に賭博をさせる場所を開設することによる（最判昭25・9・14刑集4・9・1652）。この場合、開張者本人が賭博をすることも、賭博場に臨むことも必要でない（大判明43・4・19刑録16・686、大塚534頁）。

本罪は図利の目的犯であるから、賭博場の主宰者は、そこで賭博をする者から、いわゆる寺銭または入場料の名目で、賭博場開設の対価となる不法な利益を得る意思が必要である（最判昭24・6・18刑集3・7・1094）。ただし、図利の目的があれば、現実に利益を収得した事実は必要でない（大判大13・5・30刑

集 3・457)。

2 博徒結合図利罪（後段）

本罪は、博徒を結合して利益を図ることにより成立する。「博徒」とは、職業的な常習賭博者をいう（木村 225 頁、植松 158 頁、団藤 358 頁、瀧川(春)＝竹内 349 頁、大塚 536 頁など）。「結合する」とは、自らが中心となって博徒を集合させ、一定の縄張内で随時随所に賭博を行う便宜を与えることをいう（大判明 43・10・11 刑録 16・1689）。判例では、博徒は必ずしも親分・子分の関係にあることを必要としないとあるが（大判大 15・11・25 新聞 2645・9）、職業的な常習博徒者の集団においては、俗にいう親分・子分の関係、または、それに類する関係にあるのが普通ではなかろうか。

本罪も、図利の意思を必要とする目的犯である。犯人と子分らの間で、その縄張地域内で賭博をさせ、寺銭を徴収する合意があれば本罪が成立し、既遂に達する（小暮・注釈刑法(4) 349 頁）。

V 富くじ罪

富くじを発売した者は、2 年以下の懲役または 150 万円以下の罰金に処せられる（187 条 1 項）。富くじ発売の取次ぎをした者は、1 年以下の懲役または 100 万円以下の罰金に処せられる（同条 2 項）。前 2 項に規定するもののほか、富くじを授受した者は 20 万円以下の罰金または科料に処せられる（同条 3 項）。

「富くじ」は、宝くじのように一定の番号札を予め発売し、抽せんその他の偶然的方法で当せん札を決定し、購買者に不平等な利益の分配を行うものである。ただし、福引のように当せんしなかった者も拠出した財物を失わないものは、富くじに当たらない。偶然の勝敗による財物の得喪を伴う意味で広義の賭博罪に相当するといえる。

判例は、賭博と富くじとの相違につき、次の 3 点を挙げている。①賭博は抽せんによらずに財物の得喪を決するのに対して、富くじは抽せんの方法で損益を決する。②賭博は勝敗が決するまで所有権を失わないが、富くじは集めた財物を発売者が直ちに取得する。③賭博は胴元と敗者が危険を負担するが、富くじはその発売者に財物損失の危険がない（大判大 3・7・28 刑録 20・1548）。

刑法187条は、富くじを発売する行為に対する富くじ発売罪（1項）のほか、発売者と購買者との間で周旋する行為に対する富くじ取次ぎ罪（2項）、および購買者が第三者との間で行う売買・贈与などの行為に対する富くじ授受罪（3項）を規定する。とりわけ、富くじ発売罪の法定刑が最も重く、また、富くじ授受罪は必要的共犯である。

第3節　礼拝所および墳墓に関する罪

I　総説

礼拝所および墳墓に関する罪は、信教上の善良の風俗を害するものであって、国民一般の正常な宗教的感情を保護法益とする（大判昭9・6・13刑集13・747）。信教の自由は、憲法の保障するところであって（憲20条）、国家は国民一般の宗教に対して干渉することは許されない。刑法は宗教そのものを直接保護するものではなく、信教上の善良の風俗ないし国民の宗教的感情を保護することを目的とする。現行刑法は、礼拝所不敬罪（188条1項）、説教等妨害罪（同条2項）、墳墓発掘罪（189条）、死体損壊罪（190条）、墳墓発掘死体損壊等罪（191条）を規定しているほか、行政的取締規定として変死者密葬罪（192条）を設けている。

II　礼拝所不敬罪・説教等妨害罪

神祠、仏堂、墓所その他の礼拝所に対し、公然と不敬な行為をした者は、6月以下の懲役もしくは禁錮または10万円以下の罰金に処せられる（188条1項）。説教、礼拝または葬式を妨害した者は、1年以下の懲役もしくは禁錮または10万円以下の罰金に処せられる（同条2項）。

1　礼拝所不敬罪（1項）

本罪は、神道の神祠または仏教の仏堂のような礼拝の場所、あるいは人の遺体や遺骨などを安置する墓所のほか、宗教的崇敬の対象となる礼拝所に対して、不特定または多数人の認識することのできる状態で不敬の行為を行うことである。「不敬の行為」とは、例えば、墓石を押し倒したり（最決昭43・6・5刑集22・6・427）、墓所に放尿しようとする行為である（判例は、現実に放尿しなくても、見る者に墓所に対し崇敬の念を著しく害したとして本罪を適用している。東京高判昭27・8・5高刑集5・8・1364）。なお、この場合、不敬の行為は言語によると動作によるとを問わない。

2　説教等妨害罪（2項）

本罪は、宗教上の教義を説く説教、神仏を拝む礼拝および死者を弔う葬式を妨害することである。妨害行為は、言語によると動作によるとを問わず、

第 3 節　礼拝所および墳墓に関する罪　*361*

また、暴行、脅迫や欺罔の手段を用いることも問わない（大塚 540 頁）。

Ⅲ　墳墓発掘罪

墳墓を発掘した者は、2 年以下の懲役に処せられる（189 条）。

「墳墓」とは、人の死体・遺骨・遺髪などを埋葬して礼拝の対象となる場所をいう（墓地・埋葬等に関する法律（昭 23 法 48）2 条 4 項によると、「墳墓」とは死体を埋葬し、または焼骨を埋蔵する施設をいう、とある）。本罪は墳墓の覆土を掘り返したり、墓石を破壊することによって成立する。墳墓内に埋蔵してある遺骨などを露出させたり、それを隠匿・領得することまでは必要でない（最決昭 39・3・11 刑集 18・3・99）。ただし、刑訴法上の検証による墳墓の発掘は、違法性が阻却されて、本罪を構成しない（刑訴 129 条）。

Ⅳ　死体損壊罪

死体、遺骨、遺髪または棺に納めてある物を損壊し、遺棄し、または領得した者は、3 年以下の懲役に処せられる（190 条）。

1　客体

死体、遺骨、遺髪または棺に納められている物、いわゆる副葬品が、本罪の対象となる。死体は死亡した人の身体をいうが、その一部も含まれる（大判大 14・10・16 刑集 4・6・613）。また、死胎も死体に含まれる[1]。

2　行為

本罪の客体である死体等を損壊、遺棄または領得することである。「損壊」とは、物理的に損傷・破壊することである。例えば、死体の頸部と左右上下肢を切断することが、その典型である（大判昭 8・7・8 刑集 12・1195）。また、放火によって死体を物質的に損傷・破壊した場合は、放火罪と本罪の観念的競合となる（大判大 12・8・21 刑集 2・681）[2]。

「遺棄」とは、死体等を場所的に移転放棄する行為のほか、宗教的慣習による埋葬以外の方法で死体を地中に埋没する行為をいう（大判大 3・3・4 刑録 20・175）。殺人の犯跡を蔽うために死体を共同墓地に埋没する行為も本罪に当たる（大判昭 20・5・1 刑集 21・1、最判昭 24・11・26 刑集 3・11・1850）。

「領得」とは、占有を不法に取得することである。取得の方法は、直接的であると間接的であるとを問わない。また、窃取によると購入によるとを問

わない。死体の領得犯からさらに領得する行為も、死体領得罪に当たる（大判大4・6・24刑録21・886）。

　3　本罪と窃盗罪との関係

　死体・遺骨・遺髪等を領得した場合、窃盗罪を構成するかが問題となる（旧刑法時代の大審院において遺骨を窃盗罪の客体とした判例がある。大判明26・9・28刑抄録1・29）。死体や遺骨は医学上の標本となりうるし、また、海外においては、脳死体から摘出された臓器は売買の対象となっていることも事実である（ただし、わが国においては、臓器移植法11条によって臓器の売買は禁止されている）。さらに、棺内に納められている副葬品のなかには、死者にゆかりの高価な物も少なくない。

　もっとも、窃盗罪の客体の財物は、必ずしも、金銭的・経済的価値、特に交換価値のあることを必要としない（最判昭25・8・29刑集4・9・1585）。むしろ、所有者・所持者にとって主観的価値を有する物であれば財物となる。例えば、恋人の写真や手紙あるいは犯罪事実を自認した書面（大判大3・5・1刑録20・725）などが、それである（財物の概念については、大野・演習各論118頁以下参照）。

　本罪にいう遺骨等や棺内の副葬品は、所有者である遺族にとって当然に主観的価値の高い物といわねばならない。その意味で、これらは窃盗罪の客体となりうると解し、本罪が窃盗罪に比べて刑が軽いことから、本罪と窃盗罪との観念的競合を認める見解が有力に唱えられている（牧野(上)311-312頁、小野154頁、団藤363頁、井上＝江藤308頁、福田144頁、板倉・注釈刑法(4)362-363頁）。しかし、本罪は宗教的感情を対象とするものであり、個人の財産権を対象とする窃盗罪とは、その保護法益を異にする。その意味からみて、本罪の客体の領得に対して、死体損壊罪のほかに窃盗罪の成立を認めるべきでない、と解するのが通説であり、妥当な判断といえる（瀧川202頁、木村203頁、江家189頁、植松242頁、平野267頁、瀧川(春)＝竹内149頁、大塚544-545頁、香川351頁、中山480頁）。

1)　大判昭6・11・13刑集10・597は、妊娠4か月以上の死胎を死体に含むと判示した。墓地・埋葬等に関する法律2条1項は、妊娠4か月以上の死産児を死体に準じて規定しているが、この法律自体は埋葬に関する取締法規であって、宗教的感情を保護法益とする刑法190条とは別異と解すべきである。したがって、死胎については、妊娠月数にかかわりなく、宗教感情の対象

となる人の形体を備えている限り死体とみるべきである（植松 238 頁、大塚 542-543 頁、板倉・注釈刑法(4) 358-359 頁）。
2） 死体の解剖そのものは、本罪の損壊に当たるが、死体解剖保存法（昭 24 法 204） 8 条や刑訴法 129 条などの法令に基づく場合には、違法性が阻却される。

V　墳墓発掘死体損壊等罪

189 条の罪を犯して、死体、遺骨、遺髪または棺に納めてある物を損壊し、遺棄し、または領得した者は、3 月以上 5 年以下の懲役に処せられる（191 条）。

本罪は、墳墓発掘罪を犯して、死体等を損壊・遺棄・領得するものであり、墳墓発掘罪（189 条）と死体損壊等罪（190 条）との結合犯である。死体等を損壊・遺棄・領得しようとして墳墓を発掘したが、現実に死体等を損壊などするに至らず、既遂に達しない場合は本罪に当たらず、189 条の墳墓発掘罪が適用される。

VI　変死者密葬罪

検視を経ないで変死者を葬った者は、10 万円以下の罰金または科料に処せられる（192 条）。

1　変死者

本条は、直接宗教的感情を保護法益としたものではなく、むしろ警察目的の行政犯的罰則規定である。「変死者」とは、「不自然なる死亡を遂げ、その死因の不明なる者のみを指称する」という（大判大 9・12・24 刑録 26・1437）。

変死体等措置要綱（昭 50 例規〔庶〕41）によれば、変死体とは、刑訴法 229 条 1 項に規定される「変死者又は変死の疑のある死体」をいう[3]。同時に、変死体は犯罪死体と同様に異常(状)死体の一種である。そして、内因性疾患による自然死以外の外因性の不自然死に分類される[4]。本条にいう変死者とは、検視の対象としての意味をもつものである。

2　検視

検視とは、死因不明の死体に対して、犯罪によるものか否かを明らかにするため、検察官、検察事務官または司法警察員が行う手続である（刑訴 229 条）。それは、明白な犯罪死体に対して裁判所が証拠調べとして行う検証（刑訴 218 条）とは異なる。検視には、司法検視（刑訴 229 条）と行政検視（昭

33 国家公安委員会規則3号）の別がある。司法検視は、変死者に対して五官の作用によって見分し、犯罪の有無を明らかにするために行われるものである。それは、その所在地を管轄する地方検察庁・区検察庁の検察官（同条1項）、または検察事務官・司法警察員（代行検視・同条2項）によって行われる。

他方、行政検視は、犯罪によるものでないことが明らかな変死者に対して、警察官が一定の行政目的のために行うものである。例えば、食中毒の疑いのある死体や水難による事故死、または自殺などの変死者について本籍が不明な場合に、戸籍の関係上死亡地の市町村長に届け出る必要から警察が行う検視等が、それである（戸籍法92条1項、板倉・注釈刑法(4)365頁）。また、死体解剖保存法8条にいう監察医の検案は、行政検視の一種である。

本罪は、上記の検視を経ずに変死者を埋葬することによって成立する。埋葬が土葬であろうが、火葬であろうが、その方法は問わない。

3） 旧「角膜及び腎臓の移植に関する法律」（昭54法63）の解説によると、「変死体」とは事故死であること（病死または自然死でないこと）が明らかで、しかも、犯罪によるものではないかという疑いのある死体をいう。また、「変死の疑いのある死体」とは、事故死であるかどうか不明で、犯罪によるものではないかという疑いのある死体をいう、としている（時の法令1070・13）。
4） 1990年度の旧厚生省研究班の報告書「異常死体の定義とわが国の検案体制」5頁、若杉長英「異状死体の取扱いに関する研究」(1992) 2頁以下、日本法医学会・脳死臨調最終答申に対する見解 (1992) 18頁、また、異常(状)死体および変死体の概念について、詳細には、大野真義・刑法の機能と限界 (2002) 302頁以下参照。

第Ⅲ編　国家的法益に対する罪

第1章　国家の存立に対する罪

第1節　内乱に関する罪

Ⅰ　総説

　終戦後、天皇中心主義の大日本帝国憲法から平和主義的・民主主義的憲法の成立により大改正を余儀無くされた現行刑法では、第2編第1章の「皇室に対する罪」(73～76条)を削除し(1947(昭和22)年の刑法一部改正による)、「国家の存立に対する罪」として、第2編第2章「内乱に関する罪」(77～80条)、第3章「外患に関する罪」(81～88条)と第4章「国交に関する罪」(92～94条)を規定している。

　そして、第2章「内乱に関する罪」では、内乱罪(77条)、内乱予備・陰謀罪(78条)、内乱等幇助罪(79条)の3種類を規定している。

　さて、「国家の存立を危殆化する犯罪は刑法の極限に位置するものであり、本質上つねに抽象的『危険犯』としてしか規定されえない(大野=墨谷391頁、松宮430頁)。このことは、政治と法の接点に位置する内乱罪およびこれに関連する犯罪は、国家権力の保持者によって反対勢力の弾圧のために濫用されやすい宿命を負っているといえよう。他方、武力行使による権力奪取が成功しなかった場合でも、自己の生命を賭してこの挙に出た動機・目的からみて、彼らの行為は道義的非難に値しないと考えられる場合が少なくなかった。彼らは、確信犯ないし政治犯の典型である(加藤久雄・人格障害犯罪者に対する刑事制裁論(2010)197頁以下)。

　このような伝統は、現行刑法でも、内乱罪に対する「禁錮刑」として残っているし、また自国に逃亡してきた政治犯は外国に引き渡さなくてもよいとの国際慣例ともなっている(逃亡犯罪人引渡法2条1号)。さらに、これらの周

辺行為、すなわち教唆またはせん動自体が独立罪として処罰される[1]。その反面、暴動発生の防止という政策的な考慮から、狭義の内乱罪を除いた前記の犯罪については、事前に自首した者は、その刑を減軽または免除される[2]。

1) 破防38条1項・2項（内乱、外患の罪の教唆等「刑法第77条、第81条若しくは第82条の罪の教唆をなし、又はこれらの罪を実行させる目的をもってその罪のせん動をなした者は、7年以下の懲役又は禁こに処する」、電波法107条。なお、憲21条1項参照）。
2) 80条、破防38条3項「刑法第77条、第78条又は第79条の罪に係る前2項の罪を犯し、未だ暴動にならない前に自首した者は、その刑を減軽し、又は免除する」。

Ⅱ 内乱罪

国の統治機構を破壊し、またはその領土において国権を排除して権力を行使し、その他憲法の定める統治の基本秩序を壊乱することを目的として暴動をした者は、内乱の罪とし、次の区別に従って処断される（77条1項）。首謀者は、死刑または無期禁錮に処せられる（1号）。謀議に参与し、または群衆を指揮した者は無期または3年以上の禁錮に処せられ、その他諸般の職務に従事した者は1年以上10年以下の禁錮に処せられる（2号）。付和随行し、その他単に暴動に参加した者は、3年以下の禁錮に処せられる（3号）。

これらの未遂は、罰せられる。ただし、同項3号に規定する者については、この限りでない（同条2項）。

1 総説

内乱罪は、「危険犯」の形式で規定されるよう宿命づけられている（団藤・注釈刑法(3)7頁）。「憲法の定める統治の基本秩序を壊乱する」（以前は、「朝憲紊乱のための暴動」といわれた）という本罪の基本構成のなかには、犯罪論の重要な諸問題が凝縮されている。すなわち、目的を共通にするある程度以上の人数と組織が前提となっている（目的犯、多衆犯）。したがって、この組織を構成する個々人の活動と集団的暴動行為自体の関係（実行行為）が微妙であるとともに、組織の外からこれを援助した者に対する60条以下の総則規定適用の是非（共犯関係）が問題となる（大野＝墨谷393頁）。

2 主体

「憲法の定める統治の基本秩序を壊乱する」（朝憲紊乱）という目的、暴動という行為のいずれからみても、本罪においては、多数人の結合（合同力）が前提となっている。ある程度の組織化（人員・役割分担）が不可欠である。

「首謀者」とは、計画の首謀者ないし暴動の統率者をいう。複数であってもよいし、必ずしも現場にいなければならないわけでもない。次に、「謀議に参与した者」とは、暴動の計画において首謀者を補佐した者であり、群衆指揮者は、暴動の現場において群衆を指揮した者、さらに、その他諸般の職務に従事した者は、上記以外の者であって、武器・物資の運搬、経理、連絡などの活動をした者である。最後に、付和随行者その他単なる暴動参加者とは、暴動に加わり、指揮者の指示に従いこの暴動を勢いづける活動をした者をいう。彼らは、一時の政治的興奮ないし群集心理という人間性の弱さを斟酌され、その法定刑は軽く、未遂の場合には処罰されない（同条2項但書）。

3　行為

本罪の行為は、集団行為としての「暴動」である。ここに「暴動」とは、通説によれば、一地方の平穏を害するほどに多数人が暴行脅迫をなすことをいうが（団藤16頁、新判コメ(4)4頁）、本罪の性質に鑑み、「その規模および態様において国家の基本組織に動揺を与える程度の強力なものであることを要すると解するべきである」とする有力説もある（大谷（第4版）549頁）。このような「暴動」が実現したとき、本罪は既遂となり、必ずしも「国家の政治的基本組織を不法に破壊する」目的を達する必要はない。

実行の着手時期については、暴動を行うための多数者の行動が開始されたときであり、既遂時期は、暴動の結果、少なくとも一地方の平穏が害されるに至ったときである。憲法の定める統治の基本秩序を壊乱する目的を達したことを要しない（新判コメ(4)4頁）。

暴行が「国家の政治的基本組織を不法に破壊する」目的でなされ、かつその手段がこのために相当であると認められる限り、殺人・放火などの重大な行為も含まれる。これらが別に殺人罪・放火罪などに当たるのではなく、内乱罪に吸収され、観念的競合の関係に立つものではない（団藤・注釈刑法(3) 12頁）。

4　目的

本罪は目的犯である。多数人が共通の目的をもつという点で、単なる多数人の集合体である騒乱罪（106条）とは異なる。「憲法の定める統治の基本秩序を壊乱する」とは、国家の政治的基本組織を不法に破壊することをいう。「暴動は直接にこの目的実現に向けられたものでなくてはならず、暴動行為

がこの目的実現のきっかけとなるよう期待するような場合は、本罪の目的として十分とはいえない」（大判昭10・10・24刑集14・1267）。

また、「その領土において国権を排除」とは、「憲法統治の壊乱」の一つの例示である。つまり、わが国の領土の少なくとも一部について日本国の主権を排除することをいう（新判コメ(4)5頁）。「憲法統治の壊乱」は、そのほかに、天皇の地位の変革・議会制の否認・司法制度の廃止などが考えられる。

5　共犯

本条では、群集心理による逸脱行動のような、集団犯罪特有の事情も考慮されており、集団内の地位・役割による法定刑の違いとなって表れている。つまり、本条は、「必要的共犯」としての多衆犯である（山口531頁）。通説では、集団の内部における「共犯」には刑法総則の共犯規定は、適用されないとされる（団藤・注釈刑法(3)12頁、山口531頁）。それでは、ここに列挙した者を集団の外部にあって教唆した者に対しても刑法総則の共犯規定（61条・62条2項）が適用されるべきかどうかである（破防38条1項2項・41条、電波法107条）。多衆犯という本罪の特質を重視すれば、単独犯を前提にする総則の共犯規定の適用は否定されるべきである（団藤・注釈刑法(3)12頁、大野＝墨谷395頁）。これに対し、有力な反対説は、もし共犯規定の適用なしとするならば、この教唆行為は77条のいずれの行為者にも該当しないから不問になってしまい、実質的にも理論的にも不当であるとしている（大谷（第4版）552頁、山口532頁）。

Ⅲ　内乱予備・陰謀罪

内乱の予備または陰謀をした者は、1年以上10年以下の禁錮に処せられる（78条）。暴動に至る前に自首したときは、その刑が免除される（80条）。

ここに内乱の「予備」とは、内乱実行の準備活動をすることである。これには、資金・物資の調達や同志・賛同者の獲得のような、物的・人的な準備活動が考えられる。「陰謀」とは、2名以上の者が内乱の実行計画について合意に達することをいう。本罪は、犯罪の重大性から予備または陰謀までも処罰される数少ない場合である（88条・93条）。「自首による刑の免除」は、「暴動」を未然に防ぐという刑事政策的意味をもつのである（大谷（第4版）552頁）。

Ⅳ　内乱幇助罪

　兵器、資金もしくは食糧を供給し、またはその他の行為により、前2条の罪を幇助した者は、7年以下の禁錮に処せられる（79条）。暴動に至る前に自首したときは、その刑が免除される（80条）。

　本罪における「行為」は、「兵器、資金、食糧を供給」することである。また、「その他の行為」とは、これに準ずるもの、例えば、陰謀場所の提供などをいう（川端641頁）。問題は、本条の性格付けである。一説によれば、本条は刑罰についてだけ定めている特別規定であり、正犯としての内乱罪またはその予備・陰謀罪の成立があった場合にはじめて成立する（団藤20頁）。他の説によれば、本罪は、幇助の方法をある程度限定しているだけでなく、予備・陰謀についても幇助を認めているのであるから独立幇助罪を定めたものであるという（大谷（第4版）552頁、松宮434頁）。正犯の行為が予備・陰謀罪の要件を充たさない場合にまでこの幇助行為を処罰する必要はないであろうし、また処罰範囲を限定するためにも前説が妥当であるとする説もある（大野＝墨谷396頁）。

第2節　外患に関する罪

I　総説

　本罪は、外患誘致罪（81条）、外患援助罪（82条）、外患予備・陰謀罪（88条）の3種類である。

　これらの外患に関する罪は、対外的に国家の存立を危うくするものである。内乱罪が「憂国の情」という称讃すべき動機に基づく場合があるのに対して、本罪は、国家に対する裏切りという忠誠義務違反として破廉恥な行いと考えられている。すなわち、「自己の利益のため祖国を売る」という売国・背徳行為に特色があり、そのため、内乱罪の刑が名誉刑的な「禁錮刑」のみであるのに対して、本罪の刑は、「死刑」または「懲役刑」のみとされたといわれる。ただし、忠誠義務違反の点は、自国民に対しては妥当するが、本罪は国外犯（2条3号）であって外国人の場合も処罰されることに注意すべきである。これは保護主義の考えに基づくからであるが、外国人の処罰は、国際法によって制約されざるをえない。

　外患罪は、国家のあり方や国際政治情勢を反映する。わが国においても、国際法上の交戦権ないし臨戦体制（軍備）によってこれを担保するため、軍事的な利益を敵国に与える行為（利敵罪）が広く外患罪にとり入れられていた（刑法83～86条の「利敵行為」は削除）。さらに、戦時においては、国防保安法によって間諜行為ないし国家機密の漏洩が処罰された（同法1～15条）。しかし、国家間の厳しい軍事的緊張関係に照応した外患罪規定の文言や前記利敵罪は憲法9条の掲げる平和主義（戦争放棄）と相容れないものと考えられたので、昭和22年の刑法の一部改正によって、この利敵罪および戦時同盟国に対する外患罪（89条）が削除されるとともに、刑法81条および82条において「敵国」が「外国」に、「戦端を開かしめ」が「武力を行使させた」のように、語句が改められた。しかし、朝鮮戦争以後、国際政治体制の二極化によってわが国の軍事的重要性が再認識されるに伴い、特別法として、破壊活動防止法38条・41条、自衛隊法118条以下、日米安全保障条約3条に基づく「行政協定」に伴う刑事特別法・日米相互防衛援助協定などに伴う秘密保護法などが制定され、刑法の前記削除規定の埋め合わせがなされている

（小暮・注釈刑法(3) 22 頁、大野＝墨谷 397 頁、大谷（第 4 版）553 頁）。

　2001 年のアメリカ同時多発テロ事件以降、アメリカ合衆国では戦争や通信傍受のあり方をめぐって、例えば、2010 年に攻撃用ヘリコプターでアパッチが、ロイターの記者を含む十数人の民間人を射殺した映像をウィキリークスに公開した情報暴露事件などが相次いでいる。そんななか、2013 年 6 月に「エドワード・スノーデン情報暴露事件」が起きた（この事件は、E. スノーデン（元中央情報局(CIA)局員）が、滞在先の香港で複数の新聞社を通じてアメリカ国家安全保障局（NSA）による盗聴の実態と手口を告発した）。スノーデンの告発により、CIA は、同盟国も含めて、世界の国家機密の盗聴を行っていたことが明らかになり、大スキャンダルになった。このスノーデン事件の教訓は、産業スパイ活動、ネット、諜報など、さまざまなスパイ活動が世界中のどの国・場所でも行われていることである。かつて北朝鮮のミサイル発射問題で米国が情報提供を怠ったのは、日本に「防衛機密保護法」が存在せず、米軍情報が北朝鮮に筒抜けになることを警戒したからだと言われている。また、最近では、尖閣諸島をめぐって中国が挑発を繰り返しており、いざというときに、同盟国から適切な情報を得られない可能性も否定できない。例えば、産経新聞（平成 10 年 9 月 20 日付）では、北朝鮮から亡命した元電子技術会社副社長が、ミサイル開発を担当している朝鮮労働党機械工業部所属の秘密機関の指示を受け、1990 年の一年間だけでも 5 人の日本人技術者をひそかに平壌に招き、ミサイル開発に協力させたと証言している。

　一方、1985 年に自民党政権下で、「国家秘密に係るスパイ行為等の防止に関する法律案」（通称「スパイ防止法案」）が提出されたが、野党の激しい反対にあい審議未了廃案となった。その後、アメリカ同時多発テロ事件の影響を受けて、2001 年に自衛隊法が改正され、従来の 59 条における「秘密を守る義務」規定に加え 96 条の 2 に「防衛秘密」規定が新設された。さらに同法 122 条においては、「防衛秘密」を取り扱うことを業務とする者（業務としなくなった後も同様）を対象として、漏洩の既遂・未遂および過失犯について、罰則を設けている。こうした情勢にもかかわらず、国論を二分した 2013 年の第 185 回国会で「特定秘密の保護に関する法律案」（特定秘密保護法案）が第 2 次安倍内閣によって提出され、同年 12 月 6 日に成立している。この特定秘密保護法は、外交・防衛上の国家機密事項に対する公務員の守秘義務を

定め、これを第三者に漏洩する行為の防止を目的としたものである。また、禁止ないし罰則の対象とされる行為は既遂行為だけでなく、未遂行為や機密事項の探知・収集といった予備行為や、過失（機密事項に関する書類等の紛失など）による漏洩も含まれる。憲法が保障する言論の自由・報道の自由に対する配慮から、同法22条において「この法律の適用に当たっては、これを拡張して解釈して、国民の基本的人権を不当に侵害するようなことがあってはならない」と規定されているが、あくまでも政府の「努力義務」とされており、法律の適用により、一般国民の人権が侵害された際の救済措置がない点が特に批判の対象とされている。したがって、同法22条に違反した公務員などに対しては、公務員職権濫用罪（刑193条）などを厳格に適用せねばならない。ここで扱う「外患に関する罪」の解釈・適用も、こうした国際政治情勢を適格に理解した上で行わなければならない。さらに、外患誘致罪と外患援助罪は、裁判員裁判の対象となるが、「裁判員の関与が困難な事件」（裁判員法3条）として、対象事件から除外すべきである。

II 外患誘致罪

　外国に通謀して日本国に対し武力を行使させた者は、死刑に処せられる（81条）。未遂も処罰される（87条）。

　ここに「外患」とは、外部からこうむる心配事、外国との紛争・衝突など面倒な事件を意味し、「外国に通謀して」とは、外国を代表すべき政府・軍隊・外交使節などの国家機関と意思の連絡を生じさせることをいう。私的団体はここにいう「外国」に含まれない。通謀は、第三者を介した場合であってもよい。「武力を行使する」とは、外国がその国家意思としてわが国に対し軍事力を行使し、わが国の対外的安全を害することをいう。しかし、国際法上の「戦争」までを意味するものではない。具体的には、外国政府が安全侵害の意思をもって、公然と日本国領土に軍隊を進入、砲撃・ミサイル攻撃などを加えることをいう。「通謀して武力を行使させた」とあるように、通謀と武力行使の間には、因果関係がなければならない（山中679頁）。したがって、「通謀」行為自体が未完成の場合、「通謀」はあったが武力行使はなされなかった場合、および「通謀」はあったが、これとは無関係に武力行使がなされた場合は未遂として処罰される（大野＝墨谷398頁）。

なお、本条は、法定刑として「死刑」のみが定められている唯一の規定である。

Ⅲ　外患援助罪

日本国に対し外国から武力の行使があったときに、これに加担してその軍務に服し、その他これに軍事上の利益を与えた者は、死刑または無期もしくは2年以上の懲役に処せられる（82条）。未遂も罰せられる（87条）。

「日本国に対して外国から武力の行使があったとき」は本罪が成立するための前提条件（構成要件的状況）である。これ以外のときには、予備・陰謀（88条）に当たることはあっても、本罪は成立しない。「これに加担してその軍務に服しその他これに軍事上の利益を与えた」ことが固有の構成要件であり、これは、上記の状況下において外国に協力する意思でその軍隊に加入したり、その他有形無形の軍事上の利益、例えば、武器・弾薬・食糧の調達や輸送や当該外国軍隊の誘導などの手段を提供することをいう。しかし、外国の武力行使という状況下で前記のような行為に出るのは強制されてやむをえなかったと考えられる場合も少なくないだろう。このような場合には「期待可能性」が欠け責任阻却となることもあると思われる（草案123条2項、大谷（第4版）555頁）。このように、本罪の行為態様には多種多様なものが考えられるため、法定刑は幅広く定められている（死刑または無期もしくは2年以上の懲役）。

Ⅳ　外患予備・陰謀罪

外患誘致罪（81条）および外患援助罪（82条）の予備または陰謀をした者は、1年以上10年以下の懲役に処せられる（88条）。未遂は処罰されない。

第2章　国交に対する罪

I　総説

　国交に対する罪の本質について、かつては外国との正常な外交関係を危うくすることによりわが国の対外的地位と安全を害する、という国家主義的見解が有力であった（大場(下) 650 頁、宮本 487 頁、安平 424 頁、木村 333 頁、斉藤（金）15 頁、柏木 68 頁、平野 292 頁など）。しかし、刑法第 2 編第 4 章が定める「国交に関する罪」の規定内容から、対外関係において国家の存立を危うくする行為は、昭和 22 年に削除された外国元首・使節に対する暴行・脅迫・侮辱の罪（旧 90 条・91 条）のほかには直接的なものはなく、むしろ、対外関係における国家の存立と安全を直接侵害する行為としては、現行刑法では「外患に関する罪」（81 ～ 88 条）にみることができる。そこで、今日では、国交に関する罪の本質は、国際法上の義務に基づき国際法秩序のもとに保護されるべき外国の利益を害するものである、とする国際主義的見解が有力となっている（小野 61 頁、瀧川 300 頁、団藤 164 頁、井上＝江藤 335 頁、瀧川（春）＝竹内 449 頁、福田 58 頁、大塚 648 頁など）。

1）　昭和 22 年に、皇室に対する罪の廃止に対応して削除された外国元首・使節に対する暴行・脅迫・侮辱の罪（旧 90 条・91 条）は、刑法草案 128 条・129 条に復活している。その理由は、外国の元首・使節を特別に保護することは、現在では、もはや国際慣習法となっており、国際協調の精神を強調する日本国憲法のもとでは、そのことは正常な外交関係を維持する上でも必要性が大きいからであるとしている（法務省刑事局編・改正刑法草案の解説（1975）50 頁）。

II　外国国章損壊罪

　外国に対し侮辱を加える目的で、その国の国旗その他の国章を損壊し、除去し、または汚損した者は、2 年以下の懲役または 20 万円以下の罰金に処せられる（92 条 1 項）。この罪は、外国政府の請求がなければ公訴を提起することができない（2 項）。

1　客体

　本罪の客体は、外国の国旗その他の国章である。「外国」は、国際法上承認された国である以上、わが国と国交のない未承認の国も含む。「国章」とは、国家を象徴する徽章のことをいう。国旗はその典型的なものであるが、

そのほかに陸海軍旗、元首旗、大公使館の徽章などがある。これらの国章については、私的な掲揚も含むとする見解もあるが（木村 333 頁、江家 14 頁、植松 16 頁、佐久間 366 頁）、当該国家の権威を象徴するものとして、国交上の理由から公に使用される場合に限るべきである（小野 62 頁、瀧川 301 頁、中山 496 頁）。

2 行為

外国の国章を損壊・除去・汚損することである。本罪は目的犯であって、これらの行為は外国に対して侮辱を加える目的で行われることが必要である。この目的は、本罪の客体となる国章を侮辱することについて、未必的認識の程度ではなく、確定的認識のあることが必要である。「損壊」とは、国旗を引き裂くなどのように、国章自体を破損すること、「除去」とは現に所在する位置から除くこと、「汚損」とは、墨汁を塗るなどして汚すことである。判例は、建物に彫りつけられた中華民国の青天白日の国章の上に「台湾共和国大阪総領事館」と大書したベニヤ板の看板を掲げて、国章を外部から遮蔽した行為は、国章の除去に当たるとした（最決昭 40・4・16 刑集 19・3・143）。

国章も器物である以上、本罪と器物損壊罪（261 条）との関係が問題となる。法条競合として本罪のみが成立すると解する見解があるが（小暮・注釈刑法(3) 35 頁、瀧川(春)＝竹内 451 頁、中山 497 頁）、両罪は本質を異にし、法定刑にも軽重の差があることから、観念的競合となりうる（大塚 650 頁、内田 694 頁）。なお、本罪の処罰は、訴訟条件として当該外国政府の請求を必要とする。請求とは、親告罪の告訴と同じく、処罰を求める意思表示である（本条 2 項）。

Ⅲ 私戦予備・陰謀罪

外国に対し私的に戦闘をする目的で、その予備または陰謀をした者は、3 月以上 5 年以下の禁錮に処せられる。ただし、自首した者は、その刑が免除される（93 条）。

本罪は、外国に対して、私的な戦闘を行う目的で、その準備行為をすることによって成立する。未遂や既遂を処罰せず、予備・陰謀だけを独立に罰する特殊類型である。

「外国」とは、国家としての外国そのものを意味し、承認・国交のいかん

を問わず、したがって、外国の一地方、または外国人を意味するものではない。「私的に戦闘をする」とは、私人が国の命令によることなく、何らかの組織をもって勝手に武力を行使することである。「予備」とは、実行の着手以前の犯罪行為であり、「陰謀」とは私戦を企図して謀議することである。

Ⅳ 中立命令違反罪

外国が交戦している際に、局外中立に関する命令に違反した者は、3年以下の禁錮または50万円以下の罰金に処せられる（94条）。

「外国が交戦している際」とは、わが国以外の二国以上の外国の間で戦争が行われている場合をいう。「局外中立」とは、外国間の戦争に参加しない中立宣言をした国家の地位をいう。それに関する「命令」とは、中立宣言によって負う国際法上の中立義務のもとに、交戦国のどちらにも便益を与えてはならないことを指示する国内法上の命令のことである。本罪は、この命令に違反した者を処罰するものであるが、処罰の対象となる行為の具体的内容は、個々の局外中立命令によって定まる典型的な白地刑罰法規である。

第3章　国家の作用に対する罪

第1節　公務の執行を妨害する罪

Ⅰ　総説

　刑法典第2編第5章「公務の執行を妨害する罪」の保護法益は、国家または地方公共団体が行使する作用としての公務である。本章においては、①公務執行妨害罪（95条1項）、②職務強要罪（95条2項）、③封印等破棄罪（96条）、④強制執行妨害目的財産損壊等罪（96条の2）、⑤強制執行行為妨害等罪（96条の3）、⑥強制執行関係売却妨害罪（96条の4）、⑦加重封印等破棄等罪（96条の5）、⑧公契約関係競売等妨害罪（96条の6第1項）、⑨不正談合罪（96条の6第2項）が規定されている。

　これらのなかでも、96条の2以降の犯罪類型（④～⑨）は、2011年6月に成立した「情報処理の高度化等に対処するための刑法等の一部を改正する法律」（平23法74）により追加・拡充されたものである。これらの犯罪類型は、1941年の刑法一部改正により追加された強制執行妨害罪（旧96条の2）、競売等妨害罪（旧96条3第1項）、不正談合罪（旧96条3第1項）の諸規定を基礎としている。特に強制執行関連の犯罪類型に関しては、国家的法益の問題というより、むしろ国民の財産的利益を保護するものとして理解するべきという見解も主張されている。

---

1) この改正の概要に関しては、櫟清隆「『情報処理の高度化等に対処するための刑法等の一部を改正する法律』の概要」刑事法ジャーナル30号3頁以下参照。本節に関係する内容として、鎮目征樹「強制執行妨害関係の罰則整備について」刑事法ジャーナル30号11頁以下参照。
2) 中森244頁、平野281頁、林479頁、松宮439頁以下参照。しかし、2011年改正後における強制執行妨害目的財産損壊等罪（96条の2）の規定趣旨によれば「強制執行を妨害する目的」という文言が加わったことから、公務妨害という犯罪の性格が示されたこともあって、本章における国家的法益としての性格は、より強化されたものと思われる。改正前後における保護法益の変化に関しては、井田231頁、大谷581頁（旧版より改説）、曽根292頁（旧版より改説）、西田434頁参照。

II 公務執行妨害罪

公務員が職務を執行するに当たり、これに対して暴行または脅迫を加えた者は、3年以下の懲役もしくは禁錮または50万円以下の罰金に処せられる（95条1項）。

1 客体

本罪における行為の客体は、公務員である[3]。しかし、前述したように、その保護法益は、適法な公務であり、本罪は、公務員を特別に保護する趣旨の規定ではない。すなわち、本罪は、公務員により執行される適法な公務そのものを保護する規定として理解されるべきものである（最判昭28・10・2刑集7・10・1883）。

かつての明治憲法下においては、官吏（国の高等官・判任官）および公吏（地方公共団体の職員）は、当然に尊敬されるべきであるとして、刑法上も特別に保護されていた[4]。しかし、現行憲法における平等主義のもとでは、このような身分刑法の価値観は許容されない。確かに、現行刑法上も公務員以外の者による公務執行を保護していないこと、公務妨害という侵害結果の発生を不要としていること等から、公務員の安全を特別に保護するという古い性格が残存しているかのようにも思われる。しかし、公務員という身分は、処罰範囲を画する上でも有用であり、また、刑法的保護に値する公務は、公務員によって担われるものに限定されるという意味において、有意義であるとも解されている（生田ほか294頁、大野＝墨谷403頁）。

公務執行妨害罪は、選択刑として禁錮刑が規定されている。このことからも、単なる攻撃的犯罪という意味合いだけではなく、政治犯としての性格も含まれている。このような特徴を受けて、本罪に関しては、解釈上、その認定が恣意に流れることのないようにできるだけ形式的・記述的要素に分解して、適用範囲を限定するべきことが主張されている[5]。

2 「職務を執行するに当たり」という文言の意義

(1) 「職務を執行」に関して

近代刑法における公務執行妨害罪は、国家権力に対する反抗のなかでも、特に国家の権力的作用（命令または処分の強制的執行）に対する攻撃の行為を処罰するように限定されている（この点は、旧刑法139条1項が「官吏其職務ヲ以テ法律規則ヲ執行シ又ハ行政司法官署ノ命令ヲ執行スルニ当リ暴行脅迫ヲ以テ其官

吏ニ抗拒シタル者」を処罰するとしていることも同様である）。このことを受けて、現行刑法も「職務を執行」している公務員が犯罪の客体とされている。

この刑法的保護に値するべき「職務」の意義に関しては、議論がなされてきた。かつての古い判例は、条文上「執行する」という表現が用いられているにもかかわらず、強制的性質を有する必要はないとして、公務員の行うすべての職務行為を含むと解してきた（大判明42・2・19刑録15・2・1641等）。

これに対して、本罪で保護される「職務」は、国民一般に対して法律により権利を制限し、義務を課する権力作用、または法令・裁判等の執行行為に限られ、民間業務と実質的に異ならない現業的公務（いわゆる管理的業務ではなく、現場における単純労務に従事すること）は、公務執行妨害罪における「職務」からは区分して検討するべきであるという主張が定着化してきている[6]。

(2) 公務と業務

上記の職務範囲の論点にも関連して、公務を暴行・脅迫に至らない威力または偽計を用いて妨害した場合、業務妨害罪を成立させることで、公務を保護することが可能であるかという論点をめぐり、議論が交わされている[7]。

従前は、公務も業務に含まれるという見解（積極説：植松351頁、大谷147頁、小野222頁）と含まれないという見解（消極説：吉川116頁）が対立していた。積極説は、公務を暴行・脅迫により妨害する場合、業務妨害罪の特別法として、公務執行妨害罪が成立すると説明する。しかし、公務執行妨害罪（国家的法益）と業務妨害罪（個人的法益）とは、保護法益の内容的差異が認められることから、両者を一般法・特別法の関係性で捉えることは困難であるという批判がなされている（吉川115頁）。

一方、消極説に対しては、例えば、公務員と私人とで全く同様の業務を行っているにもかかわらず、それを威力・偽計で妨害した場合、公務員に対するときは無罪となり、私人に対するときは有罪（業務妨害罪）となるのは、不当であるという批判がなされている（植松351頁）。

そこで、公務の一部を業務妨害罪の対象として把握する理論が構築された。例えば、公務のなかでも公務員が行うものは、公務執行妨害罪の対象となり、非公務員が行うものは業務妨害罪の対象となるという見解（身分振分説）が主張された[8]。しかし、公務の要保護性は、公務員か非公務員かという身分とは本質的に無関係であるという批判がなされている（頃安・大コメ6巻147頁）。

また、公務中のある特定の性格・内容（非権力的・非支配的業務）を有するものを公務執行妨害罪の対象とするだけではなく、業務妨害罪の対象にも含ましめることにより、消極説および身分振分説では対応できない公務における不処罰部分の間隙を埋めるという見解も主張された（限定積極説）。判例においても、このような限定積極説が基本的な立場として採用されている（最判昭 35・11・18 刑集 14・13・1713：古川鉱業目尾鉱業所事件、最大判昭 41・11・30 刑集 20・9・1076：摩周丸事件）。しかし、この見解に対しては、業務に含ましめる公務の限定基準が不明確であり、そのように限定された公務は、公務妨害罪と業務妨害罪の二重の保護を受けることからも妥当ではないと批判されている（団藤 48 頁、中山 505 頁）。

以上の各見解における批判を受けて、学説上、公務の内容を一定の基準（現業性、民間類似性、非権力性）により区分した上で、その一方をもっぱら業務妨害罪の対象とし、他方をもっぱら業務妨害罪の対象とする見解（公務振分説）が有力化してきた。この見解によれば、公務は、権力的公務（例えば、警察官の職務）と非権力的・私企業的公務（例えば、旧国公立大学法人の事務・旧国鉄の事務）とに区分され、後者のような民間類似性のあるものだけが業務妨害罪の対象として捕捉されることになる（ここでいう「権力的」とは、国民の権利義務を規制することに関連する行為という意味である）。

しかし、近時の判例における傾向では、必ずしも民間類似性を有すると考えることが困難な権力的公務に関しても、威力業務妨害罪の成立を認めるようになってきている（県議会の議事進行に関して、最決昭 62・3・12 刑集 41・2・140、伊藤・百選Ⅱ 46 頁以下）。この傾向に従った判例実務として「強制力を行使する権力的公務」であれば、威力業務妨害罪の対象からは除外するというように、強制力の有無に応じて、公務と業務の区分がなされるようになった（同旨の判例として、最決平 14・9・30 刑集 56・7・395、前田・百選Ⅱ 48 頁以下）。

しかし、このような判例が示す基準に対しても、強制力の行使によって容易に排除しえない威力・偽計が想定しうることから（例えば、犯人追跡中のパトカーの前に車両を放置する威力行為、またはパトカーのタイヤの空気を抜いておく偽計行為）、その妥当性に疑問が示されている（頃安・大コメ 6 巻 152 頁）。

(3) 「当たり」に関して

また、職務を執行するに「当たり」とは、判例上、現に執行中というより

も幾分広い意味で捉えられている。職務の性質上、不断に待機していることが必要なものに関しては、待機すること自体が職務の執行に当たる（最判昭24・4・26刑集3・5・637）。より問題となるのは、現に執行中以外の場合において、解釈上、その職務執行に準じるものとして含めることが可能な範囲である。

この点、本罪によって保護されるのは、抽象的・包括的な職務一般でなく、個別的・具体的な職務執行であると解するならば、職務の執行に「当たり」という条文上の表現は、特定の職務執行を開始してから、それが終了するまでの時間的範囲および当該職務の執行と時間的に接着し、これと切り離しえない一体的関係にあるものに限定されるべきようにも思われる（最判昭45・12・22刑集24・13・1812：国鉄東灘駅事件）。

しかし、職務の性質によっては、職務執行の過程を分断して、部分的に開始と終了を論じることが不自然・不可能であり、ある程度、継続した一連の職務として把握することが相当な場合、職務執行が中断・停止しているような外観を呈したとしても「一体性ないし継続性を有する統轄的職務」と把握することが可能であるとの判例もある（最判昭53・6・29刑集32・4・816：長田電報局事件）。この「統轄的職務」という表現の導入により、判例実務は、相当程度、職務執行の範囲を拡張的に捉える傾向にあるものと思われる（例えば、最決平元・3・10刑集43・3・188、森川・百選Ⅱ240頁以下）。

3 職務の適法性

(1) 適法性の要件化

職務執行は、適法なものでなければならない。この要件は、明文化されていない[11]。しかし、法治国家における公務執行として当然の要請と考えられている（大塚(裕)551頁以下）。

ただし、刑事訴訟法上、訴訟行為に対する評価として用いられる適法・不適法の概念によれば、単なる訓示規定に違反する軽微な程度のものでも不適法とされ、そのような軽微な違法があった場合においても、公務執行妨害罪の成立が否定されるのであれば、公務の円滑な執行に支障を来す懸念が生じる。そこで、ここでは「職務行為の適法性」を刑法的保護に値するかという別の観点から限界付ける必要が生じてくる。

この点、判例によれば、個別具体的な事案の性質に応じて、国家的利益と個人的利益とを比較衡量することにより、当該職務執行の刑法の要保護性を

判断することで適法性判断に代えようとする見解が採用されている（最判昭42・5・24刑集21・4・505、中村・百選Ⅱ236頁以下）。しかし、国家の権力的作用の合法規性は、法治国家原理から形式的に判断されるべきであるから、そのような問題を国家対個人の具体的法益衡量という実質的な判断に置き換えてしまうことには批判がある（生田ほか296頁、大野＝墨谷405頁以下）。したがって、この適法性要件に関しては、個々の職務執行行為の法定要件を基礎にして、それを形式的要素に分解しながら刑法的保護に値する行為を類型化する作業が必要となる。そのような意味で職務執行の適法性は、実質的な利益の比較衡量が求められる違法要素というよりも公務執行妨害罪の（規範的）構成要件該当性の問題として把握される（大塚564頁、大谷568頁、川端654頁、高橋585頁、西田424頁、山中691頁）。

　適法性要件としては、一般的に次の3点が指摘されている。これらは、個々の適法性要件を確定していく場合の一般的基準とされている。

　第1に、職務執行が当該公務員の抽象的（一般的）職務権限に属することが必要とされる。公務員は、一般的に、その職務の範囲が事項的・場所的に限定されている。この範囲を超えた行為は、適法性を問題にする以前に、そもそも職務の執行であるとはいえない。この点が問題となった事例として、警察官による民事上の示談あっせん行為は、その職務範囲内に属さないとして、公務執行妨害罪の成立を否定したものがある（大判大4・10・6刑録21・1441）。

　第2に、公務員が当該職務執行に関して具体的権限を有することが必要とされる。特に割当て、指定・委任等により実務上担当する職務行為が確定する場合には、それがあって具体的権限内の職務行為であるということができる。例えば、執行官は、具体的に委任を受けた場合に限って強制執行を実施することができることから、そのような委任の有無が具体的権限の範囲を確定する（山中692頁）。

　第3に、職務行為の有効要件である法律上の重要な条件・方式を履践していることが必要とされる。この要件は、軽微な条件・方式違反や些細な書式等の瑕疵を除外するという意味を有している。この点が問題となった事例として、徴税職員が所得税に関する調査を実施する際に、政令所定の検査証を携帯していなかった場合でも、そのような検査権は、検査証の携帯によりは

じめて付与されるものではないことを主たる理由として、公務執行妨害罪の成立を認めたものがある（最判昭 27・3・28 刑集 6・3・546）。

(2) 適法性の判断基準

以上の要件をすべて充足して当該職務執行が適法と評価される。次に当該職務執行が適法性要件を具備しているかどうかに関して、どのような観点から判断するべきかという問題が生じる（論点の整理として、伊東・現代 430 頁以下）。

この点に関しては、当該公務員自身が適法と信じた行為であれば適法と解してよいとする主観説（公務員標準説）、裁判所が法令を解釈して客観的に定めるべきであるとする客観説（裁判官標準説）、一般人の見解を標準として定めるべきであるとする折衷説（一般人標準説）が主張されている。

主観説によれば、公務員の信念によって職務執行の適法性が決定されることから、実際上、適法性要件は無意味になってしまうと批判されている。また、折衷説に対しても、何をもって「一般人」とするのか明らかでないという批判が加えられている。現在の判例によれば、客観説が妥当とされている（最決昭 41・4・14 判時 449・64、武田・百選Ⅱ 238 頁以下）。

さらに、客観説においては、適法性を行為当時の状況を基礎として客観的に判断する見解（行為時基準説：やわらかな客観説）と事後的・純客観的に判断する見解（裁判時基準説：純客観説）との対立がある。この点に関しては、例えば、準現行犯逮捕（刑訴 212 条 2 項）のように、法令自身が合理的裁量を認めている場合に限り、行為当時の状況を基礎として客観的に判断し、それ以外は、事後的・客観的に判断するという見解が参考になる。すなわち、行為当時の状況を基礎として客観的に判断すれば準現行犯逮捕として適法であったとしても、事後的に、それが誤認逮捕であることが明らかになれば、それは元来、違法であったわけであるから、行為者に関しては、さらに正当防衛の成否が検討されなければならない。したがって、このような場合、公務執行妨害罪の構成要件に該当したとしても、正当防衛による違法性阻却の余地が残されることになる。

4 行為

本罪の行為は、暴行・脅迫に限られる。暴行・脅迫は、積極的なものでなければならず、それに至らない威力を用いただけでは足りない。

特に問題とされるのは、公務執行妨害における暴行の概念である。各々の犯罪における暴行概念は、その保護法益が何であるかによって、広狭が左右される。本罪における暴行は、公務員の身体に向けられたものでなければならない。しかし、必ずしも直接的に公務員の身体に対して加えられること（直接暴行）は必要とされず、物に加えられた暴行が公務員の身体に対し物理的に感応する場合（間接暴行）をも含むと解されている（平野279頁、大塚569頁以下、大谷572頁、川端659頁、中森247頁、山口546頁）。これに対して、最高裁判所の判例には、職務の執行を「不能ならしめた」ときは、物に対する暴行が公務員の身体に物理的に感応した場合でなくても、本罪の成立を認める傾向がある（最判昭26・3・20刑集5・5・794、最決昭34・8・27刑集13・10・2769）。しかし、そのような判例・実務の傾向は、暴行と威力の概念的区別を曖昧にするとして批判されている（中山507頁）。

さらに、公務員の補助者として公務執行に協力する私人に暴行を加える場合、判例によれば、その私人が公務員の手足となって、その職務の執行に密接不可分の関係性を有し、その暴行が公務を阻害しうるものである限り、公務執行妨害罪における暴行に相当するものと評価されている（最判昭41・3・24刑集20・3・129、門田・百選Ⅱ248頁以下）。

また、本罪の暴行・脅迫の程度に関しては、判例によれば、公務執行の妨害となりうるものであれば足り、現実に公務妨害の結果発生を要しないものとされる（最判昭33・9・30刑集12・13・3151、松澤・百選Ⅱ242頁以下）。ここでは、暴行・脅迫行為の内容が抽象的に判断されており、その意味で本罪は抽象的危険犯であると解されている（学説上、抽象的危険犯説を採用するものとして、平野279頁、大塚571頁、大谷573頁、西田428頁）。これに対し、公務執行妨害罪が公務員という身分を特別に保護するものでなく、個別的・具体的な公務執行を保護するものである以上、本罪にいう暴行・脅迫も、それが向けられた公務執行の性質、態様との関係性を加味して、公務の執行に及ぼす影響を具体的に評価するべきであり、その意味で、本罪は具体的危険犯であると主張する見解もある（浅田ほか342頁、生田ほか300頁、吉川357頁、大野＝墨谷409頁、松村354頁）。

5 故意

本罪の故意に関して最も問題となるのは、職務執行が適法であるのに不適

法と誤信して暴行・脅迫を行った場合である。この点に関しては、事実の錯誤であるとして故意を阻却する見解[21]、違法性の錯誤とする見解[22]、事実の錯誤と法律の錯誤の両者の場合がありうるとする二分説[23]が主張されている。[24]

　事実の錯誤を主張する見解は、職務の適法性が本罪における構成要件該当事実の問題であるのならば、その錯誤は、故意を阻却するはずであることを理由とする。しかし、この見解に対しては、職務の適法性を軽率に誤信した場合にまで、故意が阻却されて無罪になるのは政策的に妥当でないという批判がなされている（団藤56頁、西原420頁）。

　一方、法律の錯誤を主張する見解に対しても、構成要件該当事実であるべき適法性要件を価値判断の問題に還元してしまうことから妥当ではないという批判がなされている（生田ほか300頁、大野＝墨谷410頁）。

　しかし、適法性要件は、事実に対する規範的な評価という側面を有している。このような錯誤に関してまで事実の錯誤とするべきではない。一方で、例えば、個々の職務執行における手続的要件に対応する事実は、やはり価値判断が不要な形式的な事実として捉えることも可能である。したがって、適法性を事実的な側面と法的評価とに分解することで、前者の錯誤は、事実の錯誤に相当し、後者の錯誤は、法律の錯誤に相当するという二分説が学説上有力化しているものと思われる。

　6　罪数

　本罪の罪数を決定する基準に関しては、保護法益が公務であることから、公務の数を基準にする見解が判例・通説とされている（頃安・大コメ6巻143頁）。したがって、一つの公務の執行に当たる複数の公務員に暴行・脅迫を加えても一罪とされる。職務の執行に当たる公務員を殺害ないし傷害する行為は、各々の保護法益が異なることから、公務執行妨害罪と殺人罪ないし傷害罪との観念的競合となる。

3）　判例によれば「刑法上公務員とは、官吏公吏法令により公務に従事する議員委員その他の職員をいうのであるが（刑法第7条）、これを具体的にいえば、国家または公共団体の機関として公務に従事し、その公務従事の関係は任命嘱託選挙等その方法を問わないが、その公務に従事することが法令に根拠を有するものをいう」とされている（最判昭25・10・20刑集4・10・2115）。
4）　わが国における公務執行妨害罪規定の歴史的沿革に関しては、村井敏邦・公務執行妨害罪の研究（1984）43頁以下が詳細である。
5）　吉川348頁、中山501頁、村井・前掲注4）110頁以下参照。しかし、最近の適用状況をみ

ると政治犯的性格を帯びるものは少なく、科刑も懲役刑が大部分であって、禁錮刑による処断は稀であることから、成立範囲を、解釈上限定しようとする主張には、異論もある。例えば、頃安・大コメ 6 巻 88 頁参照。
6) 同旨の学説として、大越 202 頁、川端 649 頁、曽根 286 頁、団藤 48 頁、中森 244 頁、中山 503 頁、藤木・講義 20 頁、堀内 298 頁、前田 597 頁以下参照。
7) しかし、2006 年一部改正により、公務執行妨害罪の規定に選択刑として 50 万円以下の罰金刑が追加されたことから、業務妨害罪との法定刑は、同等となり、その点における両者の差異を論じる実質的意義も減少した。当該論点の整理に関しては、伊東・現代 94 頁以下、大塚(裕) 425 頁以下、町野 370 頁以下参照。
8) 同旨の学説として、内藤・注釈刑法(5) 400 頁参照。
9) 同旨の学説として、朝倉 104 頁、井田 232 頁以下、内田 184 頁以下、大塚 159 頁、佐久間 159 頁、高橋 185 頁、林 130 頁以下、福田 199 頁、西田 128 頁、前田 210 頁参照。なお、山口 161 頁によれば、限定積極説は、威力業務妨害の場面に妥当し、偽計業務妨害の場面では、むしろ積極説が妥当するという「修正積極説」が主張されている。
10) 同旨の学説として、浅田ほか 339 頁、伊東 98 頁、井上＝江藤 320 頁以下、岡野 92 頁、団藤 535 頁以下、中 124 頁、中森 64 頁、藤木・講義 252 頁参照。
11) この点、ドイツ刑法典 113 条 3 項 1 文においては「職務行為が適法でない場合、当該行為は、本条により罰せられない」と規定されている。
12) このように単なる訓示規定違反とはいえない場合にまで、公務執行妨害罪を成立させるべきかは、議論の余地がある。この点に関しては、生田ほか 297 頁、大野＝墨谷 406 頁参照。
13) 同旨の学説として、柏木 77 頁以下、宮本 492 頁以下参照。
14) 同旨の学説として、大谷 571 頁、川端 658 頁、木村 301 頁、牧野(上) 27 頁以下参照。
15) 瀧川 267 頁。しかし、この点に関しては、当該公務員に適法性に関する事実・法律の錯誤があった場合、その錯誤が過失によらないことを条件として、限定化できるという反論もある（宮本 493 頁）。
16) 吉川 354 頁、山中 695 頁参照。
17) 同旨の学説として、朝倉 347 頁以下、板倉 294 頁、井田 233 頁、伊東 378 頁、今井ほか 404 頁、佐久間 406 頁、団藤 53 頁、中 271 頁、中森 245 頁以下、西田 426 頁、西原 420 頁、日高 242 頁、平野 278 頁、堀内 300 頁、前田 604 頁、松村 359 頁、山口 546 頁参照。
18) 同旨の学説として、浅田ほか 340 頁、大塚 567 頁、岡野 330 頁、高橋 589 頁、中山 504 頁、萩原 224 頁、福田 14 頁、三原 428 頁参照。
19) 同旨の学説として、生田ほか 298 頁、大野＝墨谷 407 頁参照。
20) 山中 696 頁において、職務行為の適法性の判断は、構成要件要素に対する判断であることから客観説が妥当であり、しかし、終局的判断ではないため、行為時基準説が採用されるものの正当防衛の成否が問題となるような実質的な違法性評価が求められる場面では、行為当時の客観的事実を事後的に評価し直すべきであるから、純客観説が妥当であるとする趣旨と同様である。
21) この点、ドイツ刑法典 113 条 3 項 2 文においては「行為者が職務行為が適法であると誤信した場合」にも罰せられないと規定されている。これは、客観的処罰条件であり、故意を阻却しない錯誤であると理解されている。この点、香川 41 頁以下参照。
22) 同旨の学説として、浅田ほか 342 頁、植松 25 頁、岡野 334 頁、瀧川(春)＝竹内 378 頁、村井・前掲注 4 ） 287 頁、前田 605 頁参照。
23) 藤木・講義 26 頁によれば、適法性の問題は、職務執行の刑法的要保護性の判断に解消された上で、それは刑法独自の評価に属する問題であるから法律の錯誤であり故意の対象には含まれないと主張される。

24) 板倉296頁、井田234頁、伊東・現代435頁以下、今井ほか404頁以下、大塚572頁、大谷574頁、佐久間408頁、曽根289頁、高橋589頁、中273頁、中山509頁、西田427頁、萩原225頁、福田15頁、堀内301頁、山口546頁、山中700頁参照。

III 職務強要罪

公務員に、ある処分をさせるか、もしくはさせないために、またはその職を辞させるために、暴行または脅迫を加えた者は、公務執行妨害罪（95条1項）と同じく、3年以下の懲役もしくは禁錮または50万円以下の罰金に処せられる（95条2項）。

1 客体

本罪における行為の客体は、公務員である。その意義に関しては、95条1項における公務執行妨害罪と同様である。しかし、公務執行妨害罪が職務の現実的な執行に向けられるのに対し、本罪は、公務員の将来における職務執行に向けられる点で内容を異にする。

2 「ために」という表現の意義

95条2項の文言には「ために」という表現が用いられているので、本罪は、目的犯である。しかし、本罪が既遂となるには、「目的」が実現されたことは必要でなく、そのような目的を有しながら、暴行または脅迫を加えることで直ちに成立する（大判昭4・2・9刑集8・59）。

本罪における「ある処分をさせ（る）…ために」という文言は、判例上、広く公務員が職務上実施可能な行為をいうものと解されている（大判明43・1・31刑録16・95）。問題は、その処分が当該公務員の職務権限内のものでなければならないかである。以前の大審院判例は、これを肯定し、職務権限のない行為を強制しても、暴行・脅迫罪になることは別として、本罪を構成するものではないと解していた（大判昭2・7・21刑集6・357）。しかし、最高裁判所は、本罪が公務員の正当な職務の執行を保護するばかりでなく、95条2項後段において、辞職の強要も禁止していることから、広くその職務上の地位の安全をも保護しようとするものであることを理由として、当該公務員の職務に関係ある処分であれば足り、その者の職務権限内であるか否かは問わないとするに至った（最判昭28・11・22刑集7・1・8）。

また、処分の適法性に関しても、議論がある。例えば、不当な課税方法を是正させるためであっても、これを変更するためには税法所定の手続を必要

とするのであるから、このような手続をとらずに税務署長を脅迫する行為は、本罪を構成するというのが判例であり（最判昭25・3・28刑集4・3・425）、これを支持する学説も多い。これに対しては、適正な公務の保護という観点からすれば、適法な処分をさせるための強要は、本罪の成立を否定するべきという批判がある。

25) この見解を支持するものとして、大越207頁、大塚573頁、大谷576頁、曽根290頁、高橋593頁、平野280頁、福田17頁、山中702頁参照。
26) 判例を支持する学説として、朝倉349頁以下、板倉296頁、西田429頁、三原436頁参照。この点、95条2項後段も究極的には公務の保護に資するものであるから、権限外の処分を強要した場合に、強要罪ではなく、本罪の成立を認めることは行き過ぎであると批判するものとして、大野＝墨谷411頁参照。
27) 同旨の学説として、大塚574頁、吉川360頁、団藤60頁、中森248頁、福田17頁、藤木・講義27頁、前田608頁参照。
28) 浅田ほか344頁、生田ほか302頁、大野＝墨谷・412頁、曽根290頁、高橋593頁、中森249頁、中山512頁、西田430頁、平野280頁、山中702頁参照。

IV 封印等破棄罪

公務員が施した封印もしくは差押えの表示を損壊し、またはその他の方法により、その封印もしくは差押えの表示に関する命令もしくは処分を無効にした者は、3年以下の懲役もしくは250万円以下の罰金に処せられ、またはこれを併科される（96条）。

1 客体

本罪の客体は、公務員が施した封印または差押えの表示に関する命令または処分である。本罪の保護法益は、強制執行の適正・円滑な実施である。なお、2011年の刑法一部改正により、本罪に関する処罰範囲は拡大され、法定刑も重くされている。

本罪における「封印」とは、物に対する任意の処分を禁止するために、開封禁止の意思を表示して、その外装に施された封紙その他の物的設備をいう（大阪高判昭39・4・13高検速報4・1）。また、封印の方法は、必ずしも公務員の印章を用いたものである必要はない。例えば、執行官が差し押さえた俵に縄張をして、その縄に差押物件・年月日・執行官の氏名・所属裁判所等を記入した紙片を巻付け、その脱漏を防ぐ意思を表明した場合にも、判例上、封印を施したものとされている（大判大6・2・6刑録23・35）。

本罪における「差押えの表示」とは、例えば、立札のように差押えによる占有の取得を明白にするため、公務員が特に施した表示であり、封印以外のものをいう。ここでいう「差押え」とは、公務員の職務上、保全すべき物を自己の占有に移す強制処分を意味し、その性質を有するものであれば、仮差押え・仮処分・その他の法令による処分も、この「差押え」に含まれる（大判大 11·5·6 刑集 1·261）。しかし、通行妨害禁止の仮処分のように、物を自己の占有に移すことなく、他人に対して一定の作為・不作為を命ずる処分は、この「差押え」には含まれない（大阪高判昭 39·4·13 高検速報 4·1）。

封印・差押えの表示は、公務執行妨害罪における適法性要件に準じて、適法に施されるべきとする見解が学説上一般的に主張されている。この点、判例によれば「その執行が当然無効あるいは不存在と認められるようなものでないとき」は有効とされている（最決昭 42·12·19 刑集 21·10·1407。学説上も、当然無効となるほど重大明白な瑕疵ではない限り有効と考えるものとして、藤木・講義 29 頁参照）。

また、従前の判例によれば、封印・差押えの表示は、行為時に現存していなければならないと解されていた（この点は、後述するように、2011 年の刑法一部改正により変更されたものと考えられる）。例えば、債務者が宅地に対する仮処分の存在を知りながら、仮処分命令の趣旨に反して、当該宅地に家屋を建築しても、行為当時、その差押えの表示が不明の場合、そのような表示自体を「損壊」または「無効にした」とはいえない。このことから、本罪の成立が否定されていた（最判昭 33·3·28 刑集 12·4·708）。その一方で、公示札が包装紙で覆われ、その上からビニール紐が十文字に掛けられていたとしても、包装紙が容易に除去できるものであれば、その表示は有効であると評価した判例も存在する（最決昭 62·9·30 刑集 41·6·297、林・百選Ⅱ 244 頁以下）。

2 行為

上記のように、封印等破棄罪の構成要件として、封印・差押えの表示自体の有効性・現存性を問題にすると本罪の成立範囲に広狭が生じ、場合によっては、公務としての執行力が保護しえない事態も生じるという懸念が示されていた。そこで、そのような封印・差押えの表示自体における有効性・現存性を要求しなくとも本罪の成立を可能とするために、封印または差押えの表示に関する「命令」または「処分」を無効にした場合も処罰するという文言

が2011年の刑法一部改正により追加された（鎮目・前掲注1）13頁）。ここでいう「無効にした」という意味は、物理的に破壊することなく、封印・差押えの効力を事実上、減却または減殺することをいい、法的効果を失わしめることまでは必要とされない（この意味で、改正前において展開・確立した解釈を引き継いだものとされる。この点に関しては、鎮目・前掲注1）14頁）。

また、封印・差押えの表示が施された物に対する窃盗罪、横領罪、器物損壊罪と本罪は、観念的競合になる。

29) 同旨の学説として、大塚576頁、大谷578頁、中森249頁、曽根291頁、西田431頁、福田18頁、山口550頁、山中704頁参照。

V 強制執行妨害目的財産損壊等罪

強制執行を妨害する目的をもって、①強制執行を受け、もしくは受けるべき財産を隠匿し、損壊し、もしくはその譲渡を仮装し、または債務の負担を仮装する行為、②強制執行を受け、または受けるべき財産について、その現状を改変して、価格を減損し、または強制執行の費用を増大させる行為、③金銭執行を受けるべき財産について、無償その他の不利益な条件で、譲渡をし、または権利の設定をする行為をした者は、3年以下の懲役もしくは250万円以下の罰金に処せられ、またはこれを併科される（96条の2）。また、そのような事情を知りながら、③の譲渡または権利の設定の相手方となった者も同様とされる（96条の2柱書後段）。

本罪は、強制執行手続の進行を妨害する行為のなかでも、対物的行為によるものを捕捉する。

ここでいう「強制執行」とは、民事執行法における民事執行、民事保全法における保全執行、そして、それらに準じる手続を意味する。したがって、民事執行法による担保権の実行としての「競売」も本条に含まれる（最決平21・7・14刑集63・6・613）。

VI 強制執行行為妨害等罪

①偽計または威力を用いて、立入り、占有者の確認その他の強制執行の行為を妨害し、②強制執行の申立てをさせずまたはその申立てを取り下げさせる目的で、申立権者またはその代理人に対して暴行または脅迫を加えた者は、

3年以下の懲役もしくは250万円以下の罰金に処せられ、またはこれらが併科される（96条の3）。

本罪は、強制執行手続の進行を妨害する行為のなかでも、対人的行為によるものを捕捉する。

Ⅶ　強制執行関係売却妨害罪

偽計または威力を用いて、強制執行において行われ、または行われるべき売却の公正を害するべき行為をした者は、3年以下の懲役もしくは250万円以下の罰金に処せられ、またはこれらが併科される（96条の4）。

旧96条の3における競売等妨害罪の「公の競売又は入札」という表現は、文言上、強制執行に関わる競売と公契約に関わる競売の両者を含みうるものであった。2011年の刑法一部改正は、そのような混在状態を解消し、本罪は、強制執行に関わる競売に特化した構成要件を設定するものである（公契約に関わる競売に関しては、後述の96条の6第1項にまとめられた）。

さらに「強制執行において…行われるべき売却の公正」という文言が新条文に付け加えられたことから、競売開始決定前に、いわゆる「占有屋」が行うような妨害行為も処罰の対象に含める趣旨が明確化された。

Ⅷ　加重封印等破棄等罪

報酬を得るか、または得させる目的をもって、人の債務に関して、封印等破棄罪・強制執行妨害目的財産損壊等罪・強制執行行為妨害等罪・強制執行関係売却妨害罪を犯した者は、5年以下の懲役もしくは500万円以下の罰金に処せられ、またはこれらが併科される（96条の5）。

本罪は「報酬を得、又は得させる目的」で行われる目的犯であり、それが他人の債務に関して行われた場合に法定刑を重くする加重類型である。例えば、占有屋のような職業的強制執行妨害者が立退料のような報酬を得ること、または占有屋を雇う反社会的勢力（暴力団）に対して報酬相当の利益を得させるような場合が本罪の対象として考えられている。

Ⅸ　公契約関係競売等妨害罪

偽計または威力を用いて、公の競売または入札で契約を締結するためのも

のの公正を害すべき行為をした者は、3年以下の懲役もしくは250万円以下の罰金に処せられ、またはこれらが併科される（96条の6第1項）。

本罪は、前述したように、旧96条の3において強制執行に関わる競売と公契約に関わる競売の両者が混在していたことから、2011年の刑法一部改正により、公契約に関わる競売に特化した構成要件として設定されたものである（鎮目・前掲注1）26頁）。

本罪の保護法益は、公共工事等の契約締結の公正である。ここでいう「公」とは、公の機関、すなわち国またはこれに準じる団体を意味するものであり、健康保険組合のように公法人であっても、その事務が公務に当たらない団体は含まれない（東京高判昭36・3・31高刑集14・2・77）。

本罪における「偽計」とは、他人の正当な判断を誤らせるような術策をいう。例えば、競争入札における予定価格を漏示する場合（最決昭37・2・9刑集16・2・54）、または競売開始決定があった不動産に短期賃貸借契約があった旨を偽装する場合が挙げられる（最決平10・7・14刑集52・5・343、西田・百選Ⅱ 250頁以下）。また、他の指名業者を脅迫して談合に応じるように要求することは「威力」に相当する（最決昭58・5・9刑集37・4・401）。「公正を害すべき行為」とは、公の競売・入札に不当な影響を及ぼすべき行為をいう。その結果、現実に公正が害されたことを要しない（抽象的危険犯：高松高判昭33・12・10高刑集11・10・618）。ただし、権限を有する機関により適法に競売・入札に付すべき旨の決定がなされなければ、抽象的危険が生じたとはいえないことから、少なくとも、そのような権限ある機関による決定は必要とされる（入札について、最判昭41・9・16刑集20・7・790）。

Ⅹ　不正談合罪

公正な価格を害し、または不正の利益を得る目的をもって、談合した者は、3年以下の懲役もしくは250万円以下の罰金に処せられ、またはこれらが併科される（96条の6第2項）。

談合とは、競売人・入札人等が互いに通謀し、そのなかの特定者を成約者とするために、他の者は一定価格以下または以上で競売・入札の意思表示することをいう（大判昭19・4・28刑集23・97）。

1941年の刑法一部改正で、本罪を刑法に編入する際、当初、談合行為は

すべて処罰する趣旨で提案されていた。しかし、談合は、広くわが国の各業界で行われていた商慣習であり、戦時中には国家が談合を積極的に勧めたような経緯もあることから、談合行為のすべてを犯罪として処罰することの不利益が極めて大きいとの政策的判断が働いた（河上＝久木・大コメ 6 巻 209 頁参照）。そこで、いうならば「悪い談合」のみを処罰する意味で、公正な価格を害し、または不正の利益を得る目的が必要とされた（目的犯）。

本罪における「公正な価格」とは、判例によれば、入札を離れて客観的に測定されるべき平均的な市場価格をいうのではなく、その入札において公正な自由競争が行われたならば成立したであろう落札価格を意味する（最決昭 28・12・10 刑集 7・12・2418）。もっとも、何が入札における公正な自由競争であるかを確定することは難問である。この点に関して「最も有利な条件を有する者が実費に適切な利潤を加算した額」と解するべきでないということも判例において示されている（最判昭 32・7・19 刑集 11・7・1966）。しかし、自由競争は手段であって、その目的とするところは入札施行者に利益ある価格の発見である。通常の利潤を削ることは、業者の経営を不安定にし、結局のところ、手抜き工事・業者の倒産を招きかねない。それは、入札施行者にとっても不都合なことであろう。したがって、社会的に相当な利潤額を加えた価格をもって公正とする見解も主張されている（東京高判昭 32・7・19 高刑集 10・4・361、生田ほか 306 頁以下、大野＝墨谷 416 頁、大塚 584 頁、中森 253 頁、松村 365 頁）。

談合に際しては、談合成約の見返りとして談合金の授受が一般的になされている。この場合でも、それが通常の利潤の一部を削って賄われるものであるのならば「公正な価格」に影響するものではないし、「不正の利益」にもならない。判例においても「不正の利益」に関しては「（談合金による）利益が社会通念上いわゆる『祝儀』の程度を越え、不当に高額の場合」を意味するものと解されている（最判昭 32・1・22 刑集 11・1・50）。

30) 同旨の学説として、植松 36 頁参照。
31) 同旨の学説として、大谷 592 頁、小野 26 頁、川端 673 頁、高橋 606 頁、団藤 70 頁、西田 447 頁、前田 625 頁、三原 446 頁、山口 564 頁、山中 716 頁参照。

第2節　逃走の罪

I　総説

　刑法典第2編第6章「逃走の罪」の保護法益は、国家の拘禁作用である。逃走の罪には、被拘禁者が自ら逃走する場合と、他の者が被拘禁者を逃走させる場合の2つの類型があり、前者の類型にあてはまる罪としては単純逃走罪（97条）と加重逃走罪（98条）があり、後者の類型にあてはまる罪としては、被拘禁者奪取罪（99条）、逃走援助罪（100条）、看守者等逃走援助罪（101条）がある。なお、これらの未遂も処罰される（102条）。被拘禁者自身が逃走することについては、期待可能性が乏しいことから、諸外国にあってはこれを処罰しない立法例もあるが、わが国の刑法は、被拘禁者を逃走させる行為だけではなく、被拘禁者が自ら逃走する行為についても処罰の対象としている。

II　単純逃走罪

　裁判の執行により拘禁された既決または未決の者が逃走したときは、1年以下の懲役に処せられる（97条）。なお、未遂も処罰される（102条）。

1　主体

　本罪の主体は、裁判の執行により拘禁された既決または未決の者である。「裁判の執行により拘禁された既決の者」とは、確定判決によって、刑事施設（刑事収容3条）に拘禁されている者をいう。具体的には、自由刑（懲役・禁錮・拘留の刑）に処せられて拘禁されている者のほか、死刑の執行に至るまで拘置されている者（11条2項）をさす。また、罰金・科料を完納することができないために換刑処分として労役場に留置されている者（18条）も含まれる。これに対して、少年保護手続によって、保護処分として少年院に収容されている者については、少年院が刑事施設ではないことから、本罪の主体には含まれないとされる（西田451頁、山口565頁、大谷566頁）。

　また、「裁判の執行により拘禁された未決の者」とは、裁判の確定前に、勾留状によって刑事施設または留置施設（刑事収容14条）に拘禁されている被疑者・被告人をいう。鑑定留置に付されている者も本罪の主体に含まれる

とされる（大塚586頁、西田451頁、山口566頁、大谷566頁）。これに対して、逮捕された者は、本罪の主体には含まれない（団藤73頁、大塚586頁、西田451頁、山口566頁、大谷566頁、札幌高判昭28・7・9高刑集6・7・874）。また、勾引状の執行を受けた者も本罪の主体とはならない。

なお、既決・未決を問わず、令状によって身体を拘束されていても刑事施設等に拘禁される前の段階にある者は、本罪の主体には含まれない。例えば、在宅起訴された被告人や保釈中であった被告人が実刑判決を言い渡されて裁判所で身柄を拘束される場合や、裁判所や検察庁など刑事施設以外の場所で勾留状の執行をした場合などが考えられる。もっとも、ひとたび拘禁がなされたならば、その後、例えば、移送や出廷のための護送中に逃走した場合や刑事施設外で作業に従事している際に逃走した場合は、本罪の主体に含まれることになる（団藤73頁、大塚586頁、西田450頁、山口566頁、大谷566頁）。

2　行為

本罪の行為は、逃走することである。逃走とは、被拘禁者が自らその拘禁から離脱することをいう。逃走の手段・方法は問わない。拘禁から離脱するとは、看守者の実力的支配から完全に脱することを意味し、その時点で既遂となる（団藤74頁、大塚586頁、西田451頁、大谷567頁）。離脱は、一時的なものであっても差し支えない。実行の着手時期は、拘禁作用の侵害を開始した時点で認められる（大塚586頁、大谷567頁）。したがって、刑事施設内で逃走を開始したものの、なお刑事施設から脱出していない場合は未遂にとどまることになる（広島高判昭25・10・27判特14・128）。また、刑事施設から脱出したとしても、追跡を受けている間はなお拘禁から脱したとはいえないから、この段階では既遂とはならない。下級審裁判例においても、勾留中の被告人が裁判所の便所から逃走したものの、直ちに発見・追跡されて、間もなく逮捕された事案について、本罪の未遂にとどまる旨判示したものがある（福岡高判昭29・1・12高刑集7・1・1）。

Ⅲ　加重逃走罪

前条に規定する者または勾引状の執行を受けた者が拘禁場もしくは拘束のための器具を損壊し、暴行もしくは脅迫をし、または2人以上通謀して、逃走したときは、3月以上5年以下の懲役に処せられる（98条）。なお、未遂

も処罰される（102条）。

1　主体

　本罪の主体には、単純逃走罪の主体に加えて、「勾引状の執行を受けた者」が含まれる。単純逃走罪と比べて主体の範囲が拡大されているのは、行為態様が危険・悪質であることを考慮したためである（大谷567頁、山口568頁）。勾引とは、被告人、証人、身体検査の被検者等を一定の場所に引致する処分のことをいい、そのためには勾引状が発せられることが必要である。また、「執行を受けた」とは、勾引状の執行があれば足り（刑訴73条）、必ずしも一定の場所に引致されたことや引致された後に留置されたことまでは要しないとされる（団藤75頁、大塚587頁、西田452頁）。したがって、「勾引状の執行を受けた者」には、勾引状の執行を受けた被告人（刑訴58条）、証人（刑訴152条、民訴194条）、身体検査の対象者（刑訴135条）などが含まれるほか、これに準じるものとして、逮捕状によって逮捕された被疑者や、勾留状・収容状の執行を受けたが未だ刑事施設等に拘禁されていない者も含まれることになる。これに対して、現行犯人として無令状で逮捕された者や、緊急逮捕されたが未だ逮捕状が発付されていない者は、令状の発付がなされておらず、勾引状の執行がなされた者とはいえないことから、本罪の主体に含まれないとされる（団藤74頁、大塚587頁、西田452頁、大谷567頁）。もっとも、現行刑訴法を前提とした場合、勾引状に逮捕状が含まれると解することについては批判的な見解もある（山口568頁）。

2　行為

　本罪の行為は、拘禁場もしくは拘束のための器具を損壊し、暴行もしくは脅迫により、または2人以上通謀して、逃走することである。

　「拘禁場」とは、刑事施設や留置場など拘禁のために使用される場所のことをいい、「拘束のための器具」とは、手錠や捕縄など身体の自由を拘束する器具をいう。また、「損壊する」とは、物理的に毀損することをいう。したがって、護送中の者が、逃走の手段として合鍵を使うなどの方法によって手錠および捕縄を損壊することなく外し、これを投棄したとしても、損壊には当たらず、単純逃走罪が成立するにとどまる（広島高判昭31・12・25高刑集9・12・1336）。

　「暴行・脅迫」は、逃走の手段として、看守者または看守者に協力する者

になされることを要するが（大塚588頁、西田452頁、山口569頁、大谷568頁）、必ずしもこれらの者の身体に直接加えられるものに限られず、いわゆる間接暴行で足りる（大塚588頁）。

「2人以上通謀して逃走する」とは、2人以上の通謀者がともに逃走したことを必要とする（団藤75頁）。「通謀」とは、意思を通ずることであり、本罪の場合であれば、本罪の主体となる2人以上の者がともに逃走するために意思の連絡を取り合うことをいう。なお、2人以上の者の間で通謀したが逃走したのは1人だけであった場合、逃走した者につき単純逃走罪が成立し、逃走しなかった者には逃走援助罪が成立するにすぎないとされる（大塚588頁、西田453頁、山口570頁、大谷568頁）。

本罪の着手時期について、拘禁場もしくは拘束のための器具を損壊した場合や、暴行もしくは脅迫による場合は、当該行為が開始された時点である（大塚588頁、大谷568頁）。判例も、拘禁場である舎房の壁に脱出可能な穴を開けることを試みたが失敗に終わった事案について、逃走の手段としての損壊が開始されたときは、逃走行為自体に着手していなくても本罪の着手があったと認められることから、加重逃走罪の未遂が成立するとしている（最判昭54・12・25刑集33・7・1105）。もっとも、学説のなかには、拘禁場の一部を損壊しただけで直ちに未遂とすることは疑問であり、拘禁場所から脱出する具体的な可能性を生じない限り、実行の着手を認めるべきではないとする見解もある（西田453頁、山口570頁）。2人以上の通謀による逃走の場合は、通謀しただけでは未だ国家の拘禁作用の具体的な危険が生じたとはいえないから、通謀の上、2人以上の逃走者がともに逃走行為を開始した時点をもって、実行の着手が認められることになる。なお、既遂時期については、通謀逃走者それぞれについて個別に既遂・未遂を判断することになる（大塚588頁、大谷568頁、西田453頁、山口570頁）。

IV 被拘禁者奪取罪

法令により拘禁された者を奪取した者は、3月以上5年以下の懲役に処せられる（99条）。なお、未遂も処罰される（102条）。

1 客体

「法令により拘禁された者」とは、およそ法令に基づき、国家機関によっ

て身体の自由を拘束されている者をいう（大塚588頁、大谷569頁）。もっとも、本章の罪が主として刑事司法手続における拘禁作用を保護法益としていることに鑑みると、本罪の客体も刑事司法手続における拘禁に準ずるような拘禁の対象者に限定すべきであるとされる（西田453頁、山口571頁）。したがって、本罪の客体となるのは、裁判の執行により拘禁された既決または未決の者や勾引状の執行を受けた者、逮捕状によって逮捕された被疑者や勾留状・収容状の執行を受けたが未だ刑事施設等に拘禁されていない者のほか、現行犯逮捕や緊急逮捕により逮捕された者、出入国管理及び難民認定法により収容されている者（同法39条）、逃亡犯罪人引渡法により拘禁されている者（同法5条）などである。

問題となるのは、少年院または少年鑑別所に収容されている少年（少24条・17条・43条）である。学説の多くが、これを本罪の客体に含める立場をとるのに対して（団藤76頁、大塚589頁、山口572頁、大谷569頁）、その拘束の趣旨が保護処分であることを重視して、これを否定的に解する立場も有力である（西田454頁、高橋613頁、曽根299頁、松宮444頁）。しかしながら、これらの施設に少年が収容されるのは保護処分の場合に限られるわけではなく、16歳に満たない者が自由刑（懲役・禁錮）に処せられた場合には、16歳に達するまで少年院で受刑すること（少56条3項）や、少年を勾留する場合には少年鑑別所を拘禁場所にできること（少48条）などに鑑みると、少年院または少年鑑別所に収容されている少年もやはり本罪の客体に含まれうると解すべきであろう。

2 行為

被拘禁者を奪取することである。「奪取」とは、被拘禁者をその看守者の実力的支配から離脱させ、自己または第三者の実力的支配下に移すことをいう（団藤77頁、大塚589頁）。単に被拘禁者を解放して逃走させる場合については、逃走援助罪に当たるとするのが多数説であるが（大塚589頁、大谷569頁、松宮444頁）、この場合も奪取に含まれるとする見解も有力である（西田454頁、山口572頁、高橋614頁）。

V 逃走援助罪

法令により拘禁された者を逃走させる目的で、器具を提供し、その他逃走

を容易にすべき行為をした者は、3年以下の懲役に処せられる（100条1項）。前項の目的で、暴行または脅迫をした者は、3月以上5年以下の懲役に処せられる（同2項）。なお、未遂も処罰される（102条）。

  1 客体

  本罪の客体は、法令により拘禁された者である。「法令により拘禁された者」とは、被拘禁者奪取罪（99条）におけるのと同様であるが、その範囲は単純逃走罪や加重逃走罪の客体よりも広いことから、逃走者自身について単純逃走罪が成立しない場合であっても、逃走援助罪は成立しうることになる。

  2 行為

  本罪の行為は、被拘禁者を逃走させる目的で（目的犯）、器具を提供し、その他逃走を容易にする行為をすること、または暴行・脅迫をすることである。

  「逃走を容易にすべき行為」とは、例えば、被拘禁者に逃走の機会または方法を教示したり、あるいは、拘束のための器具を解除したりするなど、言語によるものであれ動作によるものであれ、およそ被拘禁者の逃走を容易にする行為であればよく、器具の提供はその例示にすぎない。本罪は、逃走を容易にすべき行為が終了したときに既遂となり、現実に被拘禁者が逃走に着手し、逃走を遂げることまでは要しない。

  暴行・脅迫は、被拘禁者の逃走を容易にする程度のものであることを要するが、必ずしも看守者等に直接向けられたものである必要はない（大塚590頁、西田455頁、山口574頁、大谷570頁）。なお、暴行・脅迫については、被拘禁者を奪取する目的でこれを行ったものの奪取に至らなかった場合は、被拘禁者奪取罪の未遂となり刑を減軽しうる一方で、被拘禁者を逃走させる目的で行った場合、本罪の既遂となり、被拘禁者奪取罪の既遂の場合と刑を同じくすることになり、取扱いに不均衡が生じるという問題があるが、これについては、さしあたり量刑の上で考慮するしかないとされる（団藤77頁、大塚590頁、西田455頁、山口574頁、大谷571頁）。

Ⅵ 看守者等逃走援助罪

  法令により拘禁された者を看守しまたは護送する者がその拘禁された者を逃走させたときは、1年以上10年以下の懲役に処せられる（101条）。なお、未遂も処罰される（102条）。

1 主体

本罪の主体は、看守者または護送者に限られる（身分犯）。これらの者は、必ずしも公務員でなくてもよいが、法令上の根拠に基づいて任務に就いていることが必要である（団藤 78 頁、大塚 591 頁、山口 575 頁、大谷 571 頁、反対説として西田 455 頁）。

なお、看守者・護送者の身分は、逃走させる行為の時点で存在すれば足り、実際に被拘禁者が逃走した時点においてその身分を有していなくても本罪は成立する（大判大 2・5・22 刑録 19・626）。

2 客体

法令により拘禁された者である。その意義については、被拘禁者奪取罪、逃走援助罪におけるのと同様である。

3 行為

被拘禁者を逃走させることである。「逃走させる」の意義については、被拘禁者の逃走を惹起し、またはこれを容易にさせる一切の行為をいうと解するのが通説であるとされるが（大塚 591 頁、大谷 571 頁）、本条の文言から、被拘禁者を積極的に解放するか、その逃走を黙認する行為に限定されるとする見解も有力である（西田 456 頁、山口 576 頁）。

第3節　犯人蔵匿および証拠隠滅の罪

Ⅰ　総説

　刑法典第2編第7章「犯人蔵匿及び証拠隠滅の罪」は、犯罪捜査、刑事裁判、刑の執行などといった国家の刑事司法作用を保護法益とする罪であり（最判昭24・8・9刑集3・9・1440、最決平元・5・1刑集43・5・405）、犯人蔵匿罪（103条）、証拠隠滅罪（104条）、証人等威迫罪（105条の2）の3種類の罪によって構成されている。犯人蔵匿罪は、犯人を匿うことでその発見・拘束を妨げ、刑事裁判あるいは刑の執行を免れさせる罪である。証拠隠滅罪は、他人の刑事事件における証拠を隠滅したり偽造したりすることによってその利用を妨げる罪である。いずれの罪も犯人の庇護のために行われることが多いが、そのことが必ずしも犯罪の成立要件になっているわけではなく、例えば、無実の者に犯罪の嫌疑をかけるために行われたような場合にも本罪は成立しうる。ただし、これらの罪を犯人の利益のためにその親族が行った場合については特例があり、刑の任意的免除が認められている（105条）。証人等威迫罪は、犯罪捜査や刑事裁判において証人となった者などを犯人などの報復から保護するために、昭和33（1958）年の刑事訴訟法の改正に伴って設けられたものであり、証拠隠滅等に類似するところがあることから、本章において規定されているものである。

Ⅱ　犯人蔵匿罪

　罰金以上の刑に当たる罪を犯した者または拘禁中に逃走した者を蔵匿し、または隠避させた者は、2年以下の懲役または20万円以下の罰金に処せられる（103条）。

1　客体

　「罰金以上の刑に当たる罪」とは、法定刑に罰金以上の刑が含まれている罪をいう。したがって、ほとんどの罪はこれにあてはまり、除外されるのは法定刑が拘留または科料のみである侮辱罪（231条）や軽犯罪法違反の罪などごくわずかである。

　「罪を犯した者」の意義をめぐっては、いくつかの見解が対立している。

まず判例の立場であるが、例えば、最高裁昭和24・8・9判決（刑集3・9・1440）は、恐喝罪の被疑者として逮捕状が発付されたため逃走していた者を、その旨を知りながら蔵匿した事案において、「刑法103条は司法に関する国権の作用を妨害する者を処罰しようとするのであるから、『罪ヲ犯シタル者』は犯罪の嫌疑によって捜査中の者をも含むと解釈しなくては、立法の目的を達し得ない」として、犯罪の嫌疑によって捜査中の者も本罪の客体に含まれるとしており[1]、学説においてもこの見解を支持する説は多い（西田458頁、前田634頁、高橋618頁）。

その一方で、「罪を犯した者」という条文の文言に反するだけではなく、真犯人ではない者を蔵匿・隠避した場合に、刑事司法作用を侵害する程度は、真犯人を蔵匿・隠避した場合に比べて著しく低く（違法性の減少）、なおかつ、真犯人ではない者が捜査・訴追を受けている場合に、これを匿うことは人情の上からある程度やむをえないことであり、期待可能性が低い（有責性の減少）として、本罪の客体を真犯人に限定すべきであるとする見解もまた強く主張されている（団藤81頁、山口578頁、大谷573頁、曽根300頁）。もっとも、この見解においても、被疑者・被告人の蔵匿・隠避に成功すれば刑事手続によってこれらの者の真犯人性を確かめることができなくなることや、本罪の審理過程において被蔵匿者の真犯人性を確かめることにはその正確性において限界があるといったことに加えて、行為者がその者を真犯人ではないと誤信していた場合、本罪の故意が阻却され、本罪が成立しないという問題がある。

いずれの見解にも相応の理由があるが、本罪の立法趣旨に立ち返った場合、それは犯罪捜査、刑事裁判、刑の執行などといった国家の刑事司法作用を保護するという点にある。刑事司法の目的は、犯罪の嫌疑があるとされる者（被告人）が真犯人かどうかの確定を行い、真犯人であった場合には相応の刑罰を言い渡すことにあるから、かりに真犯人ではないにしても、捜査・公判の時点で、ある程度の嫌疑が認められれば被疑者・被告人として扱われてしまうことはやむをえないし、こうした過程を経ない限り、真犯人かどうかはあくまで不明なままである。したがって、捜査・公判の時点で、真実は真犯人であろうとなかろうと、少なくとも犯罪の嫌疑のある者を匿うことは、こうした刑事司法作用を妨害することになるといわざるをえないであろう[2]。

なお、犯罪の嫌疑によって捜査中の者も本罪の客体に含まれるとした場合、通常は逮捕されない者についても、捜査機関が犯人と疑っているだけで本罪の客体となってしまうとして、客観的・合理的な判断によって真犯人であると強く疑われる者をいうとする見解があるが（大塚593頁、佐久間426頁）、これに対しては基準が不明確であるという指摘がある（西田458頁）。また、かりに逮捕状発付の可能性を判断の基準にするとしても、その要件は、被疑者に罪を犯したことを疑うに足りる相当な理由があり、なおかつ、逃亡あるいは罪証隠滅のおそれがある場合であるから（刑訴199条、刑訴規143条の3）、逮捕状が発付されないからといって、犯罪の嫌疑の程度が低いということには必ずしもならない。それゆえ、被疑者が受けている犯罪の嫌疑の程度を推し量る基準としてはいささか不十分であろう。

　他方、親告罪の告訴権の消滅、公訴時効の完成、刑の廃止、恩赦などによって訴追・処罰の可能性のなくなった者については、これを蔵匿・隠避したとしても、国家の刑事司法作用を侵害するおそれはないから、本罪の客体から除外されるが、親告罪において告訴がなされていないにとどまる者や不起訴処分を受けたにとどまる者については、訴追・処罰の可能性が残されている以上、本罪の客体に含まれることになる（団藤82頁、大塚594頁、西田458頁、山口578頁、大谷574頁）。なお、犯人がすでに死亡している場合であっても、捜査機関が犯人を未だ特定していない段階で、捜査機関に対して自己が犯人である旨の虚偽の事実を申し立てた場合、犯人の発見を妨げる行為として捜査という刑事司法作用を妨害することになるから、死者も本罪の客体になりうるとされる（札幌高判平17・8・18判時1923・160、西田458頁、前田633頁、髙橋621頁、反対説として松宮448頁）。

　「拘禁中に逃走した者」とは、法令による拘禁を破って逃走した者をいう。自ら逃走したか、第三者によって奪取されたかは問わない。

2　行為

　犯人等を蔵匿または隠避させることである。「蔵匿」とは、官憲による発見・逮捕を免れるべき場所を提供して匿うことをいい、「隠避」とは、蔵匿以外の方法で官憲による発見・逮捕を免れさせる一切の行為をいう（大判昭5・9・18刑集9・668）。隠避行為に当たる例としては、逃走用の資金や変装のための衣類を提供する行為（大判大12・2・15刑集2・65）、留守宅の状況や捜査

の形勢を知らせる行為（前掲大判昭5・9・18）、被疑者の発見・逮捕を免れるために参考人が積極的に虚構の事実を供述して捜査官を欺く行為（和歌山地判昭36・8・21下刑集3・7=8・783）などがある。また、判例は、暴力団の幹部が、殺人未遂罪によって逮捕・勾留中の組長が訴追・処罰されるのを免れさせる目的で、組員に身代わり犯人として出頭させ、自己が犯人である旨の虚偽の供述をさせた事案につき、「刑法103条は、捜査、審判及び刑の執行等広義における刑事司法の作用を妨害する者を処罰しようとする趣旨の規定であって（中略）、同条にいう『罪を犯したる者』には、犯人として逮捕勾留されている者も含まれ、かかる者をして現になされている身柄の拘束を免れさせるような性質の行為も同条にいう『隠避』に当たると解すべきである」として、犯人隠避教唆罪の成立を認めており（最決平元・5・1刑集43・5・405）、学説も概ねこれを支持する（西田459頁、大谷575頁、前田633頁、高橋621頁、反対説として曽根301頁、松宮447頁）。なお、本罪は抽象的危険犯であり、現実に刑事司法作用を侵害することは必要ではなく、そのおそれを生じさせれば足りる。したがって、蔵匿行為があれば、捜査機関が被蔵匿者の所在を知っていても本罪が成立することになる（東京地判昭52・7・18判時880・110）。

3　故意

本罪の故意は、蔵匿・隠避の客体が罰金以上の刑に当たる罪を犯した者であるか、あるいは拘禁中に逃走した者であることを認識し、かつ、これを蔵匿・隠避する旨を認識していることである。ここで問題となるのは、「罰金以上の刑に当たる罪を犯した者」の認識の内容である。この点につき、判例は、被蔵匿者が密入国者であることを認識してこれを蔵匿した以上、密入国の刑が罰金以上であれば、その認識がなくても本罪が成立するとしている（最決昭29・9・30刑集8・9・1575）。学説においても、かつては、罰金以上の刑に当たることの認識が必要であるとする見解が通説であったが、法定刑の認識を必要とすることは法律の素人にとって過多の要求であることから、現在では、客観的に罰金以上の刑が定められている犯罪であれば、罪名あるいは漠然と重大犯罪を行った者という認識があれば足りるとする見解が有力である（団藤84頁、大塚596頁、西田460頁、山口581頁、大谷576頁、佐久間428頁、高橋622頁）。したがって、犯した罪の内容に錯誤があっても、いずれも罰金以上の刑に当たる罪であれば故意は阻却されないが（大阪高判昭56・12・17刑月

13・12・819)、拘留・科料に当たるべき罪を犯した者と誤信して、これを蔵匿した場合には、故意が阻却されることになる（団藤 84 頁、大塚 596 頁）。

4　共犯関係

本罪の主体に犯人・逃走者自身は含まれていないが、これは期待可能性が欠如しているためである。そこで問題となるのは、犯人・逃走者自身が他人を教唆して自己を蔵匿・隠避させた場合である。判例は、他人を教唆してまで、蔵匿・隠避の目的を遂げようとすることは防禦権の濫用に当たるとして、教唆犯の成立を認めており（大判昭 8・10・18 刑集 12・1820、最決昭 35・7・18 刑集 14・9・1189、最決昭 40・2・26 刑集 19・1・59）、学説においても、他人を教唆して蔵匿・隠避を図る場合は、他人を犯罪に巻き込むものであり、もはや期待可能性がないとはいえないとして、教唆犯の成立を肯定する見解がある（団藤 90 頁、大塚 601 頁、佐久間 429 頁）。もっとも、この見解に対しては、因果共犯論（惹起説）の立場から、正犯と共犯の違法性の実質は同じであり、犯人・逃走者自身の正犯としての蔵匿・隠避に期待可能性が認められないとされる以上、それより軽い罪である教唆について期待可能性が認められるはずがないとして、教唆犯の成立を否定する見解も強く主張されている（西田 460 頁、山口 582 頁、大谷 577 頁、曽根 302 頁、高橋 624 頁）。

1) さらに、最高裁昭和 28・10・2 判決（刑集 7・10・1879）は、真に罰金以上の刑に当たる罪を犯した者であれば、捜査開始前においても、本罪の客体に含まれるとしている。
2) なお、結果的に無罪が確定した者を蔵匿したとしても、そのことは量刑の事情として考慮すべきである（前田 634 頁）。
3) もっとも、大阪高判昭 59・7・27（高刑集 37・2・377）は、隠避行為につき、一切の行為といっても自ずから限界があるべきで、蔵匿行為の場合と同様、逃げ隠れさせる行為または逃げ隠れするのを直接的に容易にする行為に限定されるべきであるとする。

Ⅲ　証拠隠滅罪

他人の刑事事件に関する証拠を隠滅し、偽造し、もしくは変造し、または偽造もしくは変造の証拠を使用した者は、2 年以下の懲役または 20 万円以下の罰金に処せられる（104 条）。

1　客体

「他人」とは、行為者以外の者をいう。自己の刑事事件に関する証拠が除外されているのは、期待可能性が欠如しているためである（大塚 596 頁、西田

461頁、山口583頁、大谷577頁、佐久間429頁）。また、「証拠」とは、刑事事件において捜査機関や裁判所が必要とする一切の資料をいい（大判昭10・9・28刑集14・997）、犯罪の成否に関わる証拠のみならず、被告人の情状に関する証拠も含まれるし（大判昭7・12・10刑集11・1817）、人的・物的証拠のいずれであるかも問われないとされる（最決昭36・8・17刑集15・7・1293）。証拠は刑事事件に関するものに限られ、民事事件、懲戒事件、非訟事件などの証拠は本罪の客体とはならないが、少年事件の証拠は本罪の客体に含まれるとされる（札幌地判平10・11・6判時1659・154）。刑事事件は、現に裁判所に係属している事件に限られず、将来、係属しうるものも含まれるし、被疑事件はもちろん、未だ被疑事件に至らないものも含まれるとされる。また、犯罪の軽重も問われず、最終的に起訴されたかどうか、有罪となったかどうかも問われない。これは、起訴を免れたり、あるいは無罪になったりする目的のほか、無実の者を罪に陥れる目的で証拠隠滅行為がなされる可能性もあるからである。（団藤85頁、大塚597頁）。

なお、自己の刑事事件に関する証拠が共犯者の刑事事件に関する証拠でもある場合において、これを隠滅等した場合に本罪の成立を肯定しうるかということについては争いがある。判例においては、他人の刑事事件に当たるとして本罪の成立を認めるものがある一方で（大判大7・5・7刑録24・555、大判昭7・12・10刑集11・1817）、それが自己のためになされたものであれば本罪は成立しないが、もっぱら共犯者のためになされた場合には本罪の成立を認めるものがあるなど（大判大8・3・31刑録25・403）、必ずしも一様ではない。これに対して、学説においては、後者の判例と同様、もっぱら共犯者のためになされた場合には他人の刑事事件に当たるとして、本罪の成立を認める見解が有力である（団藤86頁、大塚597頁、山口584頁、大谷578頁）。これは、もし、このような場合に本罪の成立を認めてしまえば、単独犯の場合であれば証拠の隠滅行為等を行っても本罪の成立はないのに、共犯者がいる場合には一切の隠滅行為等が処罰の対象となってしまい、妥当ではないからである。また、学説のなかには、本罪の成立を否定する見解（西田461頁）もあるが、この立場をとった場合、他人の刑事事件に関する司法作用を妨害することになるにもかかわらず本罪の成立を否定することが妥当な結論なのか疑問が残されることになるとされる（大塚597頁、山口584頁）。

また、この問題に関連して、共犯者を蔵匿・隠避した場合の取り扱いが問題となる。共犯者は自己の事件にとっての証拠（人的証拠）である。したがって、共犯者を蔵匿・隠避する行為は自己の刑事事件の証拠を隠滅する行為に当たり、本罪の成立は認められないが、その一方で、こうした行為は、犯人蔵匿・隠避罪をも同時に構成しうるものであり、この場合においても同罪が成立するかどうかが問われることになる。この点につき、裁判例のなかには、暴力団組長が、配下の者と共謀の上、被害者を監禁し死亡させるに至ったが、その後、共犯者である配下の者8名を逃亡させるなどして蔵匿・隠避したという事案につき、証拠隠滅罪と犯人蔵匿・隠避罪は、抽象的にはいずれも国家の刑事司法作用を保護法益とするものであるが、両者の間にはその具体的態様において相違があるとした上で、「被告人自身の刑事被告事件の証拠方法となるのみならず、終局的には共犯者である犯人自身の刑事被告事件における刑執行の客体ともなる者自体を蔵匿し、隠避せしめて、当該犯人に対する捜査、審判及び刑の執行を直接阻害する行為は、もはや防禦として放任される範囲を逸脱するものというべきであって、自己の刑事被告事件の証 憑 湮滅としての側面をも併有することが、一般的に期待可能性を失わせる事由とはなりえない」として、犯人蔵匿・隠避罪の成立を認めるものがある（旭川地判昭57・9・29刑月14・9・713）。これに対して、学説においては、犯人蔵匿・隠避罪と証拠隠滅罪の法定刑および保護法益が同一であることに加えて、重要な証拠を隠滅する行為の法益侵害の度合いも犯人蔵匿・隠避罪の場合と変わらないこと、あるいは、証拠隠滅罪の場合と同様に、もっぱら自己の利益のために蔵匿・隠避行為がなされた場合であれば、やはり期待可能性が欠けるといえることから、犯人蔵匿・隠避罪の成立を否定する見解も有力である（西田462頁、山口585頁、高橋626頁、佐久間430頁）。

2　行為

　証拠を隠滅すること、偽造・変造すること、または偽造・変造された証拠を使用することである。「隠滅」とは、物理的滅失に限らず、証拠の顕出を妨げ、もしくはその効力を滅失・減少させる一切の行為をいう（大判明43・3・25刑録16・470）。具体的には、証拠物の隠匿、証人の隠匿、参考人の隠匿などがある。「偽造」とは、不真正な証拠を作成することをいい、「変造」とは、真正な証拠に加工して、その証拠としての効力に変更を加えることをいう。

文書偽造・変造とは異なり、文書についての作成権限の有無を問わないので、作成名義人が内容虚偽の文書を作成した場合であっても本罪が成立する（団藤87頁、大塚599頁、西田463頁、山口587頁、佐久間430頁）。

　これに関連して、証人や参考人の虚偽供述が証拠偽造罪に当たるかどうかが問題となる。判例によれば、宣誓した証人が偽証した場合は偽証罪が成立し証拠隠滅罪は成立しないとされるが（最決昭28・10・19刑集7・10・1945）、これに対して、宣誓していない証人が虚偽の陳述を行った場合は、偽証罪のみならず証拠偽造罪も成立しないとされる（大判昭9・8・4刑集13・1059）。そして、参考人が虚偽の供述を行った場合も、虚偽供述は偽証罪に限って処罰するのが法の建前とされていることや、本罪における証拠とは物理的な存在としての証拠方法（証人・参考人）に限られ、そこから得られる証拠資料（証言・供述）までは含まれないことから、証拠偽造罪は成立しないとされている（大阪地判昭43・3・18判タ223・244、宮崎地日南支判昭44・5・22刑月1・5・535、千葉地判平7・6・2判時1535・144、千葉地判平8・1・29判時1583・156）。もっとも、これに対しては、偽証罪の法定刑の重さに鑑みると、その他の虚偽供述を不可罰とするのはバランスに欠けることや、虚偽供述が上申書・供述書・供述調書などの形で文書化された場合には物理的存在となり、証拠としての価値も有することから、本罪の成立を認める余地も残されているとする見解がある（西田463頁、山口588頁、大谷579頁、高橋629頁[4]）。

　「使用」とは、偽造・変造された証拠を、捜査機関や裁判所に対して、真正の証拠として用いることをいう。

3　共犯関係

　本罪においては、犯人が自己の刑事事件に関する証拠を隠滅等しても不可罰であるが、隠滅行為等に他人が関与した場合の取り扱いが問題となる。まず、犯人が他人に自己の刑事事件に関する証拠の隠滅等を教唆した場合であるが、判例は証拠隠滅罪の成立を認めており（最決昭40・9・16刑集19・6・670）、学説においてもこれを支持する見解が多い（団藤90頁、大塚601頁、福田34頁、佐久間432頁）。もっとも、期待可能性が欠けるという点については、自ら正犯として行為しようと共犯として関与しようと変わりはないとして、本罪の成立を否定する見解もある（西田464頁、山口589頁、大谷580頁）。次に、他人が犯人を教唆してその刑事事件に関する証拠を隠滅等した場合であるが、

この場合においては、正犯である犯人の行為について構成要件該当性が認められないことから、共犯の成立も否定されることになる（西田 464 頁、山口 589 頁、大谷 581 頁）。

4）　なお、裁判例のなかには、参考人が内容虚偽の上申書を検察官に提出した事案について、証拠偽造罪の成立を認めたものがある（東京高判昭 40・3・29 高刑集 18・2・126）。

Ⅳ　親族による犯罪に関する特例

前 2 条の罪については、犯人または逃走した者の親族がこれらの者の利益のために犯したときは、その刑を免除することができる（105 条）。

犯人蔵匿等罪および証拠隠滅等罪については、犯人または逃走した者の親族がこれらの者の利益のために犯したときは、その刑を免除することができる。犯人等の親族がこれらの罪を犯すことは、親族間の人情に基づく行為であり、期待可能性が乏しく、責任の程度が減少することから、任意的な刑の免除事由としたものである。この点につき、昭和 22（1947）年の刑法改正以前は、「之ヲ罰セス」と規定されており、親族は不可罰とされていたが、国家の刑事司法に対する協力という公民的倫理を親族の庇護という家族的倫理よりも優先させるという発想に基づいて、現行の規定に変更されたという経緯がある。

「犯人」とは罰金以上の刑に当たる罪を犯した者（103 条）、または刑事事件の被告人、被疑者もしくは将来被疑者となりうる者（104 条）をいい、「逃走した者」とは、拘禁中に逃走した者（103 条）をいう。また、親族の範囲は、民法の規定によって定められる（民 725 条）。本規定が適用されるためには、犯人または逃走した者の親族が、犯人または逃走した者の利益のために犯人蔵匿罪ないしは証拠隠滅罪を行うことが必要である。「利益のため」とは、刑事訴追、有罪判決、刑の執行または拘禁を免れさせることの目的のことをいう（大谷 581 頁）。したがって、上記の犯罪が、その不利益のためになされた場合はもとより、共犯者の利益のためだけになされた場合にも、本規定の適用はないとされる（大塚 600 頁、大谷 581 頁）。問題となるのは、犯人・逃走者の利益のために行った行為が、同時に、他人の利益のためにもなっており、そのことを行為者が認識している場合であるが、判例は、このような場合においては本規定の適用を認めないとしている。もっとも、学説に

おいては、証拠隠滅等罪の場合と同じ理由に基づいて、本規定の適用を認める見解も有力である（山口 590 頁、高橋 631 頁）。なお、親族ではない犯人・逃走者を親族であると誤信して、これを蔵匿・隠避した場合については、期待可能性の錯誤により、その責任が減少ないし阻却されるものとして、本規定の適用を認める余地があるとされる（大塚 600 頁、大谷 582 頁）。

ところで、本規定の適用をめぐっては、親族と犯人あるいは他人との共犯関係が問題となることがある。

まず、親族と他人の共犯関係については、親族が他人を教唆して犯人蔵匿、証拠隠滅等を行わせる場合が考えられる。このような場合について、判例は、犯人蔵匿等罪や証拠隠滅等罪における共犯関係と同様、「庇護の濫用」であるとして、本規定は適用されないとする（大判昭 8・10・18 刑集 12・1820）。学説においても、本規定は、親族自身の行為についてのみ刑の免除を認める趣旨であり、他人に犯罪を行わせた場合には、もはやその適用を受けることはできないとして、判例の立場を支持するものがある（団藤 89 頁、大塚 601 頁、佐久間 434 頁）。一方で、この場合においても犯人蔵匿等罪の場合と同様に、正犯として期待可能性が減少するとされる場合には、教唆としても期待可能性が減少すると解されることから、本規定の適用を認めるべきであるとする見解も強く主張されている（西田 464 頁、山口 590 頁、大谷 582 頁、前田 643 頁、高橋 631 頁）。他方、これとは逆に、他人が親族を教唆して犯人蔵匿、証拠隠滅等を行わせる場合も考えられる。この場合、親族に犯罪が成立することは明らかであり、したがって、他人にも同罪の教唆犯が成立することになる。ただし、期待可能性の減少という事情は親族の一身に限られ、他人である教唆犯には及ばないと考えられることから、正犯である親族については本規定の適用が認められるものの、教唆犯である他人については本規定の適用は認められないことになる（団藤 89 頁、大塚 601 頁、西田 466 頁、山口 590 頁、大谷 582 頁、前田 644 頁、佐久間 434 頁、曽根 304 頁、高橋 631 頁）。

次に、親族と犯人との共犯関係については、親族が犯人等を教唆して自己蔵匿・隠避、自己の刑事事件に関する証拠の隠滅を行わせる場合が考えられる。このような場合においては、正犯である犯人等に構成要件該当性がない以上、教唆犯である親族についても不可罰であると解されることになる（西田 466 頁、山口 591 頁、佐久間 434 頁、曽根 304 条）。これとは逆に、犯人等が親

族を教唆して犯人蔵匿、証拠隠滅等を行わせる場合も考えられる。学説においては、この場合についても、親族に犯罪が成立する以上、犯人等に期待可能性がないとはいえないとして犯人等に教唆犯の成立を認めるが、正犯である親族について本規定の適用が認められることから、犯人等についても本規定の適用を認める余地があるとする見解（団藤89頁、大塚602頁、佐久間434頁）と、犯人自身について正犯として期待可能性が認められない以上、教唆犯としても不可罰にすべきであるという見解（西田466頁、山口591頁、大谷582頁、曽根304頁）とが対立している。

V　証人等威迫罪

自己もしくは他人の刑事事件の捜査もしくは審判に必要な知識を有すると認められる者またはその親族に対し、当該事件に関して、正当な理由がないのに面会を強請し、または強談威迫の行為をした者は、1年以下の懲役または20万円以下の罰金に処せられる（105条の2）。

本罪は、刑事事件の被疑者、被告人またはその関係者が、証人や被害者等に対して威圧的言動や報復を行うことを防ぐために、昭和33（1958）年の刑法改正によって設けられたものである。それゆえ、その保護法益には、国家の刑事司法作用に加えて、証人などの私生活の平穏（個人的法益）が含まれる（大塚592頁、西田467頁、山口591頁、大谷583頁）。

「刑事事件」とは、被疑事件・被告事件だけでなく、将来被疑事件となりうるものも含まれる（東京高判昭35・11・29高刑集13・9・639）。また、本罪の保護法益には証人などの私生活の平穏も含まれていることから、本罪は、他人の刑事事件のみならず自己の刑事事件についても成立する。「捜査もしくは審判に必要な知識」とは、犯罪の成否に関する知識に限らず、情状に関するものや犯人または証拠の発見に役立つものなどのすべてを含むとされる（団藤93頁、大塚603頁）。また、「知識を有すると認められる者」とは、現にその知識を有している者だけではなく、諸般の事情から客観的に知識を有すると認められる者をいう。したがって、実際にはその知識を有しない者であっても本罪の客体となりうる。（大塚603頁、山口592頁、大谷583頁、佐久間435頁）。刑事事件の被害者や証人・参考人がこれに当たるが、証人・参考人となりうる限り、当該事件の捜査を担当した検察官や警察官なども本罪の客体

に含まれることになる（大塚603頁、大谷583頁、東京高判昭39・7・6高刑集17・4・422）。

「面会を強請し」とは、面会の意図のないことの明らかな相手方に対して、面会を強要することをいう。「強談」とは、相手方に対して、言語によって強いて自己の要求に応ずるように迫ることをいい、「威迫」とは、相手方に対して、言語・動作によって気勢を示し、不安・困惑の念を生じさせることをいう。なお、これらの行為については、本罪の保護法益に私生活の平穏が含まれることに鑑みて、直接相手方の住居や事務所などで行うことが必要であり、書信・電話などによって間接的に行われる場合や面会における場合は含まれないとされる（大塚604頁、大谷584頁、福岡高判昭38・7・15下刑集5・7=8・653）。もっとも、この見解に対しては、こうした間接的な方法・手段によっても被害者が不安の念を抱くことはありうるし、面前であっても被害者にその意思がなければ面会とはいえないとして、本罪の成立を認めるべきであるとする見解もある（西田467頁）。[5]

---

[5] 山口593頁は、少なくとも強談威迫については本罪の成立を認めるべきであるとする。なお、威迫について文書の送付による場合も含まれるとした判例として、最決平19・11・13刑集61・8・743。

第4節　偽証の罪

I　総説

刑法典第2編第20章「偽証の罪」は、法律により宣誓した証人・鑑定人・通訳人・翻訳人が、虚偽の陳述・鑑定・通訳・翻訳を行う犯罪である。刑法典において、偽証罪は、偽造罪（第16章〜第19章の2）に続いて規定されているが、これは、かつては偽証罪が、公共の信用を害する偽造罪の一種として考えられていたためである。しかしながら、偽証が処罰される本質的な理由は、偽証が行われることによって、裁判や懲戒処分の適正さが侵害されるおそれが生じる点にあるのであり、それゆえ、今日では、偽造罪は国家的法益に対する罪と位置付けられ、その保護法益も国家の審判作用の適正さであるという理解が一般的となっている（団藤95頁、大塚605頁、西田469頁）。

II　偽証罪

法律により宣誓した証人が虚偽の陳述をしたときは、3月以上10年以下の懲役に処せられる（169条）。

1　主体

本罪の主体は、法律により宣誓した証人である（身分犯）。「法律により」とは、宣誓の根拠が法律ないしは法律により委任された命令に規定されていることをいう。例えば、法律上の根拠としては、民事訴訟法201条、刑事訴訟法154条、非訟事件手続法53条、少年法14条などがあり、命令上の根拠としては、国家公務員法16条・91条に基づく人事院規則13-1「不利益処分についての不服申立て」52条などがある。これらの根拠に基づいて宣誓した証人が本罪の主体である。

「宣誓」は、尋問の前に行われることが原則であるが（刑訴規117条、民訴規112条本文）、例外的に尋問の後に行われることもある（民訴規112条但書）。判例は、尋問の後に宣誓がなされた場合であっても偽証罪が成立するとしており（大判明45・7・23刑録18・1100）、学説も、保護法益の点からみた場合、事後宣誓による場合であっても、虚偽の陳述がなされることによって国家の審

判作用の適正さに対する危険が生じうるとして、概ねこれを支持する（団藤98頁、西田469頁、山口595頁、大谷587頁、高橋635頁）。もっとも、これに対しては、文理上、宣誓が陳述に先行すべきであるとともに、真実を述べる旨の宣誓をしたにもかかわらず、あえて虚偽の陳述を行ったからこそ本罪によって処罰されうるとして、事後宣誓の場合には本罪の成立を否定する見解もある（大塚608頁、曽根306頁、前田648頁、佐久間438頁）。

また、宣誓は、適法なものでなければならない。したがって、宣誓無能力者、すなわち、宣誓の趣旨を理解できない者（民訴201条2項、刑訴155条）に対して誤って宣誓させた場合、その宣誓は無効であり、本罪は成立しないことになる（最大判昭27・11・5刑集6・10・1159）。これに対して、宣誓拒否権（民訴201条4項）あるいは証言拒絶権（刑訴146条・147条・149条、民訴196条・197条）を有する者が、これを行使せずに宣誓した上、虚偽の陳述を行った場合には、本罪が成立する（大判大12・4・9刑集2・327、最決昭28・10・19刑集7・10・1945）。なお、刑事被告人は、自己の刑事被告事件に関しては供述拒否権を有することから証人とはなりえないが（刑訴311条）、審理が分離されている共犯者あるいは共同被告人の刑事被告事件においては証人となりうることから、証言拒絶権を行使せずに宣誓した上、虚偽の陳述を行った場合には、本罪が成立することになる（大判明44・2・21刑録17・157）。

2　行為

虚偽の陳述を行うことであるが、その意義をめぐっては、いわゆる主観説と客観説との間で争いがある。主観説は、証人が記憶に反する証言をすることによって国家の審判作用が害される抽象的危険があるとして、証人の主観的な記憶を基準として虚偽かどうかの判断を行うべきであるとするものであり（団藤101頁、大塚608頁、大谷588頁、佐久間439頁）、判例も主観説をとる（大判大3・4・29刑録20・654）。これに対して、客観説は、陳述内容が証人の記憶に反していたとしても、それが客観的事実と合致していれば国家の審判作用を害する危険はないとして、陳述内容が客観的真実に合致するかどうかを基準として虚偽かどうかの判断を行うべきであるとする（西田472頁、山口596頁）。この点につき、客観説によれば、人間の記憶は必ずしも正確なものではないから、たとえ自分の体験や記憶に反してはいても、それが自分の思い違いであると思ったときは、自分が真実だと確信する内容の証言が許され

てしかるべきであるとされる（西田472頁）。しかしながら、証人尋問の意義からすると、証人とは事実認定者に対して自己の体験した事実を陳述する者であり、事実認定者はこれを尋問し、その陳述内容を吟味した上で事実認定を行うものであるから、証人においては自己の体験時の記憶をありのままに陳述すべきであり、体験時の記憶とその後の確信が異なる場合は、少なくとも、その旨も含めて陳述すればよい（尋問の意義は、まさにこうした体験・記憶に誤謬がないかどうかをチェックする点にあると考えられる）。したがって、基本的には主観説が妥当であると思われるが、端的に、証人は現に体験した事実を述べるべきであると考えれば、両説の差はほとんどないとする指摘もある（松宮454頁）。

なお、本罪は、国家の審判作用の適正さを害するおそれを罰する抽象的危険犯であり、判例も、裁判の結果に影響をもたらしたかどうかにかかわらず、虚偽の陳述を行えば本罪が成立するとしている（大判明43・10・21刑録16・844）。もっとも、虚偽の陳述が、国家の審判作用を害する抽象的危険すら含んでいない場合、本罪の成立は否定されるべきである（団藤102頁、大塚609頁、山口596頁、大谷590頁）。

本罪の既遂時期については、事前宣誓の場合は、1回の尋問手続における陳述全体が終了したときと解するのが通説である（団藤103頁、大塚610頁、西田472頁、山口597頁、大谷591頁、高橋639頁）。したがって、虚偽の陳述を行ったとしても、全体の陳述が終了するまでにこれを訂正すれば本罪は成立しない。事後宣誓の場合は、宣誓の終了により本罪は既遂となる（山口597頁、高橋639頁）。ひとたび既遂となれば、その後に虚偽の陳述を訂正しても本罪の成立は否定されないが、自白による刑の減免規定（170条）の適用を受ける余地はある。

3　共犯関係

本罪においても、刑事被告人が自己の刑事被告事件について、第三者に偽証を教唆した場合の取り扱いが問題となる。判例は本罪の成立を肯定しており（最決昭28・10・29刑集7・10・1945）、学説も、現行制度上は刑事被告人が自己の刑事被告事件の証人として宣誓して証言することはないが、本来的には刑事被告人も証人となりうることを考慮すれば、本罪においても正犯となりうるし、そうである以上、当然教唆犯となる余地も残されることになるとして、

概ね判例の立場を支持する（団藤104頁、大塚611頁、山口597頁、曽根309頁、高橋640頁、佐久間440頁）。もっとも、その一方で、偽証教唆も一種の証拠隠滅行為であると解するならば、証拠隠滅等罪の場合と同様に、刑事被告人には類型的に期待可能性が欠如するとして、本罪の成立を否定する見解も有力である（西田473頁、大谷592頁）。

Ⅲ 虚偽鑑定・通訳罪

法律により宣誓した鑑定人、通訳人または翻訳人が虚偽の鑑定、通訳または翻訳をしたときは、前2条の例による（171条）。

1 主体

本罪の主体は、法律により宣誓した鑑定人、通訳人、翻訳人である（身分犯）。「法律により宣誓した」とは、偽証罪の場合と同様に、法律ないしは法律により委任された命令に基づいて宣誓を行うことをいう（刑訴166条・178条、民訴216条・217条・154条）。なお、捜査機関によって鑑定を嘱託された者（刑訴223条）などは、鑑定人ではなく、宣誓の要件も欠くことから、本罪の客体に含まれない。

2 行為

虚偽の鑑定、通訳、翻訳を行うことである。鑑定の報告は、書面によってなされる場合と口頭によってなされる場合がある（民訴215条、刑訴規129条）。ここでも「虚偽」の意義について、偽証罪と同様、見解の対立がある。判例は「虚偽鑑定の罪は、法律に依り宣誓したる鑑定人が鑑定事項に関し自己の所信に反して虚偽の意見判断を陳述することに因て成立し、自己の所信に反したる意見判断が会々客観的事実と符合することあるも、之れが為の同罪の成立に影響を及ぼすべきものにあらず」として主観説をとり、学説においてもこの立場を支持するものが多数である（団藤107頁、大塚611頁、佐久間441頁）。その一方で、偽証罪の場合と同様に、「虚偽」とは客観的真実に反することであるとする客観説も主張されている（西田473頁、山口599頁）。

本罪の既遂時期については、鑑定等が口頭でなされる場合には陳述が全体として終了した時点であり、書面によってなされる場合には書面の提出時であるとされる（団藤107頁、大塚611頁）。なお、本罪についても、自白による刑の減免規定（170条）の適用が認められる。

第5節　虚偽告訴の罪

I　総説

　刑法典第2編第21章「虚偽告訴の罪」は、人に刑事または懲戒の処分を受けさせる目的で、告訴・告発など虚偽の申告をする犯罪である[1]。ここには、虚偽告訴罪（172条）のみが規定されている。

　本罪の保護法益については、見解の対立がある。通説とされているのは、一義的には国家の審判作用であるが、二義的に虚偽の告訴を受けた者の個人的法益であるという見解であり（大塚613頁、大谷504頁、髙橋613頁）、判例もこの立場をとる（大判明45・7・1刑録18・971、大判大元・12・20刑録18・1566）。本罪における審判作用とは、裁判所における審理のみならず、その前提となる国家の捜査権あるいは調査権の適正な行使も含む（大塚613頁）。虚偽の申告がなされた場合、こうした国家の審判作用の適正な行使が害されると同時に、そのことによって捜査・調査あるいは審判の対象とされた者は、その私生活の平穏を害される危険性が高まるからである。

　これに対して、学説のなかには、虚偽の告訴を受けることによって被る個人的法益の侵害という点を重視して、本罪の保護法益をもっぱら個人の利益または自由に求める見解がある（平野290頁、山口600頁）。この説と通説との違いは、とりわけ、同意を得た第三者に対する虚偽申告を行った場合の取り扱いに現れてくる。通説によれば、個人的法益はあくまで副次的な保護法益であり、国家の審判作用の適正な行使とは別個に評価されることになるから、同意の上で虚偽の申告を受けている第三者については、その個人的法益に対する現実的な侵害は認められないかもしれないが、国家の審判作用に対する侵害の可能性はなお存在するのであり、それゆえ、本罪の成立が認められることになる。これに対して、保護法益をもっぱら個人的法益に限定する立場によれば、同意の上で虚偽の申告を受けている第三者については、その個人的法益に対する法益侵害はなく、それゆえ本罪の成立は認められないことになる。

　なお、法律が本罪を偽証罪と並べて規定しているのは、本罪と偽証罪が同じ趣旨、すなわち、国家的作用に対する罪であるからであるとして、本罪の

保護法益をもっぱら国家の刑事司法作用および懲戒作用であるとする見解（団藤109頁）もあるが、本罪の保護法益を考えるにあたって、虚偽申告を受けた者が捜査・調査あるいは公判の対象として被る不利益を考慮しないわけにはいかないであろう。

1) 平成7（1995）年の刑法改正までは「誣告罪」と呼ばれていた。

Ⅱ 虚偽告訴罪

人に刑事または懲戒の処分を受けさせる目的で、虚偽の告訴、告発その他の申告をした者は、3月以上10年以下の懲役に処せられる（172条）。

1 行為

人に刑事または懲戒の処分を受けさせる目的で、虚偽の告訴、告発その他の申告をすることである。「人」とは、他人のことであり、法人も含まれる。自己に対する虚偽申告（自己申告）の場合、本罪の成立は認められない。犯罪自体が虚構の場合は、軽犯罪法1条16号の虚構の犯罪を申告する罪が成立する余地が、現実に発生した犯罪の場合は、身代わり犯人として犯人隠避罪が成立する余地がそれぞれ残されるにすぎない。また、死者または架空の人など虚無人に対する申告の場合も、誤った刑事処分・懲戒処分がなされる可能性がないことから、本罪の成立は認められない。なお、この場合も軽犯罪法1条16号が適用される余地は残されることになる。

「刑事の処分」には、刑罰のほか、少年に対する保護処分（少24条）や売春婦に対する補導処分（売春17条以下）なども含まれる（団藤111頁、大塚617頁、西田476頁、山口601頁、大谷596頁）。懲戒の処分とは、公法上の監督関係に基づいて、規律維持のために科せられる制裁を意味する。必ずしも懲戒の名称が用いられている必要はない。また、懲戒の処分は、公務員を対象とするものに限らず、弁護士、公証人、司法書士、公認会計士などもその対象となりうる（大塚617頁）。

「告訴」とは、犯罪の被害者およびその他の告訴権者が、捜査機関に対して犯罪事実を申告し、その訴追を求める意思表示のことをいい（刑訴230条以下）、「告発」とは、これを告訴権者および犯人以外の者が行う場合のことをいう（刑訴239条）。「その他の申告」には、刑事処分を求める請求や懲戒

処分を求める申立てなどが含まれる。請求とは、特殊な犯罪について、一定の機関が捜査機関に対して犯罪事実を申告し、その訴追を求める意思表示のことをいい、例えば、外国国章損壊罪における外国政府の請求（刑92条2項）などがある。これらの申告は、相当官署に対してなされなければならない。相当官署とは、刑事処分については、捜査機関である検察官・検察事務官・司法警察職員（刑訴189条・191条）であり、懲戒処分については、懲戒権者ないし懲戒権の発動を促すことのできる機関をいうとされる（団藤114頁、大塚615頁、山口601頁）。また、申告は自発的になされなければならず、捜査機関の取調べを受けて虚偽の供述をしたとしても本罪は成立しない（団藤114頁、大塚615頁、山口601頁、大谷595頁）。

本罪における「虚偽」とは、客観的真実に反することをいう（団藤113頁、大塚614頁、西田476頁、山口601頁、大谷594頁、最決昭33・7・31刑集12・12・2805）。これは、客観的真実と合致している事実を申告しても、国家の審判作用が不当に害されることはないためである。したがって、行為者が客観的に真実である事実を虚偽であると誤信して申告したとしても、本罪は成立しない。

本罪の既遂時期は、虚偽の申告が相当官署に到達した時点である。郵便の場合、単に発送するだけでは足りず、到着したことを必要とするが、現実に閲覧されたり、捜査に着手、あるいは、公訴が提起されたりすることまでは必要ない（大判大5・11・30刑録22・1837、大判大3・11・3刑録20・2001）。

2　主観的要件

本罪の故意としては、申告者において、申告する事実が虚偽であるとの認識が必要である。この点、判例は、申告した事実が虚偽かどうかの認識は、未必的な認識でも足りるとする（大判昭12・2・27刑集16・140、最判昭28・1・23刑集7・1・46）。しかし、学説の多くは、これを否定し、その認識は確定的であることを要するとしている（団藤112頁、大塚616頁、西田478頁、山口602頁、佐久間442頁、高橋645頁）。これは、申告は犯罪などの嫌疑に基づいて行われるものであるから、申告する事実を絶対に真実と信じている必要はなく、むしろ、その事実が真実ではないかもしれないという未必的認識を有していることの方が一般的であるといえるからである。それゆえ、判例に従えば、申告する事実について申告者がわずかでも疑いを抱けば本罪が成立すること

になり、かえって正当な権利行使を制限することにもなりかねない（山口602頁、大谷596頁、佐久間442頁、高橋645頁）。したがって、本罪の故意については、申告者の確定的認識が必要であると解すべきである。

また、本罪が成立するためには、故意のほかに「人に刑事又は懲戒の処分を受けさせる目的」が必要である（目的犯）。目的の内容について、判例は、結果発生の単なる未必的認識で足りるとしており（大判大6・2・8刑録23・41）、学説も概ねこれを支持する（大塚618頁、西田478頁、山口603頁）。これは、申告者において、国家の審判作用を侵害することになるかもしれないと認識しつつ虚偽の申告を行うのであれば、この場合に本罪の成立を否定する理由は存在しないし、また、被申告者が実際に刑事処分・懲戒処分を受けるに至らなくても、虚偽の申告によって捜査・調査の対象となれば、その個人的法益が侵害されうることになるためである。したがって、本罪の目的においては、結果についての未必的な認識があれば足り、必ずしもその結果の発生を意欲したことまでは要しないと解すべきである。

2） なお刑事処分のなかには起訴猶予処分も含まれるとする見解もあるが（大塚617頁、大谷596頁）、起訴猶予処分を受けさせるために虚偽の申告を行うといった事態は想定しにくいのではないだろうか。

第6節　職権濫用の罪

I　総説

　刑法典第25章「汚職の罪」は、職権濫用の罪（193条以下）と贈収賄の罪（197条以下）を規定する。「汚職の罪」は、公務執行妨害罪、犯人蔵匿・証拠隠滅罪、偽証罪、虚偽告訴罪等と同様の国家的法益に対する罪であるが、これらの犯罪では、非公務員が主体となって外部から国家の作用を侵害するのに対し、本罪の主体は、国・地方公共団体の作用を担う公務員であり、内部から国家の作用を侵害する点にその特徴がある[1]。また、職権濫用の罪と贈収賄の罪を比較しても、職権濫用の罪では、具体的な被害者の個人の利益の侵害があるのに対して、贈収賄の罪では直接の被害者がいないという点でかなりの相違がある（中森269頁、西田479頁）。本節では、職権濫用の罪を取り扱う。

　職権濫用の罪としては、公務員職権濫用罪（193条）、特別公務員職権濫用罪（194条）、特別公務員暴行陵虐罪（195条）、特別公務員職権濫用・暴行陵虐致死傷罪（196条）の4つが規定されている。ただし、特別公務員暴行陵虐罪は、職権の濫用を超えたものである（団藤121頁、山口604頁）。この職権濫用の罪は、戦前においては、職務熱心さのあまりに行き過ぎがあった場合であると考えられたため、比較的寛大に扱われ、法定刑も軽いものであった。しかし、戦後になって価値観が変化し、公務員が国民全体の奉仕者とされ（憲15条2項）、公務員による人権侵害が絶対に禁止されたこと（憲36条）を受けて、法定刑の引き上げがなされている（古田＝渡辺＝五十嵐・大コメ10巻100頁）[2]。

　職権濫用の罪の保護法益であるが、通説は、公務執行の適正という国家的法益だけではなく、職権濫用行為の被害者の自由・権利という個人的法益もそこに含まれると解している（大塚619頁、大谷627頁、西田479頁、山中761頁、山口604頁、高橋647頁）。

---

[1]　ただし、主体が公務員か非公務員か、外部か内部かという相違は、一応の目安でしかない。河上＝小川・大コメ10巻4頁参照。
[2]　193条以下の各犯罪については、禁錮刑も規定されている。この点について、職務熱心さの

ために行われるという考えがまだあるとし、団藤120頁注3は、立法論として再考の余地があるとする。同旨・山中762頁注4。

Ⅱ　公務員職権濫用罪

本罪（193条）は、公務員がその職権を濫用して、人に義務のないことを行わせ、または行うべき権利を妨害したときに成立する。公務員が主体となるので、身分犯である。本罪の結果の部分である非義務の強制、権利の妨害は、強要罪（223条）と同様であるが、暴行・脅迫が手段とされていないこと、法定刑が強要罪よりも軽いことから、本罪を強要罪の特別類型と解するべきではない（西田480頁、山口604頁以下）。

「職権」とは、公務員の一般的職務権限のことであり、客観的に存在していなければならない。ただし、法令上の明文の根拠規定は必要ではなく、法制度を総合的・実質的に観察して認められるものであればよい（最決昭57・1・28刑集36・1・1：宮本身分帳事件）。学説上は、①権力作用の発現として強制力を伴う職務権限でなければならないとする見解（古田＝渡辺＝五十嵐・大コメ10巻33頁、なお大塚620頁）、②一般的職務権限のうち、「職権行使の相手方に対し、法律上、事実上の負担ないし不利益を生ぜしめるに足りる特別の職務権限」でなければならないとする判例（最決平元・3・14刑集43・3・283：共産党幹部宅盗聴事件）に依拠する見解（多数説：団藤121頁、大谷628頁、山中764頁、山口607頁、高橋649頁）、③広く一般的職務権限そのものをさすとする見解（曽根314頁、西田482頁）が主張されている。①の見解は、そのような限定的な職権の濫用以外からも本罪の保護法益が侵害されること、強要罪のように暴行・脅迫は手段ではないので、強制力を伴う点は不可欠の要件ではないことから不当である（西田481頁）。③の見解では、職権権限がない職務仮装型の職権濫用行為につき、本罪の成立を認めることができないという問題がある（山中764頁）。したがって、②の多数説が妥当であろう。

「職権の濫用」とは、公務員が、その一般的職務権限に属する事項につき、職権の行使に仮託して、実質的・具体的に違法・不当な行為をすることをいう（前掲最決昭57・1・28）。本罪は結果犯であるので、既遂となるためには、職権の濫用を通じて、実際に被害者が義務のないことを行わされ、または権利の行使を妨害されたという結果の発生が必要となる。なお、本罪の未遂は

不処罰である。

　職権の濫用による結果発生につき、学説上は、①相手方が認識できる形で職権行使がなされ、意思の自由を制約された帰結として、結果が発生しなければならないとする見解（古田＝渡辺＝五十嵐・大コメ10巻109頁）、②相手方に職権行使であると認識させて意思への働きかけを行うことは不要であり、結果として事実上の不利益を与えればよいとする見解（大谷629頁、曽根315頁、中森271頁、山中765頁、西田481頁、前田660頁、山口606頁、高橋650頁、松宮475頁）が対立している。本罪は強要罪の特別類型ではないのであるから、意思を侵害する点は不要であり、②の説が妥当である。このように解する限りでは、職権行使の外観を備えているか、相手方の意思に働きかけて影響を及ぼすか否かは問われず、相手方に気付かれずに密に行う場合も、本罪に当たることになる（大谷629頁、山中765頁、高橋650頁等）。

3）　本決定が引用する前掲最決昭57・1・28は、「一般的職務権限は、必ずしも法律上の強制力を伴うものであることを要せず、それが濫用された場合、職権行使の相手方をして事実上義務なきことを行わせ又は行うべき権利を妨害するに足りる権限であれば、これに含まれる」としていた。

Ⅲ　特別公務員職権濫用罪

　本罪（194条）は、裁判、検察もしくは警察の職務を行う者・その職務を補助する者である特別公務員が職権を濫用して、逮捕・監禁した場合に成立する。本罪は、逮捕監禁罪（220条）の加重類型であり、特別公務員という身分が主体について必要となるので、不真正身分犯である。逮捕・監禁の特別の権限を有する者が、それを濫用する場合には、人権侵害の危険性があること（大谷632頁）、適正な公務の執行を害してしまう点（山口608頁）に加重の根拠が求められる（西田485頁）。

　「裁判、検察若しくは警察の職務を行う者」とは、裁判官、検察官、司法警察員をさす。「職務を補助する者」は、裁判所書記官、廷吏、検察事務官、司法巡査等である。単なる事実上の補助者にすぎない者は、濫用すべき法的な職務権限を有しないので、本罪の主体には含まれない。判例では、警察署長の委嘱を受けた少年補導員について、警察の職務を補助する者ではないとされている（最決平6・3・29刑集48・3・1）。

Ⅳ　特別公務員暴行陵虐罪

本罪（195条）は、特別公務員職権濫用罪（194条）の主体が、その職務を行うにあたり、被告人、被疑者その他の者に対して暴行または陵辱もしくは加虐の行為をした場合（195条1項）、または看守者等による逃走援助罪（101条）の主体が、法令により拘禁された者に対して暴行または陵辱もしくは加虐の行為をした場合（195条2項）に成立する。

本罪は、本来の職権濫用罪とは異なり、職務の執行にあたって職務行為には含まれない違法な行為をした場合を処罰するものである（古田＝渡辺＝五十嵐・大コメ10巻116頁）。本罪の客体は、「被告人、被疑者その他の者」、「法令により拘禁された者」である。「被告人、被疑者その他の者」には、刑事手続の対象となる者がすべて含まれており、「その他の者」とは、参考人、証人、鑑定人等のことである。「法令により拘禁された者」の典型例は、受刑者、少年院に収容されている者、逮捕または拘留されている者である。本罪の行為である暴行は、暴行罪にいう暴行をいう（古田＝渡辺＝五十嵐・大コメ10巻119頁。ただし、大谷633頁、山中768頁、高橋653頁は広義の暴行で足りるとする）。したがって、暴行罪との関係では、本罪は不真正身分犯である。陵辱・加虐（陵虐）の行為とは、暴行以外の方法で精神的・肉体的に苦痛を与える行為をさし、姦淫・わいせつの行為（大判大4・6・1刑録21・717）のほか、用便に行かせないこと、飲食をさせないこと、睡眠をさせないことが具体例である。その際に、強制わいせつ罪（176条）・強姦罪（177条）が成立する場合には、両罪の保護法益の相違に着目する限り、本罪と観念的競合になると解するべきである（通説：団藤128頁、大塚624頁以下、大谷634頁、中森272頁、山中768頁、西田486頁、前田662頁、山口609頁、高橋653頁）。

なお、本罪については、単なる個人的法益に対する罪ではないという罪質に鑑みて、被害者の同意は無効であり、違法性は阻却されないとする見解が有力である（大塚624頁、大谷633頁以下、山中768頁、高橋653頁、古田＝渡辺＝五十嵐・大コメ10巻120頁）。

4）　山口609頁、高橋652頁は、暴行・陵虐行為は公務員の一般的職務権限には属さないので、本罪は職権濫用罪ではないとする。

5）　東京高判平15・1・29判時1835・157は、留置場の看守が同意を得て姦淫した場合であっても本罪が成立するとした。中森272頁注56は、そのような場合は職務違反ではあっても陵辱・加

虐の意味はもちえないと思われるとして、疑問を呈している（同旨として、西田486頁、山口609頁、松宮477頁）。

V　特別公務員職権濫用・暴行陵虐致死傷罪

本罪（196条）は、特別公務員職権濫用罪（194条）または特別公務員暴行陵虐罪（195条）を犯し、よって人を死傷させた場合に成立する結果的加重犯である。

第7節　贈収賄の罪

I　総説
1　贈収賄の罪の沿革

　贈収賄の罪（賄賂罪）は、収賄罪と贈賄罪からなる。現行刑法典には、単純収賄罪（197条1項前段）、受託収賄罪（197条1項後段）、事前収賄罪（197条2項）、第三者供賄罪（197条の2）、加重収賄罪（197条の3第1項、第2項）、事後収賄罪（197条の3第3項）、あっせん収賄罪（197条の4）、以上の収賄罪の諸類型に対応する贈賄罪（198条）が規定されている。

　このような形に至るまでの立法の経緯は、非常に複雑である。旧刑法時代には、収賄罪だけが処罰の対象であり、贈賄罪は処罰されていなかったが、明治40（1907）年の現行刑法になってはじめて、単純収賄罪、加重収賄罪、贈賄罪の規定が整備された。その後、昭和16（1941）年に戦時統制経済体制下での職務の公正の保護を強化し、公務員の綱紀粛正を図る目的で刑法の改正がなされ、受託収賄罪、事前収賄罪、第三者供賄罪、事後収賄罪が追加された。昭和33（1958）年には昭和電工疑獄事件を契機として、あっせん収賄罪およびあっせん贈賄罪が新設され、さらに昭和55（1980）年には、ロッキード事件が契機となり、加重収賄罪を除く収賄罪の法定刑の引き上げがなされ、あっせん贈賄罪も法定刑が引き上げられて贈賄罪と一本化された。その後、平成3（1991）年に贈賄罪の罰金額が250万円に引き上げられている。なお、平成15（2003）年に仲裁法が制定され、そこに仲裁人に関する贈収賄罪が規定された結果、収賄罪の主体から仲裁人は削除されるに至っている（特に、河上＝小川・大コメ10巻4頁以下、河上＝渡辺・同55頁以下参照）。

2　保護法益

　賄賂罪の保護法益につき、判例は「公務員の職務の公正とこれに対する社会一般の信頼」であるとし（最大判平7・2・22刑集49・2・1：ロッキード事件）、通説も同様に解している（信頼保護説：団藤129頁、大谷635頁、中森273頁、西田489頁、前田664頁、高橋655頁、井田256頁）。この信頼保護説において、単なる「職務の公正」だけでなく、「社会一般の信頼」が保護法益に含まれているのは、現行刑法が、単純収賄罪を基本形としており、これは不正な職務が

行われなくても、賄賂を収受すれば成立するからである。この場合、確かに職務の公正は侵害されていないが、職務が賄賂によって左右されたのではないかという国民の不信を招いてしまう。このような不信感を生じさせることは、公務の適正な遂行という国家の作用を危殆化させるものであるので、処罰に値すると信頼保護説は考え、公務の公正に対する国民の信頼も保護法益に含むわけである（西田489頁、高橋654頁以下参照）。これに対し、「社会の信頼」という不明確な要素を排除して、端的に職務の公正が保護法益であるとする見解も有力に主張されている（純粋性説：曽根317頁、山口612頁等）。しかし、この純粋性説によると、不正な職務が行われなくても成立する単純収賄罪は、職務の公正に対する危険犯と解されることになるが、その際に認められるのは、通常の危険犯の場合よりもさらに抽象的な危険でしかなく（中森274頁）、危険の擬制にほかならないと思われる（高橋655頁）。また、純粋性説からすると、適正な職務が行われた後に賄賂の収受がなされた場合も、すでに行われた職務行為に対して賄賂が影響をもつことはできないので、不処罰という結論になってしまう（井田261頁）。したがって、通説・判例の立場が妥当であろう。

3　職務行為の意義

　贈収賄の罪は、公務員の「職務に関し」て賄賂が授受された場合に成立する。賄賂は職務と対価関係にあるという意味で職務に関連したものでなければならない（職務関連性）。なぜなら、職務と対価関係にある賄賂が収受されることによって、公務が金で左右されたのではないかという不信が生じ、職務の公正に対する社会の信頼も害されるからである（大谷637頁、西田491頁以下、高橋656頁）。しかし、単に職務と賄賂の対価関係があればよいわけではなく、現行法は、原則的に収賄罪の主体を公務員に限定し、賄賂の収受等の時点で公務員であることを要求する（事前収賄罪、事後収賄罪は例外である）。これは、賄賂と職務行為の対価関係をより明確にするためであると解されている（山口613頁）。

　職務とは、公務員がその地位に伴い公務として取り扱うべき一切の執務をいう（最判昭28・10・27刑集7・10・1971）。その範囲は、原則的には法令によって決まるが、公務員の職務のすべてを法令で列挙することは不可能であるため、法令の合理的な解釈によって範囲が定められるべきである（西田492頁、山口

614頁等）。職務は、正当なものだけでなく、守秘義務に反して情報を漏えいするような不正な職務も含み、また警官が被疑者の依頼により証拠品の押収を行わないような不作為であってもかまわない。

　通説・判例によると、職務は、法令上公務員の一般（抽象）的職務権限に属する行為であれば足り、現に具体的に担当している事務である必要はないとされている（判例として、最判昭 37・5・29 刑集 16・5・528）。なぜなら、一般的職務権限内の事項である限り、職務の公正に対する信頼は害されるからである。ただし、単に一般的職務権限内にある事務であれば、それだけでよいのではなく、公務員の地位、担当変更の可能性、事務処理の具体的状況からみて、当該公務員が実際上その職務を左右しうる可能性、つまり、実際にその職務を担当しうる可能性がなければならない（平野 297 頁、大谷 638 頁、中森 274 頁、西田 494 頁、山中 772 頁、山口 616 頁、高橋 659 頁）。したがって、警視庁警察官である限り、その職務権限は東京都の全域に及ぶとした判例（最決平 17・3・11 刑集 59・2・1）については、疑問である。

　通説・判例によると、厳密には本来の職務には含まれない、それに密接に関連する行為についても賄賂罪が成立する（判例として、大判大 2・12・9 刑録 19・1393 等）。この職務密接関連行為は、次のような 2 つの類型に分類されるのが一般的である。まず、①自己の本来の職務行為から派生した慣行上担当している行為の類型があり、例えば、市会議員の会派内で市会議長の候補者を選ぶ行為（最決昭 60・6・11 刑集 39・5・219）がこれに当たる。次に、②自己の職務に基づく影響力を利用して行う行為の類型があり、国立芸大の教授が学生に特定のバイオリンを特定の業者から購入するようにあっせんする行為（東京地判昭 60・4・8 判時 1171・16）や、奈良県立医大の教授兼同大学附属病院の診療科部長が教育指導している医師を関連病院に派遣する行為（最決平 18・1・23 刑集 60・1・67）が具体例である。職務密接関連行為についても、賄賂罪が成立するのは、通説である信頼保護説からすれば、そのような、公務員が事実上の影響力を及ぼす行為と対価関係にある賄賂の授受がなされる限り、職務の公正に対する信頼が害されるからであろう（大谷 640 頁）。だが、条文上の「職務に関し」という文言は、職務と賄賂に対価関係があることを意味しているのであるから、本来職務ではない行為についてまで賄賂罪を認めるべきではない（中森 276 頁）。職務密接関連行為については、あくまでも「職

務行為」に含まれると解しうる限りで、賄賂罪の対象とすべきであろう（西田 495 頁、山口 617 頁）。つまり、問題となる行為が職務の範囲内か否かを端的に判断すればよいと解されるのである（高橋 664 頁）。

　過去の職務についても、通説・判例によると賄賂罪が成立する。事後収賄罪（197 条の 3 第 3 項）は、この点を明確に規定するものであるが、通説・判例上は、過去の職務について、すでに単純収賄罪の成立もありうると解されている。信頼保護説からすれば、過去の職務と賄賂の対価関係が認められれば、職務の公正に対する信頼は害されるからである（西田 496 頁、高橋 660 頁）。過去の職務の問題は、公務員が一般的職務権限を異にする地位に転職した後に収賄した場合の賄賂罪の成否として論じられることが多い。現在の判例は、一般的職務権限を異にする地位であっても、収受時に公務員である以上は、収賄罪が成立するとしている（最決昭 28・4・25 刑集 7・4・881、最決昭 58・3・25 刑集 37・2・170）。これに対し、学説の多くは批判的であり、転職によって一般的職務権限を異にする地位に移った以上は、もはや事後収賄罪しか成立しないとしている（団藤 135 頁、大塚 631 頁以下、大谷 640 頁、曽根 320 頁、山中 781 頁³⁾）。これに対し、判例の立場を支持する見解も有力である（平野 296 頁、中森 275 頁、西田 497 頁、前田 669 頁、山口 619 頁、高橋 662 頁）。信頼保護の対象を一般的職務権限の連続性がある場合に限定する理由はないので、有力説の立場が妥当であろう。

　通説・判例によると、職務は、当該公務員が将来担当するかもしれない将来の職務であってもよい。ただし、将来その職務を担当する高度の蓋然性が必要であり、さらに、その将来の職務と現在の職務との間に一般的職務権限の同一性がなければならない（西田 497 頁）。したがって、市長が任期満了前に、再選後の職務（市庁舎の建設工事の入札等）について請託を受けて賄賂を収受した事案につき、一般的職務権限の同一性から受託収賄罪の成立を認めた判例（最決昭 61・6・27 刑集 40・4・369）があるが、確実に再選される保証はないのであるから、事前収賄罪か現在の職務に関する単純収賄罪を認めるべきであったと思われる（西田 498 頁）。

4　賄賂の意義

　賄賂とは、公務員の職務行為に対する対価としての不正な報酬のことである。判例によれば、賄賂は一定の職務に対する対価であれば足り、個別具体

的な職務行為との間での対価関係を必要とするものではない（最決昭 33・9・30 刑集 12・13・3180）。賄賂の目的物は、財物に限らず、また有形・無形に関係なく、人の需要・欲望を満たすに足りる一切の利益を含むものである（大判明 44・5・19 刑録 17・879）。したがって、金銭・物品・不動産などの財物に限らず、債務の弁済、金融の利益、芸者による饗応接待、値上がり確実な未公開株の公開価格による譲渡なども賄賂となる。問題となるのは、社交儀礼としてなされた贈与について、職務行為と対価関係が認められる場合に、賄賂罪が成立するか否かである。判例は、対価関係が認められる限りで、賄賂罪が成立すると解している（大判昭 4・12・4 刑集 8・609、なお最判昭 50・4・24 判時 774・119）。学説上、判例に従う見解もあるが（大塚 633 頁、山口 620 頁）、贈与の程度が、社会的慣習・社交儀礼の範囲内にとどまるものであれば[4]、公務の公正に対する信頼も害されないので、賄賂罪の成立を認める必要はないであろう（多数説：団藤 139 頁、平野 299 頁、大谷 641 頁、西田 491 頁、高橋 666 頁、松宮 481 頁、なお中森 276 頁以下）。

1) この点につき、山口 612 頁は、職務行為前に認められる「想定された賄賂による職務行為への影響」が処罰の根拠であり、事後的に賄賂の授受がなされることにより、そうした「影響」が事後的に検証されると主張する。これに対し、高橋 655 頁は、フィクションに基づく処罰になると批判している。
2) 学説上は、職務の不可買収性を保護法益と解する不可買収説も主張されている（平野 294 頁、大塚 627 頁、山中 771 頁、松宮 480 頁）。しかし、同説は、信頼保護説か純粋性説と類似の見解に帰着すると解されている（山口 611 頁、高橋 655 頁注 4）。
3) このような見解は、事後収賄罪の主体である「公務員であった者」に、転職によって一般的職務権限を異にするに至ったとはいえ、いまだ公務員の地位にある者を含める解釈をとらざるをえなくなる。このような解釈に対する批判として、中森 275 頁。これに対し、西田 497 頁は、「可能な解釈」であるとする。
4) 西田 491 頁は、社交儀礼の範囲内か否かの判断の際には、公務員と贈与者の人的関係、公務員や贈与者の社会的地位、贈与の金額等、贈与の時期や態様等が基準になるとする。

II 単純収賄罪・受託収賄罪

単純収賄罪（197 条 1 項前段）は、公務員（みなし公務員も含む）を主体とする（真正）身分犯であり、公務員が賄賂を収受・要求・約束したときに成立する。ただし、これらの各行為については、約束・要求・収受の順番をたどるのが通常であろう。

「収受」とは、供与された賄賂を自己のものとする意思で現実に取得する

ことをいう（収受罪）。「要求」とは、賄賂の供与を求める意思表示であり（要求罪）、相手方が、当該の要求を認識できる程度でなされていれば十分であり、現実に認識したことは必要ではない（大判昭11・10・9刑集15・1281）。「約束」とは、将来賄賂を供与し、収受する旨の収賄者と贈賄者の合意をいう（約束罪）。いったん約束が成立すれば、その後、約束を解除しても本罪の成否には関係がない。賄賂の収受未遂は処罰の対象となっていないが、そのような未遂段階の行為は、要求罪と約束罪の処罰によって捕捉されることになる。収賄側の収受罪、約束罪は、いずれも贈賄側の供与罪、約束罪と必要的共犯の関係に立ち、一方の犯罪が成立しない場合は他方も不成立となる。これに対し、収賄側の要求罪と贈賄側の申込み罪は、そのような関係にはなく、一方的に成立する。

本罪の故意としては、約束・要求・収受した賄賂について、それが職務行為と対価関係にあるという賄賂性の認識が必要となる。学説上は、さらに、職務行為を行う意思も必要であると有力に主張されている（中森277頁、西田499頁、山口622頁、高橋668頁、なお、反対説として大谷643頁）。このような意思が欠ける場合には、公務が賄賂によって左右される危険がなくなるので、本罪の成立を認める実質的な根拠がなくなる。したがって、職務執行の意思も必要と解すべきであろう。

収賄が恐喝的手段で行われた場合につき、通説・判例は、公務員に職務執行の意思があることを前提にして、本罪と恐喝罪との観念的競合になり、恐喝の被害者には贈賄罪も成立するとしている（最決昭39・12・8刑集18・10・952）。学説には、収賄側に恐喝罪の成立のみを認める見解もあるが（西田499頁）、被恐喝者は、畏怖状態にあるにせよ、意思決定の自由が残されており、賄賂の認識がある限りでは、贈賄罪の成立を否定することはできない（高橋669頁）。贈賄側の被害者的立場は、量刑で考慮するしかないと解される（山口622頁、なお松宮484頁以下）。

受託収賄罪（197条1項後段）は、賄賂と対価関係に立つ職務行為が請託に基づく場合に成立する、単純収賄罪の加重類型である。職務行為に対する請託が存在することにより、賄賂と職務行為の対価関係がより明白となり、職務の公正に対する社会の信頼がより強く侵害される点に加重根拠がある。「請託」とは、公務員に対して一定の職務行為を依頼することであり、それ

が正当な職務か不正な職務かは問わないとされている（最判昭 27・7・22 刑集 6・7・927）。ただし、請託は、特定された具体的な職務行為の依頼であることを要する（河上＝小川・大コメ 10 巻 141 頁以下）。請託は黙示的になされるものでもよい（東京高判昭 37・1・23 高刑集 15・12・100）。「請託を受けた」といえるためには、公務員がその職務に関する事項につき依頼を受けて、これを承諾しなければならない（最判昭 29・8・20 刑集 8・8・1256）。本罪は、単純収賄罪と同様に、請託を受けた職務行為の後に賄賂の約束・要求・収受が行われた場合でも成立する（西田 500 頁、山口 623 頁以下）。

III 事前収賄罪

本罪（197 条 2 項）は、公務員になろうとする者が、公務員になったときに担当する職務に関して、請託を受けて、その就任前に賄賂の収受等を行うことを処罰するものである。したがって、賄賂と職務行為の対価関係の明確化のために、請託の存在と公務員への就任が要件として条文上要求されている。

本罪の主体には、公職の選挙の立候補者も含まれるが、立候補届出前の候補予定者であっても、現実にそのための準備手続に入っている場合には、本罪の主体になると解される（河上＝小川・大コメ 10 巻 158 頁）。「担当すべき職務」とは、公務員に就任した場合に相当程度の蓋然性でもって（高橋 670 頁）担当することが予想される職務のことであり、この職務と賄賂は対価関係になければならない。

本罪が成立するためには、賄賂の収受等を行った者が公務員に就任しなければならない。そうでなければ、職務の公正およびそれに対する社会の信頼も害されないからである。この条文にある「公務員となった場合」という要件については、学説上、客観的処罰条件とする見解（例えば、大塚 637 頁以下、松宮 485 頁以下）が、従来は通説とされてきたが、最近では、構成要件要素とする見解（団藤 143 頁、大谷 644 頁、曽根 324 頁、中森 280 頁、西田 501 頁、山口 624 頁、高橋 670 頁）の方が多数説となっている。公務員の就任を単なる客観的処罰条件と解してしまうと、公務員にまだなっていない者にも本罪の違法性を肯定せざるをえなくなってしまう。よって、構成要件要素とする見解が妥当であろう。

IV 第三者供賄罪

本罪（197条の2）は、公務員が自ら賄賂を収受するのではなく、第三者に供与させる行為を処罰の対象としている。第三者を介することによる受託収賄罪の脱法的行為を取り締まる目的で規定されたものである。賄賂と職務行為の対価関係を明確化するために、条文上請託の存在が要件とされている。ただし、形式的には第三者であっても、公務員の妻のように実質的には公務員が賄賂を収受したといえる場合には、本罪ではなく、受託収賄罪（197条1項後段）が成立する。

「第三者」とは、贈賄者および公務員以外の者のことであり、自然人だけでなく、法人、法人格のない社団でもよい。したがって、地方公共団体（前掲最判昭29・8・20）、農業協同組合の支部（最大判昭40・4・28刑集19・3・300）、県陸運事務所（福岡高判昭36・6・29高刑集14・5・273）も第三者となる。また、共同正犯は第三者には含まれず、教唆犯・幇助犯であれば第三者となる（河上＝小川・大コメ10巻165頁以下）。なお、第三者は、供与される金品等について賄賂性の認識を有する必要はない（大塚638頁等）。

「供与させ」とは、第三者に賄賂を受け取らせることであり、第三者が受け取らない場合には、次の「供与の要求」または「供与の約束」にとどまる。「供与の要求」とは、第三者に供与するように相手方に求めることをいう。「供与の約束」とは、第三者への供与について、相手方と合意に達することである。

第三者が公務員と無関係であり、公務員が事実上全く利益を受けることのない場合にも本罪が成立するのかが問題となる。判例の立場は肯定的であり（前掲最判昭29・8・20）、学説の多数もこれを支持する（団藤145頁、大谷645頁、西田502頁、高橋671頁、なお山口625頁以下）。しかし、公務員が全く利益を受けないのであれば、職務行為と賄賂の対価関係の存在がそもそも疑問視されざるをえなくなること（中森279頁、曽根324頁、松宮486頁）は、否定できないと思われる。

V 加重収賄罪（枉法収賄罪）

本罪は（197条の3第1項・2項）、収賄行為が行われるだけでなく、賄賂の対価として実際に不正な職務行為が行われた場合を加重して処罰するもので

ある。法を枉げるという意味で、枉法収賄罪とも呼ばれる。本条１項では、公務員が、単純収賄罪、受託収賄罪、事前収賄罪、第三者供賄罪の形で賄賂の要求・約束・収受を行い、その結果、不正な職務行為を行った場合（収賄後枉法罪）が処罰の対象となり、２項では、まず不正な職務行為を行い、その後に賄賂の要求・約束・収受を行った場合（枉法後収賄罪）が処罰される。

　不正な職務行為は、条文上「不正な行為をし、又は相当の行為をしなかったとき」と規定されており、これは、判例によれば、職務に反する一切の作為・不作為をさすと解されている（大判大6・10・23刑録23・1120）。しかし、このような定義は、明らかに広すぎるものであり、職務義務違反のすべてが本罪を構成するわけではない（中森279頁）。やはり、不正な「職務行為」でなければならないのであるから、当該の行為から違法な要素を取り除いた場合でも、それがなお職務の範囲内に含まれていなければならないと思われる（山口615頁・626頁、高橋673頁）。なお、職務の執行が、公務員の裁量に係る場合には、裁量権の濫用が認められなければならない（中森279頁、西田503頁、山口626頁、高橋673頁）。

　不正な職務行為が他罪を構成する場合が問題となる。例えば、１項の収賄後枉法罪において、収賄行為の結果として行われた不正な職務行為が、公文書偽造罪に当たるときには、本罪と公文書偽造罪の観念的競合となる（通説・判例：最決昭31・7・12刑集10・7・1058）。これに対して、２項の枉法後収賄罪では、収賄行為が構成要件的行為であるから、それに先行する不正な職務行為として、例えば、業務上横領罪が行われれば、本罪と業務上横領罪の併合罪となる（最決昭32・12・5刑集11・13・3157）。

Ⅵ　事後収賄罪

　本罪（197条の３第３項）は、公務員が、その在職中に請託を受けて不正な職務行為をしたことにつき、退職後公務員でなくなった後に賄賂を収受等する行為を処罰するものである。対価関係を明確化するために、請託および不正な職務行為という枉法行為の存在が要件とされている。公務員の在職中に賄賂の要求・約束がある場合には、単純収賄罪が成立し、退職後に賄賂を収受しても、本罪は単純収賄罪に吸収される（西田504頁、高橋674頁）。また、前述したように、一般的職務権限を異にする職務に転職した後に賄賂を収受

Ⅳ　第三者供賄罪

本罪（197条の2）は、公務員が自ら賄賂を収受するのではなく、第三者に供与させる行為を処罰の対象としている。第三者を介することによる受託収賄罪の脱法的行為を取り締まる目的で規定されたものである。賄賂と職務行為の対価関係を明確化するために、条文上請託の存在が要件とされている。ただし、形式的には第三者であっても、公務員の妻のように実質的には公務員が賄賂を収受したといえる場合には、本罪ではなく、受託収賄罪（197条1項後段）が成立する。

「第三者」とは、贈賄者および公務員以外の者のことであり、自然人だけでなく、法人、法人格のない社団でもよい。したがって、地方公共団体（前掲最判昭29・8・20）、農業協同組合の支部（最大判昭40・4・28刑集19・3・300）、県陸運事務所（福岡高判昭36・6・29高刑集14・5・273）も第三者となる。また、共同正犯は第三者には含まれず、教唆犯・幇助犯であれば第三者となる（河上＝小川・大コメ10巻165頁以下）。なお、第三者は、供与される金品等について賄賂性の認識を有する必要はない（大塚638頁等）。

「供与させ」とは、第三者に賄賂を受け取らせることであり、第三者が受け取らない場合には、次の「供与の要求」または「供与の約束」にとどまる。「供与の要求」とは、第三者に供与するように相手方に求めることをいう。「供与の約束」とは、第三者への供与について、相手方と合意に達することである。

第三者が公務員と無関係であり、公務員が事実上全く利益を受けることのない場合にも本罪が成立するのかが問題となる。判例の立場は肯定的であり（前掲最判昭29・8・20）、学説の多数もこれを支持する（団藤145頁、大谷645頁、西田502頁、高橋671頁、なお山口625頁以下）。しかし、公務員が全く利益を受けないのであれば、職務行為と賄賂の対価関係の存在がそもそも疑問視されざるをえなくなること（中森279頁、曽根324頁、松宮486頁）は、否定できないと思われる。

Ⅴ　加重収賄罪（枉法収賄罪）

本罪は（197条の3第1項・2項）、収賄行為が行われるだけでなく、賄賂の対価として実際に不正な職務行為が行われた場合を加重して処罰するもので

ある。法を枉げるという意味で、枉法収賄罪とも呼ばれる。本条1項では、公務員が、単純収賄罪、受託収賄罪、事前収賄罪、第三者供賄罪の形で賄賂の要求・約束・収受を行い、その結果、不正な職務行為を行った場合（収賄後枉法罪）が処罰の対象となり、2項では、まず不正な職務行為を行い、その後に賄賂の要求・約束・収受を行った場合（枉法後収賄罪）が処罰される。

不正な職務行為は、条文上「不正な行為をし、又は相当の行為をしなかったとき」と規定されており、これは、判例によれば、職務に反する一切の作為・不作為をさすと解されている（大判大6・10・23刑録23・1120）。しかし、このような定義は、明らかに広すぎるものであり、職務義務違反のすべてが本罪を構成するわけではない（中森279頁）。やはり、不正な「職務行為」でなければならないのであるから、当該の行為から違法な要素を取り除いた場合でも、それがなお職務の範囲内に含まれていなければならないと思われる（山口615頁・626頁、高橋673頁）。なお、職務の執行が、公務員の裁量に係る場合には、裁量権の濫用が認められなければならない（中森279頁、西田503頁、山口626頁、高橋673頁）。

不正な職務行為が他罪を構成する場合が問題となる。例えば、1項の収賄後枉法罪において、収賄行為の結果として行われた不正な職務行為が、公文書偽造罪に当たるときには、本罪と公文書偽造罪の観念的競合となる（通説・判例：最決昭31・7・12刑集10・7・1058）。これに対して、2項の枉法後収賄罪では、収賄行為が構成要件的行為であるから、それに先行する不正な職務行為として、例えば、業務上横領罪が行われれば、本罪と業務上横領罪の併合罪となる（最決昭32・12・5刑集11・13・3157）。

VI 事後収賄罪

本罪（197条の3第3項）は、公務員が、その在職中に請託を受けて不正な職務行為をしたことにつき、退職後公務員でなくなった後に賄賂を収受等する行為を処罰するものである。対価関係を明確化するために、請託および不正な職務行為という枉法行為の存在が要件とされている。公務員の在職中に賄賂の要求・約束がある場合には、単純収賄罪が成立し、退職後に賄賂を収受しても、本罪は単純収賄罪に吸収される（西田504頁、高橋674頁）。また、前述したように、一般的職務権限を異にする職務に転職した後に賄賂を収受

等した場合についても、本罪の成立を認める見解もあるが、妥当とは思われない。

VII　あっせん収賄罪

本罪（179条の4）は、公務員が、請託を受けて他の公務員の職務行為についてあっせんを行い、その他の公務員に職務上不正な行為を行わせること、または行わせたことの報酬として賄賂を収受等する行為を処罰するものである。主体となる公務員が、自己の職務の対価として賄賂を収受するのではない点で、これまで説明してきた賄賂罪とは性質を異にする。本罪では、被あっせん公務員の職務の公正およびそれに対する社会の信頼が間接的に害されることが、処罰根拠となる。ただし、請託、被あっせん公務員による不正な職務行為（およびこれに対するあっせんの請託）が要件となっているため、本罪の成立範囲は非常に限定されている。

「あっせん」とは、他の公務員への紹介、仲介、働きかけ、依頼等をいい、不正な職務に対するものでなければならないので、正当な職務行為へのあっせんがなされても本罪を構成しない（高橋675頁）。「あっせんをすること又はしたこと」でよいので、事前に賄賂を収受等してからあっせん行為を行う場合だけでなく、あっせん行為をまず行って、その後で賄賂を収受等する場合でもよい。あっせん行為は、公務員としての地位を利用して行われることが多いが、この点につき、判例は、公務員が積極的にその地位を利用してあっせんすることは必要ではないが、少なくとも公務員としての立場であっせんすることを必要とし、単なる私人としての行為では足りないとしている（最決昭43・10・15刑集22・10・901）。したがって、全くの私人として、例えば親族関係を利用して働きかける場合には、本罪は成立しない。

本罪の成立が認められた例としては、税務署の公務員が、他の税務署の公務員に対し、過少の納税ですむようにあっせんした事案（前掲最決昭43・10・15）、衆議院議員が公正取引委員会委員長に対し、大手ゼネコンの談合組織である埼玉土曜会による独禁法違反事件に関して刑事告発しないように働きかけた事案（最決平15・1・14刑集57・1・1）がある。

なお、本罪の成立範囲が限定的である点から、政治家が役人に口利きをしてその報酬を得る問題に対してより効果的に対処するために、議員立法によ

り、平成12（2000）年に「あっせん利得処罰法（公職にある者等のあっせん行為による利得等の処罰に関する法律）」が制定され、その翌年から施行されている。本法律では、公職者あっせん利得罪（1条）、議員秘書あっせん利得罪（2条）、（贈賄罪に対応する）利益供与罪（4条）が規定されている。

Ⅷ　贈賄罪

本罪（198条）は、収賄罪に対応する賄賂の供与・申込み・約束を処罰するものである。本罪の法定刑は、収賄罪と比較して軽くなっているが、これは、官僚による統制の強かったわが国の伝統からみて、収賄者に対して贈賄者が一般的に弱者の立場にあることを考慮したからであるとされている（西田505頁）。本罪の行為は、申込み・約束・供与の順番でなされるのが通常である。

「申込み」とは、公務員に賄賂の収受を促すことである。一方的な行為で足り、公務員に申込みを拒絶されても、本罪は成立する（大判昭3・10・29刑集7・709）。「約束」とは、賄賂の供与と収受について、公務員と合意に達することをいう。「供与」とは、賄賂を公務員に収受させることである。

贈賄側の約束罪・供与罪と収賄側の約束罪・収受罪は、必要的共犯（対向犯）の関係に立ち、実質的に収賄罪の教唆・幇助に相当する行為があっても、約束罪あるいは供与罪の限度で罰せられるにすぎず、収賄罪の教唆・幇助が、別個に成立することはない。これに対して、贈賄側の申込み罪と収賄側の要求罪は、相手方に犯罪が成立しない場合でも、独立して犯罪となる（大谷652頁）[5]。

贈賄罪の成立は、収賄罪の成立要件に依存する。例えば、収賄罪が請託を要件としている場合には、贈賄者も請託を行ったことが要件となる。請託の内容が、不正な職務行為である事後収賄罪、あっせん収賄罪については、贈賄者もその認識が必要となる。また、事前収賄罪に対応する贈賄罪では、賄賂の供与等の相手方が公務員になることが要件となる。加重収賄罪につき、公務員によって不正な職務行為がなされることに関する認識を贈賄者が欠いていたとしても、単純収賄罪に当たる違法な事実（職務行為の対価として賄賂を供与等する点）についての認識がある限りでは、本罪の成立は認められる（山口629頁、なお西田506頁、高橋677頁）。

5) 大谷652頁以下は、申込み罪は、収賄罪の教唆となるが、約束罪・供与罪との均衡上、申込み罪の限度で処罰されるにすぎないとする。

Ⅸ　賄賂の没収・追徴

　刑法197条の5は、犯人または情を知った第三者が収受した賄賂の必要的没収・追徴を規定する。これは、総則において19条、同条の2が定める任意的没収・追徴の特則である。ただし、特則といっても、19条および同条の2の適用を排除するものではなく、本条に該当しない賄賂については、19条および同条の2によって没収・追徴を行うことは可能である。

　本条における没収・追徴の対象は、「犯人又は情を知った第三者が収受した賄賂」である。「犯人」には、正犯のほか、狭義の共犯も含まれる。「情を知った第三者」とは、「犯人」以外の賄賂であることを知っている第三者であり、自然人だけでなく、その代表者が情を知っていれば、法人（最判昭29・8・20刑集8・8・1256）あるいは法人格のない社団（最大判昭40・4・28刑集19・3・300）でもよい。ただし、第三者から没収・追徴する場合には、第三者に対して弁解・防御の機会が与えられなければならない（最大判昭37・11・28刑集16・11・1593、前掲最大判昭40・4・28）。「収受した賄賂」には、公務員としての在職中に賄賂の要求・約束がなされ、退職後に収受したものの、請託等の要件が満たされないため、事後収賄罪の成立が認められない賄賂も含まれるとされている（山口630頁等）。また、提供されたが、収受されなかった賄賂は、本条の没収・追徴の対象ではないが、賄賂申込み罪の組成物件として、刑法19条以下の任意的没収・追徴の対象にはなりうる（最判昭24・12・6刑集3・12・1884）。賄賂が、複数の収賄者により共同して収受され、分配された場合には、分配額に応じて没収・追徴される（大判昭9・7・16刑集13・972）。分配・保有・費消の状況が不明であるときは、賄賂の総額を均分して没収・追徴がなされることになる（最決平16・11・8刑集58・8・905参照）。

　没収の対象となる賄賂は、金銭その他の動産、不動産、株券等の有体物である。金銭については、収賄者の他の金銭との混同により特定性が失われた場合、預金された場合には、没収ではなく、追徴の対象となる。判例は、いったん収受した賄賂を収賄者が贈賄者に返還した場合につき、贈賄者からの没収・追徴を認めている（最決昭29・7・5刑集8・7・1035）。しかし、本条の趣旨

は、収賄者等に不法な利益の保有を許さない点にあるのであるから、そのような場合には、本条ではなく、19条および同条の2によって没収・追徴すべきであろう（団藤155頁、大谷651頁、曽根327頁）。これに対し、収賄者が賄賂を費消後、同額の金銭を返還したときは、収賄者が利益を得ているのであるから、収賄者からの追徴が認められることになる（最判昭24・12・15刑集3・12・2023）。

　追徴は、没収が不可能であるときに行われる。「没収することができないとき」とは、賄賂が費消されるか、第三者の所有に帰属したときのように、本来没収できるものが事後的に没収不能になった場合だけでなく、酒食の饗応、芸妓の接待、債務の弁済、ゴルフクラブ会員権の収受のように、賄賂の性質上、原始的に没収不能な場合を含む。

　追徴すべき価額は、没収できない賄賂を金銭に換算した金額である。したがって、素人との情交のように金銭に換算できないときは、追徴の対象にもなりえない。追徴価額の算定時期につき、通説・判例は、賄賂が収受された時点を基準とする見解（収受時説）をとる（団藤156頁以下注17、大谷650頁、曽根327頁、西田508頁、山中794頁、前田683頁、高橋681頁、最大判昭43・9・25刑集22・9・871。疑問とする見解として、山口632頁、松宮490頁）。没収は収受した賄賂そのものを対象とするのであるから、それとの均衡上、通説・判例の見解が妥当であろう（高橋681頁）。

　追徴すべき価額の算定が困難である場合には、本条によって追徴することはできない。例えば、金融の利益が賄賂である場合には、貸付を受けた金銭自体は賄賂ではないので、没収・追徴の対象にはならず、また、金融の利益もその価額を算定することは困難であるので本条の追徴の対象にはならない（山口632頁）。ただし、19条1項、同条の2により、貸付を受けた金銭を犯罪取得物件として追徴することは可能である（最決昭33・2・27刑集12・2・342、最決昭36・6・22刑集15・6・1004）。

6）　団藤153頁は、「情を知った第三者」を第三者供賄罪における第三者で情を知って現に賄賂を収受した者に限定する。同旨として、西田507頁、山口630頁。反対説として、中森282頁、松宮489頁。なお、河上＝小川・大コメ10巻209頁以下も参照。

事項索引

あ

新しい違法状態維持説
　……………………… 232
あっせん収賄罪……… 426,
　435, 436
あっせん利得処罰法… 436
安楽死………………… 14-16
ETC カード ………… 324
遺棄致死傷罪………… 63
囲繞地………… 111, 112, 114
医師…15, 16, 40, 48-53, 60,
　104, 107, 127-129, 200,
　313, 428
石川銀行事件……… 227, 228
意思侵害説………… 110, 113
遺失物………… 207, 216, 217
遺失物等横領罪……… 140,
　152, 183, 185, 207, 216
意思内容決定説………… 222
委託信任関係…… 207-210,
　212, 215, 225
委託物横領罪…… 207, 210,
　216, 219
一時の娯楽に供する物
　………………… 355, 356
一部毀棄説→毀棄説
一部損壊説→毀棄説
一部露出説…………… 1-3
一体説………………… 324
一般人標準説………… 383
一般的職務権限……… 422-
　424, 428-430, 434
遺伝子治療…………… 47
イトマン事件……… 227, 228
居直り強盗………… 163, 177
違法状態維持説…… 230-233
印影………………… 331-334
印顆………………… 331, 332
印鑑………… 154, 194, 331
印形………………… 331
印章…… 305, 306, 308, 309,
　312, 331-336, 388
隠避…95, 401-405, 407, 410
隠滅……166-168, 401, 405-
　408, 410
写し…………… 300, 307
宇和島臓器売買事件…… 95
ATM ……113, 165, 196, 324-
　326
越権行為説…………… 208
押捺物体標準説………… 333
枉法…………………… 434
枉法収賄罪………… 433, 434
往来危険罪…… 275, 276, 279
往来妨害罪………… 275, 276
往来妨害致死傷罪…… 276
横領……151, 207, 209-211,
　214-216, 218, 238, 296,
　297
――の罪……… 139, 207,
　208, 219

か

害悪の告知……… 75-77, 79,
　201
外患……365, 366, 370, 372,
　374
外国国章……………… 238
外国国章損壊罪…… 374, 419
外傷後ストレス障害
　→ PTSD
外部的(社会的)名誉
　………………… 116-118, 123
カウンセリング方式…49,
　50
加害目的…… 34, 35, 223, 224
確信犯………………… 365
加工…… 40, 233, 281, 282,
　293, 407
瑕疵ある意思……… 13, 160,
　163, 178, 184, 186, 199,
　205
過失運転致死傷アルコール
　等影響発覚免脱罪…… 44
過失往来危険罪……… 279
過失汽車等転覆破壊罪
　………………………… 279
過失建造物等浸害罪
　………………… 270-272
過失傷害罪…… 2, 22, 37, 38,
　41, 172, 273, 276
過失致死罪…… 38, 41, 172,
　273
加重収賄罪…… 426, 433, 436
株券………… 317, 318, 437
カレン事件…………… 16
カロリナ刑事法典……… 45
監禁………… 20, 64-73, 89, 92,
　205, 407, 423
鑑札………………… 310, 311
間接脅迫……………… 76
間接正犯……… 9, 51-53, 69,
　102, 106, 309, 311
間接暴行…26, 161, 384, 397
完全性毀損説……… 19, 21
観念的競合…… 9, 22, 38, 41,
　64, 72, 84, 89, 119, 128,
　131, 134, 135, 137, 161,
　170, 172, 175, 176, 205,
　253, 271, 273, 276,
　278-280, 287-290, 297,
　316, 361, 362, 367, 375,
　385, 390, 424, 431, 434
官吏………………… 378, 385
管理可能性説……… 141-143
管理権者……… 110, 113-115
管理権説……………… 109
期間解決方式………… 49
毀棄説………………… 259
毀棄的背任…………… 224
危険運転致死傷罪…… 18,
　27, 28, 30-32, 36, 37, 43,
　44
危険犯…… 48, 55-57, 63, 64,
　74, 120, 131, 134, 223, 234,

事項索引　441

　　　366, 427
　具体的——……33, 56,
　　　250, 256, 257, 264, 265,
　　　267, 271, 274, 276, 277,
　　　384
　抽象的——……33, 35, 56,
　　　75, 119, 126, 250, 253,
　　　256, 258, 264, 266, 267,
　　　271, 272, 277, 306, 331,
　　　337, 365, 384, 392, 404,
　　　415
期限モデル………46, 49, 50
記号……299, 333, 335, 336
汽車等転覆破壊罪
　　　………………277, 279
汽車等転覆破壊致死罪
　　　………………………278
キセル乗車………188, 189,
　　　196, 198
偽造…………197, 198, 232,
　　　291-299, 301-309,
　　　311-313, 317, 319-323,
　　　327, 328, 334-336, 353,
　　　401, 405, 407, 408
起訴便宜主義…………158
期待可能性……48, 70, 236,
　　　297, 373, 394, 402, 405,
　　　407-411, 416
機能的一体性………261, 262
器物………………………375
器物損壊(罪)……137, 140,
　　　152-155, 238, 240, 241,
　　　249, 272, 290, 337, 375,
　　　390
基本的証券行為…………320
記名…………77, 332, 333
記名性……………………317
欺罔行為……145, 178, 179,
　　　181-191, 195-198
客体基準説………………226
キャッシュカード……164,
　　　165, 194, 196, 197, 324
旧住居権説………………109
境界……111, 156, 226, 242,
　　　243
境界損壊罪………238, 242
教会法……………………45

恐喝……72, 134, 138, 178,
　　　199-202, 204-207, 219,
　　　431
　——行為……200, 201, 205
恐喝罪……72, 80, 90, 139,
　　　141, 142, 144-147, 157,
　　　159-161, 199-206, 253,
　　　402, 431
教義的な処分行為………215
行政協定…………………370
強制行為……………………79
強制執行……377, 382, 388,
　　　390, 391
競売………………377, 390-392
　強制執行に関わる——
　　　………………391, 392
　公契約に関わる——
　　　………………391, 392
脅迫……12, 49, 64, 67-69,
　　　72, 74-80, 82, 83, 85, 86,
　　　90, 99-103, 106, 107, 134,
　　　145, 159-172, 174, 175,
　　　199-203, 205, 206, 224,
　　　245, 247-254, 354, 361,
　　　367, 374, 378, 379,
　　　383-385, 387, 388, 390,
　　　392, 395-397, 399, 422
共犯と身分……51, 210, 227,
　　　357
業務……37, 39-42, 74, 110,
　　　127-129, 133-137, 216,
　　　267, 279, 371, 379, 380
　——の意義……………39
業務上横領罪……140, 145,
　　　207, 208, 211, 215, 216,
　　　434
業務上過失致死傷罪……2,
　　　3, 36, 38, 41, 42, 44, 216,
　　　280
供用………311, 312, 315, 337
虚偽記入……………320, 321
虚偽文書……301, 304, 307,
　　　312, 313
御璽…………307, 308, 335
挙証責任……………25, 121
挙動による欺罔………183,
　　　184, 187

御名…………307, 308, 335
緊急避難行為…………52, 71
禁制品……………144, 297
偶然占有…………………212
熊本水俣病刑事事件……20
クレジットカード……191,
　　　192, 318, 323-325, 328,
　　　329
　——の不正使用……191,
　　　192
「黒い雪」事件…………350
経済的事由…………………48
計算……136, 211, 226, 227,
　　　229, 338
形式主義……301, 304, 307
刑事政策の規定…………96
芸術性とわいせつ性……346
継続犯…70, 84, 89, 110, 111
契約…59, 61, 133, 180, 195,
　　　196, 209, 216, 220, 234,
　　　235, 391
結果の加重犯……22-24, 28,
　　　29, 38, 52-54, 63, 107, 169,
　　　170, 172-175, 265, 269,
　　　276, 278, 279, 287, 288,
　　　425
結果無価値論……………202
検案書……………………313
現金自動預払機→ATM
権限基準説………226, 229
権限濫用説……219, 221, 222
検視………………363, 364
　行政——………363, 364
　司法——………363, 364
現住建造物等浸害罪
　　　………………270, 273
現住性……………………261
建造物…109-112, 114, 115,
　　　240, 241, 256, 257,
　　　259-265, 270
　——の一体性……261, 262
限定積極説………380, 386
限定背信説………222, 228
原本　300, 310-312, 353
謙抑性……………………138
権利・義務に関する文書
　　　……239, 240, 312, 317

権利行使……… *74, 79, 102, 201-204, 223, 317, 420*
権利者排除意思
　……………… *151, 152, 156*
行為時基準説……… *383, 386*
公共危険罪…… *33, 246, 248, 249, 256, 260, 270, 273, 275, 278*
　──説………………… *33*
　　具体的──……… *271, 273*
　　抽象的──……… *268, 270, 273, 286*
公共の危険……… *256-258, 260, 264, 265, 267-268, 270-273*
公共の静謐……… *245, 248*
公債証書………… *317, 318*
公人………………… *121*
公正証書………… *310-312*
公然わいせつ罪…… *99, 342*
交通の安全………… *275*
公電磁的記録不正作出罪
　………………… *311, 314, 315*
強盗…… *112, 138, 144, 147, 159, 161-163, 165, 169-177, 205, 207*
強盗強姦罪……… *174-176*
強盗強姦致死罪…… *159, 174, 175*
強盗殺人罪……… *162, 164, 169, 170, 172, 174, 175*
強盗取得罪……… *159, 160*
強盗傷人(傷害)罪…… *169, 170, 172-174*
強盗致死罪……… *169, 170, 172, 173*
強盗致傷罪……… *169, 170, 172-174, 176*
強盗予備罪………… *11, 176*
強盗利得罪…… *139, 159, 163*
交付行為…… *178, 179, 181, 182, 184-186, 188-191, 193, 195*
交付罪…… *91, 141, 184, 295, 297*
公文書……… *240, 243, 304, 307-310, 312, 314, 315*

公務…… *133, 238, 377-381, 384, 385, 388, 389, 392, 423, 427, 430, 431*
公務員… *120, 121, 123, 221, 254, 255, 302, 307-315, 335, 336, 371, 372, 378, 379, 382-389, 400, 418, 421, 422, 424, 426-437*
公務員職権濫用罪…… *372, 421, 422*
公務員標準説………… *383*
公務執行の適正……… *421*
効用侵害説………… *152, 239*
効用喪失説………… *258, 259*
公用文書…… *238-240, 308*
公用文書等毀棄罪…… *238, 240, 241*
公吏…………… *378, 385*
呼吸終止説………………… *3*
国際航業事件………… *208*
国璽………… *307, 308, 335*
国鉄東灘駅事件……… *381*
子どもの権利条約…… *84*
個別財産に対する罪… *141*
昏酔強盗罪……… *139, 159, 169, 170, 174, 176*
コンスタンチノープル宗教会議……………… *45*
コンピュータ・ウイルス
　………………… *337-340*

さ

最狭義の暴行…… *26, 161*
罪刑法定主義…… *20, 22, 64, 274, 301, 345, 351*
財産… *18, 33, 34, 72, 74, 75, 78, 110, 130, 138, 139, 141, 145, 164, 178, 180, 181, 183, 190-193, 195, 200, 216, 232, 245, 246, 248-250, 256, 257, 268, 270, 271, 275, 354, 355, 390*
財産上の損害…… *178, 180, 192-195, 201, 202, 211, 220, 223, 225, 331*
財産上の利益……… *87, 90,*

138, 139, 141, 144-146, 159, 160, 163-165, 169, 178-181, 184-190, 192, 196, 199-201, 204-206, 224, 226, 229, 355
サイバー犯罪………… *337*
裁判官標準説………… *383*
裁判時基準説………… *383*
財物…… *89-91, 95, 138-156, 158-169, 171, 173-175, 178-182, 184-186, 190, 192, 193, 195-208, 210-212, 219, 221, 226, 230, 232, 233, 238, 241, 295, 297, 354, 358, 362, 430*
財物罪… *139-142, 144, 159, 211*
ザクセンシュピーゲル
　………………………… *45*
差押え… *215, 238, 264, 265, 271, 388-390*
指図式………………… *317*
殺人予備罪…… *10, 11, 176, 177*
サド事件………… *346, 348*
サリドマイド薬剤事件
　…………………………… *2, 3*
三角詐欺………… *190, 191*
三徴候説………………… *3-5*
CAT ………………… *326*
指揮者…… *247, 250-253, 367*
自救行為………… *147, 148*
資金洗浄……………… *292*
事後強盗罪…… *27, 139, 159, 165-171, 174, 176*
事後収賄罪……… *426, 427, 429, 430, 434, 436, 437*
自己堕胎罪………… *46, 50*
自殺関与罪…… *1, 7, 8, 11, 13, 16*
自殺教唆罪…………… *12*
自殺幇助罪…………… *12*
事実証明に関する文書
　………………………… *312*
事実の欠缺…………… *54*
死者…… *112, 117-119, 128,*

事項索引　443

150, 360, 362, 403, 418
───の占有……………150
自署………332, 333, 335
自傷行為……20, 21, 50, 284
事前収賄罪……426, 427, 429, 432, 434, 436
自然人…1, 8, 12, 13, 74, 75, 117, 118, 128, 130, 133, 212, 220, 336, 433, 437
私戦予備・陰謀罪………375
死体解剖保存法……363, 364
死体損壊罪……1, 3, 360-362
私宅監置（制度）…………70
実質主義……301, 304, 307
実質的客観説…………153
自動車運転過失致死傷罪…………36, 37, 41, 43, 44
自動車運転死傷行為等処罰法…18, 27-32, 36, 37, 43, 44
自動車無免許運転過失致死傷罪…………………44
支払用カード……318, 323-326, 328, 329
死亡証書……………313
事務管理……59, 61, 210, 220
事務処理者……211, 219, 220, 222, 224, 225, 227-229
社会的相当行為…………70
社会的法益……18, 33, 99, 109, 125, 291, 337, 342, 354
写真コピー………300, 301
重過失致死傷罪……36, 42
住居権者……109-111, 113-115
住居権説……………109
重婚罪………99, 342, 353
修正本権説………148, 156
住専事件………227, 228
重要部分燃焼開始説……259
収賄罪……230, 426, 427, 429, 436, 437
主観的名誉→名誉感情
趣旨金………………200
受託収賄罪………426, 429-

431, 433, 434
出水危険罪……270, 271, 273
出生前診断……………50
取得説………………153
首謀者…247, 248, 250-254, 366, 367
準危険運転致死傷罪……28, 29, 31
純客観説…………383, 386
準強盗罪……139, 159, 165, 169, 170, 174
純粋性説…………427, 430
使用横領………………209
傷害概念…………18, 19, 21
消極的動機説…………224
証拠証券…………317, 318
常習賭博罪………354-357
詔書……………307, 308
詔書等偽造罪……307, 309, 311
使用窃盗……………151
焼損……256-260, 262-267
譲渡担保……………213
私用文書……238, 239, 241
証明目的の標準説………333
省略文書…………299, 332
初期堕胎の非犯罪化……47
職務関連性……………427
職務の公正……426-429, 431, 432, 435
職務密接関連行為………428
女子高校生コンクリート詰め殺人事件…………68
女性の自己決定権……46, 102
職権濫用…………421, 422
署名…37, 82, 239, 299, 304, 306, 308, 309, 312, 313, 320, 331-333, 335, 336
新（しい）権限濫用説……228
人工妊娠中絶………47-49
新効用喪失説…………259
親告罪……37, 81, 97, 106, 124-127, 129, 157, 158, 238, 239, 241, 243, 375, 403
新住居権説……109, 110, 113

信書………125-127, 243, 244
信書隠匿罪………127, 238, 239, 243, 244
人身売買(罪)……81, 82, 84, 92-95
真正不作為犯………55, 62, 115, 245, 254
親族相盗例………157, 179, 218, 232, 236, 237
侵奪………147, 156, 163
診断書………………313
陣痛説…………………1
心的外傷後ストレス障害
　→PTSD
信任関係……219-222, 228
信用……130, 131, 134, 192, 291, 295, 299, 301, 303, 305-307, 317, 319, 331, 332, 413
信用照会端末→CAT
信頼関係……129, 219, 228, 229
信頼保護説………426-430
水害の際……………272
水防妨害罪………270, 272
水利権………270, 273, 274
水利妨害罪………270, 273, 274
スキミング………328, 329
スキャナ……………302
スパイウェア型プログラム…………………338
「性刑法」の改正……46
政治犯………365, 378, 386
請託…………429, 431-347
生理機能障害説……18, 19, 21
説教等妨害罪…………360
積極的動機説…………224
全体財産に対する罪
　……………141, 223, 228
全部露出説……………1, 2
占有説………146-148, 154
占有の意義……………212
占有の有無　限界……149
占有の弛緩……………185
占有屋………………391
占有離脱物……212, 216, 217

占有離脱物等横領罪‥‥ 207
臓器移植に関する法律→臓
　器移植法
臓器移植法‥‥‥ 5, 6, 95, 362
臓器売買‥‥‥‥‥‥ 82, 95
贈収賄‥‥‥‥‥ 421, 426, 427
想像妊娠‥‥‥‥‥‥ 50, 54
相対的わいせつ文書の概念
　‥‥‥‥‥‥ 347, 348, 352
蔵匿‥‥ 95, 96, 401-405, 407,
　410
贓物‥‥‥‥‥‥‥ 230-232
騒乱罪‥‥ 26, 245-247, 250,
　251, 253-255, 367
贈賄罪‥‥‥‥ 426, 431, 436
ソースコード‥‥‥‥‥ 339
訴訟詐欺‥‥‥‥‥ 190, 191
率先助勢者‥‥ 247, 250-253
尊厳死‥‥‥‥‥‥ 14-16

た

第三者供賄罪‥‥‥ 426, 433,
　434, 438
胎児傷害‥‥‥‥‥ 20, 21, 23
胎児性傷害‥‥‥‥‥ 20, 23
胎児性水俣病事件‥‥‥ 2, 3
逮捕‥‥‥‥ 64, 65, 67, 71, 73,
　166-168, 170, 171, 176,
　247, 255, 395, 396, 398,
　403, 404, 423, 424
逮捕及び監禁の罪‥‥‥ 64,
　70, 72
代用貨幣‥‥‥‥‥‥‥ 292
ダウン症児‥‥‥‥‥‥ 50
瀧川幸辰‥‥‥‥‥‥‥ 219
蛸配当‥‥‥‥‥‥ 224, 229
多衆‥‥‥ 245-252, 254, 255
　──の共同意思‥‥ 251
多衆犯‥‥‥‥ 245, 366, 368
多衆不解散罪‥‥‥ 26, 245,
　254
堕胎‥‥‥‥‥‥‥ 20, 45-54
　──の意義‥‥‥‥‥ 46
堕胎罪の保護法益‥‥ 46, 47
堕胎罪の歴史‥‥‥‥‥ 45
奪取罪‥‥‥ 140, 141, 147, 148,
　184

他人の財物‥‥‥‥ 140, 147,
　151-153, 158, 160, 179,
　199, 200, 202, 207, 208,
　211, 232, 241
他人の物‥‥ 140, 151, 207,
　208, 211-217, 226
男児誘拐殺人事件‥‥‥ 84
単純遺棄罪‥‥‥ 55, 57, 59,
　62, 63
単純横領罪‥‥‥ 140, 151,
　207, 210, 211, 216
単純収賄罪‥‥‥ 426, 427,
　429-432, 434, 436
単純賭博罪‥‥ 354, 355, 357
チャタレー事件‥‥‥ 346-
　348, 350-352
忠誠義務違反‥‥‥‥‥ 370
中絶の自由化‥‥‥‥‥ 46
中立命令違反罪‥‥‥‥ 376
朝憲紊乱‥‥‥‥‥‥‥ 366
超法規的違法阻却事由
　‥‥‥‥‥‥‥‥‥‥ 48
直接暴行‥‥‥‥‥ 26, 384
追求権説‥‥‥‥‥ 230-233
釣銭詐欺‥‥‥‥‥‥‥ 183
デビットカード‥‥‥‥ 324
電子計算機‥‥‥‥ 135-137,
　196-198, 305, 315, 326,
　337-341
電磁的記録‥‥‥ 135-137,
　196-198, 238, 239, 292,
　305, 306, 310-312, 314,
　315, 318, 323, 325-329,
　338-340, 344, 345,
　348-350
電子マネー‥‥‥‥ 292, 324
同意殺人罪‥‥‥ 7, 8, 11-13
同意堕胎罪‥‥‥ 46, 51, 52
同意堕胎致死傷罪‥‥‥ 52
盗取‥‥‥‥‥ 137, 169, 296
盗取罪‥‥‥‥ 141, 149, 159
逃亡犯罪人引渡法‥‥ 365,
　398
謄本‥‥‥‥‥‥‥‥‥ 300
特別公務員職権濫用罪
　‥‥‥‥‥‥‥ 421, 423-425
特別公務員暴行陵虐罪

　‥‥‥‥‥‥ 421, 424, 425
独立燃焼説‥‥‥‥ 258, 259
賭博場開張罪‥‥‥‥‥ 357
賭博場開張等図利罪
　‥‥‥‥‥‥‥‥ 354, 357
富くじ罪‥‥‥‥‥ 354, 358
図利目的‥‥‥‥‥ 223-225
奴隷売買‥‥‥‥‥‥‥ 93
トロイの木馬型プログラム
　‥‥‥‥‥‥‥‥‥‥ 338

な

内部の名誉‥‥‥‥‥‥ 116
内乱罪‥‥ 245, 365-367, 369,
　370
長田電報局事件‥‥‥‥ 381
生カード‥‥‥ 326, 328, 330
新潟少女監禁事件‥‥‥ 64
新潟鉄工事件‥‥‥ 145, 209
2項横領‥‥‥‥‥ 212, 214
2項恐喝‥‥‥‥‥ 139, 206
二重譲渡‥‥‥‥‥ 210, 225
二重抵当‥‥‥‥ 224, 225, 229
二重の身分犯‥‥‥ 210, 216
人間の尊厳‥‥‥‥‥‥ 93
納金スト‥‥‥‥‥‥‥ 209
脳死‥‥‥‥‥‥‥‥‥ 4-6
脳死説‥‥‥‥‥‥‥‥ 3-5

は

ハーグ条約‥‥‥‥ 82, 84
バイエルン刑法典‥‥‥ 45
背信説‥‥ 219, 221, 222, 225,
　228
背信的権限濫用説‥‥‥ 222
破壊活動防止法‥‥ 246, 370
バグ‥‥‥‥‥‥‥ 338, 340
博徒結合罪‥‥‥‥‥‥ 357
博徒結合図利罪‥‥‥‥ 358
判子‥‥‥‥‥‥‥‥‥ 331
被あっせん公務員‥‥‥ 435
PTSD‥‥‥‥‥‥‥ 20, 72
被害者の錯誤‥‥‥‥‥ 68
非現住建造物等浸害罪
　‥‥‥‥‥‥‥ 270, 271, 273
ビットコイン‥‥‥‥‥ 292
必要的共犯‥‥‥‥ 105, 245,

事項索引　445

252, 353, 355, 359, 368, 431, 436
人の始期………………1, 3
人の終期………………1, 3
非犯罪化論……………46
秘密……………125-129, 371
秘密保護法………370, 371
ビラ貼り………………241
封印…………215, 388-390
封印等破棄罪……377, 388, 389, 391
不可罰（共罰）的事後行為
　………………………154
不作為による欺罔……182-184
不真正不作為犯……10, 55, 60, 182
付随的証券行為……320, 321
不正作出……314, 316, 326, 328-330
不正指令電磁的記録
　………………………337-341
不正談合…………377, 392
普通殺人罪……7, 10, 13, 14
物理的一体性………261-263
不同意堕胎罪……46, 51, 54
不動産…144, 147, 155, 156, 163, 179, 182, 210-214, 225, 355, 392, 430, 437
不動産侵奪罪……139, 141, 144, 147, 155-157, 242
不法原因給付…………195
不法原因給付物……214, 233
不法領得………………210
　——の意思……140, 151, 152, 156, 159, 199, 202, 208, 209, 215, 217, 238
不保護罪……………59, 62
プリペイドカード……197, 318, 323, 324
不良貸付…………223, 224
古川鉱業目尾鉱業所事件
　………………………380
プロイセン刑法典………45
付和随行者………247, 251, 253, 367
文書………77, 125, 128, 145,

193, 194, 232, 238-240, 243, 244, 299-315, 317, 331-334, 344, 346-348, 350-352, 408, 412
粉飾決算…………224, 229
墳墓発掘罪……360, 361, 363
墳墓発掘死体損壊等罪
　………………………360, 363
平穏侵害説……………110
平穏説………109-111, 113
ペーパーレス化………319
変死者……………363, 364
変死者密葬罪……360, 363
変造……198, 292-298, 301, 303, 304, 306, 313, 317, 319-321, 405, 407, 408
ポイントカード………324
謀議に参与した者……367
暴行……21-28, 32, 38, 49, 68, 72-74, 77-80, 82, 83, 85, 86, 99-103, 106, 107, 134, 145, 159-175, 199, 201, 203, 205, 245, 247-254, 354, 361, 367, 374, 378, 379, 383-385, 387, 390, 395-397, 399, 422, 424
　——概念………26, 27, 384
法条競合…80, 87, 120, 131, 226, 375
法人……1, 8, 74, 75, 117, 118, 123, 128, 130, 133, 212, 220, 336, 418, 433, 437
法人格のない団体……130, 133, 336, 433
暴動………………366-369
法は家庭に入らず……157, 218, 236, 237
法律の処分行為………215
暴力団……33, 82, 203, 205, 292, 391, 404, 407
　——の資金源……94, 292
暴力団員不当行為防止法
　………………………203
保護義務
　慣習または条理による
　　——………………61
　契約または事務管理によ

　　る——……………61
　法令による——………59
保護責任者遺棄罪……55, 57-60, 63
母体血マーカー胎児診断
　………………………47
母体保護法……47-49, 53
本権説……147, 148, 202, 207

ま

マイレージカード……324
摩周丸事件……………380
未熟児医療……………47
三菱美唄炭鉱事件………71
身分犯……50, 52, 53, 59, 91, 168, 210, 211, 216, 220, 227, 283, 313, 357, 400, 413, 416, 422
　真正——……127, 168, 216, 309, 430
　不真正——……168, 216, 423, 424
身分振分説………379, 380
脈搏終止説……………3, 4
民事介入暴力…………204
無記名式………………317
無形偽造……301, 303, 304, 309, 313, 314, 319-321
無券面化→ペーパーレス化
無銭飲食…………193, 197
無免許……30-32, 37, 40, 43, 44
名義……226, 227, 229, 238, 243, 301-303, 306-308
名誉感情……116, 117, 123
名誉刑…………………370
免状……………………310
燃え上がり説→重要部分燃焼開始説
黙示の処分行為………206
物………………142, 211, 344
文言証券性……………320

や

やわらかな客観説……383
有価証券……212, 240, 292, 317-323

有形偽造 …… 300-303, 307, 312, 319-321
憂国の情 ………………… 370
優生思想 ………………… 47
有体性説 …… 141-143, 145, 147
有体物 … 141, 142, 145, 147, 163, 329, 345, 349, 355, 437
吉展ちゃん誘拐殺人事件 ……………………… 82, 89
「四畳半襖の下張」事件 ……………………… 347
予備罪説 ………………… 33

ら

利益窃盗 …… 139, 143, 145, 184
利得罪 ………… 139-142, 224
利得的背任 ……………… 224
略取 … 64, 68, 81-83, 85, 86, 88, 89, 91-93, 95-98
陵虐 ……………………… 424
利用処分意思 …… 151-156
領得行為基準説 …… 226, 227, 229
領得行為説 ………… 208, 215
領得罪 … 140, 151, 152, 208, 215, 238, 242

旅券 ………… 194, 310, 311
礼拝所不敬罪 …………… 360
ローンカード …………… 325
ローン販売 ……………… 213

わ

ワーム型プログラム …… 338
わいせつ性の概念 …… 343, 345, 350
わいせつ物頒布等罪 …… 99, 342-344
賄賂 ………… 232, 427-438
――の没収・追徴 … 437
「わたしの腹は、わたしのもの」………………… 46

判例索引

大判明 26・9・28 刑抄録 1・29 …………… *362*
大判明 34・10・11 刑録 7・9・79 …………… *240*
大判明 35・4・14 刑録 8・4・77 …………… *274*
大判明 36・5・21 刑録 9・874 …………… *142*
大判明 36・6・1 刑録 9・930 …………… *179*
大判明 39・8・28 刑録 12・888 …………… *301*
大判明 40・9・26 刑録 13・1002 ……… *125, 243*
大判明 41・9・4 刑録 14・755 …………… *295*
大判明 41・12・21 刑録 14・1136 …………… *304*
大判明 42・2・19 刑録 15・2・1611 …………… *379*
大判明 42・2・23 刑録 15・127 …………… *322*
大判明 42・3・16 刑録 15・261 …………… *317*
大判明 42・4・15 刑録 15・435 …………… *232*
大判明 42・4・15 刑録 15・443 …………… *22, 24*
大判明 42・4・16 刑録 15・452 …………… *242*
大判明 42・6・10 刑録 15・738 …………… *303*
大判明 42・6・14 刑録 15・769 …………… *10*
大判明 42・6・24 刑録 15・848 …………… *332*
大判明 42・9・23 刑録 15・1155 …………… *333*
大判明 42・10・19 刑録 15・1420 …………… *46*
大判明 42・11・15 刑録 15・1589 …………… *131*
大判明 42・11・15 刑録 15・1596 …………… *210*
大判明 43・1・31 刑録 16・95 …………… *387*
大判明 43・2・3 刑録 16・147 …………… *134*
大判明 43・3・10 刑録 16・402 …………… *295*
大判明 43・3・25 刑録 16・470 …………… *407*
大判明 43・4・19 刑録 16・657 …………… *241*
大判明 43・4・19 刑録 16・686 …………… *357*
大判明 43・4・28 刑録 16・760 …………… *14*
大判明 43・5・9 刑録 16・821 ……… *318, 320*
大判明 43・5・12 刑録 16・857 …………… *8*
大判明 43・6・30 刑録 16・1314 ……… *295, 297*
大判明 43・9・30 刑録 16・1569 …………… *85*
大判明 43・9・30 刑録 16・1572 ……… *238, 299*
大判明 43・10・10 刑録 16・1651 …………… *72*
大判明 43・10・11 刑録 16・1689 …………… *358*
大判明 43・10・21 刑録 16・844 …………… *415*
大判明 43・10・27 刑録 16・1764 …………… *170*
大判明 43・11・15 刑録 16・1937 ……… *75, 76*
大判明 43・11・15 刑録 16・1941 …………… *322*
大判明 43・11・21 刑録 16・2093 …………… *331*
大判明 43・12・13 刑録 16・2181 …………… *299*

大判明 44・2・2 刑録 17・27 …………… *321*
大判明 44・2・9 刑録 17・52 …………… *131*
大判明 44・2・21 刑録 17・157 …………… *414*
大判明 44・2・27 刑録 17・197 …………… *242*
大判明 44・3・9 刑録 17・295 …………… *235*
大判明 44・3・21 刑録 17・427 …………… *335*
大判明 44・3・31 刑録 17・482 …………… *321*
大判明 44・4・13 刑録 17・557 …………… *130*
大判明 44・4・24 刑録 17・655 ……… *256-258*
東京控判明 44・5・6 新聞 735・21 …………… *355*
大判明 44・5・19 刑録 17・879 …………… *430*
大判明 44・5・29 刑録 17・987 …………… *321*
大判明 44・7・6 刑録 17・1347 …………… *309*
大判明 44・7・21 刑録 17・1475 ……… *266, 298*
大判明 44・7・28 刑録 17・1477 …………… *96*
大判明 44・8・15 刑録 17・1488 ……… *143, 239*
大判明 44・10・9 刑録 17・1652 …………… *227*
大判明 44・10・13 刑録 17・1698 …………… *211*
大判明 44・10・13 刑録 17・1713 …………… *312*
大判明 44・11・9 刑録 17・1843 ……… *304, 307*
大判明 44・11・16 刑録 17・1984 …………… *271*
大判明 44・11・16 刑録 17・1989 …………… *335*
大判明 44・11・16 刑録 17・2002 …………… *87*
大判明 44・11・27 刑録 17・2041 …………… *191*
大判明 44・12・7 刑録 17・2155 …………… *235*
大判明 44・12・8 刑録 17・2183 …………… *46*
大判明 44・12・18 刑録 17・2208 …………… *232*
大判明 45・4・8 刑録 18・443 …………… *234*
大判明 45・4・9 刑録 18・445 …………… *304*
大判明 45・4・15 刑録 18・464 …………… *308*
大判明 45・4・22 刑録 18・491 …………… *333*
大判明 45・5・6 刑録 18・570 …………… *221*
大判明 45・5・30 刑録 16・74 …………… *332*
大判明 45・6・4 刑録 18・815 …………… *248*
大判明 45・6・20 刑録 18・896 …………… *18*
大判明 45・6・27 刑録 18・927 …………… *119*
大判明 45・7・1 刑録 18・947 …………… *355*
大判明 45・7・1 刑録 18・971 …………… *417*
大判明 45・7・16 刑録 18・1087 …………… *198*
大判明 45・7・23 刑録 18・1095 …………… *131*
大判明 45・7・23 刑録 18・1100 …………… *413*
大判大元・10・8 刑録 18・1231 …………… *212*

大判大元・12・20 刑録 18・1566 ················ *417*
大判大 2・1・23 刑録 19・28 ················ *298*
大判大 2・1・27 刑録 19・85 ················ *131*
大判大 2・3・25 刑録 19・374 ················ *233*
大判大 2・3・27 刑録 19・423 ················ *299*
大判大 2・5・22 刑録 19・626 ················ *400*
大判大 2・6・12 刑録 19・711 ················ *213*
大判大 2・6・12 刑録 19・714 ················ *215*
大判大 2・11・19 刑録 19・1253 ················ *356*
大判大 2・12・6 刑録 19・1387 ················ *304*
大判大 2・12・9 刑録 19・1393 ················ *428*
大判大 2・12・19 刑録 19・1472 ················ *234*
大連判大 2・12・23 刑録 19・1502 ················ *200*
大判大 3・1・21 刑録 20・41 ················ *235, 237*
大判大 3・3・4 刑録 20・175 ················ *361*
大判大 3・3・10 刑録 20・266 ················ *357*
大判大 3・3・14 刑録 20・297 ················ *235*
大判大 3・4・14 刑録 20・559 ················ *88*
大判大 3・4・24 刑録 20・619 ················ *39*
大判大 3・4・29 刑録 20・654 ················ *414*
大判大 3・5・1 刑録 20・725 ················ *143, 362*
大判大 3・5・7 刑録 20・782 ················ *319*
大連判大 3・5・18 刑録 20・932 ················ *357*
大判大 3・6・11 刑録 20・1171 ················ *194*
大判大 3・6・20 刑録 20・1300 ················ *240, 261*
大判大 3・6・20 刑録 20・1313 ················ *221, 223*
大判大 3・6・27 刑録 20・1350 ················ *209*
大判大 3・7・4 刑録 20・1403 ················ *19*
大判大 3・7・28 刑録 20・1548 ················ *358*
大判大 3・10・6 刑録 20・1810 ················ *305*
大判大 3・10・7 刑録 20・1816 ················ *355*
大判大 3・10・16 刑録 20・1867 ················ *224*
大判大 3・10・19 刑録 20・1884 ················ *248*
大判大 3・11・3 刑録 20・2001 ················ *419*
大判大 3・11・4 刑録 20・2008 ················ *333, 336*
大判大 3・11・14 刑録 20・2111 ················ *292, 318*
大判大 3・11・19 刑録 20・2200 ················ *318*
大判大 3・11・26 刑録 20・2265 ················ *120*
大判大 3・11・28 刑録 20・2277 ················ *321*
大判大 4・2・10 刑録 21・90 ················ *9, 63*
大判大 4・3・2 刑録 21・194 ················ *227*
大判大 4・4・9 刑録 21・457 ················ *212*
大判大 4・4・20 刑録 21・487 ················ *13*
大判大 4・4・30 刑録 21・551 ················ *310*
大判大 4・5・21 刑録 21・663 ················ *151, 155*
大判大 4・5・21 刑録 21・670 ················ *55, 56*
大判大 4・6・1 刑録 21・717 ················ *424*

大判大 4・6・2 刑録 21・721 ················ *233*
大判大 4・6・10 刑録 21・805 ················ *355*
大判大 4・6・24 刑録 21・886 ················ *362*
大判大 4・10・6 刑録 21・1441 ················ *382*
大判大 4・10・16 刑録 21・1632 ················ *355*
大判大 4・10・25 新聞 1049・34 ················ *181*
大判大 4・10・30 刑録 21・1763 ················ *251*
大判大 4・11・2 刑録 21・1831 ················ *254*
大判大 4・11・5 刑録 21・1891 ················ *69*
大判大 4・11・6 刑録 21・1897 ················ *248, 250*
大判大 5・2・12 刑録 22・134 ················ *61, 62*
大判大 5・2・21 刑録 22・301 ················ *356*
大判大 5・5・2 刑録 22・681 ················ *191*
大判大 5・5・4 刑録 22・685 ················ *10*
大判大 5・5・25 刑録 22・816 ················ *117*
大判大 5・6・1 刑録 22・854 ················ *130*
大判大 5・6・15 刑録 22・998 ················ *235*
大判大 5・6・26 刑録 22・1153 ················ *117, 130*
大判大 5・6・26 刑録 22・1179 ················ *313*
大判大 5・7・13 刑録 22・1267 ················ *232*
大判大 5・9・28 刑録 22・1467 ················ *185*
大判大 5・11・30 刑録 22・1837 ················ *419*
大判大 5・12・11 刑録 22・1856 ················ *332*
大判大 5・12・13 刑録 22・1822 ················ *118*
大判大 5・12・18 刑集 22・1909 ················ *131*
大判大 5・12・21 刑録 22・1925 ················ *298*
大判大 6・2・6 刑録 23・35 ················ *388*
大判大 6・2・8 刑録 23・41 ················ *420*
大判大 6・4・27 刑録 23・451 ················ *234*
大判大 6・9・10 刑録 23・999 ················ *8*
大判大 6・10・15 刑録 23・1113 ················ *212*
大判大 6・10・23 刑録 23・1120 ················ *434*
大判大 6・10・25 刑録 23・1131 ················ *72*
大判大 6・10・27 刑録 23・1103 ················ *284*
大判大 6・11・9 刑録 23・1261 ················ *9*
大判大 6・11・29 刑録 23・1449 ················ *182*
大判大 7・2・16 刑録 24・103 ················ *9*
大判大 7・3・1 刑録 24・116 ················ *118*
大判大 7・3・11 刑録 24・172 ················ *77*
大判大 7・3・23 刑録 24・235 ················ *62*
大判大 7・5・7 刑録 24・555 ················ *406*
大判大 7・6・10 新聞 1443・22 ················ *344*
大判大 7・7・17 刑録 24・939 ················ *182*
大判大 7・7・26 刑録 24・1016 ················ *310*
大判大 7・10・8 刑録 18・1238 ················ *212*
大判大 7・10・16 刑録 24・1268 ················ *83*
大判大 7・10・19 刑録 24・1274 ················ *212*

判例索引　*449*

大判大 7・11・20 刑録 24・1378 ……………… *309*
大判大 7・12・6 刑録 24・1506 ……………… *109*
大判大 8・2・27 刑録 25・261 ……………… *51*
大判大 8・3・11 刑録 25・314 ……………… *282*
大判大 8・3・27 刑録 25・396 ……………… *181*
大判大 8・3・31 刑録 25・403 ……………… *406*
大判大 8・4・5 刑録 25・489 ……………… *150*
大判大 8・5・13 刑録 25・632 ……………… *240*
大判大 8・6・30 刑録 25・820 ……………… *79*
大判大 8・8・30 刑録 25・963 ……………… *61*
大判大 8・11・13 刑録 25・1081 ……………… *40*
大判大 8・12・13 刑録 25・1367 ……………… *2, 3, 8*
大判大 9・2・4 刑録 26・26 ……………… *152*
大判大 9・3・5 刑録 26・139 ……………… *284*
大判大 9・3・31 刑録 26・223 ……………… *87*
大判大 9・4・30 新聞 3694・5 ……………… *356*
大判大 9・5・8 刑録 26・348 ……………… *183*
大判大 9・6・3 刑録 26・384 ……………… *52*
大判大 9・12・24 刑録 26・1437 ……………… *363*
大判大 10・1・18 刑録 27・5 ……………… *234*
大判大 10・5・7 刑録 27・257 ……………… *52*
大判大 10・6・24 刑集 14・728 ……………… *76*
大判大 10・9・24 刑録 27・589 ……………… *240, 312*
大判大 10・10・14 刑録 27・625 ……………… *217*
大判大 10・10・24 刑録 27・643 ……………… *133*
大判大 10・12・9 新聞 1933・12 ……………… *311*
大判大 11・1・17 刑集 1・1 ……………… *213*
大判大 11・1・27 刑集 1・16 ……………… *239, 304*
大判大 11・2・28 刑集 1・82 ……………… *233*
大判大 11・3・31 刑集 1・186 ……………… *268*
大判大 11・4・1 刑集 1・194 ……………… *336*
大判大 11・4・27 刑集 1・239 ……………… *12*
大判大 11・5・6 刑集 1・261 ……………… *389*
大判大 11・7・12 刑集 1・377 ……………… *355*
大判大 11・9・27 刑集 1・483 ……………… *312*
大判大 11・11・21 新聞 2070・19 ……………… *356*
大判大 11・11・28 刑集 1・705 ……………… *51*
大判大 11・12・15 刑集 1・763 ……………… *179*
大判大 12・1・25 刑集 2・19 ……………… *234*
大判大 12・2・9 新聞 2103・18 ……………… *71*
大判大 12・2・15 刑集 2・65 ……………… *403*
大判大 12・3・21 刑集 2・242 ……………… *221*
大判大 12・4・9 刑集 2・327 ……………… *414*
大判大 12・4・23 刑集 2・351 ……………… *309*
大判大 12・7・14 刑集 2・650 ……………… *194*
大判大 12・8・21 刑集 2・681 ……………… *361*
大判大 12・11・14 刑集 2・788 ……………… *355*

大判大 12・12・3 刑集 2・915 ……………… *82*
大判大 12・12・8 刑集 2・930 ……………… *235*
大判大 13・1・30 刑集 3・38 ……………… *233*
大判大 13・2・19 刑集 3・95 ……………… *356*
大判大 13・3・31 刑集 3・259 ……………… *41*
大判大 13・4・28 ……………… *52*
大判大 13・5・30 刑集 3・457 ……………… *357*
大判大 13・6・19 刑集 3・502 ……………… *83*
大判大 13・10・22 刑集 3・749 ……………… *100*
大決大 13・12・12 刑集 3・871 ……………… *84, 89*
大判大 13・12・24 民集 3・555 ……………… *213*
大判大 14・1・28 刑集 4・14 ……………… *87*
大判大 14・1・31 刑集 4・27 ……………… *356*
大判大 14・10・16 刑集 4・6・613 ……………… *361*
大判大 14・10・21 刑集 4・11・667 ……………… *135*
大判大 14・12・23 刑集 4・780 ……………… *24*
大判大 14・12・23 刑集 4・787 ……………… *305*
大判大 15・2・15 刑集 1・30 ……………… *130, 133*
大判大 15・3・24 刑集 5・117 ……………… *118*
大判大 15・4・20 刑集 5・136 ……………… *209, 229*
大判大 15・5・13 刑集 5・158 ……………… *307*
大判大 15・5・28 刑集 5・192 ……………… *233*
大判大 15・6・19 刑集 5・267 ……………… *349*
大判大 15・6・25 刑集 5・285 ……………… *104*
大判大 15・7・5 刑集 5・303 ……………… *117, 124*
大判大 15・9・28 刑集 5・387 ……………… *61*
大判大 15・10・8 刑集 5・440 ……………… *149*
大判大 15・10・14 刑集 5・456 ……………… *72, 205*
大判大 15・11・25 新聞 2645・9 ……………… *358*
大判大 15・11・26 刑集 5・551 ……………… *215*
大判大 15・12・3 刑集 5・558 ……………… *13*
大判大 15・12・24 新聞 2656・13 ……………… *201*
大判昭 2・1・28 新聞 2664・10 ……………… *294*
大判昭 2・3・28 刑集 6・18 ……………… *25*
大判昭 2・6・8 刑集 6・298 ……………… *304*
大判昭 2・6・16 新聞 2726・13 ……………… *87*
大判昭 2・6・17 刑集 6・208 ……………… *50*
大判昭 2・6・28 刑集 6・235 ……………… *321*
大判昭 2・7・21 刑集 6・357 ……………… *387*
大判昭 2・11・28 刑集 6・472 ……………… *279*
大判昭 3・5・31 刑集 7・416 ……………… *276*
大判昭 3・7・14 刑集 7・8・490 ……………… *131*
大判昭 3・10・9 刑集 7・683 ……………… *332*
大判昭 3・10・15 刑集 7・665 ……………… *288, 289*
大判昭 3・10・29 刑集 7・709 ……………… *436*
大判昭 4・2・9 刑集 8・59 ……………… *387*
大判昭 4・2・18 刑集 8・72 ……………… *356*

大判昭 4・3・7 刑集 8・107 ……………… 182
大判昭 4・6・3 刑集 8・302 ……………… 274
大判昭 4・7・1 新聞 3037・12 …………… 356
大判昭 4・7・17 刑集 8・400 ……………… 72
大判昭 4・10・14 刑集 8・477 …………… 240
大判昭 4・10・15 刑集 8・485 …………… 298
大判昭 4・12・4 刑集 8・609 ……………… 430
大判昭 4・12・24 刑集 8・688 ……………… 84
大判昭 5・2・7 刑集 9・51 ………………… 129
大判昭 5・4・24 刑集 9・265 ……………… 250
大判昭 5・7・10 刑集 9・497 ……………… 201
大判昭 5・9・18 刑集 9・668 ………… 403, 404
大判昭 5・11・4 裁判例 4 刑 51 …………… 356
大判昭 5・11・27 刑集 9・810 ……………… 241
大判昭 6・3・11 刑集 10・75 ……………… 318
大判昭 6・5・2 刑集 10・197 ……………… 355
大判昭 6・6・19 刑集 10・287 …………… 118
大判昭 6・11・13 刑集 10・597 …………… 362
大判昭 7・2・1 刑集 11・15 ………………… 50
大判昭 7・2・12 刑集 11・75 …………… 68, 69
大判昭 7・2・19 刑集 11・85 ……………… 182
大判昭 7・2・29 刑集 11・141 …………… 67, 71
大判昭 7・3・17 刑集 11・437 ……………… 80
大判昭 7・3・31 刑集 11・311 …………… 287
大判昭 7・4・11 刑集 11・337 ………… 273, 274
大判昭 7・4・20 刑集 11・395 …………… 321
大判昭 7・4・21 刑集 11・415 …………… 310
大判昭 7・5・23 刑集 11・665 …………… 300
大判昭 7・6・15 刑集 11・837 …………… 294
大判昭 7・7・11 刑集 11・1250 …………… 119
大判昭 7・7・20 刑集 11・1104 …………… 79
大判昭 7・7・20 刑集 11・1113 …………… 331
大判昭 7・9・12 刑集 11・1317 …………… 224
大判昭 7・9・21 刑集 11・1342 …………… 240
大判昭 7・10・31 刑集 11・1541 ………… 225
大判昭 7・11・11 刑集 11・1572 …………… 77
大判昭 7・11・14 刑集 11・1611 …………… 77
大判昭 7・12・10 刑集 11・1817 ………… 406
大判昭 8・3・9 刑集 12・232 ……………… 217
大判昭 8・4・12 刑集 12・5・413 ………… 134
大判昭 8・4・15 刑集 12・427 ……………… 27
大判昭 8・4・19 刑集 12・471 …………… 9, 13
大判昭 8・6・3 判例体系 34・278 …………… 41
大判昭 8・6・5 刑集 12・736 ………… 286, 288
大判昭 8・7・5 刑集 12・1101 …………… 207
大判昭 8・7・6 刑集 12・1125 …………… 282
大判昭 8・7・8 刑集 12・1195 …………… 361

大判昭 8・9・11 刑集 12・1599 …………… 213
大判昭 8・10・18 刑集 12・1820 ……… 405, 410
大判昭 8・11・20 刑集 12・2048 …………… 76
大判昭 8・11・22 刑集 12・2082 ………… 119
大判昭 8・12・4 刑集 12・2196 …………… 223
大判昭 8・12・11 刑集 12・2304 ………… 235
大判昭 9・2・7 裁判例 8 刑 2 ……………… 356
大判昭 9・3・5 刑集 13・213 ……………… 75
大判昭 9・5・17 刑集 13・646 …………… 274
大判昭 9・5・28 刑集 13・679 …………… 224
大判昭 9・6・13 刑集 13・747 …………… 360
大判昭 9・7・16 刑集 13・972 …………… 437
大判昭 9・7・19 刑集 13・983 …………… 211
大判昭 9・7・19 刑集 13・1043 ………… 213
大判昭 9・8・4 刑集 13・1059 …………… 408
大判昭 9・8・27 刑集 13・1086 ………… 12, 14
大判昭 9・10・19 刑集 13・1473 ………… 153
大判昭 9・10・29 新聞 3793・17 ………… 216
大判昭 9・12・22 刑集 13・1789 ………… 239
大判昭 10・2・2 刑集 14・57 ……………… 277
大判昭 10・3・28 刑集 14・346 …………… 355
大判昭 10・5・1 刑集 14・454 ……………… 83
大判昭 10・5・13 刑集 14・514 …………… 175
大判昭 10・9・28 刑集 14・997 …………… 406
大判昭 10・10・24 刑集 14・1267 ………… 368
大判昭 10・11・6 刑集 14・1114 …………… 42
大判昭 10・11・12 刑集 14・1240 ………… 76
大判昭 10・12・26 刑集 14・1446 ………… 308
大判昭 11・1・31 刑集 15・68 …………… 349
大判昭 11・3・3 刑集 15・396 …………… 213
大判昭 11・3・24 刑集 15・307 …………… 126
大判昭 11・5・7 刑集 15・8・573 ………… 134
大判昭 11・5・30 刑集 15・705 …………… 72
大判昭 11・7・23 刑集 15・1078 ……… 238, 239
大判昭 11・10・9 刑集 15・1281 ………… 431
大判昭 11・11・9 新聞 4074・15 ………… 307
大判昭 12・2・27 刑集 16・140 …………… 419
大判昭 12・3・5 刑集 16・254 ……………… 94
大判昭 12・3・17 刑集 16・365 …………… 131
大判昭 12・6・5 新聞 4156・16 …………… 356
大判昭 12・9・21 刑集 16・1299 ………… 355
大判昭 13・2・28 刑集 17・141 …………… 119
大判昭 13・10・25 刑集 17・735 ………… 223
大判昭 13・11・21 刑集 17・86 …………… 223
大判昭 13・12・23 刑集 17・980 …………… 9
大判昭 14・7・26 刑集 18・444 …………… 308
朝鮮高等法院判昭 14・9・21 評論全集 29 刑 77

判例索引 451

………………………………… 211
大判昭 14・10・27 刑集 18・503 ………… 201
大判昭 14・11・4 刑集 18・497 ………… 69
大判昭 15・8・22 刑集 19・54 …………… 277
大判昭 15・10・14 刑集 19・685 ………… 52
大判昭 16・2・27 刑集 20・6 …………… 77
大判昭 18・12・29 刑録 22・357 ………… 301
大判昭 19・4・28 刑集 23・97 …………… 392
大判昭 20・5・1 刑集 24・1 …………… 361
最判昭 22・12・15 刑集 1・80 …………… 22
最判昭 22・12・17 刑集 1・94 …………… 291
最判昭 23・3・16 刑集 2・3・227 ………… 235
最判昭 23・5・20 刑集 2・5・489 ………… 114
最判昭 23・6・5 刑集 2・7・641 ………… 214
最判昭 23・6・8 裁判集刑 2・329 ………… 261
最判昭 23・7・29 刑集 2・9・1067 ……… 356
最判昭 23・10・7 刑集 2・11・1289 ……… 356
最判昭 23・10・23 刑集 2・11・1386 …… 313
最判昭 23・11・2 刑集 2・12・1443 ……… 258
最判昭 23・11・9 刑集 2・12・1504 ……… 230
最判昭 23・11・25 刑集 2・12・1649 …… 112
最判昭 23・12・2 刑集 2・14・1877 ……… 217
最判昭 24・1・11 刑集 3・1・1 …………… 206
最判昭 24・2・8 刑集 3・2・75 …………… 161
最判昭 24・3・8 刑集 3・3・276 …… 208, 209
最判昭 24・4・26 刑集 3・5・637 ………… 381
最判昭 24・5・10 刑集 3・6・711 ………… 102
最判昭 24・6・18 刑集 3・7・1094 ……… 357
最判昭 24・7・9 刑集 3・8・1174 ………… 103
最判昭 24・8・9 刑集 3・9・1440 …… 401, 402
最判昭 24・9・29 裁判集刑 13・655 ……… 201
東京高判昭 24・10・15 高刑集 2・2・171 … 135
最判昭 24・10・20 刑集 3・10・1660 …… 233
最判昭 24・11・26 刑集 3・11・1850 …… 361
最判昭 24・12・6 刑集 3・12・1884 ……… 437
最判昭 24・12・15 刑集 3・12・2023 …… 438
最判昭 24・12・20 刑集 3・12・2036 …… 68
最判昭 24・12・24 刑集 3・12・2088 …… 176
最判昭 24・12・24 刑集 3・12・2114 …… 175
最判昭 25・2・28 裁判集刑 16・663 ……… 293
最判昭 25・3・15 刑集 4・3・355 ………… 107
福岡高判昭 25・3・17 判特 6・65 ………… 318
最判昭 25・3・24 刑集 4・3・407 ………… 235
最判昭 25・3・28 刑集 4・3・425 ………… 388
最判昭 25・3・31 刑集 4・3・469 ………… 24
東京高判昭 25・6・10 高刑集 3・2・222 … 27
東京高判昭 25・6・19 高刑集 3・2・227 … 210

最判昭 25・7・4 刑集 4・7・1168 ………… 195
最判昭 25・8・9 刑集 4・8・1556 ………… 235
最判昭 25・8・29 刑集 4・9・1585 …… 143, 362
最判昭 25・9・14 刑集 4・9・1652 ……… 357
最判昭 25・9・19 刑集 4・9・166 ………… 210
最判昭 25・10・20 刑集 4・10・2115 …… 385
広島高判昭 25・10・27 高特 14・128 …… 395
最判昭 25・11・21 刑集 4・11・2355 …… 343
最判昭 25・11・22 刑集 4・11・2380 …… 354
最判昭 25・12・14 刑集 4・12・2548 …… 261
福岡高判昭 25・12・21 高刑集 3・4・672 … 40, 41
最判昭 26・1・30 刑集 5・1・117 …… 232, 235
最判昭 26・3・20 刑集 5・5・794 ………… 384
最判昭 26・4・10 刑集 5・5・825 ………… 356
最判昭 26・5・10 刑集 5・6・1026 ……… 345
最判昭 26・5・25 刑集 5・6・1186 ……… 213
最判昭 26・6・7 刑集 5・7・1236 ………… 40
最判昭 26・7・24 刑集 5・8・1609 ……… 77
最大判 26・8・1 刑集 5・9・1709 ………… 356
福岡高判昭 26・8・25 刑集 4・8・995 …… 234
最判昭 26・8・28 刑集 5・9・1822 ……… 302
最判昭 26・9・20 刑集 5・10・1937 …… 24, 26
最判昭 26・9・28 刑集 5・10・2127 ……… 201
大阪高判昭 26・10・26 高刑集 4・9・1173 … 67
最判昭 26・12・14 刑集 5・13・2518 …… 185
東京地判昭 27・1・18 高刑集 5・13・2524 … 348
最決昭 27・2・21 刑集 6・2・275 ………… 9, 12
福岡高判昭 27・3・20 判特 19・72 ……… 196
最判昭 27・3・28 刑集 6・3・546 ………… 383
最判昭 27・6・6 刑集 6・7・795 ………… 18
東京高判昭 27・7・3 高刑集 5・7・1134 … 135
福岡高判昭 27・7・9 判特 19・178 …… 40, 41
最決昭 27・7・10 刑集 6・7・876 ………… 234
最判昭 27・7・22 刑集 6・7・927 ………… 432
東京高判昭 27・8・5 高刑集 5・8・1364 … 360
仙台高判昭 27・9・15 高刑集 5・11・1820 … 13
最判昭 27・9・19 刑集 6・8・1083 ……… 216
最大判昭 27・11・5 刑集 6・10・1159 …… 414
札幌高判昭 27・11・20 高刑集 5・11・2018 … 195
東京高判昭 27・12・18 高刑集 5・12・2314 … 343
最判昭 27・12・25 刑集 6・12・1387 … 194, 309
最判昭 28・1・23 刑集 7・1・46 ………… 419
最判昭 28・1・30 刑集 7・1・128 ………… 134
福岡高判昭 28・2・9 高刑集 6・1・108 … 43
最決昭 28・2・19 刑集 7・2・280 ………… 174
最決昭 28・4・16 刑集 7・5・915 ………… 213
最決昭 28・4・25 刑集 7・4・881 ………… 429

最決昭28・5・14 刑集7・5・1042 ……………… *112*
最判昭28・5・21 刑集7・5・1053 ……… *250, 253*
最決昭28・5・25 刑集7・5・1128 ……………… *296*
最決昭28・6・17 刑集7・6・1289 ………… *71, 72*
札幌高判昭28・7・9 高刑集6・7・874 ……… *395*
最判昭28・10・2 刑集7・10・1879 …………… *405*
最判昭28・10・2 刑集7・10・1883 …………… *378*
最決昭28・10・19 刑集7・10・1945 …… *408, 414*
最判昭28・10・27 刑集7・10・1971 ………… *427*
最決昭28・10・29 刑集7・10・1945 ………… *415*
最判昭28・11・13 刑集7・11・2096 ………… *300*
最判昭28・11・22 刑集7・1・8 ……………… *387*
最判昭28・11・27 刑集7・11・2344 …………… *77*
最決昭28・12・10 刑集7・12・2418 ………… *393*
最決昭28・12・15 刑集7・12・2436 ………… *119*
福岡高判昭29・1・12 高刑集7・1・1 ………… *395*
最大判昭29・1・20 刑集8・1・41 …… *10, 176, 177*
最決昭29・4・1 裁判集刑94・49 ……………… *43*
東京高判昭29・4・13 東高刑時報5・3・109
　……………………………………………………… *40*
最決昭29・4・15 刑集8・4・508 ……… *304, 309*
大阪高判昭29・6・11 判特28・144 …………… *76*
広島高判昭29・6・20 判特31・61 …………… *13*
最決昭29・7・5 刑集8・7・1035 ……………… *437*
大阪高判昭29・7・14 判特1・4・133 ………… *38*
大阪高判昭29・7・30 裁特1・6・218 ………… *14*
最判昭29・8・20 刑集8・8・1256 … *432, 433, 437*
最判昭29・8・20 刑集8・8・1277 ……………… *27*
最決昭29・9・30 刑集8・9・1575 …………… *404*
広島高岡山支判昭29・11・25 判特1・12・554
　……………………………………………………… *241*
最判昭30・1・11 刑集9・1・35 ……………… *333*
東京高判昭30・3・26 裁特2・7・219 ………… *83*
最判昭30・4・8 刑集9・4・827 ………… *146, 180*
最判昭30・4・19 刑集9・5・898 ……………… *296*
福岡高判昭30・4・25 高刑集8・3・363 ……… *72*
最判昭30・5・25 刑集9・6・1080 …………… *319*
広島高岡山支判昭30・6・16 裁特2・12・610
　……………………………………………………… *82*
最大判昭30・6・22 刑集9・8・1189 …… *277-279*
最決昭30・7・1 刑集9・9・1769 ……………… *343*
最決昭30・7・7 刑集9・9・1856 ……… *183, 187*
東京高判昭30・8・30 高刑集8・6・860 …… *133*
広島高判昭30・9・6 高刑集8・8・1021 …… *185*
広島高松江支判昭30・9・28 高刑集8・8・1056
　……………………………………………………… *294*
最決昭30・9・29 刑集9・10・2098 …………… *69*

最判昭30・10・14 刑集9・11・2173
　……………………………………… *199, 200, 204*
大阪高判昭30・11・1 裁特2・22・1152 ……… *61*
広島高岡山支判昭30・11・15 裁特2・22・1173
　……………………………………………………… *257*
名古屋高判昭30・12・13 裁特2・24・1276 … *195*
最決昭30・12・21 刑集9・14・2946 ………… *328*
最判昭30・12・26 刑集9・14・3053 …… *212, 213*
福岡高判昭31・4・14 裁特3・8・409
　………………………………………… *81, 83, 85, 98*
最判昭31・5・25 刑集10・5・751 …………… *328*
名古屋高判昭31・5・31 裁特3・14・685 …… *73*
最判昭31・7・12 刑集10・7・1058 ………… *434*
最判昭31・8・22 刑集10・8・1237 ………… *110*
最判昭31・8・22 刑集10・8・1260 ………… *182*
東京高判昭31・9・27 高刑集9・9・1044 …… *87*
富山地判昭31・10・1 判時90・27 …………… *98*
最判昭31・12・7 刑集10・31・1592 ………… *224*
広島高判昭31・12・25 高刑集9・12・1336 … *396*
最決昭31・12・27 刑集10・12・1798 ……… *318*
最決昭32・1・17 刑集11・1・23 …………… *320*
最判昭32・1・22 刑集11・1・50 …………… *393*
東京高判昭32・1・30 東高刑時報8・1・16 … *201*
最決昭32・2・7 刑集11・2・530 …………… *334*
最判昭32・2・21 刑集11・2・877 …………… *134*
名古屋高金沢支判昭32・3・12 高刑集10・2・
157 ………………………………………………… *98*
最大判昭32・3・13 刑集11・3・997 …… *346, 351*
最判昭32・3・26 刑集11・3・110 …………… *39*
最判昭32・4・4 刑集11・4・1327 …………… *242*
最判昭32・4・11 刑集11・4・1360 …………… *41*
最判昭32・4・23 刑集11・4・1393 …………… *19*
大阪高判昭32・5・20 判時120・27 …………… *42*
最判昭32・5・22 刑集11・5・1526 …… *342, 343*
東京高判昭32・5・24 判特4・11=12・285 … *319*
最決昭32・6・8 刑集11・6・1616 …………… *336*
東京地判昭32・7・13 判時119・1 …………… *119*
最判昭32・7・19 刑集11・7・1966 ………… *393*
東京高判昭32・7・19 高刑集10・4・361 …… *393*
最判昭32・7・25 刑集11・7・2037 ………… *318*
最判昭32・9・13 刑集11・9・2263 …… *163, 164*
大阪高判昭32・9・13 高刑集10・7・602 …… *75*
最判昭32・10・4 刑集11・10・2464 ………… *309*
大阪高判昭32・11・1 判特4・22・585 ……… *43*
最判昭32・11・8 刑集11・12・3061 ………… *217*
最判昭32・11・19 刑集11・12・3073 ………… *216*
最決昭32・12・5 刑集11・13・3157 ………… *434*

最決昭 33・2・27 刑集 12・2・342 ……………… 438
最決昭 33・3・19 刑集 12・4・636 ……………… 68
最判昭 33・3・28 刑集 12・4・708 ……………… 389
水戸地判昭 33・3・29 一審刑集 1・3・461 …… 353
最判昭 33・4・10 刑集 12・5・743 ……………… 299
最判昭 33・4・17 刑集 12・6・977 ……………… 174
最判昭 33・4・18 刑集 12・6・1090 ………… 39, 40
東京高判昭 33・4・22 東高刑時報 9・4・119
　……………………………………………………… 349
最決昭 33・5・1 刑集 12・7・1286 …………… 210
静岡地判昭 33・5・20 判タ 81・91 ……………… 77
東京高判昭 33・7・7 裁特 5・8・313 ………… 188
東京高判昭 33・7・15 刑集 11・7・394 ……… 118
最判昭 33・7・31 刑集 12・12・2805 ………… 419
最判昭 33・9・9 刑集 12・13・2882 …………… 263
最決昭 33・9・16 刑集 12・13・3031 ………… 312
最判昭 33・9・19 刑集 12・13・3047 ………… 209
最判昭 33・9・30 刑集 12・13・3151 ………… 384
最決昭 33・9・30 刑集 12・13・3180 ………… 430
最判昭 33・10・24 刑集 12・14・3368 ……… 234
最判昭 33・11・21 刑集 12・15・3519 ………… 13
東京高判昭 33・12・3 判特 5・12・494 ………… 43
高松高判昭 33・12・10 高刑集 11・10・618 … 392
福岡高判昭 33・12・15 裁特 5・12・506 …… 134
広島高判昭 33・12・24 高刑集 11・10・701 … 104
最判昭 34・2・13 刑集 13・2・101 ……… 208, 227
東京高判昭 34・2・13 東高刑時報 10・2・115
　………………………………………………………… 43
名古屋高判昭 34・3・24 下刑集 1・3・529 …… 13
最判昭 34・4・28 刑集 13・4・466 ……………… 69
最判昭 34・5・7 刑集 13・5・641 ……………… 118
最判昭 34・6・30 刑集 3・6・985 ……………… 294
最判昭 34・7・3 刑集 13・7・1099 …………… 234
最判昭 34・7・24 刑集 13・8・1163 ………… 60, 61
最決昭 34・8・17 刑集 13・10・2757 ………… 300
最決昭 34・8・27 刑集 13・10・2769 ………… 384
最決昭 34・9・28 刑集 13・11・2993 ………… 192
最決昭 34・10・29 刑集 13・11・3062 ……… 344
東京高判昭 34・12・8 高刑集 12・10・1017 … 79
東京高判昭 35・2・22 判タ 102・38 ………… 188
東京高判昭 35・3・1 下刑集 2・3=4・305 …… 210
最判昭 35・3・18 刑集 14・4・416 ……………… 76
名古屋高判昭 35・4・25 高刑集 13・4・279 … 276
最判昭 35・7・18 刑集 14・9・1189 ………… 405
東京高判昭 35・7・27 東高刑時報 11・7・205
　………………………………………………………… 43
最判昭 35・11・18 刑集 14・13・1713 ……… 380

名古屋高判昭 35・11・21 下刑集 2・11=12・1338
　………………………………………………………… 73
東京高判昭 35・11・29 高刑集 13・9・639 … 411
最判昭 35・12・8 刑集 14・13・1818
　………………………………………… 245, 247-249, 251, 252
最判昭 35・12・27 刑集 14・14・2229 ……… 242
東京高判昭 35・12・27 下刑集 2・11=12・1371
　…………………………………………………… 70, 71
最判昭 36・1・10 刑集 15・1・1 ……………… 276
東京高判昭 36・3・31 高刑集 14・2・77 …… 392
名古屋高金沢支判昭 36・4・18 高刑集 14・6・
　351 ……………………………………………………… 34
名古屋高金沢支判昭 36・5・2 下刑集 3・5=6・
　399 …………………………………………………… 100
最判昭 36・6・20 刑集 15・6・984 …………… 310
最決昭 36・6・22 刑集 15・6・1004 ………… 438
福岡高判昭 36・6・29 高刑集 14・5・273 …… 433
名古屋高判昭 36・7・20 判時 282・26 ………… 37
東京高判昭 36・8・8 高刑集 14・5・316 …… 217
東京高判昭 36・8・9 高刑集 14・6・392 ……… 69
最決昭 36・8・17 刑集 15・7・1293 ………… 406
和歌山地判昭 36・8・21 下刑集 3・7-8・783
　……………………………………………………… 404
最判昭 36・9・8 刑集 15・8・1309 …………… 287
最判昭 36・9・26 刑集 15・8・1525 ………… 319
最判昭 36・10・10 刑集 15・9・1580 ………… 214
大阪地判昭 36・10・17 下刑集 3・9=10・945
　………………………………………………………… 78
仙台高判昭 36・10・24 高刑集 14・7・506
　…………………………………………………… 51, 54
名古屋高判昭 36・11・8 高刑集 14・8・563 … 353
名古屋高判昭 36・11・27 高刑集 14・9・635
　………………………………………………………… 11
横浜地判昭 36・11・27 下刑集 3・11=12・1111
　………………………………………………………… 61
最判昭 36・12・1 刑集 15・11・1807 ………… 277
東京高判昭 37・1・23 高刑集 15・12・100 … 432
最決昭 37・2・9 刑集 16・2・54 ……………… 392
最決昭 37・2・13 刑集 16・2・68 …………… 223
最決昭 37・3・27 刑集 16・3・326 ……………… 34
最判昭 37・5・29 刑集 16・5・528 …………… 428
横浜地判昭 37・5・30 下刑集 4・5=6・499 …… 9
東京高判昭 37・6・21 高刑集 15・6・422 … 42, 61
新潟地長岡支判昭 37・9・24 下刑集 4・9=10・
　882 …………………………………………………… 9
最判昭 37・11・8 刑集 16・11・1522 ………… 11
最決昭 37・11・21 刑集 16・11・1570 ……… 87

最大判昭37・11・28 刑集16・11・1593 ……… 437
名古屋高判昭37・12・22 高刑集15・9・674
　　　　　　　　　　　　　　　………… 14, 16
最決昭38・3・28 刑集17・2・166 …………… 224
最決昭38・4・18 刑集17・3・248 ……………… 68
福岡高判昭38・7・15 下刑集5・7=8・653 …… 412
最決昭38・11・8 刑集17・11・2357 ………… 237
東京高判昭38・11・21 高刑集16・8・573 …… 348
最判昭38・12・24 刑集17・12・2485 ……… 239
最決昭39・1・28 刑集18・1・31 ……………… 27
最決昭39・3・11 刑集18・3・99 …………… 361
新潟地判昭39・3・12 下刑集6・3=4・227 …… 294
大阪高判昭39・4・13 高検速報4・1 …… 388, 389
大阪高判昭39・4・14 高刑集17・2・219 …… 10
名古屋高判昭39・4・27 高刑集17・3・262 … 260
東京地判昭39・5・30 下刑集6・5=6・694 … 176
東京高判昭39・7・6 高刑集17・4・422 …… 412
東京高判昭39・7・22 東高刑時報15・7=8・155
　　　　　　　　　　　　　　　　………… 41
最判昭39・9・26 刑集15・8・1525 ………… 294
最決昭39・12・8 刑集18・10・952 ………… 431
最決昭40・2・26 刑集19・1・59 …………… 405
東京高判昭40・3・29 高刑集18・2・126 …… 409
最決昭40・3・30 刑集19・2・125 …………… 103
最決昭40・4・16 刑集19・3・143 …………… 375
最大判昭40・4・28 刑集19・3・300 …… 433, 437
東京高判昭40・6・25 高刑集18・3・238 …… 68
最決昭40・9・16 刑集19・6・670 ………… 408
名古屋高判昭41・3・10 高刑集19・2・104 … 344
最判昭41・3・24 刑集20・3・129 …………… 384
最判昭41・4・8 刑集20・4・207 …………… 150
最決昭41・4・14 判時449・64 ……………… 383
大阪高判昭41・6・18 高刑集8・6・836 …… 290
大阪高判昭41・6・29 下刑集8・6・854 …… 319
東京高判昭41・7・19 高刑集19・4・463 …… 243
最判昭41・9・16 刑集20・7・790 …………… 392
大阪地判昭41・9・19 判タ200・180 ……… 265
最大判41・11・30 刑集20・9・1076 ………… 380
最決昭42・3・30 刑集21・2・447 …………… 305
最決昭42・5・24 刑集21・4・505 …………… 382
最決昭42・11・2 刑集21・9・1179 ………… 157
新潟地判昭42・12・5 判時509・77 ………… 168
最決昭42・12・19 刑集21・10・1407 ……… 389
大阪地判昭43・3・18 判タ223・244 ……… 408
岡山地判昭43・5・6 下刑集10・5・561 …… 88
最決昭43・6・5 刑集22・6・427 …………… 360
最決昭43・6・6 刑集22・6・434 …………… 184

最決昭43・6・25 刑集22・6・490 …………… 319
最判昭43・6・28 刑集22・6・569 …………… 242
大阪高判昭43・7・25 判時525・3 ………… 247
最大判昭43・9・25 刑集22・9・871 ………… 438
岡山地判昭43・10・8 判時546・98 ………… 61
最判昭43・10・15 刑集22・10・901 ……… 435
最判昭43・11・7 判時541・83 ……………… 58
最判昭43・12・11 刑集22・13・1469 …… 206
鹿児島地判昭44・3・4 判時558・97 ……… 42
大阪高判昭44・3・8 判時553・88 ………… 344
最判昭44・5・1 刑集23・6・907 …………… 240
宮崎地日南支判昭44・5・22 刑月1・5・535
　　　　　　　　　　　　　　　………… 408
最判昭44・6・18 刑集23・7・950 …………… 307
最判昭44・6・25 刑集23・7・975 ……… 120, 123
東京高判昭44・9・17 高刑集22・4・59 …… 350
最判昭44・10・15 刑集23・10・1239 …… 346
大阪地判昭44・11・6 判タ247・322 ……… 10
最決昭45・1・29 刑集24・1・1 …………… 101
最決昭45・3・26 刑集24・3・55 …………… 190
最決昭45・7・28 刑集24・7・585 ………… 103
最決昭45・9・4 刑集24・10・1319 ………… 307
京都地判昭45・10・12 刑月2・10・1104 …… 65
名古屋高判昭45・10・28 刑月2・10・1030 … 77
最決昭45・12・3 刑集24・13・1707 ……… 34
最決昭45・12・22 刑集24・13・1812 …… 381
最決昭45・12・22 刑集24・13・1882 …… 162
最決昭46・3・23 刑集15・2・239 ………… 241
東京高判昭46・4・1 高刑集24・4・789 …… 344
最判昭46・4・22 刑集25・3・530 ………… 278
福岡高判昭46・10・11 刑月3・10・1311 …… 27
高松高判昭46・11・30 高刑集24・4・769 … 200
最判昭47・3・14 刑集26・2・187 ………… 34
東京高判昭47・7・14 東高刑時報23・7・136
　　　　　　　　　　　　　　　………… 349
東京高判昭47・11・21 高刑集25・5・479 … 247
福岡高判昭47・11・22 刑月4・11・1803
　　　　　　　　　　　　　　　…… 210, 213
東京高判昭48・3・27 東高刑時報24・3・41
　　　　　　　　　　　　　　　………… 113
最大判昭48・4・4 刑集27・3・265 ………… 7
東京地判昭48・7・3 刑月5・7・1139 ……… 35
東京高判昭48・8・29 東高刑時報24・8・137
　　　　　　　　　　　　　　　………… 344
大阪高判昭49・9・10 刑月6・9・945 ……… 112
東京高判昭50・4・15 刑月7・4・480 ……… 32
最判昭50・4・24 判時774・119 …………… 430

最決昭 50・6・12 刑集 29・6・365 …………… *234*
最判昭 50・6・13 刑集 29・6・375 …………… *293*
広島地判昭 50・6・24 刑月 7・6・692 ……… *155*
最決昭 50・8・27 刑集 29・7・442 …………… *67*
宮崎地都城支判昭 50・11・5 判タ 333・363
　…………………………………………………… *92*
最判昭 51・3・4 刑集 30・2・79 ……………… *111*
最判昭 51・4・1 刑集 30・3・425 …………… *179*
最判昭 51・4・30 刑集 30・3・453 ………… *300*
最判昭 51・5・6 刑集 30・4・591 …………… *302*
広島高判昭 51・9・21 刑月 8・9=10・380 …… *66*
大阪地判昭 51・10・25 刑月 8・9=10・435
　……………………………………………… *90, 91*
広島地判昭 51・12・1 判時 846・125 ……… *112*
東京高判昭 51・12・13 東高刑時報 27・12・165
　…………………………………………………… *104*
最判昭 52・5・6 刑集 31・3・544 …………… *34*
最判昭 52・7・14 刑集 31・4・713 ………… *239*
東京地判昭 52・7・18 判時 880・110 ……… *404*
東京高判昭 53・3・20 刑月 10・3・210 …… *200*
最判昭 53・6・29 刑集 32・4・816 ………… *381*
大阪高判昭 53・7・28 高刑集 31・2・118 …… *89*
最決昭 53・9・4 刑集 32・6・1077 … *247, 250, 252*
東京高判昭 54・3・20 判時 918・17 … *345, 347*
熊本地判昭 54・3・22 刑月 11・3・168 …… *2, 3*
名古屋地判昭 54・4・27 刑月 11・4・358 … *194*
大阪地堺支判昭 54・6・22 判時 970・173 … *349*
最決昭 54・6・26 刑集 33・4・364 …………… *96*
東京高判昭 54・11・15 判タ 413・133 ……… *37*
最決昭 54・11・19 刑集 33・7・710 ………… *176*
最決昭 54・11・19 刑集 33・7・754 … *344, 351*
最判昭 54・12・25 刑集 33・7・1105 ……… *397*
最決昭 55・2・29 刑集 34・2・56 …………… *241*
名古屋高判昭 55・3・4 刑月 12・3・74 …… *344*
最判昭 55・7・15 判時 972・129 …………… *213*
名古屋地判昭 55・7・28 刑月 12・7・709
　……………………………………………… *104, 105*
最判昭 55・11・28 刑集 34・6・433 … *345, 347*
最判昭 55・12・9 刑集 34・7・513 ………… *278*
東京高判昭 56・1・27 刑月 13・1=2・50 …… *104*
最判昭 56・2・20 刑集 35・1・15 …………… *217*
最決昭 56・4・8 刑集 35・3・57 …………… *302*
最決昭 56・4・16 刑集 35・3・84 …………… *121*
東京地判昭 56・7・1 判時 1050・166 ………… *70*
大阪高判昭 56・12・17 刑月 13・12・819 … *404*
最決昭 57・1・28 刑集 36・1・1 ………… *422, 423*
最判昭 57・6・24 刑集 36・5・646 ………… *239*

東京高判昭 57・8・6 判時 1083・150 ……… *165*
旭川地判昭 57・9・29 刑月 14・9・713 …… *407*
最判昭 57・11・29 刑集 36・11・988 ………… *89*
東京高判昭 58・1・20 刑月 1088・147 …… *112*
最決昭 58・3・25 刑集 37・2・170 ………… *429*
仙台地判昭 58・3・28 刑月 15・3・279 …… *263*
最判昭 58・4・8 刑集 37・3・215 …………… *109*
最決昭 58・5・9 刑集 37・4・401 …………… *392*
最決昭 58・5・24 刑集 37・4・437 ………… *223*
東京高判昭 58・6・20 刑月 15・4=5=6・299 … *263*
最決昭 58・6・23 刑集 37・5・555 …………… *18*
横浜地判昭 58・7・20 判時 1108・138 …… *263*
最決昭 58・9・27 刑集 37・7・1078 ……… *84, 92*
最決昭 58・10・27 刑集 37・8・1294 ……… *351*
最決昭 58・11・1 刑集 37・9・1341 ………… *125*
最決昭 59・2・17 刑集 38・3・336 ………… *307*
最決昭 59・4・12 刑集 38・6・2107 ……… *276*
最決昭 59・4・27 刑集 38・6・2584 ……… *134*
大阪高判昭 59・5・23 高刑集 37・2・328 … *194*
東京高判昭 59・6・28 刑月 16・5=6・476 … *145*
大阪高判昭 59・7・27 高刑集 37・2・377 … *405*
大阪高判昭 59・11・28 高刑集 37・3・438 … *164*
最決昭 59・12・18 刑集 38・12・3026 …… *112*
最決昭 59・12・21 刑集 38・12・3071
　…………………………………………… *247, 249, 252*
東京地判昭 60・2・13 刑月 17・1=2・22
　……………………………………………… *145, 209*
大阪地決昭 60・3・5 判タ 556・217 ………… *335*
東京地判昭 60・3・6 判時 1147・162 … *145, 221*
東京地判昭 60・3・19 判時 1172・155 …… *168*
最決昭 60・3・28 刑集 39・2・75 …………… *258*
最決昭 60・4・3 刑集 39・3・131 …………… *224*
東京高判昭 60・4・8 判時 1171・16 ……… *428*
最決昭 60・6・11 刑集 39・5・219 ………… *428*
大阪高判昭 60・6・26 高刑集 38・2・112 … *194*
最決昭 60・10・21 刑集 39・6・362 …… *40, 267*
最決昭 61・6・27 刑集 40・4・369 ………… *429*
最決昭 61・7・18 刑集 40・5・438 ………… *241*
大阪高判昭 61・10・7 判時 1217・143 …… *165*
大阪高判昭 61・12・16 高刑集 39・4・592
　…………………………………………………… *74, 75*
最決昭 62・3・12 刑集 41・2・140 ………… *380*
最決昭 62・3・24 刑集 41・2・173 …………… *91*
最決昭 62・4・10 刑集 41・3・221 ………… *217*
広島高松江支判昭 62・6・18 高刑集 40・1・71
　…………………………………………………… *102*
大阪高判昭 62・7・17 判時 1253・141 …… *168*

東京地判昭 62・9・16 判時 1294・143 ………… *101*
最決昭 62・9・30 刑集 41・6・297 ………… *389*
東京地判昭 62・10・6 判時 1259・137 ………… *155*
最決昭 63・2・29 刑集 42・2・314 ………… *3, 20*
東京高判平元・2・27 高刑集 42・1・87 ………… *164*
大阪高判平元・3・3 判タ 712・248 ………… *165*
最決平元・3・10 刑集 43・3・188 ………… *381*
最決平元・3・14 刑集 43・3・283 ………… *422*
東京高判平元・3・14 判タ 700・266 ………… *196*
最決平元・5・1 刑集 43・5・405 ………… *401, 404*
最決平元・7・7 刑集 43・7・607 ………… *148*
最決平元・7・14 刑集 43・7・641 ………… *261*
最決平元・12・15 刑集 43・13・879 ………… *62*
富山地判平 2・4・13 判時 1343・160 ………… *349*
仙台地判平 2・9・11 刑資 273 ………… *315*
浦和地判平 2・11・22 判時 1374・141 ………… *257*
最決平 3・4・5 刑集 45・4・171 ………… *324*
東京高判平 3・7・12 判タ 769・256 ………… *68*
東京地八王子支判平 3・8・28 判タ 768・249
　　　………… *185*
東京高判平 5・6・29 高刑集 46・2・189 ………… *197*
最決平 5・10・5 刑集 47・8・7 ………… *303*
最決平 6・3・29 刑集 48・3・1 ………… *423*
仙台高判平 6・3・31 判時 1513・175 ………… *113*
最決平 6・7・19 刑集 48・5・190 ………… *157*
最決平 6・11・29 刑集 48・7・453 ………… *312*
最大判平 7・2・22 刑集 49・2・1 ………… *426*
横浜地判平 7・3・28 判時 1530・28 ………… *15*
千葉地判平 7・6・2 判時 1535・144 ………… *408*
横浜地川崎支判平 7・7・14 ………… *350*
千葉地判平 8・1・29 判時 1583・156 ………… *408*
東京地判平 8・4・22 判時 1597・151 ………… *349, 352*
大阪地判平 8・7・8 判タ 960・293 ………… *302*
京都地判平 9・1・24 ………… *50*
最決平 9・10・21 刑集 51・9・755 ………… *261*
岡山地判平 9・12・15 判時 1641・158 ………… *345*
最決平 10・7・14 刑集 52・5・343 ………… *392*
大阪高判平 10・7・16 判時 1647・156 ………… *14*
札幌地判平 10・11・6 判時 1659・154 ………… *406*
最決平 10・11・25 刑集 52・8・570 ………… *229*
大阪地判平 11・3・19 判タ 1034・283 ………… *345*
東京高判平 11・6・9 判時 1700・168 ………… *225*
最決平 11・12・20 刑集 53・9・1495 ………… *307*
最決平 12・3・27 刑集 54・3・402 ………… *194*
最決平 13・7・16 刑集 55・5・31 ………… *345*
最判平 13・7・19 刑集 55・5・371 ………… *193, 195*
東京地判平 13・10・22 判時 1770・3 ………… *228*

最決平 13・11・5 刑集 55・6・546 ………… *208*
福岡地判平 14・1・17 判タ 1097・305 ………… *262*
最決平 14・2・8 刑集 56・2・71 ………… *195*
最決平 14・2・14 刑集 56・2・86 ………… *167*
最決平 14・7・1 刑集 56・6・265 ………… *235*
最決平 14・9・30 刑集 56・7・395 ………… *380*
最決平 14・10・21 刑集 56・8・670 ………… *194*
岐阜地判平 14・12・17 警論 56 巻 2 号 230 頁
　　　………… *20*
最決平 15・1・14 刑集 57・1・1 ………… *435*
東京高判平 15・1・29 判時 1835・157 ………… *424*
最決平 15・2・18 刑集 57・2・161 ………… *227*
最決平 15・3・12 刑集 57・3・322 ………… *183*
最決平 15・3・18 刑集 57・3・371 ………… *92*
最判平 15・4・14 刑集 57・4・445 ………… *256*
最大判平 15・4・23 刑集 57・4・467 ………… *214*
最決平 15・6・2 刑集 57・6・749 ………… *277*
最決平 15・10・6 刑集 57・9・987 ………… *303*
最判平 16・2・9 刑集 58・2・89 ………… *192*
千葉地判平 16・5・7 判タ 1159・118 ………… *29*
千葉地判平 16・5・25 判タ 1188・347 ………… *266*
最決平 16・8・25 刑集 58・6・515 ………… *217*
最決平 16・11・8 刑集 58・8・905 ………… *437*
最判平 16・12・10 刑集 58・9・1047 ………… *167*
最決平 17・3・11 刑集 59・2・1 ………… *428*
最決平 17・4・14 刑集 59・3・283 ………… *205*
最決平 17・7・19 刑集 59・6・600 ………… *129*
東京高判平 17・8・16 高刑集 58・3・38 ………… *167*
札幌高判平 17・8・18 判時 1923・160 ………… *403*
最決平 17・11・29 刑集 59・9・1847 ………… *222*
最決平 17・12・6 刑集 59・10・1901 ………… *86*
最決平 18・1・23 刑集 60・1・67 ………… *428*
最決平 18・2・14 刑集 60・2・165 ………… *197*
最決平 18・2・20 刑集 60・2・216 ………… *350*
最決平 18・3・14 刑集 60・3・363 ………… *30*
最決平 18・3・27 刑集 60・3・382 ………… *73*
最決平 18・8・21 判タ 1227・184 ………… *194*
最決平 18・8・30 刑集 60・6・479 ………… *157, 218*
最決平 19・7・2 刑集 61・5・379 ………… *113*
最決平 19・7・17 刑集 61・5・521 ………… *194*
東京高判平 19・9・26 判タ 1268・345 ………… *102*
最決平 19・11・13 刑集 61・8・743 ………… *412*
最決平 20・1・22 刑集 62・1・1 ………… *107*
最決平 20・2・18 刑集 62・2・37 ………… *218*
最判平 20・3・4 刑集 62・3・123 ………… *283*
東京高判平 20・3・19 高刑集 61・1・1 ………… *165*
最判平 20・4・11 刑集 62・5・1217 ………… *111, 112*

最決平 20・5・19 刑集 62・6・1623 ………… *227*
最決平 20・10・16 刑集 62・9・2797 ………… *30*
最決平 21・7・13 刑集 63・6・590 ………… *112*
最決平 21・7・14 刑集 63・6・613 ………… *390*
最決平 21・10・21 刑集 63・8・1070 ………… *350*
東京高判平 21・11・16 判タ 1337・280 …… *165*
最判平 21・11・30 刑集 63・9・1765 …… *110, 111*

最決平 22・3・15 刑集 64・2・15 ………… *123*
東京地判平 23・7・20 ………………… *337*
最決平 24・2・13 刑集 66・4・405 ………… *128*
最決平 24・7・24 刑集 66・8・709 ……… *20, 72*
最決平 24・10・9 家裁月報 65・2・88 ……… *218*
東京高判平 24・10・30 研修 778・13 … *196, 197*
東京高判平 24・11・1 高刑集 65・2・18 ……… *72*

執筆者紹介

大野真義（おおの・まさよし）
大阪大学名誉教授。弁護士。法学博士（名古屋大学）。
〔主要著書〕『罪刑法定主義』（世界思想社、1980）、『窃盗・法および社会』（翻訳、有斐閣、1977）、『要説刑法総論』（編著、嵯峨野書院、1984）、『要説刑法各論』（編著、嵯峨野書院、1987）、『判例演習講座・刑法Ⅰ総論』（編、世界思想社、1972）、『判例演習講座・刑法Ⅱ各論』（編、世界思想社、1972）、『現代医療と医事法制』（編著、世界思想社、1995）、『演習刑法各論』（編著、晃洋書房、1998）、『刑法の機能と限界』（世界思想社、2002）、『法律用語を学ぶ人のために〔新版〕』（編著、世界思想社、2007）、『刑法総論』（共著、世界思想社、2011）
《Ⅰ-第1章　第1・2・4・6節、Ⅱ-第4章、Ⅲ-第2章執筆》

加藤久雄（かとう・ひさお）
弁護士。元慶應義塾大学教授。法学博士（慶應義塾大学）。
〔主要著書〕『ポストゲノム社会における医事刑法入門〔新訂（補正）版〕』（東京法令出版、2005）、『人格障害犯罪者に対する刑事制裁論』（慶應義塾大学出版会、2010）、『刑法総論』（共著、世界思想社、2011）
《Ⅰ-第1章　第5節、第2章　第1～3節、第5章　第5・6節、Ⅱ-第3章　第1節、Ⅲ-第1章執筆》

飯島　暢（いいじま・みつる）
関西大学法学部教授。法学博士（ドイツ・トリアー大学）。
〔主要著書〕Die Entwicklung des strafrechtlichen Unrechtsbegriffs in Japan（Peter Lang, 2004）、『法的強制と人格性』（共訳、関西大学出版部、2012）、『国家刑罰』（共訳、関西大学出版部、2013）
《Ⅰ-第5章　第1～3節、Ⅱ-第1章　第1・3・4節、Ⅲ-第3章　第6・7節執筆》

島田良一（しまだ・りょういち）
摂南大学法学部准教授。修士（国際公共政策学、大阪大学）。
〔主要論文〕「被害者影響証拠の許容性について」（摂南法学40=41号、2009）
《Ⅰ-第2章　第4・5節、第5章　第4節、Ⅱ-第1章　第2節、第2章、Ⅲ-第3章　第2～5節執筆》

神馬幸一（じんば・こういち）
静岡大学人文社会科学部法学科准教授。LL. M.（犯罪学修士、スイス・ベルン大学）
〔主要著書〕『刑法総論』（共著、世界思想社、2011）
《Ⅰ-第1章　第3節、第3・4章、第5章　第7～9節、Ⅱ-第3章　第2～6節、Ⅲ-第3章　第1節執筆》

刑法各論

2014年6月25日　第1刷発行　　定価はカバーに
　　　　　　　　　　　　　　　表示しています

著　者　　大野真義・加藤久雄・飯島　暢
　　　　　島田良一・神馬幸一

発行者　　髙　島　照　子

京都市左京区岩倉南桑原町56　〒606-0031
電話 075(721)6506
振替 01000-6-2908
http://sekaishisosha.jp/

世界思想社

© 2014　M. OHNO, H. KATOH, M. IIJIMA, R. SHIMADA, K. JINBA
Printed in Japan （共同印刷工業・藤沢製本）

JCOPY　<（社）出版者著作権管理機構　委託出版物>

本書の無断複写は著作権法上での例外を除き禁じられています。複写される
場合は，そのつど事前に，（社）出版者著作権管理機構（電話 03-3513-6969,
FAX 03-3513-6979, e-mail: info@jcopy.or.jp）の許諾を得てください。

ISBN978-4-7907-1631-0

『刑法各論』の読者にお薦めの本

瀧川幸辰刑法著作集〈全5巻〉
団藤重光・中武靖夫・竹内正・木村静子・大野真義・瀧川春雄 編

本著作集は、「自由主義刑法学者・瀧川幸辰」の刑法に関する全著作物を網羅することにより、その学問的業績の全貌を明らかにするとともに、わが国の刑法学の発展に寄与することを期するものである。

【第1巻】刑法読本／刑法総論／刑法各論／刑法史の或る断層面
【第2巻】犯罪論序説（改訂版）／増補 刑法各論／刑法講話
【第3巻】刑事法判決批評 第1巻／刑事法判決批評 第2巻／陪審裁判／陪審法
【第4巻】「犯罪論」「刑罰論」「刑法思想」に関する諸論文
【第5巻】「刑法および法律学」「刑事裁判と人権」「刑法理論と犯罪論」に関する諸論文／刑法雑筆（抄）／刑法と社会（抄）

本体価格 66,019 円＋税（分売不可）

刑法総論
大野真義・森本益之・加藤久雄・本田稔・神馬幸一

犯罪とは何か、刑罰はなぜ科されるのか。多くの学説が林立するなかで、通説的見解を客観的に説き示す。近代刑法の変遷と成立、意義および機能から、刑法総則規定の基礎理論をわかりやすく解説。法学部生・法科大学院生におすすめの基本書。

本体価格 3,800 円＋税

法律用語を学ぶ人のために〔新版〕
中川淳・大野真義 編

憲法・行政法・民法・会社法・商法一般・民事訴訟法・刑法・刑事訴訟法・労働法・国際法の10分野から、学習上必要とされる約2000項目を精選し、縦断的に編成。初学者はもちろん実務家にも役立つよう簡潔明快に解説した新版法律用語事典。

本体価格 2,600 円＋税

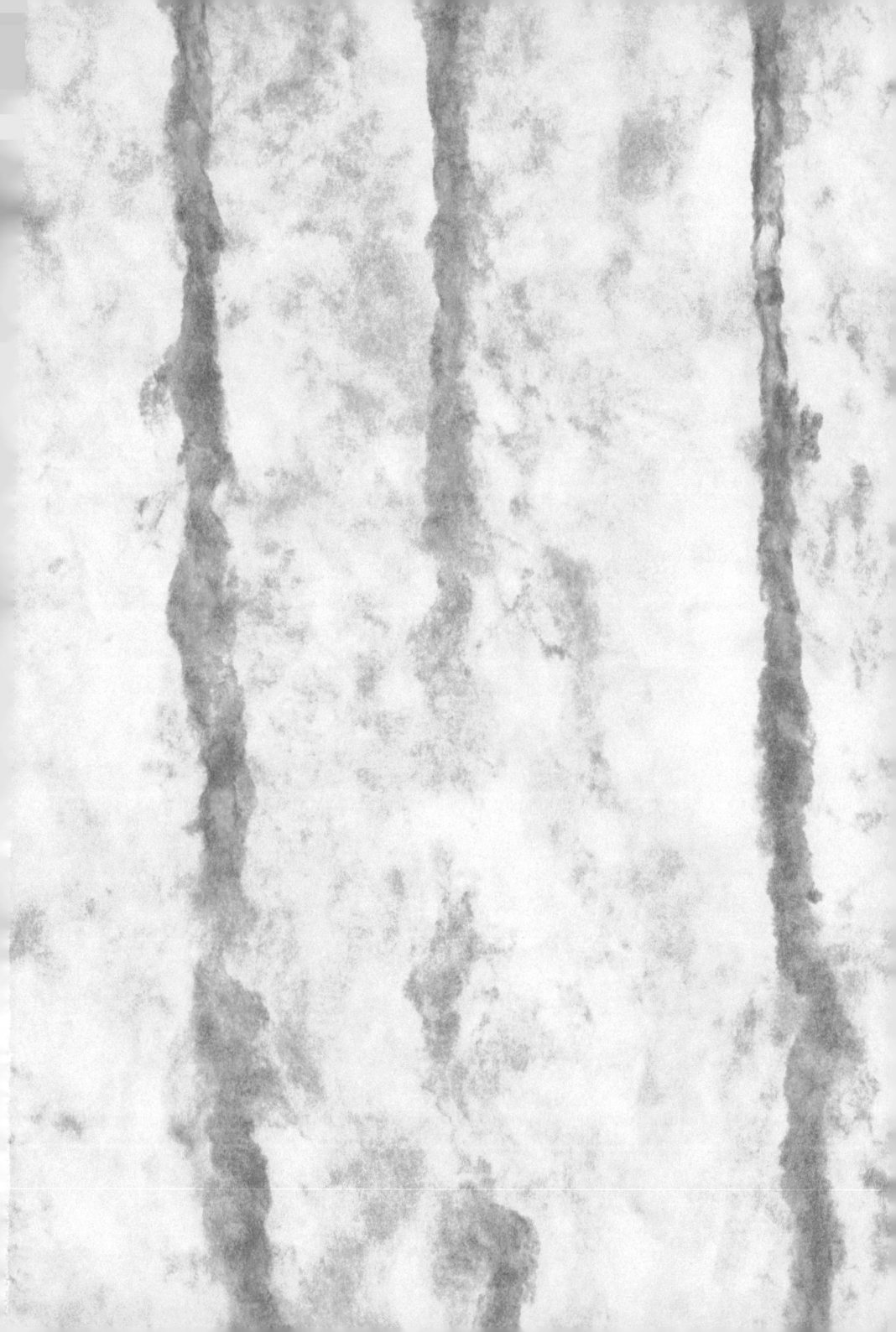